차이나 핸드북

차이나 핸드북 : 거대한 중국을 한눈에 보는 법

1판1쇄 | 2014년 2월 28일
1판3쇄 | 2014년 5월 27일
개정증보1판1쇄 | 2018년 8월 10일(이상 김영사)
개정증보2판1쇄 | 2025년 5월 26일

엮은이 | 성균관대학교 성균중국연구소

펴낸이 | 정민용, 안중철
편집 | 윤상훈, 이진실

펴낸곳 | 후마니타스(주)
등록 | 2002년 2월 19일 제2002-000481호
주소 | 서울특별시 마포구 신촌로14안길 17, 2층 (04057)
전화 | 편집_02.739.9929/9930 영업_02.722.9960 팩스_0505.333.9960

블로그 | blog.naver.com/humabook
엑스, 페이스북, 인스타그램 | @humanitasbook
이메일 | humanitasbooks@gmail.com

인쇄 | 천일문화사_031.955.8083 제본 | 일진제책사_031.908.1407

값 35,000원

ISBN 978-89-6437-479-5 13300

차이나 핸드북

| 거대한 중국을 한눈에 보는 법 |

성균관대학교 **성균중국연구소** 엮음

후마니타스

차례

개정증보2판 서문   10

1장   **개황**

상징물   14
자연환경과 자연재해   17
인구와 민족   25
행정구역   30
언어   33

2장   **현대사**

5.4 운동   38
중국 혁명   40
쌍백과 반우파   44
문화대혁명   48
개혁 개방   51
6.4 톈안먼사건   54
남순 강화   58
WTO 가입   61
2008년 베이징 올림픽   64
2018년 미·중 무역 분쟁   68
시진핑 3연임   71

3장   **정치**

정치 개관: 당-국가   76

정치 지도자와 세대 정치　　　　　　　　80

체제 이데올로기　　　　　　　　　　　84

중국공산당　　　　　　　　　　　　　87

의회제도: 인민대표대회　　　　　　　92

중국인민정치협상회의　　　　　　　　96

국무원　　　　　　　　　　　　　　　99

사법제도　　　　　　　　　　　　　102

중국인민해방군　　　　　　　　　　105

소수 정당과 사회단체　　　　　　　108

중앙과 지방　　　　　　　　　　　　112

홍콩: 일국양제　　　　　　　　　　116

중국 모델　　　　　　　　　　　　　123

정치 개혁　　　　　　　　　　　　　129

반부패 운동　　　　　　　　　　　　135

중국식 현대화　　　　　　　　　　　140

싱크 탱크　　　　　　　　　　　　　143

공무원 제도　　　　　　　　　　　　147

4장　　　　　　　　　　　　　　외교 안보

외교 개관: 중국식 대국 외교　　　　152

외교정책 결정 과정　　　　　　　　156

외교 조직과 기구　　　　　　　　　161

국방　　　　　　　　　　　　　　　166

경제 안보　　　　　　　　　　　　　169

중국과 국제기구　　　　　　　　　　173

대외 원조　　　　　　　　　　　　　176

공공 외교　　　　　　　　　　　　　179

샤프 파워　　　　　　　　　　　　　182

강대국 외교　　　　　　　　　　　　185

중국과 글로벌 사우스 … 188

중국과 미국 … 191

중국과 일본 … 195

중국과 러시아 … 199

중국과 유럽연합 … 202

중국과 북한 … 205

중국과 대만 … 209

중국과 동남아 … 212

영토 분쟁 … 215

일대일로 … 218

5장 사회

사회 개관: 복합적인 사회변동과 '사회 안정' … 224

노동문제 … 229

삼농 문제 … 233

호구 제도 … 238

사회보험제도 … 241

사회통제 … 246

출산 정책 … 250

교육정책: 초·중등 교육 … 254

교육정책: 대학 교육 … 259

언론과 출판 … 263

인터넷과 SNS … 270

환경 정책 … 273

탄소 중립 … 278

소수민족 정책 … 281

시민사회 … 285

빈곤 문제 … 289

도시화 … 294

코로나19 301

6장 경제

경제 개관: 전환점에 선 중국 경제 306
신질 생산력 311
거시 경제: 성장과 물가 314
거시 경제: 재정과 금융 318
거시 경제: 소비와 투자 321
거시 경제: 고용과 임금 324
산업: 농업 327
산업: 제조업 330
산업: 서비스업 336
산업: 에너지 341
산업: 부동산 344
산업: 교통 349
대외무역 352
대외투자 358
위안화 국제화 364
지역 경제: 동북 지역 372
지역 경제: 동부 연해 377
지역 경제: 중부 지역 380
지역 경제: 서부 지역 384
기업 389
은행 393
기업의 사회적 책임 397

7장 법

법 개관: 통치 수단으로서의 강제규범 402

헌법	407
행정법	414
형사법	417
민법	421
회사법	425
사법해석과 지도성안례	428

8장　　　　　　　　　　　　　　　　문화

중화사상	432
전통 명절과 휴무일	435
지식인	439
현대미술	443
영화	447
현대문학	453
음식	460
차와 술	463
종교	466
여성	470
세대	475
화교	478
조선족	483

9장　　　　　　　　　　　　　　　과학기술

과학기술 자립자강	488
인공지능	491
6G	496
양자 정보 기술	501
우주	505

바이오: 합성 생물학을 중심으로　511

10장　　한·중 관계

한·중 관계사　516
한·중 무역과 투자　521
한·중 FTA　526
한·중 통상 마찰　529
한·중 인적 교류　534
북한 핵 문제와 한·중 관계　539
한·중 역사 갈등　545
한·중 상호 인식　549
한·중 지방정부 교류　552
한·중 관계와 한·미 동맹　555

부록

1. 중국공산당 제20기 중앙위원회 정치국 위원 명단　560
2. 국무원 각료 명단　562
3. 국무원 산하 조직도　563
4. 중국인민해방군 지휘조직도　564
5. 성 약칭 및 지방정부 소재지　566
6. 지방정부 주요 인사　567
7. 주요 싱크 탱크　570

저자 소개　575
찾아보기　595

개정증보2판
서문

성균중국연구소는 『차이나 핸드북』 초판과 개정증보판에 이어 두 번째 개정증보판을 발간한다. 첫 번째 개정증보판 발간 이후, 중국은 다방면에서 많은 변화를 겪었다. 시진핑習近平 3기 체제가 형성되면서 중국의 국가 성격이 변하고 있으며, 미·중 무역 전쟁으로 촉발된 전략 경쟁은 전방위적으로 확대되고 있다. 중국 경제는 고속 성장에서 중속 성장으로 전환했으며, 코로나19를 거치면서 사회문화적으로 많은 변화를 겪고 있다. 한편, 한·중 관계 역시 많은 변화가 있었다. 2016년 고고도 미사일 방어 체계THAAD가 한국에 배치된 이후, 한·중 정치 관계가 냉각되었고, 한·중 경제 관계도 보완성에서 경쟁성으로 변했으며, 코로나19와 상호 불신으로 인해 경험의 교류가 단절되면서 양국의 상호 인식은 크게 악화되었다. 이와 같은 맥락 속에서 한·중 관계가 새로운 모멘텀을 찾아야 하는 시점에 놓여 있다.

『차이나 핸드북』 초판이 세상에 나온 지 10년이 넘었다. 이 책이 처음 출판되었을 때 중국은 여전히 기회의 땅이었고 한·중 협력의 공간도 넓었다. 그러나 중국의 부상에 대해 국제사회가 점점 더 위협을 느끼기 시작했고, 중국 경제의 양적 성장과 질적 발전에 따라 중국에 진출한 한국 기업의 경쟁력이 크게 약화되었으며, 사회문화적으로 한·중 간 자의식이 높아지면서 상호 불신도 심화되었다. 이러한 상황에서 한국의 중국 연구 열기도 식고 있다. 중고등학교에서 제

2외국어로 중국어를 선택하지 않으면서 중국어 교사 지망생이 줄었고, 대학에서 중국 관련 학과들이 통폐합되기도 했으며, 중국에 진출한 많은 기업이 경쟁력을 잃고 철수하면서 산학 연구의 수요도 크게 줄었다.

더구나 인터넷과 인공지능의 발전은 권위 있는 정보를 생산하는 지식 생산의 장을 크게 위축시켰다. 소셜 네트워크 서비스SNS를 타고 들어오는 무분별한 소문과 가짜 뉴스가 여과 없이 공론장으로 들어오기도 했다. 여기에 생성형 인공지능의 발전으로 중국 관련 정보를 얻는 것이 수월해지면서 공구서의 의미도 크게 퇴색했다. 『차이나 핸드북』의 새로운 증보판을 지속적으로 내기 어려운 환경이었던 셈이다. 그러나 성균중국연구소는 우리 사회에 신뢰할 수 있는 중국 공구서를 지속적으로 발간하지 못한다면, 이는 중국 연구의 공론장을 포기하는 지적 태만이라고 보았다. 이에 따라 어려운 여건 속에서도 정확하고 종합적인 정보와 통찰력 있는 지식을 한데 모으기 위해 집단 지성을 발휘하기로 했다. 다행히 이러한 취지에 공감한 필자들은 건강한 중국 관련 공공재를 만든다는 소명 의식으로 시간과 지혜를 내어 이 작업에 참여했다. 학문적 연대와 우애를 느끼게 하는 장면이다.

이번 2025년 두 번째 개정증보판은 다음과 같은 특징을 지니고 있다. 2014년 초판과 2018년 개정증보판에 실린 내용의 변화를 추적해 개정하고 수정했으며, 중국의 새로운 변화에 따른 분야를 추가로 발굴해 실었다. 특히 거시 경제, 산업, 지역 경제 분야에서 드러난 중국의 발전 전략 변화를 심층적으로 분석했으며, 이를 뒷받침하는 인공지능, 우주 개발, 바이오 기술, 6G 등 첨단 과학기술 분야에서의 성과와 미래 전망을 상세히 조명했다. 아울러, 코로나19 팬데믹 이후 급변하는 중국 사회의 다양한 양상과 그 이면에 담긴 함의를 고찰했다.

우리는 2025년 개정증보판 『차이나 핸드북』이 인터넷을 떠다니는 확인되지 않은 정보를 바로잡고, 참고할 수 있는 소중하고 정확한 정보를 제공할 것이라고 믿는다. 그리고 여기에 참여한 110명의 참여자들은 우리나라 중국 연구의 수준을 보여 주는 가장 정통한 학자들이다. 다만 이 작업을 하면서 중국의 다양한 변화와 학문적 흐름을 추적할 연구자를 찾을 수 없는 경우도 있어 연구 공백이 확인되었다는 점이 아쉬움으로 남는다. 향후 중국 연구의 다양화와 심화가 필요한 부분이라고 생각한다. 그럼에도 불구하고 우리는 2025년 개정증보판 『차이나 핸드북』이 세계적인 중국 연구 수준과 견주어도 손색이 없다고 자부한다. 한국판 『차이나 핸드북』 초판을 발행했을 당시, '중국을 공부하기 위해 서가에 반드시 꽂아 놓아야 할 책'으로 소개되기도 했다.

　이 책을 내는 데는 많은 사람들의 노고가 있었다. 성균관대학교는 어려운 여건 속에서도 성균중국연구소의 발전을 위한 애정을 쏟았고, '지원하되 개입하지 않는' 원칙 속에서 연구소의 자율을 최대한 보장해 주었다. 그리고 100여 개의 항목을 분류하고 필자를 섭외하고 책을 만드는 데는 성균중국연구소의 연구원과 연구 보조원 및 조교 들의 노고가 컸다. 특히 연구소의 김소연 교수는 이 책의 기획부터 제작까지 전 과정에 헌신적 노력을 기울였다. 마지막으로 어려운 여건에서도 이 책의 출판을 선뜻 맡아 준 후마니타스에도 감사를 드린다. 그럼에도 불구하고 이 책에 나타날 수 있는 오류는 전적으로 성균중국연구소의 책임이다. 독자 여러분의 아낌없는 질정을 바란다.

2025년 5월
성균중국연구소 소장
이희옥

1장 ★ 개황

상징물

이영학

오성홍기

　오성홍기五星紅旗의 붉은색과 노란색은 각각 혁명과 광명을 상징한다. 다섯 개의 별 중에서 큰 별은 중국공산당을, 그 옆의 작은 별 네 개는 노동자, 농민, 도시 소자산, 민족자산 계급을 나타낸다. 공산당의 지도 아래 전 인민의 대단결을 의미하고 있다. 설계자는 상하이의 중국공산당 지하당 비밀 신문 단위에서 일하던 쩡롄숭曾聯松으로, 신문에 난 공모를 보고 응모했다. 3000여 편의 경쟁 도안 중 1949년 9월 27일 중국인민정치협상회의 전국위원회 제1차 전체회의에서 채택되었다.

　오성홍기는 1949년 10월 1일 중화인민공화국 건국일에 마오쩌둥毛澤東 주석에 의해 톈안먼天安門 광장에서 최초로 게양되었다. 1983년부터는 톈안먼 광장에서 인민무장경찰武警 부대가 국기 게양 및 하강 의식을 진행하면서, 국내외 관광객들의 관광 명소가 되었다.

　한편, 1992년 한·중 수교 당시 대만과의 단교로 인해 한국에서 대만 대사관이 철수하고 중화인민공화국 대사관이 입주했다. 이때 대만의 청천백일기靑天白日旗가 내려지고 중화인민공화국의 오성홍기가 게양되었다. 이를 대만과 중화인민공화국의 명운을 빗대어 "지는 해, 뜨는 별"로 표현하기도 했다.

휘장

　톈안먼 도안은 중국 인민의 혁명 전통과 민족정신 및 수도 베이징을, 톱니

(좌) 오성홍기, (우) 휘장

바퀴와 벼·보리 이삭은 각각 노동자와 농민 계급(또는 노동자계급 지도하의 노농연맹)을 상징한다. 중앙에 위치한 다섯 개의 별은 중국공산당 지도하 전 인민의 대단결을 의미한다. 칭화대학교 건축학과 교수팀이 설계했고, 1950년 6월 23일 정협 제1기 전국위원회 제2차 회의에서 통과되어 마오쩌둥 주석이 9월 20일 공포했다.

국가 〈의용군 행진곡〉

〈의용군 행진곡〉은 1935년에 극작가인 톈한田漢이 작사하고 녜얼聶耳이 작곡한 곡으로 항일 영화였던 〈풍운아녀〉風雲兒女의 주제곡이었다. 1949년 국가國歌를 공모했으나 마땅한 곡이 없자, 저우언라이周恩來의 제안으로 1949년 9월 27일 정협 전국위원회 제1차 전체회의에서 채택되었다.

저우언라이가 〈의용군 행진곡〉을 국가로 지정하자고 제안했을 때, 가사 중 "중화 민족에 닥친 가장 위험한 시기" 부분을 수정하자는 의견이 제기되었다. 신중국 건국 후 제국주의 반동 세력들을 모두 물리쳤으니 가사 내용이 적절치 않다는 것이었다. 그러나 저우언라이는 유비무환의 필요성을 강조하면서 원 가사를 고집했고, 마오쩌둥 역시 이에 동의하면서 원 가사가 유지되었다. 한편 1978년 3월 5일에 개최된 제5기 전국인대 제1차 회의에서는 문화대혁명 좌경사상의 영향으로 〈의용군 행진곡〉의 가사 수정에 관한 결의가 통과되었으나, 1982년 12월 4일 제5기 전국인대 제5차 회의에서 원래의 가사를 복구했다.

起來
不愿做奴隸的人們!
把我們的血肉,
築成我們新的長城!
中華民族到了最危險的時侯,
每個人被迫着發出最后的吼聲,
起來! 起來! 起來!
我們萬衆一心,
冒着敵人的砲火,
前進!
冒着敵人的砲火,
前進! 前進! 前進! 進!

일어나라
노예 되기 싫은 사람들아!
우리의 피와 살로,
우리의 새 장성을 쌓자!
중화 민족에 닥친 가장 위험한 시기,
억압에 못 견딘 사람들의 마지막 외침,
일어나라! 일어나라! 일어나라!
우리 모두 일치단결하여,
적의 포화를 뚫고,
전진!
적의 포화를 뚫고,
전진! 전진! 전진! 전진하자!

자연환경과 자연재해

이강원

경도와 위도

중국은 러시아, 캐나다, 미국 다음으로 면적이 넓으며, 알래스카를 제외한다면 미국 본토보다도 넓다. 넓은 면적은 폭이 큰 경도, 위도와 연결된다. 신장웨이우얼자치구 서쪽에 위치한 파미르고원의 동단이 동경 73도, 헤이룽장성 동쪽의 우쑤리烏蘇里강과 헤이룽강이 만나는 지점이 동경 135도로서, 약 62도의 경도 폭이 있다. 이론적으로는 4, 5개의 시간대가 가능하지만 중국은 동경 120도를 기준으로 하는 '베이징 시간'을 전국 표준시로 사용한다. 위도는 헤이룽장성 북단의 모허漠河가 북위 53.5도이며, 중국 정부의 주장에 따른다면 하이난성 난사南沙군도 남단의 쩡무안사曾母暗沙 남쪽 해역이 북위 3.9도로서, 약 50도의 폭이 있다. 따라서 열대에서 온대, 한대까지 다양한 기후대가 존재한다. 육지의 98%가 북위 20~50도 사이에 위치하며, 아열대 면적이 26.1%, 온대 면적이 45.1%를 차지한다. 친링秦嶺산맥과 화이허淮河강이 온대와 아열대를 구분하는 자연지리학적 표지로 인식된다.

산맥과 지세

중국의 산맥은 동-서, 남-북, 동북-서남, 서북-동남 등 네 개 방향을 갖는다. 동-서 방향의 산맥으로는 북부에 톈산天山-인산陰山-옌산燕山산맥, 중부에 쿤룬崑崙-친링秦嶺산맥, 남부에 난링南嶺산맥이 있다. 남-북 방향의 산맥으로는 헝돤橫斷, 허란賀蘭산맥이 있다. 동북-서남 방향의 산맥으로는 다싱안링大興安嶺

주요 산맥 분포 개관

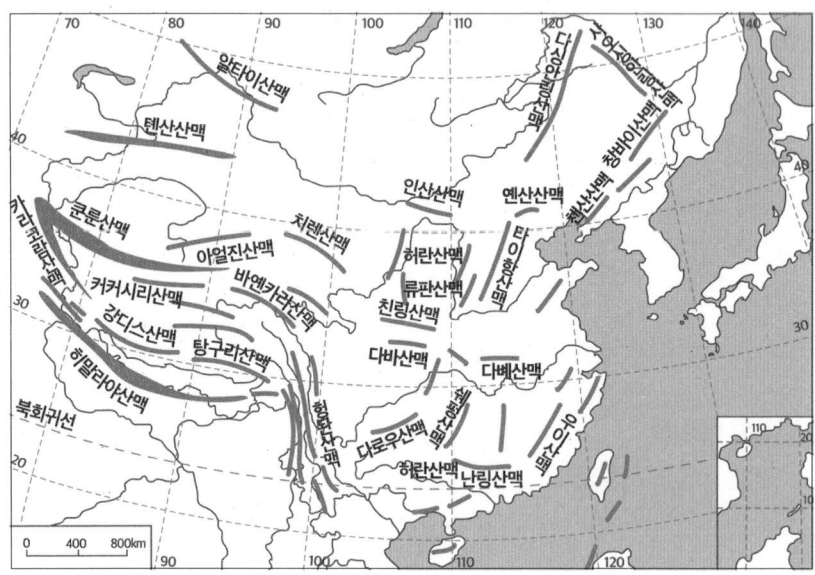

자료: 『中國自然地理綱要』.

서고동저의 3단계 계단식 지세

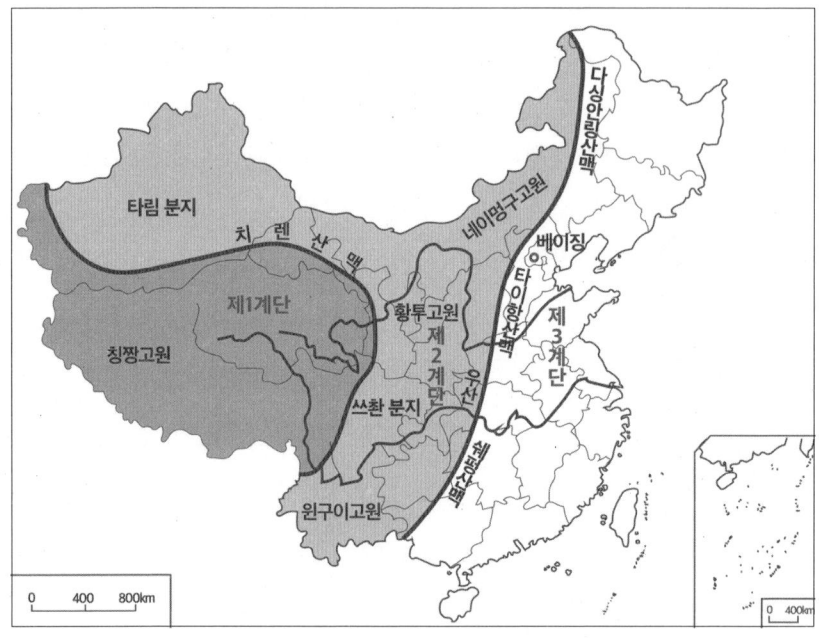

자료: 『中國自然地理綱要』.

-타이항太行-우산巫山-우링武陵-쉐펑雪峰산맥과 창바이長白산맥, 우이武夷산맥 등이 있다.

중국의 지세는 대체로 서고동저西高東低이면서 3단계의 계단식 형태를 보인다. 칭짱靑藏고원이 가장 높은 계단에 해당한다. 다싱안링산맥에서 쉐펑산에 이르는 산계의 서쪽 지역에서 칭짱고원을 제외한 부분이 두 번째 계단에 해당하며, 타림塔里木 분지, 네이멍구內蒙古고원, 쓰촨四川 분지, 윈구이雲貴고원이 여기에 위치한다. 다싱안링산맥에서 쉐펑산에 이르는 산계의 동쪽 지역이 세 번째 계단에 해당한다. 이 지역에는 둥베이東北평야, 화베이華北평야, 창장長江 중하류 평야, 주장珠江 삼각주 평야가 위치한다.

하천

중국의 하천은 수가 많고 길이가 길다는 특징이 있다. 유역 면적이 1만㎢ 이상인 하천 숫자만 79개에 이른다. 창장(양쯔강)은 길이가 약 6300㎞로서 세계에서 세 번째이며, 황허黃河는 약 5464㎞로서 세계에서 다섯 번째, 헤이룽강은 약 4370㎞로 세계에서 아홉 번째로 길다. 황허는 중국 문명을 상징하는 강이지만, 과거 잦은 홍수와 유로 변동으로 인해 재해의 상징이기도 했다. 현재 산둥성 둥잉東營시에서 바다로 들어가지만, 허난성 싼먼샤三門峽를 꼭짓점으로 북으로는 톈진天津의 하이허海河를 유로로 삼아 흐르기도 했고, 남으로는 화이허를 유로로 삼아 흐르기도 했다. 때문에 황허의 유로 변동 범위에 있는 지역을 '황화이하이黃淮海 평원'이라고도 부른다. 황허는 최근 단류斷流 현상을 겪었으며, 이에 따라 중국 정부는 창장의 물을 인공 도수로를 통해 황허로 옮기는 '남수 북조'南水北調 사업을 진행했다.

창장은 이름 그대로 중국에서 가장 긴 강이며, 다양한 기후와 지형을 통과하고, 유량도 가장 많다. 유역에 습지와 평야가 발달되어 있고, 일찍부터 수운으로 활용되었다. 그러나 홍수로 인해 많은 피해를 입히기도 한다. 창장 유역의 홍수는 6월 이후 본류에 걸쳐 배회하는 메이위梅雨(장마) 전선과 동서로 흐르는 본류를 중심으로 남북으로 뻗어 있는 지류 유역의 강우량과 강우 시기, 쓰촨 분지 및 칭짱고원 동사면의 융설 및 강우 등이 복합적으로 얽혀서 발생한다. 따라서 중하류 지역의 경우, 비는 어제 그쳤는데 오늘 홍수가 일어나는 현상이 발생하기도 한다. 1994년 착공하여 2008년 완공된 싼샤三峽 댐은 홍수조절과 발전發電 및 수운의 촉진을 위해 건설되었다.

타림 분지의 타림강, 허시저우랑河西走廊의 스양허石羊河, 헤이허黑河, 쑤러허疎勒河, 차이담柴達木 분지의 여러 하천은 바다에 이르지 않는 내륙 하천이다. 이 하천들의 물은 상류의 관개농업 개발로 인해 과다하게 이용되었고, 이에 하천의 길이가 짧아져 하류 지역에서 사막화 현상이 나타나고 있다.

중국이 여러 나라와 국경을 마주하고 있기 때문에 국제하천 역시 여러 개이다. 동북 지역의 헤이룽강은 몽골공화국 및 러시아, 두만(투먼)강은 북한 및 러시아, 압록(야루)강은 북한과 관계된다. 서북 지역의 어얼치스額爾齊斯강과 이리伊犁강은 카자흐스탄과 관계되며, 서남 지역의 야루장부雅魯藏布강은 인도 및 방글라데시, 누장怒江강은 미얀마 및 태국, 그리고 란창瀾滄강은 태국, 라오스, 캄보디아, 베트남과 관계된다.

기후

중국의 기후를 형성하는 주된 요소로는 먼저 큰 위도 차로 인해 발생하는 태양복사의 차이를 들 수 있다. 이로 인해 지역별로 연평균 온도 차이가 크며, 다양한 기후대가 나타난다. 다음은 유라시아 대륙의 동쪽에 위치하면서 동쪽과 남쪽이 바다에 접한다는 점인데, 이는 계절풍 및 태풍과 연결되어 있다. 마지막으로 칭짱고원이라는 크고 높은 지형이 존재한다는 점으로, 바람의 방향, 대기의 환류, 습도 등 대기 전반에 영향을 준다. 이 중에서도 계절풍은 중국의 기후 지역을 구분하는 중요한 변수이다. 우선 겨울 계절풍의 서한계선은 시닝西寧, 쿤밍昆明에 이르며, 남한계선은 난하이南海 중부에 이른다. 여름 계절풍의 북한계선은 란저우蘭州와 후허하오터呼和浩特에서 가까운 이북 지역에 위치한다. 이 밖에 4~10월 사이에 주로 난링산맥 이남에 영향을 미치고, 구이양貴陽-푸저우福州를 북한계선으로 하는 서남 계절풍이 있다.

한차오寒潮(한파)와 메이위는 중국의 기후에 영향을 주는 중요한 날씨 체계이며, 미치는 범위 또한 매우 크다. 여기에 동남 연해 지방은 타이펑颱風(태풍)

계절풍의 영향 범위

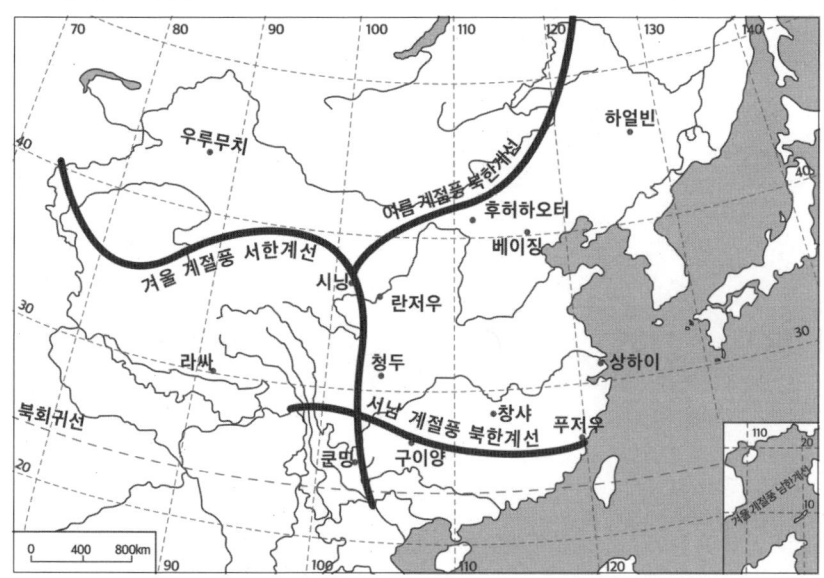

자료: 『中國自然地理綱要』.

한차오의 경로와 영향 범위

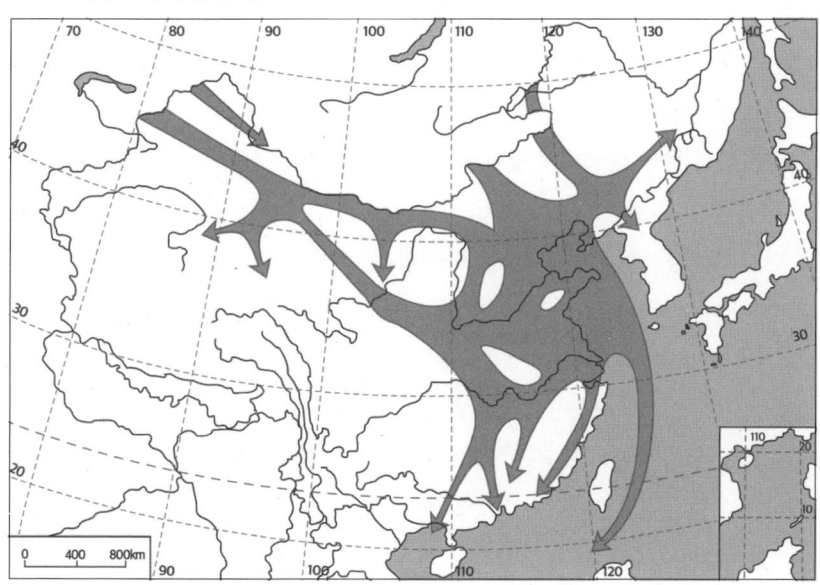

자료: 『中國自然地理綱要』.

타이펑의 이동 경로

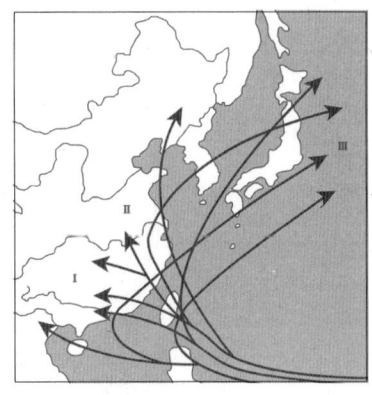

자료: 『中國自然地理綱要』.

이라는 날씨 체계의 영향 또한 받는다. 한차오는 10월에서 이듬해 4월 사이 북쪽 한랭고기압의 영향으로 매우 찬 공기가 빠르게 남하해 기온이 48시간 이내 섭씨 10도 이상 급강하고 서리나 결빙 현상이 나타나면서 센 바람이나 눈비가 내리는 날씨 과정을 말한다. 메이위는 창장 중하류와 화이허강 유역에서 매년 6월 중순부터 7월 상순 사이에 큰 범위에 걸쳐 비가 내리는 날씨 과정이다. 한국의 장마와 비슷하여 대부분 이 기간 동안 연속적인 강우 패턴을 보이지만, 드물게 7월에 폭우가 내리는 경우도 있다.

타이펑은 서태평양 및 난하이에서 발생한다. 강풍과 강우를 동반하면서 남부 및 동부 연해 지역에 여름과 가을에 걸쳐 큰 영향을 준다. 타이펑의 경로는 서태평양이나 난하이에서 발생하여 중국의 하이난성, 광둥성, 광시성 및 베트남으로 향하는 경로, 서태평양에서 발생하여 필리핀 동부와 타이완을 거쳐 중국 본토 중심부로 향하거나 동부 연해 지역을 지나는 경로, 서태평양에서 발생하여 필리핀 동쪽 해상에서 방향을 틀어 일본으로 향하는 경로로 나뉜다. 통상 5~10월 사이에 발생하며, 6월 이전과 9월 이후 타이펑은 그림의 첫 번째(I)와 세 번째(III) 경로를, 7월과 8월의 타이펑은 두 번째(II) 경로를 취한다. 메이위와 타이펑은 중국 동남부 지역에 대규모 홍수를 야기하기도 한다.

육지와 바다의 위치, 계절풍, 메이위 및 타이펑 등의 영향으로 중국의 연강수량은 동남에서 서북으로 갈수록 감소한다. 동남 연해 지역 일부에서 2000mm에 달하는 강수량이 타클라마칸 사막에서는 25mm로 감소한다.

자연재해

중국은 넓은 면적만큼 다양한 자연재해를 겪어 왔다. 그 피해 규모 또한 커

연 강수량의 분포 (단위: mm)

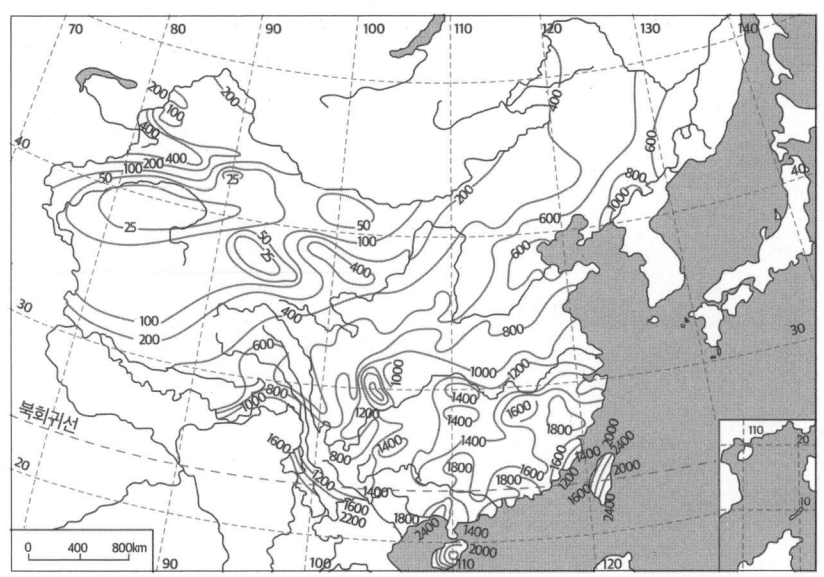

자료: 『中國自然地理綱要』.

서 역사와 정치의 전환점을 이룬 경우가 적지 않다. 대표적인 자연재해로는 가뭄·태풍·홍수·우박·이상저온·폭설·모래폭풍·건조열풍 등의 기상·수문재해, 지진·해일·산사태·싱크홀 등의 지질 재해, 병충해 및 쥐·메뚜기가 창궐하는 등의 생물 재해, 사막화·토양유실·염류화 등의 토지 퇴화 재해 등이 있으며, 사스SARS 등의 전염병도 자연재해의 범주로 분류된다. 1949년 이후 대규모 인명 피해를 초래한 자연재해는 주로 지진·홍수·가뭄이었는데, 그 인명 피해 규모에서 여타 국가와 단위가 다르다는 것을 알 수 있다.

중국 정부는 자연재해의 예방을 도모하고 피해를 낮추기 위해 국무위원급을 위원장으로 하는 국가감재위원회國家減災委員會를 두고 있으나, 이 조직은 어디까지나 평상시의 연구와 예방을 위한 조직이며, 일단 특대형 자연재해가 발생할 경우에는 정치국 상무위원급이 지휘하는, 민·관·군을 망라한 범국가적 임시 대응 기구가 가동된다.

1949년 이후 대규모 자연재해 연표

시기	자연재해 명칭	인명 피해 규모
1950.7.	화이허 홍수	약 1300만 명 이재민 발생.
1954.7.	창장·화이허 홍수	약 1888만 명 이재민 발생, 홍수 후 전염병으로 퉁팅호洞庭湖 지역에서만 약 3만 명 사망.
1959~61	'3년 재해'	봄·여름 가뭄 위주, 약 3000만 명 아사 추정.
1966.3.8.	3.8 싱타이 지진	허베이성 싱타이邢臺현에서 진도 6.8~7.2 지진 발생. 8064명 사망, 약 3만 8000명 상해.
1970.1.5.	1.5 퉁하이 지진	윈난성 위시玉溪 퉁하이通海현에서 진도 7.7 지진 발생. 1만 5621명 사망, 약 3만 2000명 상해.
1975.8.	허난 주마뎬 특대형 폭우	허난성 주마뎬駐馬店 지구에서 특급 폭우 발생. 2만 6000명 이상 사망, 이재민 약 1015만 명 발생.
1976.7.28.	7.28 탕산 대지진	허베이성 탕산唐山시에서 진도 7.8 지진 발생. 24만 2769명 사망, 약 16만 4000명 중상.
1978~83	'북방대한'北方大旱 또는 '6년대한'六年大旱	장기간 심각한 가뭄으로 농업 생산 차질.
1991.5.~6.	'화동수재'華東水災 또는 '안후이 창장·화이허 수재'安徽江淮水災	안후이성·장쑤성 일대에서 홍수 발생. 431명 사망, 9000만 명 이재민 발생. 중국이 최초로 국제사회에 원조 요청.
1998.7.~8.	1998 창장 특대 홍수	남쪽의 창장과 동북의 쑹화강 유역에서 특대형 홍수 발생. 4150명 사망, 약 2억 2300만 명 이재민 발생.
2003.1.~7.	중증 급성호흡기증후군SARS	2002년 말 광둥성 순더順德현에서 시작되어, 중국 및 동남아로 확산됨. 중국 본토에서 348명, 홍콩에서 299명 사망. 전염의 불특정성과 유행의 장기성으로 인한 불안과 공포 확산.
2008.5.12.	5.12 원촨 대지진	쓰촨성 아바 장족·창족자치주 원촨汶川현에서 진도 8.3 지진 발생. 6만 7551명 사망, 9148명 실종, 28만 1367명 상해.
2010.4.14.	4.14 칭하이 위수 지진	칭하이성 장족자치주 위수玉樹시에서 진도 7.1 지진 발생. 2698명 사망, 270명 실종, 1만 2000여 명 상해, 약 20만 명 이재민 발생.
2013.2.~2016.3.	H7N9 조류 독감 확산	2013년 2월 상하이 안후이 등지에서 발생하기 시작. 2016년 1월까지 확진 134명, 사망 37명으로 발표.
2019.11.~	코로나19COVID-19 바이러스 확산	2019년 11월 후베이성 우한에서 신형 코로나 바이러스 감염 발생. 2024년 말까지 12만 2388명 사망(WHO통계).

자료: 『中國氣象災害大典』 및 언론 보도.

인구와 민족

김소연

인구

인구 변화를 종합적으로 확인할 수 있는 중국의 인구조사는 중국국가통계국에 의해 집계된다. 31개의 성, 직할시와 자치구를 포함하는 전국 단위 인구조사(홍콩·마카오·대만 제외)는 1953년, 1964년, 1982년, 1990년, 2000년, 2010년, 2020년 총 7회가 진행되었다. 1990년부터는 끝자리가 '0'인 해에 인구조사가 한 차례씩 진행되고 있으며, 끝자리가 '5'인 해에 전체 인구의 1%를 대상으로 인구표본조사가 실시된다. 인구표본조사는 1987년에 처음 시작되어 2024년까지 총 네 차례 실시되었다.

중국국가통계국에 따르면 2023년 말을 기준으로 중국 인구는 14억 967만 명으로, 홍콩(752만 7900명)과 마카오(68만 3700명)의 인구를 합치면 14억 1700만 명을 초과한다. 이는 세계 인구의 약 17%에 해당하는 수치이다. 유엔 통계에 따르면 세계 최대 인구를 보유해 온 중국은 2022년부터 인도에게 '인구 대국 1위'의 자리를 내주었다.

중국의 인구 분포는 대체로 동남쪽에 집중되어 있다. 헤이룽장성 헤이허시와 윈난성 텅충시 간의 '헤이허-텅충선'黑河-騰衝線을 기준으로 중국 영토의 43%에 해당하는 동남부에 전체 인구의 94%가 집중되어 있으며, 그 외의 지역에는 6%의 인구만이 거주한다. 그리고 이와 같은 인구 분포의 불균형성은 중국의 호적 제도와 연관된다. 1950년대부터 시작된 호적 제도는 농촌인구의 도시 이주를 제한해 왔고, 중국 사회의 도농 이원 구조 형성에 상당한 영향을 미

중국 인구 통계 (단위: 만 명)

연도	총인구	호적별		성별		민족	
		도시	농촌	남	여	한족	소수민족
1953	59,435	7,726	50,534	30,799	28,636	54,278	4,707
1964	69,458	12,710	56,748	35,652	33,806	65,456	4,002
1982	101,654	21,480	80,174	52,352	49,302	94,088	6,730
1990	114,333	30,195	84,138	58,904	55,429	104,248	9,120
1995	121,121	35,174	85,947	61,808	59,313	109,932	10,846
2000	126,743	45,906	80,837	65,437	61,306	115,940	10,643
2005	130,756	56,212	74,544	67,375	63,381	118,295	12,333
2010	134,091	66,978	67,113	68,748	65,343	122,593	11,379
2015	137,462	77,116	60,346	70,414	67,048	125,614	11,735
2016	138,271	79,298	58,973	70,815	67,456	-	-
2017	140,011	84,343	55,668	71,650	68,361		
2018	140,541	86,433	54,108	71,864	68,677		
2019	141,008	88,426	52,582	72,039	68,969		
2020	141,212	90,220	50,992	72,357	68,855	128,681	12,531
2021	141,260	91,425	49,835	72,311	68,949	-	-
2022	141,175	92,071	49,104	72,206	68,969	-	-
2023	140,967	93,267	47,700	72,032	68,935	-	-

자료: 中國國家統計局.

치게 되었다.

한편 급속하게 진행된 도시화에 따라 인구 유동성이 점차 활발해짐으로써, 2011년의 상주인구 도시화율은 처음으로 50%를 초과했고 2023년에는 66.1%를 기록했다. 그러나 호적 제도의 영향으로 인해 호적의 도시화율은 2023년 기준 48.3%에 그치고 있고, 1선 도시一線城市는 다른 지역에 비해 엄격한 인구 유입 정책을 실시하고 있어 농촌인구의 도시 유입이 쉽지 않은 상황이다.

중국은 1970년대 말부터 '계획생육정책'計劃生育政策이라는 엄격한 인구 조절 정책을 통해 출산 제한을 추진해 왔다. 민족 및 호적 제도와 깊은 관계가 있는 '계획생육정책'은 도시 가정에 한정하여 '한 자녀獨生子女 정책'을 적용했다. 중국의 산하제한정책이 인구 감소와 인구구조의 왜곡, 고령화에 따른 다양한 경제적·사회적 문제를 야기함에 따라 인구정책의 변화가 불가피했다. 이에 따라 2016년 1월 1일, 36년 동안 지속해 온 '한 자녀 정책'을 폐기하고 '전면 두 자

중국 지역별 인구 현황 (단위: 만 명, %)

지역	2023년 인구수	증가율
베이징北京	2,186	1.5
톈진天津	1,364	1.0
허베이河北	7,393	-27.0
산시山西	3,466	12.18
네이멍구內蒙古	2,396	-5.2
랴오닝遼寧	4,182	-15.0
지린吉林	2,239	-8.3
헤이룽장黑龍江	3,062	-37
상하이上海	2,487	11.6
장쑤江蘇	8,526	11.0
저장浙江	6,627	50.0
안후이安徽	6,121	-6.0
푸젠福建	4,183	-5.0
장시江西	3,466	-15.4
산둥山東	10,123	-39.9
허난河南	9,815	-57.0
후베이湖北	5,838	-6.0
후난湖南	6,568	-36.0
광둥廣東	12,706	49.2
광시廣西	5,027	-20.0
하이난海南	1,043	16.2
충칭重慶	3,191	-21.9
쓰촨四川	8,368	-6.0
구이저우貴州	3,865	9.0
윈난雲南	4,673	-20.0
시짱西藏	365	1.0
산시陝西	3,952	-4.0
간쑤甘肅	2,465	-26.5
칭하이青海	594	-1.0
닝샤寧夏	729	1.0
신장新疆	2,598	11.0

자료: 中國國家統計局.

녀全面二孩 정책'을 추진했다. 2021년 8월부터 중국 정부는 세 자녀 출산을 전면 허용했다. 중국 정부는 인구 급증을 막기 위해 '계획생육'을 실시했으나, 저출산과 고령화 상황으로 인해 '계획생육'에서 출산을 장려하는 방향으로 정책이 변화했음을 보여 준다.

민족

중국은 한족漢族, 장족壯族, 만주족滿族, 회족回族, 티베트족藏族, 몽골족蒙古族, 조선족朝鮮族 등 56개 민족으로 구성되어 있으며, 한족 이외의 민족은 소수민족으로 분류된다. 출산 및 교육 등 소수민족에 대한 정책적 지원으로 소수민족이 전체 인구에서 차지하는 비율이 점차 증가하는 추세를 보이고 있지만, 중국 전체 인구의 90% 이상을 차지하는 한족과 비교했을 때 매우 적은 수치에 불과하다. 2020년에 실시된 인구조사에 따르면 소수민족은 전체 인구의 8.9%인 약 1억 2531만 명으로 집계되었다. 2010년과 비교하여 한족의 인구 증가율은 4.9%, 소수민족은 11.9%로, 소수민족 인구가 더 빠르게 증가한 것으로 나타났다. 중국의 소수민족은 대체로 중서부 지역에 집중적으로 거주하고 있으며, 10년 사이에 광둥, 저장, 장쑤, 상하이, 푸젠 등 동남부 지역에서 소수민족 인구가 급격하게 증가했다.

중국 지역별 소수민족 분포 현황 (단위: 만 명, %)

지역	2010년	2020년	증가율
합계	11,196.61	12,531.57	11.92
베이징	80.12	104.79	30.79
톈진	33.14	44.34	33.81
허베이	299.29	322.08	7.62
산시	9.36	12.18	30.14
네이멍구	505.56	511.35	1.15
랴오닝	664.31	642.13	-3.34
지린	218.57	208.76	-4.49
헤이룽장	137.48	112.13	-18.44
상하이	27.62	39.97	44.71
장쑤	38.49	62.09	61.32
저장	121.47	221.64	82.46
안휘	39.56	43.24	9.30
푸젠	79.69	112.10	40.67
장시	15.23	21.71	42.57
산둥	72.59	90.47	24.63
허난	112.16	115.53	3.00
후베이	246.85	277.07	12.24
후난	655.14	668.49	2.04
광둥	206.73	475.11	129.82
광시	1,710.77	1,880.73	9.93
하이난	142.54	158.29	11.05
충칭	193.71	217.05	12.05
쓰촨	490.78	568.80	15.90
구이저우	1,240.44	1,404.43	13.22
윈난	1,534.92	1,563.51	1.86
시짱	275.69	320.47	16.24
산시	18.96	22.24	17.29
간쑤	241.04	265.64	10.20
칭하이	264.32	293.04	10.87
닝샤	221.5	258.97	16.92
신장	1,298.58	1,493.22	14.99

자료: 中國國家統計局.

행정구역

양갑용

현 중화인민공화국 헌법에 따르면, 중국의 지방 행정구역은 성급省級, 현급縣級, 향급鄕級의 3급 체제로 구성되어 있다. 헌법 30조는 "(1) 전국을 성省, 자치구自治區, 직할시直轄市로 나눈다, (2) 성, 자치구를 자치주自治州, 현縣, 자치현自治縣, 시市로 나눈다, (3) 현, 자치현을 향鄕, 민족향民族鄕, 진鎭으로 나눈다."라고 명시하고 있다. 직할시와 비교적 규모가 큰 시의 경우에는 다시 구區와 현으로 나뉘며, 자치주는 현과 자치현, 시로 재분류된다. 자치구, 자치주, 자치현은 모두 민족 자치의 형태를 취하고 있다.

경제가 비교적 발달한 지역의 경우에는 도시와 농촌, 공업과 농업의 상호 촉진을 위해 수직·수평적 분할을 제거하여 시가 현을 지도하는 시관현市管縣 체제를 실행하고 있다. 이는 헌법상의 구분일 뿐 현실에서는 성급과 현급 사이에 지급地級이 존재하는 지방 4급 행정 체제를 운영하고 있다. 즉, 지방 행정 구획은 성급-지급-현급-향급의 4급 체제가 유지되고 있다. 그러나 아직 헌법에는

중국의 지방 3급 행정 체제

층차		행정 단위
제1급	성급	성, 자치구, 직할시, 특별행정구
제2급	현급	시할구市轄區, 현급시縣級市, 현, 자치현, 기旗, 자치기自治旗, 특구特區, 임구林區
제3급	향급	가도街道, 진, 향, 소목蘇木, 민족향, 민족소목, 현할구縣轄區

자료: 中國國家統計局.

중국 지방 행정구역 현황 (2024년 10월 기준)

층차	행정 단위	수	
성급	성	22	33
	자치구	5	
	직할시	4	
	특별행정구	2	
지급	지급시地級市	293	333
	지구地區	7	
	자지수	30	
	맹盟	3	
현급	시할구	977	2,843
	현급시	394	
	현	1,301	
	자치현	117	
	기	49	
	자치기	3	
	특구	1	
	임구	1	
향진급	가도	8,984	38,602
	진	21,389	
	향	7,116	
	소목	153	
	민족향	966	
	민족소목	1	
	현할구	2	

자료: 中國國家統計局.

반영되지 않았다. 따라서 현행 중국의 행정구역은 3급 체제와 4급 체제가 병존한다고 할 수 있다. 지린성 연변조선족자치주가 대표적인 지급 행정구역이다.

    자치구, 자치주, 자치현은 모두 민족 자치 구역으로서 국가 기구로 편제되어 있다. 국가는 필요한 경우 특별행정구를 설립할 수 있는데, 중국에는 현재 홍콩특별행정구와 마카오특별행정구 등 두 개의 특별행정구가 있다. 특별행정구의 지위는 지방 행정등급에서 최고위층에 속하는 성급 행정 단위에 속한다. 홍콩특별행정구는 1997년 7월 1일 중국에 반환되었으며, 마카오특별행정구는 1999년 12월 20일 중국에 귀속되었다. 특별행정구는 대만과의 통일에 대비하여 사회주의와 자본주의가 병존하는 일국양제一國兩制 정책을 시험적으로 실시

중국 성급 행정단위 구성 현황 (2024년 10월 기준)

행정단위	수	현황
직할시	4	베이징, 상하이, 톈진, 충칭
성	22	허베이성, 산시성山西省, 랴오닝성, 지린성, 헤이룽장성, 장쑤성, 저장성, 안후이성, 푸젠성, 장시성, 산둥성, 허난성, 후베이성, 후난성, 광둥성, 하이난성, 쓰촨성, 구이저우성, 윈난성, 산시성陝西省, 간쑤성, 칭하이성
자치구	5	닝샤후이족자치구寧夏回族自治區, 신장웨이우얼자치구新疆維吾爾自治區, 네이멍구자치구內蒙古自治區, 시짱(티베트)자치구西藏自治區, 광시좡족자치구廣西壯族自治區
특별행정구	2	홍콩香港特別行政區, 마카오澳門特別行政區

자료: 中國國家統計局.

하는 곳이기도 하다.*

* 중국은 대만을 대만성으로 간주하여 23개로 분류하지만 여기서는 행정력이 미치는 범위로 한정하여 대만을 제외했다.

언어*

류동춘

중국은 56개의 민족으로 구성된 국가이다. 한족이 전체 인구의 가장 많은 비중을 차지하기 때문에 한어漢語가 표준어로 지정되어 있지만, 한어 외에도 여러 종류의 언어가 사용된다. 이 언어들을 언어 계보로 분류해 보면, 한장漢藏, Sino-Tibetan어계, 알타이阿爾泰, Altaic어계, 남아南亞, AustroAsiatic어계, 남도南島, Austronesian어계, 인구印歐, Indo-European어계의 다섯 어계에 속한다. 다섯 어계 가운데 가장 많은 인구가 사용하는 것은 한장어계 언어이고, 그다음이 알타이어계의 언어들이다.

한장언어 계보

한장어계의 언어는 중국에 가장 넓게 분포되어 있으며 사용 인구도 가장 많다. 한장어계 언어의 분류에 관해서는 이견이 많지만, 중국학자의 분류에 따르면 한어 이외에 장면藏緬, 묘요苗瑤, 장동壯侗의 세 어족으로 세분된다. 이 가운데 한어의 사용 인구가 가장 많다. 한편『중국언어지도집』中國言語地圖集에서는 한어를 전통적으로 일곱 가지 대방언大方言으로 세분했는데, 현재는 언어적 특성을 감안해 진어晉語를 관화官話에서 분리해 8대 방언으로 거론된다. 관화 방언으로도 불리는 북방 방언은 중국의 북방, 동북, 서북, 서남 지역 등 가장 넓은

★ 언어 자료의 수치는 中國社會科學院語言研究所等,『中國語言地圖集』(第2版), 商務印書館(2007)에 근거했다.

범위에 분포하며, 전체 인구의 66.2% 정도가 사용하고 있다. 관화에서 분리된 진어는 산시성山西省과 산시성陝西省 북부 네이멍구자치구 중서부 지역에 분포하는데 타이위안어太原話*가 대표 언어이고 전체 인구의 5.2%가 사용한다. 오어吳語로도 불리는 오吳방언은 장쑤성 남부 지역과 저장성 북부 지역 및 타이후太湖 유역에 분포하는데 상하이어上海話, 쑤저우어蘇州話, 항저우어杭州話가 대표적이고 전체 인구의 6.1%가 사용한다. 광둥어廣東話로도 불리는 월粵방언은 광둥성과 광시성 그리고 주장 삼각주 지역에 분포하며, 전체 인구의 4.9%가 사용한다. 민어閩語로도 불리는 민閩방언은 푸젠성과 타이완臺灣 그리고 저장성과 하이난성의 일부 지역에 분포하는데, 아모이어廈門話가 대표 언어이며 전체 인구의 6.2%가 사용한다. 커지아어客家語로도 불리는 객가 방언은 광둥성 동부 지역과 북부 지역, 푸젠성 서부 지역, 그리고 장시성 서부 지역에 분포하고, 전체 인구의 3.5%가 사용한다. 장시어江西話로도 불리는 감贛방언은 장시성과 후베이성 일부 지역에 분포하고, 난창어南昌話가 대표 언어이며, 전체 인구의 4%가 사용한다. 후난어湖南話로도 불리는 상湘방언은 후난성과 광시성 일부 지역에 분포하며, 창사어長沙話가 대표 언어이고, 전체 인구의 3%가 사용한다.

　　이 8대 방언은 2개 북방 방언과 그 밖의 6개 동남 방언군으로 나뉘는데, 이들 방언 간에는 발음의 차이가 아주 크고, 어휘 차이 또한 적지 않은 데다 문법에서도 엄연한 차이가 존재하기 때문에 의사소통에 어려움이 존재한다. 따라서 내부 통일성이 강한 북방 방언에 기반하여 현대 중국어의 공용 표준어인 보통화普通話가 제정되었다. 1955년에 내린 보통화에 대한 정의는 "북방어를 기초 방언으로 하고, 북경어 발음을 표준음으로 하며, 모범적인 현대 백화문 저작을 문법 규범으로 하는 한족 공통어"이다.

　　사실 로망스어Romace Languages에서 분리된 프랑스어, 이탈리아어, 스페인어, 포르투갈어, 루마니아어 등을 각기 다른 언어로 분류하는 것을 생각해 보면, 한어를 여덟 가지 방언으로 설명하는 것이 적절하지 않아 보일 수 있지만, 중국인

＊ 중국어에서 하위 방언은 '○○話'로 부르는데, 한국어에서는 '○○어'로 표기하는 것이 일반적이다.

에게는 이들 방언에 기반해 있는 보통화라는 공용어가 있고, 서면어書面語로 '백화문'白話文이 통용되고 있기 때문에 일반적으로 하나의 언어로 간주한다.

한어 이외에 장면, 묘요, 장동의 세 어족은 주로 중국의 남서부에 분포하며, 사용 인구가 각각 1200만 명, 500만 명, 1600만 명 정도이다.

기타 언어 계보

알타이어계의 언어들은 중국의 북방 지역인 신장웨이우얼자치구, 네이멍구자치구와 간쑤성, 칭하이성, 헤이룽장성, 지린성, 랴오닝성에 분포하며, 다시 돌궐突厥과 몽골蒙古, 만주-퉁구스滿洲-通古斯 세 어족으로 나눌 수 있고, 사용 인구는 1000만 명 정도이다. 남아어계의 언어들은 아시아 남부 지역과 동남 지역에 주로 분포하는데, 중국 경내에는 몽-크메르Mon-Khmer어족에 속하는 여섯 종의 언어를 대략 37만 명 정도가 사용하고 있다. 남도어계의 언어들은 주로 남태평양 도서에 분포하며, 중국 경내에는 하이난성과 타이완성에서만 인도네시아어족에 속하는 20여 종의 언어를 27만여 명이 사용하고 있다. 인구어계는 전 세계적으로 가장 넓은 지역에 분포하고, 사용 인구도 가장 많다. 고대 중국에서는 비단길 언저리에 많은 인구어계 언어들이 있었던 것으로 보이는데 지금은 거의 사라졌다. 현재 중국 경내에는 신장웨이우얼자치구에 단 두 종류만 남아 있고 사용 인구는 3만여 명 정도이다.

위 다섯 어계의 언어 이외에 지린성, 헤이룽장성, 랴오닝성에서 176만 명이 사용하고 있는 언어가 하나 더 있다. 바로 조선족이 사용하는 한국어인데, 이전에는 알타이어계로 분류했지만, 지금은 한국어와 만주-퉁구스 어족과의 공통점이 많지 않기 때문에, 일본어와 함께 다른 어계로 분류해야 한다는 견해가 지배적이다.

2장 현대사

5.4 운동

조경란

발단과 시작

1919년 5월 4일, 베이징에서 시작된 학생들의 대규모 시위는 중국 역사상 최초의 대중운동이었다. 이 운동은 현대 중국 역사에서 중요한 분기점으로 평가받는다. 제1차 세계대전이 끝나고 승전국들은 1919년 파리에서 베르사유조약을 체결했다. 중국은 전쟁 중 독일과의 관계를 끊고 연합국에 합류했기 때문에 승전국으로서 정당한 권리를 기대했다. 특히 독일이 차지하고 있던 산둥반도의 이권이 중국으로 반환될 것을 예상했다. 하지만 베르사유조약에서 산둥반도의 이권이 일본에 넘어간다는 결정이 내려지자 중국인들은 큰 충격을 받았다. 이는 서구 열강에 대한 실망과 일본에 대한 반감으로 이어졌고, 학생들과 지식인들은 이 결정을 수용할 수 없었다. 이 불만은 결국 1919년 5월 4일, 베이징에서 시작된 대규모 학생 시위로 폭발하게 된다.

전개 과정

1919년 5월 4일, 베이징 대학을 비롯한 여러 대학교 학생들이 거리로 나와 항의 시위를 벌였다. 이들은 "애국"과 "민족자결"을 외치며, 일본의 이권 획득을 규탄하고, 중국 정부의 무능함을 비판했다. 시위대는 "산둥반도의 주권을 반환하라", "파리강화조약 조인을 거부하라."는 구호를 외치면서 재정총장 겸 교통총장인 조여림曹如霖의 집을 습격했다. 이에 정부가 강경 진압에 나섰고, 학생 32명을 체포했다. 학생 체포는 5.4 운동을 전국화하는 기폭제가 되었다. 이 운동이 대규모로 확대되어 민족주의 형태를 띠게 된 것은 영토 상실이라는 문제가 이슈화되면서였다. 이로 인해 5월 19일부터는 베이징의 각 대학 학생들이 동맹휴학에 들어갔고 이는 곧바로 전국적으로 퍼져 나갔다. 일정 기간 관망하던 정부는 6월 3일 1000여 명의 학생을 체포했다. 베이징 정부가 일본 정부의 압력에 굴복하여 대량 체포를 감행한 것이다. 6월 3일의 체포 소식은 상하이로 전달되어 6월 5일 상점 스트라이크, 학생 동맹휴학, 노동자 파업이 전개되었다. 6.3 사건으로 5.4 운동은 전환점을 맞이했고 6월 10일 승리로 끝났다. 좁은 의미의 5.4 운동은 5월 4일에서 6월 말까지로 봐야 하지만, 넓은 의미의 5.4 운동은 산둥에 대한 독일 이권의 중국 반환, 21개조 요구, 중·일 군사비밀협정 파기 등의 문제가 해결을 보게 되는 1922년 2월까지로 확대된다.

결과와 평가

5.4 운동은 중국의 정치적·문화적인 면에서 큰 변화를 가져왔다. 정치적으로는 중국의 국민당과 공산당에 큰 영향을 주었다. 중국 국민당의 주요 이념이 민족주의가 되었으며 중국공산당(1921년 창당)이 형성되는 중요한 계기가 되었다. 문화적으로는 신문화운동과 연계되어 유교 전통을 비판하고, 서구의 근대사상, 과학, 평등, 여성해방 등 새로운 가치관을 중국에 도입하려는 움직임을 확산시켰다. 이 과정에서 중국의 청년 지식인들은 중국을 근대 국가로 탈바꿈시키기 위해 마르크스주의를 새로운 이념으로 받아들였다. 결과적으로 5.4 운동은 중국 현대사에서 민족주의와 개혁 의지를 표출한 중요한 사건으로 평가받으며, 중국의 근대적 자각과 정치적·사회적 변혁의 중요한 기폭제가 되었다.

중국 혁명

김수영

 1921년 7월, 상하이의 박문여고에서 중국공산당 제1차 전국대표대회가 열렸다. 당시 중국공산당원은 전국을 통틀어 50명 내외에 불과했으며 게다가 대부분이 지식인들로 구성되어 있었다. 이 미미한 지식인 조직이 거대한 농민 유격대를 이끌며 중국의 지배자로 성장하기까지는 채 30년이 걸리지 않았다. 1949년 10월, 톈안먼 광장에서 중화인민공화국이 선포될 때 중국공산당의 나이는 겨우 29세에 불과했다. 그러나 당시 중국공산당 지도자들의 나이는 이미 50대를 훌쩍 넘어 있었다. 즉, 30년도 채 안 걸린 중국 혁명의 경이로운 승리는 사실상 19세기 말부터 진행된 지도자들의 역사적 경험에 뿌리를 두고 있었다.

공산당 창당의 배경

 중국공산당을 창당한 천두슈陳獨秀와 리다자오李大釗는 19세기 말에 청淸 제국이 주도했던 근대화 개혁이 실패하는 것을 목격했을 뿐만 아니라 20세기 초에 일어난 신해혁명의 좌절을 몸소 경험한 지식인들이었다.

 1911년에 일어난 신해혁명은 청 왕조를 무너뜨리고 공화정을 탄생시켰다. 그러나 서구의 부르주아혁명과 달리 중국의 공화 혁명은 자본주의적 시장과 민주적 정체를 만들어 내지 못했다. 초대 총통인 위안스카이袁世凱는 국회를 해산하고 헌정 질서를 붕괴시켰으며, 이후 중국 전역은 군벌 할거 시대로 접어들었다. 군벌들은 열강과 결탁하여 각종 경제적 이권을 팔아넘기며 중국을 반식민지로 전락시켰다. 이에 중국 지식인들은 문화혁명을 수반하지 않는 정치

혁명은 성공할 수 없다는 사실을 깨달았다. 1915년에 천두슈는 『신청년』新青年 잡지를 창간하면서 중국의 봉건적 전통문화를 철저히 파괴하고 서구의 자유주의를 전격 수용할 것을 주장했다. 중국의 청년들은 『신청년』의 주장에 뜨겁게 반응하면서 신문화운동을 전국적으로 확산시켜 나갔다. 마오쩌둥과 같이 향후 중국 공산주의 운동을 이끌어 갈 청년 지도자들은 이렇게 신문화운동과 함께 탄생했다.

중국의 전통적 가치를 철저하게 거부했던 신문화운동의 지도자들은 1919년 5.4 운동을 겪으면서 자신들이 신봉하던 서구의 자유주의적 가치와 체제 역시 비판해 나갔다. 1919년에 제1차 세계대전이 종결되면서 개최된 파리강화회의에서 서구의 자유주의국가들은 독일이 산둥반도에 가지고 있던 권익을 중국에 돌려주지 않고 일본에 양도하기로 결정했다. 이에 분노한 중국인의 항의 시위가 1919년 5월 4일에 학생들로부터 시작되어 상인과 노동자의 파업으로 확산되었다. 폭발적인 민중의 요구 앞에서 중국 정부는 마침내 무릎을 꿇고 베르사유조약의 조인을 거부했다. 한편 같은 해인 1919년 7월, 소련 정부는 과거 차르 제국이 중국과 맺었던 불평등조약을 폐기한다는 카라한선언Karakhan Declaration을 발표했다. 이는 베르사유조약에서 보았던 서구 자유주의국가들의 위선적인 모습과 대조적인 것이었다. 서구 자유주의의 위선과 소련의 카라한선언, 그리고 5.4 운동이 보여 준 민중의 힘은 신문화운동의 지도자들을 공산당 창당으로 이끌었다.

중국 공산주의 운동

1921년부터 1949년에 이르는 중국 공산주의 운동의 역사는 크게 세 시기로 나눌 수 있다. 먼저 1921~27년의 시기로, 공산당이 쑨원孫文의 국민당과 협력하여 반反군벌과 반反제국주의의 기치 아래 중국의 통일과 독립을 목표로 군벌들과 전쟁을 벌인 시기이다. 그러나 국공합작 군대가 양쯔강 이남의 성들을 거의 통일했을 즈음 국민당의 장제스蔣介石가 쿠데타를 일으켜 공산당 조직은 지하로 숨어 들어가야만 했다. 도시 지역의 노동자계급을 중심으로 한 중국 공산주의 운동은 이때를 기점으로 역사 속에서 사라졌다.

역대 중국공산당 전국대표대회

차수	시기	개최지	대표(명)	당원(명)	차수	시기	개최지	대표(명)	당원(명)
1	1921. 7.23.~31.	상하이	12	53	11	1977. 8.12.~18.	베이징	1510	3500만
2	1922. 7.16.~23.	상하이	12	195	12	1982. 9.1.~11.	베이징	1600	3965만
3	1923. 6.12.~20.	광저우	30	420	13	1987 10.25.~11.1.	베이징	1936	4600만
4	1925. 1.11.~22.	상하이	20	994	14	1992. 10.12.~18.	베이징	1989	5100만
5	1927. 4.27.~5.9.	우한	82	5만 7967	15	1997. 9.12.~18.	베이징	2048	5800만
6	1928. 6.18.~7.11.	모스크바	142	4만	16	2002. 11.8.~14.	베이징	2114	6600만
7	1945. 4.23.~6.11.	옌안	547	121만	17	2007. 10.15.~21.	베이징	2237	7336만
8	1956. 9.15.~27.	베이징	1026	1073만	18	2012. 11.8.~14.	베이징	2270	8260만
9	1969. 4.1.~24.	베이징	1512	2200만	19	2017. 10.18.~24.	베이징	2338	8944만
10	1973. 8.24.~28.	베이징	1249	2800만	20	2022. 10.16.~22.	베이징	2296	9671만

자료: 필자 작성.

둘째, 1927~35년은 중국공산당이 도시를 떠나 농촌에 소비에트를 건설하는 시기이다. 1930년 무렵에 중국공산당은 전국 13개 성에 모두 15개에 달하는 농촌 소비에트를 건설했다. 그중 가장 큰 세력은 마오쩌둥이 장시성 루이진瑞金에 설립한 장시 소비에트였다. 1931년부터 일본의 만주 침략이 가속화되었음에도 불구하고 장제스는 공산당의 장시 소비에트를 공격하는 데 모든 군사력을 쏟아부었다. 결국 국민당 군대의 경제봉쇄를 버티지 못한 장시 소비에트가 서북의 변방 지역인 옌안延安으로 2만 5000리(약 9825㎞)의 대장정을 떠나면서 중국 공산주의 운동의 소비에트 시기는 막을 내렸다.

셋째, 1935~49년은 마오쩌둥이 중국 공산주의 운동의 최고 지도자로서 농민 혁명을 완수하는 시기이다. 마오쩌둥은 대장정의 도정道程에서 소련파 당 지도부를 누르고 당권과 군권을 모두 장악했다. 옌안을 혁명의 근거지로 삼은 마오쩌둥은 토지개혁을 실시하는 등 농촌 혁명을 효과적으로 실시했다. 그러나 서북 변방에 근거지를 둔 국지적 세력이었던 공산당이 전국적인 농민 혁명 세력으로 빠르게 성장할 수 있었던 것은 사실상 중일전쟁의 덕이 컸다. 공산당은 유격전으로 일본군의 후방을 공격하면서 화북 지방에서 세력을 급속히 확대해 갔다. 그리하여 1936년 초에 1만 명이었던 병력이 1945년에 이르면 100만 명에 달했고, 당원의 숫자도 4만 명에서 120만 명으로 증가했다. 이때 중국공산당은 농촌 근거지에 거주하던 1억 이상의 인구를 통치했다.

    1945년에 태평양전쟁에서 패배한 일본군이 중국에서 철수하면서 국민당과 공산당은 내전에 돌입했다. 국민당 군대가 미국의 지원하에 월등히 많은 병력을 소유했음에도 공산당은 빠른 속도로 승리를 이어 갔다. 이는 공산당의 사회경제 정책이 광범위한 농민의 적극적인 지지를 얻어 낼 수 있었기 때문이다. 1949년 10월 1일에 마침내 중국공산당은 톈안먼 광장에서 중화인민공화국의 탄생을 선포했다.

쌍백과 반우파

성근제

　동유럽의 이른바 해빙 무드가 한창 무르익던 1956년, 중국에도 의미심장한 변화가 일어나기 시작했다. 마오쩌둥이 '백화제방, 백가쟁명'百花齊放, 百家爭鳴(이하 '쌍백')의 정책 방침을 제시한 것이다. 이른바 '쌍백'雙百은 말 그대로 모든 꽃들이 저마다의 꽃을 피우고, 서로 다른 생각을 자유롭게 논쟁하도록 함으로써, 과학과 예술, 그리고 당 내외의 민주주의가 꽃피게 하자는 것이었다. 1차 5개년 계획이 진행 중이던 1956년 중국 사회 내부에서는, 강력하지만 아직 세련되게 발전하지 못한 관료 기구와 관행이 '학문'과 '예술'이라는 전문적이고 미묘한 영역에 정치적 잣대를 들이대는 일이 빈발했고, 이러한 태도와 관행은 학자와 예술가들을 적잖이 위축시켰다. 마오쩌둥은 과학과 예술의 영역에서 교조적이고 관료적인 획일성과 간섭을 제거함으로써, 다양하고 생산적인 견해들이 발전하기를 기대하고 있었다. 이것이 쌍백의 중요한 한 측면이며, 일반적으로 널리 알려진 쌍백의 핵심 아이디어이다.

백화제방, 백가쟁명

　그러나 마오쩌둥이 제기한 쌍백 방침의 핵심 아이디어는 학술과 예술 영역에서의 다양성을 보장한다는 순수한 '자유주의'적 발상에 머물러 있는 것이 아니었다. 쌍백 방침이 제출되는 과정에서 핵심 아이디어가 공식적으로 대중에게 알려진 것은 당시 중국공산당의 선전부장이었던 루딩이陸定一가 발표한 「백화제방, 백가쟁명」이라는 글을 통해서였다. 이 글은 1956년 6월 13일에 보고의 형식으로 게재되었는데, 그 저본은 5월 26일 회인당懷仁堂에서 과학계와 문예계 대표들에게 진행한 정책 보고 연설문이었다. 따라서 이 글은 거의 전적으로 쌍백 방침과 과학·문예 사업 사이의 관계, 즉 학술과 예술 영역에서의 규제 완화와 관련된 측면에 초점이 맞추어져 있었다. 이 글의 영향으로 대중적 영역에서는 쌍백 방침이 지식인의 언론 자유와 관련된 정책으로 널리 알려지게 되었다. 그러나 쌍백 방침의 정치적 의미는 '국가와 지식인'이라는 프레임만으로는 온전히 설명될 수 없는 것이었다. 우선 마오쩌둥이 우려한 것이 학술과 예술의 침체 그 자체만이 아니라는 점에 주목할 필요가 있다. 그는 점차 심화되고 있던 교조주의와 관료주의, 그리고 엘리트주의 등과 같은 문제들을 더 우려하고 있었다. 당시에 마오는 이미 이러한 문제들을 사회주의 체제를 내부에서부터 좀먹어 가는 악성 요소로 인식했다. 쌍백 방침이 칼끝을 겨누고 있던 곳은 바로 이 지점이었다. 쌍백은 과학과 예술 영역의 지식인들에 대한 소극적인 '발언 허용'에 그치는 것이 아니라, 지식인을 포함한 대중의 자유로운 의견 개진과 비판을 통해 당과 정부 내부의 관료주의 및 획일주의, 종파주의를 견제하는 데 중요한 목적을 둔 정치적 판단의 산물이었다. 이것이 바로 쌍백 방침의 두 번째 측면이며, 정치적으로 더 핵심적인 부분이다. 때문에 쌍백 방침의 핵심 아이디어 속에는 국가적(관료적) 획일성과 전문가적 다양성이라는 대립 구도 외에 분명한 '계급적' 문제의식이 포함되어 있었다. 이른바 '당(국가) 대對 지식인'이라는 대립은 엘리트 내부 갈등에 해당하는 것이며, 원칙적으로 계급 모순과는 성격을 달리하는 것이었다. 그러나 '쌍백'의 아이디어는 명백한 계급적 문제의식, 즉 과학과 예술을 포함한 모든 당 내외의 정치적 생활 영역에서 발언과 해석, 통제의 권한을 독점하고 있는 엘리트 집단과 그렇지 못한 인민(대중) 사이의 권력적 불균형에 관한 문제의식을 전면화했다. 이때 독점의 주체가 관료냐 지식인이냐 하는 것은 부차적인 문제이다. 이때의 전선은 관료와 지식인 사이에 있었던 것이 아니라, 엘리트(관료와 지식인을 포함하는)와 대중 사이에 그어져 있는 것이었기 때문이다.

    이 정책은 결과적으로 상당한 사회적 반응을 불러일으켰다. 운동 과정에서 문예와 학술에 대한 관료적 통제 장치와 관행이 상당 부분 비판되거나 해체되었고, 지식인 사회에는 전례 없는 생기가 넘쳐 나 그야말로 백화百花가 만발하기 시작했다. 그리고 그와 동시에 수많은 '들꽃'들 역시 함께 피어났다. 지식인들은 관료적 통제를 공격했지만, 인민 대중들은 도리어 지식인(혹은 관료)들로부터 문화적 패권을 되찾으려 했다. 이로 인해 운동 과정에서 지식인들은 매우 애매한 위치에 놓였다. 그들은 당과 관료들에게 도전하는 자이기도 했지만, 동시에 인민들로부터 도전받는 자이기도 했다.

반우파 투쟁

쌍백의 궁극적 목적은 지식인(만)이 아니라 인민 대중의 적극성을 이끌어 내고자 하는 데 있었다. 따라서 지식인들에게 주어졌던 발언의 자유라는 '관용'은 정치적 상황에 따라서 얼마든지 철회될 수도 있었다. 그러한 상황은 예상보다 훨씬 빨리 다가왔다. 1957년 5월 당내 관료들에 의해 반격이 시작되었다. 공산당에 대한 공개적인 비판을 허용한 것에 상당한 불만을 지니고 있던 (덩샤오핑鄧小平을 필두로 하는) 당내 핵심 관료들은 운동 속에서 제출된 의견들 가운데 관료주의 비판의 수준을 넘어 당과 사회주의를 반대하는 '우파'의 목소리가 존재한다고 주장하며 반우파 투쟁을 개시했다. 비판의 초점은 주로 당과 관료 체제의 경직성을 비판했던 지식인과 청년들에게 맞춰졌다. 이로 인해 당에 대한 비판과 발언을 권장받던 지식인들은 하루아침에 우파라는 낙인이 찍힌 채 비판대 위에 오르는 신세가 되었다.

하지만 반우파 투쟁의 개시가 쌍백의 전면적 철폐를 의미하는 것은 아니었다. 확실히 지식인을 제외한 인민 대중의 혁명적 발언과 행동은 반우파 투쟁의 열기를 배경으로 더욱 적극적으로 권장되었으며, 이는 1958년 이후 대약진 운동의 대중 동원을 위한 정치적 동력 가운데 하나로 자리 잡았다. 때문에 일반적으로 '반우파 투쟁'의 개시와 함께 '쌍백'은 종료된 것으로 이해되는 경우가 많지만, 실제로는 '반우파 투쟁' 시기와 대약진 시기에도 '쌍백', 혹은 '명방'鳴放의 구호는 상당 부분 그대로 유지되었다. 다만, '쌍백'의 정치적 초점은 '지식인 동원'에서 '인민 동원'으로 분명히 이동했다. 그것은 혁명적 대중이 관료와 지식인의 근대주의적 권력 독점을 전면적으로 비판하고, 이들에 대한 체제적 의존을 벗어나 스스로 혁명적 건설의 주체로 거듭남으로써 새로운 사회주의를 열어 나갈 수 있다는 유토피아적인 마오주의 전망과 맥을 같이하고 있는 것이었다.

문화대혁명

백승욱

  1960년대 중반 사회주의 건설 시기 중국에서는 사회주의 역사상 전례 없는 대사건이 벌어졌다. '두 가지 노선'이라는 명목하에 당이 분열되었고, 당시 최고 지도자인 마오쩌둥은 이 분열을 더욱 촉진하고 대중운동을 대대적으로 지지하여, 대중운동이 당의 분열을 관통하게 했다. 사태는 여기서 더 심화되어 대중조직들이 서로 적대적으로 대립하는 데까지 나아갔다. 문화대혁명이라는 이름으로 지칭된 이 사건은 좁게 '문화'에만 영향을 준 것이 아니라, 당시 중국 사회 전반에 걸쳐 엄청난 충격을 주며 깊은 상처를 남겼다. 개혁 개방은 '문화대혁명의 철저 부정'이라는 구호로 시작되었을 만큼 그 부정적 측면이 개혁 개방 시기에 많이 부각되었다. 그렇지만 새롭게 발굴되는 자료가 늘어나면서, 문화대혁명이 안고 있는 복잡성을 새롭게 조명하는 연구의 필요성도 늘어나고 있다.

배경과 시작

  문화대혁명이 개시되던 시기 중국에는 사회주의의 전망을 둘러싸고 당내에 서로 다른 의견들이 존재했다. 당의 권력 구도를 둘러싼 대립 또한 증폭되었으며, 1950년대부터 누적된 심각한 관료제 병폐와 그에 대한 대중의 불만도 고조되고 있었다. 사회주의하에서 계급을 점차 출신 성분에 따른 신분제로 만들어 가는 데 대한 불만도 누적되었고, 엘리트주의 교육제도, 공장 관리 체제 등 다양한 문제들이 산재했다. 1957년 반우파 투쟁 이후 이어진 다양한 정풍整風 캠페인은 대중 사이에 갈등의 씨앗을 상당히 많이 뿌려 놓은 상태였다.

문화대혁명은 1965년 말부터 문예계와 학술계에 제한된 정풍운동으로 시작되었지만, 1966년에 들어서는 당 관료제에 대한 대중 도전으로 확대되기 시작했다. 문화대혁명이 새로운 양상을 띠게 된 계기는 1966년 6월부터 각급 기관과 학교에 파견된 공작조를 둘러싼 대립이었고, 이어 전개된 혈통론 논쟁이 갈등과 대립에 기름을 부었다. 투쟁의 주된 대상이 '네 가지 낡은 것의 타파'인지 관료적 당 조직인지를 놓고 대중조직 사이에 분열이 시작되었다. 마오쩌둥을 비롯한 문화대혁명 추동 세력은 '자본주의의 길을 걷는 당내 실권파(주자파 走資派)'를 표적으로 삼아 운동을 확대하려 했다. 이 운동이 대중들 사이로 확대되면서, 쟁점은 관료주의적 작풍에 대한 문제와 사회주의하에서 계급이 출신 성분에 의해 결정되는지를 둘러싸고 확산되었다.

　이 과정에서 공작조 및 기존 당 위원회를 옹호하며 구성된 홍위병 조직과 이들에 맞선 새로운 저항 조직인 조반파造反派 사이의 분열과 대립이 커졌고, 마오는 조반파를 옹호하면서 '사령부를 포격하라'는 자신의 대자보를 공표하기도 했다. 문화대혁명의 주장을 집약하는 문건은 1966년 8월 8일 공포된 〈문혁 16조〉로, 여기서 문화대혁명의 성격은 '대중이 스스로를 교육해야 하고 대신될 수 없는 혁명'이자 '파리코뮌 정신을 계승하는 혁명'으로 규정되어 있다.

국면 전환

　문화대혁명이 가장 고조된 시기는 1966년 6월부터 1968년 여름, 조금 더 길게 보아 1969년 4월까지로, 당의 통제를 벗어나 대중운동이 고양된 시기였다. 대중운동의 시기에 한정해 보더라도 1967년 공장으로 확산되면서 노동자 내부의 분열이 심해졌고, 1967년 2월부터는 문화대혁명에 대한 군의 개입이 새로운 쟁점이 되었으며, 이를 계기로 대립의 구도 또한 전환되었다. 앞서 (당 조직을 옹호하는) 보수파와 대립하던 조반파가 이제는 급진 조반파와 온건 조반파로 분열되어 서로 간에 심각한 무장투쟁을 지속하는 국면이 전개되었다. 1968년 문화대혁명은, 군 조직과 결합한 당이 자신에 대한 도전을 반사회주의적 반혁명 범죄로 처리하면서 대대적인 개입을 위주로 하는 억압적 국면으로 전환되었다.

그 이후 대중운동이 소강기에 들어선 후부터 1971년 린뱌오林彪 실각까지는 당의 관료 기구가 복원되고 당내 권력 갈등의 구도가 심화된 시기로 볼 수 있으며, 린뱌오 실각 이후 마오쩌둥이 사망한 1976년까지는 사인방四人帮을 중심으로 한 문화대혁명이 새로운 캠페인으로서 외양상 지속된 시기라 볼 수 있다. 1969년 이후 문화대혁명의 주요 특징은 홍위병이나 조반파 같은 대중조직이 해체되고, 지식인을 주요 숙정 대상으로 삼은 딩 주도의 캠페인싱 운동이 전개되었다는 점이며, 문화대혁명의 장소는 농촌으로 광범하게 확산되었다. 문화대혁명은 대중 자신의 개입에 의해 사회 변화가 가능한가에 대한 질문과 모든 권위에 대한 도전이라는 유산을 남겼지만, 사회 전반에 걸쳐 오랫동안 지속된 정신적 상처 또한 남겼다.

사인방과 천보다

중국에서 문화대혁명은 '사인방'의 잘못으로 묘사되는 경우가 많다. 왕홍원王洪文, 장춘차오張春橋, 장칭江青, 야오원위안姚文元 등이 그들인데, 실제로 문화대혁명의 전체 과정에서 그들이 끼친 영향은 비교적 명확한 편이다. 야오원위안의 『해서파관』海瑞罷官 비판은 문화대혁명의 도화선으로 자주 언급되는 사건이며, 공장으로의 문화대혁명 확산도 장춘차오 등의 역할을 빼놓고서 설명하기는 어렵다. 따라서 사인방은 문화대혁명 기간 동안 가장 승승장구한 인물로 자주 거론되었고, 그들에 대한 체포가 문화대혁명의 공식적인 종료로 해석되곤 한다. 그런데 문화대혁명 초기에 '사인방'만큼이나 중요했던 인물이 천보다陳伯達이다. 중앙문화혁명소조의 조장이었던 그는 〈문혁 16조〉와 같은 중요 문건의 초안을 작성한 것으로 알려져 있다. 흥미로운 사실은 천보다가 당내에서는 장칭을 비롯한 사인방과 대립 관계에 있었지만, 문화대혁명이 종료되었을 때에는 그들과 함께 재판을 받았다는 점이다. 그만큼 문화대혁명은 다양한 층위가 개재되어 있어서 어느 하나의 관점으로 파악하기가 쉽지 않다.

개혁 개방

안치영

중국의 개혁 개방은 1949년 이후 형성된 전통적 사회주의 발전 방식에서 벗어나 새로운 발전 모델을 모색하는 과정에서 이루어졌다. 중국은 개혁 개방을 통해 전통적 사회주의 계획경제에서 벗어나 시장경제를 도입하고, 폐쇄에서 벗어나 서방 자본주의국가에 문호를 개방했다. 이는 중국이 G2로 부상할 수 있었던 중요한 계기였다. 중국의 개혁 개방은 1978년 중국공산당의 제11기 중앙위원회 제3차 전체회의(이하 '11기 3중전회')에서 결정되었다고 알려져 있다. 11기 3중전회에서 경제 건설로 당 사업 중심 전환이 결정되었으며, 덩샤오핑을 중심으로 하는 개혁 세력이 정치적 주도권을 장악하기 시작했다. 개혁 개방은 바로 경제 건설로 당 사업 중심 전환의 주요한 방향이었다.

새로운 경제 발전 방식의 모색

개혁 개방을 통한 새로운 발전 모델의 추구는 문화대혁명(이하 '문혁')에 대한 반성의 결과이자, 1949년 이후 특히 1956년 사회주의 개조 완성 이후 사회주의 건설 과정에 대한 반성에서 비롯되었다. 마오쩌둥은 1949년 "중국 인민이 일어섰다."라고 선언했고, 문혁이 끝날 무렵 중국은 원자탄과 수소폭탄을 개발했으며, 인공위성인 동방홍東方紅을 쏘아 올려 양탄일성兩彈一星을 완성했다. 그러나 1952년 도시 노동자의 실질임금을 100으로 했을 때 1977년 실질임금은 오히려 92.7로 감소했고, 농민의 경우 1957년부터 1976년까지 인구가 1.41배 증가한 데 비해 농업 총생산은 1.48배 증가하는 등 주민들의 실제 생활은 거의 나아지지 않았다. 그러한 상황에서 마오쩌둥의 사망과 문혁 종결 이후 새롭게 등장한 화궈펑華國鋒 체제는 주민들의 생활 향상을 통한 체제 정당성 강화를 위해 새로운 경제 발전 방식을 모색하지 않을 수 없었다.

화궈펑 체제의 새로운 경제 발전 방식 모색을 상징하는 사례 중 하나는 1978년 이루어졌던 고위 경제 사절단의 대규모 해외 방문이었다. 중국은 1978년 유고슬라비아 등 종래에 수정주의라고 비판했던 동유럽 국가들을 방문했을 뿐만 아니라, 서유럽 5개국 등 서방 자본주의국가와 홍콩, 마카오에 고위 경제 사절단을 파견했다. 이를 통해 사회주의 발전의 다양한 모델을 연구했을 뿐만 아니라 자본주의국가를 포함하는 다양한 국가의 경제 발전 방식을 연구했다. 서방 자본주의국가들과 외자 및 기술 도입을 포함하는 다양한 협력 방안을 모색하여 개방의 기틀을 다졌다.

그런데 서방 자본주의국가와의 경제협력 강화는 1972년 닉슨의 중국 방문 이후 미·중 관계가 개선되면서 시작되었다. 이어 1973년 1월 '43방안'을 통해 서방으로부터 43억 달러의 설비와 기계 도입 계획이 확정되었으며, 이는 1980년대 중국 경제성장의 중요한 기초를 마련하는 데 기여했다. 따라서 중국의 대외 개방은 문혁 후반기 미·중 관계 개선으로부터 그 단초가 형성되기 시작했고, 화궈펑 체제의 등장으로 본격적으로 제기되었다고 할 수 있다. 1978년 11기 3중전회는 이를 공식적으로 확인한 계기였다.

문혁을 둘러싼 갈등

이는 개혁 개방이 화궈펑 체제의 의제였으며 개혁 개방 결정을 둘러싼 정치 세력 내부의 명시적인 대립이 존재하지 않았음을 의미한다. 그런데도 11기 3중전회에 덩샤오핑을 중심으로 하는 개혁 세력이 정치적 주도권을 장악하기 시작했던 것은 개혁 개방 문제가 아니라 문혁 문제를 둘러싼 갈등 때문이다. 마오쩌둥의 지명을 통해 등장한 화궈펑 체제는 자신의 정당성을 강화하기 위해 마오쩌둥의 권위를 절대화하고자 했고, 이를 위해 마오쩌둥의 말과 마오쩌둥의 결정 등 두 가지를 절대적 진리로 간주하는 '양개범시'兩個凡是를 제기했다. 그런데 '양개범시'가 존재하는 한 마오쩌둥이 직접 결정한 문혁 시기 문제에 대한 해결이 불가능했기 때문에 문혁 반대 세력은 '양개범시'를 반대했고, "실천이 진리 검증의 유일한 기준"이라는 진리표준 토론을 전개했다. 진리표준 토론의 결과 '양개범시'를 주창한 화궈펑 체제의 주류 세력이 패배했다. 그 결과 11기 3중전회를 기점으로 덩샤오핑을 중심으로 개혁 세력이 주도권을 장악하기 시작했다. 개혁 개방은 덩샤오핑을 중심으로 하는 이들 세력이 주도하여 이루어졌으며, 점진적으로 중국 경제의 시장화와 세계 시장경제 체제의 편입을 이루어 냈다.

6.4 톈안먼사건

장윤미

'6.4 톈안먼사건'은 개혁 이후 중국에서 발생한 가장 큰 정치적 사건으로 '톈안먼 민주 운동' 혹은 '8.9 운동'이라고도 불린다. 1989년 6월 3일 밤부터 6월 4일까지 중국 정부가 군대를 동원해 베이징 학생운동을 진압한 유혈 사건을 말하지만, 통상 4월 중순부터 시작된 학생들과 시민들의 민주화 시위를 가리킨다. 이 사건은 처음에 후야오방胡耀邦 전前 총서기에 대한 학생들의 추모 열기에서 시작했고, 5월 중순 학생들의 단식투쟁을 지지하는 100만 시민 시위로 확산되면서, 학생운동의 범위를 초월하여 노동자, 시민, 사회 각 계층이 참여하는 대중 혁명의 성격을 띠게 되었다.

톈안먼 민주 운동의 배경

톈안먼 민주 운동의 폭발은 1980년대 개혁에서 그 원인을 찾아볼 수 있다. 1970년대 말에서 1980년대 초까지 덩샤오핑을 중심으로 한 개혁파는 '4개 현대화' 노선을 추진하며 정책의 방향을 전환했다. 이들 개혁파는 새로운 시대에 대한 열망으로 가득 찼던 대중운동의 흐름과 일시적인 연합을 형성하기도 했지만, 대중의 정치 민주화 요구에 대해서는 단호한 입장을 보였다. 개혁 초기 농촌의 생산량이 급증하면서 개혁에 대한 대중의 기대감이 전반적으로 상승했던 반면에, 1985년 도시와 기업 개혁이 추진되면서 관리자의 권한이 커지고 노동자들의 기업 내 발언권과 사회경제적 권리는 상대적으로 축소되었다. 특히 가격 정책의 실패로 인한 물가 상승과 함께 도시 노동자 임금이 인플레이션의 속도를 따라가지 못하자 기업 단위에 소속되어 있던 노동자들의 불만이 쌓여 갔고, 일자리를 찾아 농촌에서 도시로 유입된 인력들이 도시를 유랑하면서 주요 사회문제로 대두되었다. 게다가 부분적 시장화를 이용한 관료들의 이익 챙기기와 특권층의 부패 현상은 대중의 분노를 가져왔고, 개혁에 대한 실망으로 이어졌다.

이러한 분위기에서 1986년 말 허페이合肥 중국과학기술대학의 학생들이 반反부패관료라는 기치를 내세워 시위를 벌였고, 이후 상하이나 베이징 등 주요 도시로 학생운동이 확산되었다. 당시 총서기였던 후야오방은 이러한 학생들의 요구에 미온적인 태도를 보였다는 이유로 비판을 받고 총서기직에서 물러났다. 1989년 4월 15일 후야오방이 심장병으로 사망하자, 베이징의 학생들은 그의 죽음을 애도하며 추모 활동을 이어 갔다. 학생들은 후야오방에 대한 복권 요구를 시작으로, 민주 확대, 언론 자유, 학생 자치 조직 보장, 지식인 처우 개선 등을 요구하는 청원서를 제출했다. 총리와의 만남을 요구했지만, 답변이 없자 정부에 항의하는 목소리를 높이며 많은 대학의 학생들이 수업을 거부하기 시작했다. 이러한 현상에 대해 실권자 덩샤오핑은 4월 25일 중요 연설을 발표했는데, 이는 '일반적인 학생운동이 아니라 공산당의 영도와 사회주의를 부정하는 정치 동란'이라는 내용을 담고 있었다. 그다음 날인 26일에는 『인민일보』가 학생운동을 동란으로 규정하는 사설을 실었다.

100만 시민의 저항과 6.4 진압

학생들은 '4.26 사설'에서의 '동란' 규정에 대해 철회를 요구했고 정부가 강경하게 나오자 시위 규모는 점차 커졌다. 학생들은 5.4 운동 70주년을 기념하며 이를 민주와 사회 개혁을 위한 자신들의 행동으로 계승하고자 했다. 5월 13일부터 시작된 학생들의 단식투쟁으로 운동의 국면이 바뀌었고, 5월 15일에서 18일까지 베이징 각계각층의 인사들이 거리로 나와 학생들을 지원하면서 정부 당국을 압박했다. 시위 기간 자오쯔양趙紫陽 총서기가 단식투쟁을 벌이던 학생들을 방문하여 위로했지만, 당 지도부 내의 분열을 노출했다는 죄명으로 덩샤오핑과 원로들에 의해 해임되었다. 5월 20일, 리펑李鵬 총리가 베이징시에 계엄령을 선포하자 시민들의 분노가 격화되었고, 5월 23일 100만여 명의 시민들이 광장에 모여 대규모 집회를 열었다. 5월 30일 중앙미술학원의 학생들이 만든 '민주 여신상'이 인민영웅기념비 앞에 등장하면서 시위는 절정에 이르렀다. 전국 주요 도시의 학생과 노동자, 시민 들이 수업 거부, 파업 등의 활동을 벌이면서 톈안먼 광장의 시위를 지원했다. 그러나 5월 말에 이르러 지도부의 분열과 전략 부재로 운동의 동력이 크게 약화되었다. 6월 3일 밤 중국공산당이 군대를 동원해 시위 군중을 진압하기로 결정하면서 톈안먼 광장과 주변 지역 곳곳에서 유혈 충돌이 발생했다. 이로써 계몽과 민주, 개혁에 대한 학생들과 시민들의 열망은 6·4 진압과 함께 무참히 좌절되었다.

민주 운동의 좌절과 중국식 자본주의의 등장

톈안먼사건은 그 과정에서 애초 학생들의 의도와 목표대로 진행되지 않았고, 또한 운동에 참여했던 주체들의 목소리는 제각기 달랐지만, 기존 사회주의 체제 내에서의 비민주적이고 불공정한 현상에 저항했다는 점에서 분명 민주적인 성격을 지닌 사회운동이라 평가할 수 있다. 그러나 사상적으로 중국의 1980년대를 지배했던 것은 자유민주주의가 아니라 계몽주의였던바, '민주주의 이행론'에서 말하는 자유민주주의 체제를 향한 민주화 운동은 아니었다. 톈안먼사건은 1980년대라는 탈냉전 시기 사회주의 체제 내에서의 정치적 변화, 그리고 시장 체제로의 전환에 따른 불평등의 확대라는 시대적 배경에서 폭발되었지만, 학생과 노동자 대중 간의 연대 실패로 좌절되었다. 1990년대로 접어들면서 중국은 지식인을 체제 내로 포섭하는 동시에 사회통제를 강화하고 정치적으로 보수화했다. 한편 1991년 덩샤오핑의 '남순 강화'南巡講話를 계기로 개혁을 본격화하고 경제성장을 가속화하면서 자본주의 세계경제와의 통합을 빠르게 추진해 나갔다. 1980년대 사회주의권 국가들은 개혁과 개방, 그리고 체제 전환을 통해 신자유주의 세계화의 공간에 편입되었지만, 톈안먼사건으로 중국은 기존 사회주의권 국가와는 다른 방식으로 개혁을 이어 나간 것이다. 이러한 측면에서 톈안먼사건은 강력한 당 통치와 경제적 시장화·세계화가 결합되어 오늘날 중국이 걷고 있는 '중국적 길'을 가능하게 만든, 역설적이지만 매우 중요한 사건으로 볼 수 있다.

톈안먼 민주 운동을 이끈 대표적인 학생 지도부

이름	출신	학교	주요 활동	시위 진압 이후
차이링柴玲	산둥	베이징 사범대학교	• 단식투쟁 주도 • 학생들 사이에서 '총사령관'으로 불림 • 수배자 명단 21인 중 1인	미국 망명 후 프린스턴대학교와 하버드대학교에서 수학, 현재 미국 체류.
왕단王丹	베이징	베이징 대학교	• 재학 시절 '민주 살롱'을 조직, 학생운동 조직 당시 베이징대학교 대표로 참여 • 수배자 명단 21인 중 1인	체포 후 1993년 출감, 폭넓은 대외 활동으로 1995년 다시 수감. 형기를 마치기 전 '의학적 이유'로 미국으로 인도. 현재 대만에서 활동.
저우융쥔周勇軍	쓰촨	베이징 정법대학교	• 베이징대학교 학생 자치 연합회 초대 대표 • 인민대회당 앞에서 무릎 꿇고 7개 건의서를 청원했던 3인 중 1인	체포 후 1991년 출감. 1992년 홍콩을 거쳐 미국으로 이주. 1998년 중국 입국 시도 후 재차 수감. 2001년 석방 후 현재 미국 체류.
우얼카이시 둬라이터吾爾開希·多萊特	베이징	베이징 사범대학교	• 중국 국영TV 방송에 출연, 리펑 총리와 논쟁 • 베이징대학교 학생 자치 연합회의 2대 대표	홍콩을 거쳐 프랑스로 탈출. 미국 망명 후 하버드대학교에서 수학. 현재 대만에서 활동.

자료: 필자 작성.

남순 강화

양갑용

　1992년 1월 17일 베이징 역, 기차 시간표에는 나와 있지 않은 특별 편성 열차 한 대가 남방을 향해 출발했다. 당시 88세의 고령이었던 덩샤오핑은 전 가족을 대동하고 남방행 열차에 몸을 실었다. 특별열차는 화북華北평원과 중원中原 대지를 지나고 황허와 창장長江을 건너 18일 아침 10시 31분 후베이성 우창武昌 역에 도착했다. 우창 역 1번 플랫폼에서 특별열차의 문이 열리자, 회색빛 라사羅絲 외투에 사냥 모자와 스카프를 착용한 덩샤오핑이 모습을 드러냈다. 기차에서 내린 그는 마중 나온 후베이성의 몇몇 지도자들과 인사를 나누었다. 열차가 29분 정도 머무는 동안 덩샤오핑은 500여 미터에 이르는 플랫폼을 네 차례 오가면서 후베이성 간부들에게 짧지만 강렬한 메시지를 전달했다.

　"발전은 거스를 수 없는 진리이다. 빨리는 가능해도 늦어서는 안 된다. 사회주의를 견지하지 않고, 개혁 개방을 하지 않고, 경제를 발전시키지 않고, 인민 생활을 개선하지 않으면 오직 죽음의 길이 있을 뿐이다. 일을 처리하는 데 있어서 정확한지 여부는 사회주의 사회의 생산력 발전에 유리한지, 사회주의 국가의 종합 국력을 증강하는 데 유리한지, 인민의 생활수준을 높이는 데 유리한지를 주로 봐야 한다."

　열차는 오전 11시 2분 남방을 향해 다시 출발했다. 당시 덩샤오핑을 만났던 후베이성 서기 관광푸關廣富, 성장 궈수옌郭樹信, 우한시 서기 첸원루錢運錄 등은 덩샤오핑과 나눈 대화 내용을 정리하여 그날 밤 후베이성 당 위원회에 보고했고, 후베이성 당 위원회는 다시 중국공산당 중앙판공청에 전달했다.

덩샤오핑은 이후 우창을 시작으로 후난성 창사長沙, 광둥성 선전深川, 주하이, 광저우廣州, 장시성을 거쳐 1992년 1월 31일 상하이에 도착했다. 상하이에 20일 정도 체류한 후, 1992년 2월 20일 장쑤성 난징南京, 안후이성을 지나 베이징으로 돌아왔다. 이 여정 동안 덩샤오핑은 남방에 건설된 개혁 개방 거점을 시찰했고, 중국의 개혁에 대한 자신의 정책 구상과 방향을 설파했다. 중국공산당 중앙은 덩샤오핑이 한 달여 동안 남방 지역을 시찰하면서 발언한 일련의 담화와 대화를 정리하여 발표했는데, 이것이 바로 '남순 강화'이다. 사회주의 시장경제 이론의 기초인 남순 강화는 중국이 11기 3중전회 이후 추진했던 개혁 개방의 실천과 경험을 총괄하고 한 단계 업그레이드된 발전 방향과 체제 전환을 모색하는 과정에서 이뤄졌다. 1990년대 초반 중국은 물가 상승 압력, 톈안먼사건으로 촉발된 사회불안 증가, 사회 각 영역에서 여전히 작동하고 있는 계획경제의 낡은 유산 등 많은 문제에 직면해 있었다. 이를 극복하고 국가 발전을 지속하기 위해서는 대외 개방의 문을 닫지 않고 개혁 개방을 지속적으로 추진할 것이라는 중국의 의지를 대내외에 상징적으로 보여 줄 필요가 있었다. 덩샤오핑은 88세라는 노구를 이끌고 자신이 설계하고 추진한 남방의 주요 개혁 개방 실험 도시를 방문함으로써 국내외에 중국이 중단 없이 개혁과 개방을 계속 추진할 것임을 공표한 것이다. 중국공산당 중앙은 덩샤오핑이 남방 지역을 시찰하면서 발언한 주요 내용을 1992년 제2호 문건으로 제작하여 전체 당원 간부들에게 배포하고 학습하도록 했다. 당시 덩샤오핑은 사회주의의 본질은 생산력 해방이라는 것과, 중국은 생산력을 높이기 위해 경제 건설에 더욱 매진할 것임을 분명히 했다. 덩샤오핑의 남순 강화는 1992년 〈제14차 당대회 보고〉에서 '사회주의 시장경제'라는 이름으로서 중국공산당의 주요 이론으로 체계화되었다. 당시 덩샤오핑이 주창했던 주요 내용은 '덩샤오핑 이론'이라는 이름으로 1997년 제15차 당대회에서 중국공산당 강령인 당장黨章에 삽입되었고, 마르크스·레닌주의, 마오쩌둥 사상과 함께 중국공산당의 주요 지도사상 반열에 오르게 되었다. 시진핑 주석은 2012년 남순 강화 20주년을 기념하여 제18차 당대회 이후 첫 지방 시찰 지역으로 선전, 주하이, 포산佛山, 광둥 등 덩샤오핑이 시찰한 남방 지역을 방문했다. 그 이후에도 개혁 개방 40주년을 기념하여 2018년 광둥성을 다시 방문했다. 남순 강화의 정신은 〈제19차 당대회 보고〉, 〈제20차 당대회 보고〉에서도 '중국 특색의 사회주의'라는 이름으로 그 정신이 계승되고 있다. 소련과 동유럽의 해체, 6.4 톈안먼사건으로 인한 사회불안, 사회주의와 자본주의 사이의 소모적 논쟁, 계획경제의 유산 등으로 위축되어 있던 중국은 남순 강화를 통해 다시 새로운 경제 건설의 고조기에 접어들었다.

WTO 가입

김시중

    중국의 '개혁 개방'은 대내 개혁과 대외 개방을 결합한 것으로, 이 둘은 긍정적으로 상호작용하면서 효과를 발휘했다. 중국의 대외 개방은 기존 국제경제 질서에 참여하는 것을 포함했는데, 이 맥락에서 1980년에 국제통화기금IMF과 세계은행WB에 가입했고, 1986년에는 아시아개발은행ADB 가입과 더불어 당시 국제무역 질서를 관장하던 '관세 및 무역에 관한 일반협정'GATT에 복귀를 신청했다. 이후 우여곡절 끝에 15년 후인 2001년 12월 중국은 마침내 GATT를 계승한 세계무역기구WTO에 가입했다. 중국의 WTO 가입은 고속 성장을 달성하는 통로이자 세계경제에 깊이 편입되는 통로가 되었고 나아가 세계경제 판도에 변화를 초래하는 계기가 되었다.

배경

    GATT는 제2차 세계대전 이후 세계적 자유무역을 목표로 하여 형성된 협정 형식의 국제 질서로서, 다자간 협상인 케네디라운드(1964~67년), 도쿄라운드(1973~79년)를 통해 관세장벽을 크게 낮춤으로써 국제무역 급증에 기여했다. 한국 등 동아시아 신흥공업국들은 이 GATT 체제를 활용하여 1960년대 이후 제조업 수출이 주도하는 고속 경제성장을 달성했다. 중국도 주변국의 경험을 참고하여 외국인 투자 유치와 수출 증대를 위해 GATT 복귀를 신청했던 것으로 보인다. 그러나 1989년 톈안먼사건으로 서방의 경제제재가 시작되면서 타결에 접근했던 중국의 GATT 복귀 협상은 중단되었다. 이후 GATT는 우루과이라운드(1987~93년)를 통해 1995년 농산물 및 서비스 무역을 포함하는 보다 광범위한 규범을 갖춘 국제기구인 WTO로 계승되었다.

1992년 덩샤오핑의 남순 강화 이후 중국의 시장화 진전과 개방 확대에 따라 서방의 경제제재는 점차 해제되었지만, 중국의 수출이 급증함에 따라 수출 경쟁력에 대한 WTO 회원국들의 경계심이 커지면서 WTO 가입 협상은 쉽게 진전되지 못했다. 반면 1990년대 후반에 접어들면서 개혁 개방의 새로운 동력을 필요로 하던 중국 지도부는 WTO 가입이 수출 시장의 안정적 확보를 넘어 내부 개혁을 추동하는 기제로 작용할 것으로 기대하며 이를 적극적으로 추진했다.

과정

중국의 WTO 가입은 당시 경제정책을 총괄하던 주룽지朱鎔基의 주도로 진행되었다. 다만 WTO가 출범하면서 원체약국original contracting party 지위로 GATT 복귀를 추구하던 입장을 수정하여 신규 가입 방식을 수용했다. 중국은 관세를 인하하고 외국인 투자 관련 규제를 완화하면서 WTO 가입을 꾀했지만, 미국 등 기존 회원국들이 광범위하고 높은 수준의 시장 개방을 요구하면서 가입 협상 진전이 늦어졌다. 특히 미국은 WTO 회원국에게 자동 제공되는 최혜국대우(혹은 정상 무역 관계)를 중국에 대해 매년 갱신하는 절차를 거치면서 협상의 지렛대로 사용했다. 중국 내부에서도 시장 개방에 따른 산업 피해를 우려한 저항이 나타났는데, 대표적 사례로 통신 부문 개방에 대한 우지추안吳基傳 정보산업부 장관의 공공연한 반대를 들 수 있다. 그러나 주룽지 등은 이러한 반대를 국유 기업 등 산업 부문의 기득권 보호를 위한 행위로 간주하면서 보다 적극적인 개방을 약속하며 WTO 가입을 추진했다. 그 결과 1999년 11월에 미국과의 양자 협상이 타결됨으로써 WTO 가입을 위한 핵심 장애물이 해소되었고, 이어 유사한 조건으로 유럽연합EU 등과의 양자 협상 및 가입 절차를 마무리하고 2001년 12월에 WTO에 공식 가입했다.

가입 조건

중국의 WTO 가입에 수반된 시장 개방의 범위와 정도는 WTO 설립에 참여했던 개도국이나 이후 새로 가입한 개도국에 비해 뚜렷하게 높은 수준이다. 이는 중국의 경제 규모 및 성장 속도에 비춰 볼 때 다른 개도국과 동등하게 다룰 수 없다는 미국 등의 입장이 반영된 것이자, 이 정도 개방은 수용 가능할 뿐만 아니라 필요하다는 중국의 판단도 작용한 결과로 보인다. 다만 충격 완화 차원에서 5년에 걸쳐 점진적으로 개방을 이행하도록 했다. 특기할 점은 중국이 비시장경제 지위로 가입한 것인데, 이는 다른 회원국들이 제3국 가격을 기준으로 덤핑 판정을 하도록 함으로써 중국 수출품에 대해 반덤핑 조치를 보다 쉽게 할 수 있도록 한 것이다. 중국의 WTO 가입 의정서에는 이 방식이 15년 후에 종료된다고 되어 있어 중국은 2016년 12월에 자동적으로 시장경제 지위를 갖게 된다고 해석했다. 그러나 미국과 EU는 중국의 시장경제 원칙에 위배되는 행위가 만연하다는 이유로 시장경제 지위 부여를 거부했다. 이에 2016년 중국은 자국의 시장경제 지위 인정을 주장하면서 EU를 WTO 분쟁해결기구에 제소했고 WTO 분쟁해결기구는 EU의 승소를 판단한 것으로 알려졌으나, 2019년 5월 중국이 심리 중단을 요청했다. 따라서 중국의 시장경제 지위에 대해 WTO는 공식적인 입장을 표명하지 않은 상태이며 각 회원국이 독자적으로 판단하고 있다.

결과

WTO 가입 이후 중국의 대외 경제 교류는 예상을 뛰어넘는 빠른 속도로 증가했다. 2002년부터 외국인 투자 유입이 급증했고 수출은 세계 금융 위기가 발발한 2008년까지 연평균 25% 이상 증가했다. 이 시기 중국 경제는 매년 10% 이상 성장했는데, 수출은 투자와 더불어 이 고속 성장을 견인한 쌍두마차 역할을 했다. 중국은 2009년 이후 세계 1위 수출국이자 세계 2위의 수입국이 되었고, 매년 큰 규모의 무역수지 흑자를 거두면서 막대한 외환 보유고를 축적했다. 또한 이 외환 보유고의 상당 부분을 미국 정부의 채권을 구입하는 데 사용함으로써 양국 경제의 상호 의존성을 심화했다. 다만 2010년 이후 중국이 내수 주도의 경제성장 방식으로 전환을 꾀하면서 수출 등 대외 부문의 비중은 점차 하락하는 추세이다.

2008년 베이징 올림픽

이민규

    2008년 베이징 올림픽은 중국의 부상과 강대국화 의지를 상징적으로 보여 준 행사였다. 중국은 베이징 올림픽을 통해 대외적으로는 자국의 경제적 성공과 국가 거버넌스 능력을 홍보하고, 대내적으로는 민족 단결과 공산당 일당체제의 안정성 및 합법성을 대중에게 각인시키고자 했다. 베이징 올림픽은 티베트 사태, 성화 봉송 방해, 달라이 라마 회담 및 개막식 불참 그리고 강제 이주 및 철거 등 온갖 사건과 논란 속에서도 2008년 8월, 무더운 베이징을 더욱 뜨겁게 달구었다. 204개국 1만 942명이 참가하여 28개 종목 302개 경기에서 신체적·정신적 자질을 서로 경쟁하며 국제 친선을 도모했고, 중국을 포함한 각국은 열띤 스포츠 외교를 펼쳤다.

화평발전과 베이징 올림픽

    베이징 올림픽은 후진타오 집권 시기 표방한 화평발전和平發展의 길을 중국의 중심, 베이징에서 대내외적으로 단순 홍보를 넘어 증명하고자 한 메가 이벤트였다. 중국은 자국의 부상이 위협이 아닌 기회라는 점을 보여 주기 위해, 발전한 형상과 함께 미래 청사진을 보여 줬다. 우선, 2002년부터 2007년 사이 약 1800억 위안(약 35조 원)을 투자하여 철도, 고속도로, 공항, 환경 미화, 도시 정보화 건설 등의 도시 기반 시설을 대대적으로 개선했다. 이와 함께, 20여 개의 환경 개선 프로젝트를 가동하여 환경문제 대응력과 지속 발전 가능성을 보여 주고자 했다. 금융과 전자 상거래 분야 인재 양성과 관련 일자리 창출 또한 이러한 목적에서 추진되었다. 서구식 자본주의 경제 모델이 위기에 빠진 상황에서 중국식 모델이 대안이 될 수 있다는 점을 재확인시켜 주고자 했다.

다음으로 중국은 개막식에 조지 W. 부시 미국 대통령을 비롯한 140여 개국의 지도자를 초청하여 "하나의 세계, 하나의 꿈"同一个世界, 同一个夢想을 강조하며 중국이 세계 평화와 번영에 기여하는 국가임을 선전함과 동시에 리더십을 발휘하겠다는 의지를 표명했다. 물론 그 이면에는 올림픽 개최를 전환점으로 국제적 지위와 위상을 제고하고자 하는 의도가 내포되어 있었다.

마지막으로, 베이징 올림픽을 통해 공산당 일당 체제의 안정성과 합법성을 부각하고자 했다. 올림픽 개막식을 앞두고 티베트 사태와 쓰촨 대지진 등이 연이어 발생하면서 중국공산당의 통치 체제는 큰 도전에 직면했다. 내부적으로는 민족 분열을 막고 국가 통일을 이룰 리더십을 발휘해야 했으며, 외부적으로는 인권 탄압 비판에 대응함과 동시에 통합된 다민족국가임을 증명해야 하는 숙제를 떠안게 되었다. 중국은 개막식에 55개 소수민족 대표를 등장시켜, 56개 민족 모두가 중화 민족의 일원임을 강조했다. 이와 동시에 유교 사상과 명나라 정화鄭和 대항해 등으로 구성된 프로그램을 제작하여 찬란한 문명과 개혁·개방 30년의 성과를 전 세계에 알림과 동시에 중국공산당이 중국의 전통을 계승·발전시킨 유일한 정권임을 다시금 선포했다. 즉, 공산당이 중국을 화평발전의 길로 이끌어 국가주권, 국가 통일, 국가 발전을 실현할 주체임을 부각했다.

인문 외교 강조와 매력적 공세 논란

중국은 '녹색 올림픽, 과학기술 올림픽, 인문 올림픽'을 기치로 자국을 '문명·민주·진보·개방'을 지향하는 국가로 이미지 구축을 시도했다. 이 가운데 인문 올림픽은 중국 국민과 세계인 간의 교류를 확대하고 이해를 증진하는 것을 목적으로 하는 '인문 외교'를 지칭한다. 중국이 2004년 전후부터 전략적으로 추진한 공공 외교를 올림픽이라는 메가 이벤트를 통해 구체화하고자 했다. 중국은 2004년 소프트 파워를 제고하고 '중국 위협론'에 대응하기 위해 국가 전략의 한 축으로서 "새로운 중국 공공 외교 전략"을 수립한다. 2005년부터는 소프트 파워의 중요성을 강조하기 시작했고, 2007년 10월 중국공산당 제17차 전국

대표대회 보고에 이 개념이 처음으로 등장했다. 이에 따라 중국은 외국 비정부 기구, 싱크 탱크, 학계 전문가와의 교류·협력을 확대하면서, 자국에 대한 오해와 불신을 해소하고, 평화와 번영에 기여하는 국가 이미지 구축을 시도했다. 올림픽 기간 동안 대규모 자원봉사자 참여를 정책적으로 추진한 것 또한 공공 외교의 연장선이었다.

중국의 전략적인 공공 외교 정책에도 불구하고 베이징 올림픽 전후에 성화 봉송 방해 사건, 역사 왜곡 논란 그리고 달라이 라마 회담과 불매운동 등이 발생하면서 '매력 공세' 논란만 불러일으켰다. 중국의 바람과 달리, 성화 봉송 방해 사건이 세계 곳곳에서 발생하고 그 배경으로 티베트 등 독립 이슈와 민족주의 정서가 제기되면서 반중 정서의 빌미가 되었다. 예를 들어, 2008년 4월 한국에서 성화 봉송 사건이 발생한 이후 대중국 이미지는 급속히 악화되었다. 3월에 실시한 퓨 리서치 센터의 설문조사에서 63.0%의 한국인이 중국의 올림픽 개최에 긍정적인 반응을 보였던 것에 반해, 성화 봉송 사건 이후 실시한 리얼미터의 설문조사에서는 88.4%가 중국에 대한 이미지가 나빠졌다고 응답했다. 까르푸 불매운동으로 대표되는 중국의 민족주의 정서도 결과적으로 대중국 이미지 악화만 가져오게 되었다. 시위 초반 불매운동을 합리적이고 합법적인 것으로 규정했던 중국 정부마저 시위가 전국적으로 급속히 퍼지자 '이성적 애국심'을 요구하게 되었다.

프랑스에 대한 경제 보복과 중국 부상의 수정주의 논란

프랑스의 베이징 올림픽 개막식 보이콧과 중국의 경제 보복은 중국의 부상에 대한 국제사회의 시각과, 중국의 화평발전론의 수정주의적 속성을 극명하게 보여 준 사례로 평가된다. 2008년 3월 티베트 사태를 이유로 니콜라 사르코지 대통령이 베이징 올림픽 개막식을 보이콧하고, 8월과 12월 달라이 라마와의 회견을 추진하면서 프랑스와 중국의 양국 관계는 급속히 악화되었다. 프랑스의 입장에서는 인권과 관련된 이슈에 대해 좌시하지 않겠다는 것이고, 중국의 입장에서는 국가 핵심 이익과 직결된 사안에 대해서는 설사 국가급 축제 기간이어도 응당한 조치를 취하겠다는 의지를 보인 것이었다.

중국은 '내정 불간섭' 원칙을 내세워 프랑스의 티베트 사태 간섭과 베이징 올림픽 보이콧을 비판했다. 달라이 라마와의 회담에 대해서는 프랑스 주재 중국 대사와 외교부 대변인의 발언을 통해 프랑스를 압박하는 수준을 넘어, 예정되어 있던 제11차 중·EU 정상회담을 연기하는 등 정치적인 대응을 강화했다. 중국은 정치적 압박과 함께 단계적으로 경제 보복을 가했다. 4월 9일을 기점으로 중국 정부의 묵인하에 까르푸 불매운동이 전국적으로 일어난다. 불매운동은 까르푸 최대 주주인 루이비통 모에 헤네시LVMH 그룹의 제품 구매 반대를 주장하다가, 점차 '프랑스 제품 불매운동'과 '까르푸 불매운동'으로 구체화되었다. 불매운동이 소비자 주도의 보이콧이라면, 단체 관광을 포함한 프랑스 관광 제한은 정부 차원에서 추진된 대응 조치였다.

중국의 정치·경제적 압박에도 불구하고 사르코지 프랑스 대통령이 달라이 라마와의 회담을 취소하지 않자, 11월 중국은 12월 초로 예정된 프랑스 에어버스와의 항공기 판매 최종 협상을 연기했다. 회담 이후에는 주베이징 프랑스 대사관 등을 상대로 사이버 공격과 함께, 2009년 1월 예정된 프랑스 대통령궁 주최의 프랑스-중국 수교 45주년 기념식 행사를 취소시켰다. 이에 그치지 않고, 원자바오溫家寶 중국 총리의 유럽 순방에 프랑스를 의도적으로 제외했으며, 이 순방을 '믿음의 여행'信任之旅으로 명명했다. 화평발전의 길을 추구하겠지만, 중국이 설정한 마지노선을 넘을 경우, 이에 상응하는 대가를 치르게 된다는 것을 명확히 보여 준 사례로 볼 수 있다.

2018년 미·중 무역 분쟁

김용신

발단과 경과

　미·중 무역 분쟁은 중국에 대한 미국의 전략적 견제 수단인 관세를 중심으로 이루어졌다. 2018년 3월 미국무역대표부USTR는 중국의 불공정 무역 관행에 대해 실시한 301조 조사 결과를 「기술이전, 지적재산권, 그리고 혁신과 관련된 중국의 법안, 정책, 행동에 관한 1974년 무역법 301조에 따른 조사」라는 보고서로 발표했다. 이를 바탕으로 트럼프 행정부는 15일 이내에 중국에 대한 대상 품목 및 관세 인상 리스트를 발표할 것을 명령하고, 4월 2일에 중국에 대한 보복 관세 계획을 발표했다.

　2018년 7월 6일, 340억 달러 규모의 818개 중국산 수입 품목에 대해 25% 보복 관세 부과 조치가 발표됐는데, 중국 역시 이에 대한 맞대응으로 동일 규모의 545개 미국산 수입품에 대해 25% 보복 관세를 부과하면서 양자 간 무역 분쟁이 본격화되었다. 같은 해 8월 미국은 160억 달러 규모의 279개 품목에 대해 25% 관세를 부과했고, 중국 역시 동일 규모로 333개 미국 수입품에 대해 25% 보복 관세를 부과했다. 같은 해 9월 미국은 2000억 달러 규모로 5745개 품목에 대해 10% 관세를 부과하고, 2019년 1월 1일 이후부터 25%로 상향 조정하겠다고 발표했다. 중국은 이에 대응해 600억 달러 규모의 관세를 부과했다.

　그러나 확전 일로에 있던 미·중 무역 전쟁은 아르헨티나 부에노스아이레스에서 열린 G20 정상회담에서 완화의 기미를 보였다. 양국 정상은 2000억 달러 규모의 중국 수입품에 대한 관세율 25%로의 인상을 90일간 잠정적으로 유예했으며, 중국은 미·중 무역 불균형을 해소하는 데 충분한 정도의 미국산 제품을 수입하는 데 동의했다. 또한 두 정상은 강제적 기술 이전, 지식재산권, 비관세장벽, 사이버 침입 및 절도 등과 같은 이슈에 대해서도 논의를 시작하기로 협의했다. 2019년에도 미·중 양국 간 관세를 둘러싼 갈등이 지속되었으나, 2020년 1월 미·중 1단계 무역협정이 체결되면서 관세를 통한 전면적 긴장 상황은 완화되었다.

분쟁의 주요 원인

트럼프 행정부가 관세를 주요 무기로 미·중 무역 분쟁을 개시한 가장 일차적인 원인은 미국의 대중국 무역 불균형 상황이었다. 2001년 중국이 세계무역기구WTO에 가입한 이후 미국의 대중국 무역 적자는 지속적으로 증가해 왔다. 2001년 830억 달러였던 대중국 무역 적자는 가파르게 증가하여 2018년에는 4192억 달러에 달했다. 그러나 트럼프 행정부가 무역 분쟁을 개시한 목적이 무역 불균형을 시정하는 데만 있었던 것은 아니다. 미국무역대표부는 2017년부터 무역법 301조를 근거로 중국에 대한 조사를 진행하여, 2018년 3월 상술한 조사 결과 보고서를 발표했으며 같은 해 11월에 업데이트 보고서를 추가로 발표했다. 트럼프 행정부의 보복 관세 부과 조치는 미국무역대표부의 보고서에 근거한 조치로, 위 보고서가 다루고 있는 핵심 내용이 미·중 무역 분쟁의 주요한 원인이라고 할 수 있다.

미국무역대표부의 두 보고서는 다음 세 가지 이슈에 집중하고 있다. 첫째, 인허가, 합자 법인에 대한 지분 제약 등 외자 기업에 대한 차별적 제한 및 기술 이전 강요, 둘째, 중국 정부의 지원을 받은 기업의 해외 인수 합병을 통한 기술 획득, 셋째, 중국 제조 2025처럼 중국 정부의 부당한 정책 개입을 통한 산업 육성으로 초래되는 시장의 왜곡 현상이었다. 두 보고서에서 제시된 중국에 대한 미국의 문제 제기는 무역 불균형 시정과 같은 표층적인 문제에 그치지 않았다. 좀 더 심층적으로 외자 기업에 대한 기술이전 강요 및 중국 정부의 지원으로 이루어지는 중국의 혁신 역량을 제약하고, 국유 기업 보조금 문제나 중국 정부의 정책 개입 등에도 문제를 제기하여 중국 정부의 역할 및 정부의 시장 개입에 대해서도 문제를 제기했다. 결국 미·중 양국이 2020년 1월 1단계 무역협정 합의에 도달한 것은 무역 불균형 해소라는 가장 표층적인 문제 해결을 위해 공동의 보조를 맞추는 것에 합의한 것이지, 미·중 양국 간 갈등의 불씨는 남아 있었다.

이후 진행 상황

2021년 출범한 바이든 행정부 역시 트럼프 행정부가 부과한 고율 관세를 상당 부분 유지했다. 2024년 5월 바이든 행정부는 철강 및 알루미늄, 반도체, 전기 자동차, 배터리 및 핵심 광물, 태양광 셀, 항만 하역용 안벽 크레인 등에 대해 관세율을 최대 100%까지 인상하는 계획을 발표했다. 또한 1단계 무역 합의에 따라 중국이 구매 목표를 채우지 못한 부분에 대해 지속해서 압박을 가했다. 또한 관세 이외에도, 이중 용도dual-use 목적으로 사용될 수 있는 반도체, 인공지능AI, 5G 등 첨단 기술에 접근하는 것을 막기 위해 다양한 수출 통제 조치를 실시했다. 미국은 화웨이 같은 기업들을 수출 통제 대상 목록에 등재하여 기술이나 제품을 수출할 때 수출 허가를 요구하고 있다. 또한 해외 제품 규칙Foreign Direct Product Rule을 강화하여 미국 기술이나 소프트웨어를 사용하는 외국 기업 역시 화웨이 같은 중국 기업에 수출하려면 미국 정부의 허가를 받도록 치외법권적 규제를 적용하고 있다. 2018년 시작된 미·중 무역 분쟁은 관세 이외의 다양한 수단이 동원되면서 첨단 기술 영역으로 전장이 확대되었다. 특히 2021년 출범한 바이든 행정부 시기에는 5G를 중심으로 한 통신 기술, 반도체, 인공지능, 양자 컴퓨팅과 같은 이중 용도 기술을 중심으로 미·중 간 첨예한 기술 경쟁이 전개되었다. 반면 2025년 출범한 트럼프 2기 행정부는 기술 분야 경쟁을 지속하면서도, 그 초점을 광범위한 차등 관세 부과로 확대·전환하고 있다.

시진핑 3연임

양갑용

2016년 10월 24일부터 27일까지 제18기 중앙위원회 제6차 전체회의(이하 '18기 6중전회')가 베이징에서 개최되었다. 6중전회는 사실상 해당 기수 중앙위원회의 마지막 정책과 전략, 비전을 논의하는 자리로, 사실상 18기 6중전회는 제18기 중앙위원회(2012~17년)의 마지막 전체회의였다. 이 자리에서 가장 주목할 만한 사건은 바로 시진핑을 당 중앙의 핵심核心으로 명명한, 이른바 "시진핑 동지를 핵심으로 하는 당 중앙"이라는 표현이 공식화되었다는 점이다.

중국은 개혁 개방 이후에도 공식적으로 집단지도체제를 표방해 왔다. 물론 중국공산당은 집단지도체제라 할지라도 지도부 내의 결정을 대외적으로 공표하는 차원에서 이른바 '반장'班長의 역할이 필요하다는 주장을 계속해 왔다. 이런 차원에서 '반장'을 집단지도체제 내부의 여러 지도자 가운데 핵심적인 역할을 하는 사람으로 간주하는 경향이 있었다. 핵심이라는 용어는 나름대로 중국 정치의 역사적 맥락을 갖는다.

예를 들어 "마오쩌둥 동지를 핵심으로 하는 당의 제1대 중앙지도집단", "덩샤오핑 동지를 핵심으로 하는 당의 제2대 중앙지도집단", "장쩌민 동지를 핵심으로 하는 당의 제3대 중앙지도집단", "후진타오 동지를 총서기로 하는 당 중앙" 등의 표현은 최고 지도자와 지도자 집단 간의 관계에서 사실상 '반장'이 조직 내 핵심 역할을 한다는 의미로 해석되었다. 그러나 후진타오 시기에는 이 '핵심'이라는 용어를 사용하지 않았다.

시진핑 주석이 자신의 권위를 강화하기 위한 일련의 과정에서 첫 단추로 제시한 것이 바로 2016년 18기 6중전회에서 '핵심'이라는 용어였다. 이 용어는 2021년 가을에 열린 19기 6중전회의 세 번째 '역사결의'와 연동되면서 시진핑 주석의 3연임을 사실상 확정하는 배경적 요소로 작용했다. 18기 6중전회의 결정은 최고 지도자가 핵심이기는 하지만 표면적으로는 집단지도체제의 '반장'의 역할에 지나지 않던 기존 관행을 더욱 강화한 것이다. 그리고 19기 6중전회의 '역사결의'는 이를 당의 역사적 결의로 승화한 것이다. '핵심'과 '역사결의' 두 가지 모두 6중전회에서 결정된 것으로 사실상 시진핑 주석의 장기 집권을 위한 당내 결속을 강조하는 것으로 이해할 수 있다.

시진핑 주석이 당내 핵심 지위를 획득하고, 이를 당의 역사 결의로 승화한 것은 국내외 정세를 해석하고 판단하는 두 가지 측면에서 기인한다. 내부적으로 시진핑 지도부는 지난 후진타오 집권 시기 10년 동안 중국공산당이 내적으로 유약한 모습을 많이 보였다고 판단했다. 집단지도체제를 유지하는 과정에서 당 중앙의 권위가 실추되었고, 중국공산당은 사회 혼란 등 여러 가지 위기에 직면했다는 것이다. 외부적으로 미국 등 서방 국가와의 이데올로기, 가치 경쟁이 치열해지면서 이를 돌파할 수단으로 중국은 더욱 강력한 중앙 집중형 거버넌스를 실행할 필요가 있다는 인식을 강화했다는 점이다. 이러한 두 가지 이유로 중국공산당은 당 중앙을 중심으로, 특히 당 중앙의 핵심인 최고 지도자를 중심으로 위기와 난관을 극복해 나가겠다는 의지를 드러냈다. 이 과정에서 시진핑 주석의 강력한 권위 부여와 3연임을 넘어 장기 집권으로 나타난 것으로 분석할 수 있다.

그러나 이러한 당 내외의 필연적인 환경 변화에도 불구하고 "왜 시진핑인가?"는 여전히 의문으로 남아 있다. 시진핑 주석의 장기 집권 시도는 개혁 개방 이후 중국 정치가 그동안 보여 왔던 예측 가능한 정치로서의 이른바 중국식 제도화와는 확연히 다른 양상을 보이기 때문이다. 외부의 비판적인 시각에도 불구하고 중국은 나름대로 예측 가능한 제도화의 측면에서 정치적 변화를 도모해 왔다. 10년 주기 최고 지도부 권력 교체, 정치국 상무위원의 68세 은퇴 관행(이른바 '칠상팔하'), 후계자를 통한 안정된 권력 교체 등은 중국식 정치 변화의 긍정적인 사례로 평가받아 왔다. 그러나 시진핑 주석이 3연임을 포함하여 장기 집권의 의지를 본격적으로 드러내면서 중국 정치가 갖고 있던 제도화의 장점은 더 이상 논하기 어렵게 되었다.

시진핑 주석의 집권이 언제까지 이어질지는 현재로서는 단정할 수 없다. 그 이유는 예측 가능한 제도적 요소가 사라지면서, 권력의 이양이나 교체가 개인의 의지에 의해 이루어지는 상황이 되었기 때문이다. 예측 가능한 정치가 작동하지 않는 환경이 도래했다는 점은 불확실성을 높이는 요소로 작용하고 있다. 시진핑 주석이 아무리 국내외 변화 국면에서 지도력을 발휘하는 이른바 '능력 있는 지도자'라 할지라도 '잡으면 내려놓기 어렵다'는 권력의 속성을 초월하기는 쉽지 않다는 점에서 그렇다.

이런 상황에서 향후 중국의 권력 향배 및 정치 안정이 지도자 개인의 의지에 의해 좌지우지되는 상황은 그 자체로 불확실성을 높인다. 특히 지도자의 나이가 결정적인 변수가 된다는 점이다. 권력을 이양해야 하는 그 시기는 필연적으로 올 수밖에 없다. 시진핑 주석의 3연임을 포함한 장기 집권이 갖는 관건적인 리스크는 바로 시진핑 주석이 나이가 들고 있다는 사실이다. 이것이 초래할 리스크를 중국이 얼마만큼 선제적으로 관리·통제해 나갈지가 향후 시진핑 주석의 3연임 및 장기 집권이 초래할 수도 있는 예측 불가능한 상황을 대하는 출발점이 될 것이다.

3장 정치

정치 개관 : 당-국가

이종혁

    중국의 당-국가 체제黨國體制, Party-state System는 중국공산당이 국가의 전반적인 정치·경제·군사·사회 시스템을 독점적으로 통제하고 지도하는 정치 구조를 의미한다. 중국공산당은 단순히 하나의 정치 정당이 아니라, 국가와 정부를 초월한 최고 권력 기관으로서 국가 전체의 방향을 설정하고 모든 정책적 결정을 주도한다. 이러한 원칙은 1949년 중화인민공화국 건국 이후 일관되게 유지되고 있으며, 특히 시진핑 집권 후 2018년 중화인민공화국 헌법 1조에 "중국공산당의 지도는 중국 특색 사회주의의 가장 본질적인 특징이다."라는 문구를 추가하여 공산당의 지위를 헌법적으로 더욱 공고히 했다.

    이 체제에서는 국가의 모든 중요한 결정이 당을 통해 이루어지며, 당과 국가의 경계가 모호하게 혼재된 독특한 특징을 지닌다. 당과 국가 기구의 관계는 밀접하게 얽혀 있어, 당의 정치적 의사 결정이 국가 정책의 모든 측면에 직접적인 영향을 미치게 한다. 국가의 수장인 국가 주석은 당의 수장인 총서기직을 겸하고 있으며, 입법부인 전국인민대표대회와 행정부인 국무원의 수장들도 모두 공산당 정치국 상무위원으로서 당 지도부의 지시를 따른다. 당은 전국대표대회와 중앙위원회를 통해 장기적인 국가 운영의 이념인 노선을 설정하고, 정부는 이를 실행하는 역할을 할 뿐이다. 예를 들어, 1978년 중국공산당 제11기 중앙위원회 제3차 전체회의에서 개혁 개방 노선이 결정되었고, 정부는 이를 실현하기 위해 특구 설립 및 외자 유치 등의 정책을 추진했다.

    중국공산당은 당의 지도 원칙을 국가 제도에 통합하여 당의 정책이 정부,

군대, 사회 전반에 실행되도록 한다. 2023년 기준으로 9918만 5000여 명의 당원이 있으며, 이는 중국 인구의 약 7%에 해당한다. 당원들은 각 기관에 소속되어 당의 의견을 전달하고, 정책 실행을 감독하는 역할을 수행한다. 예를 들어, 입법부·사법부·행정부를 포함한 모든 중앙 및 지방 국가 기관에는 공산당 영도 기구인 당조黨組가 설치되어 있으며, 기관의 수장이 주로 당조의 조장을 맡는다. 당조는 동급 당위원회의 지도를 받아 당 방침이 정부 정책에 반영되도록 보장한다. 따라서 당조에 속하지 않는 비공산당원 관료의 경우 주요 의사 결정 과정에서 그 역할이 제한적이며, 대부분 의전이나 행정적인 업무를 맡는다.

또한 중국 인민해방군은 국가의 군대가 아닌 당의 군대로 활동한다. 인민해방군의 지도부인 중앙군사위원회는 공산당 중앙위원회에서 임명되며, 군 내부의 당지부 담당자인 정치위원은 각급 사령관과 동등한 지위를 가진다. 이는 군대의 충성심을 공산당에 결속하고, 국가 안보와 당의 통치를 긴밀히 연결하는 역할을 한다. 당 조직은 민간 및 사회 영역에도 깊숙이 침투해 있다. 각종 민간 조직과 사회조직은 당지부, 당총지부, 기층 당위원회 등의 당 기초 조직을 설립해야 하며, 국유 기업뿐만 아니라 민간 기업과 외자 기업을 포함한 모든 사업체에도 당원이 있으면 반드시 당 기초 조직을 설립해야 한다. 이들은 현縣급 당위원회의 지도를 받아 당의 방침이 민간 기업에도 반영되도록 한다.

이러한 당정 관계는 중국공산당의 핵심 동력으로, 정치적 안정과 통일성을 유지하는 데 중요한 역할을 해 왔다. 역사적으로 공산당은 강력한 통제를 통해 국가의 분열을 방지하고, 중앙집권적 통치 구조를 확립함으로써 현대 중국의 빠른 경제성장과 사회적 안정을 가능하게 하는 데 큰 역할을 했다고 볼 수 있다. 특히 개혁 개방 이후 경제 발전을 추진하는 과정에서 당의 지도력은 주요한 정책 방향을 설정하고 이를 일관되게 추진하는 역할을 했다. 개혁 개방 정책은 경제 자율성을 높이고 국제무역을 확대함으로써 중국의 경제적 번영을 도모했으며, 이러한 과정에서 당의 지도력은 경제적 성장과 사회의 안정성을 유지하는 데 중요한 역할을 했다고 볼 수 있다.

하지만 당-국가 체제는 몇 가지 명확한 단점도 존재한다. 첫째, 당의 이념적 목표가 경제적 효율성과 행정적 전문성보다 우선할 때가 있다. 특정 산업의 발전이 경제적 합리성보다는 당의 이념적 우선순위에 따라 결정되면 자원이 비효율적으로 배분될 위험이 있다. 따라서 개혁 개방 이후 중국은 이러한 문제를 해결하기 위해 정부 권한을 확대하고 지방정부의 자율성을 강화하는 방향으로 개혁을 추진해 왔다. 그러나 시진핑 시대에 들어 이러한 흐름이 역전되기 시작했다. 대표적으로 시진핑 정부의 '공동 부유'共同富裕 정책이 있다. 이 정책은 경제적 불평등 해소를 목표로 하지만, 이 과정에서 지방정부는 지역의 경제적 특수성을 고려하기보다는 중앙의 지침에 따라 부유세나 규제 강화와 같은 일률적인 정책을 강요받고 있다.

둘째, 당의 지도 아래 모든 주요 의사 결정이 이루어지다 보니 개별 관료나 행정 기관의 자율성이 제한되어 창의적인 문제 해결이 어려울 수 있다. 예를 들어, 코로나19 팬데믹과 같은 상황에서 일부 지방 관료들은 중앙의 엄격한 지침에 따라 지역 특유의 문제를 자율적으로 해결하지 못해 주민들의 요구를 신속하게 반영하지 못한 사례가 있다. 관료들은 중앙의 지침을 따르는 데 집중하게 되며, 이러한 경직성은 급변하는 상황에 신속히 대응하는 능력을 저해할 수 있다. 개혁 개방 후 중국은 능력주의에 기반한 승진 방식을 도입해 관료들이 중앙의 지침을 얼마나 잘 지방 상황에 맞게 적용하는지를 평가했지만, 시진핑 시대에는 충성을 중시하는 방식으로 변화하면서 관료 조직의 경직성을 심화하는 결과를 낳았다.

또한 당의 과도한 사회통제는 중국 내 다양한 목소리를 억압하는 결과를 초래했다. 언론과 표현의 자유에 대한 제한은 반대 의견을 억누르고, 인터넷 검열과 시민사회의 활동을 제약하여 정부 비판을 억제했다. 특히 2022년 상하이 봉쇄에 대한 항의 시위에서는 정부가 통제와 검열로 주민들의 목소리를 억압했으며, 이로 인해 불만이 더욱 커졌다. 이러한 통제는 단기적으로 시위를 진압하는 데 효과적일 수 있으나, 장기적으로 체제에 대한 불신과 갈등을 심화했다. 경제적 발전에서 소외된 계층과 지역의 불만도 점차 커지고 있으나, 이를 제도적으로 수렴하고 해결할 수 있는 통로가 부족한 상태이다. 특히 젊은 세대와 교육받은 도시 인구가 더 많은 자유와 기회를 요구하는 상황에서 이러한 문제는 더욱 심각하게 다가올 수 있다.

당-국가 체제를 깊이 있게 이해하는 것은 현대 중국의 정치, 사회 현상을 보다 명확히 분석하고, 그 속에서 나타나는 다양한 도전과 기회를 포착하는 데 필수적이다. 이 체제는 단순한 이론적 구조가 아니라, 경제, 사회, 외교 등 다방면에서 실질적인 영향을 미치는 중요한 운영 체계이다. 특히 중국의 당-국가 체제는 세계 정치와 경제에 지속적인 영향을 미칠 것이며, 이를 연구하고 분석하는 것은 글로벌 차원에서의 미래 전략 수립에 중요한 기반이 된다. 당의 역할과 기능을 이해함으로써 국제사회에서 중국의 행동과 그 영향력을 정확히 파악할 수 있으며, 이는 글로벌 정책 형성과 대응 전략 마련에 있어 필수적인 요소가 될 것이다. 결국, 당-국가 체제에 대한 깊은 이해는 중국의 내적 변화뿐만 아니라 국제적 변화에도 효과적으로 대응할 수 있는 역량을 키우는 데 중요한 의미를 가진다.

정치 지도자와 세대 정치

이문기

일당제 국가인 중국에서 정치 지도자의 교체는 '정권 교체'라기보다는 중국공산당 내부의 '인물 교체'라 할 수 있다. 중국에서는 이러한 인물 교체를 일반적으로 정치 세대의 교체로 일컫는다. 물론 '정치 세대'political generation라는 용어는 중국 정부에서 공식적으로 사용하는 개념은 아니고, 학술적으로 엄밀하게 정의하기도 쉽지 않다. 일반적으로 정치적 의미의 세대는 생물학적 세대와 달리, 주로 젊은 시기에 공통의 정치적 경험을 통해 유사한 사회정치적 태도를 보이는 집단을 의미한다.

현대 중국의 정치사에서 지도부 세대교체는 네 차례 진행되어 현재에는 시진핑 총서기를 핵심으로 하는 제5세대 지도부에 이르고 있다. 제1세대 지도부는 마오쩌둥이 중심이 된 혁명과 건국 세대를 일컫는다. 덩샤오핑으로 대표되는 제2세대 지도부는 마오쩌둥 사후에 개혁 개방 시대로의 거대한 전환을 이루었다. 장쩌민으로 대표되는 제3세대 지도부는 1990년대에 집권하여 시장경제 체제로의 전면적 전환과 고도 경제성장을 이끌었다. 후진타오가 중심이 된 제4세대 지도부는 2002년부터 10년간 중국을 이끌면서 부강한 중국의 기틀을 확립했다. 시진핑이 중심인 제5세대 지도부는 2012년 11월 중국공산당 제18차 당대회에서 권력을 승계받았다.

시진핑 총서기는 전임 지도자들이 10년 집권 후 차세대에 권력을 이양했던 관례를 깨고 장기 집권을 이어 가고 있다. 또한 시진핑 총서기가 언제 퇴임할지 그 시점을 예상하기 어려워서 제6세대 지도부의 등장 시점 역시 예상하기 어려운 상황이다. 최근 중국 정치의 이런 변화 때문에 기존에 지도부 세대교체를 중심으로 설명하던 중국공산당의 인적 구성 변화와 엘리트 정치의 변동 역시 이전만큼의 중요성을 갖기 어렵게 되었다. 그럼에도 불구하고 중국 정치를 이해하는 데서 1990년대부터 2010년대 초반까지 약 20년간 진행된 지도부 세대교체의 규범과 관례를 이해하는 것은 매우 중요하다. 이 기간은 중국의 현대 정치사에서 엘리트 정치의 안정성이 가장 높았고, 또한 지도부 교체의 시기는 물론이고 차세대 지도자 후보군에 대해 상당 정도 예측이 가능했던 시기였다. 비록 정확한 시기를 예상하기는 어렵지만, 미래 어느 시점에 반드시 나타날 제6세대 지도부로의 세대교체 및 그 이후의 정치 변동을 전망하기 위해서도 시진핑 지도부 출범 이전까지 작동되었던 지도부 세대교체의 규범을 이해하는 것은 중요하다.

비공개 인선 과정

일반적으로 중국 정치에서 최고 지도부는 당 중앙정치국원 25명을 지칭하며, 이 중에서 선출된 정치국 상무위원 7명은 각각이 분장된 업무에 따라 최고 권한을 행사하는 방식으로 집단지도체제에 의해 작동된다. 시진핑 총서기 집권 이후 이러한 집단지도체제는 상당 정도 무력화되었지만, 표면적 형식에서는 여전히 7인 집단지도체제의 틀을 유지하고 있다. 이들은 당과 국가 기관의 요직을 겸직하는 방식으로 국가 권력 전반을 장악한다. 중요한 정책과 인사는 이들 최고 지도부 간에 충분한 협의를 거쳐 결정되며, 이 과정에서의 내부 이견은 드러내지 않는다는 철칙이 작동된다. 최고 지도부의 인선은 5년마다 당 전국대표대회에서 결정된다. 이 대회에서 약 370여 명의 중앙위원(후보위원 포함)을 선출하고, 전국대회 폐막 직후에 열리는 제1차 중앙위원회 전체회의(1중전회)에서 최고 지도부인 정치국원과 상무위원을 선출한다. 하지만 공식 대회에서의 선출은 사전에 막후 조정을 거쳐 내정된 후보자를 형식적으로 추인하는 과정에 불과하다.

사전 인선 과정은 철저하게 비공개로 진행되는데, 이 과정에서 당 내부의 여러 파벌 간에 치열한 경쟁과 막후 협상이 진행된다. 이러한 지도부 선출 과정은 종종 노선과 파벌에 따른 심각한 내부 갈등을 드러내는 정치적 불안 요인이 되기도 한다. 따라서 중국 정치에서는 지도부의 승계 과정에서 엘리트 정치 내부의 합의를 얼마나 이루었는지가 정치 안정의 중요한 변수라 할 수 있다. 과거 마오쩌둥, 덩샤오핑 시대의 정치적 혼란은 예외 없이 당내 노선 투쟁과 권력투쟁을 동반한 것이며, 이는 결국 지도부 승계 문제와 밀접히 연관된 것이었다.

지도부 승계 정치의 동학

하지만 1990년대 이후 지도부 인선과 승계 절차에서 규범화가 크게 진전되면서, 엘리트 정치를 포함한 중국 정치 전반에서도 안정화 추세가 강화되었다. 제3, 4세대 지도부 시기에 정착된 중국 엘리트 정치의 규범화와 안정화 경향성은 다음 몇 가지로 정리할 수 있다. 첫째, 집단지도체제와 타협의 정치 문화를 만들기 위해 노력했다. 마오쩌둥이나 덩샤오핑과 같은 강력한 카리스마를 가진 지도자가 퇴진하면서 특정 개인이나 파벌이 권력을 독점하는 시대가 지나고, 파벌 간 권력 분점에 의한 집단지도체제가 등장했다. 이로 인해 당 내부의 다양한 정치 세력 간에 타협과 합의의 정치 문화가 강화되었다. 둘째, 인선 내부 규범으로서 '칠상팔하'七上八下의 원칙과 10년 주기 세대교체가 실시되었다. 정치국원의 연령은 임명 당시 67세 이하로 제한하고 68세 이상은 자동 은퇴한다는 것이 칠상팔하의 원칙이다. 또한 10년 주기로 전면적 지도부 교체를 실시하여 다음 세대로의 권력 교체를 진행한다. 셋째, 차세대 지도자를 미리 발탁하여 공개적인 검증과 훈련을 거치도록 하는 '격대지정'隔代指定의 관행이다. 예컨대 2012년 출범 당시 5세대 지도부의 핵심 인사인 시진핑과 리커창李克強은 전임 제4세대 지도부 시기의 집권 2기(2007~12년)에 정치국 상무위원에 진입하여 차세대 지도자로서의 훈련과 검증을 거쳤다.

그런데 시진핑 집권 이후 이상의 규범이 모두 파괴되었다. 기존의 승계 규범에 따르면 2017년 11월에 열린 제19차 당대회에서 6세대 지도부의 핵심 인사 2명이 선발되어 중앙정치국 상무위원 7인의 명단에 올라야 했다. 하지만 당시 제6세대 지도부의 선두 주자로 알려졌던 쑨정차이孫政才 충칭시 서기는 당대회를 몇 달 앞두고 부패 혐의로 낙마했고, 또 다른 후보였던 후춘화胡春華 광둥성

정치 세대별 중국 지도부

세대	집권 기간	역사적 경험	핵심 인물	지도 이념
1세대	1949~76년	대장정 (1934, 35년)	마오쩌둥, 저우언라이	마르크스·레닌주의, 마오쩌둥 사상
2세대	1977~92년	항일 전쟁 (1937~45년)	덩샤오핑, 자오쯔양	덩샤오핑 이론
3세대	1992~2002년	사회주의 개조 (1949~58년)	장쩌민*, 주룽지	삼개대표 중요 사상
4세대	2002~12년	문화대혁명 (1966~76년)	후진타오, 원자바오	과학발전관, 조화사회론
5세대	2012년~현재	개혁 개방 (1978년 이후)	시진핑, 리커창	중국몽의 실현, 신시대 시진핑 사상

주: * 장쩌민 총서기는 1989년 톈안먼 사태로 인한 비상 상황에서 취임했다.

서기 역시 상무위원 진입에 실패하고 정치국원으로 남게 되었다. 그리고 2022년 제20차 당대회에서 시진핑 총서기가 계속 집권을 이어 가면서 일인 권력 집중과 장기 집권은 현실이 되었다. 집권 3기를 시작하는 2022년에 시진핑의 나이가 69세였기 때문에 '칠상팔하'의 원칙 또한 파괴되었다. 시진핑 일인 권력의 강화로 인해 정치국원을 포함한 중국공산당의 지도부 구성에서도 기존처럼 다양한 파벌 간의 균형을 갖는 정치 문화 역시 찾아보기 어렵게 되었다. 이로써 최근 중국의 정치는 고도로 일원화되고 집중화된 권력 구조가 확립되었다. 시진핑 총서기의 장기 집권으로 인해 제6세대 지도부의 등장 역시 상당한 시간이 지난 뒤에야 현실화할 것으로 전망된다.

체제 이데올로기

이희옥

현대 중국은 더 이상 엄격한 사회주의 이데올로기를 통해 현실을 지배할 수 없게 되었다. '사회주의' 이데올로기는 사안별로 제한적인 역할을 수행하고 있고, 정책 결정에 미치는 영향력도 상당히 약화되었다. 그럼에도 2017년 제19차 당대회에서 확인된 중국공산당의 강령과 헌법에는 마르크스·레닌주의, 마오쩌둥 사상, 덩샤오핑 이론, 삼개대표三個代表 중요 사상, 과학발전관, 시진핑 신시대 중국 특색 사회주의 사상이 명시되어 있다.

건국 이후 중국의 체제 이데올로기 성격 변화는 1978년 개혁 개방이 거대한 분수령이었다. 그 이전에는 주로 마오쩌둥 사상에 기초해 중국공산당의 독점적 권력을 정당화하고 '사회주의 건설'의 역사적 사명을 합법화하는 데 초점을 두었다. 그러나 그 이후에는 체제의 안정과 함께 이데올로기에 대한 유연하고 새로운 재해석을 시도했다. 즉, 발전과 성장을 강조하던 시기와 그 후유증이 발견되는 시기에 이데올로기의 역할이 서로 달랐다. 특히 2017년 중국공산당 창당 100주년을 계기로 시진핑이 기존의 이데올로기를 종합적으로 해석하며 '신시대' 이데올로기의 대강大綱을 제시했다.

마오쩌둥 사상과 덩샤오핑 이론

제1세대인 마오쩌둥 시기 이데올로기의 특징은 다음과 같다. 첫째, 마르크스주의의 중국화이다. 이 원형은 '모순론'과 '실천론' 등에서 발견된다. '실천론'에서는 진리가 실천을 통해 검증된다는 기초 위에서 '중국적' 혁명의 가능성을 설명하고자 했다. 한편 '모순론'은 객관적 모순, 복잡한 모순, 구체적인 모순을 중심 개념으로 논리 체계를 구축하면서 마르크스주의를 중국화하는 데 기여했다. 이러한 '마르크스주의의 중국화'Sinification of Marxism는 1943년 7월 이후 '마오쩌둥 사상'이라고 불렸다. 둘째, 계급투쟁과 계속 혁명이다. 마오쩌둥 사상은 생산력과 생산관계의 모순, 토대와 상부구조의 모순을 계급투쟁으로 규정하는 것을 주요 내용으로 한다. 특히 프롤레타리아혁명을 완수한 중국 사회주의의 모순은 비적대적 모순이지만 사회주의 전 과정을 통해 끊임없이 해결되어 가는 모순으로 보았다. 특히 생산력과 생산관계의 모순을 잘못 처리할 경우 자본주의로의 복귀 가능성이 있다고 주장하여 중국 사회에서 요구되는 것은 계급투쟁임을 분명히 했다. 이것은 문화대혁명의 이데올로기적 기초였다.

제2세대인 덩샤오핑 시기의 이데올로기 핵심은 사회주의 초급 단계론이었다. 이것은 중국이 이미 사회주의 제도를 건립하고 사회주의로 진입했으며, 따라서 더 이상 해방 과도기나 자본주의가 아님을 뜻한다. 사회주의 전체 시기에서 볼 때 현재의 중국은 낙후된 생산력에 기반한 초급 단계에 처해 있다는 것이다. 이후 이러한 개혁 개방 이데올로기는 중국 특색 사회주의론을 거쳐 덩샤오핑 이론으로 당 강령에 반영되었다.

'삼개대표' 중요 사상과 과학발전관

제3세대 지도부인 장쩌민 시기 이데올로기의 핵심은 '삼개대표' 중요 사상으로, 중국공산당이 '중국의 선진 생산력의 발전 요구, 중국의 선진 문화의 전진 방향, 중국의 광대한 인민의 근본 이익'이라는 세 가지를 대표한다는 의미이다. 이러한 새로운 이데올로기를 만들게 된 배경은 중국 경제가 사실상 완전한 시장경제를 구축하면서 상부구조를 경제적 토대에 조응시키는 과제만 남았기 때문이다. '삼개대표' 중요 사상은 이후 공산당에 붉은 자본가 계급을 입당시키는 근거가 되었고, 중국공산당이 혁명 정당이 아니라 집권당 또는 대중정당으로 나아가는 단초를 제공했다. 제4세대 지도부인 후진타오는 사회주의 조화사회론과 과학발전관을 제시했다. 과학발전관은 좁은 의미에서는 발전에 관한 '관'觀의 문제로서 사물의 총체적인 관점과 근본적인 인식을 의미한다. 특히 인본주의는 과학발전관의 본질, 핵심, 목적을 구성하고 있고, 구체적으로는 전면적이고 협력적이며 지속 가능한 발전을 촉진하는 것이다. 인본주의를 강조한 것은 '누구를 위한 발전인가'의 문제와 관련되어 있다. 즉, 발전의 성과를 전 인민이 향유하는 것을 목적으로 보았다. 한편 구체적인 내용 중 하나인 '전면적 발전'은 경제 발전과 사회 발전, 그리고 사람의 발전을 통일적으로 추구하는 발전관을 의미한다. '협력적 발전'이란 사회주의 물질문명과 정신문명, 그리고 정치 문명의 상호 보완적이고 협력적인 균형 발전을 의미하며, '지속 가능한 발전'이란 사람과 자연 간의 친화성을 중시하는 발전 전략의 추구를 의미한다. 과학발전관과 함께 제기된 이데올로기는 사회주의 조화사회론이다. 후진타오는 이러한 사회주의 조화사회 개념을 민주정치, 공평정의, 성신우애誠信友愛, 충만한 활력, 안정적인 질서, 인간과 자연의 조화라는 여섯 가지로 설명했다. 사회주의 조화사회론과 과학발전론의 핵심은 '발전'에 있고 그 목표는 집정흥국執政興國에 있다. 다만 사회주의 조화사회론이 포괄하는 담론의 크기가 넓기 때문에, 과학발전관이 당 강령과 헌법에 삽입되어 지금에 이르고 있다.

시진핑 신시대 중국 특색 사회주의 사상

제5세대 지도부인 시진핑이 과거의 이데올로기 유산을 계승하면서 새로운 방향을 제시한 것이 시진핑 신시대 중국 특색 사회주의 사상이다. 이것은 기본적으로 덩샤오핑의 개혁 개방 노선인 '중국 특색 사회주의'를 근간으로 하며 두 개의 100년(창당 100년과 건국 100년)을 준비하는 시대정신을 반영한다는 점에서 사상의 반열에 올랐다. 그러나 이는 마오쩌둥 사상에 버금가는 시진핑 사상의 대두라기보단 사회주의의 유산과 개혁 개방을 강조하면서 중국 사회의 불평등과 불충분한 모순을 극복하기 위한 과도기적 성격을 지닌다. 이것은 2021년 〈제3차 역사결의〉를 통해 중국 사회의 기본모순을 "갈수록 늘어나는 아름다운 생활에 대한 인민의 수요와 불균형적이고 불충분한 현실 사이의 모순"을 반영한 것이다. 이후 시진핑 신시대 중국 특색 사회주의 사상은 시진핑 시기의 정치적 업적에 기초하여 보다 간명한 방식으로 재정의될 것으로 보인다.

중국공산당

양갑용

중화인민공화국 헌법은 서문에서 '중국공산당 영도'를 강조하고 있다. 특히 시진핑 집권 이후 당의 영도를 특별히 강조하면서 중국공산당에 대한 국내의 관심이 더욱 높아졌다. 급기야 2018년 3월 개최된 제13기 전국인대 제1차 회의는 헌법 제1조 2항 "사회주의 제도는 중화인민공화국의 근본 제도이다."라는 규정을 "중국공산당 영도는 중국 특색 사회주의의 가장 본질적인 특징이다."라는 내용을 추가하는 방향으로 수정했다. 이처럼 중국에서 중국공산당은 사실상 헌법 위에 존재하는 가장 강력한 권력을 가진 조직이다.

중국공산당은 피라미드 구조로 조직되어 있다. 기층 당원에서부터 당 중앙위원회 총서기에 이르기까지 위계적인 권력 구조를 유지하고 있다. 1921년 7월 1일 상하이 프랑스 조계지에서 불과 50여 명의 당원으로 출발했던 중국공산당은, 2024년 6월 30일 발표된 중국공산당 당내 통계 공보에 따르면, 2023년 12월 31일 기준 9918만 5000여 명의 당원과 517만 6000여 개의 기층 조직을 거느린 거대 조직이다. 중국 인구 14억 967만 명 가운데 7% 정도가 중국공산당 당원이다. 중국공산당의 당원은 중국 전체 인구의 15명 중 1명인 셈이다. 이처럼 중국공산당은 중국 내 독보적인 절대 권력을 갖춘 집권당이다.

중국공산당 당원 수는 세계 인구 16위인 베트남 인구(2024년 10월 현재 9949만 7000여 명)보다 약간 적고 17위인 이란 인구(2024년 10월 현재 8980만 9000여 명)를 이미 초월할 정도로 많다. 따라서 중국공산당 당원 전체가 모두 한자리에 모여 정책 결정에 참여하는 것은 규모 측면에서 불가능하다. 이에 중국공산당은 5년에 한 번씩 중국공산당 전국대표대회를 개최하여 중요사항을 결정한다. 시진핑 집권 시기 2012년, 2017년, 2022년 각각 제18차, 제19차, 제20차 중국공산당 전국대표대회가 개최되었다.

전국대표대회와 정치국

중국공산당이 최고 의사 결정 기구는 중국공산당 전국대표대회이다. 전국 지역과 부문의 517만여 개 기층 조직을 포함하여 전국 38개 선거구에서 정해진 절차와 방식에 따라 중국공산당 전국대표대회에 참가할 대표를 선출한다. 중국공산당 전국대표회의는 1977년 이후 5년에 한 번씩 정기적으로 열리고 있다. 지난 2022년 10월에 개최된 제20차 중국공산당 전국대표대회에는 전국대

중국공산당 조직 현황

기관	지위	인원수	성원
중앙위원회	총서기	1명	시진핑
정치국	상무위원	7명 (총서기 포함)	시진핑, 리창李强, 자오러지趙樂際, 왕후닝王滬寧, 차이치蔡奇, 딩쉐샹丁薛祥, 리시李希
	위원	24명 (상무위원 제외)	마싱루이馬興瑞, 왕이王毅, 인리尹力, 스타이펑石泰峰, 류궈중劉國中, 리간제李干杰, 리수레이李書磊, 리훙중李鴻忠, 허웨이둥何衛東, 허리펑何立峰, 장여우샤張又俠, 장궈칭張國清, 천원칭陳文清, 천지닝陳吉寧, 천민얼陳敏爾, 위안자쥔袁家軍, 황쿤밍黃坤明
중앙서기처	서기	7명	차이치, 스타이펑, 리간제, 리수레이, 천원칭陳文清, 류진궈劉金國, 왕샤오훙王小洪
중앙군사위	주석	1명	시진핑
	부주석	2명	장여우샤, 허웨이둥
	위원	4명	리상푸李尚福, 류전리劉振立, 먀오화苗華,* 장성민張昇民
중앙기율 검사위원회	서기	1명	리시
	부서기	8명	류진궈, 장성민, 샤오페이肖培, 위훙추喩紅秋(여), 푸쿠이傅奎, 쑨신양孫新陽, 류쉐신劉學新, 장푸하이張福海
	상무위원	19명 (서기, 부서기 포함)	왕샤오핑王曉萍(여), 왕아이원王愛文, 왕훙진王鴻津, 쉬뤼더許羅德, 리신란李欣然(만주족), 천궈창陳國強, 자오스융趙世勇, 허우카이侯凱, 인바이閆柏(나시족), 무훙위穆紅玉(여)

주: *먀오화는 2024년 11월 28일 기율 위반 혐의로 직무 정지 후 조사 상태.
자료: 제20차 당대회 결과를 필자가 정리.

표 2296명, 특별 초청대표 83명 등 가운데 2338명이 참석했다. 중국공산당 전국대표대회는 대체로 중국공산당의 정치보고, 당 규약의 개정, 인사 선출 등 세 가지 업무를 주로 처리한다. 인사는 당 중앙위원회 위원(정위원과 후보위원)과 당 감찰 업무를 담당하는 당 중앙기율검사위원회 위원을 선출한다.

　　인사에서 가장 중요한 부분은 중앙위원회 위원의 선출이다. 중앙위원회는 정위원과 후보위원으로 구성되어 있으며, 제20기 중국공산당 중앙위원에는 정위원 205명과 후보위원 171명 등 모두 376명이 선출되었다. 중앙위원회는 중국공산당 전국대표대회 폐회 기간에 전국대표대회를 대신하여 공산당의 권력을 행사한다. 중앙위원회의 정위원과 후보위원은 모두 중앙위원회에 참석하여 중요 의제에 대한 발언권을 가지나 결정권은 정위원에게만 있다. 중국공산당 중앙위원회 정위원은 한국의 중앙 부처 장관급에 해당하는 고위직이다. 중앙위원들이 주목받는 이유는 이들이 중국의 최고위급 지도층으로 불리는 중앙정치국 위원과 정치국 상무위원의 선출 권한을 갖기 때문이다. 또한 국방과 군사력을 대표하는 당 중앙군사위원회 주석과 부주석 선임 권한도 중앙위원회 위원 손에 쥐어져 있다. 따라서 중국공산당 중앙위원들을 일반적으로 중국의 파워 엘리트로 부른다.

　　중국공산당 당 규약에 의하면 중국공산당의 최고 권력은 중국공산당 전국대표대회가 가진다. 그러나 실제 권력은 중국공산당 중앙정치국에 있다. 중앙정치국은 제20차 당대회(2022년 10월 개최) 결과 24명으로 구성되어 있다. 중앙정치국 24명 가운데 호선에 따라 7명의 정치국 상무위원회가 구성되는데, 이들이 실질적으로 중국 당과 국가의 최고 권력을 행사한다. 정치국원은 한국의 부총리급에 해당한다. 이들 가운데 7명의 정치국 상무위원은 총리나 국가원수급에 해당한다고 볼 수 있다. 중국공산당의 당원 지위 및 위계 구조, 그리고 그

중국공산당의 위계 구조 (제20차 당대회)

- 총서기 (1명)
- 정치국 상무위원 (7명, 총서기 포함)
- 정치국 위원 (24명, 정치국 상무위원 7명 포함)
- 중앙위원회 위원 (376명, 정위원 205명, 후보위원 171명)
- 전국대표대회 대표 (2296명)
- 중국공산당 당원 (9918만 5000여 명, 2023년 12월 31일 기준)

권력관계를 도식화하면, 상향식 피라미드가 된다.

중앙과 지방, 기층의 공산당 조직

중국공산당은 중앙, 지방, 기층의 3층 구조로 조직되어 있다. 중국공산당 중앙 당 조직은 5년마다 열리는 전국대표대회, 1년에 한 차례 이상 열리는 중앙위원회 전체회의, 당내 기율과 시정을 담당하는 중앙기율검사위원회, 중국공산당 최고 권력 기구인 중앙정치국, 최고 의사 결정 기관인 중앙정치국 상무위원회, 정치국 사무 업무를 담당하는 중앙서기처, 군사와 국방 업무를 총괄하는 당 중앙군사위원회 등으로 구성되어 있다. 중국공산당 지방 조직은 성, 자치구, 직할시 등 성급 행정구, 구區가 설치되어 있는 시, 자치주 등 지구급 행정구, 현縣, 기旗, 자치현, 구가 설치되어 있지 않은 시, 시할구市轄區 등 현급 행정구에 설치되어 있는 당 위원회와 당 대표 대회를 말한다. 중국공산당 기층 조직은 기업, 농촌, 공적 기관, 학교, 연구 기관, 가도판사처街道辦事處, 사구社區, 사회조직, 인민해방군 연대連隊 및 기타 기층 단위에서 정식 당원이 3명 이상인 조직을 가리킨다. 중국공산당 규정에 의하면, 중국공산당 기층 당 조직은 다음과 같다. 당원 수 3~6명의 기층 조직에는 당 위원회를 설치할 수 없다. 당원 수 7~49명의 기층 당 조직에는 당 지부위원회, 당원 수가 50~99명인 경우에는 당 총지부위원회, 당원 수가 100명 이상인 경우에는 당 기층위원회를 설치할 수 있다. 기층위원회가 있는 기층 당 조직(위원회 설립에는 상급 당 조직의 비준이 필요)의 경우, 그 위원회는 산하에 약간의 총지부 혹은 지부를 설치할 수 있다.

후계 구도와 집단지도체제

중국공산당은 창당 초기부터 집단지도체제를 통치 근간으로 유지하고 있다. 당내 모든 중요 사안을 결정하는 데 있어서 최고 지도자 간 합의에 기초하여 결정한다. 중국은 이를 민주집중제의 한 표현으로 받아들인다. 이러한 정치 전통은 명목상으로는 시진핑 집권 3기인 현재까지 유지되고 있다. 그러나 실질적으로 집단지도체제가 작동하는지는 여전히 논쟁 중이며, 시진핑 주석의 강력한 권력 장악으로 인해 집단지도체제는 사실상 형해화되었다는 평가가 지배적이다.

　시진핑 주석 집권 이후 2016년 18기 6중전회에서 시진핑 주석을 당내 '핵심'으로 격상한 이후 집단지도체제보다는 개인 권력을 강화하는 방향으로 변화하고 있다. 심지어 제19차, 제20차 당대회에서 당의 영도를 계속 강화하고, 심지어 제13기 전국인대에서는 국가 주석의 2연임 초과 연속 재임 제한 규정을 폐지하는 방향으로 헌법을 수정했다. 이러한 움직임은 향후 중국 정치의 오랜 관행인 전통에 기반한 관행의 준수와 부분적 조정이라는 정치의 운용 틀을 바꾸는 시도라는 점에서 집단지도체제의 역사적 전통을 훼손할 수도 있다는 우려를 낳고 있다. 이러한 우려는 덩샤오핑 시기 이후 한동안 관행으로 정착되어 온 이른바 '격대지정'隔代指定의 후계 구도 관행을 제19차 당대회에서 받아들이지 않음으로써 사실상 무력화되었다. 심지어 2022년 가을 제20차 당대회에서도 시진핑 이후 권력을 장악할 후계 구도는 드러나지 않았다.

　당내 합의에 기초한 후계 구도의 관행이 사실상 폐기되면서, 향후 포스트 시진핑에 대한 안정된 후계 구도를 마련하기 위한 당내 논의는 현재 사라졌다고 볼 수 있다. 그동안 중국 정치가 제도화를 이루어 왔다는 평가에서 중요한 요소로 여겨졌던 안정된 후계 구도의 미래 구상이 사라지면서, 향후 중국 정치의 불확실성이 더욱 높아졌다는 평가가 확산되고 있다. 관행의 준수와 파괴 사이에서 중국 정치가 노정해 온 제도화의 수순은 일정 부분 새로운 도전을 받기 시작했고, 이 과정에서 새로운 제도를 정착시켜 나가기 위한 충분하고 확실한 명분을 획득하기 위한 정치투쟁이 당내에서 벌어질 수도 있다. 이 역시 중국공산당이 절대 권력을 갖고 있는 현실에서 파생되는 결과라는 점에서 중국공산당이 과연 안정적으로 중국을 계속 통치해 나갈 것인가의 문제는 향후 당내 자율성과 함께 당의 유연성에 달려 있다고 볼 수 있다.

의회제도 : 인민대표대회

조영남

중국의 의회는 인민대표대회(인대)라고 불리며, 전국인민대표대회(전국인대)와 지방인민대표대회(지방인대)로 구성된다. 2020년을 기준으로 지방인대는 다시 행정 단위별로 성급(성·직할시·자치구, 31개), 지급地級(시·주, 333개), 현급(현·시·구, 2846개), 향급(향·진, 3만 8755개)으로 나뉜다. 이처럼 중국의 의회 제도는 기본적으로 4급 체제(중앙-성급-현급-향급)이고, 일부 지방은 5급 체제(중앙-성급-지급-현급-향급)로 구성되어 있다.

달라진 위상

중국의 의회는 1980년대 중반까지 공산당과 정부가 결정한 사항을 추인하는 '고무도장'橡皮圖章 혹은 퇴임 직전의 고위 당정 간부가 잠시 머무르는 '정거장'火車站이나 '후방부대'第二綫 정도로 불렸다. 그러나 현재는 그렇지 않다. 의회의 고유 기능인 입법과 감독 기능이 크게 강화되어, 이제는 중국 정치에서 공산당, 정부와 함께 매우 중요한 역할을 수행하는 국가기구가 되었다.

우선 입법 자율성이 크게 신장되었다. 1991년 공산당의 결정(소위 '중앙 8호 문건') 이후 전국인대는 헌법, 정치 법률, 매우 중요한 경제 및 행정 법률을 제외한 나머지 법률에 대해서는 공산당의 사전 승인 없이 독자적으로 법안을 기초하고 심의할 수 있게 되었다. 2000년에는 〈입법법〉立法法이 제정되면서 법률 제정의 제도화도 이루어졌다. 또한 입법 산출이 급격히 증가했다. 예를 들어, 문화대혁명 10년 동안 전국인대가 제정한 법률은 단 한 건에 불과했다. 그런데 개혁기인 1983년부터 2023년까지 40년 동안 전국인대는 모두 776건의 법률과 결정(법률과 같은 효력)을 제정하거나 수정했다.

지방인대의 정부 감독 또한 매우 강화되었다. 지방인대는 1980년대 초부터 법률 규정과는 상관없이 독자적으로 다양한 감독 방식을 개발했다. 정부의 법률 집행을 감독하고 문제점을 시정하도록 하는 법률 집행 감독執法檢查, 정부 및 고위 공직자의 업무를 평가하고 감독하는 직무평가評議, 법관의 잘못된 판결을 조사하여 시정하는 개별 안건 감독個案監督이 대표적이다. 다만 2006년에 〈감독법〉이 제정되면서 지방인대의 감독 활동이 위축되는 현상이 나타났다. 직무평가와 개별 안건 감독이 〈감독법〉에 포함되지 않았기 때문이다.

이중 구조와 선택적 역할 강화

그런데 전국인대와 지방인대의 구조 및 기능과 관련해서는 상무위원회가 본회의를 대체하는 '이중 구조dual structures 현상'을 이해하는 것이 중요하다. 전국인대와 지방인대는 매년 한 차례, 2월에서 5월 사이에 일주일(지방인대)에서 보름(전국인대) 정도의 회기로 우리의 정기국회에 해당하는 연례회의를 개최한다. 그런데 연례회의가 1년에 한 번, 그것도 매우 짧은 회기로 개최되기 때문에 본회의는 사실상 큰 의미가 없다. 또한 전국인대와 지방인대의 본회의를 구성하는 대표는 기본적으로 겸직 대표이기 때문에 의회 활동에 필요한 전문 능력과 시간이 부족하다.

그래서 전국인대와 현급 이상의 지방인대에는 상무위원회가 설치되어 있고, 이 상무위원회가 본회의를 대신해 의회 활동을 주도한다. 예를 들어, 전국인대 상무위원회는 약 3000명의 전국인대 대표 중에서 선출된 약 150명의 위원들로 구성되는데, 이들은 모두 실무 능력과 전문 지식을 갖추고 있다. 또한 전국인대 산하에는 민족위원회, 법률위원회, 내무사법위원회 등 모두 9개의 전문위원회(한국 국회의 상임위원회에 해당)가 조직되어 일상 활동을 전개한다. 마지막으로 전국인대 상무위원회의 권한(직권)은 전국인대의 권한과 비교할 때 일상적이고 실제적인 특징이 있다. 예를 들어, 정부 및 기타 국가기관에 대한 감독권은 전국인대가 아니라 전국인대 상무위원회가 행사한다. 성급 지방인대와 현급 지방인대의 구성과 기능도 이것과 큰 차이가 없다.

개혁기 중국 의회의 역할 강화와 관련해서는 '선택적 역할 강화 현상'을 이해하는 것 또한 중요하다. 중국 〈헌법〉에 의하면 전국인대와 성급 지방인대는 입법권, 정책 결정권, 인사 임면권, 감독권 등 모두 네 가지 권한을 행사한다. 현급 및 향급 지방인대는 이 중에서 입법권을 제외한 나머지 세 가지 권한을 가지고 있다.

그런데 중국의 의회는 행정 단위별로 수행하는 역할이 비교적 분명하게 차이가 난다. 즉, 전국인대는 입법을 중심으로, 현급 지방인대는 감독을 중심으로 일상 활동을 전개하기 때문에 각각 입법과 감독을 중심으로 역할이 강화되었다. 성급 지방인대는 입법에 집중한다는 점에서는 전국인대와 유사하다. 그렇지만 이들은 전국인대와는 달리 감독도 비교적 활발히 전개하고 있으며, 동시에 각 관할구역 내에 있는 하급 의회의 활동 강화를 위해 정책을 마련하고 후원하는 역할을 수행한다. 이런 면에서 성급 지방인대는 전국인대와 현급 지방인대의 중간에 위치한다고 할 수 있다.

'선택적 역할 강화' 현상은, 공산당-의회 간의 관계에서 법적 관계와 실제 권력관계가 다르기 때문에 나타난다. 〈헌법〉에 따르면, 의회는 법률 감독을 담당하기 때문에 공산당도 감독할 수 있다. 그러나 실제로는 그렇게 할 수 없다. 따라서 공산당의 권한을 침해할 수 있는 의회의 감독은 불가능하다. 예를 들어, 전국인대가 국무원을 감독한 결과에 근거해서 공산당 중앙이 임명한 국무원 부장을 파면할 수 없다. 국무원 총리의 파면은 말할 필요도 없다. 이것은 전국인대가 공산당 중앙의 인사권에 도전하는 것이기 때문이다. 성급 및 시급 행정단위에서도 마찬가지다. 이 때문에 전국인대와 성급 및 시급 인대의 감독은 지금까지 크게 강화될 수 없었다.

전국인민대표대회 조직도 및 각 전문위원회 주임 명단

전국인민대표대회
- 상무위원회
- 대표자격심사위원회
  주임: 양샤오차오楊曉超

전문위원회
- 민족위원회
  주임: 바인차오루巴音朝魯
- 헌법과 법률위원회
  주임: 신춘잉信春鷹
- 감찰과 사법위원회
  주임: 양샤오차오楊曉超
- 재정경제위원회
  주임: 중산鍾山
- 교육과학문화위생위원회
  주임: 뤄슈강雒樹剛
- 외사위원회
  주임: 러우친젠婁勤儉
- 화교위원회
  주임: 우웨이귀於偉國
- 환경과 자원보호위원회
  주임: 루신셔鹿心社
- 농업과 농촌위원회
  주임: 두쟈하오杜家毫
- 사회건설위원회
  주임: 양전우楊振武

사무기구

판공청
- 법제공작위원회
  주임: 션춘야오沈春耀
- 예산공작위원회
  주임: 쉬훙차이許宏才
- 대표공작위원회
  주임: 궈전화郭振華
- 홍콩특별행정구기본법위원회
  주임: 션춘야오沈春耀
- 마카오특별행정구기본법위원회
  주임: 션춘야오沈春耀

위원장회의 구성 명단
위원장: 자오러지趙樂際
부위원장: 리훙중李鴻忠, 왕둥밍王東明, 샤오제肖捷, 정젠방鄭建邦, 딩중리丁仲禮, 하오밍진郝明金, 차이다펑蔡達峰, 허웨이何維, 우웨이화武維華, 티에닝鐵凝, 펑칭화彭清華, 장칭웨이張慶偉, 뤄상장춘洛桑江村, 쉐커라이티 자커얼雪來提·紮克爾
비서장: 리우치劉奇

- 비서국
- 연구실
- 외사국
- 신문국
- 민원국
- 인사국
- 퇴직간부국
- 기관사무관리국
- 기관당위원회
- 기관기율위원회
- 기관공회
- 기관단위원회
- 기관서비스센터
- 전국인대양성센터
- 전국인대정보센터
- 〈중국인대〉잡지사
- 전국인대도서관
- 전국인대회의센터
- 인민대회당관리국

중국인민정치협상회의

정해인

중국인민정치협상회의(이하 '정치협상회의')는 중국공산당, 국무원, 전국인민대표대회를 대상으로 정책 자문을 수행하는 기관이다. 전국인민대표대회 전체회의와 매년 함께 연례 회의를 개최하며, 이 두 개의 회의를 '양회'兩會라고 한다. 정치협상회의는 헌법상 '광범위한 대표성을 가진 통일전선 조직'으로 규정되어 있으며, 다양한 사회 계급을 정치과정에 동원하게 하는 공산당의 전술에서 비롯되었다. 각계각층의 대표들로 구성된 직종별 인적 구성 배분을 통해 공산당의 정당성을 확보하고 전국인대의 한계점을 보완하는 역할을 한다.

정치협상회의의 역사는 중국공산당의 대일 항전과 국공 내전 시기로 거슬러 올라간다. 당시 공산당은 혁명 세력을 확충하고 규합하기 위해 연합 정부 구상을 제시했고, 1946년 공산당, 국민당, 청년당 등 각 당파가 모여 건국 방안을 논의하기 위한 정치협상회의를 결성했다. 하지만 각 정파 간 대립이 심화되며 국공 내전이 발발했고 정치협상회의는 결국 해산되었다. 이후 1949년 공산당의 국공 내전 승리가 가시화되자 새로운 국가 건설을 위한 광범위한 논의의 장이 다시 필요해졌다. 이러한 배경에서 정치협상회의가 재설립되었으며 임시헌법 역할을 한 〈중국인민정치협상회의 공동강령〉을 제정했으며, 전국인민대표대회가 구성되기 전까지 최고 국가기관으로서 역할을 수행했다. 1954년 전국인민대표대회가 구성된 이후에도 정치협상회의는 인민통일전선 기구로서 그 기능을 이어 오고 있다.

조직과 기능

〈전국정치협상회의의 장정章程〉은 정치협상政治協商, 민주감독民主監督, 정치 참여 및 논의參政議政를 정치협상회의의 직능으로 명시하고 있다. 이러한 직능에 따라 정치협상회의 위원들은 국정 방침과 정책에 대해 논의하고, 제안提案을 제출하며, 정책의 실시 및 집행과 국가기관 업무에 대해 건의와 비평을 할 수 있는 권한을 가진다.

다만 정치협상회의는 전국인민대표대회와 조직 성격 및 법적 지위에서 근본적 차이를 보인다. 헌법과 법률상 전국인민대표대회가 최고 국가 권력기관으로서 법적 구속력이 있는 '의안議案'을 제출하고 심의하여 실질적인 권력을 행사하는 반면, 정치협상회의는 권고적 성격의 '제안'을 제출하고 정부 업무를 '토론'하는 자문 기구의 역할에 머무른다. 이러한 제한된 권한에도 불구하고 중국은 정치협상회의가 전국인민대표대회가 포괄하지 못할 수 있는 중국 내 각계각층의 다양한 의견과 요구를 수렴하고 정합하여 반영하는 중요한 역할을 한다고 강조한다. 이러한 광범위한 의견 수렴과 협의 과정이 중국식 '전 과정 인민민주'와 '협상 민주'의 중요한 틀이 되며, 이를 통해 정책 결정 과정에서 더 폭넓은 합의를 도출할 수 있다고 주장한다.

정치협상회의 전국위원회는 매년 전국인민대표대회 개최 이틀 전에 전체 회의를 개최한다. 전국위원회는 주석 한 명, 부주석 여러 명, 서기장 한 명을 두고 있으며, 이들의 업무를 보좌하고 실무를 처리하기 위해 상무위원회가 설치되어 회의 관련 제반 사항을 관장한다. 전국위원회 주석은 중국공산당 정치국 상무위원 중 총서기, 총리, 전국인민대표대회 상무위원장 다음의 서열 4위가 맡는다. 회의에는 공산당과 기타 당파, 무소속 인사, 소수민족, 홍콩·마카오·화교 대표 등 2000여 명의 위원이 참석하여 주요 정책을 논의하고 제안을 제출한다. 이들 정치협상회의의 위원 선발은 지명 및 추천, 협상을 통한 명단 확정, 상무위원회 심의, 공표의 절차를 거치는 '협상 추천' 방식으로 이루어진다. 위원 자격의 기본 요건으로는 애국심과 중국공산당의 지도 체제 지지, 사회주의 노선 수호, 민족 단결과 국가 통일 수호, 헌법 준수 등이 요구된다. 아울러 해당 분야에서의 전문성과 사회적 영향력, 정치적 식견, 대중과의 소통 능력 등 실질적 역량이 검증되어야 한다.

　전국위원회 산하에는 10개의 전문위원회가 있다. 제안위원회를 비롯해 경제, 농업·농촌, 인구·자원·환경, 교육·과학·위생·체육, 사회·법제, 민족·종교, 홍콩·마카오·대만화교, 외사, 문화·역사·학습 등 분야별 위원회가 각 전문가들의 지식과 경험을 정책 제안에 반영한다. 한편 지방 차원에서는 성·시·현급에 이르기끼지 약 3000개의 지빙위원회가 설치되어 있다. 이들은 중앙 정치협상회의와 유사한 구조로 운영되면서 각 지역의 특성과 수요를 반영한 정책 자문과 협상을 진행하며, 주요 정책 결정 전에 각계각층의 의견을 수렴하고 조율하는 과정을 거친다.

　정치협상회의의 위상은 최근 강화되는 추세다. 특히 장쩌민, 후진타오, 시진핑 3대에 걸쳐 중앙정책연구실에서 통치 이념과 정책의 책사 역할을 해 온 왕후닝王滬寧이 정치협상회의 주석을 맡았다는 점은 주목할 만하다. 왕후닝은 '삼개대표론', '과학적 발전관', '중국몽'中國夢과 '시진핑 사상'의 이론적 체계화를 주도한 인물로, 그의 정치협상회의 주석 임명은 정치협상회의가 향후 중국의 이데올로기 정비와 통일전선 사업에서 더욱 중요한 역할을 할 것임을 시사한다. 특히 정치협상회의는 추후 대만, 티베트, 종교, 소수민족, 일국양제 등 민감한 문제와 관련해 적극적인 역할을 할 것으로 예상된다.

국무원

정해용

위상과 구성

관료의 나라 중국에서 당과 정부는 합일화된 관료 체제를 형성하고 있다. 그중 당 관료의 역할이 정치적으로 우위에 있지만, 개혁 개방 이후의 현대화 과정에서 정부 관료의 역할 역시 무시할 수 없는 수준으로 커졌다. 이러한 정부 관료 체제의 중심에 국무원이 있으며, 국무원은 중국의 최고 집행기관이자 행정기관이라 할 수 있다. 현재 중국 국무원은 총리책임제를 시행하고 있고, 총리 산하에 부총리, 국무위원, 각 부 부장, 각 위원회 주임, 회계감사장審計長, 비서장 등을 두고 있으며, 중앙정부로서 하급 지방 인민정부를 관리한다. 헌법상 국무원은 중국공산당의 노선·방침·정책 등을 집행하고, 전국인민대표대회와 그 상무위원회가 제정하는 법률·법규·결의를 집행하며, 행정법규·결정·명령 등을 제정·반포하고, 전국의 경제 건설, 사회 관리, 행정사무를 영도한다.

현재 중국의 행정부 수장인 국무원 총리는 전국인민대표대회에서 국가 주석의 제청을 거쳐 선출된다. 실질적으로 공산당의 안배를 통해 총리 후보자가 결정되면 전국인민대표대회에서 토론을 거쳐 표결을 진행하고, 대표 과반수의 동의를 얻어 당선된다. 총리는 부총리와 국무위원 등의 보좌를 통해 국무원 업무를 총괄하며, 국무원 상무회의와 전체회의를 주재하고, 헌법과 법률에 의거하여 행정법규·결정·명령을 공포하며, 전국인민대표대회와 그 상무위원회에 의안을 제출하거나 국무원의 주요 구성원의 임면을 제청한다. 국무원 지도자의 임기는 전국인민대표의 임기와 동일하며, 한 차례 연임이 가능하도록 규정되어 있다.

국무원의 구성은 크게 국무원판공실, 부(部) 및 위원회, 직속 기구, 사무 기구, 직속 사업 단위 등의 상설 기구와, 각종 임시위원회 및 영도소조의 비상설기구로 이루어진다. 현재 국무원은 2023년의 기구 개혁 방안에 따라 26개의 부와 위원회, 14개의 직속 기구, 1개의 사무 기구, 7개의 직속 사업 단위 등으로 개편되어 있다. 그중 각 부는 최고위 상설 기능 부문으로 외교부, 국방부, 공안부 등이 있고, 위원회는 비교적 종합성을 띠고 상대적으로 복잡한 업무 내용을 가진 국가발전개혁위원회, 국가민족사무위원회 등이 있다. 직속 기구는 국가통계국, 국가세무총국 등 국무원이 지방정부의 관여 없이 직접 전체 국가 사무를 관할하기 위한 조직이며, 사무 기구로는 국무원연구실이 있고, 직속 사업 단위로는 신화통신사, 중국과학원, 중국사회과학원 등이 있다.

변화와 과제

중국의 개혁 개방 과정에서 가장 많은 변화를 경험한 조직은 바로 국무원이다. 이는 중국의 체제 개혁이 주로 경제체제의 시장화를 통해 이루어지면서 과거 계획경제 체제와는 전혀 다른 정부 기능을 필요로 했기 때문이다. 이러한 국무원 개혁은 기구 축소와 당정 분리, 공무원 제도 도입, 새로운 예산 제도 확립 등 조직, 인사, 예산 등 다양한 측면에서 전개되었다. 가령 조직적 측면에서 과거 계획경제 체제하의 정부 기구는 국민경제의 모든 영역을 관리하는 방대한 관료 체제였으나, 지속적인 기구 감축을 통해 지금은 시장 체제에 부합하는 조직 체계를 갖출 수 있게 되었다. 공산당과의 권력관계에서도 정부 기구의 전문성과 자율성이 강화되었고, 당이 정부를 직접 통제하거나 정부의 업무를 직접 수행하기보다 정부를 통해 국가정책을 구체화하고 실현하게 되었다. 공무원 제도의 도입을 통해서는 전통적인 간부 제도의 폐단을 없애고 정부의 독자적인 인사관리 권한을 통해 행정의 책임성을 확보할 수 있었다.

그동안 국무원이 중심이 된 중국 행정 체제는 다양한 개혁 조치에도 불구하고 여전히 많은 한계를 내포하고 있다. 현재 중국의 행정 체제는 민주적 선거 과정을 거친 지도부가 국민 개개인의 주관적 선호를 파악하여 정책을 결정하고 집행하는 통치 방식이 아니라, 지도층이 자신들의 객관적 합리성에 근거하여 사회 전체의 이익을 결정하고 조직하는 관료정치 방식을 유지하고 있다. 또한 당과 정부가 여전히 엄격히 분리되지 않은 채 당의 간섭이 상존하고, 정부 공무원의 정치적 중립성도 보장되지 않는다. 관료정치는 필연적으로 권위주의에 의존하게 된다. 과거 중국 정치의 권위주의가 혁명가들의 개인적 카리스마에 의존했다면, 지금은 관료 집단에서 출발하는 합리적·합법적인 권위에 의존할 수밖에 없는 상황이다. 그래서 중국 지도부는 개인에 의존하는 인치가 아니라 합리성과 합법성에 의존하는 법치를 실현하고자 노력한다. 나아가 관료 집단이 자신들의 권위를 배타적으로 행사하는 것이 아니라 다양한 사회집단과의 협상을 중시하며, 협의 민주주의 제도화도 강조한다. 즉, 중국의 관료 정치가들이 권력 자체는 경쟁이나 협상의 대상으로 간주하지 않지만, 정책 과정에서는 다른 집단의 참여를 허용하는 것이다. 그러나 근본적인 정치체제의 변화 없이는 이러한 관료정치가 중국 민주주의 실현의 최대치가 될 수밖에 없을 것이다.

사법제도

조영남

사법제도는 광의(즉 법원·검찰·변호사)와 협의(즉 법원)로 나뉘며, 중국에서는 광의의 개념이 사용된다. 그래서 중국의 사법제도를 검토할 때는 법원·검찰·변호사 제도를 모두 봐야 하는데, 여기서는 법원을 중심으로 살펴보고자 한다.

법원, 검찰(검찰원), 정부 공안국

중국의 법원은 전국인대와 지방인대에 의해 선출되고, 그것의 감독을 받는다. 또한 법원은 정부·의회보다 한 등급 아래인 국가기구이다. 예를 들어, 국무원 총리와 전국인대 위원장이 국가급 지도자인 데 비해, 최고법원장과 최고검찰장은 부국가급(부총리급)으로, 공안부 부장(국무위원으로 부총리급)과 동급이다. 이는 지방에도 그대로 적용된다.

법원 구성은 4급 체계로 이루어졌다(이는 검찰에도 해당된다). 최고인민법원은 '최고 재판 기구'로서 매우 중요한 사건에 대한 1심 재판을 맡거나, 하급법원에서 올라온 2심 재판을 맡는다. 또한 사법해석권, 즉 재판 과정에서 법률을 해석하는 권한을 행사한다. 지방에는 모두 3급의 지방법원이 있다. 성급 행정단위(31개)에는 고급인민법원이 관할 지역의 중요한 사건의 1심 재판을 맡거나, 하급법원에서 올라온 2심 재판을 맡는다. 지급地級(시·주, 333개)에는 중급인민법원, 현급縣級(현·시·구, 2846개)에는 기층인민법원이 있다. 중급법원은 비교적 중요한 사건의 1심 재판과 기층법원에서 올라온 2심 재판을 맡는다. 기층법원은 일반적인 사건의 1심 재판을 전담한다. 한편 향급鄕級(향·진, 3만 8755개)에는 기층법원의 파출 기관인 인민법정이 설치되어 있는데, 사실관계가 분명하고 경미한 민사 약식재판을 담당하고 있다.

중국의 법원은 일반법원과 전문법원으로 구분된다. 위에서 살펴본 것이 일반법원이고, 전문법원은 특정 분야의 재판을 위해 설치된다. 이 중에서 군사법원, 해사海事법원, 철도운송법원이 가장 오래되었다. 이 밖에도 특정 분야의 재판을 담당하는 산림법원, 농지간척법원, 석유법원 등이 있다.

중국에서 법원과 검찰은 양면 관계에 있다. 한편에서 양 기관은 같은 행정 직급에서 각각 재판과 공소公訴를 담당하는 동등한 사법 기구이다. 그러나 다른 한편에서 양자는 검찰이 법원의 판결을 감독하는 '감독-피감독 관계'에 있다. 〈헌법〉에 의하면, 검찰은 '국가의 법률 감독 기관'이다. 이에 따라 검찰은 정부뿐만 아니라 법원에 대해서도 '법률 감독'을 실시한다. 이는 두 가지 형태로 나타난다. 첫째, 검찰은 법원 판결에 불복할 경우 상급법원에 항소할 수 있다. 둘째, 검찰은 법원의 모든 판결 활동이 적법한지를 감독할 수 있다. 이에 따라 검찰은 자신이 기소하거나 재판에 참여하지 않았더라도 만약 법원 판결에 문제가 있다고 생각하면 특정 민사사건이나 경제사건 소송에 대해 재심을 요구할 수 있다. 그래서 실제 관계에서는 검찰이 법원보다 우위에 있게 된다. 참고로 법원과 검찰은 공산당 정법위원회政法委員會의 지도하에 활동한다. 그런데 대개 공안국(한국의 경찰에 해당) 국장이 각 지방의 정법위원회 서기를 맡기 때문에 법원과 검찰은 공안국보다 낮은 정치적 지위에 놓이게 된다. 법원과 검찰이 사실상 공안국의 지휘를 받게 되는 것이다.

개혁과 한계

한편 중국의 법원은 세 가지 심각한 문제를 안고 있다. 첫째는 '사법권의 지방화'이다. 이는 각 지방의 공산당과 정부가 법원을 대신하여 인사권, 재정권, 재판권의 일부 또는 전부를 행사하면서 사법 독립을 심각하게 침해하는 현상을 말한다. 대개 각 지방의 공산당과 정부는 자신에게 유리하도록 재판에 영향을 미치며, 그 결과 법원은 '지방'의 법원으로 전락한다. 둘째는 '법원 운영의 행정화'이다. 이는 법원이 마치 행정 기구처럼 운영되면서 발생하는 문제이다.

최고인민법원 및 최고인민검찰원 주요 인사

최고인민법원				최고인민검찰원			
직책	성명	생년	출신	직책	성명	생년	출신
원장	저우창周强	1960	후베이	검찰장	차오젠밍曹建明	1955	장쑤
부원장	선더용沈德詠	1954	장시	부검찰장	후저쥔胡澤君	1955	충칭
	장비신江必新	1956	후베이		치우쉐창邱學强	1957	산둥
	시샤오밍奚曉明	1954	장쑤		주샤오칭朱孝清	1950	저장
	난잉南英	1954	신시陕西		쑨첸孫謙	1959	시린
	징한차오景漢朝	1960	허베이		장젠추姜建初	1953	산둥
	황얼메이黃爾梅	1951	광둥		장창런張常靭	1953	헤이룽장
감찰실장	장지엔난張建南	1953	후베이		커한민柯漢民	1955	후베이
정치부주임	쉬자신徐家新	1964	장쑤	감찰실장	모원슈莫文秀	1952	후난
차관급 심판 위원회 위원	류쉐원劉學文	1954	산시山西	정치부주임	리루린李如林	1955	허난
	허룽賀榮	1963	산둥	차관급 검찰위원회 위원	장더리張德利	1954	베이징
	가오징훙高憬宏	1959	랴오닝		천롄푸陳連福	1953	지린
	두완화杜萬華	1954	쓰촨				

부실한 재판 제도, 법관 간의 엄격한 위계질서, 상하 법원 간의 종속관계가 이에 해당한다. 셋째는 '법관의 비非전문화'이다. 이는 법관 임용 제도가 잘못되었을 뿐만 아니라 법관에 대한 처우가 좋지 않아 소질이 낮은 법관이 임용되면서 발생하는 문제이다.

이런 문제를 해결하기 위해 최고법원은 1997년 제15차 당대회에서 의법치국依法治國 방침이 결정된 이후 본격적인 법원 개혁을 추진하기 시작했다. 1999년에 1차(1999~2003년), 2005년에 2차(2004~08년), 2009년에 3차(2009~13년), 2014년에 4차(2014~18년) 5개년 〈법원개혁 요강〉이 발표되고 개혁이 추진되었다. 그러나 전체적으로 평가하면, 법원 운영의 행정화와 법관의 비전문화는 어느 정도 개선되었지만, 사법권의 지방화는 여전히 해결되지 않고 있다. 이 문제를 해결하기 위해서는 공산당이 사법 독립을 보장해야 하는데, 이럴 경우 일당 통치에 악영향을 줄 수 있기 때문에 현재까지 반대하고 있다. 결국 이 문제의 해결은 사법 개혁이 아닌 정치 개혁을 필요로 한다.

중국인민해방군

이영학

중국군의 특징

중국인민해방군의 가장 큰 특징은 '국가의 군대'라기보다는 '당의 군대'로서의 정체성이 더 강하다는 점이다. 중국은 레닌주의에 기반한 '당-국가 체제'를 유지함으로써, 당이 국가의 모든 영역과 수준에서 지도적 위치를 차지하고 있고, 군도 예외가 아니다. 1949년 건국한 중화인민공화국은 1921년 창당한 중국공산당이 1927년에 조직한 중국인민해방군의 무장 혁명을 통해 세워졌다. 중국인민해방군의 임무로서 가장 먼저 "중국공산당의 영도와 사회주의 제도 공고화"가 제시되고 있는 점도 중국군이 '당의 군대'라는 특징을 잘 보여 준다. 물론 중국군의 임무는 이 외에도 국가 주권, 통일, 영토 완정 수호, 국가 해외 이익 수호, 세계 평화와 발전 촉진 등으로 적시하고 있다.

또한 '당-군Party-Military 관계'의 변화도 주목할 만한 특징이다. 중국의 최고 지도자는 당黨·정政뿐만 아니라 군의 권력도 갖고 있어야 한다. 마오쩌둥이나 덩샤오핑과 같은 혁명 세대 지도자는 당과 군에서 개인적 위상과 권위를 누릴 수 있었다. 그러나 덩샤오핑 이후 장쩌민, 후진타오, 시진핑은 혁명 경력이나 개인적 권위가 없기 때문에, 당장黨章 및 헌법과 같은 '제도'에 의해 당(공산당 총서기)·정(국가 주석)·군(중앙군사위원회 주석)의 권력을 가짐으로써 최고 지도자가 되었다. 즉, '당-군 관계'가 개인적 관계에서 제도적 관계로 변화된 것이다.

중국군의 지휘 체계 및 조직

중국인민해방군의 최고 의사 결정 기구는 중앙군사위원회(이하 '중앙군위')이고, 2022년 제20기 중앙군위는 민간인 주석 1명, 군의 원로 또는 고위급 장성인 부주석 2명과 위원 4명(국방부장, 연합참모부 참모장, 정치공작부 주임, 기율검사위원회 서기)으로 출범했으나, 리샹푸李尙福 국방부장의 실각 이후 새로 임명된 둥쥔董軍 국방부장이 아직 위원으로 신임되지 못함에 따라 2024년 9월 현재 3명의 위원으로 구성되어 있다.

중앙군위에서 최고 의사 결정자는 중앙군위 주석이며, 이처럼 민간인 주석이 현역 장성으로 구성된 중앙군위를 지도 및 통제할 수 있도록 제도화한 것이 중앙군위 주석 책임제이다. 또한 시진핑 주석 집권 이후 국방 및 군 개혁을 단행하면서 군에 대한 당의 절대 영도와 중앙군위 주석 책임제를 강화하기 위해 기존에 실질적 지휘권을 행사하던 4총부(총참모부, 총정치부, 총후근부, 총장비부)를 해체하여 15개 직능 부문으로 조정했다.

또한 중앙군위의 군령(군사력 운용 및 작전 지휘) 수행 및 합동작전 역량 제고를 위해 기존의 7대 군구(선양, 베이징, 지난, 난징, 광저우, 청두, 란저우)를 5대 전구(동부, 남부, 서부, 북부 및 중부)로 개편하고, 육군, 해군, 공군 및 로켓군 등 4개 군종과 기존의 전략지원부대를 해체하고 신설한 군사우주부대, 사이버공간부대, 정보지원부대와 더불어 연근보장부대聯勤保障部隊까지 4개의 병종 체제를 갖추고 있다.

기타 무장 역량

중국은 인민해방군 이외에도 무장 역량을 갖춘 조직이 있는데, 바로 인민무장경찰부대武警와 민병民兵이다. 즉, 인민해방군은 중국의 가장 중요한 무장역량이지만, 중국에서 무력을 동원할 수 있는 조직이 군 이외에도 존재하는 것이다.

인민무장경찰부대는 일종의 전투경찰로서 약 67만 명으로 추정된다. 인민해방군처럼 중앙군위의 직접적인 지휘를 받으며, 주로 사회적 안전 관련 긴급한 사건, 테러의 방지 및 처리, 해상 권익 수호 및 법 집행, 긴급 구호 및 구조,

방위 작전, 중앙군위가 부여하는 기타 임무를 수행한다. 특히 해상 권익 수호 및 법 집행은 기존 국가해양국 예하의 해경이 2018년 인민 무장 경찰 부대로 편입되었기 때문에 이를 반영한 임무라고 할 수 있다.

민병은 생업에 종사하다가 전시에는 인민해방군 지원, 평시에는 치안 유지, 시설 경비, 재난 지원 등의 임무를 수행한다. 중국은 의무병제를 시행하고 있지만, 징집 규모가 작은 데 비해 징집 대상자는 많기 때문에, 현역에 복무하지 않은 징집 대상자를 민병에 편입한다. 한편 최근에는 중국이 남중국해와 동중국해에서 자국의 해양 권익을 확대하기 위해 해상 민병을 적극 활용하면서, 이에 대한 관심도 높아지고 있다.

소수 정당과 사회단체

김도희

소수 정당(민주당파)

중국은 일당 체제 국가이다. 다른 국가들처럼 여당·야당이 존재하지 않고 공산당이 집권당이자 유일한 정당이다. 그럼 중국에 다른 정당은 없는 걸까? 중국에도 형식적이지만 소수 정당이라고 말할 수 있는 8개의 정당이 있으며, 보통 이를 민주당파라고 부른다. 중국국민당혁명위원회, 중국민주동맹, 중국민주건국회, 중국민주촉진회, 중국농공민주당, 중국치공당中國致公黨, 구삼학사九三學社, 대만민주자치동맹 등이 여기에 속한다.

민주당파의 역사적 맥락을 살펴보면 중국 혁명사의 일부를 관찰할 수 있다. 공산당은 북벌과 항일 투쟁을 위해 국공합작을 한 바 있고, 소비에트를 만들면서 통일전선을 형성했다. 그리고 제2차 세계대전이 끝나고 내전을 치르면서 국민당과 공산당에도 속하지 않는 민족자산계급, 도시 소자산계급, 지식인 등이 제3세력으로서 다양한 정치 세력을 만들어 연합했다. 이들은 내전 기간 동안 공산당을 지지했고, 1949년 신중국이 건립되면서 국가 건설에 동참했다. 중국공산당은 민주당파의 존재를 인정했고 사회주의 정당 제도로서 다당합작제多黨合作制를 채택했다. 다당합작제란 공산당이 통치의 중심이지만 민주당파가 당 밖의 정치 세력으로 공산당의 정책을 감독하는 역할을 하는 것이다. 그러나 1950년대 반우파 투쟁과 1960년대 문화대혁명을 거치면서 민주당파는 비판의 대상이 되었고, 그들의 실제 역할도 축소되었다.

개혁 개방 이후 민주당파는 조직을 재정비하며 중국인민정치협상회의를 통해 일정 정도의 목소리를 내는 당파가 되었다. 비非공산당원으로서 민주당파 인사들은 인민대표회의나 각급 정부에서 일정한 직책을 맡고 있으며 각종 협상회의, 좌담회를 통해 정치적 의견을 내고 있다. 또한 현재 중국에 민주 담론이 성행하고 있으며, 사회주의 민주의 실현을 위해 민주당파의 역할이 주목받고 있다. 하지만 야당의 존재를 불허하는 사회주의 중국 정치체제에서 아직까지 민주당파의 독자적인 정치력은 미약한 수준이다.

사회단체

중국에서 사회단체는 비영리 사회조직으로 정의되며 관련 정부 부처나 업무를 주관하는 단위의 승인을 받은 후 민정부에 등록을 신청해 심사받도록 되어 있다. 사회단체를 구분하는 기준은 다양한데, 중국 정부에 따르면 활동 성격에 따라 학술단체, 업종 단체, 직종 단체, 연합 단체로 나뉜다. 사회단체를 정부가 어느 정도 주도하는가에 초점을 맞추어 정부 주도형, 혼합형, 민간형NGO(비정부 조직)으로 분류하기도 한다. 민간형 사회단체는 다시 등록된 단체와, 다수의 등록하지 않은 조직으로 구분된다. 풀뿌리 조직이라고도 불리는 등록되지 않은 사회단체의 수는 파악하기 어렵지만, 대략 수백만 개에 달할 것으로 예상된다. 가령 중국의 사회단체 중 가장 활발하게 활동하는 단체가 환경 단체인데 '지구촌'地球村, '자연의 벗'自然之友 등은 정부에 등록된 조직이고, '녹색지음'綠色之音은 등록하지 않은 채 활동하고 있다.

1995년 중국에서 '세계여성대회'가 개최된 이후 중국 사회단체는 양적으로 괄목할 성장을 했고 초기에는 연평균 약 30%의 성장세를 보인 적도 있다. 2011년 말까지 중국의 사회단체는 25만 5000여 개에 달했는데, 2024년 말 중국 사회조직 정보 사이트 통계에 의하면 38만여 개로 증가했음을 알 수 있다. 총 사회조직은 87만 9000여 개로 사회단체의 숫자는 중국 사회조직 중에 43.2%를 차지한다. 사회단체에서 가장 큰 비중을 차지하는 반관반민 단체는 대부분 공익적 성격을 갖지만 정부의 영향을 받고 정부와 제휴한다. 이들은 국가로부터 전부 혹은 일부의 재정 지원을 받고 있고 주요 간부들은 다수가 정부 기관에서 충원된다. 국가 조합주의라고 불리는 이러한 반관반민 사회단체는 국가와 사회의 자원 교환에서 제도화된 권력의 분할이 보장되어 있지 않다.

물론 중국의 사회단체가 국가에 포섭된 조합주의적 성격만 가진 것은 아니다. 특히 등록하지 않은 사회단체들의 자발성은 중국 사회단체가 단지 국가 통제를 받는 조직만은 아니라는 걸 보여 준다. 이들은 민간에서 재정을 충당하거나 해외 시민단체와 연합해 활동하기도 하고, 해외로부터 재정 지원을 받는 경우도 있다. 이를 우려한 중국 정부는 2014년 12월 전국인대 상임위원회를 통해 해외 비정부조직 관리법 초안을 내놓았는데, 해외 비정부 조직이 중국 내에 대표 기구를 설립하고 일회성 활동을 할 경우 등록 허가를 신청하도록 규정하고 있다.

중국에서는 국가권력이 사회에서 철수한 후 사회적 서비스의 부재와 지방공무원들의 부패 등 적절하지 못한 행동으로 곳곳에서 다양한 사회문제가 발생했다. 이를 해결하는 가장 주된 주체가 풀뿌리 단체이다. 이러한 사회단체들은 국가의 재정 지원이나 행정 통제에서 비교적 자유로우며, 자주적인 사회단체로 발전해 갈 가능성이 크다. 이들은 민간이나 해외의 지원을 받지만, 집단의 이익에 도움이 되는 경우 역으로 정부 조직 체계를 활용하기도 한다. 상대적으로 해방된 사회 공간을 점유하고 있는 풀뿌리 사회단체는 진정한 의미의 시민성을 가진 사회단체로 발전할 가능성이 크다.

대중조직

중국에는 공산당이나 국무원의 산하로 편제되어 있지 않지만 민간 사회단체라고 보기 어려운 사회조직들이 존재한다. 대표적인 예가 전국 노조로 간주되는 중화전국총공회中華全國總工會인데, 이러한 성격의 단체들은 스스로를 자발적으로 결성된 조직이라고 규정하지만, 이들을 정부와 무관한 사회단체라고 보기는 어렵다. 중국에서 사회단체들은 민정부에 등록을 하지만, 이러한 '대중조직'들은 그러한 등록 절차를 생략하는 경우가 많다. 그중, 위의 중화전국총공회를 비롯하여 비교적 정치적 성격이 뚜렷한 중국공산주의청년단, 중화전국부녀연합회, 중국과학기술협회, 중화전국귀국화교연합회, 중화전국대만동포연의회中華全國臺灣同胞聯誼會, 중화전국청년연합회, 중화전국공상업연합회 등의 8개 단체는 전국정치협상회의에 참여하고 있다. 그 외에도 중국문화예술계연합회, 중국작가협회, 중화전국신문공작자협회, 중국인민대회우호협회, 중국인민외교학회, 중국국제무역촉진위원회, 중국장애인연합회中國殘疾人聯合會, 송경령기금회, 중국법학회, 중국적십자회中國紅十字會, 중국직공사상정치업무연구회中國職工思想政治工作研究會, 구미동창회歐美同學會, 황포군관학교동창회黃埔軍教同學會, 중화직업교육사中華職業教育社 등의 사회단체도 비슷한 성격을 갖는 대중조직이라고 할 수 있다.

중앙과 지방

조형진

중국의 헌법은 지방에 대한 '중앙의 통일된 영도'를 규정하고 있다. 즉, 지방의 자치가 보장되는 연방제가 아닌 단방제單邦制 국가라는 의미이다. 공산당이 국가를 영도하는 당-국가 체제라는 점도 중요하다. 따라서 국무원 총리보다 공산당 총서기의 서열이 높듯이 지방정부의 수장보다 지방 공산당 위원회의 수장이 더 높다. 또한 공산당의 중앙집권적 운영 방식이 중앙-지방 관계에도 반영될 수밖에 없다.

중국공산당은 건국 이후 관료에 대한 인사권, 조세를 징수하고 분배하는 재정권, 그리고 최종적으로 군대와 경찰로 구성된 무력 등을 통해 지방을 관리·통제했다. 하지만 중앙의 획일화—刀切된 방침은 현지 사정에 맞지 않는 정책을 초래하고 지방의 효율적인 경제활동을 가로막았다. 개혁 개방과 함께 중국은 공산당의 통치를 유지하면서도 가장 중요한 목표인 경제성장을 달성하기 위해 중앙과 지방의 균형을 찾아야만 했다.

권력의 집중과 분권 사이의 혼재된 경향

1949년 중화인민공화국 수립 이전의 이른바 혁명 시기 동안 중국공산당은 일본 군대와 국민당 정부에 대항하면서 지역적으로 분산된 혁명 근거지를 통해 명맥을 유지했다. 따라서 통일된 방침으로 운영될 수 없었으며 권력 기반이 약해 현지의 조건과 타협해야 했다. 이 시기에 공산당은 지방에서 다양한 정책 실험을 실시하여 추후 결과에 따라 이를 확산하는 방식과 현지 상황에 따라 정책을 수립·시행한다는 '인지제의'因地制宜의 전통을 확립했다.

그러나 중화인민공화국이 수립된 이후, 사회주의 국가 건설의 모델은 제2차 세계대전을 거치면서 더욱 중앙 집중화된 스탈린의 소련이었다. 전근대 왕조 시기의 중국은 일견 황제의 권력이 무소불위로 작동했던 것처럼 보이지만, '하늘은 높고 황제는 멀리 있다'天高皇帝遠, '황제의 권력은 현 이하까지 미치지 못한다'皇權不下縣는 관용구처럼 중앙의 권력이 기층까지 미치지 못했다. 중국공산당은 소련을 모델로 삼아 사회주의 국가를 건설하면서 중국 역사상 처음으로 현縣을 넘어 그보다 낮은 기층 단위인 향鄕까지 중앙의 권력을 효과적으로 관철했다. 역사 속에서 빈번히 등장하던 지방의 반란과 독립적인 무장 세력들도 사라졌다. 이런 점에서 중국공산당이 국가권력의 중앙 집중화라는 근대국가 건설의 중요한 과제를 기본적으로 성공리에 달성했다고 평가할 수 있다.

마오쩌둥 시기(1949~76년)의 중앙집권적 통치

건국 이후 중국은 집권화와 분권화decentralization를 주기적으로 반복했다. 마오쩌둥은 각 지방의 구체적인 실정에 부합하는 정책을 수립해야 한다는 '인지제의'를 수시로 강조하고 지방의 모범적인 실험을 전국적으로 확산시키기도 했다. 실제로 대약진운동(1958~60년), 문화대혁명(1966~76년) 시기에는 분권화를 강조했다. 중앙정부에 소속된 기업을 지방정부로 이관하고 지방의 재정 비율과 정책 권한을 확대하기도 했다. 그러나 극심한 이데올로기 통제 속에서 지방정부와 간부들은 마오쩌둥과 중앙의 지침을 충실히 따라야만 했고 분권화는 표면적인 언사일 뿐이었다.

무엇보다도 생산, 유통, 분배 등 거의 모든 영역에 대해 중앙이 지표를 하달하는 중앙집권적 사회주의 계획경제가 지속되었다. 또한 지역별·시기별로 차이가 있었지만 기본적으로 지방의 세금을 중앙에 모두 상납하고 다시 지방별로 분배하는 '통수통지'統收統支의 재정 체제가 유지되었다. 하달된 지표를 준수해야만 했고 잉여가 발생하더라도 중앙으로 이전됐기 때문에 지방이 경제성장이나 혁신에 나설 유인이 없었다.

개혁 개방과 분권화

덩샤오핑과 개혁 세력이 권력을 공고화하기 위해서는 기존의 중앙집권적 정책과 차별화해야 했으며 지방의 지지가 필요했다. 최우선 과제인 경제성장을 위해 계획을 축소하고 시장을 확대해야만 했다. 또한 개혁 개방의 돌파구가 된 농촌 개혁은 안후이성, 쓰촨성 등 지방에서 시작된 실험을 중앙이 용인하고 사후에 이를 공식회했기 때문에 가능했다. 이로 인해 분권화가 핵심 정책이 되었다. 역설적으로 개혁 개방이 '인지제의'와 '실험'을 통한 확산이라는 혁명의 전통을 실현했다.

위에서 하달하는 지표가 줄고 기업이 이윤을 남길 수 있게 되었다. 지방 재정의 기본 형태가 중앙과 협상하여 일정한 부분을 상납하고 나머지를 남길 수 있는 '포간제'包乾制, 일종의 도급계약제로 변경되었다. 관리하는 기업이 늘어나고 징수한 조세를 재투자할 수 있게 되자 지방정부들이 경제성장에 적극적으로 나서게 되었다. 정치적·행정적으로도 분권화가 진행되었다. 공산당 조직부가 관리하던 중앙의 인사권이 일부 지방으로 이전되었다. 농촌의 촌장을 촌민이 직접 뽑고 지방인민대표대회의 입법 권한도 확대되었다.

1990년대 이후의 재집중화와 한계

분권화의 확대로 경제가 성장했지만, 여러 문제가 동시에 발생했다. 지방 간 경쟁으로 투자에 과잉과 중복이 발생했으며, 소비 확대와 혁신을 통한 건전한 성장이 지체되었다. 산업별·지역별로 불균형한 성장이 나타났다. 경제성장만 추구하면서 분배, 복지, 환경 등이 악화되고 지방 권력의 지대 추구와 부패가 증가했다. 무엇보다 정치사회적 통제의 약화와 지방의 지나친 자율성 확대가 1989년 톈안먼사건처럼 중국공산당의 통치 체제를 위협할 수 있었다.

이에 따라 1990년대부터 중국은 중앙의 통제와 권력을 강화하는 이른바 '재집중화'recentralization를 시작했다. 1994년 분세제分稅制 개혁이 대표적이다. 분세제는 글자 그대로 중앙과 지방의 세금을 구분하는 것이다. 중앙세, 지방세, 중앙과 지방이 공유하는 공유세로 조세를 분류하고 중앙정부의 몫과 재정 권한을 대폭 늘렸다. 이뿐만 아니라 중앙의 인사권이 확대되고 지방에 대한 감찰이 빈번해지는 등 정치사회적 통제도 강화되었다.

그러나 '재집중화'로 부를 수 있는 정책들과 조치들이 끊임없이 반복되고 있다는 점에서 그 한계를 확인할 수 있다. 중앙으로 권력을 집중할수록 지방의 자율성과 함께 경제와 사회의 활력이 약화된다. 경제성장이 둔화되면 중앙이 쥐었던 권력을 다시 느슨하게 풀어 줄 수밖에 없다. 이에 따라 재집중화는 상황에 따라 분야별로 선택적으로 실시될 수 있을 뿐 전면적이고 영구적일 수 없다. 1990년대 이후 전체적으로 재집중화의 추세가 지속되면서도 시기별·분야별로 집권과 분권이 반복되는 것이다.

시진핑 시기는 연속인가, 단절인가?

2012년 시진핑이 집권한 이후, 중국의 권력이 정치, 사회, 경제 모든 면에서 중앙으로 집중되고 있다는 점에 대해서는 이견이 없다. 그러나 중앙의 권력과 정책을 실현하고 이를 성省 이하의 지방에 전달하고 중개하는 역할을 하면서 성의 권력과 역할은 줄어들지 않았다는 평가가 많다. 또한 중앙의 막강한 통제력을 보여 준 코로나19 시기가 끝나고 경제가 침체하자 2024년 시진핑 정부는 그동안 제재와 통제를 늘려 왔던 사교육, 부동산, 빅 테크(정보 기술 대기업) 기업 등에 대해 유화적 조치를 내놓고 대규모의 양적 완화를 감행했다.

일반적으로 민주주의 체제는 분권화와 지방자치를 지향하고 비민주주의 체제는 중앙집권화를 지향한다. 그러나 중국은 개혁 개방 과정에서 경제적 분권화를 확대하면서도 정치사회적 통제를 유지하고 필요에 따라 재집중화를 통해 분권과 집권 사이를 조정했다. 이런 점에서 경제적 분권화의 확대와 정치사회적 집중화의 유지·강화는 중앙-지방 관계에서 찾을 수 있는 또 다른 '중국 특색'이라고 할 수 있다. 시진핑 시기 중국은 이전과 구별될 정도로 권력의 집중과 정치사회적 통제를 전면적으로 강화했지만, 경제 침체기에 다시 분권적 조치가 출현하는 것에서 보듯이 중앙-지방 관계에서 근본적인 단절이 발생했다고 평가하기에는 아직 이르다.

홍콩 : 일국양제

장정아

중국 정부가 홍콩과 마카오에서 시행하는 일국양제는, 차이의 공존을 시도한 인류 역사상 전례 없는 실험이다. 1980년대에 홍콩의 중국 반환이 논의될 때부터 영국과 중국, 홍콩에서 이루어진 많은 토론의 초점은, 홍콩이 영국 통치 하에서 누리는 '번영과 안정'을 이후에도 어떻게 유지할 수 있는가였다. 홍콩의 존재 의미를 '경제'도시로 국한하고 '번영과 안정' 유지만을 핵심 원칙으로 제시했다는 점에서, 영국 식민 정부와 중국 정부는 다르지 않았다. 오늘날 홍콩 통치 구조의 주요 뿌리 상당 부분은 영국 식민 시대부터 형성되어 왔다. 1997년 반환 후 홍콩은 많은 변화를 겪어 왔고, 2020년 국가안전법 도입 후 사회 전반에 걸쳐 광범한 변화가 이루어지면서 중국과의 사회경제적 통합도 가속화되고 있다.

일국양제 그리고 애국자의 의미 강화

일국양제의 핵심은 고도 자치 그리고 홍콩인에 의한 통치다. 고도 자치란 행정관리권, 입법권, 독립적 사법권과 종심권을 보유하는 것으로서 반환 후 홍콩의 미니 헌법인 〈기본법〉에 의해 보장된다. 식민 시기 법률도 계속 적용되고, 특히 종심법원이 홍콩에 설치된다는 점은 고도 자치와 법치의 상징으로 제시되었다. 그러나 동시에 일국양제는 근본적 제약을 지닌다. 홍콩특구의 모든 권리는 자체적으로 가지는 것이 아니라 중앙정부에서 나온다. '고도' 자치일 뿐 완전한 자치가 아니며, 이 자치는 중국 정부가 '부여한' 것이다. 중앙정부가 여전히 장악한 중요한 권리가 많은데, 주요 관원과 종심법원 법관 임명·사면권,

〈기본법〉 해석권·수정권, 전쟁상태 선포 또는 긴급 상태 진입 결정권 등이다. 일국양제는 엄청나게 넓은 스펙트럼과 애매모호함을 내포한 것으로서 해석이 다양할 수밖에 없고, 상황에 따라 일국과 양제 사이의 경계선은 계속 움직인다.

중국 정부는 홍콩에서 정치적 사건이나 시위가 있을 때면 홍콩인들의 '마음'이 아직도 반환되지 않았다고 여겼지만, 사실 중국에 대한 홍콩인들의 여론은 계속 크게 변화해 왔다. 반환 후 몇 년간 명시적 개입이 없을 땐 만족도가 높았고, 2003년 23조(국가안전조례) 입법을 홍콩 정부가 시도하여 이에 반대하는 50만 명 대행진이 벌어졌을 때도 반감의 주요 타깃은 중국 정부가 아닌 홍콩 정부였다. 그러나 중국 정부는 대행진을 계기로 홍콩인들의 여론에 대해 크게 경계하게 되었다.

2008년 쓰촨 대지진 때 홍콩인들은 동포애를 느끼며 성원했고, 베이징 올림픽 땐 처음으로 조국에 대해 자부심을 느낀 이들이 많았다. 2007, 08년 일국양제를 신뢰한다는 홍콩인들의 비율은 최고 77.7%까지 오르기도 했다. 2007년 정치국 상무위원이 된 시진핑 현 국가 주석이 홍콩·마카오 사무를 맡으며 2008년부터 홍콩에 대한 중국 정부의 정책 기조가 바뀌었다. 홍콩에 제2의 통치 대오를 건립하여 홍콩 사무에 참여해야 한다는 주장이 제기되기 시작했고, 중련반中聯辦(홍콩주재 중앙정부 연락판공실)이 직접 추천한 의원이 입법회에 등장했으며, 중국 본토와 홍콩의 사회경제적 통합도 가속화되었다.

2012년 홍콩 정부는 중국식 애국 교육을 홍콩에 도입하려다 학부모까지 시위에 나오며 큰 반대에 부딪쳤고, 수업 거부를 통해 정부의 철회를 이끌어 낸 조슈아 웡 등의 청소년들이 사회운동 전면에 등장하여 2년 후 2014년 우산 운동에서 79일간의 점령을 이끌게 된다. 보통선거 도입에 대해 2014년 8월 31일 중국 정부가 '831결정'을 발표했지만 여기서 제시된 선거제도가 홍콩인들의 기대와 크게 달랐으므로 중고등학생과 대학생의 수업 거부 행동에 이어 우산 운동이 시작되었다. 그러나 결국 아무 변화도 얻지 못한 채 점령구 철거와 관련자들에 대한 체포로 운동은 끝났다. 반환 후 최대 규모의 시민운동이 무력하게 끝났다는 좌절감 속에 중국에 대한 반감이 커졌다. 2019년엔 역사상 가장 장기간 많은 사람이 참여한 송환법 반대 시위가 시작되었고, 2020년 국가안전법이 도입되었다.

일국양제의 또 다른 핵심은 '홍콩인에 의한 통치'港人港治로서, 홍콩인들이 일국양제에 대해 가졌던 믿음의 기반이기도 했다. 여기서 홍콩을 통치하는 홍콩인은 누구나 자격이 있는 게 아니라 '애국자'여야 한다는 게 중국 정부의 입장인데, 주목할 점은 덩샤오핑이 제시한 애국자 개념보다 의미와 규정이 최근 훨씬 강화되었다는 것이다. 원래 딩샤오핑은 번영과 안정을 해치시 않는 사람이면 애국자라고 하면서 (행동이 아니라 말로는) 공산당과 중국을 비판해도 된다고 여러 차례 밝혔다. 그러나 2021년 중국 국무원 홍콩마카오판공실 주임 샤바오룽夏寶龍은, 애국자는 국가주권·안보를 '진심으로' 보호해야 하며 충성심이 부족한 공무원을 뿌리 뽑기 위해 정치적 변화가 필요하다고 했다. 이에 발맞춰 홍콩 관원들은 '공산당 체제를 존중하지 않으면서 나라를 사랑할 수 없다'고 하여, 이제 애국은 곧 공산당 체제에 대한 사랑과 지지가 필수 조건이 되었다.

식민 유산의 복잡성: 통치 시스템과 법

'행정의 정치 흡수'와 정경 유착

식민 시기 통치 시스템은 반환 후에도 적극적으로 활용되고 있는데, 주요 측면으로 정경 유착(관상결탁), 선거제도, 그리고 논란이 있는 법들의 존속을 들 수 있다.

영국 식민 통치 초기부터 홍콩 식민 정부의 주요 임무는 영국 자본의 이익 보호였다. 영국 무역 회사들이 원하는 자유무역과 낮은 세금·복지에 부응하여 식민 정부는 적극적 불간섭 또는 '자유방임' 정책을 시행했고, 자유는 '경제적' 자유에 국한되었다. 식민 시기 홍콩 통치는 '행정이 정치를 흡수하는'行政吸納政治 방식으로서 일반 시민의 정치 참여는 제한하고, 엘리트(주로 경제 엘리트)를 '임명'해 참여시킴으로써 행정으로 정치를 대체했다. 홍콩 현지 화인華人 중 의회나 정부 기구에 참여가 허락되는 사람은 소수의 엘리트뿐이었고, 대부분의 일반인은 식민 시기 내내 정치 참여가 어려웠다. 기업자본의 정치적 영향력은 '홍콩은 돈을 버는 곳'이라는 담론을 만들어 냈고, 이 담론은 지금까지도 계속되는 주류 담론이다. 중국 개혁 개방 이후 홍콩 경제도 재구조화되고 홍콩 기업들은 중국 본토 자본뿐만 아니라 중앙정부와의 관계도 점차 긴밀하고 중요해졌다.

1997년 반환을 전후하여 정치기구들과 조직들이 증가하며 엘리트, 특히 중국 본토와 가까운 이들이 정치에 참여하는 통로가 크게 늘어나면서 경제 엘리트의 정치적 영향력은 더욱 커졌다. 홍콩의 경제 엘리트들은 전국인민대표대회, 전국정치협상회의, 지방인민대표대회, 지방정치협상회의 등에 광범위하게 참여할 뿐만 아니라 정당, 싱크 탱크 등 다양한 조직을 만들어 영향력을 발휘하고 있다.

복잡한 선거제도: 일반 시민의 참여가 제한되는 직능대표제

홍콩의 선거제도는 세계에서 가장 복잡하다는 평이 있을 정도다. 식민 시기와 반환 후의 선거제도를 한마디로 요약하면, 홍콩에 '민주'적 선거제도는 존재한 적이 없다. 식민 시기 총독은 물론이고, 입법국을 비롯한 여러 기관은 초기에 임명으로만 구성되었다. 식민 정부는 중국 본토와의 정치적 관계에서 필요에 따라 '선거'(간접선거 포함)를 도입했다. 1980년대에 중국 반환 논의가 시작되면서 시민 참여가 조금씩 확대되었고, 톈안먼사건 직후이자 반환을 앞둔 1991년 입법국에 직선이 처음 도입되었으며, 반환 직전인 1995년 마지막 입법국 선거에서 비로소 임명에 의한 의석이 완전히 사라지고 모든 의석이 선거(직선, 간선 포함)를 통해 선출되었다.

홍콩 선거제도에서 가장 논란의 대상이 되어 온 것은 직능대표제功能界別로서, 대부분의 직능대표 의석은 '회사 표'로 선출되므로 노동자나 시민이 아니라 주로 고용주의 투표 의사를 대변하는 제도라 할 수 있다. 행정 수반을 뽑는 선거위원회, 입법회 등 주요 선거에서 중요한 비중인 직능대표제는 정부와 엘리트 지배에 유리한 제도라는 비판이 오랫동안 있어 왔지만 식민 시기 내내 개선되지 않았다. 직능마다 선거인 등기 자격도 모두 달라서, 어떤 직능의 투표 자격은 개인에게 있지만 어떤 직능은 단체만 있고, 어떤 직능은 특정 단체만 허용된다. 어떤 사람은 개인으로서 직선 투표에도 참여하고, 자신이 속한 직능 표 1개를 더 행사하고, 회사의 위탁을 받아 회사 표 1개를 추가로 행사할 수도 있다.

논란이 있는 법들의 존속과 강화

잔존하는 홍콩 식민 통치 시기 문제점의 또 다른 대표적 사례로는, 오래전부터 많은 비판을 받아 온 긴급법, 공안조례(폭동죄 포함), 선동죄 등이 반환 후 폐기되기는커녕 오히려 적극 활용되는 현상을 들 수 있다. 1922년 홍콩 선원들이 임금 인상을 요구하다 실패하면서 발생한 대규모 선원 파업을 계기로 정부는 긴급법緊急情況規例條例을 제정했다. 이 법의 특이한 점은, 정부가 긴급법에 의거하여 입법 기구의 심의 없이 어떠한 법률이든 추가로 제정할 수 있다는 것이다. 1967년 공장에서 반영反英폭동이 일어났던 사건 이후로 수십 년간 쓰이지 않았던 긴급법을, 2019년 송환법 반대 시위 때 캐리 람 행정 수반이 활용하여 복면금지법을 만들어, 그날 밤 자정 즉각 실시했다.

공안조례公安條例는 국공 내전 상황이던 1948년 처음 만들어져, 1967년 폭동을 거치며 강화되었다. 공공 집회를 열기 위해서는 경찰의 허가를 받아야 하며, 불법집회죄와 폭동죄의 문턱이 낮았다. 67폭동 이후 공안조례가 완화되었고 홍콩이 중국으로 반환되기 직전에는 일부 조항을 폐지하기도 했지만, 반환 후 특구정부가 설립한 임시 입법회는 엄격한 조항들을 원상 복귀 시켰다. 폭동죄는 2019년 송환법 반대 시위자들에게 가장 많이 적용한 죄목으로서, 2019년 11월 18일 하루에 280명 이상이 폭동죄로 기소되기도 했다. 형사죄행조례에 기반한 선동죄는 '반환' 후 활용된 적이 없으나 2019년 시위를 계기로 정부가 적극 활용하기 시작했고, 2024년 제정한 23조는 선동죄 최고 형량을 2년에서 7년으로, 외국 세력 결탁 시 최대 10년형까지 상향하여 강화했다. 홍콩 법치의 상징인 '종심법원'은 여전히 존재하고 외국인 판사들도 있지만, 최근 이들이 항의의 표시로 사직하고 있다.

국가안전법 도입 이후의 변화

홍콩의 주권 반환 23주년인 동시에 송환법 반대 시위 1주년 즈음인 2020년 7월 1일에 홍콩 국가안전법(국가보안법)이 시행되었다. 홍콩 국가안전법은 국가분열죄, 국가정권전복죄, 테러활동죄, 외국이나 역외 세력과 결탁죄 등 4개 죄에 대한 규정과 형벌, 그리고 홍콩에 새로 만들 기구인 중국 정부 주홍콩 국가안전수호공서國家安全公署와 홍콩특구 국가안전수호위원회維護國家安全委員會의 권력 범위를 정하고 있다. 국가안전수호공서는 일부 안건의 관할 권력을 가지며, 이 안건들은 중국 최고인민법원에서 심판할 수 있다. 즉, 관련 혐의자는 중국 대륙으로 보내져 재판을 받을 수 있다. 홍콩 국가안전법이 기존 법과 불일치할 땐 국가안전법을 적용하고, 안건 해석권은 중국 전인대 상무위에 있다.

특히 우려를 야기하는 부분은 국가안전수호공서 인원을 중국 본토의 국가안전 기구에서 파견한다는 점이다. 공서의 경비는 중앙 재정에서 보장하고 법 집행 시 홍콩의 관할을 받지 않으며 홍콩 법집행 인원의 감찰이나 수색·압류에서 면제된다. 국가안전수호위원회 역시 임무가 비공개고 홍콩 정부의 감찰을 받지 않는다. 즉, 홍콩 정부의 모든 부문을 초월하는 지위를 가지며 어떤 조직이나 개인의 간섭도 받지 않는다.

국가안전법 시행 날부터 홍콩에서는 여러 조직과 민간단체, 언론 매체, 그리고 개인과 조직의 소셜 미디어 페이지들이 속속 해산 또는 폐쇄했고, 시위와 집회도 거의 사라졌다. 매년 반환 기념일에 온갖 시민들과 단체들이 길거리에 나와 의견을 표시하던 7월 1일 대행진도 사라졌다. 매년 6월 4일 열리던 톈안먼 사건 희생자 추모 집회도 금지되었으며, 추모 집회 주최 단체인 지련회(홍콩시민지원애국민주운동연합회)도 2021년 공식적으로 해산했다.

2024년 3월에는 23조라 불리는 국가안전수호조례維護國家安全條例가 추가로 통과되었는데, 이는 3년 전 시행된 국가안전법과 중복되는 내용도 있지만 기존 죄의 처벌을 강화하고 새 범죄를 규정하며 정부의 법 집행 권한을 확대했다. 경외境外 세력과의 결탁을 겨냥한 경외간여죄境外干預罪 도입으로 외국과의 교류가 직접적 타깃이 되어 여기에 해당하는 자는 최대 14년형을 받게 되는데, 이때 경외 세력의 범위는 국제조직도 포함하는 등 매우 폭이 넓다. 선동죄의 최고 형량, 특히 외세 관련 사건의 형량을 강화했고, 의심스러운 타인을 신고하지 않으면 최대 14년형을 선고받는다. 이렇듯 홍콩에서는 계속 새로운 법 규정이 생겨나고 있고, 2019년 송환법 반대 시위가 시작된 이후 2024년 3월까지 5년간 시위 관련 혐의로 1만 명 이상이 체포되었다.

시위가 한창이던 2019년 말 구의회 선거에 사상 최대 유권자인 294만 명 이상이 참여해 민주파가 대승을 거뒀다. 그 후 2021년 홍콩 정부는 '개선'完善의 이름으로 선거제도를 크게 개정하여, 행정 수반을 뽑는 선거위원회에 임명과 당연 의석이 늘었다. 선거위원회 직능계 중 새로 신설한 제5계는 전인대, 정협, 전국 단체(전국부녀연합회 등) 등 중국 관련 기구로 이루어져, 선거위원회 전체 1500석 중 중국 본토 관련 단체와 대표가 최소 440석 이상이다. 입법회 선거에 직선, 직능대표 외에도, 식민 시기에 있다가 폐지되었던 선거위원회를 다시 도입했으며, 직선 의석이 줄어들었고 직능대표에서도 개인 표를 모두 조직 표로 바꾸었다. 그 결과 개정 후 2021년 말 치러진 입법회 선거에선 친정부 진영이 전체를 장악했고 1석만 중도파 자처 후보에게 돌아갔다.

국가안전법 도입 후 외국으로의 이민이 계속되고 각 분야에 인력이 부족하여 정부는 외부 인재 수입 프로젝트를 벌이고 있는데, 고급 인재 통행 프로그램으로 온 사람 중 95%가 중국 본토 출신이다. 동시에 홍콩 정부는 홍콩과 마카오, 중국 광둥성의 9개 도시를 묶은 단일 경제권인 웨강아오 다완취粵港澳大灣區 등 중국 본토와의 사회경제 통합 정책을 대대적으로 추진 중이다. 미국은 국가안전법을 계기로 2020년부터 홍콩에 대한 특수 대우를 박탈했고 더 이상 "메이드 인 홍콩"Made in Hong Kong 라벨을 인정하지 않아서, 미국에 수출하는 홍콩 상품은 라벨을 "메이드 인 차이나"Made in China로 바꿔 달아야 한다. 학교에서는 시사 교양 과목을 없애고 '시민과 사회 발전' 과목을 도입하여 중국 본토 답사 활동을 의무화하는 등 애국 교육을 강화했다. 홍콩 천주교 주교가 '애국은 천주교 신앙의 일부분'이라고 하는 등 종교에서도 애국에 대한 강조가 늘어나고 있다.

중국 모델

이홍규

'중국 모델' 개념의 개요

'중국 모델'이란 1949년 중화인민공화국 수립 이후 중국의 발전 경험에서 만들어진 특징과 성과를 총칭하는 개념으로, 중국의 발전 경험이 독특할 뿐만 아니라 중국과 유사한 목표를 추구하는 제3국에게 참고할 만한 중요한 사례가 된다는 뜻이 함축되어 있다. '중국 모델'이 무엇인지에 대한 완전한 합의는 없지만, 대체로 '중국 모델'의 핵심 특징은 1978년 개혁 개방 이후 시장경제로 전환하면서도 사회주의적 공유제의 틀을 일정 수준 이상 유지하고 공산당 일당 지배의 강력한 통치 체제를 계속해 온 양상이라 할 수 있다. 또한 '중국 모델'은 공산당의 강력한 지배하에서도 경제적 분권화에 기반하여 각 지역에서 다양한 개혁과 개방이 실험적으로 추진되어 점진적이고 단계적으로 전국에 확대되어 온 특징도 갖고 있다. 이러한 측면에서 '중국 모델' 개념은 체제 안정과 경제 발전의 동시 달성을 위해 사회주의적 틀에서도 자본주의 요소의 도입이 가능하다는 의미였던 '중국 특색의 사회주의' 개념의 새로운 판본이며 이러한 논리가 이제 실천적 설득력을 얻게 되었음을 강조하는 것이기도 하다.

'중국 모델'론의 등장과 공고화

정치적 안정과 초고속 경제성장의 성과를 동시에 거두었다는 점에서 중국의 발전 전략은 이미 1990년대에도 높게 평가되었다. 특히 중국의 점진적 개혁 방식은 소련이나 동유럽 국가들의 급진적 개혁과 대비하여 중국식 발전 전략의 핵심 특징으로 꼽혀 왔다. 그러나 이러한 논의는 사회주의국가 체제 전환 과정의 유용성 측면에서 중국의 발전 전략을 높게 평가한 것이지, 세계의 여타 국가들이 보편적으로 참고할 만한 국가 발전 모델로서 평가한 것은 아니었다.

'중국 모델'에 대한 논의가 처음으로 촉발된 계기는 2000년대 중반 조슈아 쿠퍼 라모Joshua Cooper Ramo의 '베이징 컨센서스'Beijing Consensus, 北京共識 개념으로, 이는 중국이 신자유주의화를 요구하는 '워싱턴 컨센서스'Washington Consensus, 華盛頓共識와 다른 발전 전략을 추구했음을 강조하기 위해 사용한 말이다. 국가 주도의 점진적이고 단계적인 혁신 기반의 경제개혁, 지속 가능성과 평등을 함께 고려하는 발전 전략, 타국의 주권을 존중하고 내정불간섭을 원칙으로 하는 대외 정책 등이 그 특징으로 제시되었다. 하지만 라모의 이 개념은 1990년대 중국의 개혁이 권위주의에 입각하여 노동 억압적이고 자본 친화적인 경제정책을 추진해 왔다는 측면에서 현실과는 유리된 묘사일 뿐만 아니라 매우 자의적인 해석이라고 볼 수 있다.

이후 중국 국내에서 '중국 모델'론을 본격적으로 증명하고자 했던 위커핑 兪可平은 '중국 모델'의 특성으로 점진적인 발전 전략, 국내 개혁과 대외 개방의 조화, 개발도상국이면서도 세계화를 적극 활용한 전략, 개혁 발전과 사회 안정의 연계, 시장화와 정부 역할의 조화 등을 제시한 바 있다. 그러나 이러한 특징들은 기존의 동아시아 개발도상국들의 경험에서도 나타났던 것으로 '중국 모델'로 명명하는 것에 대한 근본적인 회의도 존재했다. '중국 모델'론이 중국 국내외에서 주목받았던 계기는 신자유주의 모델의 종언을 의미했던 2008년 미국발 세계경제 위기 이후였다. 세계경제 위기에도 불구하고 중국 경제는 다른 국가들과는 달리 금세 회복세로 돌아섰고 고속 성장과 발전을 계속했는데, 이는 곧 중국이 사회주의 체제와 자본주의 체제의 장점을 유기적으로 잘 결합했음을 보여 준다고 해석되었다. 즉, 중국은 시장경제와 사유제를 받아들여 경제 발전에 기여하도록 하되 공산당의 지도하에 공유제의 기반과 국가 거시 계획의 인도를 유지하여 자본주의의 주기적 경제 위기라는 함정에 빠지지 않았다는 것이다.

이후 '중국 모델'에 대한 평가는 오히려 높아졌고 이에 따라 '중국 모델'에 대한 논의가 더욱 다양해지고 더욱 과감해졌다. 이는 경제모델뿐만 아니라 정치모델에 대한 논의로 이어지기도 했고 이러한 체제 특성의 배후에 존재하는 문화 혹은 문명적 기반까지 논의되기에 이르렀다. 예컨대 판웨이潘維는 '중국 모델'을 개혁 개방 30년이 포함된 중화인민공화국 60년 체제로 규정하며, 그 체제가 성공하게 된 특징으로 국가와 인민이 상호 지탱하는 '국민경제', 민심이 집권세력에게 선순환적으로 전달 실현되는 '민본 정치', 가정과 지역공동체의 사회적 네트워크가 정부의 행정 네트워크와 일체화된 '사직社稷 체제' 등을 꼽았다. 이는 또한 서구의 이분법적 세계관에 입각한 '시장과 계획', '민주와 독재', '국가와 계획' 등의 경계를 뛰어넘는 중국의 전통적 세계관이 반영된 것이다. 대니얼 벨Daniel A. Bell은 중국의 정치체제가 지혜롭고 유능한 인재를 지도자로 배양하는 '정치적 현능주의'political meritocracy의 오랜 전통을 갖고 있다고 해석한다. 또한 그는 이 체제가 갈등을 양산하고 많은 비용을 초래하는 선거 민주주의 체제보다 오히려 우월하다는 사실이 2008년 경제 위기 극복 과정에서 확인되었다고 평가한다.

'중국 모델'론의 평가와 시사점

시장 만능주의가 유효성을 상실해 가는 세계사적 전환기에서 '중국 모델'의 부상은 미국의 헤게모니를 대체하는 새로운 발전 모델 구축에 대한 기대를 심어 주기도 한다. 조반니 아리기Giovanni Arrighi는 중국 체제의 성격을, 국가가 자본가의 지배를 억제하며 경쟁을 활성화한 '비자본주의 시장경제'라고 호칭하고 이런 중국의 부상이 세계적 헤게모니를 쥐고 있는 미국식 자본주의 모델을 대체할 가능성을 기대한다.

그러나 '중국 모델' 개념에는 초고속 경제성장과 G2로의 부상을 통해 얻은 중국의 국가적 자신감이 반영되어 있을 뿐만 아니라 이를 국제사회에서 소프트 파워로 활용하려는 중국 당국의 의도도 깔려 있다. 한편에서 '중국 모델'의 부상은 중국의 권위주의 체제 당국에 의해 국내의 사회적 모순들을 은폐하는 상징조작으로 사용되어 세계적인 민주주의 심화 및 확산의 기회를 무력화시키는 위협으로 비치기도 한다. 그래서 '중국 모델'을 독자적 발전 모델로 인정하기보다는 권위주의 국가의 국가 주도 시장경제 성장 모델이었던 '동아시아 모델'의 극단적 아류라고 보는 평가도 존재한다. 1990년대 '사회주의 시장경제' 선언 이후 국유 기업 구조 조정과 WTO 가입 등으로 가속화된 시장화와 사유화 그리고 노동시장의 유연화 등을 근거로 중국이 이미 '신자유주의 모델'로 수렴되었다는 비판도 존재한다.

'중국 모델'론은 오늘날 중국의 발전 모델을 과대평가하여 찬양하기 위해 현실을 호도했다는 비판에서 자유로울 수 없다. 오히려 중국식 발전 모델의 특징은 존재할 수 있으나 현 수준이 여전히 조악하다. 딩쉐량丁學良에 따르면 '중국 모델'은 특권을 가진 관리들이 공산당 일당 지배 시스템을 이용해 부를 독점하여 '대중大衆은 모두 가난한' 상태에서 소수 특권층이 시장경제를 장악한 '소중小衆 시장경제' 체제이다. 따라서 중국 모델 자체가 위기를 내포하고 있는 것이다. 결국, 현재 우리가 던져야 하는 질문은 "중국 모델의 혁신은 가능한가?"이다.

'중국 모델'의 혁신은 가능한가?

이렇게 보면, 2010년 이후 언론의 스포트라이트를 받았던 충칭 모델이나 광둥 모델의 등장은 '중국 모델'의 혁신 가능성을 상징하는 것이었다. 충칭 모델은 '큰 정부'의 투자 확대를 통해 내륙지방의 부품 제조업 발전과 대외 개방을 결합하여 내수 확대와 수출을 연계한 지역 경제 모델을 구축한 것이다. 나아가 혼합 소유제 개혁을 통해 국유 기업의 우량화와 국유 자산의 증대를 도모하고, 늘어난 재정 소득을 주민들의 생활수준 향상에 투자하며 호구제 개혁 등 도농 간 불평등 해소에 주력한 발전 모델이었다. 이에 반해 광둥 모델은 권위주의적 산업화 방식인 노동 집약형 수출 산업화를 '중국 모델'의 문제로 보고 시장과 사회의 자치를 강조하며 '작은 정부'의 민주적 거버넌스에 기초한 발전 모델이었다. 즉, 광둥 모델은 창의력과 자율적 참여를 통해 지역 산업 구조를 첨단산업과 서비스산업을 중심으로 전환하고 성장보다는 분배를 중시하여 사회적 안정을 도모하면서 내수 중심 성장으로 전환하는 발전 모델이었다.

그러나 충칭 모델과 광둥 모델은 지방정부가 지역 상황에 맞게 추진한 지역 발전 모델인 만큼 전국적 범위의 중국 모델로 해석하기는 곤란했다. 더욱이 이른바 보시라이薄熙來의 정치적 스캔들로 충칭 모델은 금기어가 되었고, 광둥 모델을 지휘했던 왕양汪洋이 중국공산당 중앙의 최고 지도부에 발탁되면서 광둥 모델 역시 사람들의 시야에서 사라졌다. 그렇다면 중국공산당은 중국 모델의 혁신을 포기한 것일까?

이러한 관점에서 우리는 시진핑 집권 이후 이루어지는 중국공산당의 개혁안과 발전 전략을 계속 주목해야 한다. 특히 '중국 모델'은 기존의 자본주의와 사회주의의 제도적 이분법을 뛰어넘는 제3의 제도 혹은 하이브리드 형태의 제도 실현에 있는 만큼, 제19차 당대회에서 중국공산당의 지도 이념으로 확립된 '시진핑 신시대 중국 특색 사회주의 사상'에 입각한 발전 전략이 중국 모델의 혁신을 의미하는 것인지, 아니면 중국 모델의 포기를 의미하는 것인지 지속적으로 분석할 필요가 있다.

시진핑 시대의 '중국식 현대화'와 중국 모델의 미래

2017년 10월 중공 제19차 당대회에서 공산당 당장에 삽입된 '시진핑 신시대 중국 특색 사회주의 사상'에 입각하여 시진핑 시대의 중국식 발전 모델을 상징하는 개념은 2020년 10월에 등장한 '중국식 현대화'라는 용어였다. 특히 2022년 10월 중공 제20차 당대회에서 시진핑 총서기는 "중국식 현대화로써 중화 민족의 위대한 부흥을 전면적으로 실현해야 한다."라고 강조하며 '중국식 현대화'를 위해 요구되는 아홉 가지 요소를 제시했다. 즉, ① 중국공산당 영도 견지, ② 중국 특색 사회주의 견지, ③ 고품질 발전 실현, ④ 전 과정 인민 민주 발전, ⑤ 인민 정신세계의 풍요, ⑥ 전체 인민 공동 부유 실현, ⑦ 사람과 자연의 조화로운 공생 촉진, ⑧ 인류 운명 공동체 구축 추진, ⑨ 인류 문명의 새로운 형태 창조 등이다. 시진핑 시대가 요구하는 중국 모델의 핵심 내용을 거명한 셈이다.

최근 개최한 20기 3중전회에서 통과된 '진일보한 전면적 개혁 심화와 중국식 현대화 추진에 관한 당 중앙의 결정'中共中央关于进一步全面深化改革, 推进中国式现代化的决定(이하 '결정')의 목표도 '중국식 현대화'의 구현이다. '결정'에서는 "2035년까지 높은 수준의 사회주의 시장경제 체제를 전면적으로 건설하고, 중국 특색의 사회주의 제도를 더 완비해 국가 거버넌스 체계·능력의 현대화를 기본적으로 실현한다."라고 밝히며 "2029년 중화인민공화국 성립 80주년 때까지 본 결정이 내놓은 개혁 임무를 완성한다."는 시간표를 제시했다.

　이제 시진핑 3기로 접어든바, 2029년까지 중국공산당은 '중국식 현대화'라는 슬로건 아래에서 시진핑 시대의 중국 모델 구축에 매진할 전망이다. 그렇다면 시진핑 시대의 중국 모델은 성공할 수 있을까? 이는 진적으로 중국 당국의 위기관리와 능동적인 개혁 추진에 달려 있을 것이다. 한때 세계적으로 주목받던 동아시아 발전 모델은 1997년 동아시아 외환위기로 의구심이 늘어났고, 영미식 신자유주의 발전 모델이 2008년 미국발 금융 위기로 세계경제 위기를 낳으면서 비판의 대상이 되었다. 시진핑 시대의 중국 모델 추진도 향후 중국발 경제 위기를 야기한다면 발전 모델로서 중국 모델의 유효성이 성립되기 어렵다. 따라서 중국 당국이 이러한 위기가 닥치기 전에 정치사회 개혁을 포함한 지속적인 개혁 조치를 선제적으로 추진할 때 비로소 중국 모델의 성립이 가능해질 것이다.

정치 개혁

이정남

　1978년 개혁 개방 정책이 시작된 이래 중국공산당은 경제성장을 통치 정당성 유지를 위한 중요한 기반으로 삼으면서, 경제성장에 필요한 정치사회적 안정성을 확보하는 데 중점을 두었다. 따라서 경제개혁에 우선적인 중점을 두면서 정치적 민주화의 추진을 최소화하고 제도 개선 중심의 정치 개혁을 추진했다. 그 핵심 내용은 경제의 고속 성장과 시장경제 체제로의 전환에 따른 사회적 이익 구조의 다원화에 조응하여 통치 방식의 지속적 변화를 이끌어 냄으로써 권위주의 정치체제의 '동적 안정성'을 유지하는 것이었다. 이러한 노력은 일정 정도 통치 구조의 변화를 이끌어 내면서 권위주의 통치를 합리화하는 방향으로 움직이도록 했다.

　그동안 중국의 정치 개혁 과정은 개혁 방식이라는 측면에서 볼 때, 최고 지도부가 개혁 방향과 전략을 제시하면서 위로부터 개혁을 추진해 가기보다는, 미래에 대한 뚜렷한 청사진 없이 '돌다리를 더듬으면서 다리를 건너듯이' 당면 과제를 순차적으로 해결해 가는 방식에 기초한 점진적인 개혁을 추진했다. 주변적 문제에서 출발하여 핵심적인 현안에 접근하고, 각종 실험을 통해 개혁의 방향과 내용을 지속적으로 수정해 가는 형태를 취했다. 또한 개혁의 내용이라는 측면에서 볼 때, 다당제와 삼권분립, 직접선거를 통한 정치 지도자의 선출 등을 핵심 내용으로 한 서구식 자유민주주의에 대한 반대 입장을 분명히 했으며, 경제 발전을 가로막는 정치체제의 구성 요소를 개혁하는 데 초점을 맞추어 왔다.

정치 개혁의 방향과 쟁점

구체적 정치 개혁의 추진은 1989년 톈안먼사건 이전과 이후로 구분하여 그 내용과 특성에서 뚜렷한 차이가 난다. 톈안먼사건 이전 시기에는 당정 분리, 당과 중앙으로의 권력 과다 집중에 따른 폐단의 해결이 정치 개혁의 주요 내용이었다. 비록 서구식 민주화에 대한 명확한 반대가 존재했으며, 선거를 통한 정치 지도자의 선출 및 지도자에 대한 감독 강화 등 민주적 개혁이 이루어시지는 않았지만 이 기간 동안 간부의 임기제와 퇴직제 도입 등을 바탕으로 한 영도 간부 제도의 개혁과 집단지도체제의 제도화를 위한 조건을 마련했고, 통치에 필요한 국가기구와 제도의 조정과 정비가 이루어졌다. 1987년 10월에 개최된 제13차 당대회는 당과 중앙으로의 과도한 권력 집중이 가져오는 폐단의 해소와 정치제도 건설을 중심으로 한 이 시기 정치 개혁의 방향을 잘 나타내 준다.

그러나 1989년 톈안먼사건을 거치면서, 당정 분리를 중심으로 한 정치 개혁을 위한 시도들은 중단되고 공산당의 통제가 다시 강조되었다. 개혁의 초점은 시장경제의 형성에 따라 초래된 사회적 변화에 조응할 수 있는 법제의 정비와 법치 및 이를 가능하게 하는 정치제도의 정비에 두었다. 구체적으로 1992년 10월 제14차 당대회는 사회주의 시장경제 건설을 개혁의 목표로 내세우면서 "사회주의 민주주의와 법제 건설"을 정치 개혁의 중요한 내용으로 제기했다. 1997년에는 그동안 법제 완비에 주력한 정치 개혁의 내용을 법에 의한 통치以法治國와 이를 가능하게 하는 정치제도의 완비에 둘 것을 제기하면서, 법치의 구현은 그 이후 정치 개혁의 기본 방향으로 자리해 왔다.

정치적 민주화라는 관점에서 볼 때, 현급 이하 인민대표대회 선거와 농촌 및 도시의 기층 자치단체 직접선거를 도입하여 민주적 정치 참여를 이끌어 내고자 하는 시도가 있었지만, 이런 시도는 기층 행정단위로 제한되었고 공개적이고 자유롭고 공정한 선거로 뒷받침되지 못했다. 따라서 선거를 통한 정치 지도자의 선출과 감독 등 민주주의의 구현이라는 측면에서는 지극히 한계가 있었다. 이 시기의 개혁은 주로 다음의 구체적 조치에 초점이 맞추어졌다. 첫째, 시장경제 체제의 건설에 조응한 행정 기구 개혁, 재정과 세수 체제 개혁의 정비, 중앙과 지방의 관계 조정, 인민대표대회의 제도적 완비와 기능의 강화, 법치 구현을 위한 사법 체제 정비와 법률 정비 등 국가기구에 대한 제도 개혁이었다. 둘째, 간부 제도의 개혁 및 절차와 규칙을 강조한 지도 체제의 제도화에 초점을 두었다.

2002년 새로운 지도부로 등장한 후진타오 정권 역시 법치국가 건설을 중심으로 한 정치제도의 완비와 발전을 정치 개혁의 내용으로 제시했다는 점에서 그 이전 시기와 본질적인 차이가 없었다. 후진타오 정권은 등장 초기부터 '서구식 민주주의' 정치 개혁의 반대, 공산당 영도하의 정치 개혁의 추진을 강조하고, 정치 개혁을 법에 의한 통치 및 사회주의 정치제도의 완비와 발전임을 강조했다. 다만 후진타오 시기에 정치 개혁과 관련하여 주목할 점은 2005년 『민주백서』를 발행하여 민주주의와 인권을 보편 가치로 인정하고, 공민의 질서 있는 정치 참여를 강조하면서 기층 자치단체의 직선제 실시를 더욱 완비함과 동시에, 직선제의 실시를 향진 단위의 당과 행정 수장의 선출로까지 확대하는 실험을 단행하는 등 민주적 정치 참여의 확대를 탐색했다는 점이다. 또한 2007년 제17차 당대회에서 "당내 민주화를 통해 인민민주주의를 이끌어 낸다"는 논리에 기초하여, 정치 개혁의 추진 방식을 제기하고 비밀투표 방식의 민주 추천제의 실시에 기반한 당내 민주화의 확대를 시도한 점이다. 그러나 당내 민주화를 어떻게 추진할 것이며, 당내 민주화를 어떻게 정치적 민주화로 연결할 것인가의 문제는 보다 발전적인 논의로 진전되지 못하고 여전히 불명확한 상황이었다. 따라서 후진타오 시기의 정치 개혁의 주요 내용도 결국 법치에 기초한 정치제도 정비에 초점이 맞추어졌다고 볼 수 있다.

이러한 민주화 없는 제도화 중심의 정치 개혁의 추진은 성공적인 개혁 개방 정책의 '역설적인' 결과로 출현한 중국 사회가 안고 있는 다양한 사회적 문제를 해결할 수 없었고, 그 결과 공산당은 심각한 신뢰와 통치 정당성의 위기에 직면하게 되었다. 개혁 개방 정책 실시 30년 동안 중국은 연평균 9% 이상의 높은 경제성장을 통해 중등 소득 국가 반열에 진입하기 시작했고, 2022년까지 전면적 소강 사회(모든 국민이 편안하고 풍족한 생활을 누림)에 완전히 진입한다는 목표를 세웠다. 이러한 시장화를 동반한 빠른 경제성장은 필연적으로 사회적 소득 격차의 확대를 초래했고, 사회적 이익의 다원화와 가치의 다원화에 따른 다양한 이익 주체 간의 갈등의 심화가 초래되었다. 그러나 중국공산당은 다원적 이익 주체들의 정치 참여를 통제하면서 정치권력을 독점했고, 권력에 대한 감독이 부재한 상황에서 부패 문제가 심각한 사회문제로 부각되었다. 또한 공산당으로 일원화된 중앙집권적인 통치는 대중에게 적절한 정치 참여와 의사 표출 기회 및 통로를 제공하지 못해, 매년 수십만 건의 불법 시위로 나타나는 '길거리 정치'를 양산했다. 그리하여 과감하게 정치 개혁을 추진하지 않으면 각종 모순과 문제가 갈수록 증대되어 집권 비용을 감당하기 어려울 것이고, 정부의 공신력은 빠른 속도로 쇠락할 것이라는 우려가 확산되었다.

시진핑 시대, 정치 개혁 패러다임의 전환: '민주적 전환'에서 '중국식' 거버넌스 체제 완비로

시진핑 정권은 정치 개혁 추진에 대한 많은 기대를 안고 출범했다. 그러나 시진핑 정권은 등장 이후 장쩌민과 후진타오 시기에 진행되었던 기층 선거 확대 실시와 당내 민주화 등 다양한 정치 개혁 실험을 중단했다. 또한 집단지도체제를 형해화하고 시진핑 1인 독점 권력 구조를 이끌어 냄과 동시에 공산당에 사상적·정치적 기율을 다시 부과하고 사회와 경제에 대한 통제권을 강화하면서 레닌주의 당-국가 체제를 부흥시켰다. 이를 통해 권력이 고도로 집중된 공산당을 기반으로 한 최고 지도자 1인 지배 체제를 형성했다.

시진핑 주석이 당으로의 권력 집중을 통한 공산당 통치를 재강화하고 1인 리더십 체제를 구축한 배경에는, 현재 중국은 미국의 전략적 견제 속에서 중화 민족의 위대한 부흥이라는 중국몽의 실현을 이끌어 내야 하는 '비상' 상태에 놓여 있다는 정세 인식이 작용했다. 2012년 제18차 당대회를 통해 최고 지도자가 된 시진핑의 첫 번째 슬로건은 중화 민족의 위대한 부흥이라는 중국몽의 실현이었다. 5년 후 제19차 당대회를 통해 중국이 중국몽 실현의 '신시대'에 진입했음을 선언하고, 2035년 '사회주의 근대화의 완성', 2049년 '사회주의 종합 강대국의 건설'이라는 구체적 일정표를 제시한다. 그리고 중공 수립 100년이 되는 2021년 11월에 개최된 중공 19기 6중전회에서 〈공산당 100년 투쟁의 주요 성과와 역사적 경험에 관한 결의〉라는 제3차 '역사결의'를 통해, 공산당 100년 역사의 성과와 경험을 총결산하고 중화 민족의 부상이라는 '중국몽' 실현의 비전을 재확인했다. 동시에 신중국 건설 이후의 중국을 세 시기로 구분하고 다음과 같이 규정했다. 사회주의 통일국가를 건설한 마오쩌둥 시기, 경제 발전을 이룩한 덩샤오핑 시기, 그리고 강대국화를 통한 중화 민족의 위대한 부흥의 '신시대'인 시진핑 시기다.

시진핑 정권은 '신시대'에 중국몽을 실현하는 과정 전체를 공산당이 이끌어야 한다고 인식한다. 따라서 개혁 개방 30년 동안 시장경제 체제의 발전으로 다원성이 증가함에 따라 이념적 정당성이 약화되고 제도적 기초가 허물어져 가는 공산당의 위상을 재강화했다. 인민의 선봉대이자 전위 정당으로서 레닌주의 공산당의 위상을 재확립하고, 중공에게 집권 정당임과 동시에 혁명 정당으로서 2050년까지 중국몽 실현의 비상 시기를 주도하여 중국몽 실현을 완수해야 한다는 역사적 사명을 부여했다. 동시에 "권력의 과두적 분점과 합의에 의한 통치"로 특징되는 집단지도체제의 권력 구조를 사실상 종식하고, 최고 지도자 1인에게 권력을 집중함으로써 강력한 리더십을 효율적으로 행사할 수 있는 권력 구조를 형성했다. 이런 권력 구조의 등장은, 시장경제 체제를 기반으로 하고 공산당이 강력한 리더십을 행사하는 덩샤오핑 시기의 '신권위주의 통치'로부터, 공산당에 의해 중국의 '모든 것'이 '수시로' '어디든지' 통제되는 '유사-전능주의 체제'Quasi-totalism로의 전환을 이끌었다.

개혁 개방 30년 동안 시장경제 체제를 기반으로 한 공산당의 '신권위주의' 통치를 바탕으로 빠르게 성장하여 글로벌 파워로 부상한 중국에서 다음 단계는 시민사회의 성장과 민주화로의 전환일 것이라는 게 중국 및 국제 학계의 일반적인 예상이었다. 이는 서구와 제3세계 국가들이 지나온 근대화 과정의 특징이기도 하다. 그러나 자유주의적 근대화론의 기본 가설은 중국을 비껴갔으며, 일반적 예상과는 달리 중국에서는 경제 발전이 민주주의를 향한 체제 전환으로 연결된 것이 아니라, '사회주의 근대화'에 기초한 '중국식'의 '새로운' 정치발전의 길로 가고자 한다. 이것은 자유주의 근대화론과 다른 패러다임의 사회를 구상하려는 것이다. 실제로 중공은 제20차 당대회에서 서구의 자유주의 근대화와 다른, 중국의 '전통문화'와 '사회주의'에 기초한 '중국식' 근대화를 공식화했다. 더 나아가 '중국식' 근대화를 기초로 서구와 다른 '신문명' 형성의 길로 나갈 것임을 천명했다.

이처럼 중국에서 시장경제 체제에 기반한 공산당의 신권위주의 통치는 경제가 성장하면서 민주적 전환을 통해 민주주의의 실현이라는 다음 단계로 진전되어 간 것이 아니라, '사회주의' 근대화라는 이름하에 '새로운' 통치 모델 형성의 길로 나아가고자 한다. 그리고 구체적으로 이는 당-국가 체제의 재강화를 통한 유사-전능주의 체제의 등장으로 나타나고 있다. 그 결과 푸단대학교 징웨이웨이張維爲 교수의 말대로 현재 중국에서 정치 개혁을 둘러싼 담론은 "민주주의인가 독재 체제인가"의 문제에서 "좋은 거버넌스인가 나쁜 거버넌스인가"로 전환되고 있다.

유사-전능주의 체제의 변화 전망

시진핑 시대의 유사-전능주의 체제는 중화 민족의 위대한 부흥 프로젝트의 일환으로 등장한 것이다. 미국과의 전략적 경쟁 속에서 중국의 부흥은 장기적인 과정이고, 이 과정에서 중공의 역할은 결정적인 변화 없이 지속될 것이다. 그 이유는 전능주의 체제가 공산 혁명의 성공을 이끌어 낸 것과 마찬가지로, 중국몽의 실현을 위해서도 유사-전능주의 체제의 등장과 지속이 정당화될 것이기 때문이다. 따라서 유사 전능주의 체제가 장기적으로 지속되는 가운데 중국 정치체제의 민주적 방향으로의 변화는 먼 미래를 기약할 과제로 남을 것이다. 적어도 중공이 제기한 '사회주의 근대화의 전면적 실현'이 이루어질 것으로 예상되는 2035년까지는 결정적인 변화 없이 현 상태가 지속될 가능성이 높다.

그러나 사회주의와 중국 전통 사상을 바탕으로 한 민족주의 이념인 '사회주의' 이데올로기에 기초해 유사-전능주의 통치 방식을 유지한다면, 글로벌 파워로 부상한 중국에 대한, 국제사회와 4억 명이 넘는 중국 중산층의 요구를 충족하는 데 명확한 한계가 있을 것이다. 따라서 이 체제는 지속적으로 불안정성을 보일 것이고, 이에 대한 대응으로 통제가 점점 강화될 것이다. 따라서 중장기적으로는 유사 전능주의 통치하에서 정치적 혼란이 초래되는 가운데 보다 개방적인 제2의 개혁 개방 정책을 추진하고자 하는 세력이 주도권을 장악하여 실용주의적 연성 권위주의 통치가 등장할 가능성이 매우 높아 보인다.

반부패 운동

황태연

중국은 개혁 개방 이후 시장경제가 도입되면서 급속한 경제 발전이라는 성과를 거두었다. 중국공산당의 입장에서 이러한 경제 발전의 성과는 체제의 정당성과 안정성을 유지하는 데 중요했으나, 시장의 성장으로 부패 또한 확산되었다. 중국 정치의 특징인 '당-국가 체제'에서 급속한 경제성장과 도시화, 성과 중심의 발전은 부패가 성장하는 공간을 확대했고, 일당 지배 체제에 대한 견제 장치가 부재한 상황에서 권력의 최상층부에서 최하층부에 이르기까지 부패의 위계적 질서와 네트워크를 만들어 내기도 했다. 이와 함께 국가가 주도하는 '사회주의 시장경제' 시스템에서 공산당 간부들의 지배적 역할과 권한은 또 다른 부패 문제를 만들기도 했다. 부패는 경제성장과 분배 구조를 왜곡할 수 있고, 인민의 불만을 심화하여 체제의 정당성과 안정성을 해쳐 정권의 위기를 초래할 수 있다. 따라서 '반부패'는 중국공산당 지도부에게 매우 중요한 과제가 되었으며, 부패 척결을 위한 노력이 오랜 기간 지속되어 왔다.

시진핑의 집권과 반부패 투쟁

시진핑의 집권과 함께 시작된 반부패 운동은 하나의 투쟁이 되었으며, 대내외적으로 가장 주목받는 이슈 중 하나가 되었다. 2012년 11월 중국공산당 총서기에 선출된 시진핑은 집권과 동시에 "부패가 당과 국가를 망하게 할 것"이라고 경고하면서 반부패 투쟁을 핵심 과제로 선언했다. 제18차 당대회 이후 시진핑 집권 1기에 고위 관료인 중앙정치국 위원의 업무 기풍作風을 규정하기 위한 여덟 가지 기율 요구 사항이 규정되었다. 2012년 12월 4일 중앙정치국 회의는 〈제18기 중앙정치국의 업무 스타일 개선과 군중과의 긴밀한 연계에 관한 8항 규정〉十八屆中央政治局關於改進工作作風, 密切聯繫群衆的八項規定(이하 '중앙 8항 규정')을 승인했다. 이를 기반으로 '중앙 8항 규정 정신'이라는, 당원뿐만 아니라 비당원 지도 간부에게도 확대 적용 된 기율 규정이 제시되었다. 중앙 8항 규정 정신 위반 행위는 사풍四風, 즉 형식주의, 관료주의, 향락주의 및 사치 풍조를 말하며, 이러한 위반 행위는 다시 형식주의와 관료주의를 하나의 범주로, 향락주의와 사치 풍조를 다른 하나의 범주로 묶어 나누고, 각각 네 가지 및 여섯 가지 유형으로 세분화하여 업무 기풍 및 기율 위반, 반부패 행위를 구체적으로 제시했다.

　　2013년 1월 반부패 투쟁은 '파리'뿐만 아니라 '호랑이'도 잡겠다打虎拍蠅, 즉 하급 관원뿐만 아니라 고위 관료까지도 부패 혐의가 있다면 처벌한다며 강하게 전개되었다. 시진핑 국가 주석이, 중국공산당이 당을 전면적으로 통제하고 반부패 투쟁을 강화하기 위한 기본 조치이자 수단으로 내세운 것이 바로 호랑이 사냥打虎, 파리 사냥拍蠅, 여우 사냥獵狐이다. 호랑이 사냥은 고위 간부의 부패 행위 처벌을 의미하고, 파리 사냥은 대중 주변의 부정·부패 문제 해결을 의미하며, 여우 사냥의 주요 대상은 해외 도피 경제 범죄 용의자, 해외 도피 당원 및 부패 관련 도피자 들이다. 그 결과, 건국 최초로 정국가급正國級 최고위층으로 중앙정치국 상무위원 출신인 저우융캉周永康이 부패 혐의로 처벌을 받았다. 그 밖에도 쉬차이허우徐才厚 전 중앙군사위원회 부주석 겸 중앙정치국 위원, 쑤룽蘇榮 전 전국정치협상회의 부주석, 링지화令計劃 전 전국정치협상회의 부주석 겸 중앙통일전선부 부장, 궈보슝郭伯雄 전 중앙정치국 위원 겸 중앙군사위원회 부주석 등 4인의 부국가급副國級 고위직 호랑이 사냥 사례가 국내외의 깊은 관심을 받았다.

반부패 투쟁의 법·제도적 강화

　　시진핑 국가 주석은 제18차 당대회 이후 중앙기율검사위원회 전체회의에서 당풍 청렴 건설과 반부패 투쟁에 대해 여러 차례 중요한 조치를 취했다. 중국공산당 장정章程에 나타난 "당내 감독을 전적으로 책임지는" 중국공산당 최고

기율검사기관이 중앙기율검사위원회다. 주요 업무는 "종엄치당從嚴治黨(엄격한 당 통치) 추진 및 당풍 건설과 조직의 조화, 반부패 업무 강화" 등을 추진하도록 감독하는 것이다. 2017년 1월 제18기 중앙기율검사위원회 제7차 전체회의에서 시진핑 국가 주석은 강력한 반부패 투쟁을 '정의의 전쟁'으로 표현하며 집권 2기에도 반부패 투쟁이 강화될 것임을 강조했다. 반부패 투쟁의 강화는 다른 한편으로 부패 관련 법·제도적 강화로 나타났다.

2018년 3월 제13기 전국인민대표대회(이하 '전인대')에서 제3장 제7절에 국가감찰위원회가 추가된 〈중화인민공화국헌법 수정안〉이 통과되며 그 설립 목표에서 부패 근절을 중요하게 내세우는 국가감찰위원회가 신설되었다. 헌법 제123조부터 제127조에 국가감찰위원회의 설치, 구성, 역할 및 권한 등을 규정했다. 제13기 전인대 제7차 회의에서는 〈중화인민공화국 감찰법〉(이하 '감찰법')을 통과시켜 국가감찰위원회의 활동 근거를 법률로 명시했다. 또한 〈당·국가기구개혁심화방안〉深化黨和國家機構改革方案을 마련하여 부패 관련 기구를 재배치했다. 즉, 중앙기율검사위원회와 국가감찰위원회의 통합근무合署辦公(겸직 가능한 행정 지도부가 배치되지만, 두 기구의 인장과 현판은 각각 존재) 방식을 제시하여 중앙기율검사위원회 부서기가 국가감찰위원회의 주임을 겸하게 되었으며, 기존에 있던 국무원 감찰부 및 국가부패예방국, 최고인민검찰원의 반탐오뇌물총국反貪污賄賂總局이 모두 국가감찰위원회로 병합되었다. 2017년 10월 18일 제19차 당대회에서 "반부패 투쟁이 압도적 승리를 쟁취"해야 한다고 강조했던 시진핑 집권 2기는 이처럼 국가감찰위원회를 신설하고 감찰법을 제정하여 반부패를 위한 법적·제도적 근거를 강화하고, 반부패 투쟁의 감찰 범위 및 대상을 당내에서 국가기관 전체로 확대했다. 그 결과 중국공산당 및 국가기관, 〈중화인민공화국 공무원법〉의 적용을 받는 자가 있는 모든 기관에 대한 부패 감찰이 가능해졌다.

2022년 10월 16일 제20차 당대회에서 시진핑 국가 주석은, 역사상 전례 없는 반부패 투쟁을 전개해 왔으며 '압도적 승리를 획득'했음을 밝히고 반부패 투쟁의 성공을 알렸다. 또한 "부패는 당의 생명력과 전투력을 해치는 최고의 악성종양이며 반부패가 가장 철저한 자기 혁명"이라고 제시하고 "반부패 투쟁

'중앙 8항 규정 정신' 문제 위반 당기·정무처분黨紀政務處分* 인원 (단위: 명)

시기	성부급省部級	지청급地廳級	현처급縣處級	향과급鄕科級	합계
2013년**	1	41	485	7,165	7,692
2014년	3	153	1,690	29,492	31,338
2015년	8	410	2,787	30,761	33,966
2016년	5	551	3,966	37,944	42,466
2017년	6	543	4,541	44,979	50,069
2018년	6	746	6,344	58,462	65,558
2019년	3	687	8,221	115,812	124,723
2020년	0	484	6,653	112,087	119,224
2021년	5	486	6,123	94,610	101,224
2022년	9	399	5,641	90,707	96,756
2023년	8	551	6,440	101,696	108,695
2024년 8월	4	480	5,694	108,954	115,132
누계	58	5,531	58,585	832,669	896,843

주: * 당기처분黨紀處分의 주체는 당 조직이며, 정무처분政務處分의 주체는 감찰 기관이다. 공산당원이자 공직자일 경우 두 가지 처분을 모두 받는다雙處理.
** 2013년은 중앙 8항 규정 실시 이후 처분 인원.
자료: 中共中央紀律檢查委員會·中華人民共和國國家監察委員會 홈페이지(https://www.ccdi.gov.cn)를 바탕으로 필자가 정리.

의 장기전에서 승리할 것"임을 강조했다. 그리고 시진핑 국가 주석은 장기 집권에 성공하며 집권 3기를 시작했다. 2022년 10월 17일, 중앙기율검사위원회 부서기이자 국가감찰위원회 부주임인 샤오페이는 기자회견에서 부패 문제 처리 결과를 발표했다. 제18차 당대회 이후 부패 문제와 관련하여 전국의 기율검사·감찰기관에서 총 464만 8000여 건의 사건을 접수했고, 그 결과 중앙에서 관리하는 중관간부中管幹部(성부급省部級 부직副職에 해당) 553명과 2만 5000여 명의 청·국급 간부, 18만 2000여 명의 현·처급 간부를 처벌했다고 했다. 553명의 중관간부 중에는 18기 중앙위원 및 후보위원 49명과 18기 중앙기율검사위원회 위원 12명, 19기 중앙위원 및 후보위원 12명, 19기 중앙기율검사위원회 위원 6명도 포함됐다.

반부패 투쟁의 양면성

그동안 중국의 반부패 운동은 다양한 노력에도 불구하고 공산당 통치의

중국의 부패인식지수CPI 변화

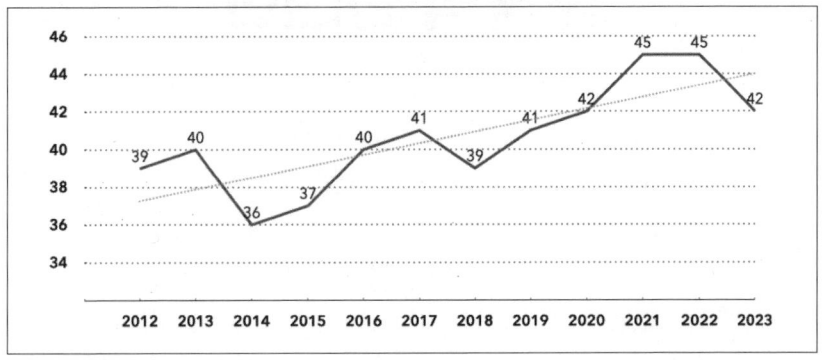

자료: 국제투명성기구 홈페이지(https://www.transparency.org/en/countries/china)를 바탕으로 필자가 재구성.

안정성 확보라는 이유로 당·정 최고위층의 부정부패 문제에 대해 접근하기 어려웠다. 그러나 시진핑 집권 이후 반부패 운동은 당·정 고위층을 막론하고 성역 없는 반부패 투쟁을 표방하며 전방위적으로 진행되어 많은 성과를 보였다는 점에서 진일보한 측면이 있다. 시진핑 집권 이후 부패인식지수CPI는 아주 미미하지만 좋아지는 추세를 보인다(그림 〈중국의 부패인식지수 변화〉 참조). 그러나 다른 측면에서 보면 시진핑 국가 주석의 반부패 투쟁 역시 과거 정권들과 마찬가지로 인민의 강한 지지를 바탕으로 정적을 제거하고 권력 기반을 강화하는 수단으로 활용했다고 할 수 있다. 국가감찰위원회의 신설 및 감찰법 제정 등 법·제도적 강화를 통한 국가 감찰 체계 구축은 법치 보장과 통치 체제 및 관리능력 강화라는 긍정적 측면이 있다. 반면에 권위주의적 통제 및 관리가 강화되어 정치적으로 악용되면 개인의 권력 강화 및 정권의 통제 기능 제도화로 나타나는 부정적 측면도 존재하는 것이다. 시진핑 국가 주석이 추진한 반부패 투쟁은 부패 척결이라는 주요 목표를 달성하여 법치와 국가 안전을 확보하는 데 중요하게 작동할 수 있지만, 체제 정당성 및 정권 안정을 위해 부패 척결을 정치적으로 남용하는 결과로 이어질 수도 있다. 따라서 향후 시진핑 3기는 반부패 운동을 통해 나타나는 긍정적 성과뿐만 아니라 이러한 양면성에 주목할 필요가 있다.

중국식 현대화

이기현

'중국식 현대화'는 중국공산당 19기 5중전회에서 처음 등장해서, 2022년 제20차 당대회 보고에서 그 내용이 구체화되었다. 사실 이 용어는 개혁 개방 초기 덩샤오핑이 처음 제기한 개념으로 알려져 있으나, 이후 한동안 사용되지 않다가 시진핑 3기 시대를 맞이하며 본격적으로 재론되었다. 이후 중국 전역에 중국식 현대화 담론이 형성되고, 이를 집중적으로 연구하는 학회, 연구소가 출범할 정도로 중국식 현대화는 시진핑 3기 국가 전략의 핵심어로 자리매김하고 있다.

중국식 현대화는 제18차 당대회에서 제시한 두 개의 100년 목표 가운데, 소강 사회의 전면적 건설 단계를 완성하고 그다음 단계의 현대화 목표, 즉 사회주의 현대화 강국 건설을 위한 구체적 방법론의 필요성이라는 배경에서 탄생했다. 현재 중국의 발전을 가능케 한 것은 개혁 개방기 현대화 전략이었다. 이 시기 현대화는 주로 경제적 낙후성 극복과 양적 성장에 초점이 맞추어져 있었다. 그러나 중국 경제의 고도성장 종식, 탈세계화, 미·중 전략 경쟁의 심화 등 새로운 변화 속에서 기존 중국의 현대화 전략은 수정이 불가피했다. 더구나 시진핑 신시대 중국 특색 사회주의와 현대화의 관계를 새롭게 정립할 필요가 있었다. 개방 개혁 시기 현대화도 사회주의 방향을 견지했지만, 경제 영역에서 자본주의적 성공의 경험을 적극 수용한 것에 대한 딜레마가 상존해 왔기 때문이다. 결국 중국식 현대화는 중국의 발전 과정에서 경험한 여러 딜레마를 극복하고, 새로운 단계의 국가 목표를 실현하기 위해 기존 방식을 재구성하려는 시도이며, 특히 자본주의적 발전 방식에 대한 비판에 기초해 방법과 내용을 새로 구성하겠다는 의지의 표명인 것이다.

중국식 현대화는 다음과 같은 함의를 가진다. 첫째, 중국식 현대화는 시진핑 3기의 국가 전략이다. 시진핑은 제20차 당대회에서 "중국공산당의 중심 임무는 중국식 현대화를 전면 추진해 중화 민족의 위대한 부흥을 실현하는 것"이라고 말했다. 시진핑 집권 1기에 '중국의 꿈'이 등장했고, 집권 2기에는 새로운 시대가 강조되었다. 시진핑 신시대의 국정 목표가 사회주의 현대화 강국 건설을 통한 중화 민족의 위대한 부흥이었다면, 시진핑 3기는 구체적으로 이 목표를 실천해 가야 한다. 이 방법론이 바로 중국식 현대화이다.

둘째, 중국식 현대화는 서구식 현대화와 차별적이며 나름의 특색이 있다. 중국식 현대화는 곧 서구화라는 기존 공식의 타파에서 출발한다. 중국은 서구식 현대화가 자본 중심주의에 따른 심각한 양극화, 물질주의 팽창과 정신 빈곤, 생태 환경 파괴, 제국주의적 약탈 등으로 비평화적이었다고 비판한다. 이에 반해 중국식 현대화는 세계 여러 국가 현대화의 공통된 특징을 반영하면서도 동시에 다섯 가지 특색이 있다고 강조한다. 그 특색은 ① 거대 인구의 현대화, ② 공동 부유, ③ 물질문명과 정신문명의 조화, ④ 인간과 자연의 공생 및 조화, ⑤ 평화 발전 등이다. 다소 내용이 모호하지만, 결국 중국식 현대화는 인간 중심 발전, 사회주의 핵심 가치관 견지, 지속 가능 발전과 자연 회복, 평화로운 발전을 가능케 한다는 것이다.

셋째, 중국식 현대화에 있어 공산당의 역할은 중요하다. 중국식 현대화가 중국 특색의 사회주의 이념을 반영한 현대화이고, '중국의 꿈'을 이루기 위한 방법론이라면, 이를 잘 활용할 강력한 지도력이 필요하다. 자연스럽게 중국공산당과 연결이 된다. 시진핑은 여러 연설에서 "공산당의 영도가 중국식 현대화의 근본적인 방향, 미래와 운명, 궁극적인 성패와 직결되며", "공산당의 영도가 흔들리지 않을 때, 중국식 현대화가 번영할 것"이라고 강조했다. 무엇보다 중국식 현대화는 개혁 개방기 현대화를 주도해 온 공산당의 기존 정책에 대한 반성을 포함하고 있다. 개혁 개방기 현대화는 과도한 물질 욕구, 빈부 차와 불평등, 생태 악화 등을 초래했다는 점에서 자유롭지 않기 때문이다. 이처럼 중국식 현대화의 성패는 공산당의 통치 정당성과도 직결되는 문제이다.

마지막으로, 중국식 현대화는 중국의 대외 영향력 확장을 표방한다. 중국은 중국식 현대화가 개발도상국이 선택할 수 있는 길을 넓히고, 인류의 더 나은 사회제도 탐색을 가능케 할 것이라고 주장한다. 2021년 시진핑은 중국공산당 창당 100주년을 축하해 주기 위해 모인 세계 160여 개국 500여 정당 대표들에게 "중국공산당은 중국식 현대화를 통해, 인류가 현대화를 모색하는 데 있어 새로운 공헌을 하겠다."며 중국식 현대회의 대외적 확신 의지를 표명했다. 이후에도 주요 국제회의 석상에서 "중국식 현대화가, 발전을 도모하면서 자신의 독립성을 유지하길 희망하는 국가와 민족에게 새로운 선택을 제공할 것이며, 중국이 향후 더욱 노력해서 개발도상국에게 더 많은 중국의 경험을 제공하겠다."고 밝혀 왔다. 이와 같은 중국식 현대화의 확산 의지는 과거 베이징 컨센서스의 유행과는 분명 결이 다르다. 중국 발전 모델이 중국의 부상에 대한 반작용으로 서구로부터 논의가 시작되었다면, 이제는 중국이 적극적으로 자국 모델의 확산을 도모하고 있는 것이다. 이런 점에서 중국식 현대화는 과거에 비해 훨씬 주동적이고 공세적이다.

향후 중국식 현대화가 구체적으로 어떻게 실현될지는 불명확하다. 내용이 다소 추상적이고 선언적이며, 아직까지 세세한 방법론이 구체화되지는 않았기 때문이다. 그러나 사회주의 현대화 강국이라는 국가 목표를 달성하기 위한 실천의 방법론으로 확실히 자리매김했기 때문에, 공산당 회의가 거듭할수록 중국식 현대화의 내용은 점차 더 풍부하고 구체화될 것으로 예상된다.

싱크 탱크

장영희

중국은 당과 국가의 정책 결정 과정에서 싱크 탱크智庫와 전문가의 역할이 커지고 있고, 주요 정책 결정에서 이들의 영향력이 강화되어 왔다. 1978년 개혁 개방과 함께 중국의 싱크 탱크들도 빠르게 성장하여, 현재 1900여 개의 싱크 탱크가 있고 전 세계 싱크 탱크 총수의 17% 정도에 달한다. 이들은 양적인 성장뿐만 아니라 질적인 차원에서도 당과 국가의 정책 수립 및 정책 소통 플랫폼으로서 핵심적인 역할을 하고 있다.

건국 초기부터 개혁 개방 이전까지는 구소련식 시스템을 기반으로 연구 기관의 역할을 하며 정부 요청에 따른 한정된 연구만을 수행했다. 주요 연구 주제도 마르크스·레닌주의, 경제 및 과학기술 정책 등에 집중되어 있었다. 개혁 개방 이후 싱크 탱크의 역할이 확대되기 시작했으나 여전히 국가 의존성이 높은 구조였다. 2000년대 이후에는 퇴직 관료들의 싱크 탱크 설립 및 진입이 두드러지는 현상도 보였다.

싱크 탱크 발전의 목적과 배경

국력이 강해지면서 중국은 적극적으로 국제 문제에 참여하고 글로벌 무대에서 활약하기 위해 선도적으로 국제적 담론권國際話語權을 형성하고 중국의 국력에 걸맞은 새로운 국제 질서 구축을 위한 지적 자원이 필요하다고 인식하고 있다. 중국이 주변국 또는 관련 지역경제체와의 공동 발전을 이끌기 위한 전략적 설계인 '일대일로'一帶一路 건설을 제기한 것에서 볼 수 있듯이, 전략적 사고를 구체적인 실천으로 전환하기 위해서는 싱크 탱크의 역량과 역할이 제고되어야 하고 종합적인 전략 구상을 추진하기 위한 정책과 발전 모델을 만들어 낼 주체가 필요하다. 또한 미국의 싱크 탱크와 같이 당과 정부를 위한 정책 전문가와 고위 관리를 양성하고 추천하는 역할을 하는 '회전문revolving door 메커니즘'을 구축하려는 목적도 갖고 있다. '회전문' 메커니즘은 지식과 권력 사이의 교량을 구축하기 위한 것으로, 정책 분야 인재를 양성할 뿐만 아니라 싱그 탱크의 학자들과 전문가들의 지식과 지혜가 공공 부문에 투입되어 권력 진화의 통로가 될 수 있다. 그뿐만 아니라 퇴임한 정부 관료들이 자신의 경험과 지혜를 최대한 발휘하고 다시 정부에 참여할 수 있는 기회와 플랫폼을 제공할 수 있다. 싱크 탱크라는 플랫폼을 통해 연구자들이 정책 결정자들과 긴밀하게 접촉할 수 있는 기회를 제공한다. 궁극적으로 싱크 탱크의 발전은, 중국의 국제 전략에 대한 전략적 설계를 제공하며 국제 정치 및 경제의 방향에 영향력을 행사하려는 전략적 목적에 부합한다.

2013년 중국공산당 18기 3중전회에서 통과된 〈전면적 개혁 심화를 위한 몇 가지 중대한 문제에 관한 당 중앙의 결정〉에는 "중국 특색의 신형 싱크 탱크 건설을 강화하고 건전한 의사 결정을 위한 자문 제도를 구축한다."라는 의제가 담겨 있다. 시진핑은 "중국 특색의 신형 싱크 탱크 건설"을, 중국의 개혁을 전면적으로 심화하기 위한 중요한 조치라고 평가했다. 이후 중국공산당 중앙판공청과 국무원 판공청이 "국가 고급 싱크 탱크 건설 실행 계획"實施國家高端智庫建設規劃을 발표하고, 이 계획을 2015년 1월 20일에 발표한 〈중국 특색 신형 싱크 탱크 건설 강화에 관한 의견〉關於加強中國特色新型智庫建設的意見에 포함했다. 또한 "더 큰 영향력과 국제적 인지도를 갖춘 일군의 고급 싱크 탱크를 중점적으로 건설하는 것"을 2020년까지의 목표로 제시했다. 2015년 11월 9일에는 중앙심화개혁소조 제18차 회의에서 "국가 고급 싱크 탱크 건설 시범 사업 공작 방안"을 심의 통과시키고 〈국가 고급 싱크 탱크 관리 방안(시범시행)〉, 〈국가 고급 싱크 탱크 특별경비 관리 방안(시범시행)〉을 통해 고급 싱크 탱크 건설을 위한 시범 사업의 제도적 틀을 마련했다.

중국 싱크 탱크의 유형

중국의 싱크 탱크는 정부와의 관련성에 따라 관방, 반관방, 민간 등의 세 가지 유형으로 구분할 수 있다. 관방 싱크 탱크로는 국무원발전연구중심, 중국사회과학원, 중국과학원, 중앙당교, 중앙편역국, 군사과학원 등과 같은 연구기관들이 있는데 정부 당국에 대한 영향력이 매우 크다. 그러나 가장 많은 연구가 이루어지고 연구 주제도 가장 광범위한 곳은 반관방 싱크 탱크들이다. 중국인민대학교의 충양금융연구원人民大學重陽金融研究院 등과 같은 곳을 이 범주로 분류할 수 있다. 반면에 민간 싱크 탱크는 자금, 데이터 및 정보 접근성 등의 제약으로 인해 영향력이 작다. 예컨대 1993년에 설립된 톈저경제연구소天則經濟研究所는 원래 독립적이고 평판이 좋은 민간 싱크 탱크였는데, 2012년부터 중국 당국이 싱크 탱크에 대한 규제를 강화하면서 2019년 문을 닫게 되었다. 당국이 2013년부터 싱크 탱크들에 대해 "당과 함께 간다"는 원칙을 강조하면서 현재 중국의 싱크 탱크는 체제 강화를 위한 지식 제공 및 정보 증폭기의 역할을 하고 있다. 이에 따라 중국의 싱크 탱크는 독립성과 비판성이 결여된 채 점점 더 많은 관방의 담론과 정책 내용을 전달하는 역할에 국한되어 있다. 중국 정부는 고급 싱크 탱크를 네 가지 유형(당 중앙 직속, 대학 부속, 대형 국유 기업 부속, 민간 싱크 탱크)으로 분류하여 체계적 발전을 추진하고 있다.

중국 싱크 탱크 발전의 한계와 문제

현재 중국에서 싱크 탱크의 발전은 여전히 사상적 제한과 규제의 제약이 많아 그 한계와 국제적 영향력의 부족을 노출하고 있다. 가장 주요한 문제는 중국공산당 '체제 내' 당과 정부의 싱크 탱크에는 외국인 연구자에 대한 채용, 해외 사무소 설립, 해외 출장 등에 대한 엄격한 규정이 있어서 싱크 탱크의 국제적 영향력을 높이는 데 제약이 있다는 점이다. 중국 싱크 탱크의 발전은 아직 초기 단계에 머물러 있으며 종합적인 기획이 부족하고 공공 정책을 결정하는 과정에서의 명확한 법률·제도적 지위가 부여되어 있지 않기 때문에 양과 질을 막론하고 국제 일류 싱크 탱크와 비교했을 때 상당한 격차가 존재한다.

또한 중국 사회가 지적 재산권에 대한 인식이 부족하여 일반 대중은 지적 연구의 결과를 정부와 사회에 무료로 제공해야 한다고 생각하며 여전히 유료 자문 서비스에 대한 편견이 존재한다. 사회적으로 싱크 탱크 시장의 발전에 대한 인식 부족 때문에 민간 싱크 탱크의 발전에 제약이 크다. 또 다른 제약 요인은 싱크 탱크의 속성 문제이다. 중국 싱크 탱크의 95%는 정부가 설립하고, 정부 또는 기업이 자금을 지원하며, 정부 또는 기업에 직접 서비스를 제공하는 반면, 민간 싱크 탱크는 5%에 불과해 국제 무대 상위 싱크 댕크와 차이가 크다. 미국 브루킹스연구소의 경우 운영 수입의 45%가 기업이나 개인의 기부금, 29%가 재단 자체 예산, 7%가 출판 수입, 4%만이 정부에서 나온다. 이러한 예산적 속성 때문에 국제적으로 유명한 싱크 탱크들은 시장 변화에 매우 민감하고 전 세계에 사무소를 설립하고 다양한 국제정치, 경제, 사회 이슈를 주시한다. 그 결과 국제적 논의를 적시에 주도하며 영향력을 발휘할 수 있다.

    싱크 탱크의 발전을 위해 가장 중요한 것은 독립성의 확보이다. 싱크 탱크의 독립성은 객관성, 공정성, 실사구시의 연구 가치를 지킬 수 있고 이를 통해 싱크 탱크의 신뢰도와 브랜드 가치를 높일 수 있기 때문이다. 연구 성과가 정확하고 혁신적인 아이디어를 제시하고 우수한 인재를 양성해야 싱크 탱크와 정부, 싱크 탱크와 시장 사이에 신뢰가 생기고 '회전문' 메커니즘도 올바르게 작동할 수 있다. 현재 중국 싱크 탱크의 경우 재정·운영·연구 등에서 독립성을 지키기 어렵고 공식적 이념에 대한 제약으로 독립성과 정치적 올바름이 충돌할 경우 연구 성과의 객관성에 근거한 창의적이고 전략적인 구상을 제시하기 어렵다는 문제를 안고 있다.

공무원 제도

이종혁

간부와 공무원

사회주의 중국에서 공무원이라는 용어의 사용은 시대적 맥락에서 변화를 겪어 왔다. 1949년 중화인민공화국 수립 이후 사회주의혁명의 영향으로 공공과 민간의 구분이 뚜렷하지 않았으며, '간부', '국가공작인원'國家工作人員, '국가기관공작인원' 등의 용어가 광범위하게 사용되었다. 이 개념은 수직적으로는 국가 주석부터 일선 사무원까지, 수평적으로는 당원, 기술사, 연구원, 교사, 문화 및 교육 분야의 직원까지를 포괄하는 매우 넓은 개념이었다.

초기 사회주의 시기에는 특히 '혁명 간부'라는 개념이 중요하게 여겨졌으며, 이들은 계급적 배경과 혁명적 잠재력을 중시하고 사회적 분배와 평등을 우선시했다. 그러나 개혁 개방 시기가 도래하면서 '혁명'은 '개혁'으로 대체되었다. 이 과정에서 간부는 경제 발전과 행정 관리에 더욱 중점을 두게 되었고, 점점 전문화되고 기술적인 관점을 강조하게 되었다. 1987년, 당시 국무원 총리였던 자오쯔양이 '공무원'이라는 명칭을 처음 공식화했으며, 이후 여러 번의 제도 개혁을 통해 마침내 2005년 국가공무원법이 제정되면서 공무원의 범위와 법률적 지위, 권리와 의무, 직무 관계, 채용, 평가 등의 구체적인 규범이 마련되었다.

간부와 공무원의 가장 큰 차이는 이 명칭이 지칭하는 범위와 역할에 있다. 간부는 중국 체제 내에서 주요 직무를 수행하는 사람들을 폭넓게 가리키는 용어로, 당정 기관, 인민 단체, 사업 단위, 국유 기업 등에서 중요한 직책을 맡은 모든 사람을 포함한다. 반면, 공무원은 이러한 간부 중에서도 현대 국가 체제에서 행정 관리의 일선에서 직무를 수행하는 인력을 구체적으로 정의하는 개념이다. 공무원에는 중국공산당과 각 민주당파의 각급 기관, 각급 인민대표대회와 인민정치협상회의, 각급 행정 기관, 감찰 기관, 재판 기관, 검찰 기관만이 포함된다.

이러한 차이는 중국이 사회주의 혁명기에서 개혁 개방기를 거치면서 행정 시스템과 국가 관리 방식이 변화해 온 과정에서 자연스럽게 발생한 것이다. 개혁 개방 이후, 간부와 공무원은 각각 다른 의미로서 사회적 역할을 수행하게 되었다. 간부는 국가 운영의 주요 축으로서 당의 지휘 아래 주요 정책을 추진하는 역할을 강조하는 개념인 반면, 공무원은 법치 국가로서의 중국을 구현하고 행정 시스템을 효율적으로 운영하는 데 중점을 둔 개념이라고 할 수 있다.

공무원 선발

중국 공무원의 선발 방법은 크게 네 가지로 나뉜다. 첫 번째 방식은 고시제考任制로, 중앙 및 지방의 하급 공무원을 대상으로 하며 당이 아닌 각 기관의 인사부서에서 관리한다. 이 방식은 가장 기본적인 공무원 선발 방법으로서 공정성과 투명성을 강조하며 경쟁률이 매우 높다. 예를 들어, 2010년의 경우 경쟁률이 4700 : 1에 달했다. 중국에는 고위 공무원을 선발하는 고시제는 존재하지 않으며, 고시제를 통해 선발된 공무원들은 초급 직급에서 시작해 능력과 성과를 통해 진급한다.

두 번째 방식은 위임제委任制로, 주로 당의 지도적 직위에 널리 사용되는 방법이다. 이 방식은 민주추천제民主推薦制를 통해 후보자를 선정하며, 그 과정에서 당 조직의 조사와 검토를 거친 후 당대회에서 최종 확정된다. 위임제는 당이 주요 직책에 대한 통제력을 유지하는 중요한 수단으로 활용되며, 이를 통해 공무원 직위의 안정성을 높이는 동시에 당의 정책 일관성을 유지하는 데 기여한다. 또한 위임제는 당의 지도력하에 이루어지므로 당의 정치적 목표와 전략을 충실히 반영하는 관리급 인력을 발탁하는 데 중점을 둔다.

세 번째 방식은 선거제選任制이다. 이 방식은 원칙적으로 인민대표대회와 국가 지도자 선출에 사용되며, 전체 과정은 당대회가 감독한다. 선거제는 민주적 요소를 포함하고 있지만, 실제로는 당의 강한 통제하에 당의 노선과 방침에 따라 선출 과정이 이루어진다. 일반 국민의 직접적인 의사가 반영되지는 않지만, 선거제의 특성상 이러한 지도자들이 국민의 대표성을 유지하도록 보장하는 장치로 기능한다.

마지막으로, 초빙제聘任制는 계약을 바탕으로 전문 인력을 초빙하는 방식이다. 주로 특정 전문 지식이 필요한 경우, 예를 들어 교수나 엔지니어와 같은 전문가를 장차관급 직위에 임명할 때 사용된다. 이 제도는 중국 정부가 전문성과 실무 능력을 갖춘 인재를 공공 부문에 적극적으로 활용하기 위해 도입되었다. 하지만 이 방식은 부패의 경로로 악용될 가능성이 있어, 시진핑 시기에는 사용이 크게 줄어들었다.

공무원의 직급과 관리

2019년도 개정 전 중국 공무원의 직무는 크게 지도領導 직무와 비지도非領導 직무로 나뉘며, 지도 직무는 조직, 관리, 정책 결정, 지휘 등의 역할을 담당한다. 각 직위는 정직正職과 부직副職으로 나뉘며, 향과급부터 국가급까지 총 10개 등급으로 구성된다. 지도 직무는 중앙 기관의 지도 직무(예: 국무원 총리, 부총리, 성장, 부성장 등)와 각 지방 부처 및 위원회의 지도 직무(예: 성정부 청장, 시정부 국장 등)로 구분된다. 지도 직무 공무원들은 정부의 핵심 정책을 수립하고, 전략적 목표를 설정하며, 조직의 방향성을 결정하는 역할을 맡는다.

한편, 비지도 직무는 지도 직무 공무원들의 관리 아래 특정 분야의 행정 업무를 독립적으로 수행하지만, 조직 관리, 정책 결정, 지휘 기능은 담당하지 않는다. 비지도 직무는 순시원巡視員, 조사원調研員, 주임과원主任科員, 과원科員, 사무원辦事員 등으로 나뉘며, 직무 등급이 높아질수록 상위 직급은 줄어들고, 낮아질수록 많아지는 구조이다. 직급은 총 27등급으로 나뉘며, 이는 직무, 경력, 학력, 승진 및 업무 성과와 연계되어 있었다.

2019년 개정된 중국 공무원법에서는 '직무직급 병행제'가 도입되어 기존의 직급 관리 체계가 유연해졌다. 개정 이후 청국급 이하 공무원은 지도 직무, 즉 관리직으로 승진하지 않아도 경력 발전과 보상을 받을 수 있게 되었다. 다

중국 공무원 직무/직군의 서열

지도 직무[1]	종합관리직군[2]	전문기술직군[2]	행정집행직군[2]
국가급 정직	1급 순시원	1급 총감독관	-
국가급 부직	2급 순시원	2급 총감독관	감독관
성부급 정직	1급 조사관	1급 고급담당관	1급 고급주무관
성부급 부직	2급 조사관	2급 고급담당관	2급 고급주무관
청국급 정직	3급 조사관	3급 고급담당관	3급 고급주무관
청국급 부직	4급 조사관	4급 고급담당관	4급 고급주무관
현처급 정직	1급 주임과원	1급 담당관	1급 주무관
현처급 부직	2급 주임과원	2급 담당관	2급 주무관
향과급 정직	3급 주임과원	3급 담당관	3급 주무관
향과급 부직	4급 주임과원	4급 담당관	4급 주무관
	1급 과원	전문기술원	1급 행정집행원
	2급 과원	-	2급 행정집행원

주: [1] 지도 직무는 직군의 구분이 없음. [2] 직군은 '청국급' 이하에만 존재함.
자료: 배덕현·리젠궈, 「중국 공무원 제도(2019) 개혁의 주요 내용과 성과 및 한계」, 『중국지역연구』 vol. 9, no. 1, 통권22(2022), 79-112쪽.

만, 성부급 이상으로 진급하기 위해서는 관리직 경험이 필수적이다. 직무 체계는 기존의 관리직 중심 승진 체계를 유지했으며, 직급 체계는 관리직과 무관하게 공무원의 경력을 평가하고 보상하는 제도로 변경되어, '종합관리직군', '전문기술직군', '행정집행직군' 등의 각 직군 내에서의 진급이 가능해졌다. 이를 통해 공무원들은 전문성을 키우면서 직급 승진을 통해 보상을 받을 수 있으며, 관리직 승진에 대한 부담이 줄어들게 되었다.

4장

외교 안보

외교 개관 : 중국식 대국 외교

이동률

중국이 '중화 민족의 위대한 부흥'을 기치로 내세우며 '강국화'强起來 의지를 명확하게 표출하고 있다. 중국의 외교 안보 전략도 이러한 부상 의지와 연동되어 점차 진화하고 있다. 중국은 외교 대상과 내용을 기준으로 대국, 주변국, 개도국, 그리고 다자 외교로 분류하여 각각의 중요성을 강조해 왔다. 즉, "대국은 관건적 대상이고, 주변국은 가장 중요하며, 개도국은 중국 외교의 기반이고, 다자 외교는 중요한 무대"大國是關鍵, 周邊是首要, 發展中國家是基礎, 多邊外交是中要舞臺라고 구분했다. 2002년 중국공산당 제16차 당대회에서 시작하여 2012년 제18차 당대회까지 이러한 분류를 지속해 왔다. 그런데 2017년 제19차 당대회에서는 중국이 추구하는 세계와 지역 구상 및 전략을 제시하면서 외교의 주도성을 적극적으로 표출하기 시작했다. 예컨대 '신형 국제 관계', 인류 운명 공동체, 글로벌 거버넌스 체제 개혁, 그리고 '일대일로' 등 중국이 지향하는 외교 구상과 방향을 제시했다. 그리고 2023년 12월, 5년 만에 개최된 중앙외사공작회의中央外事工作會議에서 중국은 지난 10년간 전개한 '중국 특색의 대국 외교'가 더욱 역할을 확대할 수 있는 새로운 단계에 진입했다고 평가하면서, 강대국으로서 '세계와의 관계'에서 새로운 구도를 만들겠다는 글로벌 구상을 제시했다. 요컨대 중국은 '신형 국제 관계' 수립, 해양 강국 건설, 그리고 글로벌 거버넌스 체제 개혁을 외교의 중점 과제로 설정하고 점진적으로 기존 국제 질서의 개혁 또는 재편을 시도하는 이른바 '중국식 대국 외교'를 구체화해 가고 있다.

신형 국제 관계

제18차 당대회에서는 '장기적으로 안정되고 건강하게 발전하는 신형 대국 관계新型大國關係 수립'을 제시한 바 있다. 이른바 '신형 대국 관계'란 미·중 양국이 상대의 핵심 이익에 대해서는 상호 존중한다는 전제하에 더욱 적극적인 소통과 협력을 통해 협력의 기반을 확대하면서 새로운 국제 질서 형성에 협력하여 윈윈共贏하자는 것이다. 제19차 당대회에서는 '신형 대국 관계'가 국제사회 전체를 대상으로 하는 '신형 국제 관계'로 확장되었다. '신형 국제 관계'는 중국의 부상이 결코 강대국 간 충돌의 비극을 초래하지 않을 것임을 국제사회를 향해 설득하여 부상에 유리한 상황과 조건을 조성하려는 목적을 지닌다. 시진핑 주석은 2015년 9월, 시애틀에서의 연설을 통해 중국의 부상이 결코 '투키디데스의 함정'Thucydides Trap에 빠지지 않을 것임을 강조한 바 있다. 요컨대 중국은 강국화 일정을 진행하는 과정에서 가능한 한 미국과의 직접적인 충돌을 우회하면서 점진적으로 미국과 차별적인 강국으로서의 역할과 글로벌 리더십을 확장해 가고자 한다. 향후 중국이 아태 지역 공간에서부터 점진적으로 새로운 국제 경제 질서를 구축해 가려는 시도를 전개할 가능성을 시사하고 있다. 중국은 미국과의 지정학적 갈등을 우회하면서 점진적으로 지경학적 부상의 길을 모색하고자 하는 것이다.

'해양 강국' 구상과 '일대일로'

중국은 제18차 당대회에서 '해양 강국 건설'을 국가 발전 전략 목표로 제시했다. 중국은 해양이 지속 가능한 발전을 실현하는 중요한 공간이자 자원을 보장하는 곳으로 인민의 복지 및 국가의 미래와 관련되어 있기 때문에 해양을 개발, 이용 및 보호하며 해양 강국을 건설하는 것이 국가의 중요한 발전 전략이라고 밝혔다. 해양 경제가 중국의 GDP에서 차지하는 비중이 급성장하고 있고, 중국의 해외시장 보호를 위해서는 해양 강국으로의 전환이 필요하다고 주장하고 있다. 중국은 2013년 '일대일로' 구상 발표(9월), 동중국해 방공식별구역 선포(11월), 남중국해에 인공 섬 매립 개시(12월) 등 해양 진출 확대를 겨냥한 일련의 구체적인 조치들을 진행했다. 제19차 당대회에서는 '해양 강국' 담론이 약화되었으며, 그 자리를 '일대일로'가 대체했다. '일대일로' 구상은 이례적으로 개정된 당장黨章에 포함됨으로써 향후 지속성을 갖고 추진해 갈 중요한 장기 국가 과제로 확실하게 자리매김하게 되었다. '일대일로' 구상은 해양 강국 구상과 전략이 야기한 인접국들과의 영유권 분쟁, 미국과의 조기 해양 세력 대결 등 지정학적 경쟁과 안보 딜레마를 우회하면서 해양으로의 진출을 활성화하는 대안으로 부각되었다. 즉, '일대일로'를 전면에 내세워 중국의 해양 진출이 '이익공동체', 나아가 운명 공동체라는 공공재를 창출할 것임을 설득하는 지경학적 접근을 모색하고 있다.

글로벌 거버넌스 체제 개혁

중국은 역내 다양한 다자 협력에 적극 참여하고 주도함으로써 지역 강국으로서의 주도권과 영향력을 확대하고 이를 발판으로 세계적 강국으로 도약하려는 전략을 전개하고 있다. 중국은 건국 이후 기존 국제 질서의 이단아에서 주도국으로 극적인 변화를 이루었을 뿐만 아니라 기존 국제 질서의 '불합리'와 '불공정'을 역설하면서 체제 개혁을 주장하고 있다. 중국은 제19차 당대회를 통해 "글로벌 거버넌스 체제 개혁과 건설에 적극적으로 참여하여 중국의 지혜와 역량을 제공할 것"이라고 밝혔다. 실제로 중국은 미국과의 군사 영역에서의 충돌과 갈등은 우회하면서도 국제 규범 및 제도 경쟁은 회피하지 않고 있다. 특히 중국은 국제경제, 금융 영역에서 아시아인프라투자은행AIIB과 신개발은행NDB의 창립, 역내포괄적경제동반자협정RCEP 주도, '일대일로'를 적극적으로 추진하면서 글로벌 거버넌스 역량을 적극적으로 강화해 가고 있으며 이를 통해 중국의 글로벌 리더십을 확보하고자 한다.

세계 다극화와 경제 세계화 추진, 발전권의 확보

2023년 12월 중앙외사공작회의에서 제시한 글로벌 구상은 '세계의 다극화'와 '경제 세계화' 추진으로 요약된다. 2024년 전인대 보고 외교 영역의 핵심어도 '평등하고 질서 있는 세계 다극화와 포괄적이고 포용적인 경제 글로벌화'였다. 중국이 강대국으로서 위상에 부합하는 역할과 영향력을 행사하겠다는 의

지가 담겨 있다. 동시에 중국식 현대화를 통한 강국 건설 추진의 유리한 국제 환경을 만들겠다고 언급하여 이른바 발전권 확보를 위한 외교의 중요성도 강조되었다. 중국이 다극화와 세계화를 주장하는 이면에는 사실상 미국의 공세에 대응하고, 특히 경제 및 과학 기술 분야의 제재로부터 돌파구를 마련하기 위해 국제사회의 협력 대상을 다변화하려는 의도가 있다. 중국이 다극화를 주장하는 것은 사실상 미국의 '일방주의와 패권주의'에 대한 국제사회의 비판 여론을 조성하여, 미국 주도의 반反중국 연대를 약화하려는 의도가 담겨 있다. 아울러 중국은 경제 세계화를 주장하면서 신흥국 및 개도국을 중심으로 한 글로벌 사우스Global South와의 협력을 확대하여 미국의 디리스킹De-risking 공세에 대응하고, 발전권을 확보하고자 한다.

외교정책 결정 과정

김흥규

개혁 개방 시기 중국은 점차 정책 결정에 있어서 집단지도체제의 성격을 강화했다. 이는 과거 마오쩌둥 시절 상명 하달식의 일방적 정책 결정이 문화대혁명과 같은 헤아릴 수 없는 부작용을 양산했기 때문이다. 이런 결정의 또 다른 원인으로는 개혁 개방 시기의 사안들이 고도로 복잡한 이해관계들과 얽히면서, 다양한 이해의 교환을 필요로 하며, 상호 의존적 결정을 해야 하는 경우 역시 늘어났기 때문이다. 동 시기에 새로운 정책에 대한 권력 엘리트 간에 이견 차가 상당하고, 비슷한 수준의 파벌들이 상호 견제 및 대립하는 경우가 많아 정치적 갈등을 완화하는 기제로도 작동했다.

그러나 시진핑 시기 들어 권위주의적 정책 결정이 강화되고 있다. 이는 미·중 전략 경쟁의 격화, 개혁 개방의 부작용에 따른 내부 불안정성 강화, 시진핑 자신의 권력 집중이라는 세 가지 요인이 상호작용한 결과이다.

중국의 정책 결정에 가장 중요한 3대 조직은 당黨, 군軍, 정政이라 할 수 있다. 정부가 정책 결정을 주도하는 우리나라와는 다르다. 국내에서는 냉전의 유산으로 중국의 외교정책 결정을 일사불란한 상명 하달식과 권위주의적 방식으로 이해하려는 경향이 강했다. 그러나 중국의 3대 조직은 각기 다른 이해관계를 지니면서 각자의 채널을 통해 정책 결정과 관련한 정보 및 정책 건의를 수렴하고 상부에 제안한다. 한 조직이 정책 결정을 좌지우지할 수 없는 구조이다.

개혁 개방 시기 중국의 정책 결정 과정에 대한 새로운 연구들은 상명 하달과 다원주의가 결합된 '중국식 모델'을 제시하고 있다. 이 특징을 요약하자면, 우선 정책 결정 과정에서는 반드시 협의 및 타협을 중시하는 경향이 강하지만, 일단 공식적인 결정이 이뤄지면 묵종과 집행을 요구한다. 그 결과 정책 결정 과정의 속도와 효율성은 감소했지만, 정치적 안정성은 유지되었으며, 중앙외사영도소조中央外事領導小組나 각종 공작회의 등의 정책 조정·협의 조직의 역할이 강화되었다. 이러한 중국 특색에 더해 점차 다원화·제도화·전문화의 방향이 결합되면서 정책 결정에 참여하는 수가 증가했다. 이전보다 제도화와 전문화 수준이 강화되었고, 정책 결정의 불가측성이 감소되었다.

시진핑 시기에 들어 중국의 정책 결정 과정은 형식적으로는 여전히 집단지도체제의 성격을 유지하고 있지만, 실제로는 권위주의적 정책 결정이 강화되고 있다. 이는 단기적으로는 정책 결정의 효율성과 집행의 신속성을 증가시키지만, 중장기적으로는 정치적 안정성에 부정적인 영향을 야기할 개연성도 커지고 있다고 평가할 수 있다.

정치국, 영도소조, 중앙정책실, "피스", 그리고 싱크 탱크

정책 결정의 최고 정점에는 정치국과 상무위원회가 존재한다. 정치국은 보통 한 달에 한 번 소집하기 때문에, 일상적으로 개최되는 소수의 상무위원회가 가장 중요하다. 한반도 관련 문제의 최종 결정 역시 마찬가지인데, 주요한 정책 결정은 이 정치국 상무위원회 내 협의와 합의를 바탕으로 이뤄진다.

정치국 상무위원들은 대체로 자신이 담당하는 영역의 조정 기구인 '영도소조'의 조장 역할을 하고 있어, 실제 정책 조정은 이러한 영도소조에서 이뤄지는 경우가 많다. 나머지 정치국 상무위원회 위원들 역시 각기 한 표를 행사할 수 있는 위치에 있지만, 일상에서는 각기 다른 역할을 맡고 있기 때문에 종종 이런 조정 기구에서 제안한 정책 결정을 추인하는 역할을 한다. 그럼에도 상무위원들을 무시할 수 없는 것은 합의를 중시하는 중국 정책 결정 과정의 특성상 한 개인이 비토권을 행사할 수 있기 때문이다. 다만, 시진핑 시기에 들어 주요 핵심 영도소조들을 대부분 시진핑 자신이 관장하고 있어서 정책 결정이 집중되고 있다.

중공 지도부는 2002년 12월부터 당 중앙정치국 차원에서 매달 집체 학습을 개최했다. 이는 최고위급 지도자들 사이의 소통을 강화하고 외부 정보와 분석을 공유하기 위한 것이었으며, 분절적인 중국 정책 결정의 구조적 문제점을 극복하기 위한 노력의 일환으로 보인다. 그러나 2010년 댜오위다오釣魚島(일본명 센카쿠 열도) 분쟁의 경우처럼 정치국 상무위원들이 제각기 개입하여 자신의 목소리를 내는 경우, 정책이 제대로 조율되지 않은 채 혼란스러운 모습을 보이는 약점을 드러내기도 했다.

중국 외교 관련 정책 결정 과정에서 가장 주목해야 하는 제도는 외사영도소조, "피스"批示, 그리고 중앙정책연구실이다. 이들 제도는 상하 간의 소통, 의견 조정, 종합적 건의를 담당하는데, 외부적으로 잘 드러나지 않기 때문에 종종 간과되기도 한다. 영도소조의 기본적인 역할은 최고 지도부와 기능적인 관료 부처들 간의 가교로서 의사소통과 이견 조정 및 정책 집행을 원활하게 하는 데 있다. 1980년대 외사영도소조의 조장은 본래 당의 2, 3인자가 담당했는데, 1996년부터는 격상되어 당 총서기가 맡게 되었고, 이는 현재 시진핑 시기에 이르기까지 유지되고 있다. 국가 안보나 주권 문제, 혹은 복합적인 성격의 사안은 각 개별 단위에서 결정할 수 없기 때문에 중앙외사영도소조에서 당 최고 지도자를 중심으로 집단적인 토의와 조정을 거쳐 정책을 결정한다. 이러한 제도적 장치를 통해 부처 간의 이견을 해소하는데, 조정에 실패했을 경우 총괄 업무를 맡고 있는 총서기가 최종 조율 및 조정을 시도하여 결론을 이끌어 낸다. 그 결론은 대외적으로 만장일치 혹은 지도부의 단결된 결정으로서 공표되는 것이 일반적이다.

중국에는 "피스"라 일컫는 상하 간의 독특한 소통 제도가 있다. 이는 최고 지도자와 일선 전문가들이 직접적으로 소통하는 통로이기도 하다. 외교 부문에서도 정치 지도자들이 관심을 갖는 사안에 대해서는 축약된 전문가의 보고서에 지도자가 직접 자신의 의견을 적어서 지도자들 사이에 회람 및 의견 청구를 한다. 이는 추후 제안한 전문가에게도 전달된다. 시진핑은 오전 시간 내내 거의 이 보고서들을 읽고 "피스"를 내리는 데 할애하는 것으로 알려져 있다. 이 제도는 일반의 예상보다 더 광범위하게 활용되면서 권위주의 정책 결정의 한계를 보완하는 데 일조한다.

중앙정책연구실은 중앙 지도자의 지시에 따라 혹은 자체적으로, 당의 주요 정책 방향에 대해 연구, 조사, 정책 제언을 한다. 당에서 올라오는 문서들을 검토하고, 중요 문서의 초안을 작성하며, 당 지도자들의 발언 등을 작성한다. 1981년 개혁 개방이 본격화되면서 설립되었고, 1988년 중앙농촌정책연구실과 중앙정치체제개혁연구실을 합병하여 오늘에 이르고 있다. 제20차 공산당 대회에서 정협 주석으로 승진한 왕후닝은 장쩌민 이후 최근까지 이 기관의 장으로서 대내외 주요 정책들, 즉 삼개대표론, 과학적 발전관, 화평굴기론和平崛起論, 시진핑 신시대 중국 특색의 사회주의 사상 등을 만들어 냈다.

개혁 개방 이후의 외교 사안들은 내용이 복잡해져서 전문적인 지식이나 경험이 없이는 정책 결정이 불가능한 경우가 늘어나고 있다. 이는 정책 결정에서 전문적인 지식과 경험을 가진 담당 부처나 싱크 탱크의 역할이 점차 증대되었음을 의미한다. 기존의 대외 정책과 외교를 전담하던 외교부, 상무부, 대외연락부, 국방부 등의 전통 부처들 외에도 경제, 에너지, 농업, 과학기술, 교육, 환경 등의 여러 부처들과 심지어는 지방정부들까지 각자의 싱크 탱크들을 활성화하면서 대외 정책 결정 과정에 참여하고 있다.

관변 싱크 탱크와 국제정치 전문가들의 역할과 정책 영향력도 의미 있게 증대되었으며, 민간 부문의 대외 정책에 대한 투입 기능도 점차 강화되었다. 특히 북한의 핵실험과 같은 중요 외교 사안이 발생하면, 이들 관변 싱크 탱크와 전문가들의 정책 제안을 먼저 청취하는 것이 이미 제도화된 것으로 보인다. 나아가 당정의 주요 지도자들이 은퇴한 후 관변 싱크 탱크의 수장으로 부임하는 추세가 강화되고 있다. 이는 정책 실무진과 관변 싱크 탱크 간의 연계를 강화하고, 싱크 탱크의 위상이 그만큼 중시되고 있음을 방증한다.

시진핑 시기의 추세

시진핑 시기에 들어서면서 대외 정책 결정 과정과 관련하여 이목을 끌었던 사안은 기존의 외사영도소조를 대체할 새로운 정책 결정 제도를 설립할지의 여부였다. 외사영도소조는 그 조정 기능에도 불구하고 2010년의 댜오위다오 분쟁과 같이 외교 안보적으로 중대한 시기에 제대로 작동하지 못한다는 비판이 일었다. 따라서 시진핑은 집권 초기인 2014년 미국의 국가안전보장회의와 유사한 '국가안전위원회'를 설립했다. 물론 그 조장은 시진핑 자신이다. 그 취지는 외교와 안보 문제 및 국내 안전 문제까지도 총괄한다는 것이다. 이 조직은 현재 당 중앙 판공청 및 시진핑 판공실과 긴밀히 공조하면서 일하고 있는 것으로 보인다. 다만, 그 구체적인 규모나 조직 내용은 아직도 공식화되고 있지 않다. 분명한 것은 이 기구로 인해 기존의 외사영도소조의 역할이나 중요성이 축소된 것으로 보인다는 점이다. 한반도 문제를 포함한 주요 외교 안보 사안들에 대한 정책 결정에 있어서 시진핑 판공실과 시진핑이 새로이 설립한 '국가안전위원회'의 역할이 큰 것으로 추정할 수 있다. 2018년 중국은 '외사영도소조'를 '중앙외사공작위원회'로 개편했다. '외사영도소조'를 보다 공식 조직화하고 국가 안전과 안보를 담당하는 '국가안전위원회'와 외교 업무를 담당하는 '중앙외사공작위원회'로 분리하여 전문화하겠다는 의미이다.

결론적으로 중국의 정책 결정에는 시진핑의 권력 집중에도 불구하고, 당·정·군은 물론이고 그에 소속한 싱크 탱크, 그리고 민간 전문가들을 포함하여 과거보다 더 다양한 이해 집단들이 참여하고 있다. 지도자들 간의 타협 및 합의를 중시하면서 전문화, 다원화, 제도화의 방향으로 진전하고 있는 것도 여전하다. 이러한 정치 문화와 방향 속에서 최근 시진핑의 권력 집중 현상과 '국가안전위원회'와 같은 새로운 제도의 역할이 어떻게 조화를 이뤄 나갈 것인가가 과제로 부각된다. 당장 형식적인 측면에서 정책 결정 과정의 다양화와 전문화, 타협의 중시와 같은 흐름을 깨지는 않겠지만, 시진핑 권력의 강화가 조정과 타협 능력의 약화로 이어질 개연성이 크다. 이는 중장기적으로는 내부적인 불안정과 갈등 요인이 된다.

외교 조직과 기구

김한권

공식 외교 라인

중국의 외교를 담당하는 대표적인 조직은 외교부이다. 외교부는 국가(또는 정부)의 대외 업무 주관 부처이지만 근래에는 외교정책을 집행하는 실무 부처로서의 역할에 무게중심을 두면서, 외교정책 결정 과정에서의 영향력은 상대적으로 약화되었다. 이는 외교부장의 당·정 내 지위 하락을 통해서도 확인할 수 있다. 과거 저우언라이 총리나 천이陳毅, 황화黃華, 첸치천錢其琛 부총리 등이 외교부장직을 겸직했으나, 1998년 첸치천 당시 국무원 부총리 겸 외교부장이 외교부장직을 탕자쉬안唐家璇에게 넘기고, 2003년 탕자쉬안과 리자오싱李肇星이 각각 외교 담당 국무위원과 외교부장으로 임명된 이후부터는 두 직급의 분리가 제도화되었고, 실질적인 외교 분야의 실무 사령탑은 외교 담당 국무위원이 담당하게 되었다. 그러나 외교 담당 국무위원 역시 외교부장과 마찬가지로 당내 지위가 정치국 위원에 진입하지 못하고 중앙위원에 그치면서, 중국의 공식 외교 라인의 핵심 직위인 외교 담당 국무위원과 외교부장의 정책 결정 과정에 대한 영향력은 과거에 비해 상대적으로 하락했다. 2018년 3월에 개최된 제13기 전국인민대표대회(전국인대)에서 왕이 외교부장이 외교 담당 국무위원에 선임되면서 외교부장직을 겸직하게 되었다. 이어서 2022년 12월에 친강秦剛이 외교부장에 임명되고 2023년 3월에 개최된 제14기 전국인민대표대회에서 외교 담당 국무위원에 선임되었다. 하지만 친강은 2023년 중반에 공식 석상에서 사라지며 낙마함에 따라 왕이 중공 중앙위원회 정치국 위원 겸 중공 중앙외사공작위원회 판공실 주임이 다시 외교부장직을 겸직하게 되었다. 이로 인해 중국 외교 안보의 정책 결정 및 집행 분야에서 왕이의 존재감은 커진 것으로 보인다.

중앙외사공작위원회와 중공 중앙대외연락부

주요 이슈를 제외한 일반적인 외교 사안은 외교 담당 국무위원 선에서 대부분 결정되는 것으로 알려져 있다. 하지만 중대한 외교 사안의 정책 결정은 중앙외사공작위원회 및 중국공산당 중앙정치국 상무위원회에서 이루어진다. 2018년 3월 21일 중공 중앙은 〈당 및 국가기구 개혁 심화 방안〉을 발표하면서, 중앙외사공작영도소조를 중앙외사공작위원회로 개편했다. 중앙외사공작영도소조는 외교 안보 분야의 최고위 정책협의 기구로서, 정치국 상무위원회의 전문성 부족을 보완하여 당·정·군 등 해당 부처장들과 관련 전문가들이 모여 정책을 토론하고 협의했다. 그러나 비공식 기구인 만큼 구성원, 역할, 이슈 등이 공개되지 않은 채, 국가 주석과 부주석이 각각 조장과 부조장을 담당하고, 외교 담당 국무위원이 판공실 주임을 맡으며, 외교부장, 중련부장, 국방부장, 공안부장, 국가안전부장, 상무부장, 인민해방군부총참모장 등으로 구성하되, 이슈별로 참석자가 조정되는 것으로 알려져 왔다. 중앙외사공작위원회로의 개편은 외교 안보 이슈에 대한 협의뿐만 아니라 정책 결정 기구로서의 역할을 '공식화'했다는 점에서 의미를 지닌다. 현재 주임과 부주임은 각각 시진핑 주석과 리커창 총리가 담당하고 있고, 왕이 중앙외사공작위원회 판공실 주임이 위원으로 참여하고 있다. 또한 해양권익 수호를 위해 조직되었던 중앙해양권익수호공작영도소조中央維護海洋權益工作領導小組도 해양 관련 부문을 외교·외사 업무와 함께 다루기 위해 중앙외사공작위원회에 통합하도록 했다. 이와 함께, 중앙외사공작위원회의 사무기구로서 중앙외사공작위원회 판공실을 설치하고, 양제츠 정치국 위원을 주임으로 임명했다. 양 주임은 향후 시 주석의 방침하에 주요 외교 안보 이슈를 협의 및 조정하고, 외교부, 중공 중앙대외연락부(중련부中聯部) 등 당·정의 외교 안보 관련 보고서와 정책 건의를 취합·보고하는 등 정책 결정 과정에서 중요한 역할을 담당할 것으로 전망된다. 한편 중앙정치국 상무위원회는 최고위 대내외 정책 결정 기구로서 중앙외사공작위원회에서 협의 및 결정한 주요 외교 안보 이슈를

중국 외교 4대 핵심 포스트

구분	(당)중앙외사 판공실 주임	(정)외교 실무사령탑	(정)외교부장	(당)중련부장
1998 ~2003	류화추劉華秋 당 중앙위원 (전 외교부 부부장)	첸치천 부총리 (당 정치국 위원)	탕자쉬안	다이빙궈戴秉國 (1997~현재)
2003 ~08	류화추	탕자쉬안 국무위원 (당 중앙위원)	리자오싱(~2007) /양제츠(2007)	왕자루이王家瑞
2008 ~13	다이빙궈 당 중앙위원 (국무위원)	다이빙궈 국무위원 *외판 주임 겸직	양제츠	왕자루이
2013 ~18	양제츠 당 중앙위원 (국무위원)	양제츠 국무위원 *외판 주임 겸직	왕이	왕자루이
2018 ~23	양제츠 당 정치국 위원	왕이 국무위원 (당 중앙위원)	왕이 *국무위원 겸직	쑹타오宋濤 (2015~22)
2023 ~현재	왕이 당 정치국 위원	왕이 국무위원 *외판 주임 겸직	왕이 *국무위원 겸직 (2022, 23, 친강 *당시 국무위원 겸직)	류젠차오劉建超 (2022~현재)

자료: 필자 작성.

국가 통치 차원에서 최종 결정 및 추인할 것으로 예상된다.

중국 외교의 특징 중 하나는 '당' 차원의 대외 관계 창구인 중련부가 또 하나의 축을 담당하면서 외교부와 협력 및 경쟁 관계에 있다는 점이다. 중국은 당이 국가를 지배하는 '당-국가' 체제이기 때문에 사회주의권 국가들과의 외교 관계는 당 대 당의 채널 중심으로 이루어져 왔고, 사회주의 국가 간의 당 대 당 교류는 실질적으로 국가 간 교류의 성격을 내포하고 있다. 중련부는 구소련, 동구권 등 사회주의 국가와의 관계에서 중요한 역할을 수행해 왔으며, 북한과의 관계에서도 주도적인 역할을 담당하고 있다. 현재는 사실상 모든 외국 정당과의 교류 업무를 총괄하며, 정당 외교의 핵심 축으로서 입지와 역할을 확대하고 있다.

그 밖의 주요 조직과 기구

중국 외교를 직접 관장하지는 않지만, 중국의 대외관계와 정책 결정에 직간접적으로 영향을 미치는 기관으로 중국인민해방군, 상무부, 지방정부 등이 있다. 인민해방군은 1980, 90년대 이후 외교정책에 대한 영향력이 축소되었지만, 근래 주변국과의 해양 영유권 분쟁 등 안보 및 국방 관련 사안에서 목소리를 내면서 영향력을 확대하고 있는 것으로 평가된다. 특히 군의 최고 의사 결정 기구인 중앙군사위원회는 중국 최고 지도자(국가 주석이 중앙군사위원회 주석을 겸직)와 군부를 연결해 주는 제도적 통로로서 기능한다. 상무부는 대외무역 등에서 중요한 행위자이고, 국경 지역과 연안 지역을 중심으로 한 지방정부들은 해외투자와 외국인 직접투자FDI 증대 등 경제적 이익 등을 얻기 위해 대외관계에 관여하고 있다.

한편, 중국 외교의 정책 결정에 자문 역할을 수행하는 관방 기구로서는 전국인대 외사위원회와 중국인민정치협상회의 전국위원회(전국정협) 외사위원회가 있다. 전국인대 외사위원회는 대외관계와 관련된 법률, 국제 규약, 양자 조약 등을 심의하고 입법을 추진하며 의회 외교를 수행한다. 전국정협 외사위원회는 주로 핵심 이슈에 대한 연구와 국제 정세 토론회 등을 통해 정책을 건의한다. 두 위원회의 인적 구성은 외교 경험이 풍부한 대사 출신이나 국제 문제 전문가, 학자 등으로 이루어져 있다.

중앙국가안전위원회

2013년 11월 개최된 중국공산당 18기 3중전회에서 중앙국가안전위원회(이하 '국안위')의 설립이 결정된 데 이어, 2014년 1월 중공 중앙정치국 회의에서는 국안위가 중공 중앙의 국가 안보 업무에 관한 정책 결정 및 의사 협조 기구로서, 중앙정치국 및 상무위원회에 대해 책임을 지고, 국가 안보와 관련된 중요 사안을 다루어 나갈 것이라고 했다. 국안위의 주석은 시진핑 총서기가 담당하고, 부주석은 리커창, 장더장 정치국 상무위원이 담당하며, 사무 기구인 판공실 주임은 리잔수 중앙판공청 주임이 겸직하도록 했다. 2014년 4월 시 주석은 국안위 1차 회의를 주재하면서 '총체적 국가 안보관'總體國家安全觀을 제시했는데, 내부 안전과 외부 안보, 전통 안보와 비전통 안보, 자국의 안보와 공동 안보 등을 함께 중시해야 한다는 것이다. 이후 국안위 관련 내용이 거의 공개되지 않으면서, 중국의 실제 안보 사안에서 국안위가 어떤 역할을 했는지, 또한 기존의 중앙외사공작영도소조와 어떠한 관계에 있는지 등은 명확하지 않다. 한편, 2018년 3월 발표된 〈당 및 국가기구 개혁 심화 방안〉에서도 국안위가 언급되지 않았기 때문에, 향후 어떠한 역할을 담당하고 변화를 겪을지 지속적으로 관찰할 필요가 있다.

국방

이영학

총체적 국가 안보관과 글로벌 안보 이니셔티브

시진핑 지도부는 중국의 국가 안보 개념으로 '총체적 국가 안보관'을 제시했다. '총체적 국가 안보관'은 2014년 4월 중국이 직면한 국가 안보의 위협 및 도전에 체계적으로 대응하기 위해 제시한 개념으로서, 외부의 위협과 내부의 위협, 전통적 위협과 비전통 위협 간 구분이 더 이상 중요하지 않다고 보고, 국가 안보의 모든 수준과 영역을 다루고 있다. 5대 요소와 5개의 '동시 고려'統籌를 제시하고 있는데, 5대 요소는 인민 안보, 정치 안보, 경제 안보, 군사·과학기술·문화·사회 안보 및 국제 안보이고, 5개의 '동시 고려'는 외부 안보와 내부 안보, 국토 안보와 국민 안보, 전통 안보와 비전통 안보, 자신의 안보와 공동 안보 및 국가 안보의 수호와 조성이다.

이후 시 주석은 '총체적 국가 안보관'을 '아시아 안보관' 및 '글로벌 안보 이니셔티브'로 확장하면서 국제사회를 향해 중국이 지향하는 안보관을 제시했다. 시 주석은 2014년 5월 '아시아 교류 및 신뢰 구축 회의'CICA에서 "아시아의 안보는 아시아인이 수호해야 한다"면서 공동·종합·협력·지속 가능한 '아시아 안보관'亞洲安全觀을 주창했다. 이후 2022년 4월 보아오 아시아포럼에서 '글로벌 안보 이니셔티브'GSI를 제안했는데, 아시아 안보관을 포함하여 기존에 중국이 주창한 다양한 외교 안보 관련 제안의 종합판이라고 할 수 있다. 글로벌 안보 이니셔티브는 '글로벌 발전 이니셔티브'GDI 및 '글로벌 문명 이니셔티브'GCI와 함께 각각 안보, 발전 및 문화 영역에서 나타나는 세계적 현상과 문제에 대한 중국식

> **'글로벌 안보 이니셔티브'의 주요 내용**
>
> ① 공동·종합·협력·지속 가능한 안보관을 견지하고, 세계 평화와 안전을 함께 수호한다.
> ② 각국의 주권 및 영토 통합을 존중하고, 타국 내정에 불간섭하며, 각국 국민이 스스로 선택한 발전 방식과 사회제도를 존중한다.
> ③ 유엔헌장의 취지와 원칙을 준수하고, 냉전적 사유를 버리며, 일방주의를 반대하고, 집단 정치와 진영 대결을 하지 않는다.
> ④ 각국의 합리적 안보 우려를 중시하고, 안보의 불가분 원칙을 견지하며, 균형 있고 효과적이며 지속 가능한 안보의 틀을 구축하고, 자국의 안보를 타국 안보의 희생 위에 확립하는 것에 반대한다.
> ⑤ 대화 및 협상을 통한 평화적 방식으로 국가 간 이견과 분쟁을 해결하고, 위기를 평화적으로 해결하기 위한 모든 노력을 지지하며, 이중 잣대, 일방 제재 및 권한을 넘어선 관여에 반대한다.
> ⑥ 전통 및 비전통 영역의 안보를 수호하고, 지역 분쟁과 기후변화, 사이버 안보, 생물 안보 등 글로벌 문제에 함께 대응한다.

해법을 제시한 것으로 볼 수 있다.

국방 정책 및 군사전략

2019년 7월 발표된 『신시대의 중국 국방』 제하의 국방 백서에서는 신시대 중국의 방어적 국방 정책을 강조하면서, 국방의 근본 목표가 국가주권, 안보 및 발전 이익을 결연히 수호하는 것임을 천명했다. 또한 '적극방어' 군사전략 방침을 제시한바, 이는 전쟁의 억제와 승리, 그리고 전략 차원의 방어와 전역·전투 차원의 공격 간 유기적 결합을 강조하는 개념이다. 중국군은 특히 대만해협, 동·남중국해 등 분쟁 지역에 대한 미군의 진입을 억제, 지연 및 방지하기 위한 반접근 지역 거부A2/AD 전략을 발전시키면서 이를 뒷받침할 수 있는 첨단 무기 체계의 개발 및 배치를 추진하고 있다. 한편, 군사투쟁 준비의 중점으로서 2015년 '정보화 국부전쟁 승리'가 제시된 이후, 2025년 양회에서 '정보화·지능화 전쟁 승리'가 언급된바, 향후 중국군의 군사력 운용 및 건설 등에서의 변화를 지속 관찰할 필요가 있다.

중국군 현대화 추진

중국은 '중국몽'과 '강군몽'强軍夢 실현을 위해 중국군 현대화를 적극 추진하고 있다. 시 주석은 공산당 제20차 당내회에서 국방 및 군 현대화 건설의 단계적 목표로서, 향후 2027년까지 건군 100주년 분투 목표를 예정대로 실현하고, 2035년까지 국방 및 군 현대화를 기본적으로 실현하며, 금세기 중엽까지 인민 군대를 세계 일류 군대로 조속히 건설하는 것이 사회주의 현대화 국가의 전면적 건설을 위한 전략적 요구임을 강조했다.

특히 '건군 100주년 분투 목표'가 구체적으로 무엇을 의미하는지에 대해 전문가들은 주로 다음의 세 가지를 제시한다. 첫째, 국방 및 군사 현대화의 "신 3단계 전략"新三步走의 시점을 제시함으로써 단기, 중기 및 장기 발전 목표가 서로 연계되는 군 현대화의 발전 로드맵을 제시한 것이다. 둘째, 국가주권, 안보 및 발전 이익을 수호할 수 있는 전략 능력 제고이다. 다양한 도전과 위협에 직면한 안보 환경에 대응하기 위해 '핵심 이익'을 수호할 수 있는 능력을 갖춰야 한다는 것이다. 특히 최근에는 대만을 둘러싸고 미·중 갈등이 심화되면서 대만에 대한 무력 통일 능력 구비를 시사하는 것으로 해석되고 있다. 셋째, 중국군의 현대화가 어떠한 경로를 통해 달성되어야 할 것인가에 대한 해법으로서, 기계화·정보화 및 지능화智能化의 융합 발전을 제시한 것이다.

중국군은 향후 지능화에 중점을 두고 국방 및 군 현대화 건설을 추진할 것으로 전망된다. 중국 지도부는 현재의 군사 경쟁과 미래의 전쟁 주도권 선점의 중요한 수단으로서 첨단 기술을 군사 분야에 응용하는 지능화, 무인화를 강조하고 있다. 중국군은 인공지능 기술을 군사적으로 폭넓게 응용하고 있고, 향후 미래전이 전장 상황 분석, 작전 방안 선택, 무기 체계 선택 등 전쟁 수행의 주요 과정을 인공지능 시스템의 자율 처리에 맡기는 방식으로 수행될 것으로 보고 있다.

경제 안보

이왕휘

중국의 경제 안보 개념

경제 안보Economic Security는 안보를 강화하기 위해 경제적 수단을 활용하거나 경제적 이익을 추구하기 위해 외교와 군사를 동원하는, 경제와 안보의 연계/상호작용을 의미한다. 국가는 압박을 위한 제재와 회유를 위한 원조를 포함하는 다양한 경제 책략Economic Statecraft을 사용한다.

미·중 무역 전쟁 발발 이후 중국에서 경제 안보의 중요성이 증가하고 있다. 제20차 당대회 보고에서 경제 안전經濟安全은 인민 안전, 정치 안전, 군사과학기술문화사회 안전, 국제 안전과 함께 언급되었다. 경제 안전과 관련하여 식량 안전糧食安全, 에너지 안전能源安全, 산업사슬공급망產業鏈供應鏈安全이 강조되었다.

당 문서, 언론 보도, 학술 연구에서 모두 경제 안보보다 경제 안전이 훨씬 더 많이 쓰이고 있다. 이는 경제 안보가 총체적 국가 안보관의 일부라는 사실에서 비롯되었다고 할 수 있다. 이 안보관은 인민 안보를 종지宗旨로, 정치 안보를 근본으로, 경제 안보를 기초로, 군사 안보·문화 안보·사회 안보를 보장保障으로, 국제 안보를 지주支柱로 하는 5대 요소와 공산당의 안보 업무에 대한 절대적 영도를 견지하고, 국가 이익을 최고로 견지하며, 인민 안보를 종지로 하여 공동 안보를 견지하고 중화 민족의 위대한 부흥의 촉진을 견지한다는 5대 관계로 구성되어 있다. 이를 담당하는 기관은 2013년 중국공산당 산하에 설립된 중앙국가안전위원회이며, 주석은 시진핑 당 총서기이다.

중국 경제 안보의 역사적 기원과 발전

역사적으로 강력한 군대를 양성하기 위해 경제력을 함양하는 부국강병의 전통은 고대에서 시작되었다. 춘추전국시대 법가法家, 병가兵家, 종횡가縱橫家가 생산력을 증진해 군비를 강화하는 전략을 발전시켰다. 춘추시대 관중管仲은 상공업과 어업을 발전시켜 군사력을 확충함으로써 제齊 환공桓公을 최초의 패자霸者로 만들었다. 진국시대 싱잉商鞅은 변법變法을 통해 가장 낙후된 진秦이 전국칠웅戰國七雄으로 부상할 수 있는 토대를 건설했다. 송대 왕안석王安石의 신법新法과 명대 장거정張居正의 일조편법一條鞭法도 북방 변경의 수비를 강화하는 데 필요한 재정을 확충하려는 목표를 공유했다.

경제정책을 안보에 활용한 사례도 많다. 전통 시대 중원 왕조는 주변국과 안정적인 관계를 유지하기 위해 주변국과 조공 책봉 관계를 맺고 북방 변경에 호시互市, 관시關市, 각장榷場, 남방 변경에는 무역항을 관리하는 시박사市舶司를 각각 열었다. 주변국이 협조하지 않거나 분란이 발생할 때 교역을 차단하기 위해 변경의 시장을 폐쇄하거나 해금海禁 정책을 도입했다. 서역을 개척한 한당漢唐 시대에는 실크로드를 통해 북방 민족과 교류했다. 당송唐宋 시대에는 동남아시아와 교역로가 개척되었으며 명대 정화鄭和는 중동을 넘어 아프리카까지 진출하는 대원정에 성공했다. 그러나 청대에는 아편전쟁 이전까지 패관쇄국閉關鎖國 정책이 엄격하게 유지되어 무역이 활발하게 이뤄지지 않았다.

1842년 영국과 불평등한 난징조약을 체결한 후 1949년 중화인민공화국이 성립하기 전까지 백년국치百年國恥 동안에 만청晩淸과 중화민국은 서구 열강 및 일본에 의해 영토의 일부가 식민지로 전락했다. 신중국도 개혁 개방 이전까지 국가 건설에 집중했기에 경제력을 대외적으로 투사할 수 있는 충분한 능력을 보유하지 못했다. 1978년 개혁 개방 이후 경제가 비약적으로 성장하여 2010년 세계 2위 경제 대국으로 등극하면서 중국은 경제 안보를 능동적으로 추구할 수 있는 기반을 확보했다.

미·중 전략 경쟁 시대 중국의 경제 안보

1979년 수교 이후 미국은 중국의 개혁 개방 정책을 지지했으며 1999년 중국의 세계무역기구WTO 가입도 허용했다. 그러나 대중 무역 적자가 급속히 증가하자 미국은 중국에 지적 재산권 침해와 환율 조작의 시정을 요구했다. 2008년 글로벌 금융 위기 이후 경제력 격차가 급속히 축소되면서, 미국의 압박은 통상 정책뿐만 아니라 산업 정책에도 가중되었다. 미국의 아시아 회귀Pivot to Asia와 인도 태평양 전략에 대해 중국은 일대일로 구상과 중국 제조中國製造 2025로 대응했다.

경제 안보를 국가 안보라고 선언한 트럼프 행정부는 중국 첨단산업의 발전을 막기 위해 관세 인상, 수출 통제, 수입제한, 투자 심사, 인적 교류 중단 등 다양한 제재를 동원했다. 바이든 행정부는 반도체, 배터리, 희토류, 바이오산업의 공급망에서 중국을 배제하기 위해 인도태평양경제프레임워크IPEF를 설립하고 반도체 과학법과 인플레이션 감축법이라는 산업 정책을 추진했다.

시진핑 정부는 이러한 압박에 대응하기 위해 미국과 유사한 제도와 정책을 도입했다. 2010년 댜오위다오/센카쿠 분쟁에서 일본에 희토류 수출을 통제하고, 2016년 고고도 미사일 방어 체계THAAD 배치 이후 한국 관광과 콘텐츠를 차단했던 중국은 게르마늄·갈륨·흑연을 수출 통제 목록에 포함하고 쌍순환雙循環과 신질 생산력新質生產力과 같은 산업 정책을 통해 반도체, 배터리, 전기 자동차, 5G, AI를 적극적으로 육성하고 있다.

미국은 첨단 기술 분야에서 중국의 추격을 막기 위해 글로벌 공급망에서 중국을 배제하는 디커플링Decoupling을 추구하고 있다. 미국의 제조업 공동화로 대중 의존도 축소가 단기적으로 불가능해지자, 미국은 제재의 범위를 줄이되 강도를 높이는 작은 마당 높은 담장Small Yard, High Fence으로 요약되는 디리스킹으로 전환했다. 현재까지 가장 강력한 효과를 발휘하고 있는 대중 제재는 첨단 반도체 장비 수출 통제이다. 중국이 첨단 반도체를 국산화하지 못하도록 미국은 일본 및 네덜란드와 함께 최첨단 노광장비의 수출을 차단하고 있다.

금융을 제외한 무역·공급망·디지털 경제 등에서 중국은 미국을 맹렬하게 추격하고 있다. 그러나 첨단 과학기술 분야에서 격차가 아직도 크기 때문에 중국이 미국과 전략 경쟁에서 사용할 수 있는 경제 안보 수단이 많지 않다. 미국과 유사한 법 제도를 많이 도입했지만, 중국이 미국 정부·기업·개인에 제재를 실제로 부과한 적은 거의 없다. 첨단 과학기술의 비약적 발전이 없는 한, 경제안보에서 미·중 사이의 비대칭성이 매우 역전되기 어려울 것이다.

중국과 국제기구

신종호

국제기구에 대한 중국의 입장은 역사적으로 큰 변화를 겪어 왔다. 냉전 시기에는 국제기구 가입에 소극적이었으나, 1971년 유엔안전보장이사회 상임이사국 지위를 회복한 후 국제기구에 대한 태도가 변하기 시작했다. 특히 개혁 개방 및 1979년 미·중 수교 이후, 국제사회에서의 영향력을 확대하기 위해 국제기구에 더욱 적극적으로 참여하게 되었다. 중국은 초기에는 외부 자원의 획득과 국제사회의 지원을 목표로 국제기구에 참여했지만, 시간이 지나면서 자국의 외교적 이익을 극대화하는 도구로 국제기구를 활용하고자 했다.

개혁 개방 및 탈냉전 이후 중국과 국제기구

중국의 개혁 개방은 국제기구와의 관계에 중요한 전환점이 되었다. 경제 발전을 위해 중국은 세계은행, 국제통화기금 등 주요 국제 경제 기구에 가입하여 국제 자본과 기술을 도입하고자 했다. 이를 통해 중국은 경제적으로 빠르게 성장할 수 있었으며, 국제사회의 일원으로서 경제적 협력을 강화하는 데 성공했다. 또한 2001년 세계무역기구WTO 가입 이후 국제 경제 질서에 본격적으로 편입함으로써 글로벌 경제체제에서의 영향력을 확대했고, 환경과 인권 문제 등 다양한 분야의 국제 규범에도 점차 참여하기 시작했다.

특히 탈냉전 이후 국제기구에 대한 중국의 인식은 급격한 변화를 경험했다. 즉, 과거 중국은 일부 국제기구의 경우 자신들의 국가주권을 침해하는 것으로 간주하고 참여를 주저했지만, 탈냉전 이후 중국은 국제기구에 적극적으로 참여함으로써 자국의 영향력을 강화할 수 있음을 인식했다. 또한 중국은 국제기구에서 발언권을 강화함으로써 자국의 이익을 보호하고, 동시에 국제사회에서의 신뢰를 높이려는 전략을 취했으며, 이를 통해 '책임 있는 강대국'負責任的大國 이미지를 구축하고자 했다.

시진핑 시기 중국과 국제기구

2012년 시진핑 지도부 출범 이후 중국은 국제기구에서의 역할을 더욱 강화하고 있다. 시진핑은 강대국 정체성에 기반하여 '중국 특색 대국 외교'를 내세우며 국제 질서의 개편 과정에서 중요한 역할을 하고자 한다. 이는 국제기구에서의 발언권을 강화하고, 미국과의 전략 경쟁에서 우위를 점하기 위한 전략적 조치라고 할 수 있으며, 이러한 움직임은 특히 국제금융 및 안보 기구에서 더욱 두드러졌다.

중국이 국제기구를 전략적으로 활용하고 있는 대표적인 사례는 2016년 아시아인프라투자은행AIIB의 설립이다. AIIB는 시진핑 지도부가 제기한 '일대일로' 구상을 추진하기 위해 중국이 주도하는 다자개발은행이다. 중국은 AIIB를 통해 아시아 인프라 개발을 주도하고, 국제금융체제에서 미국의 영향력을 견제하는 역할을 수행하고 있다. 이처럼 AIIB는 중국의 글로벌 경제적 영향력을 확대하는 동시에, 다자 외교에서 중국의 입지를 강화하는 도구로 자리 잡고 있다.

또한 중국은 유엔의 역할을 강조하고 유엔 헌장 및 국제법 원칙 준수를 더욱 강조하고 있다. 중국은 과거 유엔 평화유지활동PKO에 소극적인 입장을 취했으나, 1990년대 이후 이러한 태도에 변화가 생겼으며, 2002년부터는 정식으로 유엔평화유지군에 기여하기 시작했다. 이를 통해 국제사회의 신뢰를 높이고, '책임 있는 대국' 이미지를 강화했으며, 더 나아가 중국이 단순히 경제적 강국이 아니라 글로벌 안보 질서에도 기여하는 국가로 자리매김하는 데 중요한 역할을 했다. 특히 시진핑 지도부는 미국과의 전략경쟁 장기화 추세에 대응하기 위해 글로벌 담론권 강화 및 국제기구에서 의제 설정 능력을 더욱 강조하고 있으며, 유엔 개혁을 강조함으로써 국제 무대에서 자국의 입지를 강화하고, 글로벌 영향력 확대를 도모하고 있다.

이처럼 국제기구에 대한 중국의 인식과 참여 방식은 과거와 비교해 매우 적극적이고 전략적으로 변모해 왔다. 특히 시진핑 시기에는 중국의 국제기구 활용이 단순한 외교적 수단을 넘어 글로벌 패권 경쟁의 중요한 축으로 자리 잡았다. 중국은 국제기구를 통해 자국의 경제적·정치적·군사적 영향력을 확대하는 동시에, 국제사회에서 책임 있는 강대국 이미지를 구축하고자 지속적으로 노력하고 있다. 이는 향후 국제 질서의 재편 과정에서 중요한 변수로 작용할 것이다.

대외 원조

이율빈

공식적으로 중국에서 공적 개발원조ODA를 가리키는 용어는 '대외 원조'이다. 중국은 경제협력개발기구OECD가 개발도상국의 성장을 돕는다는 취지에서 제안한 ODA 개념을 그대로 수용하기보다는 자신만의 원조 이념 및 정책상의 특성을 강조하는 차원에서 대외 원조라는 명칭을 사용하고 있다. 여기에서는 중국의 대외 원조를 크게 세 시기로 나누어 그 역사와 특징을 살펴본다.

개혁 개방 이전

중국 대외 원조의 효시는 1950년 주변 사회주의 국가들인 북한과 베트남에 제공한 원조이다. 당시 중국은 한국전쟁을 일으킨 북한에 대해 군사원조 및 전후 경제 복구용 물자를 공여했고, 북베트남의 호치민 정부에 대해서는 독립 전쟁에 소요되는 무기 및 군수품 등을 제공했다. 이 시기 중국은 소련으로부터 원조를 받는 입장이었지만 동아시아에서 사회주의 세력의 확대와 안보 추구 등을 위해 주변 사회주의 국가들을 지원한 것이다.

초창기 사회주의 국가를 주요 대상으로 삼았던 중국 대외 원조 정책은 1955년 반둥회의를 기점으로 중요한 변곡점을 맞이했다. 아시아-아프리카 29개국이 모여 미소 냉전 상황에서 제3세계의 중립을 논의한 반둥회의 이후, 중국 대외 원조의 방향은 주변 사회주의 국가를 넘어 아시아-아프리카 개발도상국으로 크게 확대되었다. 이러한 변화의 연장선상에서 중국 외교부는 1956년 아프리카사司를 설치하고 아프리카 국가에 원조를 제공하기 시작했다.

1964년, 중국 정부는 '대외 경제 기술 원조 8항 원칙'을 발표하며 대외 원조의 기본 방침을 확립했다. 중국은 '8항 원칙'을 통해 개발도상국에 대한 조건 없는 원조와 평등·호혜의 원칙을 내세움으로써 제3세계의 발전을 도모하는 국제적 대국 이미지를 구축할 수 있었으며, 이는 중국이 1971년 유엔 대표권을 회복하는 과정에서 여러 개발도상국들의 지지를 이끌어 내는 원천이 된다. 그러나 한편으로 문화대혁명의 이념적 좌경화 아래 각국의 민족해방운동 및 사회주의 경제 발전을 위해 무리하게 공여한 대외 원조는 중국 정부 재정난의 한 원인이 되기도 했다.

개혁 개방 이후

1978년 개혁 개방 이후 중국의 대외 원조 정책 기조 또한 변화를 맞이한다. 실용주의 방침 속에서 기존의 조건 없는 일방적 지원 방침을 버리고, 경제적 효용과 상호 이익을 중시하기 시작한 것이다. 또한 이 시기부터 다양한 원조 방식이 도입되었는데, 단순한 공여를 넘어 수원국의 대리 경영, 임대 경영, 합작 경영 등 다양한 형태의 원조 프로젝트가 채택되었고, 기술 협력 및 경영 협력 등도 원조의 한 방식으로 고려되기 시작했다. 이로 인해 중국 대외 원조는 무역 및 투자 활성화를 통해 국가 경제 발전에 이바지하는 방향으로 점차 변화하기 시작했다.

1990년대에 중국 경제체제의 기본 원리가 기존의 계획경제에서 '사회주의 시장경제'로 이행하면서 중국 대외 원조 방침은 1995년부터 전격 전환하여 '중국 경제 발전 촉진'을 공식 목표로 삼게 되었다. 먼저 기존의 무상원조는 크게 감축되었고, 대신 원조 성격을 띠는 중국 수출입은행을 통한 중장기 우대 차관이 그 자리를 대체했다. 이와 함께 합자 및 합작 프로젝트를 활성화하여 자원 개발과 시장 개척 등의 정책 목표가 적극 도입되었다. 2001년 WTO 가입 이후 경제가 급격히 성장하는 가운데 중국의 대외 원조 또한 빠르게 증가했는데 2004년에서 2009년까지 연평균 성장률은 29.4%에 달했다. 이 시기 중국은 전통적인 양자 채널만이 아니라 아프리카, 동남아 등 지역 단위 원조와 유엔개발계획 등 국제기구를 통한 다자 원조도 늘려 가기 시작했으며, 여기에는 '책임지는 대국'이라는 국제적 이미지에 대한 고려도 포함되어 있었다.

일대일로 이후

2013년 시진핑 주석 취임 후 중국 대외 원조를 상징하는 정책은 일대일로이다. 2013년도 하반기에 시진핑 주석이 '일대일로'를 국제사회에 최초로 제기한 후 일대일로 연선 국가에 대한 투자 및 원조 패키지는 일대일로를 상징하는 정책 수단으로 자리매김했다. 인프라 시설 투자가 중심이 되는 일대일로 원조 방식은 양자와 다자 차원의 형식이 망라되어 있다. 먼저 양자 원조의 대표적 예로는 중국-파키스탄 경제회랑CPEC, 케냐의 몸바사-나이로비 철도, 캄보디아의 프놈펜-시아누크빌 고속도로, 중국-라오스 철도 등을, 다자 원조의 대표적 예로 2014년 12월 29일 설립한 '실크로드 기금', 앙골라 및 콩고의 벵겔라 철도, 중국-아프리카협력포럼FOCAC을 통한 무상원조 등을 꼽을 수 있다.

한편 일대일로 차원에서 진행되어 온 중국 대외 원조는 막대한 자금 규모에도 불구하고 여러 우려와 부작용 등이 지적되고 있다. 먼저 수원국들의 과중한 부채 누적이다. 일대일로 차원에서 공여된 무상원조는 극히 적은 반면, 차관 형태로 원조되어 160여 개국 수원국들에게 안겨진 부채는 2023년 기준 총 1조 달러를 상회하는 것으로 추산된다. 또한 일대일로 인프라 투자는 대부분 중국 기업 참여를 조건으로 하는 구속성tied 원조의 성격을 띤다는 비판도 있다. 그리고 중국의 막대한 자금 융자가 수원국의 필요에 비해 과대한 규모의 인프라 건설을 조장하여 결국 유지비 폭탄으로 돌아오게 만든다는 지적 또한 존재한다.

공공 외교

유상철

　공공 외교公共外交, public diplomacy는 21세기 외교의 한 추세이다. 2011년에 발생한 9.11 테러 이후 국제사회는 하드 파워에 의존한 외교의 한계를 절감하고 대신 소프트 파워를 활용한 외교에 보다 많은 관심을 갖게 되었다. 공공 외교는 문화와 매력 등 소프트 파워를 이용해 상대국 국민의 마음을 사는 외교이다. 한 나라의 정부가 타국 국민을 대상으로, 또는 한 나라의 민간이 타국 정부와 민간을 대상으로 전개한다. 공공 외교는 세계적으로도 지구촌이 하나가 되는 글로벌화, 인터넷의 발달에 따른 정보화, 시민사회의 역량 강화 등과 같은 변화를 배경으로 점차 각국 외교의 중요한 요소가 되고 있다. 정부 간 거래에 치중하는 전통 외교와 달리 공공 외교는 외교의 영역을 민간에까지 확대시켰다. 공공 외교는 진실에 기초한다는 점에서 거짓 내용도 동원하는 선전宣傳, propaganda과 구별된다.

　중국에서는 2008년 베이징 올림픽을 거치며 공공 외교에 대한 관심이 폭발적으로 높아졌다. 2008년 봄, 중국은 올림픽 개최를 앞두고 세계 각지를 도는 성화 봉송 행사를 진행했으나, 특히 유럽을 중심으로 한 전 세계 곳곳에서 반중국 시위에 직면했다. TV를 통해 이를 지켜본 중국의 충격은 컸다. 2009년 7월 후진타오 국가 주석은 공공 외교의 강화를 지시했고 이를 계기로 중국 내 공공 외교 연구 및 실천 바람이 불었다. 2009년 10월에 공공 외교를 전문적으로 연구하는 차하얼察哈爾학회가 탄생했고, 동년 11월에 중국 외교부 내 공중외교처가 외교부 신문사司 내 공공외교판공실로 한 단계 올라섰다가 2012년 8월에는 신문사에서 독립해 외교부 공공외교판공실로 격상되었다. 2010년 봄에는 전국인민정치협상회의에서 공공 외교를 전문적으로 다루는 『공공외교통신』을 창간했고, 동년 8월에는 베이징외국어대학 국제관계학원에 공공외교연구센터가 설립되었다. 또한 2012년 말, 중국공공외교협회가 성립된 데 이어 지방정부 차원의 공공외교협회도 생겨나 현재 상하이, 톈진 등 전국에 20여 곳의 공공외교협회가 포진해 있다.

중국 공공 외교의 목표와 형태

중국 공공 외교의 목표는 크게 두 가지다. 하나는 방어적 측면으로, 국제적으로 유행하는 '중국 위협론'을 불식하는 것이다. 중국의 부상이 다른 국가의 희생을 대가로 하지 않는다는 점을 강조한다. 다른 하나는 공격적인 측면으로, 중국이 세계 '문명의 스승'文明之師으로 존경받을 수 있도록 하는 것이다. '중국 문화는 매력이 있고, 중국의 의도는 선하다'는 점을 강조하면서, 중국도 미국이 제시하는 인권 등의 가치관에 해당하는 보편적 가치관을 내세우고자 애쓴다. 중국은 현재 그런 가치관을 유가儒家의 가르침에서 찾고 있다. 화和나 인仁의 강조 등이 그런 예다. 이 같은 목표 달성을 위해 중국은 현재 크게 세 가지의 공공 외교 행태를 보이고 있다.

첫 번째는 정부가 직접 나서는 홍보 외교이다. 여기에는 중국 지도자가 외국 국민과의 접촉에 나서는 정상을 통한 홍보, '중국 문화의 해' 설정 등과 같은 뉴스 의제를 만드는 활동, 외국 회사에 홍보를 맡기는 위탁 외교 등이 포함된다. 시진핑 국가 주석이 해외 방문 시 해당 국가의 주요 언론에 기고를 하는 것이 좋은 예다. 두 번째는 미디어 외교이다. 중국 내 내외신 기자회견 개최나 중국국제라디오방송CRI을 통한 대외 방송, 중국 언론과 해외 매체 간의 협력 활동 등이 포함된다. 세 번째는 인문人文외교다. 중국이 세계 각국에 세우고 있는 공자학원孔子學院이 대표적인 예다. 대학이나 싱크 탱크 간의 교류, 문화 교류 등도 모두 여기에 속한다. 시진핑 시대 중국의 공공 외교는 '중국 스토리를 말하고, 중국 목소리를 전하며, 세계가 중국을 더 잘 이해하도록 한다'는 목표에 집중하고 있다.

그러나 역사가 길지 않은 중국의 공공 외교는 적지 않은 문제점을 안고 있다. 선전에 가깝고 상대국 국민의 눈높이에 맞추려는 노력이 부족하다는 이야기를 듣는다. 사회주의라는 체제 자체가 갖는 한계도 있다. 일당전제에 따른 언론 자유 제한 등의 이미지가 그것이다. 그러나 중국은 공공 외교에 대해 많은 자산을 갖고 있어 그 미래는 밝아 보인다. 수천 년 역사를 거치며 축적된 풍부한 문화유산과 경제적 성공에서 비롯된 현대적 자산, 그리고 세계 어느 나라도 따라가기 힘든 방대한 인적 자산 등은 중국 공공 외교의 성공 가능성을 높여 주고 있다.

샤프 파워

표나리

샤프 파워의 개념

　샤프 파워sharp power, 銳實力란 국가가 은밀한 정보 조작이나 경제 보복 등의 방식으로 다른 국가나 국제기구의 굴복을 이끌어 내는 외교 전략을 지칭한다. 이는 미국 하버드대 조지프 나이Joseph Nye 교수가 2004년 제시한 소프트 파워 soft power, 軟實力에서 파생된 개념으로서 특히 권위주의 국가의 소프트 파워를 설명하기 위해 사용되는 것이 특징이며, 인터넷이 막대한 영향을 미치는 IT 시대의 정치 환경을 반영한다. 나이는 대상국의 정계, 언론계, 학계에 침투하여 그들을 무너뜨리고 자국의 긍정적인 이미지를 선전하는 동시에, 왜곡된 정보와 허위 정보로 불만을 잠재우고 억압하는 것이 바로 샤프 파워라고 부연하기도 했다.

　샤프 파워는 '차이나 불링'China Bullying, 즉 중국의 괴롭힘이라는 별칭이 있을 만큼 중국의 영향력 투사를 설명하기 위해 등장한 개념으로, 샤프 파워에 대한 논의 역시 중국의 사례를 중심으로 이루어지고 있다. 여러 권위주의 국가 가운데 유독 중국이 샤프 파워를 추진하는 국가로 주목받는 것은 경제력 때문이다. 급속한 경제 발전과 미·중 전략 경쟁으로 인해 중국이 발현하는 힘이 국제사회와 주변 국가들에게 어떤 영향을 발휘할지에 대한 관심이 증가한 것이 샤프 파워에 대한 논의가 촉발된 계기가 되었다.

샤프 파워 논의에 대한 중국의 입장

중국은 샤프 파워에 관한 논의를 자국의 의도를 왜곡하거나 국가 이미지를 훼손하려는 고의적인 시도라고 반발하고 있다. 중국공산당 이론지 『구시』求是는 2017년 시작된 미·중 경쟁이 이러한 시도의 배경이며, '중국 위협론'의 업그레이드 버전과 다름없다고 주장한다. 샤프 파워 이론은 다음의 세 가지가 핵심인데, ① 힘의 투사를 주도하는 행위자는 국가, 특히 중국과 러시아와 같은 권위주의 국가이며, ② 추진 방식은 검열·조작·간섭 등 은밀한 형태가 주를 이루고, ③ 그 목표는 힘이 투사되는 상대로 하여금 보편 가치와 제도적 정체성Institutional Identity을 거역하도록 하는 데 있다는 것이다. 중국은 이러한 개념을 확산시키는 미국과 서방국가들이 국제사회로 하여금 중국을 불신하게 만들려는 의도를 가지고 있다고 주장한다. 샤프 파워 개념을 만들어 낸 곳이 미국의 비영리 싱크 탱크인 민주주의기금NED이라는 사실도 이러한 의구심을 키웠다.

샤프 파워를 통한 중국의 영향력 확대 시도와 도전

중국이 샤프 파워 개념 자체에 반대하는 만큼, 샤프 파워 전략이나 정책을 공공연하게 추진하지는 않는다. 그러나 미국의 후버 연구소Hoover Institute와 같이 중국이 샤프 파워를 통한 영향력 확대를 추진하고 있다고 주장하는 이들은 중국공산당의 통일전선전술을 대표적인 샤프 파워 전략으로 규정하고, 그 특징으로 은밀함Covert·강압적Coercive·매수Corrupting 등 세 가지를 지목하며 대표적인 사례로 공자학원, 선거 개입, 판다 외교 등을 주목하고 있다.

우선 공자학원은 중국 정부가 자국의 소프트 파워 증진을 위해 해외에 설립한 중국어·중국문화 교육기관이다. 그러나 중국공산당의 자금 지원과 관리 감독을 받는 특징으로 인해 중국 정부가 이를 상대 국가의 여론 조작과 같은 부정적인 목적에 활용한다는 의혹을 받게 되었다. 그 결과 미국·스웨덴·독일·덴마크 등은 자국 내에서 운영되던 공자학원을 폐쇄했다. 한국에서도 공자학원의 교육 자료 가운데 마오쩌둥·마르크스주의 찬양, 중국의 자유·민주에 대한 선전, 한국전쟁 발발에 대한 미국 책임론 등 중국의 논리와 가치관이 반영된 부분에 대해 논란이 있었다. 한국 공자학원은 특히 2020년부터 예산 전액을 중국 정부에 의존하는 만큼, 운영 과정이 중국 정부의 영향을 받기 쉬운 구조이다.

다음으로 중국의 선거 개입은 민주주의 국가에 대해 친중 성향의 특정 정당이나 후보들에게 자금을 지원하거나, SNS를 활용해 상대 당과 후보에 대한 흑색선전과 여론 조작을 지원하는 형태로 이루어진다고 알려졌다. 미국·호주·뉴질랜드·캐나다·대만 등은 중국이 자국의 선거 과정에 개입했다고 주장한다. 또한 일부 국가에서는 중국과 기래하는 현지 기업들이 중국의 입장을 지지하도록 압력을 행사한다는 의혹도 제기되었다.

마지막으로 판다 외교는 중국이 1957년부터 활용해 온 공공 외교 수단이지만, 최근 한국의 푸바오 신드롬과 같이 지나치게 급속한 인기 확산 배경을 두고 샤프 파워 의혹이 제기되었다. 공개 직후 순식간에 5억 뷰를 기록한 관련 영상이나 몇 배로 증가한 굿즈 판매량 등이 자연스럽지 않고 신드롬 형성의 배경에 의도가 있다는 지적이다. 다만 판다의 높은 인기에도 불구하고 판다를 대여(1984년 이후에는 기증이 아닌 임대의 형태로만 반출됨)한 국가들에서 대중 호감도는 여전히 낮게 조사된다. 즉, 소프트 파워 자원으로서 판다의 가치와 판다 외교의 효과가 반드시 일치하지는 않는 현상이 나타난다. 이는 중국의 대일 샤프 파워 전략으로 알려진 오키나와 독립 추진과 미군 철수 운동 등이 미·일 동맹 약화나 일본인들의 대중 인식 개선으로 이어지지 않았던 사례와도 유사하다.

이에 더해, 이제 막 논의가 시작된 중국의 샤프 파워가 이미 퇴조 기로에 있다는 평가도 존재한다. 코로나19 팬데믹과 중국의 경기 침체를 배경으로, 샤프 파워 전략의 추진 동력인 막강한 자금력이 타격을 받은 것으로 보인다. 국가별 하드 파워와 소프트 파워 평가에서 현재 중국은 하드 파워의 증가에도 불구하고 소프트 파워는 여전히 러시아, 인도 등과 함께 중하위권에 머물러 있다. OECD 국가들의 대부분이 하드 파워와 소프트 파워가 균형을 이루는 것과 대조적이다. 샤프 파워가 향후 중국의 영향력 확대에 효과적으로 작용할지에 대한 지속적인 관찰이 필요하다.

강대국 외교

강수정

　중국의 강대국 외교는 1949년 중화인민공화국 수립 이후 오늘날에 이르기까지 중국의 국가 정체성과 역할 구상의 변화와 맞물려 '강대국을 대상으로 하는 외교'에서 '강대국으로서의 정체성에 기반한 외교'로 점차 개념이 확장되면서 진화해 왔다. 따라서 신흥 강대국으로 부상하기 이전까지 중국의 강대국 외교는 상대적으로 국력의 열세에 있던 중국이 국제사회의 강대국들을 대상으로 추진하는 외교를 일컫는 개념으로 주로 사용됐으며, 강대국들과의 관계 설정에 대한 전략적 사고를 바탕으로 그들에 대응하여 어떻게 행동할지에 대한 외교적 입장과 행위를 규정한 것이었다. 이에 따라, 냉전 시기 중국의 강대국 외교는 미·소 양극체제하에서 이 두 초강대국과의 관계 설정을 핵심 축으로 삼아, 1950년대 말까지는 대소일변도對蘇一邊倒 전략, 1960년에는 반미반소反美反蘇 전략, 1970년대에는 연미항소聯美抗蘇 전략으로 극적인 변화를 보여 주었다. 1970년대 후반 개혁 개방을 추진하면서, 중국의 강대국 외교는 주로 서구 선진국들을 대상으로 그들의 자본과 기술을 획득하고, 자국의 경제 발전에 유리한 평화롭고 안정적인 대외 환경을 조성하기 위해 서구 강대국들과의 마찰을 최소화하면서 우호적 협력 관계를 구축하고 유지하는 데 치중해 왔다.

　이후 급속한 경제 발전을 통해 경제 대국으로 부상하면서 중국의 강대국 외교는 국력 신장에 따른 국가 정체성의 변화와 함께 '강대국을 대상으로 하는 외교'뿐만 아니라, 신흥 강대국으로 부상한 중국이 국제사회와 어떠한 관계를 맺어 나가야 하는지에 대한 전략적 고민을 담은 '강대국으로서의 외교'를 포함하는 보다 넓은 의미로 확장되기 시작했다. 1990년 중후반 발발한 동아시아 금융 위기를 계기로 중국은 신흥 강대국으로서 역할 증대에 대한 국제사회의 요구에 부응하여 스스로를 '책임감 있는 강대국'負責任的大國이라고 칭하면서 동아시아 지역에 대한 자신의 책임과 공헌을 논하기 시작했다. 후진타오 시기의 중국은 '화평굴기'和平崛起와 '화평발전'和平發展, '조화세계'和諧世界를 주창하면서, 국제사회에서 퍼져 나가던 중국 위협론에 대응하고자 외교적 노력을 기울였다. 하지만 이 시기 중국은 여전히 개도국으로서의 정체성이 강하게 남아 있었기 때문에, 이러한 이중적 정체성에 기반한 중국의 강대국 외교는 '강대국을 대상으로 하는 외교'에 더 방점을 두었으며, '강대국으로서의 외교'는 피동적이고 소극적인 수준에 머물러 있었다.

하지만 2008년 미국발 글로벌 금융 위기를 계기로 기존 자유주의 국제경제 질서를 주도해 온 미국의 상대적 쇠퇴와 중국의 부상이 대비되면서, 중국은 스스로를 부상하는 강대국으로 인식하는 강대국으로서의 정체성이 점차 강화되었고, 변화된 국제 세력 구도에 부합하는 새로운 강대국 외교의 필요성을 인식하게 되었다. 이에 따라, 신흥 강대국으로서 자신이 국제사회에서 어떻게 행동해야 하고 타국과 어떠한 관계를 맺어야 하는지에 대한 전략적 사고가 점차 중국 외교에서 주요한 부분을 차지하게 되었고, 중국의 강대국 외교에서 '강대국으로서의 외교'가 보다 더 능동적이고 적극적인 성격을 띠기 시작했다.

중국은 2012년 제18차 당대회에서 강대국으로의 정체성과 역할 구상을 처음으로 공식화했고, 시진핑 집권 이후 본격적으로 이러한 강대국으로서의 정체성과 역할 구상에 기반하여 국가 목표를 설정하고 외교 전략을 수립했다. 시진핑 주석은 '중화 민족의 위대한 부흥'을 이루겠다는 '중국의 꿈'을 국가 비전으로 공개 선언하고, 이러한 꿈을 실현하기에 유리한 국제 환경과 국가 관계를 조성하고 강대국으로서의 정체성에 걸맞게 국제적 위상을 제고하기 위해 중국 특색이 가미된 새로운 형태의 강대국 외교를 전개해 나갈 것임을 국내외에 공식 천명했다. 이에 따라, 시진핑 시기 중국은 신형新型 대국 관계, 신형 국제 관계, 그리고 인류 운명 공동체의 구축을 핵심으로 하는 '중국 특색의 강대국 외교'를 적극적으로 추진해 왔다.

시진핑 시기 중국 특색의 강대국 외교는 강대국 정체성에 기반하여 중국이 자신의 특색을 담아 타 강대국에 대응하여 행하는 외교와, 강대국이 아닌 다른 국가들에게 행하는 외교, 이 두 가지를 모두 포함하며, 궁극적으로 다 함께 인류의 공동 번영과 평화를 도모하는 인류 운명 공동체의 건설을 목표로 한다. 이러한 중국 특색의 강대국 외교에서, 중국은 자국의 핵심 이익에 대한 존중을 명시적으로 요구하는 보다 더 주동적이고 공세적인 외교 행태를 보이면서도 미국을 포함한 타 강대국들과의 관계 안정에 방점을 두었다. 중국이 미국을 겨냥하여 제기한 '신형 대국 관계'는 "충돌하지 않고 대립하지 않으며 핵심 이익을 상호 존중하고 협력을 통해 공영하는 관계"의 구축을 강조한다. 더 나아가, '신형 국제 관계'라는 더욱 확대된 담론을 제시하면서, 중국 특색의 외교 원칙과 구상에 기반하여 국제사회 전반, 즉 강대국과의 관계뿐만 아니라 주변국과의 관계와 개도국과의 관계, 다자 관계, 그리고 공공 외교에 대한 접근을 강화함으로써, 공평과 정의, 상호 존중, 협력, 공동 번영 등의 원칙에 기초한 새로운 형태의 국제관계를 구축하고 인류 운명 공동체의 건설을 도모하고자 한다고 역설한다.

더불어, 시진핑 시기 중국 특색의 강대국 외교에는 특히 '강대국으로서의 외교'가 비중 있게 자리하는데, 그 주요한 특징은 강대국으로서의 정체성이 더욱 고착될수록 중국 외교의 범위가 과거보다 더욱 확장되면서 광범위한 글로벌 이슈와 국제사회 전체를 아우르는 글로벌 거버넌스에서 국제 문제 해결을 위한 '중국의 방안'中國方案을 적극적으로 제시하려 한다는 점이다. 이에 따라, 중국은 기존 국제 체제의 개혁과 보완이라는 명분하에 미국이 주도하는 글로벌 거버넌스 체제의 한계와 문제점을 공략하고 이를 재편하려는 적극적인 인식과 움직임을 선보이기 시작했다.

이러한 중국 특색의 강대국 외교는 신흥 강대국으로 부상한 중국이 국제적 영향력과 발언권을 강화하고 국제 관계와 글로벌 거버넌스 체제에서 기존의 국제규범과 규칙을 추종하는 것을 넘어 주도적으로 자신이 추구하는 가치와 선호, 이익을 반영하려는 시도로 이해할 수 있다. 이를 통해 중국은 중국몽을 실현하는 데 유리한 외부 여건을 마련하고, 강대국으로서의 국제적 위상과 리더십을 확보하고자 한다고 볼 수 있다.

중국과 글로벌 사우스

김소연

　글로벌 사우스Global South, 全球南方는 학계와 매체 등에서 뜨겁고 논쟁적인 이슈이지만, 아직까지 그 개념과 범위가 정립되어 있지 않다. 냉전기 제3세계에 속했던 아시아, 아프리카, 라틴아메리카 지역의 신생 독립국가들은 경제적·외교적 역량이 점차 증대하여 주요 개발도상국으로 성장했다. 이 국가들은 미·중 경쟁 심화와 국제정치 구도의 진영화 속에서 경제력과 상호 정치적 연대를 통해 글로벌 차원에서 영향력을 발휘하는 집단적 행위자가 되었는데, 이를 글로벌 사우스로 통칭한다. 글로벌 사우스는 과거 제3세계의 신생 독립국으로 비동맹, 반식민주의, 반패권주의를 추구하고 경제 개발 과정에 있다는 공통적 특성을 공유하면서도 정치체제, 발전 수준 등에서 매우 이질적이며 다원적 이익을 추구하는 구성체이다. 글로벌 사우스 국가들은 자율성을 바탕으로 국익 중심의 실용 외교를 추진하면서 다극화된 국제 질서를 선호한다는 점에서 전략적 가치가 높아지고 있다.

　중국과 글로벌 사우스 국가들 간의 관계는 냉전 시기에 형성되었다. 1950, 60년대는 아시아, 아프리카, 라틴아메리카에서 다수 국가들이 식민지 지배에서 벗어나 독립을 쟁취하던 시기로, 이 시기 중국은 반제국주의와 반패권주의의 기치를 내걸고 신생 독립국들과 정치적 연대를 강화했다. 1955년 반둥 회의는 이와 같은 맥락에서 중요한 사건이었다. 반둥 회의에서 중국은 제3세계 국가들과 함께 비동맹 운동을 지지하며 서구 제국주의에 맞서는 국제 연대를 강조했다. 당시 중국은 소련과의 관계가 점차 악화되는 상황에서, 서방뿐만 아니라 소련의 영향력에서도 벗어나 독자적인 외교 노선을 모색하고 있었다. 이를 위해 중국은 개발도상국들과의 연대를 강화하며 국제 무대에서 독자적인 외교적 입지를 다지기 위해 노력했다. 1978년 개혁 개방 이후, 중국은 경제 발전을 최우선 과제로 삼으며 글로벌 사우스 국가들과의 관계를 경제적 협력으로 확대했다. 중국은 개발도상국들의 자원과 시장에 큰 관심을 보였으며, 이를 통해 자국의 경제성장을 촉진하고 국제적으로 영향력을 확대하고자 했다. 1990년대 이후 중국의 경제가 급성장하면서 글로벌 사우스 국가들과의 무역, 투자, 개발원조가 본격화되었고, 이는 중국의 대외 정책에서 중요한 축으로 자리 잡았다.

중국과 글로벌 사우스 국가들의 공통된 관심이 경제 발전에 있다는 점에서 이들은 개발원조, 인프라 공동 건설 프로젝트 등을 통해 협력적 파트너십을 구축했으며, 브릭스BRICS 등 다양한 협력 플랫폼과 메커니즘을 창설하여 네트워크를 확장해 왔다. 특히 중국은 일대일로를 통해 개발도상국들에 대한 대규모 인프라 투자를 추진했다. 2013년 시진핑 주석이 제안한 이 구상은 아시아·아프리카·중동·라틴아메리카 등의 국가들을 철도·항만·도로 등으로 연결하는 대규모 인프라 네트워크를 구축하고, 이를 통해 무역과 경제협력, 문화적 교류를 증진하는 것을 목표로 한다. 일대일로는 글로벌 사우스 국가들에게 필요한 자본과 기술을 제공하여 경제성장을 촉진하는 중요한 기회로 작용했다.

동시에 중국과의 경제적 협력은 글로벌 사우스 국가들에게 적지 않은 부작용을 초래했다. 그 대표적인 사례가 '채무의 덫'Debt-trap으로, 중국이 개발도상국들에게 막대한 차관을 제공한 후, 이 국가들이 상환 능력을 상실했을 때 정치적·경제적 압력을 가해 회복 불능의 악순환에 빠지게 하는 것을 의미한다. 실제로 일부 국가들은 중국과의 경제협력 과정에서 발생한 대규모 차관을 상환하지 못할 위기에 처했고, 이로 인해 이들 국가의 주권이 위협받을 수 있다는 우려를 낳고 있다. 스리랑카가 중국으로부터 받은 차관을 상환하지 못하자 중국이 99년간 항구 운영권을 확보한 함반토타 항구가 그 예이다. 그 밖에도 라오스·지부티·몰디브 등 다양한 국가들이 중국으로부터 받은 차관으로 인해 채무 부담을 겪고 있으며, 이는 중국에 대한 정치·경제적 의존도를 높이는 결과를 초래하고 있다. 또한 글로벌 사우스 국가에서 수행되는 중국의 인프라 프로젝트가 환경 파괴나 사회적 갈등을 초래하고 있다는 비판도 자주 제기된다. 이러한 논란은 글로벌 사우스 국가들 사이에서 중국의 진정한 의도에 대한 의구심을 불러일으키고 있다.

한편 중국 외교는 불간섭 원칙을 기반으로 함에 따라 개발도상국의 내정에 간섭하지 않고 정치적 주권을 존중하는 입장을 취해 왔다. 이는 서구 국가들의 외교정책과는 대조적이며, 글로벌 사우스 국가들로부터 큰 호응을 얻어 왔다. 중국은 이를 바탕으로 유엔을 비롯한 국제기구에서 자국의 영향력을 확장하는 동시에 미국 및 서구 국가와의 경쟁에서 유리한 입지를 차지하는 데 주력하고 있다.

중국과 글로벌 사우스 간의 관계는 경제협력과 정치적 연대를 기반으로 성장해 왔다. 이 과정에서 상호 이익과 기회를 창출하기도 했지만 도전 과제 또한 적지 않다. 특히 글로벌 사우스 국가들은 중국과의 협력을 추구하면서도 중국에 대한 의존을 줄이기 위해 외교 및 경제 관계를 다각화하려는 움직임을 보이고 있다. 많은 개발도상국들이 서구 국가들과의 관계를 재정립하거나, 지역 내 협력을 강화하는 등 자율성을 강화하려는 노력을 기울이는 것이다. 향후 중국과 글로벌 사우스는 경제적·정치적 이익에 기초한 상호 보완적 관계를 지속할 가능성이 크지만, 좀 더 안정적인 관계 발전을 위해서는 다양한 도전 과제에 대한 신중한 관리와 함께 변화하는 국제 질서에 대한 유연한 대응이 요구된다.

중국과 미국

조성민

1949년 중국 건국 이후 미·중 관계는 다양한 변화를 겪어 왔다. 냉전 초기 적대적으로 시작한 두 나라 관계는 이후 우호적으로 협력을 모색하는 관계로 전환되었다. 그러나 중국의 경제 발전과 군사력 증강에 따라 양국은 다시 경쟁 관계로 돌아섰다. 이러한 관계의 변화는 미국 행정부가 공식 문서에서 중국을 어떻게 표현하는지에 반영되어 있다. 클린턴 정부는 중국을 '전략적 파트너', 부시 정부는 '전략적 경쟁자', 오바마 정부는 '글로벌 위협에 공동 대응하는 파트너'로 지칭했으며, 트럼프 정부에서 '자유주의 국제 질서에 도전하는 수정 세력'으로 바뀌었고 바이든 정부도 이러한 입장을 견지했다. 트럼프 2기 행정부는 미·중 경쟁 구도를 확장하고 있다. 경제 규모와 국방력에서 세계 1, 2위를 차지하고 있는 미국과 중국 관계의 향방은 향후 국제 질서의 변화에 큰 영향을 끼치게 될 것이다.

미·중 관계의 역사

냉전 기간 동안 미·중 관계는 적대적으로 시작되었다. 1949년 건국 이듬해인 1950년 중국은 '항미원조抗美援朝 의용군'을 조직하여 한국전쟁에 참전했다. 이로써 한반도는 미국과 중국이 처음이자 유일하게 실제 전면전을 펼친 지역으로 남아 있다. 이후 미국은 한국, 일본, 대만과 상호방위조약을 맺으면서 중국에게 최대 적대국이 되었다. 하지만 1960년대 중국과 소련 간 분쟁 이후, 미국과 중국은 소련을 견제해야 하는 공동의 목표를 갖게 되었다. 1972년 닉슨 대통령의 중국 방문은 미·중 관계의 중요한 역사적 전환점이 되었고 1979년 두 국가는 공식적으로 수교를 맺었다. 미국은 중국이 요구하는 "하나의 중국" 원칙을 수용하면서 타이베이에 수도를 둔 중화민국과 기존의 외교 관계를 종식하고, 베이징에 수도를 둔 중화인민공화국을 유일한 합법 정부로 인정하게 된다. 그러나 같은 해에 미국 의회에서 〈대만관계법〉Taiwan Relations Act이 통과됨으로써 미국은 대만에 무기 수출을 계속할 수 있는 법적 근거를 마련했다. 이는 현재까지 미·중 간 갈등의 중요한 요소로 남아 있다. 1979년부터 시작된 덩샤오핑의 개혁 개방 노선은 미국의 환영을 받았고, 이를 통해 양국의 협력 관계가 시작되었다. 냉전 종식 이후 미국은 대중국 관여 정책Engagement Policy을 더욱 확대했다. 클린턴 행정부는 중국의 인권 문제를 조건으로 최혜국 대우 연장을 재고했으나, 중국의 경제개발을 지원하는 방향으로 선회했다. 이는 중국의 세계무역기구WTO 가입을 지지하는 정책으로 이어졌고, 이러한 기조는 부시 행정부에서도 계속되었다. 중국은 부시 정부의 대테러 전쟁을 지지하고, 부시 정부는 2003년 대만 독립을 향한 천수이볜陳水扁 총통의 움직임에 반대 의사를 표명하는 등, 미·중 관계는 우호적이면서 안정적인 관계를 유지했다.

　　미국 지도자들은 중국의 경제 발전을 지원함으로써 중국의 외교적·정치적 변화와 중국의 민주화를 유도할 수 있을 것으로 기대했다. 반면, 중국 지도부는 미국의 관여 정책이 평화적 수단으로 은밀하게 중국 내부의 서구화와 분열을 조장하는 '화평연변' 和平演變 전략의 일환으로 해석하며 경계심을 늦추지 않았다.

중국의 부상과 미국의 견제

　　2000년대 중반 중국의 경제 발전과 더불어, 미국 사회 내에서 '중국 위협론'이 대두되기 시작했다. 중국의 후진타오 정부는 이에 대응하여 '화평발전론'을 제시하며, 중국이 평화적으로 발전하고 세계 질서에 위협이 되지 않음을 강조했다. 2005년 부시 정권은 중국이 '책임 대국'으로서 국제 문제 해결에 더욱 큰 역할을 해야 한다고 주장했다. 한편 2008년 세계 금융 위기로 미국 경제가 흔들리고 사회적으로도 어려움을 겪는 동안, 2010년 중국이 일본을 제치고 세계 2위 경제 대국으로 부상하면서 중국의 상대적 자신감 또한 크게 상승했다.

오바마 행정부는 2011년 '아시아로 회귀' 및 '재균형 정책'을 발표했으며, 중국 지도부는 이를 중국 부상에 대한 미국의 견제 정책으로 해석했다. 2013년 시진핑 집권 이후 남중국해와 동중국해에서 주변국들과 갈등이 확대되자, 미국은 중국의 공세적이고 민족주의적인 성향을 비판하기 시작했다. 이후 트럼프 행정부가 집권한 후 무역 분쟁이 일어남에 따라 미·중 간의 전략적 경쟁도 본격화되었다. 2018년 제19차 당대회에서 시진핑 주석이 연임 제한 조항을 헌법에서 삭제하면서 종신 집권의 가능성을 열어 두자, 미국 조야에선 이를 관여 정책의 실패를 증명하는 결정적 사례로 받아들였다. 그 결과 2021년 바이든 행정부 출범 이후 미·중 전략 경쟁은 더욱 심화되었다. 바이든 정부는 중국을 "법-기반 자유주의 질서에 도전하는 수정주의 국가"로 규정했으며, 중국의 영향력을 견제하기 위해 동맹국과 비슷한 가치관을 공유한 국가들과 긴밀한 협력을 추진하기 시작했다. 남중국해에서 "자유의 항해" 작전을 수행하며 동남아 국가들을 지원하고, 대만 위기 시 미국이 개입할 수도 있다는 신호를 보내고, 대만·한국·일본과 'CHIP4'라는 그룹을 형성해 함께 중국의 반도체 기술 발전을 견제하려는 시도를 하고 있다.

시진핑 정부는 "100년 만의 대격변 시대"에 중국이 진입하고 있다고 인식하면서 "중화 민족의 부흥"을 꿈꾸는 "중국몽"의 목표를 달성하기 위해 국력을 집중하고 있다. 또한 반도체, 인공지능, 자율 주행 등 첨단 기술의 도약적 발전과 자립화를 시도하고 있다. 러시아와 협력을 강화하고, 아프리카, 남아메리카, 태평양 도서국 등 '글로벌 사우스' 국가들과 교류를 확대하며 중국에 대한 국제사회의 지지를 확보하기 위한 전략도 펼치고 있다.

미·중 전략 경쟁 시대

이렇게 미·중 간 전략 경쟁은 군사, 경제, 기술, 그리고 이데올로기 등 다양한 영역에서 심화되고 있다. 국제사회의 제도와 규범, 표준을 둘러싼 양국 간의 경쟁은 앞으로도 더욱 격화될 전망이다. 일부 학자들은 이러한 상황을 신냉전이라고 평가하지만, 미국과 소련 사이 냉전 구조와 비교할 때 몇 가지 중요한 차이점이 존재한다. 미국과 중국은 여전히 경제적으로 상호 의존하고 있으며,

냉전 시기에 비해 인적 교류도 활발한 편이다. 또한 중국은 소련과 달리 전 세계에 공산주의를 확대하려는 이데올로기적 야심을 갖고 있지 않다. 따라서 미국과 중국은 냉전 시대처럼 서로의 정치체제와 상대 진영을 파괴하려는 목표를 갖고 대립하지는 않을 것으로 전망된다. 그러나 전면적 경쟁에서 오는 긴장감과 우발적 충돌에 따른 확전 가능성이 항상 존재하며, 미국과 중국 지도자들의 인식과 판단에 따라 위기관리가 제대로 되지 않을 위험도 존재한다.

중국과 일본

허재철

1950, 60년대: 민간 중심의 경제 교류

1949년 10월, 마오쩌둥이 이끄는 공산당은 장제스의 국민당을 대만으로 몰아내고 대륙에 중화인민공화국을 수립했다. 당시 홍콩을 지배하고 있던 영국은 대륙의 공산당 정권을 승인한 반면, 미국은 공산당 정권을 승인하지 않은 채 국민당의 중화민국을 중국의 유일한 합법 정부로 인정했다. 이렇게 중국의 대표권에 대해 서방 진영 내에서도 의견이 나뉘는 가운데, 일본은 미국의 압력 아래 1952년에 국민당의 중화민국과 '일화평화조약'日華平和條約을 체결하며 전후 처리를 모색했다. 이후 1972년 일본과 대륙의 공산 정권 사이에 국교 정상화가 이뤄지기까지 20여 년간, 일본은 이 조약을 근거로 국민당 정부를 중국의 유일한 합법적 정부로서 승인했다.

하지만 일본은 '정경政經 분리'의 정책 아래 공산당의 중화인민공화국과도 민간 경제 교류를 추진했는데, 대륙의 공산당 정권도 이에 호응하여 양측은 국교가 없는 가운데 민간 영역을 중심으로 교류를 이어 갔다. 특히 대륙의 공산당 정권은 대약진운동의 실패에 따른 경제난과 1960년대 소련과의 관계 악화에 따라 민간의 경제 영역을 중심으로 일본과의 교류를 추진할 필요성이 있었다. 그러나 대륙과 대만 사이의 대립으로 인해 일본의 '두 개의 중국' 정책은 순조로울 수 없었고, 베트남전쟁 발발과 문화대혁명 등 국내외 요인으로 인해 중·일 관계는 민간 차원의 경제 교류마저 그 동력을 점차 상실해 갔다.

1970, 80년대: 중·일 관계의 밀월기

1970년대에 들어서면서 일본과 중국 대륙, 그리고 일본과 대만 사이의 관계에 중대한 변화가 발생했다. 이러한 변화를 초래한 것은 1971년의 닉슨 쇼크였다. 당시 미국과 중국은 소련이라는 공동의 적에 대응하기 위해 관계 발전을 모색했는데, 이것이 중국 대륙과 일본 사이의 관계 발전에도 중요한 동력으로 작용했다. 양국은 1972년 9월 베이징에서 다나카 가쿠에이田中角榮 수상과 저우언라이 총리의 서명에 의해 '중·일 공동 성명'을 채택했고, 이로써 양국의 국교도 정상화됐다. 하지만 이 때문에 일본과 대만 사이에 체결된 '일화평화조약'은 파기될 수밖에 없었고, 양측의 외교 관계도 단절되고 말았다.

한편, 양국의 국교가 정상화되고 나서 6년이 지난 1978년 8월에는 '중·일 평화우호조약'이 조인됐다. 이를 통해 양국은 최고 입법기관의 정식 심의와 표결, 비준 절차를 걸쳐 최종적으로 중·일 국교 수립을 완성했다. 이어 같은 해 10월 중국의 덩샤오핑 부총리는 평화우호조약 교환 의식에 참석하기 위해 일본을 방문했는데, 이는 중화인민공화국 건국 이후 국가 지도자가 처음으로 일본을 방문한 사건이었다.

1978년 중국 대륙이 채택한 개혁 개방 노선은 중·일 관계의 발전에 중요한 토대가 됐다. 경제 건설을 중심으로 국가 발전을 모색하려던 중국에 있어 이미 현대화를 이룬 일본은 중요한 학습의 대상이었고, 동시에 각종 원조와 투자 및 기술 이전을 받을 수 있는 존재였기 때문이다. 대외 의존형인 일본 경제에 있어서도 중국은 중요한 원료와 자원의 공급처이자 상품 시장이 될 수 있었기에 중국과의 관계 발전은 매우 중요한 사안이었다. 물론 이 기간 동안 양국 사이에 문제가 없었던 것은 아니지만, 1970년대와 1980년대는 양국이 가장 밀접했던 시기로 이른바 '밀월기'로 평가된다.

1990년대 중반~2000년대 중반: 중·일 관계의 마찰기

1993년 이후, 다양한 환경 변화가 중·일 관계에 부정적인 영향을 끼치면서 양국 관계는 기존의 밀월기에서 후퇴했다. 여기에는 역사 교과서 문제와 리덩후이李登輝의 방일, 고이즈미 준이치로小泉純一郎 총리의 야스쿠니 신사 참배 등이 부정적인 요인으로 작용했다. 그러나 1990년대 중반에서 2000년대 중반까지 중·일 관계가 큰 변화를 겪게 된 데에는 보다 근본적인 요인이 있었다.

첫째, 국제 관계의 관점에서 보면 냉전 구도가 해체되고 소련이 붕괴되면서 '소련 견제'라는 양국의 전략적 공유점이 사라진 것을 들 수 있다. 둘째, 냉전 종식 후 일본 사회가 전체적으로 보수화·우경화로 나아가고, 특히 정치권의 세대교체로 등장한 정치 신인들의 대중對中 인식이 중·일 관계에 부정적 요인으로 작용했다. 셋째, 경제 분야에서 중국의 부상과 일본의 장기 침체에 따른 상호 인식의 변화를 지적할 수 있다. 양국의 국력 변화는 양국 국민의 심리적인 면에도 커다란 영향을 끼쳐, 일본인들의 자신감 상실과 초조함, 그리고 중국인들의 자부심 상승 및 자만심이 중·일 양국 관계에 부정적 요인으로 작용했다.

2000년대 중반~현재: 중·일 관계의 전략적 대치기

야스쿠니 신사 참배 등으로 중·일 관계의 악화를 초래했던 고이즈미 총리가 물러나고, 2006년 10월 아베 신조安倍晋三 내각이 출범하면서 관계 개선의 움직임이 일어났다. 양국 고위층의 빈번한 왕래 등 관계 개선을 위한 노력이 이어지면서 2008년 5월 후진타오 국가 주석이 10년 만에 국가원수로서 다시 일본을 방문했고, 이를 통해 중·일 양국은 '전략적 호혜 관계의 포괄적 추진에 관한 중·일 공동성명'을 채택했다.

하지만 양국의 이러한 노력에도 불구하고, 중국의 부상과 이를 견제하려는 미국 사이에 만들어진 이른바 'G2 시대' 또는 '미·중 전략 경쟁'이라는 국제 질서는 중·일 관계의 발전에 커다란 걸림돌이 되었다. 1970년대 중·일 관계 정상화가 미·중 사이의 관계 개선으로부터 동력을 얻어 추진된 반면, 2000년 중반 이후의 중·일 관계는 미·중 사이의 전략적 갈등으로부터 부정적 영향을 받고 있다. 이와 함께, 2010년에 중국의 국내총생산이 일본을 제치고 세계 2위로 올라선 것은 일본에 있어 상당한 충격이었고, 센카쿠열도(중국명 댜오위다오)를 둘러싼 영토 분쟁과 중국의 적극적인 해양 진출 등은 양국이 서로를 전략적으로 새롭게 인식하는 데 결정적인 역할을 했다. 또한 중화주의 색채가 농후한 시진핑 주석과 우익 성향의 아베 수상이 장기 집권을 하면서 양국 관계에 부정적인 요인으로 작용한 면도 없지 않다.

    이런 가운데, 2018년 미·중 무역 전쟁을 계기로 전면화한 미·중 전략 경쟁과 이로 인해 강조되고 있는 경제 안보 정책 등은 중·일 관계를 더욱 어렵게 만들고 있다. 단독으로 중국을 견제하기가 버거워진 미국은 동맹 및 우방국과 힘을 합쳐 전방위적으로 대중국 견제에 나서고 있다. 그 가운데 일본은 동아시아 지역에서는 물론이고 미국의 강력한 '글로벌 파트너'로서 미국의 대중국 견제 정책에 적극 동참하고 있다. 특히 일본은 중국의 자원 무기화와 반도체, 배터리, AI 등 첨단산업의 급속한 성장 등을 경제 안보 차원에서 경계하고 있다. 반면, 중국은 일본이 중국 견제를 구실로 미국의 승인 아래 군사 강국화, 보수화로 나아가고 있다며 우려를 나타내고 있다. 이렇게 중국과 일본 내부의 정치 변동과 더불어 국제 질서의 변화를 배경으로 현재 중·일 관계는 전략적 대치기를 보내고 있다.

중국과 러시아

김선재

중·러 관계의 기원과 발전

광활한 유라시아 대륙에 위치한 두 강대국인 중국과 러시아는 지난 수백 년간 갈등과 협력의 부침을 겪으며 세계사의 굵직한 장면들을 만들어 오고 있다. 지난 17세기 러시아제국의 시베리아 진출은 동방 최대의 제국인 청나라와 충돌할 때까지 계속됐다. '동방을 지배한다'는 의미를 지닌 도시 블라디보스토크는 러시아의 부강함을 상징하는 자랑스러운 역사의 일부이지만, 중국으로서는 지금까지도 뼈아픈 역사의 한 단면이기도 하다.

제2차 세계대전 종전 이후 냉전이 시작되면서, 공산당 정권을 수립한 중국과 소련은 자본주의 진영에 맞서는 과정에서 긴밀한 협력 관계를 구축해 나갔다. 김일성의 남침 결정과 함께 시작된 한국전쟁이 스탈린의 묵인과 마오쩌둥의 지원 속에서 이루어졌다는 것은 잘 알려진 사실이다. 그러나 1960년대에 접어들며 중소 양국은 사회주의 이데올로기 등을 둘러싸고 대립과 반목을 거듭했고, 결국 1969년 국경 지역인 전바오다오珍寶島 무력 충돌을 일으키며 양국의 관계는 극한으로 치닫게 된다. 막강한 군사력을 보유한 소련을 가장 큰 위협으로 느낀 중국은 미국과 새로운 외교 관계를 수립하며 냉전의 큰 흐름을 완전히 바꾸고자 했다.

1980년대 접어들며 조금씩 개선된 중소 관계는 소련의 붕괴와 함께 냉전이 종식되며 새로운 단계로 접어들게 된다. 소련의 적통을 물려받은 러시아는 대내외적 안정을 위해 중국과의 관계 개선이 필요했고, 개혁 개방을 통한 경제적 도약을 우선으로 했던 중국 역시 러시아와의 관계를 안정적으로 관리할 필요가 있었다. 1996년 양국은 전략적 '협작'協作, Coordination 동반자 관계를 수립한 데 이어, 2001년에는 선린우호협력조약에 서명하면서 발전 방향의 기본 틀을 확립했다. 나아가 국경을 접한 중앙아시아 국가들과 수립한 상하이협력기구sco는 오랜 갈등인 국경분쟁을 해소하는 데 일조했다.

시진핑 집권 이후 중·러 관계

시진핑 시기 중·러 양국은 미국이라는 공동의 위협에 대처하는 과정에서 사실상 '준동맹'Quasi-Alliance으로 평가될 만큼 긴밀한 협력을 유지 중이다. 2013년 국가 주석 취임 이후 첫 해외 방문으로 러시아를 택한 시진핑은 지난 10년 동안 약 40차례에 걸쳐 푸틴과 만남을 가졌다. 강대국의 두 정상이 1년 평균 네 차례 만남을 갖는 것은 현대 국제 관계에서 유례를 찾기 힘들다.

최고 지도자를 제외한 고위급 차원에서도 중·러 양국은 매우 주목할 만한 교류를 지속해 오고 있다. 양국의 총리는 매년 정부 수반 회의를 개최하는 한편 SCO 총리 회담 등을 통해 꾸준한 만남을 지속하고 있으며, 의회의 수장인 전국인대 상무위원장과 러시아 상·하원 의장 역시 연례 협의체가 있다. 이 외에도 경제 부총리급과 외교, 국방 부문의 장차관급 등 교류를 합치면 그 폭이 매우 넓어진다.

양국은 이와 같은 고위급 교류를 바탕으로 실질적인 협력을 꾸준히 강화하고 있다. 2013년 892억 달러 수준이었던 양국 간 무역은 2023년 2401억 달러를 기록하는 등 지난 10년에 걸쳐 약 세 배 증가했다. 2012년과 2019년에 각각 정례화된 해상 연합 훈련과 연합 공중 전략 순찰은 양국의 군사 협력을 상징하는 기제로 자리매김했다. 아울러 '위협에 직면할 경우 즉시 협의를 개최한다'는 선린우호협력조약 제9조에 근거하여 시행 중인 '전략안보협의'는 2005년 이후 현재까지 총 18차례 개최되었으며, 양국은 협의를 통해 대만과 우크라이나, 북핵 문제 등 민감한 현안에 대한 실질적인 공조 방안을 확대하고 있다.

러·우 전쟁과 중·러 관계 전망

　러시아의 우크라이나 침공이라는 국제 정세의 대변동에도 불구하고, 중·러 관계는 큰 틀에서 비교적 안정적으로 유지 중인 것으로 평가할 수 있다. 중국은 전쟁 대신 특별 군사작전이라는 용어를 고수하는 러시아를 옹호하면서, 미국 등 서방이 주도하는 대對러시아 제재에 참여하지 않을 것이라는 입장을 명확히 했다. 상술했듯이 양국의 무역 규모는 전쟁 전보다 오히려 증가했으며, 최고 지도자가 중심이 된 고위급 교류 역시 활발히 이루어지고 있다. 2024년 5월 다섯 번째 대통령 임기를 시작한 직후 중국을 방문한 푸틴을 향해 시진핑은 내 '오랜 친구'老朋友라고 부르며 환대했다.

　군사 분야의 협력 역시 꾸준히 확대되고 있다. 2024년 7월 실시된 제8차 중·러 연합 공중 전략 순찰에서 양국의 군용기는 사상 처음으로 알래스카 인근 베링해 상공을 비행했으며, 같은 해 9월 양국 해경은 북태평양 지역에서 처음으로 합동 순회를 하는 등 굳건한 협력 관계를 대내외에 과시했다. 나아가 양국 모두 부인하고 있지만, 미국 등 서방국가들은 '치명적이지 않은 무기'를 중심으로 한 중국의 대러시아 군사 지원 가능성을 강하게 의심 중이다.

　전쟁에도 불구하고 양국 관계가 비교적 안정적으로 유지될 수 있는 배경에는 미국이라는 공동의 위협이 있기 때문이라고 평가할 수 있다. 미국이 중·러를 권위주의 국가로 인식하고 민주주의와 인권 등 보편적 가치를 공유하는 국가들과 함께 견제하는 전략을 유지할수록 이에 대응하기 위한 중·러의 연대 역시 강화될 것으로 보인다.

중국과 유럽연합

서정경

유럽연합(이하 'EU')은 21세기 중국의 부상, 유럽의 재정 위기, 그리고 미·중 전략 경쟁 속에서 복잡한 신국면을 맞이했다. 유럽까지 연결을 시도한 중국의 '일대일로,' 특히 러·우 전쟁 이후 대러시아 제재에 소극적인 중국에 대해 EU는 디리스킹 전략을 취하며 선별적이고 다층적인 대응에 나설 것임을 시사했다. 자유주의 국제 질서를 둘러싸고 미국과 G7 대對 중·러 진영 간 대립 국면이 심화되면서 EU와 중국 관계는 새로운 도전에 직면했다.

중·EU 관계의 역사

냉전 시기 중국은 서유럽 국가들과 극심한 이데올로기 대립을 겪었다. 이후 전 지구적 데탕트 속에서 중국은 1975년 5월 유럽경제공동체(EU의 전신)와 첫 외교 관계를 맺었다. 1978년 덩샤오핑의 개혁 개방 노선 이후 양자는 1983년에 수교하여 관계를 정상화했으나, 1989년 톈안먼 사태로 유럽 각국이 중국을 제재하면서 관계가 후퇴했다. 하지만 탈냉전 시기를 맞아 양자는 경제의 상호 보완성을 기초로 국익을 추구했고, 2001년 전면적 파트너 관계, 2003년 전면적인 전략 파트너 관계로 발전했다. 2008년 달라이 라마 이슈로 한때 양자 관계가 타격을 입었고, 2010년 전후 유럽 재정 위기 이후 유럽에서 대중 정책에 있어 신중해야 한다는 목소리도 나왔으나 세계화 추세 속에서 2013년 양자는 〈중·EU 협력 2020 전략 계획〉을 발표하며 '평화, 성장, 개혁, 문명'의 4대 파트너 관계라는 장기적 목표에 합의했다.

하지만 미·중 전략 경쟁과 코로나19는 중국에 대한 EU의 인식을 악화시켰고, 2023년 6월 EU는 중국을 전략적 동반자인 동시에 체제적 라이벌로 규정했다. 현재 EU 소속 유럽 국가들은 중국과의 경제 및 투자 협력의 필요성은 인정하지만, 중국의 권위주의적 속성 및 팽창에 대해 경계심을 가지고 있다. 현재 중국에 대한 유럽인들의 인식은 무역 및 경제 분야를 제외하면 전반적으로 부정적이다.

중·EU 경제 무역 관계

EU는 전 세계에서 가장 큰 경제주체이며, 중국은 전 세계에서 가장 큰 개도국이자 세계 2위의 경제 대국이다. 지난 10여 년간 양자 간 교역량은 두 배가량 증가했으나 유럽의 대중국 수입 비중이 높아 오늘날 EU는 중국의 가장 큰 무역 파트너이자 최대 무역적자국이다. EU는 중국의 산업 보조금, 과잉생산에 의한 불공정 경쟁, 시장 왜곡 우려를 지목하며 중국과의 무역 적자 현상을 개선하려 한다. 2023년 12월 중국과 EU 지도부가 4년 만에 처음 가진 대면 정상회담에서 EU 지도부가 경제 불균형 문제를 집중적으로 제기한 이유이다. 또한 러·우 전쟁 등에 대해서도 EU와 중국은 이견을 보였다. 유럽집행위원회EC가 2024년 중국산 전기차 제조업체에 부과한 추가 잠정 상계관세(17.4~37.6%)가 7월 4일 발효되면서 양자 간 무역 긴장이 심화되는 추세이다.

중국에 대한 EU의 경계

중국은 2013년 출범시킨 '일대일로'의 초기 노선도에 유럽과의 연계를 삽입했을 정도로 유럽의 참여를 희망했다. 시진핑 주석은 2014년 중국의 국가 주석으로서는 처음으로 EU 본부를 공식 방문함으로써 중국이 유럽을 중시하고, 유럽 단일화 건설을 지지하며, 유럽과의 관계를 심화할 것이라는 메시지를 전달했다.

하지만 중국의 부상 및 지구적 경제 침체기를 맞아 양자 간 경제 무역 관계를 중심으로 한 관계의 안정성이 일정한 영향을 받고 있다. 특히 중국의 대EU 투자가 급증하면서 유럽 각 국가들은 중국이 막대한 차이나 머니를 무기로 유럽에 대한 영향력을 확장하고 있으며 유럽의 대중 의존도가 높아진다고 우려하기 시작했다. 중국 정부가 자국 기업의 유럽 진출을 지원하기 위해 보호무역주의를 취하면서 공세적인 기업합병을 통해 유럽의 첨단 기술을 쉽게 가져간다는 불만이다. 이에 따라 EU 각국들은 외국의 유럽 내 첨단 기술 분야 기업의 인수 합병이나 투자 장벽을 높이는 추세이다. 특히 중국이 자금을 투입하며 '일대일로'를 확장하는 데 주력하고, 유럽 내부에서는 중국이 '일대일로'를 명분으로 유럽을 분열시키려 한다는 의구심이 나타났다. 유럽에 처음 건설되는 고속철 사업(부다페스트~베오그라드 간)에 대한 EU의 건설 위법성 조사는 양자 간 미묘한 갈등을 드러낸 사례로 기록된다.

    바이든 시기 미국과 유럽의 대중국 견제의 연대가 강화되면서 중국은 EU와의 관계를 안정시킬 필요성이 커졌다. 시진핑 정부는 미국의 대중국 견제 구도에서 EU를 약한 고리로 보고, 중국-EU 관계가 제3자(미국)를 목표로 하거나 제3자에게 의존하거나 종속되지 않는다며, EU가 미국과 무관하게 중국과의 관계를 안정되게 유지하기를 희망한다고 밝혔다. 2025년 도널드 트럼프의 재집권 이후 기후 위기 대응을 비롯한 다양한 이슈에서 미국과 EU 간 연대 및 관계에 변화가 예상되는 가운데, 2050년까지 세계 강대국으로 부상하려는 중국이 EU의 주요 선진국들과 어떻게 '새로운 강대국'新型大國의 틀에서 관계를 안정시키고, 아울러 동유럽의 저개발 국가들을 포섭해 나갈 수 있을지 귀추가 주목된다.

중국과 북한

전병곤

 미·중 전략 경쟁 관계의 장기화·구조화 추세에 따라 북·중 관계의 변화와 지속 여부는 한반도를 둘러싼 동아시아 질서 전반에 영향을 미치는 주요 변수이다. 사실 그동안 북·중 관계를 보는 관점은 다양하게 엇갈려 왔다. 즉, 이념과 혈맹에 기초한 사회주의 국가 간의 특수 관계라는 관점, 유사시 군사원조 조항이 있는 '북·중 우호 협력 및 상호원조조약'에 기초한 동맹 관계라는 관점, 탈냉전 이후 상호 이익에 기초한 정상적인 국가 대 국가의 관계라는 관점 등이 그것이다. 이러한 관점들은 60여 년간 유지되어 온 북·중 관계의 '애증'과 '딜레마'를 상징적으로 보여 주고 있다.

단속斷續의 역사

 중국과 북한의 공식적인 관계는 1949년부터 시작되었다. 1948년 9월 9일 조선민주주의인민공화국을 수립한 북한과 1949년 10월 1일 중화인민공화국을 수립한 중국이 10월 6일 공식적으로 수교를 맺었다. 그러나 양국의 수교는 이념적 동질성과 항일 투쟁의 공동 경험 등 이전부터 유지해 온 밀접한 교류와 협력의 연장선상에 있었다. 이러한 배경은 곧이어 발발한 한국전쟁에 중국이 참전하는 결과로 이어졌고, 순망치한脣亡齒寒의 혈맹 관계를 형성하는 계기가 되었다. 1961년 7월 체결한 북·중 조약 역시 이를 상징한다.

 이러한 맥락에서 냉전기의 양국 관계는 안정적으로 전개되었다고 볼 수 있다. 다만 1960년대 중반 이후 중소 분쟁의 격화 속에서 자주·중립 외교를 통해 실리를 추구했던 북한과 좌경 이념이 지배적이었던 중국이 상호 비난과 고위층 방문 중단 등의 경색 국면을 겪은 적도 있었다. 그러나 북·중 관계의 커다란 변화는 탈냉전과 함께 도래했다. 탈냉전 이후 중국은 안정을 통한 경제성장과 국제사회의 책임 있는 일원으로서의 영향력 확보에 국가적 이해와 관심을 집중해 왔으며, 반면 북한은 경제난과 외교적 고립에도 불구하고 체제 유지 및 보장에만 힘써 왔다. 이러한 양국의 상이한 이해관계에 한·중 수교(1992년 8월)와 김일성 사망(1994년 7월), 중국 지도부의 세대교체 등이 맞물리면서 양국 관계가 질적으로 조정·변화되었고, 1998년까지 상호 냉담한 관계를 유지했다.

하지만 경제난 해소를 위해 주변국의 협력이 필요해진 북한은 1999년부터 대중 관계를 정상화하기 시작했다. 특히 2002년 10월부터 발발한 2차 북한 핵 위기는 역설적이게도 양국의 전략적 협력 관계를 강화하는 데 커다란 밑거름으로 작용했다. 북한은 정치경제적 위기에서 벗어나기 위해 핵 보유를 통한 생존 외교를 추진했고, 중국의 경제적·외교적 지원이 절실하게 필요했다. 중국으로서도 북한을 유인하는 것이 안정적인 경제 발전과 북핵 문제의 평화적 해결에 기여하는 책임 대국으로서의 영향력 확대에 유리한 측면이 있었다. 이로 인해 양국 간의 협력 채널이 재건 및 가동되었고 북·중 간 협력이 긴밀해졌다.

물론 2006년 10월과 2009년 5월 북한의 두 차례 핵실험 이후 중국이 북한을 비난하고 유엔 안보리의 대북 제재안에 찬성하는 등 양국 관계가 소원해진 적도 있다. 그럼에도 불구하고, 중국은 북·중 관계의 전통과 북한의 안보·전략적 가치를 고려하는 것이 중국의 국익에 더 유리하다고 보았으며, 그에 따라 북한을 지지·지원하는 정책 기조를 유지했다. 특히 2010년 천안함 사건을 계기로 중국은 강화된 한·미 동맹에 대응해 북한과의 포괄적인 협력 관계를 구축했고 김정은 체제의 안착을 후원했다.

시진핑 시대의 북·중 관계

제18차 당대회(2012년 11월~2017년 10월) 기간에 해당하는 시진핑 집권 1기의 북·중 관계는 양국의 지도부가 교체되고 주요 정책 방향도 조정됨에 따라 이전과는 다른 양상으로 전개되었다. 이 시기 북한은 총 네 차례 핵실험을 실시

시진핑 집권 2기 북·중 정상회담 개요

	일정	개최 장소	목적	주요 의미(결과)
1차	2018.3.25.~28.	베이징	• 남북정상회담 사전 협의	• 김정은 집권 후 7년 만의 방중 • 북·중 관계 복원
2차	2018.5.7.~8.	다롄	• 남북 정상회담 결과 설명 • 비핵화와 평화협정 조율	• 북·중 관계 강화
3차	2018.6.19.~20.	베이징	• 1차 북·미 정상회담 결과 설명	• 북·중 연대 • 중국의 영향력 확대
4차	2019.1.7.~10.	베이징	• 2차 북·미 정상회담 입장 조율 • 수교 70주년 기념	• 2차 북·미 회담 결렬
5차	2019.6.20.~21.	평양	• 하노이 북·미 정상회담 결렬 평가 • 북·중 전략적 소통 및 협력 강화	• 시진핑 14년 만의 방북 • 남·북·미 정상 판문점 회동 • 북·중 협력과 중국의 영향력 확대

했으며, 이를 둘러싼 북한과 중국 간의 이견과 마찰은 중국의 대북 제재 강화와 이에 대한 북한의 불만으로 이어지면서 북·중 관계가 악화되었다. 북한은 핵·경제개발 병진 노선을 항구적 전략 노선으로 설정하고 대중 정책을 추진한 반면, 북한의 핵 보유를 반대하나 대화를 통한 평화적 해결을 주장하는 중국이, 북한을 비핵화의 궤도로 유도하기 위해 압박을 강화했기 때문이다.

그러나 시진핑 집권 2기(2017년 10월~2022년 10월) 한반도를 둘러싼 미·중 전략 경쟁이 본격화됨에 따라 북·중 관계도 전략적 협력 관계로 회복되었다. 구체적으로, 2018년 남북정상회담 3회(4.27./5.26./9.19.), 북·미 정상회담 2회(2018.6.12./2019.2.28.), 남·북·미 정상회담 1회(2019.6.30.) 등 남북한과 미국 주도의 한반도 비핵화와 평화협정에 관한 논의가 진행되었는데, 이 과정에서 북한은 중국의 경제적·외교 안보적 지원과 협력이 긴요했다. 중국도 한반도에서 '중국 배제론'을 불식하고 '중국 역할론'을 부각함은 물론, 미국 주도의 한반도 질서 형성을 견제하는 데 북한과의 협력이 중요해졌다. 따라서 이 시기 북·중은 다섯 차례의 정상회담을 통해 기존 전통 우호 협력 관계를 복원했을 뿐만 아니라, 반미 연대를 기치로 긴밀한 협력 관계를 대내외에 과시했다.

이상에서 보듯이, 북·중 관계는 각자의 국익에 따른 상호 협력과 갈등을 관리·조정하는 특징을 보이고 있다. 이러한 특징은 시진핑 집권 3기(2022년 10월~

2027년)의 북·중 관계에서도 지속되고 있다. 즉, 중국은 한반도의 평화와 안정, 한반도 비핵화, 대화와 협상을 통한 해결 등의 원칙하에서 북한 체제의 안정, 대북 영향력 확대, 북핵 문제의 평화적 해결 등 기존 대북 정책 목표를 단기간에 조정하지는 않을 것으로 예상된다. 특히 미·중 전략 경쟁의 상황에서 중국은 북한의 지정학적·안보적 가치를 중시할 것이며, 한반도의 현 상황을 타파할 수 있는 북한의 급변 사태나 급격한 통일에 대해서는 반대하는 입장을 유지할 것이다.

중국은 북한의 추가 핵실험 시, 유엔을 통한 대북 제재를 유지하겠지만, 북한 체제의 붕괴나 혼란을 초래하는 수준까지 북한을 압박하지는 않을 것이다. 오히려 중국은 북한과의 전략적 소통을 통한 영향력 강화를 시도해 자국 주도의 질서 형성에 유리한 국면을 조성하고자 할 것이다. 중국은 북한·러시아와 반미 연대를 기치로 긴밀한 관계를 형성할 것이나, 3국 간의 소다자 협력을 강화해 대응하기보다 한·일·중 회의를 통한 한·미·일 동맹의 제어를 우선 고려할 것이다. 이처럼 향후 북·중 관계는 북·중 양자만이 아닌, 남·북, 미·중, 북·미 관계 등 복합 질서의 영향 속에서 전개될 개연성이 크며, 한반도의 평화 정착과 통일 실현에도 밀접한 관련이 있는 만큼 중장기적인 관찰과 깊이 있는 분석이 요구된다.

중국과 대만

문흥호

양안 관계의 함의와 변천

중국과 대만의 양안兩岸 관계는 기본적으로 중화인민공화국과 중화민국의 관계, 중국 대륙과 대만 지구(臺灣, 金門, 澎湖, 馬祖)의 관계, 중국을 대표하는 유일한 합법 정부로서의 중화인민공화국과 불가분한 일부분인 대만의 관계, 하나의 중국 원칙에도 불구하고 두 개의 정치 실체로 존재하는 중국과 대만의 모호한 정치적 관계 등을 모두 포괄하는 개념이다. 따라서 양안 관계는 중국공산당과 국민당의 장기 대립의 역사, 대만 문제에 대한 국제사회의 보편적인 인식, 1971년 유엔 총회 결의 제2758호와 양안 관계 현실의 괴리 등을 모두 내포하고 있다.

1949년 중화인민공화국 수립과 중화민국의 대만 패퇴 이후 양안 관계는 대만 해방과 대륙 수복을 위한 공세적 적대기(1949~78년), 평화공존과 비정치·민간 차원의 교류·협력 확대기(1979~99년), 통일과 독립의 상호 대립기(2000~08년), 일중각표一中各表 및 삼통 확대기(2008~15년), 하나의 중국 원칙과 '92 컨센서스'九二共識의 소극적 거부기(2016~24년)로 구분된다. 양안 관계의 이러한 변화는 최고 지도자의 상호 인식과 정책, 양안 관계의 미래상에 대한 비전의 차이에서 기인한다. 특히 대만의 경우 장제스, 장징궈蔣經國, 리덩후이, 천수이볜, 마잉주馬英九, 차이잉원蔡英文의 대륙관觀과 대륙 정책은 매우 큰 편차를 보였다. 반면에 개혁 개방 이후 중국의 대만 정책은 덩샤오핑이 제시한 일국양제 통일 방식의 확고부동한 위상으로 인해 지도부 교체에 따른 정책 변화가 적었다.

양안 관계 변화의 핵심 요인

　양안 관계 변화에 미칠 영향은 중국 요인, 대만 요인, 미국을 중심으로 한 국제적 요인으로 대별된다. 우선 중국은 기본적으로 양안의 특수한 정치 관계를 현실 상황에 적합하게合情合理 조정하고, 양안의 군사 안보적 신뢰를 바탕으로 대만해협의 긴장을 해소하며, 양안의 다각적인 교류 협력을 통해 양안 관계의 평화적 발전을 도모한다는 정책을 유지하고 있다. 특히 시진핑을 핵심으로 한 중국의 제5세대 지도부는 '하나의 중국'―個中國 원칙 고수를 전제로 경제협력, 민간 교류 확대를 통해 민족적 정체성과 문화적 공감대를 강화함으로써 양안 주민의 단결과 신뢰 구축, 공동 복지를 증진하고 궁극적으로 '중화 민족 공동체'를 구축하고자 한다. 다만 시진핑 집권 3기 이후 미·중 패권 경쟁이 심화되고 미국의 대만 정책이 재조정되면서 대만에 대한 군사적 위협을 강화하고 있다.

　한편 대만은 중국의 강대국화에 따라 국제적 입지가 크게 위축된 상황에서 양안의 평화공존과 전방위적 교류 협력을 추진하면서도 대만을 일개 지방정부로 간주하는 '하나의 중국' 원칙을 거부한다. 이는 대만의 독립적 정치 실체political entity에 대한 본능적 욕구이며 절대다수 대만인들은 주권국과 지방정부 사이에서 모호하게 존재하는 자신들의 정치적 지위 변화를 염원한다. 다만 양안 관계를 '독립'과 '통일'이라는 극단적인 대립 구조로 인식하기보다는 장기적 차원의 안정적 평화공존을 지향한다. 따라서 대만의 대내적 상황, 중국의 대만 정책 및 국제 정세 변화에 따라 자주독립 의지가 공세적으로 표출될 가능성은 상존하지만 대만의 대중국 경제 의존도가 심화되고 중국이 다양한 경로를 통해 대만의 국제적 생존 공간을 빠르게 잠식할 경우 대만의 자주 독립은 정치적 구호에 머무를 가능성이 높다. 차이잉원에 이어 2024년 5월 집권한 민진당 라이칭더賴淸德가 '중국과 대만이 상호 예속되지 않고 중국이 대만을 대표할 권한이 없다'는 점을 강조하지만 이러한 주장이 대내외적으로 현실화될 가능성은 높지 않다.

　한편 양안 관계에 절대적인 영향력을 행사해 온 미국은 양안 관계의 평화적 현상 유지를 목표로 중국의 통일 시도와 대만의 독립 시도를 모두 반대하는

'불통불독'不統不獨의 전략적 모호성을 유지하고 있다. 물론 미국 정치권에는 대만의 존재 이유와 가치를 인정하고 이들의 지속적인 생존과 발전을 적극 옹호하는 여론이 상존해 왔다. 특히 대중국 압박 필요성이 점증하고 권위주의 독재 체제와의 신냉전적 갈등이 고조되는 상황에서 자유 민주 진영의 중요한 파트너인 대만을 중국의 군사적 위협에 방치할 수 없다는 것이다. 미국의 고민은 대만을 쉽게 포기할 수 없지만 중국과의 무력 충돌을 감수하면서까지 대만의 독립을 방조할 수도 없다는 것이다. 미국이 민주당, 공화당 정권을 불문하고 대만을 중국 견제의 전략적 자산으로 이용하는 한 이러한 한계를 벗어나기 어렵다. 대만 역시 자신들의 독립을 위해 미국이 중국과의 일전을 불사할 것으로 기대하지 않는다.

대만 문제와 양안 관계 전망

중국과 대만은 양안의 상생·공영을 우선시하며 호혜협력互補互利의 경계를 부단히 확대했지만, 그러한 정책적 탄력성이 통일과 독립에 대한 양안의 상반된 욕구를 근본적으로 불식할 수는 없었다. 중국의 경고처럼 대만 독립과 대만해협의 평화는 물과 기름처럼 화합되기 어려운 것이 양안 관계의 현실이다. 따라서 대만의 정치적 지위를 둘러싼 양안의 마찰과 교류 협력의 기복이 불가피하다. 특히 1949년 이후 대만해협의 전쟁과 평화의 문제가 미·중 관계와 미국의 전략적 고려에 의해 크게 좌우되었다는 점에서 향후 미·중 패권 경쟁의 추이가 양안 관계 변화의 핵심 요인으로 작용할 것이다. 결국 양안의 통일과 독립에 대한 중국, 미국, 대만의 '의지와 능력'에 분명한 한계가 있고 이를 쉽게 현실화할 수 없는 제약 요인이 상존한다는 점에서 대만 문제와 양안 관계는 통일과 독립, 전쟁과 평화를 양극단으로 하는 중간 범위에서 불안정하게 존재할 수밖에 없다.

중국과 동남아

김예경

중국-동남아 관계 현황

중국은 필리핀·베트남·인도네시아·말레이시아·브루나이 등과 남중국해를 공유하고 있고, 내륙으로는 미얀마·라오스·베트남 등과 국경을 인접하고 있어 동남아 지역을 군사·안보·경제적 차원에서 갈등과 경쟁의 대상으로 인식하면서도 미·중 간 패권 경쟁이 치열하게 전개되는 가운데 자국의 국가 안보 이익 수호를 위해 전략적으로 중요한 '중간 지대'Buffer Zone로 간주해 왔다.

이로 인해 중국은 동남아 국가들의 협력을 견인하고 중국의 우호적인 국가 이미지를 심기 위해 막강한 경제력을 수단으로 삼아 적극적인 '매력 공세'Charm Offensive 외교를 펼쳐 왔으며, 동남아 국가들은 중국의 군사 현대화와 남중국해 영유권 분쟁이라는 안보상의 위협을 인식하면서도 경제적 이익을 우선시하여 중국에 대한 실리 외교에 치중하는 경향을 보여 왔다.

2009년 이래 중국은 줄곧 아세안(싱가포르·필리핀·말레이시아·인도네시아·태국·미얀마·라오스·캄보디아·브루나이 등 동남아 10개국이 가입)의 최대 무역 상대국 지위를 유지해 왔으며, 2020년 아세안은 중국의 최대 무역 대상 지역으로 부상했다. 최근 말레이시아에서는 중국 지리Geely자동차 등이 100억 달러의 투자 계획을 발표했으며, 태국·인도네시아·말레이시아·싱가포르·베트남·필리핀의 전기차 시장은 중국의 판매 점유율이 52%에 달한다. 남중국해 영유권을 두고 가장 치열하게 분쟁 중인 베트남은 동남아 국가 가운데 중국과 교역 규모가 가장 큰 나라이기도 하다. 최근 베트남은 중국과의 관계를 '포괄적 전략적 동반자 관계'를 넘어서는 '운명 공동체'로 격상하기도 했다. 한편 코로나19 팬데믹 이후 중국이 싱가포르·말레이시아·태국 등과 상호 비자 면제 조치를 시행하면서 중국과 동남아 국가 간 인적 교류도 매우 활발하게 이루어지고 있다.

중국-동남아 관계 전망

중국과 동남아 관계는 미국의 동남아 정책과 떨어져서 생각하기 어렵다. 그런데 미국이 자국 우선주의와 보호주의 노선에 경도되어 동남아 국가와의 관계 강화를 소홀히 하면서, 최근 동남아 지역에서의 '미국 부재' 현상이 더욱 뚜렷해지고 있다. 미국의 인도·태평양 전략에서 동남아의 지정학적 가치는 매우 중요하다. 그러나 미국이 제시한 '인도·태평양경제프레임워크'IPEF는 회원국 간 경제적 유대 강화를 추구하고는 있지만, 대중국 견제에 치중하면서 정작 미국 시장 진입 보장 등 동남아 국가의 기대에는 미치지 못한다는 비판이 제기되고 있다. 또한 미국이 규칙 기반의 국제 질서 수호 및 인권과 민주주의 가치를 강조할수록 권위주의 혹은 반+권위주의 국가가 대부분인 동남아 국가 지도자들을 오히려 소외시킨다는 지적도 있다. 최근 미국 외교 전문지 『포린 어페어즈』Foreign Affairs에 게재된 「미국은 동남아를 잃고 있다」America Is Losing Southeast Asia라는 기고문에서 동남아 지역에 대한 미국의 적극적인 정책 변화를 주문한 데는 이러한 배경이 있다.

이에 반해, 경제력으로 무장한 중국의 동남아 접근 정책이 더욱 집요해지면서 동남아 국가를 무장해제시키고 있다. '역내포괄적경제동반자협정'RCEP의 발효는 중국에 대한 동남아 국가의 경제적 의존과 협력 강화를 촉진하는 촉매 역할을 하고 있다. 최근 싱가포르의 싱크 탱크 ISEAS-유소프 이삭 연구소가 실시한 여론조사에서, 대부분 동남아 국가들은 동남아 지역에서 경제는 물론 정치 및 전략적 차원에서도 중국이 가장 영향력이 큰 국가라고 답변한 것으로 나타났다. 또한 미국과 중국 중 양자택일을 한다면 중국을 선택하겠다는 답변이 더 많아지기도 했다. 말레이시아·인도네시아·라오스·브루나이 등에서는 응답자의 70% 이상이 중국을 선택하기도 했다. 남중국해에서 중국과 잦은 충돌을 빚고 있는 필리핀과 베트남은 미국과 군사적 협력을 더 선호하고 있지만, 중국을 적대시하는 데는 신중한 태도를 보이고 있기도 하다.

중국으로서는 동남아 지역에서 미국의 영향력 약화는 자국이 아시아·태평양 지역에서 세력을 확장할 수 있는 기회의 창이 열린 것이라고 해도 무리한 주장은 아니다. 그러나 향후 중국과 동남아 관계를 낙관적으로만 보는 데도 신중함이 요구된다. 동남아 지역에는 여전히 중국의 강대국화를 기회이자 도전으로 보는 상충적 인식이 존재하고 있기 때문이다. 남중국해를 둘러싼 영유권 분쟁이 잠재적 불씨로 남아 있고, 중국이 '일대일로 사업' 추진 과정에서 동남아 국가와의 이익 충돌로 불협화음이 발생할 가능성도 상존한다. 동남아 국가의 중국 경도 현상이 미국의 동남아 제재로 이어지는 등 불이익을 초래할 가능성도 배제하기 어렵다. 그러나 급격한 국제 환경의 변화가 발생하지 않는 한 미·중 전략 경쟁에서 동남아 국가들이 취할 수 있는 선택은 제한적일 수밖에 없다. 향후 미국이 동남아 지역에 대한 경제 및 안보 정책에서 큰 변화를 추구하지 않는다면, 동남아 국가들은 미국과는 군사 안보적 이익을 취하고, 중국과는 경제적 실익을 추구하는 헤징Hedging 전략을 그대로 지속할 가능성이 높을 것으로 전망된다.

영토 분쟁

이동률

중국은 2만 2000km의 육로와 1만 8000km의 해안 국경을 통해 각각 14개국 및 6개국과 접경하고 있다. 중국은 건국 직후 과거의 '불평등조약'에 의해 획정된 국경선, 오랜 역사를 통해 형성된 전통 관습선과 실질 관할선이 혼재된 복잡하고 불명확한 국경선 문제를 안고 있었다. 이러한 지리적·역사적 특성으로 인해 건국 이후 지난 70여 년 동안 중국은 대부분의 인접 국가와 국경 획정 문제를 둘러싸고 다양한 분쟁과 협상을 경험했다. 중국은 건국 초기 국내외의 불안정한 환경의 영향으로 국경 문제에 대해 잠정적으로 '불평등조약의 불계승'과 '현상유지'라는 원칙론만을 제시한 채 본격적인 국경 획정 문제에 착수하지 않았다. 불평등조약의 불계승을 선언한 중국의 입장에서는 거의 모든 주변 국가들과 새롭게 국경선 협상을 진행해야 하는 과제를 안고 있었다. 1955년 11월 미얀마 국경 지역에서 충돌이 발생한 이후, 중국은 미얀마와 국경 문제 협상을 시작했고, 1960년에 마침내 국경 협정을 체결함으로써 국경 문제 해결의 첫발을 디뎠다.

내륙 국경분쟁

중국은 역사적 연고권을 근거로 고토 회복주의를 주창해 왔지만 실제 영토 분쟁, 특히 국경분쟁의 경우에는 보다 현실적 이익, 즉 정권 안정, 소수민족 분규 문제, 국가 안보, 그리고 경제 이익을 우선 고려해 왔다. 이는 국경 분쟁을 평화적으로 해결한 경우는 물론이고 무력 충돌을 강행한 사례들의 경우에도 예외는 아니었으며, 중국의 국력이 증대된 1990년대 이후에도 크게 다르지 않았다. 내부 체제 위기에 직면했던 대약진운동의 실패 직후 1960년대 초와 톈안먼 사건 직후의 1990년대 초 중국은 다수의 인접 국가들과 적극적인 협상을 통해 국경 문제를 타협적으로 해결했다. 1960년대에 중국은 미얀마(1960년), 네팔(1961년), 북한(1962년), 몽골(1962년), 파키스탄(1963년), 그리고 아프가니스탄(1963년)과 협상을 통해 각각 국경 조약 또는 협정을 체결했다. 중국이 국경에서 전쟁까지 불사했던 상대들은 인도(1962년), 소련(1969년), 베트남(1979년)과 같은 당시 초강대국이거나 초강대국의 지원을 받던 지역 강국들이었다. 중국은 이들 국가와 영토 분쟁을 했다기보다는 국가 안보에 대한 위기 인식에서 전쟁이라는 초강수를 선택했다.

중국은 1990년대 탈냉전 시기에 경제 발전을 위한 평화적 안보 환경의 확보라는 전략적 고려하에 국경 문제 해결에 적극성을 보이기 시작했으며, 국경 지역의 신뢰 구축 및 비군사화와 관련된 협상에 참여하는 등 현실적이고 실리적인 태도를 취했다. 중국은 라오스(1991년), 러시아와의 서부 국경(1994년), 카자흐스탄(1994년), 키르기스스탄(1996년), 타지키스탄(1999년), 베트남(1999년), 그리고 러시아와 동부 국경(2004년) 문제를 연이어 협상을 통해 평화적으로 해결했다. 그 결과 중국은 내륙 영토에서는 인도와 부탄, 그리고 해양 영유권(남중국해와 댜오위다오)만을 남겨 두고 대부분의 영토 분쟁을 해결했다. 2020년 중국과 인도는 국경 지역에서 45년 만에 다수의 사상자가 발생하는 무장 충돌을 겪었다. 이후 양국은 국경 문제 관련 회담을 통해 긴장 완화와 신뢰 회복을 위해 노력하기로 했다. 그럼에도 중국과 인도 사이에 경쟁 관계가 심화되고 있어 향후에도 국경 지역의 불안정은 지속될 가능성이 있다.

해양 영유권 분쟁

중국의 해양 영토에 대한 관심 증대는 급속한 경제성장 과정, 급증하고 있는 에너지 수요, 해외 진출走出去 활성화라는 경제적 요인과 관련이 있다. 중국은 2010년 이후 남중국해와 동중국해에서의 영유권 분쟁에서 강경한 입장을 고수하고 있다. 중국은 1972년 이후 일본과 댜오위다오를 놓고 대립하기도 했지만 그래도 영유권 문제, 어업 문제, 자원 문제를 분리하면서 평화적으로 관리하려는 기조를 유지해 왔다. 그런데 2010년 어선 충돌 후 중국 선장 구속과 2012년 일본의 댜오위다오 '국유화' 조치를 계기로 중국은 기존의 '분쟁 유보' 입장에서 벗어나 경제 보복 등 공세적 입장을 취했으며 양국 간 분쟁이 고조되었다. 그러나 일본이 국유화 조치를 철회하지 않았음에도 불구하고 2014년 출구 전략을 통해 일본과의 관계를 개선했으며 영유권 분쟁은 다시 잠복기에 들어갔다.

그리고 중국은 2009년에 유엔대륙붕한계위원회CLCS에 '남해 9단선'南海九段線을 공식적으로 처음 등록하면서 베트남, 필리핀 등 역내 분쟁 당사국들과의 남중국해 분쟁이 촉발되었다. 2010년 이후에는 남중국해 문제에 대한 미국의 개입이 본격화되고 '항행의 자유 작전'을 둘러싼 미·중의 마찰이 빈번해졌다. 2016년에는 필리핀이 중국을 상대로 국제상설중재재판소PCA에 제소한 결과 남중국해에 대한 중국의 영유권 주장이 국제법적 근거가 없다는 판결을 받았다. 중국은 판결 결과를 수용할 수 없다는 입장을 견지하고 있다. 그런데 판결 이후 오히려 남중국해 분쟁에 대한 국제법적 해석이 복잡해지면서 일단 잠복기에 들어갔지만, 여전히 분쟁의 불씨를 안고 있다. 중국은 국가 발전 전략의 일환으로 일대일로 등 방식을 통해 해양으로의 진출을 가속화할 것이다. 이에 따라 남중국해 영유권 분쟁은 향후 미·중 간의 해양 세력 경쟁으로 확대될 가능성이 크다.

중국이 2010년 이후 해양 영유권 분쟁에서 강경한 입장을 취하게 된 것은 세계경제 위기 이후 가파른 부상 속에서 중국 국익의 해외 확장, 미국의 아시아 회귀에 대한 경계, 중국 내 중화 민족주의의 고조, 상대국의 강경 대응 등이 복합적으로 작용한 결과라고 할 수 있다. 요컨대 중국의 영토 분쟁에 대한 태도에 영향을 미치는 변수들은 다양하며 복잡하다. 중국은 각 사례의 특수성, 즉 시점, 상대, 그리고 분쟁의 내용과 국제 환경에 따라 상이한 행위 패턴을 보이고 있다.

일대일로

원동욱

'중국의 꿈' 달성의 유력한 수단, '일대일로'

중국의 신실크로드 전략이라 할 수 있는 '일대일로'는 실크로드 경제벨트와 21세기 해상 실크로드를 통칭하는 용어로서, 시진핑 주석이 2013년 9월과 10월 중앙아시아와 동남아시아 순방 기간 제기한 중대 전략 구상이다. 이 전략 구상은 발표 직후 관련 국가들로부터 크게 호응을 얻었고 광범위한 반향을 불러일으킨 바 있으며, 시진핑 시대 중국 국가 전략의 핵심 축으로서 '중화 민족의 위대한 부흥'이라는 '중국의 꿈'中國夢을 달성하려는 유력한 수단으로 활용되고 있다. 2017년 10월에 개최된 제19차 당대회에서 '일대일로'는 구체적 정책으로서는 최초로 당장黨章에 삽입되는 등 시진핑 집권 시기는 물론이고 장기간 지속적으로 추진될 국가 대전략의 위상을 확보했다.

중국은 '일대일로' 전략 구상을 구체화하기 위한 유력한 조치로서 기존에 제기된 아시아인프라투자은행AIIB의 설립과 함께 실크로드 기금Silk Road Fund을 조성했고, 공간적으로도 동쪽으로는 아시아-태평양 경제권과, 서쪽으로는 유럽 및 아프리카 경제권을 포함하는 등 범위도 더욱 확산되는 추세이다. '일대일로'는 시진핑의 "친·성·혜·용"親誠惠容이라는 주변국 외교 이념을 넘어 "인류 운명공동체" 구축이라는 담론을 실체화하는 전략으로서, 2015년 2월 '일대일로 영도소조'가 출범했으며 2015년 3월 〈일대일로 공동 건설 추진을 위한 비전과 행동〉 문건이 공식 발표되었다. 중국의 '일대일로' 전략 구상은 양자 협력 외에도 상하이협력기구SCO, 유라시아경제연합EEU, 아시아유럽정상회의ASEM, 아시아 교류 및 신뢰구축회의CICA, 아세안+1 등 기존의 지역 협력 기제를 적극 활용하여 전개되고 있을 뿐만 아니라, 역내포괄적경제동반자협정RCEP과 아시아태평양경제협력체APEC, 브릭스, 개도국그룹G77 등과의 결합을 통해 협력의 공간을 확대해 가고 있다.

일대일로의 추진 배경

'일대일로' 전략 구상의 추진 배경과 관련하여 중국 내부에서는 해외투자 및 산업 이전 등을 통한 과잉 생산능력의 해소, 지속 가능한 발전을 위한 해외 에너지·자원의 안정적 확보, 서부 지역 등 변경 지역 개발을 통한 국가 안보의 강화, 지역 경제통합의 주도권 확보 등으로 해석하고 있다. 중국은 중속 성장의 '뉴노멀'New Normal, 新常態 시대를 맞아 도농 및 지역 격차를 해소하고 기존의 과도한 투자로 인한 과잉설비, 과잉생산, 과잉 공급 문제를 해결하기 위해 시선을 해외로 돌렸는데, 이것이 바로 '일대일로' 전략 추진의 국내적 배경이라 할 수 있다. 하지만 '일대일로' 전략 구상은 중국의 내부적인 불균형을 해소하는 것 외에도 '뉴노멀' 전개에 부합하는 안정적 외부 환경 조성과 함께, 강화된 국력을 바탕으로 '중화 민족의 부흥'이라는 원대한 꿈을 실현하기 위한 적극적인 대외 정책적 고려의 산물로 판단된다.

중국의 '일대일로' 전략 구상은 표면적으로는 육상과 해상이라는 양 방향에서 고대 실크로드의 복원을 통한 유라시아 국제 운송 회랑의 구축을 핵심 내용으로 한다. 즉, 유라시아 실크로드의 구축을 통해 지역 경제협력을 강조하면서 애써 안보적 혹은 지정학적 고려를 배제하는 모습이다. 하지만 '일대일로' 전략 구상에는 유라시아에 대한 패권 유지를 위한 미국의 적극적 개입과 중국에 대한 압박과 봉쇄를 무력화하고, 미국의 포위망을 우회하여 슈퍼 파워로 부상하기 위한 중국의 지정학적 대응이라는 측면을 부인하기 어렵다. 다만 '일대일로' 전략 구상은 특정한 교역로나 경제 권역을 지칭하지 않고 다양한 현재적·잠재적 초국경 경제 회랑을 구축하는 '비전과 행동'으로서 참여국을 배제 혹은 제한하려는 폐쇄적 메커니즘을 취하고 있지 않다. 오히려 주변국과의 '정책 소통'을 통해 구체적 프로젝트를 공동으로 상의하고共商, 공동으로 건설하며共建, 공동으로 향유共享하겠다는 개방적·호혜적 원칙을 강조함으로써 주변국의 우려를 불식하고 중국 주도의 '일대일로' 전략 구상의 지정학적 색채를 희석하고자 한다. 심지어 미국, 러시아, 인도 등 주변 강대국들의 지정학적 견제를 제거하기 위해 이들과의 정책적 조율과 협력의 강화를 추진하고 있다.

일대일로의 성과와 한계

일대일로는 인프라 개발 협력을 중심으로 무역, 금융 등의 영역에서 두드러진 성과를 보이고 있다. 우선적으로 개도국의 철도, 도로, 항만, 통신, 에너지 네트워크 등 다양한 프로젝트에 중국의 기술력과 자본이 투여되어 해당 국가 및 지역의 경제성장을 촉진함과 동시에 이들 국가와 중국 간 경제·무역 관계의 활성화가 이루어졌다. 2023년 말 현재 약 1조 달러가 투입되어 3000여 개의 인프라 프로젝트가 진행되었고, 일대일로 관련 국가들과의 무역 규모도 매년 평균 4% 이상의 성장세를 보여 왔다. 또한 일대일로를 통해 중국의 글로벌 무역 및 투자 네트워크가 확장하면서 중국의 경제적·외교적 영향력이 증대되었고, 아시아인프라투자은행과 같은 국제 금융기관 설립을 통해 글로벌 금융 구조 내에서 중국의 역할이 강화되는 등 서구 중심의 기존 국제금융 시스템에 일정한 도전을 가하고 있다.

반면 '일대일로'는 유라시아 및 아프리카 대륙을 관통하여 지리적으로 그 범위가 매우 광범위하며 미국, 일본, 인도 등 강대국 간 경쟁과 갈등은 물론이고 연선 국가의 정치적 불안정, 민족 분리주의, 종교 극단주의, 테러리즘의 성행 등으로 지정학적 리스크에 직면해 있는 것 또한 사실이다. 미국의 전략적 봉쇄, 일본의 전략적 교란, 인도의 전략적 비협조 등 강대국은 '일대일로'에 대한 경계심과 반대의 목소리를 드러내고 있다. 미국과 서방국가들은 일대일로를 단순한 경제협력이 아닌 중국의 영향력 확대 전략으로 인식하며 개도국의 경제적 종속을 초래할 수 있는 '채무의 덫', 환경적 책임 부족, 투명성 결여 등 다양한 비판을 가하고 있다. 또한 일대일로에 맞서 2021년 미국 주도하의 B3W Build Back Better World와 EU의 글로벌게이트웨이 Global Gateway 등 대안적 프로젝트가 제시되기도 했다. 주변국 및 개도국의 경우에도 자국의 경제 건설에 소요되는 자금,

기술, 무상원조에 대한 기대 심리와 함께 대중국 의존도 심화에 대한 우려 또는 경계심을 노출하고 있다.

'일대일로' 연선 국가의 경우 오랫동안 국제테러리즘의 주요 온상지로서 아직도 반反테러리즘 전쟁이 진행 중이며, 종교적 극단주의 및 민족 분리주의 세력과의 충돌 가능성 등 지정학적 리스크가 항시 존재하고 있다. 또한 '일대일로' 연선 국가는 대체로 신흥 경제국과 개도국으로서, 개방과 발전 과정에서 정치 안정, 경제 발전, 제도 전환, 정책 조정 등 여러 도전에 직면하고 있으며 대체로 권위주의 통치 시스템이 작동하고 있거나 관료 부패가 매우 심각한 곳이다. 더욱이 최근에는 우크라이나 전쟁, 중동전쟁의 발발로 인해 일대일로 연선 지역의 지정학적 리스크가 높아져 가고 있다. 이로 인해 일대일로 관련 프로젝트의 효율성과 안정성을 해치기 용이하여 비즈니스 환경이 열악하고 중국 기업의 해외투자에 불리한 '고부패 지대'High Corruption Belt, '고위험로'High Risk Road에 해당한다. 더욱이 중국 기업은 법률 관념의 미비, 리스크 의식 부족, 낮은 현지화 정도, 사회적 책임 의식 결여는 물론이고 국제경쟁력 측면에서 취약하며 국제화 경험 및 노하우가 부족하여 해외투자 과정에서 해당 국가 및 민중의 저항이나 배척을 수반하는 등 적지 않은 문제점을 야기하고 있기도 하다.

팬데믹 이후 일대일로의 새로운 국면과 전략적 재조정

코로나19 팬데믹 이후 일대일로는 이전과 비교하여 몇 가지 중대한 변화를 겪고 있으며, 이는 글로벌 경제 및 국제 정세의 변화에 적응하는 과정에서 나타난 결과다. 특히 경제 회복, 전략적 초점 재조정, 그리고 기후변화 대응 등에서 새로운 국면을 맞이하고 있다. 우선 팬데믹 기간에 전 세계 경제활동이 위축되면서 일대일로도 심각한 영향을 받아 주요 인프라 프로젝트들이 지연되거나 취소되었고, 일부 국가들은 부채 상환의 압박을 받으며 중국과의 경제협력을 재검토하게 되었다. 이는 일대일로가 처음 기획된 후 가장 큰 도전 중 하나로서, 이후 중국은 단순한 인프라 구축에서 벗어나 디지털 경제, 그린 에너지, 스마트 도시 등 기술과 환경을 함께 중시하는 새로운 영역으로 투자를 확대하고 있다. 또한 팬데믹 기간 동안 드러난 글로벌 공급망의 취약성 문제를 해결하기 위해 일대일로를 통해 지역별 주요 물류 허브와 공급망 인프라를 강화하고 있고, 유럽 국가들과의 관계가 미·중 갈등으로 인해 복잡해지면서 아프리카와 라틴아메리카 등 글로벌 사우스와의 협력을 강화하고 있다. 마지막으로 코로나19 팬데믹 이후 기후변화 대응을 위한 국제적 압박에 대응하여 일대일로의 지속 가능성을 강조하고 있고, 기존의 석탄 기반 에너지 프로젝트를 줄이고 태양광, 풍력 등 친환경 에너지 프로젝트에 대한 투자를 확대하고 있다. 즉, 일대일로 참여국들과의 환경 협력을 강화하여 글로벌 환경문제 해결에 기여하려는 이미지를 구축함으로써 중국의 국가 이미지 개선뿐만 아니라 장기적으로 지속 가능한 개발을 목표로 일대일로의 역할을 재정립하고자 한다. 결국 이러한 변화와 전략적 재조정이 얼마나 실질적 효과를 거두느냐에 따라, 일대일로의 성패와 국제사회에서 중국의 위상과 영향력이 결정될 전망이다.

5장 사회

사회 개관
: 복합적인 사회변동과 '사회 안정'

윤종석

　개혁 개방 이후 중국 사회는 '상전벽해'桑田碧海라는 말이 무색할 만큼, 산업화, 도시화, 현대화, 정보화 등 매우 빠른 사회변동을 경험해 왔다. 개혁 개방이 "가난은 사회주의가 아니다."라는 말로 시작했다면, 현재는 모든 인구가 절대 빈곤에서 탈출한 "전면적인 소강 사회"를 달성했고 전체 인민의 '공동 부유'共同富有로 나아가는 길목에 서 있다. 1인당 GDP는 1만 달러를 넘어서며 중진국 수준에 도달했고, 중산층 규모 또한 2억 명에서 최대 4억 명에 달할 정도다. 도시화율도 상주인구 기준으로 개혁 개방 초반 20% 전후에서 2024년 60% 중반까지 빠르게 증가했고, 정보화 측면에서도 10억 명 이상의 인터넷 사용자를 보유한, 세계 최대의 정보화 사회이다. 민생 또한 빠르게 개선되어, 2022년 인간 개발 지수HDI는 0.788로 "가장 높은 인간 개발 범주"Very High Human Development의 바로 밑에 위치하고 있다.

　하지만 중국 사회는 여전히 많은 과제를 안고 있다. 빠른 경제성장과 민생 개선에도 불구하고 가장 평등한 국가에서 가장 불평등한 국가가 되었다는 한탄이 맴돌고, 모든 인민이 절대적 빈곤에서 탈출하는 데 성공했다는 선언 뒤에는 도시-농촌 간, 발전-저발전 지역 간, 부자와 빈자 간, 한족과 소수민족 간, 산업/부문 간 격차가 매우 큰 '격차 사회'의 해소라는 커다란 과제가 남아 있다. 사회경제 발전 방식 또한 양적 성장이 아니라 질적 발전을 위주로 전환되어야 할 필요가 증대되고 있다는 점에서, 향후 중국 사회의 전체 구조와 각 부문별로 어떠한 방식으로 전환과 발전을 이룰지, 그 복합적인 측면에 주목해야 할 필요가 있다.

복합적인 사회변동: 변화와 지속의 측면

중국 사회는 변화의 거대한 규모와 빠른 속도에도 불구하고 여전히 변화하지 않은 바도 상당하며, 변화와 지속 사이에서 매우 복합적인 양태로 변화하고 있다.

우선, 인구 이동이 일상화되고 활발해지면서 도시화가 빠른 속도로 진행 중이다. 2020년 현재 호적 등록지를 떠나 6개월 이상 다른 지역에서 거주하는 '유동인구'가 3억 7600만여 명으로 증가했다. 신형 도시화新型城鎭化 정책하에 매년 전체 인구 중 1%의 농촌인구에게 도시 호구를 부여하는 '사람의 도시민화'가 적극 추진되면서 2023년 현재 상주인구의 도시화율은 66.16%에 달한다. 향후 이런 추세가 지속된다면, 2040년대 중국의 도시화율은 80%를 넘는 선진국 수준에 도달할 것으로 전망된다. 그럼에도 불구하고, 도농 격차의 기반이 되는 도시-농촌 이원 구조와, 인구 이동을 규제하는 호구 제도가 지속되면서, 도시와 농촌, 발전된 지역과 저발전 지역 간 불균등과 불균형을 해소해야 할 신형 도시화 정책, 향촌 진흥 정책 등 정책적 대응과 사회경제 체제의 전환이 핵심 이슈가 되고 있다.

다음으로, 중국 사회는 한국, 일본 등 동아시아 국가들과 비슷한 속도로 빠르게 고령화되면서 '인구 대국'에서 '인재/인구 강국'으로의 새로운 전환이 필요하다. 중국의 빠른 경제성장은 풍부한 인구 및 노동력과 저렴한 인건비라는 '비교 우위'를 기반으로 진행되었지만, 최근 출생률의 급격한 감소와 빠른 고령화 추세는 노동력 감소, 인구 부양 부담의 증가, 사회경제적 활력 저하 등의 우려를 높이고 있다. 중국 정부는 (노동) 생산성 증가, 교육 체제 재편 및 직업/취업 훈련의 강화 등 인적 자원의 질적 제고, 정년 연장 및 노동 참여율 증대 등 인구의 질적 발전에 기반한 발전 방식의 전환으로 대응하고자 한다. 하지만 2035년 60세 이상 인구가 4억 2000만여 명으로 전체 인구의 30% 선을 넘을 것으로 전망되는 가운데, (초)고령 사회로 진입할 당시의 1인당 GDP 수준은 한국과 일본보다 상대적으로 낮아 '부자가 되기 전에 늙어 버렸다'未富先老는 한탄 또한 존재한다. 더욱이 저출생과 고령화, 결혼 및 가족 관념의 변화 속에서 기존의 사회경제적 발전을 지탱해 왔던 가족의 기능과 역할이 지속될 수 있을까에 많은 우려가 존재하고 있다.

마지막으로 정보화가 매우 빠른 속도로 진행 중이다. 2024년 현재, 중국은 전 세계에서 가장 많은 10억 명 남짓한 네티즌을 보유하고 있으며, 모바일을 중심으로 발전해 왔다는 특징을 지닌다. 특히 중국 국내시장을 기반으로 토종 플랫폼, SNS, 전자 상거래 시장이 매우 빠르게 발전했고, 최근 중국 밖으로도 진출하면서 글로벌 영향력을 높이고 있다는 점에서 전 세계 플랫폼 경쟁의 주요 주자로 등장하고 있다. 하지만 '행복한 감시 국가'라는 말처럼 정부의 감시와 통제 이슈, 민생 및 안전 보장 등의 이슈들이 복합적으로 작동하고 있고, 빅 테크 플랫폼들의 발전과 규제, 글로벌 진출에 따른 경쟁과 협력의 이슈들이 현재 진행 중이다.

'사회 안정'이라는 기적과 '사회 치리': 효과적인 사회 거버넌스의 구축

최근 중국공산당은 지난 40여 년간 빠른 경제성장에도 불구하고 장기적인 '사회 안정'을 유지해 왔다는 점을 '두 개의 기적'으로 강조하면서, 효과적인 사회 거버넌스의 구축을 강조하고 있다. 개혁 개방 이후 불균형·불균등한 경제 성장 속에 '격차 사회'로 발전해 왔음에도 불구하고 '사회 안정'을 유지해 온 기반에는, 한편으로는 중국공산당의 집정 역량 강화와 업적 정당성이 있지만, 다른 한편으로는 중국 사회의 회복 탄력성 또한 상당했다고 할 수 있다. 그런 점에서 민생 보장과 질적 발전을 위해서는 공산당과 정부뿐만 아니라 기업, 사회 조직, 개인 및 집단 등 사회 제 세력이 참여하는 '공건共建·공치共治·공향共享'의 효과적인 사회 거버넌스 체제의 구축이 핵심적이다. 특히 중국 내 각양각색으로 변화해 온 기층 사회의 거버넌스는 기층 및 중국 사회의 민생 보장과 안정에 핵심적인 지위를 차지하고 있다.

중국의 기층 사회는 도시의 경우 사구社區, 농촌의 경우 촌민위원회라는 자치 조직으로 구성되어 있다. 2024년 현재, 11만 개 이상의 사구와 69만 개 이상의 행정촌行政村이 존재하며, 각 지역의 실정에 따라서 다원적이면서도 상이한 양상으로 발전해 왔다. 특히 중국의 경우 기층 사회는 전통 시기 공동체, 사회주의 시기 개조, 개혁 개방 이후 전환의 역사를 가져왔다. 사회주의 시기에 도시는 단위單位, 농촌은 인민공사人民公社와 생산(대)대生産(大)隊로 개조되었지만, 다른 지역으로의 이동이 극히 제한된 채 평생 한 지역에서 익숙한 사람들이 살아가는 '숙인熟人 사회'로서 스스로 생산과 재생산을 유지하는 '자력갱생'의 성격이 강했다. 하지만 개혁 개방 이후, 급속한 경제성장과 사회변동이 진행되면서, 도시와 농촌의 기층 사회는 다양한 양태로 전환되어 왔다. 도시의 기층에서 단위는 해체되고 가도판사처라는 행정단위와 사구라는 자치 단위가 결합된 형태로 전환되었다. 도시화와 산업화가 진행되면서 외부로부터 유입된 인구가 크게 증가했고, 이들을 포함한 치안 및 인구 관리, 민생 보장 및 서비스의 제공 등 새로운 사회 거버넌스 수립이 중요해졌다. 농촌의 경우 향·진 정부와 촌민위원회라는 자치 조직으로 전환되었는데, 빠른 도시화 속에 도농 격차가 증가하고 농촌·농업·농민의 삼농 문제 해결이 중요한 이슈로 등장해 왔다.

중국공산당과 정부는 '사회치리'社會治理라는 이름으로 공산당을 영도로 하는 사회 거버넌스 구축에 주력하고 있다. 1990, 2000년대 중국 정부는 사회건설과 사회 관리라는 이름으로 사회 관리 체제의 변화를 진행해 왔고, '사회공작'社會工作이 주로는 사회복지, 사회사업의 의미를 가지며 인민에게 주요한 사회복지 서비스 등 민생 복지와 서비스를 제공하는 데 초점을 맞춰 왔다. 하지만 최근 '사회공작'은 '평안중국' 또는 안보의 측면을 강조하고, 거버넌스보다 통치를 더욱 강조하는 공산당 영도하의 인민 동원 체제의 측면을 부각하고 있다.

종합해 보면, 중국 사회는 빠른 변동 속에서 복합적인 양상을 보이며 거대한 전환을 지속할 전망이다. 과연 중국 사회가 양적 성장에서 질적 발전으로 성공적인 전환을 이룰 수 있을지, 그 과정에서 지금까지처럼 중장기적인 '사회 안정'을 유지할 수 있을지, 그 결과 중국 인민의 행복과 삶의 질이 보장될 수 있을지가 주목할 만한 지점이다. 이미 중국공산당은 2017년 제19차 당대회에서 신시대의 주요모순이 "아름다운 생활에 대한 인민의 갈수록 늘어나는 수요와 불균형적이고 불충분한 발전의 간극"에 있다고 규정한 바 있다. 미·중 경쟁 심화와 높은 전 세계적 불확실성 속에서 중국 정부와 사회, 개인이 다양한 도전 과제에 직면해 어떻게 대응하고 있으며, 그 전망은 어떠한지에 대한 신중하고 면밀한 탐구가 필요하다.

노동문제

정규식

계획경제 시기의 노동 체제: 국가의 일괄적 노동력 관리와 평균적 저임금 분배

1949년 사회주의혁명을 통해 건립된 현대 중국은 "노동계급이 영도하고 노동자와 농민의 동맹을 기초로 한 인민민주주의 독재專政의 사회주의 국가"를 표방하며, 노동자에게 국가의 주인이자 영도 계급으로서의 상징적 지위를 부여했다. 실제로 계획경제 체제에서 노동자들은 국가가 통합적으로 노동력을 관리하고 배분하는統包統配 고용제도에 따라 안정적인 직장鐵飯碗, 직무鐵交椅, 임금鐵工資을 보장받았다. 그리고 종신 고용을 의미하는 '고정공'固定工 제도가 정착되어 기업 단위는 국가가 배분한 노동자를 마음대로 해고할 권리가 없었으며, 노동자들도 자유롭게 직장을 옮길 수 없었다. 임금체계도 국가가 정한 8등급 구분에 따라 제한적으로 분배되었으며, 임금 인상과 승급 대상자도 정부의 승인을 거쳐야 했다. 이처럼 계획경제 시기의 중국 노동 체제는 국가의 일괄적 노동력 관리와 평균적 저임금 분배를 특징으로 하기에, 노동계약에 기반한 자유로운 노동시장이 형성되지 않았다.

개혁 개방 이후의 노동 체제: 노동계약 제도의 전면화와 노동시장의 유연화

1978년부터 본격적으로 시행된 개혁 개방 정책으로 기업의 경영 자주권이 확대되었고, 노동계약 제도가 실행됨으로써 노동시장의 유연성이 증대되었다. 특히 1993년에 '사회주의 시장경제' 체제의 전면적 건립이 국가 목표로 제

중국 공회 조직 구조도

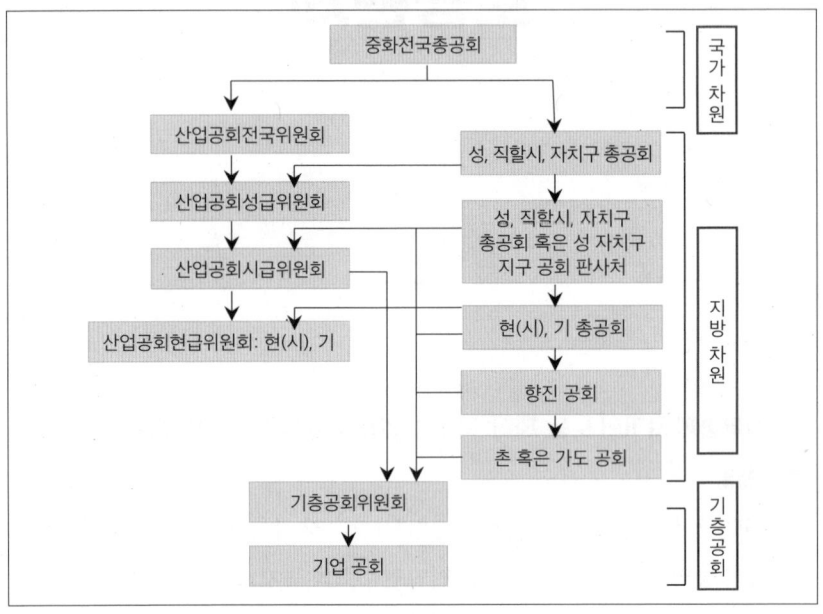

시되면서 기업의 소유권과 경영권의 분리를 핵심으로 하는 '현대 기업 제도'가 확립되었다. 이와 동시에 그동안 일부 외자 기업에서만 부분적으로 적용되던 노동계약 제도가 전면 확대되었고, 국유 기업을 비롯한 모든 노동자에게 일괄 적용되었다. 이후 노동법(1995년), 신노동법(2004년), 노동계약법(2007년), 노동쟁의조정중재법(2007년) 등의 제정을 통해 전국적으로 단일한 형태의 노동관계가 형성되었다. 한편 노동시장의 유연화로 인해 노동조건이 지속적으로 악화하면서 노동자들의 합법적인 권리 보호를 제도화할 필요성도 제기되었다. 하지만 현재 중국 노동자들은 국가에 의해 승인된 전국적 노동조합 조직인 '중화전국총공회'中華全國總工會 이외의 다른 독립적인 노동조합을 조직할 수 없으며, 파업권도 보장되지 않는다.

이원적 노동관계의 지속과 농민공

계획경제 시기와 개혁 개방을 거쳐 형성된 중국 노동시장의 핵심적 특징 중 하나는 노동시장의 분할을 통한 이원적 노동관계의 지속이다. 1950년대 이

중국 노동쟁의 조정 및 중재 경로

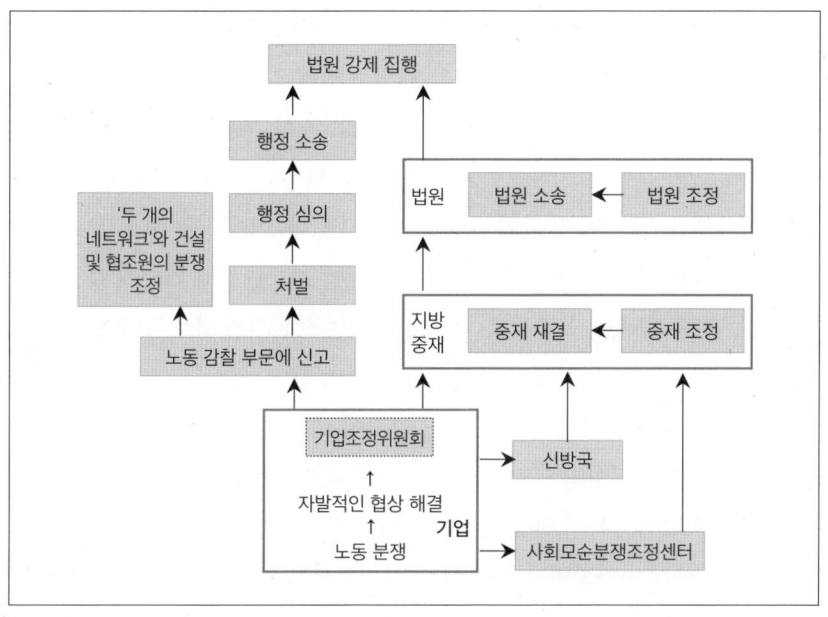

후 중국 정부는 '호구 제도'를 통해 도시 주민과 농민을 분리하는 '도농 이원 구조'를 제도화했으며, 개혁 개방 과정에서 농민공農民工(농촌 호구 소지자이면서 도시로 이주하여 노동하는 사람)의 저임금 노동에 기초해 경제성장과 도시 발전을 추동했다. 이들 농민공은 도시에서 취업 차별, 고용 불안, 저임금 및 고강도의 노동조건을 감내하고 있으며, 사회보험의 제약 등 다양한 사회적 문제에 직면해 있다. 이에 따라 2000년대 이후 농민공들의 집단적 노동쟁의와 파업이 증가했으며, 특히 2010년 난하이혼다南海本田 파업에서 나타났듯이 이전 세대보다 노동자로서의 정체성과 권리 의식이 높은 '신세대 농민공'(1980년대 이후 출생한 농민공)들이 노동관계 및 노동분쟁의 중심 세력으로 부상했다. 이에 중국 정부도 농민공 문제 해결을 사회질서 유지와 정치체제 안정을 위한 중대 과제로 인식하기 시작했으며, 이들의 권익 보호를 위한 다양한 정책과 제도를 실행하고 있다. 2023년 기준 현재 농민공의 총수는 2억 9753만 명이며, 그중 본 향과 진을 떠나 6개월 이상 외지에 거주한 '외출 농민공'의 수는 1억 7658만 명에 달한다.

사회경제적 전환과 새로운 노동문제

현재 중국은 사회경제적 전환기에 놓여 있으며, 이에 따라 새로운 노동문제도 출현하고 있다. 먼저 인구구조의 변화로 전체 인구는 2022년부터 2년 연속 감소하여 2023년 기준 14억 967만 명이다. 특히 저출산과 고령화로 인해 16~59세 노동 연령 인구(전체 인구의 61.3%)도 계속 감소하고 있으며, 양육 부담과 소비 위축, 국가 재정 악화 등을 초래하고 있다. 이에 최근 중국 정부는 법정 퇴직 연령을 점진적으로 연장하기로 했다. 즉, 2025년부터 15년에 걸쳐 남성 노동자는 기존 60세에서 63세로, 여성 노동자는 생산직의 경우 50세에서 55세로, 사무직은 55세에서 58세로 연장된다. 하지만 청년 실업률도 2023년에 21%를 넘을 정도로 심각한 상황이라 정년 연장에 대한 청년 세대의 반발도 크다. 둘째, 산업구조의 전환과 과학기술에 기반한 새로운 경제 발전 전략에 따른 노동관계의 변화이다. 특히 전통 제조 산업의 파산과 기업 이전 및 경영난의 부담이 노동자들에게 전가되면서 임금 체불, 사회보험료 체납, 해고 보상 회피, 희망퇴직 강요 등으로 인한 집단행동이 증가하고 있다. 그리고 디지털 경제의 급성장으로 각종 유연한 형태의 고용이 증가하고 있는데, 특히 플랫폼 노동자의 규모는 2억 명을 넘어섰다(총 취업 인구의 약 27%). 따라서 플랫폼 노동과 같은 새로운 노동 형태에 대한 법 제도 및 권익 보호 시스템 구축, 사회보험 체계의 확대, 노동 감독과 쟁의 조정 및 중재 제도의 개선 등이 노동정책 관련 현안으로 부상하고 있다.

삼농 문제

박경철

중국에서 '삼농'三農은 말 그대로 농업·농촌·농민을 가리키며, 이른바 '삼농 문제'는 이들 세 가지 문제를 일컫는다. 이 말이 처음 등장한 배경은 후난성 젠리현監利縣 치판향棋盤鄉의 당서기였던 리창핑李昌平이 2000년 8월 24일 『남방주말』에 기고한 글에서 비롯됐다. 그는 중국의 농업·농촌·농민의 어려운 현실을 담아 국무원 지도자에게 보내는 형식으로 기고를 했는데, 이 글에서 그는 중국의 삼농 문제를 압축하는 말로 "현재 농민은 너무나 힘들고, 농촌은 정말 가난하며, 농업은 진짜 위기다."라고 적었다. 중국 농촌의 절박한 현실 문제를 담은 이 글은 곧 중국 사회 전반에 큰 반향을 일으키며 삼농 문제가 본격적으로 정부와 학계의 중요한 화두가 되는 계기를 마련해 주었다. 특히 중국의 대표적인 삼농 문제 전문가인 중국인민대학교 원톄쥔溫鐵軍 교수 등이 삼농 문제가 중국이 가장 시급히 해결해야 할 문제라고 주장하면서, 이 문제는 국가적인 현안으로 부각되었다.

삼농 문제의 근본 원인

사실 삼농 문제는 중국만의 문제는 아니다. 일반적으로 이는 개발도상국가에서는 거의 예외 없이 나타나는 복잡하고도 어려운 문제이다. 그런데도 중국에서 삼농 문제가 유독 부각되는 것은 신중국 성립 이후 왜곡된 정치와 경제의 발전 구조를 보면 이해할 수 있다. 주지하다시피 마오쩌둥의 신중국은 농민의 피와 땀으로 성립됐다. 도시 노동자를 중심으로 성공을 거둔 소련의 볼셰비키

혁명과 달리 마오쩌둥은 중국의 광대한 농촌과 농민을 기반으로 공산 혁명을 일으켜 성공을 거두었고, 그들의 절대적인 지지 속에서 신중국을 성립했다. 하지만 신중국 성립 이후 마오쩌둥은 농민의 열망을 배신하고 강력한 공업화·도시화 우선 정책을 실시하며 농업·농촌·농민을 희생시켰다. 그 구체적인 내용을 보면 다음과 같다.

먼저 농업의 희생이다. 중국은 신중국 성립 이후 공입화 징책을 실시할 자본이 없었다. 그래서 농업 부문에서 그 자본을 조달했다. 대표적인 예가 협상가격차剪刀差 정책이다. 즉, 중국 정부는 일괄 수매와 일괄 판매統購統銷 정책을 통해 농민들로부터 강제로 낮은 가격에 농산물을 수매해 도시 노동자에게 값싸게 공급했다. 따라서 정부에 의해 턱없이 낮게 형성된 농산물 가격으로 농민들은 수십 년간 정부에 의해 경제적으로 수탈당한 셈이다. 더 놀라운 사실은 1958년부터 3년간 대약진의 실패로 인해 수천만 명의 농민들이 기근으로 아사할 때도 중국 정부는 대외 과시와 외화 획득을 위해 일부 농산물을 수출하기도 했다.

둘째는 농촌의 희생이다. 중국 정부는 도시와 농촌을 이원二元 구조로 나누고 공업화 우선 정책으로 도시에는 각종 인프라 시설들과 주거 시설들을 건설했지만, 농촌은 정책적으로 소외되었다. 신중국 성립 초기에는 공업화의 배후 지역으로 농촌은 자원 수탈의 대상이 되었다. 개혁 개방 이후에는 연해안과 대도시 우선 정책으로 말미암아 도시와 농촌의 격차는 점차 확대됐다. 중국 정부도 이러한 문제를 인식해 농촌공업을 활성화하기 위해 향진기업鄕鎭企業을 육성하고 농촌의 도시화를 촉진하기 위해 소성진小城鎭 건설을 대대적으로 실시했지만 두 정책 모두 실패했다. 향진기업은 농촌의 자원과 특성을 살리지 못했다는 점, 소성진 건설은 농민 진입의 까다로움과 일자리 보장 등의 미흡으로 실현되지 못했다. 그 결과 도시와 농촌의 괴리감은 더욱 확대되었다.

셋째는 농민의 희생이다. 도시 노동자와 농민을 차별하는 대표적인 제도가 호구 제도이다. 호구는 크게 농업 호구와 비농업 호구로 나뉘는데 농민이 한 번 농업 호구로 정해지면 좀처럼 변경하기가 어려울 뿐만 아니라 그 자식까지 대물림된다. 원래 공업화 초기에 중국 정부는 농업 생산을 안정적으로 확보하고 농민의 맹목적인 도시로의 이동이 초래할 각종 문제를 차단하기 위해 호구 제도를 만들었지만, 공업화 이후에도 여전히 존속돼 농민들의 삶에 족쇄로 작용하고 있다. 농민은 도시로 나가 일을 하더라도 경제적·사회적·복지적 혜택을 거의 받지 못하기 때문에 도시에서 장기간 노동을 하더라도 여전히 신분이 바뀌지 않아 농민공으로 살아가고 있다. 온갖 힘든 일을 하며 도시 산업화를 위해 희생을 감수했지만, 여전히 바뀌지 않는 호구 제도로 말미암아 차별대우를 받아야 하는 농민들의 불만은 고조되었다. 많은 사회문제가 여기에서 비롯되었다고 할 수 있다.

후진타오 시기 삼농 문제 해결을 위한 노력과 한계

이처럼 구조적으로 뿌리 깊고 복잡한 삼농 문제 해결을 위해 적극적으로 나선 지도자는 후진타오 주석이었다. 연해안 중심의 개혁 개방을 주도했던 덩샤오핑과, 상하이에 정치적 기반을 두고 있었던 장쩌민 전 주석과 달리, 후 주석은 2003년 취임 이후 삼농 문제를 공산당이 가장 우선적으로 해결해야 할 문제로 인식해 2004년부터 2013년까지 10년 동안 매년 초 전체 공산당과 국무원의 각급 기관에 하달하는 〈중앙1호 문건〉을 삼농 문제 해결에 관한 내용으로 채웠다. 2005년에는 농민들의 원성 대상이었던 농업세를 폐지했고, 2006년부터는 우리나라 새마을운동과 비슷한 사회주의 신농촌 건설을 대대적으로 실시했다. 2007년에는 농업의 현대화·산업화·조직화를 위해 〈농민전업합작사법〉을 공표·시행했고, 2008년에는 토지법을 개정하여 농지의 자유 이동을 확대했다.

또한 그동안 도시와 농민 간의 대표적인 차별 정책이었던 호구 제도에 대한 개혁을 충칭 등의 일부 지역에서 시범적으로 실시했으며, 2001년 WTO 가입 이후 불안한 농민 소득을 안정화하기 위해 WTO 체제에서 허용되는 보조금을 확대했다. 하지만 이러한 일련의 조치에도 불구하고 도시와 농촌의 격차는 계속 확대되고 농민들의 불만은 고조되어 왔다. 정부의 공식적인 통계에 의하면, 1980년대 중반 중국의 도시와 농촌의 소득 격차는 1.8 대 1이었으나 2009년에는 3.3 대 1로 벌어졌다. 소득 이외의 사회·교육·의료·문화적 격차를 포함한다면 도시와 농촌의 격차는 6~7 대 1 정도로 악화됐다. 이 정도 수준이면 정부에 대한 불만이 거의 폭발 직전이라는 게 학자들의 중론이다. 2011년 광둥성

우칸촌烏坎村 등에서 벌어진 지방정부와 농민들 간의 무력 충돌 사태의 원인도 개발 과정에서 소외받는 농촌 주민의 강력한 불만의 표출이라고 할 수 있다.

시진핑 시기 삼농 문제 해결 노력과 향후 전망

시진핑 주석이 전임 후진타오 주석의 삼농 정책을 이어받을 것인가에 대한 걱정은 기우에 불과했다. 시진핑 주석이 2013년 당 서기와 국가 주석으로 취임한 해에도 〈중앙 1호 문건〉은 변함없이 삼농 관련 내용이었다. 이후 그의 전반기 임기 5년 동안 〈중앙 1호 문건〉 역시 줄곧 삼농에 대한 내용이었다.

사실 역대 총서기와 국가 주석 가운데 시진핑 주석만큼 삼농 문제에 관심이 있었던 인물도 드물다. 그는 아버지 시중쉰習仲勳이 중국 서북부혁명 근거지에서 활동할 당시 그곳에 머물면서 농민의 현실을 통감했으며 문화대혁명 시기에는 산시성陝西省 옌촨현延川縣 원안이공사文安驛公社 량자허대대梁家河大隊에서 지식 청년으로 활동하면서 삼농 문제에 눈을 떴다. 이러한 경험 때문에 그는 칭화대학교를 졸업한 뒤 당 중앙군사위원회 판공청 비서라는, 출세가 보장된 길을 뒤로하고 1983년 허베이성의 농촌 지역인 정딩현正定縣에 내려가 빈곤 문제 해결을 위해 노력했다. 그 후 그는 다시 푸젠성으로 내려가 약 17년 동안 간부를 역임하면서 농촌의 빈곤 문제 해결을 위해 노력했다. 그가 푸젠성에서 일하는 동안 실행한 다양한 빈곤 퇴치 노력과 농촌 발전 구상은 이후 2008년 칭화대학교 마르크스학원에서 「중국 농촌 시장화 건설 연구」라는 제목의 박사논문으로 완성되기도 했다.

시진핑 주석은 일찍이 허베이성 정딩현에서 근무할 때인 1983년 옥수수 가공 관련 연수단을 이끌고 미국 아이오와주 지역을 시찰할 정도로 개방 의식과 전략적 안목이 있었다. 그는 총서기에 취임한 2013년 중앙농촌공작회의에서 "중국이 강해지려면 농업이 반드시 강해야 하고, 중국이 아름답기 위해서는 농촌이 반드시 아름다워야 하며, 중국이 잘 살려면 농민이 반드시 잘 살아야 한다."는 말로 그의 삼농 사상을 피력한 바 있다. 그는 어떤 시기에도 농업을 소홀히 하지 말고, 농민을 잊지 말고, 농촌을 멸시하지 말 것을 당부했다.

시진핑 주석의 두 번째 임기가 시작하는 2018년 역시 〈중앙 1호 문건〉은 삼농 관련 내용이었다. 그는 2020년까지 농촌의 빈곤 문제를 완전히 해결해 소강 사회를 전면 실현하겠다고 했다. 따라서 중국 정부는 삼농 문제 해결을 위해 선진 농업, 생태 농업, 관광 농업 등을 통해 농업의 부가가치를 높여 농민의 소득을 증대하고, 신농촌 건설과 신형 도시화 등을 통해 농촌에도 도시와 같은 사회 서비스를 제공하고, 토지개혁, 호구 제도 개선 등을 통해 농민에게 더 많은 권리를 보장하는 노력을 해 왔다. 또한 농촌 금융 제도와 향촌 정치 구조를 개선하고 귀향 청년들의 창업을 유도해 농업·농촌·농민의 혁신을 촉진했다.

시진핑 주석의 세 번째 임기가 시작하는 2023년 역시 〈중앙 1호 문건〉은 삼농 관련 내용이었고 핵심 주제는 '향촌 진흥'鄕村振興이다. '향촌 진흥'은 2017년 10월 18일 제19차 중국공산당대회보고에서 처음 제기됐으며 이후 2018년, 2021년에서 2024년까지 〈중앙 1호 문건〉의 핵심 주제였다. 시진핑의 향촌 진흥 전략을 크게 세 가지로 나누면, 첫째는 식량 안보이다. 기후 위기 심화, 미·중 갈등 격화, 토지 면적 감소의 위기 속에서 14억 명의 인구를 부양하기 위해서는 식량 안보가 어느 때보다 중요한 정책이 되었다. 두 번째는 선진 농업이다. 농민 인구의 감소, 낙후된 농업 시설, 영세한 농가 경제를 극복하기 위해서는 농업기술과 아울러 농업 경영체의 혁신이 중요하다. 셋째는 보장 강화이다. 농업이 지속 가능하고 농민의 삶이 안정적으로 유지되기 위해서는 소득 보장과 사회보장이 절대적으로 필요하다. 세 번째 임기를 맞은 시진핑의 삼농 정책과 향촌 진흥 전략은 이러한 방향으로 지속될 것으로 전망된다.

호구 제도

이민자

호구 제도의 역할

　계획경제 시기 중국 정부는 시민은 단위제도單位制度, 농민은 인민공사에 의해 통제되는 중국식 사회주의 체제를 형성했다. 이런 체제하에서 호구 제도는 도시로의 인구 이동을 금지하여 도시인구를 20% 이내로 제한하기 위해 1958년에 만들어졌다. 호구 제도는 도시인구를 제한하여 단위제도 유지에 필요한 사회경제적 비용을 낮춤으로써 계획경제가 유지될 수 있게 했다.

　호구 제도가 실시된 후 모든 중국인들은 호구지에 등록되었고, 출생지에서 발급되는 호구에 따라 농업 호구와 비농업 호구로 구분되었다. 이에 따라 중국에서 도시와 농촌 간에는 보이지 않는 차별의 벽이 생겼다. 농업 호구와 비농업 호구에 부여되는 권리는 다양한 면에서 차이가 있었다. 예컨대 도시의 비농업 호구 소지자는 단위에 소속되었고, 단위는 구성원에게 임금뿐만 아니라 식량 및 생필품 배급, 임대주택, 의료보험, 교육 등을 거의 무상으로 제공했다. 농업 호구 소지자와 비교할 때 시민에게만 특혜가 제공된 셈이다. 호구 제도하에서 도시 호구 소지자에게는 거의 완전고용과 시민 간의 상대적 평등이 보장되었으나 시민과 농민 간에는 다양한 혜택 면에서 불평등했다. 따라서 중국인들은 대도시 비농업 호구를 획득하길 희망했으나 그런 꿈을 이루는 경우는 극히 드물었다. 공안 당국은 호구 제도를 엄격히 시행했고 농민이 농촌을 3일 이상 떠날 경우 공안 당국의 승인이 필요했다. 중국 도시인구가 1978년까지 20% 이하에 머물렀다는 사실은 도시 호구 획득이 얼마나 힘들었는지를 단적으로 보여 준다.

호구 제도의 개혁

1980년대 경제개혁으로 도입된 시장화, 사유화는 자유로운 인구 이동을 촉진하는 역할을 함으로써 인구 이동을 금지해 온 호구 제도를 약화했다. 인구 이동을 금지하는 호구 제도에도 불구하고 비공식적으로 농촌에서 도시로 이농하는 농민공이 급증했다. 중국 국가통계국 발표에 의하면 2020년 기준 중국의 농민공은 2억 8560만 명이었다. 1990년대부터 도시 호구 없이 도시에 비공식적으로 거주하는 농민공이 증가함에 따라 행정적 통제의 공백이 발생하자 호구 제도의 사회통제 역할도 약화되기 시작했다.

결국 급속한 인구 이동 현실을 반영하여 거주 이전의 자유를 금지해 온 호구 제도 개혁의 필요성이 1990년대 중반부터 중소도시를 중심으로 논의되기 시작했다. 1990년대 호구 개혁의 쟁점은 도시와 농촌 호구를 구분하는 이원 구조를 유지한 채, 소도시에 국한하여 호구를 개방하는 것이었다. 2000년대 호구 제도 개혁 논의의 쟁점은 점진적인 대도시(베이징·광저우·상하이) 호구 개방, 단일 호구 제도(주민 호구居民戶口)를 실시하여 농민과 시민을 구분해 온 이원 구조를 폐지하고 호구를 '단일화'하는 것, 호구 제도 개혁에서 더 나아가 폐지하는 것 등이었다.

2000년대 중반부터 호구 제도 개혁 논의의 일부는 실제 정책에 반영되었다. 2004년 대도시(베이징·광저우·상하이)에서 농민공 직종 제한 및 직종 차별 규정이 폐지되었다. 그해 베이징과 상하이에서 농민공 자녀의 공립학교 입학이 허용되어 농민공 자녀들이 시민 자녀들과 동등하게 공교육을 받을 권리가 주어지기도 했다.

2014년 7월 중국 국무원은 농업 호구와 비농업 호구의 구분을 폐지하고 '주민증'居民證으로 신분증을 통일하는 호구 제도 개혁안을 발표했다. 그러나 도시 인구 규모에 따라 차별화된 호구 부여 기준이 적용된다. 100만~300만 명 이하 중소도시의 상주 호구는 쉽게 신청하여 받을 수 있지만, 500만 명 이상 대도시의 인구 증가는 엄격히 통제하고 있다. 따라서 호구 개혁에도 불구하고 농민공들이 거주를 희망하는 대도시(베이징·상하이·톈진·광저우 등) 호구 취득은 여전히 매우 어렵다.

호구 제도 개혁이 이뤄지고 있음에도 불구하고 폐지되지 않는 이유는 무엇인가? 중국 정부는 호구 제도를 폐지할 경우 대도시로의 인구 집중으로 인한 다양한 도시문제 및 사회 혼란을 우려하기 때문에 개혁은 허용하되 폐지에는 신중한 입장이다. 따라서 신형 도시화 정책하에서 농민의 도시 노동자화를 추진했지만 대도시 시민권 취득을 제한하는 호구 제도는 여전히 남아 있다.

사회보험제도

장영석

　현행 중국의 사회보장 시스템은 사회보험, 사회구조, 사회복지로 구성되어 있는데, 그 가운데 가장 중요한 제도는 사회보험제도이다. 사회구조와 사회복지는 주로 재난을 당한 사람과 노동력을 상실한 사람을 대상으로 하는 반면 사회보험제도는 노동력을 가진 사람을 대상으로 하고 있다. 사회보험제도는 양로보험, 의료보험, 실업보험, 공상보험, 생육보험 다섯 가지로 구성되어 있다. 1951년 '노동보험조례'를 통해 운영되던 중국 사회보험 시스템은 1990년대 후반기 국유 기업 개혁과 더불어 개혁되었고, 다른 사회제도와 마찬가지로 단점을 보완하면서 계속 진화해 나가고 있다. 2010년 중국 전국인민대표대회에서 통과된 사회보험법은 "중국의 공민은 연로하거나 질병에 걸렸을 때, 실업에 처하거나 산업재해를 당했을 때, 아이를 출산하고 양육할 때 법에 의거하여 국가와 사회로부터 물질적 도움을 받을 수 있는 권리를 가진다."라고 명시하고 있다. 중국 사회보험제도의 양대 축이라고 할 수 있는 기본양로보험제도와 기본의료보험제도를 살펴본다.

기본양로보험제도

　중국의 연금제도는 공적 연금이라고 할 수 있는 기본양로보험제도(1층)와 사적 연금이라고 할 수 있는 퇴직연금제도(2층) 및 개인연금제도(3층)로 구성되어 있다. 공적 연금은 퇴직 이후의 노후 준비를 국가적 차원에서 지원하지만, 사적 연금은 기업이 지원하고 개인이 대비한다는 차이가 있다. 공적 연금은 가입이 의무적이지만, 사적 연금은 임의적이다.

중국의 공적 연금인 기본양로보험은 도시의 취업자가 가입하는 '도시직공 기본양로보험'城鎭職工基本養老保險과, 16세 이상(재학생은 포함하지 않음)이고 국가기관 및 사업 단위에 속하지 않으며, 도시직공기본양로보험제도의 대상 범위에 속하지 않은 자가 호적지에서 가입하는 '도농주민기본양로보험'城鄕居民基本養老保險으로 나뉜다.

중화인민공화국 인력자원 및 사회보장부의 「2023년 인력자원 및 사회보장 사업 발전 통계 공보」에 따르면, 2023년 기본양로보험 참가자 수는 10만 6643만 명으로 전년 대비 1336만 명 증가했다. 2023년 기본양로보험기금 수입은 7조 6691억 위안이고, 지출은 6조 8369억 위안이다. 도시직공기본양로보험 참가자 수는 5억 2121만 명으로 전년 대비 1766만 명 증가했다. 그중 보험 참가 재직자 수는 3억 7925만 명이고, 보험 참가 퇴직자 수는 1억 4196만 명이다. 도시직공기본양로보험 참가자는 기업의 직공과 국가 및 사업 단위 직공으로 나뉘는데, 기업 직공의 참가자 수는 4억 6044만 명으로 전년 대비 1642만 명 증가했다. 2023년 도시직공기본양로보험기금 수입은 7조 506억 위안이고, 기금 지출은 6조 3757억 위안이다. 한편, 도농주민기본양로보험 참가자 수는 5억 4522만 명인데, 그중 실제 연금 수령자는 1억 7268만 명이다. 2023년 도농주민기본양로보험기금 수입은 6185억 위안이고, 기금 지출은 4613억 위안이다.

1997년에 채택되어 지금까지 운영되고 있는 도시직공기본양로보험은 두 가지 축으로 운영된다. 첫 번째 축은 '사회통합기금'이고, 두 번째 축은 '개인 퇴직연금 구좌'이다. 2005년 국무원이 발표한 정책에 따라서 기업은 기업 임금 총액의 20%를 초과하지 않는 범위 내에서 보험료를 납부하는데, 기업이 납부한 보험료는 더 이상 개인 퇴직연금 구좌에 적립되지 않고 모두 사회통합기금에 적립된다. 개인은 임금의 8%를 보험료로 납부하는데, 모두 개인 퇴직연금 구좌에 적립된다.

중국의 도시직공기본양로보험은 15년 이상 양로 보험비를 납부한 60세 이상의 남성과 55세 이상의 여성이 연금을 받을 수 있도록 설계되었으나, 2024년 9월 13일 전국인민대표대회에서 법적 퇴직 연령을 2025년 1월 1일부터 향후 15년에 걸쳐 남성의 경우 60세에서 63세로, 여성의 경우 55세에서 58세로 연장하는 법안이 통과되었기 때문에 보험료 납부 연한과 양로금 수령 연령도 조정될 전망이다. 양로금 수령액의 임금 대체율은 60% 수준으로 설계되었으나 인구의 급속한 고령화와 퇴직자 수의 급증으로 그 대체율은 현저하게 낮아질 전망이다. 한편 일부 성의 경우 퇴직자에게 지급해야 할 양로금이 부족했기 때문에 개인 퇴직연금 구좌에 적립되어 있는 적립금으로 퇴직자의 양로금을 지급한 결과 개인 퇴직연금 구좌가 '빈 통장'으로 남아 있는 경우도 있다.

중국의 양로보험제도가 직면한 문제는 양로보험제도를 성급으로 통합하고 나아가 전국적으로 통합하는 문제, 각급 행정구역 간에 양로보험이 이전되기 힘든 문제, 인구 고령화와 퇴직자 증가에 따른 양로보험기금의 지속 가능성을 확보하는 문제, 플랫폼 노동자 등 비정규직 및 새로운 형태의 노동자의 양로보험 가입 문제, 양로보험기금의 효율적 운영 및 관리의 문제 등이다.

기본의료보험제도

중국의 공적 건강보험 제도는 '기본의료보험제도'로 명명된다. 기본의료보험제도는 가입 대상자에 따라 별도의 제도가 운영되고 있고, 보험료의 납부 기준과 혜택도 다르다. 중국의 기본의료보험은 도시의 취업자가 가입하는 '도시직공기본의료보험'城鎭職工基本醫療保險(1998년)과 도시와 농촌의 주민(비근로자), 도시의 취업자 중 도시직공기본의료보험에 가입하지 않은 농민공, 플랫폼 노동자 등 비정규직 노동자가 가입하는 '도농주민기본의료보험'城鄕居民基本醫療保險(2018년)으로 나뉜다.

그간 중국의 공적 건강보험의 운영 시스템과 운영은 인력 자원 및 사회보장부, 국가발전개혁위원회, 국가위생건강위원회, 민정부 등 정부의 유관 부처에 분산되어 있었으나 2018년 국가기구 개혁 당시 국가의료보장국이 신설됨으로써 그 산하에 통합되었다.

중화인민공화국 국가의료보장국의 「2023년 전국 의료보장사업 발전 통계 공보」에 따르면, 2023년 기본의료보험 참가자 수는 13억 3389만 명이다. 중국 국민의 95% 이상이 이 제도에 가입되어 있다. 2023년 의료보험기금(생육보험기금 포함) 수입은 3조 3501억 3600만 위안이며, 지출은 2조 8208억 3800만 위안이다. 그중 직공기본의료보험 참가자 수는 3억 7095만 명으로 전년 대비 852만 명 증가했다. 직공기본의료보험 참가자 가운데 재직 직공의 수는 2억 7099만 명으로 전년 대비 1.9% 증가했고, 퇴직 직공의 수는 9996만 명으로 전년 대비 3.7% 증가했다. 재직 직공과 퇴직 직공의 비율은 2.71이다. 한편, 2023년 직공기본의료보험기금 수입은 2조 2931억 6500만 위안으로 전년 대비 10.3% 증가했고, 지출은 1조 7750억 7300만 위안으로 전년 대비 16.4% 증가했다. 2023년 직공기본의료보험 수혜자의 연인원수는 25.3억 명으로 전년 대비 20.2% 증가했다. 2023년 도농주민기본의료보험 참가자 수는 9억 6294만 명이고, 의료보험기금(생육보험기금 포함) 수입은 1조 457억 6500만 위안이며, 지출은 1조 599억 7100만 위안이다. 주민기본의료보험 수혜자의 연인원수는 26억 1000만여 명으로 전년 대비 21.1% 증가했다.

　　1998년 채택되어 지금까지 운영되고 있는 도시직공기본의료보험은 두 가지의 축으로 운영된다. 첫 번째 축은 '사회통합기금'이고, 두 번째 축은 '개인 구좌'이다. 기업은 최소 임금 총액의 6%를 의료보험료로 납부하고, 직공은 본인 임금의 2%를 보험료로 납부한다. 기업이 납부한 보험료의 30%는 개인 구좌에 적립되고, 나머지 70%는 사회통합기금에 적립되며, 직공이 납부한 2%의 보험료는 전액 개인 구좌에 적립된다. 개인 구좌에 적립된 기금은 문진 등 작은 병을 치료하는 데 사용되고, 사회통합기금에 적립된 기금은 입원 등 중병大病을 치료하는 데 사용된다.

　　전 국민을 포괄하는 기본의료보험제도가 확립되었지만 중국인들은 여전히 진료하기가 어렵고看病難, 진료비가 비싼看病貴 문제에 직면해 있다. 의료 기구가 대도시에 집중되어 있는 문제, 국공립 병원 수입의 90% 정도가 환자의 진료비에서 나오고 있는 문제가 해결되지 않고 있다. 의료보험 기구가 의료 기관에 의료비를 지불하는 방식을 개혁함으로써 환자에 대한 의료 기관의 과도한 의료 서비스를 통제하고, 의약품 집중 구매 등을 통해 의료 비용을 낮추는 문제, 의료 기관을 효율적으로 배치함으로써 국민의 건강을 보장하는 문제가 2000년대 중국 의료 당국이 풀어야 할 주요 과제가 되었다. 중국의 의료 당국이 〈"건강 중국

2030" 규획 강요〉(2016년), 〈13.5 의약 위생 체제 개혁 심화 규획〉(2016년), 〈14.5 국민 건강 규획〉(2022년), 〈의약 위생 체제 개혁 심화 2024년 중점 업무 임무〉(2024년) 등의 정책을 잇달아 내놓고 있는 것은 이 같은 배경에서다. 인구 고령화와 퇴직자 증가에 따른 의료보험기금 지출의 급증 문제, 의료보험기금의 지속 가능성을 확보하는 문제는 중국 의료 당국이 풀어야 할 큰 과제 중 하나이다.

보완되고 있는 사회보험

중국 인력 자원 및 사회보장부의 〈인력 자원 및 사회보장 사업 발전 제14차 5개년 계획 강요〉(2021년)와 국무원 판공청의 〈"제14차 5개년" 전민 의료 보장 계획〉(2021년)은 제14차 5개년 계획 기간(2021~25년) 동안 중국의 사회보험제도 발전 계획이 담겨 있다. 우선, 양로보험의 경우 유연 근무 노동자 등 신취업 형태의 종업원의 기업직공기본양로보험 참여를 적극적으로 추진하는 등 전민보험참여全民參保를 실현하고, 성급省級 차원의 통일적 운영을 규범화하며, 중앙 차원의 통일적 운영 계획全國統籌을 강화해 나간다는 정책이 제시되어 있다. 그 다음, 기본의료보험의 경우 의료보험기금의 관리·감독을 강화하고, 성을 초월하여 진료를 받고 의료비를 직접 결산할 수 있는 실험적 업무를 전개하며, 의료보험 공공서비스 플랫폼을 강화한다는 정책이 제시되어 있다.

사회통제

장윤미

시장화 개혁과 사회구조의 전환

현대사회의 중요한 특징 중 하나는 자신이 태어난 소속 공동체에 의해 사회적 관계가 규정되던 틀이 무너져, 개인의 능력에 따라 신분 상승이 가능해지고 공간적 이주가 자유롭다는 점이다. 이에 따라 현대사회에서는 출신, 인종, 지역, 사고방식, 윤리 규범 측면에서 다양하고 이질적인 사람들을 어떠한 자원과 방식으로 통합해 낼 것인가가 중요한 문제로 등장했다.

중국의 경우 혁명을 통해 새로운 국가 체제를 만들었지만, 사회주의 건설 시기(1949~77년)에 사회구조적 측면에서 볼 때 근본적인 전환이 이루어졌다고 보기는 힘들다. 도시와 농촌 지역을 분리하여 출생지와 부모의 호적이 그대로 대물림되면서, 농촌에서 태어나면 농업 호구를, 도시에서 태어나면 비농업 호구를 물려받았다. 도시 단위單位와 농촌 인민공사人民公社 중심의 엄격한 호적 제도를 유지하면서, 태어나서 한 번도 자신의 고향이나 거주지를 떠나 본 적이 없고 친족 관계를 기반으로 한 전통적인 '숙인熟人 사회'라는 정적인 사회구조가 그대로 유지되었다.

그러나 개혁 개방 이후 추진된 시장화와 도시화의 과정에서 새로운 도시가 만들어지고 노동력 이주에 대한 제한이 점차 완화됨에 따라 중국 사회는 점차 '유동 사회'로 바뀌어 왔다. 기존 지역공동체에서의 사회질서는 관계와 책임, 도리, 소속감 등의 규범으로 유지할 수 있지만, 낯선 사람들과 일상적으로 대면하게 된 도시에서는 안전한 질서를 유지하고 타인과 공존할 수 있는 또 다른 행위규범과 제도가 필요하게 되었다. 일자리를 찾아 타 지역이나 도시로 이동한 이주 노동자農民工들이 거대한 규모로 성장하면서, 이들을 일정한 규범 속에서 관리할 필요가 생겼다. 또한 시장화 개혁에 따라 정치·경제·사회적 기능이 점차 분리되고 다원화되었으며, 시장경제가 제대로 작동하기 위해 필요한 다양한 경제·사회조직이 급증했다.

1989년 톈안먼사건 이후, 그 이전에는 주로 사회 치안이나 범죄 단속의 측면에 집중되던 사회통제는 당의 정치적 통제 기능을 강화해 왔다. 각급 당 위원회에 있는 정법위원회政法委에 사회 안정 유지維穩와 사회 치안 종합 거버넌스 지도라는 직능을 부여하여, 당에 의한 국가 사법 체계의 직접 지배를 실현해 왔다. 주기적인 사회 정화 운동뿐만 아니라 법체계의 정비를 통해 개혁 이후 생겨난 사회단체, 민간 조직, 종교 조직, 민간 기금회, 도시 유동 인구에 대해서도 전면적인 단속과 통제를 강화해 왔다. 특히 사회단체와 민간 조직에 대해서는 1989년과 1998년 새로운 사회단체 관리 등록 조례 및 실시 세칙에 따라 규범적 관리를 실시했다. 이러한 조직적·법률적 수단뿐만 아니라 기술적 통제 능력도 강화해 왔다. 중국은 과학기술 능력과 함께 발전해 온 안면 인식이나 빅데이터 등 현대 기술을 활용하여, 그 어느 국가보다 더 정교하고 능력 있는 감시체계를 구축해 왔다. 또한 언론 매체에 대해서도 당 정책의 선전과 교육 기능을 강화했고, 특히 인터넷에 대한 통제를 중시하면서 인터넷 안전 기술 개발 및 관리 요원 육성을 대규모로 지원해 왔다. 모든 곳에서 전방위적으로 당의 영도가 강화됨에 따라, 사회조직, 민간 기업, 미디어와 인터넷, 학술 영역에서의 통제와 검열, 학교 교육 현장에서의 획일적인 사상 통제가 강화되었다. 노동권과 소수자의 법적 권리, 인권 개선 등에 앞장서던 민간단체의 활동가들이 체포되고 탄압을 받으면서, 이제는 '시민(공민)사회'가 언급되지 않고 국가와 사회관계도 크게 변화되었다.

사회 거버넌스 혁신과 사회공작부 설립

시진핑 집권 이후 중국공산당은 급증하는 사회적 저항과 혼란에 대응하기 위해, 법과 제도의 틀 안에서 사회 관리를 규범화하는 데 노력해 왔다. 2013년부터 "사회 거버넌스治理"라는 이름으로 기층의 행정 구조를 개편해 왔는데, 그 특징을 요약하면 "사구社區를 중심으로 한 격자망화網格化 관리"라 할 수 있다.

중국의 도시 말단 행정단위는 가도街道(한국의 '동'에 해당)이고, 그 아래 도시 관리의 기초가 되는 사구가 있다. '사구'란 일정한 규모의 세대戶를 하나로 묶은 공간 단위를 말한다. 원래는 지역공동체 사회를 지칭하는 '커뮤니티'의 의미였지만, 2000년대 이후 기층의 공공 업무를 담당하면서 점차 행정단위의 성격으로 바뀌었다. 사구는 다시 일정한 '격자'網格, grid로 나뉘고 하나의 격자에서 수백 세대를 관리한다. 해당 격자마다 격자원網格員이라는 관리인을 배치하여 관할구역에서 발생하는 각종 상황을 구區 정부에 설치된 '격자망화 관리 센터'에 보고하게 했다. 격자원들은 지역의 정보 수집, 주민들의 편의 제공, 잠재적 위험 조사, 분쟁 조정, 정책 선전 등 다양한 역할을 수행하며, 정부와 주민 간의 교량 역할을 하고 있다. 특히 코로나19 팬데믹을 지나면서 "구-가도·진鎭-사구-격자"로 이어지는 거버넌스는 기층 사회 관리 모델의 표준이 되었다.

사구 중심의 격자망화 관리 방식은 현재 전국의 거의 모든 지역으로 확대되었으며, '당 영도 강화'를 기본 원칙으로 하고 있다. 이러한 하향식 행정 접근 방식은 기층 자치의 현장인 사구의 성격을 행정기관으로 변질시키며, 비국가 행위자들이 자유롭게 활동할 공간을 거의 남겨 두지 않는다. 사구에 각종 서비스를 제공하는 사회조직들은 스스로 사회조직이라는 정체성보다는 사구 행정에 속한 하나의 기구 역할을 한다는 생각을 강하게 갖게 된다. 위에서 아래로 위계적으로 구획된 거버넌스 구조에서 각 지역의 사회 주체들은 다른 지역사회의 현안에 끼어들 수 없고, 오로지 수직적인 행정명령 관계 속에서만 활동할 수 있기 때문이다. 사회조직을 사구라는 말단 행정단위 안에 종속시킴으로써, 정치적 저항의 가능성을 구조적으로 불가능하게 만들었다.

또한 최근에는 사회 영역에서 당의 역할을 강화하고, 당과 사회 관계를 재정립하기 위해 '사회공작부'를 설립했다. '사회공작'社會工作이란 한마디로 사회를 대상으로 한 당의 모든 업무를 가리킨다. 사회를 조직하고 관리하며, 사회에 필요한 서비스를 제공하고 사회 전체가 당이 제시한 방향으로 가도록 교육하고 선전하며, 당의 목표를 달성하기 위해 사회를 동원하는 등 사회 건설과 관련된 모든 업무를 포괄한다. '사회공작'의 핵심은 사회를 조직하고 동원하는 데 있다. 이러한 임무를 수행하기 위해 2023년 3월 당 중앙의 직능 부서로 '중앙사회공작부'를 신설했고, 이후 각 성·시·현급 당위에서도 차례대로 사회공작부가 설립되었다. 사회를 조직하고 동원하기 위해서는 기층과 모든 경제·사회조직에 당 조직을 건설하는 것, 그리고 당의 정책을 선전하고 기층 사회를 동원할 인력 풀을 구축하는 것이 가장 중요하다. 특히 기층 사회에서 진행되는 각종 선전이나 대중 동원 등 이른바 "운동식 거버넌스"運動式治理 방식에는 많은 인력이 필요하다. 2024년 4월 10일 중앙에서는 사구에서 일할 인력社區工作者의 육성 계획을, 4월 12일에는 자원봉사志願服務 체계 수립에 관한 계획을 발표한 바 있다. 이러한 계획은 기층 차원에서의 조직 체계를 구축하여 사회질서를 안정시키고 기층 충성 당원을 모집하는 것을 목표로 한다.

이러한 정책 흐름의 배경에는 장기화되고 있는 미·중 간의 대립 구도 속에서 강조되는 국가 안보 논리가 있다. 중국공산당은 국가 안보 수호의 관건은 기층의 안정과 사회통제에 있다고 보고 있다. 현재 기층 거버넌스의 주체는 주민 자치의 성격을 띠었던 기존의 '거민(촌민)위원회'에서 '사구 공작자'로 이동하고 있으며, 당의 영향력은 당 조직을 통해 기층까지 침투하고 있다. 중국식 사회통제는 촘촘한 조직 네트워크와 함께 고도의 과학기술을 동원한 것이기도 하지만, 실은 많은 사람이 동원되어야 한다. 중국공산당은 사구에서 일하는 인력의 역할을 더욱 강화하여 당의 의지를 주입하려 하는데, 향후 사구에서의 주민 자치는 점차 당의 기층 조직으로 대체될 것으로 전망된다. 사구라는 자치의 공간이 점차 행정화되면서 '사회'가 설 자리는 점점 축소될 것으로 보인다.

출산 정책

김도경

중국의 출산 정책은 일반적으로 계획생육計劃生育이라 불린다. 굳이 우리말로 옮기자면 '계획적인 출산'에 가깝다. 그리고 그 '계획'이라는 표현에서 알 수 있는 것처럼 전통적으로 그 의미는 산아제한에 가까웠다. 그런데 시진핑 시기 이후 중국 정부가 내놓는 관련 조치들을 살펴보면, 그 의미가 이전과 많이 달라졌다는 것을 알 수 있다. 중국은 여전히 계획생육을 기본 국책이라 내세우고 있지만, 그 함의는 산아제한이 아니라 출산 장려라고 봐야 한다.

산아제한으로서의 계획생육

중국에서 계획생육이 본격적으로 시행된 것은 1970년대 초라고 할 수 있다. 물론 그 전에도 이와 비슷한 정책이 제기된 적이 있지만, 문화대혁명 등의 정치적 혼란으로 인해 제대로 시행되지는 못했다. 흔히 1970년대 초의 계획생육을 '만晚·희希·소少' 정책이라고 부른다. '만'은 결혼 시기를 늦추는 것이고, '희'는 출산 간격을 넓히는 것이며, '소'는 출산 횟수를 줄이는 것이다. 이 '만·희·소' 정책은 하나의 선전 운동에 지나지 않았지만, 실제 결과는 기대 이상이었다. 1970년 33.43‰에 달했던 중국의 출생률이 1979년 17.82‰로 떨어졌다.

그런데 이러한 성과에도 불구하고 1970년대 말 중국은 좀 더 강력한 산아제한 정책을 필요로 하게 되었다. 1960년대 중국의 출생률이 평균적으로 30‰ 이상이었는데, 1980년대가 되면 그때 태어났던 사람들이 순차적으로 결혼 및 출산 적령기에 진입하게 되기 때문이었다. 만약 엄격한 산아제한 정책이 없다면, 중국의 출생률은 예의 30‰대로 다시 올라갈 것이 명확했다. 그 긴박함 속에서, 1980년 중국공산당 중앙은 전체 공산당원과 공청단원에게 공개편지를 보냈다. 중국의 인구 문제가 얼마나 심각한지, 그리고 이를 위해서는 어떤 종류의 조치가 필요한지를 역설한 것이다. 한 자녀 정책은 바로 이러한 맥락에서 등장한 출산 정책이었다.

도시 주민 대상의 한 자녀 정책

사실 한 자녀 정책은 생각보다는 '전면적'이지 않았다. 지방별로 많은 예외 조항이 존재했다. 예를 들어, 소수민족은 처음부터 이 정책의 적용 대상에서 제외되었다. 또한 농촌 주민에 대해서도 예외 조항이 적용되었다. 첫째 자녀가 여아일 경우 둘째 자녀를 출산할 수 있도록 허용했다. 여기에 부모 양쪽이 모두 독생 자녀인 경우, 재혼 부부 중 어느 한쪽이 자녀가 없을 경우, 합법적으로 입양한 이후에 임신이 되었을 경우 등도 모두 두 번째 자녀의 출산이 허용되었다. 나중에는 부모 중 어느 한쪽만 독생 자녀여도 두 번째 자녀의 출산이 허용되기도 했다.

결국 한 자녀 정책을 엄격하게 시행했던 대상은 도시 주민이었다고 해도 과언이 아니다. 중국의 많은 사회 조사 결과를 보면, 1980년 이후 출생자 중 형제자매가 없는 사람들은 대부분 도시 주민에 속한다. 상대적으로 농촌 주민들은 1980년 이후에 출생했다 하더라도 형제자매가 있는 경우가 많았다.

출산 장려에 가까운 계획생육

시진핑 시기로 접어들면서 중국은 총 세 번에 걸쳐 출산 정책을 완화했다. 첫 번째는 2013년에 있었는데, 중국의 모든 지방에서 부모 중 어느 한쪽만 독생 자녀여도 두 번째 자녀의 출산을 허용하도록 했다. 두 번째 완화 조치는 2015년에 있었는데, 거기서 핵심은 두 자녀의 출산을 전면적으로 허용하는 것이었다. 가장 최근의 변화는 2021년에 있었다. 중공 중앙은 정치국 회의를 통해 세 자녀의 출산을 전면적으로 허용한다고 밝혔다. 그 이후 등장한 출산휴가 지원책이나 육아 지출에 대한 세금 우대 정책 등을 고려하면, 현재 중국 정부가 취

중국의 역대 출생률CBR (단위: ‰)

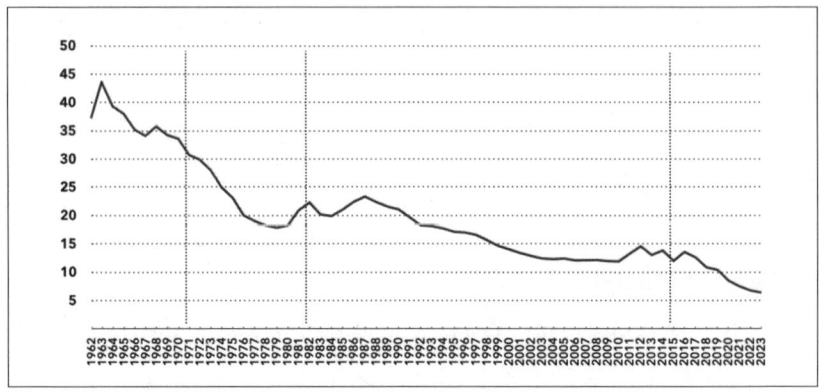

자료: 中國國家統計局, 점선은 출산 정책의 변화 시점.

하고 있는 계획생육은 사실상의 출산 장려 정책이라고 볼 수 있다.

그런데 여기서 주목해야 할 부분은 이러한 출산 장려책이 별다른 효과를 거두지 못하고 있다는 점이다. 특히 2021년에 있었던 정책 완화의 경우, 그것이 중앙전회가 아니라 정치국 회의에서 나왔다는 점, 그리고 2020년에 중국의 인구센서스가 시행되었다는 점 때문에 중국 정부의 정책 변화가 다소 늦은 것이 아니냐는 의견이 뒤따랐다. 실제로 그 이후 국가통계국이 내놓은 자료들을 보면 출산율이 지속적으로 하락하고 있는 것을 확인할 수 있다(그림 〈중국의 역대 출생률〉 참조). 2023년 국가통계국이 발표한 중국의 출생률은 신중국 성립 이후 역대 최저치인 6.39‰에 불과했다.

빠르게 진행 중인 인구 고령화

잘 알려져 있는 사실이지만, 이러한 출산 정책의 변화와 그 효과에 대해 관심이 집중되는 것은 그 배경에 인구 고령화가 자리하고 있기 때문이다. 30년 넘게 한 자녀 정책이 시행되면서 중국의 연령별 인구구조가 많이 왜곡되었고, 개별 가구의 양육 부담이 커지면서 출산에 적극적인 문화도 사라졌다. 향후 노동인구가 유아 및 노년 인구에 비해 과도하게 적어질 것을 우려하는 상황이다. 중국 국가통계국에 따르면 2023년 중국의 65세 이상 인구의 비중은 15.4%였는

데, 지금과 같은 추세라면 2030년대 초 20%에 도달할 것으로 예상되며, 2050년에는 30%를 넘어설 것으로 보인다. 미국의 경우, 유엔 경제사회국이 발표한 2024년 「세계인구전망 보고서」에 따르면, 2050년에도 그 비중이 25%를 넘지 않는다.

교육정책 : 초·중등 교육

손민정

 2021년 7월 1일 중국공산당 창립 100주년을 맞은 중국 정부는 2050년 사회주의 현대화 강국 건설을 위해 중국 교육 현대화를 통한 교육 강국 진입이라는 중장기 교육 정책을 천명했다. 중국은 이미 〈국가 중장기 교육개혁 및 발전 계획 개요(2010~2020년)〉를 추진한 데 이어 〈중국 교육 현대화 2035〉를 발표함으로써 2035년까지 학습 대국, 인력 자원 강국, 인재 강국에 진입하여 사회주의 현대화 강국을 건설하기 위한 견실한 기초를 닦고자 했다. 〈중국 교육 현대화 2035〉에서는 교육의 질을 제고하고, 교육의 보급을 확대하고, 공정한 교육을 실현하고, 평생 학습 체제를 구축할 것을 주요 과제로 삼고 있다.
 국가 교육에 대한 핵심 내용을 담고 있는 교육과정은 국가 교육과정, 지역 교육과정, 학교 교육과정의 세 유형으로 나뉘는데, 중국은 교육부에서 교육과정을 개발·고시·관리하기 때문에 국가 교육과정 체제이다. 중국의 기초 교육에는 유아교육, 초등학교(소학교), 중학교, 고등학교 교육이 포함되고, 이 중 초등학교와 중학교 단계만 의무교육에 해당한다. 중국 교육부는 의무교육 단계의 교육과정을 2001년, 2011년에 개발하여 초·중학교에 적용하던 것을 2022년에 다시 개정했는데, 이는 의무교육의 양적인 보급이 이루어짐에 따라 좀 더 나은 교육에 대한 수요를 충족하기 위한 조치이다. 또한 고등학교의 경우는 2017년 개정 일반 고등학교 교육과정 및 교과 교육과정을 수정한 2020년 수정판이 고등학교에 적용되고 있다.
 의무교육 단계의 교육과정은 9년간 일관되게 적용되는데, 6·3제(초등학교

의무교육 단계 교육과정의 교과 편성 및 비율

		학년								9년 총 시수(%)
		1	2	3	4	5	6	7	8	9	
국가 교육과정		도덕과 법치									6~8
		어문									20~22
		수학									13~15
				외국어							6~8
								역사, 지리			3~4
		과학							물리, 화학, 생물학 (또는 과학)			8~10
				정보 기술							1~3
		체육과 건강									10~11
		예술									9~11
		노동									14~18
		종합 실천 활동									
지역 교육과정		성급 수준의 교육 행정부의 규정에 따라 편성									
학교 교육과정		학교 규정에 따라 편성									
주별 시수		26	26	30	30	30	30	34	34	34	
학년 시수		910	910	1,050	1,050	1,050	1,050	1,190	1,190	1,122	9,522

자료: 中華人民共和國教育部, 『義務教育課程方案(2022年版)』, p. 9.

6년, 중학교 3년)가 일반적이지만 5·4제(초등학교 5년, 중학교 4년)도 확대되고 있다. 의무교육 단계에 편성된 교과목은 도덕과 법치, 어문, 수학, 외국어(영어·일본어·러시아어), 역사, 지리, 과학, 물리, 화학, 생물학, 정보 기술, 체육과 건강, 예술, 노동, 종합 실천 활동 등이다. 이 중 초등학교 영어는 3학년부터 시작할 수 있으며 일부 지역이나 학교에서 1, 2학년에도 개설할 수 있으나 듣기 위주로 해야 한다. 과학은 1학년부터 9학년까지 개설되는데, 중학교에서는 물리, 화학, 생물학 중에서 선택해서 개설할 수 있다. 예술은 1학년부터 9학년까지 개설하되 1, 2학년은 노래 부르기와 음악, 만들기와 미술을 포함해야 하고, 3학년부터 7학년까지는 음악, 미술을 위주로 하되 무용, 연극, 영상(디지털 매체 예술 포함)과 관련한 내용을 융합하여 가르칠 수 있다. 8, 9학년은 음악, 미술, 무용, 연극, 영상 등을 포함하는데 학생들은 적어도 두 가지를 선택해 학습해야 한다. 종합 실천 활동은 교과 범위를 넘어 연구 위주로 진행하는 학습이나 사회 실천을 주로 한다.

의무교육 단계의 매 학년은 39주 동안 수업을 한다. 1학년부터 8학년까지 수업 시간은 35주이고, 복습 및 시험 기간이 2주, 학교에서 탄력적으로 운영하는 시간이 2주이다. 9학년은 수업 시간이 33주이고, 1학기에 복습 및 시험 기간이 1주, 2학기에 졸업을 위한 복습 및 시험 기간이 1주이다. 학교에서 탄력적으로 운영하는 시간에는 노동, 과학, 문화, 체육 활동 등을 배치할 수 있다. 수입 시수는 1, 2학년은 매주 26시간이고, 3~6학년까지는 30시간, 7~9학년까지는 34시간으로, 9학년까지 총 수업 시수는 9522시간이다. 초등학교는 1교시가 40분이며, 중학교는 45분이다.

고등학교 교육과정의 경우 당의 교육 방침을 전면적으로 관철하고, 중국 특색 사회주의 교육의 발전 노선을 견지하기 위해 2017년 개정 교육과정을 2020년 수정하여 다시 고시했다. 고등학교에서는 어문, 수학, 외국어(영어·일본어·러시아어·독일어·프랑스어·스페인어), 사상 정치, 역사, 지리, 물리, 화학, 생물학, 기술(정보 기술과 통용 기술 포함), 예술(또는 음악, 미술), 체육과 건강 등의 교과와 종합 실천 활동, 그리고 학교 교육과정을 개설한다. 매 학년은 52주로 구성되고, 그중 수업 시간이 40주, 사회 실천이 1주, 휴가(방학, 명절, 농번기 휴가 포함)가 11주이다. 매주마다 35시간 수업이고, 1교시가 45분이며, 1학점은 18수업 시수이다.

고등학교 교육과정의 특징은 성취 기준과 성취 수준(또는 평가 기준)을 고등학교 학업 수준 시험學業水平考試 및 가오카오高考(普通高等學校招生全國統一考試의 줄임말) 출제와 연계함으로써 교육과정-교수학습-평가가 긴밀하게 연계되도록 교육과정을 상세화했다는 점이다. 즉, 교과목을 필수, 선택형 필수, 선택으로 나누었는데, '필수 과정'은 고등학교 졸업 요건에 해당하고, '선택형 필수 과정'은 가오카오에 응시하려면 반드시 이수해야 한다. '선택 과정'은 학생들이 자율적으로 선택하여 이수하는데, 선택 과정에는 필수 과정과 선택형 필수 과정보다 심화한 교과목도 있고, 학생들의 다양한 요구와 지역사회, 경제, 문화 발전의 수요 및 학교 운영상의 특성 등에 따라 학교가 설계한 학교 교육과정도 있다. 고등학교 졸업 요건은 최소 144학점 취득이다. 그중에서 필수 과정은 88

중국 일반 고등학교 교육과정 교과목 편제표 및 학점

과목	필수 학점	선택형 필수 학점	선택 학점
어문	8	0~6	0~6
수학	8	0~6	0~6
외국어	6	0~8	0~6
사상 정치	6	0~6	0~4
역사	4	0~6	0~4
지리	4	0~6	0~4
물리	6	0~6	0~4
화학	4	0~6	0~4
생물학	4	0~6	0~4
기술	6	0~18	0~4
예술(음악 또는 미술)	6	0~18	0~4
체육과 건강	12	0~18	0~4
종합 실천 활동	14		
학교 교육과정			≥8
합계	88	≥42	≥14

자료: 中華人民共和國教育部, 『普通高中課程方案(2017年版2020年修訂)』, pp. 5, 6.

학점, 선택형 필수 과정은 42학점, 선택 과정은 14학점을 이수해야 한다.

중국은 개혁 개방 이후 국가 수준의 대학 입학시험인 가오카오 성적으로 학생을 선발해 왔는데, 2014년 가오카오뿐만 아니라 입시 제도에 대한 전면적인 개혁을 발표했다. 가오카오는 입학시험으로서 가장 권위 있고 공평한 시험이라는 사회적 인식이 있지만, 점수 위주의 교육관 때문에 학생들의 전인 교육에 한계가 있고, 경쟁이 갈수록 치열해져 학생들의 학습 부담이 점차 가중되고, 지역 간, 도농 간 입학 기회의 차이가 커짐에 따라 입시제도 개혁을 단행하게 된 것이다.

입시 개혁의 특징은 정부 주도하에 충분한 기간을 두고 지역별로 순차적으로 진행했다는 점이다. 시범 지역을 단계별로 지정하여 2014년 상하이시, 저장성 등 초기 시범 지역에서 개혁안을 세워 2017년 전면적으로 시행하고, 베이징시, 톈진시, 산둥성, 하이난성 등은 2017년 개혁에 착수하여 2020년 시행하는 등 순차적으로 개혁을 진행했다.

가오카오 과목은 개혁안 전에는 '3+X'제였다. '3'은 어문, 수학, 외국어를 가리키고, 'X'는 문과 종합(사상 정치, 역사, 지리 포함) 또는 이과 종합(물리, 화학, 생물 포함)이다. 반면 개혁안에서는 필수과목인 어문, 수학, 외국어는 가오카오 성적을 반영하고, 선택과목은 지역별로 출제하는 고등학교 학업 수준 시험의 성적을 반영한다. 학업 수준 시험은 원래 졸업 시험으로서 각 성이나 시에서 일괄적으로 출제하는데, 개혁안에서는 이 학업 수준 시험의 성적을 입학시험 총점에 반영한다. 즉, 문과와 이과의 구분을 폐지하고, 사상 정치, 역사, 지리, 물리, 화학, 생물 등의 과목 중에서 세 과목을 선택하게 하여 학생의 과목 선택권을 보장함으로써 학생들의 학업 발전과 진로 개발에 도움이 될 수 있도록 했다. 또한 개혁안에서는 입학 전형의 참고 자료로 종합 소질 평가 결과를 반영하는데, 종합 소질 평가는 학생의 평상시 인성이나 심신의 건강 상태, 실천 능력, 자기 관리 등에 대해 기록하는 것이다. 종합 소질 평가 자료를 입학 전형의 참고 자료가 되도록 함으로써 학생들의 전인적인 측면을 고려할 수 있게 되었다.

교육정책 : 대학 교육

신지선

중국 고등교육은 체제 개혁을 통해 양적 성장의 단계를 지나, 교육의 질을 높이는 방향으로 전환 속도를 높이고 있다. 현재 중국의 고등교육 학위 체계는 학사, 석사, 박사로 구분되며, 각 단계는 국제 기준에 부합하는 학점제와 논문 심사를 기반으로 운영된다. 학사 과정은 일반적으로 4년이 소요되며, 석사는 2, 3년, 박사과정은 4년 이상의 수학 기간이 소요된다. 최근 들어 연구형 학위뿐만 아니라 실무형 전문 학위(MBA, MPA 등)의 비중도 확대되는 추세이다. 중국 교육부에 따르면, 대학의 수는 2024년 3117개교이며, 일반 대학은 1308개교, 전문대학은 1560개교, 성인 고등교육 기관은 249개교이다. 중국 대학의 전임교원 수는 약 206만 명이며, 일반 대학 재학생 수는 2034만 명, 석사과정은 327만여 명, 박사과정은 61만여 명이다.

이러한 성과는 1990년대부터 도입된 '과교흥국전략'科教興國戰略을 통해 과학기술과 교육을 국가 발전의 동력으로 삼고자 한 노력의 결과이다. 1995년 '211공정'211工程부터 1998년 '985공정'985工程, 그리고 2015년 '쌍일류雙一流 건설'에 이르기까지, 일련의 고등교육 강화 정책이 추진되었다.

211공정과 985공정으로의 단계적 발전

일류 대학 건설을 목표로 추진된 중국의 국가 프로젝트인 '211공정'은, 21세기를 대비해 세계적 수준의 100개 일류 대학과 중점 학문 분야를 육성한다는 목표를 가지고 있었다. 그러나 중국 정부는 지원 대상이 되는 다수의 대학을 단기간 내에 세계 일류 대학 수준으로 만드는 데는 한계가 있다고 판단했고, 소수 대학에 더욱 집중적으로 투자하기 위한 정책적 문제와 대안을 탐색했다. 1998년 5월 장쩌민 주석은 베이징대학교 개교 100주년 기념식에서 '세계 일류 대학'을 보유해야 국가의 현대화 건설을 실현할 수 있다고 강조하면서, 대학이 우수 인재를 양성하는 요람이자 과학기술 성과를 실질적인 생산력으로 전환하는 추동력이 되어야 한다고 발표했다. 이후 〈21세기교육진흥행동계획〉面向21世紀敎育振興行動計劃이라는 정책 문건을 통해, 세계 선진 수준의 일류 대학과 학과의 필요성이 구체화되었으며, 1998년 5월 장쩌민의 발언을 기념하여 '985공정'으로 불리게 되었다.

1999년 '985공정'이 출범한 초기부터, 중국 정부는 베이징대학교와 칭화대학교를 세계 일류 대학으로 육성하고자 했으며, 2001년 9개 대학의 구교연맹九校聯盟 결성을 통해 세계적 수준의 대학 공동 건설을 추진했다. 초기 베이징대학교, 칭화대학교, 하얼빈공업대학교, 푸단대학교, 상하이교통대학교, 난징대학교, 저장대학교, 중국과학기술대학中國科技大學, 시안교통대학교가 구교연맹에 선정되었으며, 이후 39개 대학이 참여했다. 이 대학들은 가오카오를 보는 중국 수험생들에게 가장 선호되는 명문대로 평가받고 있으며, 해외 유학생들에게도 선호되는 고등교육기관으로 자리매김하고 있다.

교육부는 대학 교육의 질을 높이기 위해 고급 교원 제도를 강화했으며, 장강학자장려계획長江學者獎勵計劃을 시행하여 우수 학자가 대학에서 과학 연구 및 교육을 주도할 수 있도록 지원했다. 이를 통해 뛰어난 학술 성과를 보유한 학자들이 대학에 채용될 수 있었다. 그 외에도 2008년부터 실시된 해외고급인재유치프로그램國家海外高層次人才引進計劃, 일명 '천인계획'千人計劃을 실시하여 해외 박사 학위 소지자 및 세계적 수준의 학자를 영입하여 대학과 연구 기관, 국가 중점 프로젝트 등에 투입했다. 이러한 중국의 인재 유치 정책과 교육의 질 개선 노력은 고등교육의 제도적 기반을 강화하는 데 중요한 전환점이 되었다.

'쌍일류 건설'과 그 결과

2015년 중국 정부는 〈세계일류대학 및 세계일류학과 건설의 총체적 추진

QS 세계 대학 랭킹 중국 대학교 순위

랭킹	대학	위치	특징	학생 수
14	베이징대학교	베이징	1898년 개교했으며, 중국 최고의 종합대학	• 학부생: 16,628명 • 석사생: 16,980명 • 박사생: 14,979명 • 외국인 유학생: 3,038명 • 교수: 3,804명
20	칭화대학교	베이징	1911년 개교했으며, 이공 계열에서 우위를 보이는 연구 중심 종합대학	• 학부생: 16,291명 • 석사생: 22,657명 • 박사생: 21,971명 • 외국인 유학생: 2,822명 • 교수: 3,860명
39	푸단대학교	상하이	1905년 개교했으며, 연구 중심 종합대학	• 학부생: 15,164명 • 석사생: 15,621명 • 박사생: 13,463명 • 외국인 유학생: 2,535명 • 교수: 3,602명
45	상하이교통대학교	상하이	1896년 개교했으며, 공학과 기술 분야 중심의 종합대학	• 학부생: 18,584명 • 석사생: 23,307명 • 박사생: 15,810명 • 외국인 유학생: 1,821명 • 교수: 4,130명
47	저장대학교	항저우	1897년 개교했으며, 연구 중심 종합대학	• 학부생: 29,014명 • 석사생: 28,058명 • 박사생: 18,436명 • 외국인 유학생: 4,710명 • 교수: 4,605명

자료: 2025년 기준 QS 세계 대학 랭킹 및 각 학교 홈페이지 내용을 필자가 정리.

방안〉統籌推進世界一流大學和一流學科建設總體方案을 발표했다. 앞서 본 '211공정'부터 '985공정'의 토대 위에, '쌍일류 건설'은 '세계일류대학'과 '세계일류학과' 육성을 목표로 했다. 2020년, 2030년, 21세기 중엽까지 3단계 발전 추진 목표에 따라서, 2020년까지 일부 대학과 다수 학과가 세계 일류 반열에 진입하며, 2030년까지 다수의 대학과 학과가 세계 일류에 진입하고, 21세기 중엽에는 세계적인 고등교육 강국 건설을 목표로 한다.

2020년 진행된 '쌍일류 건설' 평가에서는 총 147개 대학이 선정되었다. 일련의 중국 고등교육 강화의 성과를 보여 주는 대표적인 사례로, QS 세계 대학 랭킹 결과를 살펴볼 수 있다. 베이징대학교, 칭화대학교, 푸단대학교, 상하이교통대학교, 저장대학교가 국제적 평가에서 상위권에 이름을 올렸다. 이러한 성과는

'211공정', '985공정', '쌍일류 건설' 등 일련의 고등교육 강화 정책이 실제 효과를 거두고 있음을 보여 준다.

2035년까지 교육 강국을 건설

앞으로 중국 고등교육은 어떤 방향으로 나아갈 것인가? 2025년 1월 중국 국무원은 〈교육강국건설계획요강(2024~2035년)〉敎育强國建設規劃綱要(2024-2035年)를 발표했다. 이 계획은 2027년까지 교육의 수준 향상과 고품질 교육 체계를 통해 교육 만족도를 높이며, 2035년까지 완전한 교육 강국을 실현하여, 교육 보급의 수준과 질을 세계 일류로 끌어올리는 것을 목표로 하고 있다.

이 계획에서는 '학습형 사회'를 목표로 하고 있다. 여기서 말하는 학습형 사회란 단순히 교육 기회를 확대하는 데 그치지 않고, 평생 학습을 위한 공공 서비스의 체계적 고도화, 온라인 기반의 개방형 학습 환경 조성, 그리고 인공지능AI과 빅데이터를 활용한 교육 혁신을 통해 디지털 경제 및 미래 산업 수요에 부합하는 학문 구조의 최적화를 실현하는 것이다. 특히 고등교육은 중국 과학기술 전략, 산업구조 전환, 인재 자립 전략을 뒷받침하는 핵심 인프라로서의 위상이 강화될 것으로 전망된다.

언론과 출판

이건웅

도서 출판

2024년 중국 출판사 수는 584개이며, 가장 오랜 역사와 권위를 지닌 출판사는 상무인서관(1987년)과 중화서국(1912년)이다. 중국 출판 산업은 중앙선전부에서 관리·감독을 하며, 모두 국유 기관이다. 2001년 WTO에 가입하면서 중국 정부는 출판 산업의 그룹화·상업화·기업화를 꾀하면서 경영 선진화에 성공한다.

중국 출판사 중 매출이 가장 높은 곳은 인민교육출판사, 중신출판사, 인민문학출판사, 충칭출판사, 외국어연구및연구사가 상위권이고, 대학교 출판사 중에서는 베이징대학교 출판사가 가장 높으며, 저장대학교 출판사, 베이징사범대학교 출판사, 칭화대학교 출판사 등이 상위권에 있다.

중국을 대표하는 출판 그룹은 약 45개가 있고, 그중 으뜸은 중국출판그룹으로 베이징에 소재하고 있다. 그다음은 중신출판그룹으로 중국출판그룹과는 라이벌 관계에 있다. 지방 성省 단위에는 장쑤봉황출판그룹이 연매출 4조 원이 넘어 1위이며, 후난투자출판그룹, 산둥출판그룹, 장시출판그룹, 저장출판그룹, 안후이출판그룹 등이 상위권을 차지하고 있다. 그리고 이들 출판그룹은 상하이 증시에 상장한 미디어 기업이다.

중국신문출판연구원에 따르면, 2023년 도서 소매 매출은 2022년 대비 소폭 증가해 시장 규모는 약 932억 위안(한화 17조 4700억 원)에 이른다. 중국 출판 산업은 전 세계 2위로 미국 다음 큰 시장이다. 중국 출판 산업도 2020~22년까지 코로나19 팬데믹으로 인해 큰 타격을 입었다. 서점은 문을 닫고 도서 출판 매출도 많이 감소했다. 하지만 2023년으로 넘어가면서 중국 출판 산업은 2022년과 비교하면 판매량과 매출 증가율 모두 마이너스에서 플러스로 전환되었고, 판매량은 25.03%, 매출 증가율은 10.19%로 크게 증가했다. 물론 분야별 성적표는 다르다. 사회과학(-1.08%), 문화 예술(-1.98%), 과학 생활(-1.68%) 분야는 여전히 매출이 저조하며, 점차 회복 중에 있다. 빈면에 문화 교육은 8.23%, 아동물은 3.19%로 큰 성장세를 보인다.

중국 최대 국유 기업 서점은 신화서점으로 1937년에 설립했다. 중국공산당의 사상 전파 기구로 당 선전 및 출판 사업을 펼쳐 왔고, 중국 언론과 출판 영역에서 독점적 지위를 확보하고 있다. 주요 신화서점은 2024년 현재, 두 자릿수 성장세를 보이고 있고, 특히 산둥신화, 저장신화, 장시신화, 후난신화의 월간 성장률이 두 배 이상 증가했다. 인터넷서점 중 최고는 당당망이며, 징둥닷컴과 아마존 차이나가 그 뒤를 따르고 있다. 그리고 중국 최고의 오디오북 기업은 히말라야 FM으로 오디오북뿐만 아니라 팟캐스트, 라이브오디오 방송 등 오디오 공유 플랫폼 역할을 하고 있다.

중국은 디지털 출판에 진심이다. 제13차 5개년 계획(2016~20년) 기간에는 '디지털 출판을 본격 발전'하는 시기로 삼았고, 제14차 출판 산업 5개년 계획(2021~25년)에는 '디지털 출판 산업 강화'를 핵심 과제로 추진해 출판 산업에서 디지털 출판의 역할과 위상을 높이는 데 이바지했다. 이후 '제15차 출판 산업 5개년 계획'(2026~31년)에는 디지털 출판의 선진화와 문화산업 간의 융합에 매진할 예정이다. 2024년『인민일보』기사에 따르면, 도서 출판, 신문, 정기간행물의 디지털 출판 수익은 꾸준히 증가하고 있다. 2023년에는 인터넷 저널, 전자책, 디지털 신문의 총수익이 104억 9100만 위안(한화 1조 9675억 원)으로 2022년에 비해 3.7% 증가했다.

CCTV와 지방의 위성 방송국

중국 대표 국영 방송사는 중국중앙텔레비전CCTV과 중국국영교육방송CETV이다. CETV는 교육방송사로 1987년 CCTV에서 분사했고, 총 5개(채널 4개와 어린이 채널) 채널을 운영하고 있으며, 시청자 인구수는 9억 7000만여 명이다.

CCTV는 1958년 베이징방송국에서 시작해 전국 규모의 방송사로 발전했으며, 1971년 전국에 방송망을 구축해 비로소 전국 각지에 전파를 송출하기 시작했다. 1973년 컬러텔레비전 방송을 처음 시작했으며, 1978년 베이징방송사에서 CCTV로 개명했다. CCTV는 일반적으로 중앙선전부 부부장이 겸직하는 차관급 국영기업이다. CCTV는 해외 지국이 있는데 워싱턴, 뉴욕, 파리, 평양, 모스크바, 서울, 도쿄 등에 있고 시청률 확보를 위해 지방 방송국과 치열하게 경쟁 중이다.

중앙방송국 이외에 주목할 만한 지방의 방송국은 8곳이 있는데 후난, 저장, 장쑤, 둥팡, 산둥, 톈진, 베이징, 안후이 8개 위성 채널이다. 이들 지방의 방송국은 뉴스를 비롯해 드라마, 영화, 예능, 다큐멘터리 등 종합 채널로 그 역량과 영향력이 막강하다. 특히 후난TV는 한류의 본고장으로 장사에 있다.

지방의 방송국은 뉴미디어와 치열한 경쟁에서 살아남기 위해 체질을 개선하고 경영을 선진화하는 등 자구책을 통해 경쟁력을 향상하고 있다. 산둥방송미디어의 경우 미디어 융합을 통해 새로운 체제로 개혁을 단행해 뉴미디어와의 경쟁에서 경쟁력을 쌓아 나가고 있다. 채널의 경계를 없애고 불필요한 부서는 통폐합하고 통합 미디어 자문 센터를 설립하는 등 영향력과 경쟁력을 높이고 있다. 그 결과 2023년 산둥방송미디어 생산량은 전년 대비 6.2% 증가한 256억 위안이었지만, 라디오 광고 수익은 5억 4900만 위안으로 전년 대비 3.47% 감소했고, TV 광고 수익도 22억 7700만 위안으로 전년 대비 3.79% 감소하는 등 여전히 위기는 상존하고 있다. 장쑤성에 있는 난징방송국도 2016년부터 방송과 인터넷을 연결하는 개혁 사업을 추진했다. 기존의 방송을 고수하지 않고 온라인과 다양한 플랫폼, 클라이언트 방송을 연결하고 스포츠, 부동산, 컬쳐 크리에이티브 등 시청자 눈높이에 맞는 프로그램을 육성해 인터넷 플랫폼과 경쟁하고 있다.

인민일보와 신화통신사

인민일보는 중국공산당 중앙위원회의 기관지로 1948년 설립했다. 인민일보 제호는 마오쩌둥이 직접 친필로 썼으며 중국에서 최고의 권위와 지위를 갖는다. 인민일보는 중국공산당의 이념과 의사 결정 등을 적극적으로 홍보하는 역할을 하며, 인민들의 가장 큰 사랑을 받고 있다. 중국에서 300만 부가량 발매하며, 해외는 미국, 유럽과 일본, 한국 등 주요 국가와 언어로 발매되고 있다. 전 세계 80여 개국에서 읽을 수 있으며, 최근에는 인쇄 매체에서 인터넷망으로 확신해 파급력이 더 강해졌다. 51개의 산하 기관과 환구시보 등 29개 신문과 간행물이 있다. 특히 환구시보는 중국 극우 매체로 한국에도 잘 알려져 있다.

환구시보는 인민일보의 자매지로 1993년 창간했다. 전 세계 90여 개국의 소식을 전하는 글로벌 미디어로 하루 발행 부수가 200만 부에 달하는 매우 영향력이 큰 매체이다. 중국 정부의 강경한 자세와 논조를 대리해서 우회적으로 표현하는 매체로 인식되고 있으며, 강경한 민족주의적 논조와 사설이 유명하다.

신화통신사는 베이징에 소재한 중국의 대표 통신사이다. 1929년 설립되었으며, 중국의 언론 매체와 외국 언론사들의 각 지사에 국내외 정보를 제공하는데, 영국의 로이터통신이나 한국의 연합뉴스와 같은 역할을 한다. 신화통신은 전 세계 90여 개국에 지사가 있으며 미국, 유럽, 동남아시아, 일본, 한국 등 주요 국가에 모두 지사가 있다. 중국이 집중하고 있는 아프리카와 중동에도 지사가 있어 생생한 뉴스를 중국으로 바로 송출하고 있다.

뉴미디어

중국 대표 인터넷 기업을 BAT라고 하는데 바이두, 알리바바, 텐센트의 영문 첫 글자를 딴 것이다. 이들 기업이 보유한 전통적인 온라인 동영상 플랫폼이 아이치이, 텐센트 비디오, 유쿠다. 이들 플랫폼은 텔레비전 드라마, 영화, 예능, 다큐멘터리를 포함하여 전문적으로 제작된 국내외 방대한 콘텐츠를 제공하고 있다. 빌리빌리, 후야, 도우위는 중국의 3대 라이브 스트리밍 플랫폼으로 중국의 MZ 사이에서 큰 인기를 끌고 있다. 후야와 도우위는 모두 텐센트의 자회사라서 합병하려 했으나 중국 당국이 금지한 상태다. 그리고 중국판 유튜브로 불리는 플랫폼이 빌리빌리이다. 전자 상거래 통합 플랫폼은 타오바오 라이브와 징둥 라이브가 대표적이다. 11월 11일은 광군제光棍節라고 하는데 이날 타오바오에서는 1초 만에 184억 원이 팔릴 정도로 그 위세가 대단하다.

왕훙은 왕뤄훙런網絡紅人의 줄임말로 "일련의 사건과 행위로 온라인상에서 신속하게 네티즌의 주목을 받는 인물"을 뜻한다. 이후에 의미가 확대되어 한국식으로 말하면 파워 블로거와 인터넷 방송 BJ가 혼합된 개념으로, 온라인상에 대량의 팔로워를 가진 인터넷 스타 혹은 인터넷 인플루언서를 뜻한다. 왕훙의 영향력은 막강해서 그들의 말과 행동이 네티즌에 큰 영향을 미쳐 매체 파워를 가지게 되었고, 이를 이용해 상품을 판매해 고수익을 올리는 왕훙이 증가하는 등 하나의 산업으로 발돋움하고 있다. 왕훙 경제, 왕훙 마케팅이라는 용어가 생기고 SNS 마케팅을 전문으로 하는 차이커 마케팅이 생길 정도다.

중국 시장조사 기관인 애널리시스에 따르면, 왕훙의 새로운 경제와 관련된 산업 시장 규모는 2024년에 7조 위안(한화 1298조 7000억 원)을 돌파할 것으로 본다. 2023년을 기준으로, 한국의 경우 라이브 커머스 시장 규모가 약 10조 원이었다면, 중국은 약 800조 원을 기록했다.

세계적으로 숏폼 콘텐츠가 새로운 콘텐츠 트렌드로 선풍적인 인기를 끌고 있는데, 유튜브 쇼츠, 틱톡, 인스타그램 릴스가 대표적이다. 그중 틱톡은 2016년 중국 인터넷 회사 바이트댄스가 중국에서 뮤직 쇼츠 비디오 플랫폼으로 시작했다. 처음에는 15초 이내의 콘텐츠만 업로드가 가능했지만, 2022년 15분으로 확대되었고 2024년 60분으로 대폭 확대해 동영상 촬영 및 제작 기능을 제공한다. 틱톡의 서비스 확장은 유튜브와 경쟁하기 위한 고육책으로, 인터넷 영토 확장을 위한 서막이 올랐음을 의미한다. 틱톡 출시 이후 중국 틱톡과 국제판 틱톡은 세계에서 가장 인기 있는 소셜 미디어 플랫폼 중 하나로 유튜브와 치열하게 경쟁 중이다. 2024년 현재 160개 이상의 국가에서 서비스되고 있고, 회원 수가 4억 5000만 명이 넘는다. 중국에서는 콰이쇼우, 샤오홍슈와 경쟁 중이다.

언론 미디어 통제

국경없는기자회가 매년 발표하는 '세계 언론 자유 지수'WPFI에 따르면 2023년 중국의 자유 언론 순위는 180개국 중 179위였고 2024년에는 172위로 소폭 상승했으나 여전히 최하위 수준이다. 한마디로 언론의 자유가 없는 국가다. 중국 헌법 35조는 "중화인민공화국 인민은 언론·출판·집회·결사·여행·시위의 자유가 있다."라고 규정하고 있으나 현실은 다르다. 중국 언론·출판의 역할은 중국 특색 사회주의 이념을 인민에게 널리 알리는 것이며, 중국 정부는 언론·출판을 항상 효율적으로 관리·감독할 수 있어야 한다. 중국 언론과 출판을 관리·감독하는 기구는 중앙선전부다.

시진핑 정부는 2018년 3월 10일, 제12기 전국인민대표대회 제1차 회의에서 '국무원 기구 개혁 및 직능 전환 방안에 관한 설명'을 심의 채택하고, 3월 13일 왕용王勇 국무위원이 문건을 발표했다. 언론과 출판에 관한 주요 내용은 기존 국가신문출판광전총국을 폐지하고, 공산당의 선전 지침 강화와 영상물의 관리·감독을 효율적으로 시행하기 위해 국가광파전시총국國家廣播電視總局으로 이름을 변경했다. 그리고 언론, 방송, 출판, 영화 등의 미디어는 당 중앙선전부로 업무를 이관해 당의 선전 매체 장악을 강화했다.

중국의 언론 통제는 인터넷에서도 강력하게 적용된다. 2017년 6월 1일부터 시행된 〈네트워크 안전법〉網絡安全法은 포괄적이고 강력한 인터넷 규제법으로 외국 기업이 중국에서 수집한 개인 정보 및 중요 데이터를 중국 서버에 저장하는 강제 조항이 있어 논란이 되었다. 또한 만리장성에 빗대어 이름 지은 '만리방화벽'Great Firewall은 중국의 인터넷 검열 시스템의 상징으로 서구 사회에서 악명이 높다. 미국의 대표적인 플랫폼 서비스인 유튜브, 페이스북, 인스타그램 등은 중국에서는 금지된 서비스다.

인터넷과 모바일 환경이 발전함에 따라 언론과 출판의 기능과 범위도 확대되고 있다. 기존의 출판은 신문, 도서 출판, 정기간행물 세 분야이지만, 스마트 미디어 기술과 연동되어 디지털 출판도 출판에 포함한다. 중국은 전자출판을 디지털 출판數字出版으로 통일해서 부른다. 디지털 출판은 디지털 기술을 이용해 콘텐츠를 가공·편집하고, 네트워크 및 통신 도구를 활용해 디지털 콘텐츠 제품을 전파하는 출판 형식을 말한다. 즉, 전자책 단말기, 플랫폼, 디지털 콘텐츠 등 모든 디지털 형태의 출판을 뜻한다. 대표적으로 웹툰, 웹소설, 오디오북 등이 이에 포함된다.

언론 미디어도 기존의 텔레비전과 라디오의 시대에서 벗어나 아이치이와 같은 온라인 동영상 플랫폼이나, 시나 웨이보, 위챗과 같은 SNS, 인터넷 스타를 뜻하는 왕훙, 다중채널네트워크MCN, 블로그, 팟캐스트 등 다양한 뉴미디어가 등장했다. 최근에는 틱톡을 중심으로 한 쇼츠 콘텐츠가 링링허우(2000년대 출생자)나 지우링허우(1990년대 출생자)와 같은 젊은 세대를 중심으로 큰 영향력을 미치고 있는데, 이 또한 검열의 대상이다. 중국공산당은 당과 국가에 위협이 되는 콘텐츠는 검열하고 금지하는 것을 원칙으로 삼고 있다. 신장웨이우얼자치구와 같은 소수민족 문제나 러·우 전쟁, 이스라엘과 하마스 전쟁과 같은 민감한 국제 문제도 검열의 대상이다. 이들 뉴미디어는 기존 언론보다 기능과 범위가 넓으며, 스마트폰의 발전과 함께 연동돼 젊은 세대를 중심으로 크게 인기를 끌고 있다. 앞으로 중국 정부의 검열이 언제까지 가능할지는 기술의 발전과 인민의 계몽에 달렸다.

인터넷과 SNS

김태연

중국 인터넷 개괄

2024년은 중국에서 인터넷이 도입된 지 30년이 되는 해였다. 1994년 4월 20일, 중국과학원을 중심으로 성립된 '중국 국가 컴퓨터와 네트워크 설비'가 1994년에 글로벌 인터넷 네트워크와 공식 연결에 성공한 것을 중국의 본격적인 인터넷의 시작으로 삼는다. 이후 중국의 인터넷은 정부의 적극적인 후원하에 빠른 속도로 성장하여, 2024년 6월 기준 중국은 전 세계에서 가장 많은 인터넷 사용자(10억 9967만 명가량)를 보유한 국가이다.

중국의 인터넷 기업들은 1990년대 후반에 집중적으로 등장하면서 중국 인터넷 생태계를 형성했다. 중국의 대표적인 포털사이트인 넷이즈, 소후, 텐센트, 시나, 바이두가 모두 1997년부터 2000년 사이에 창립되었다. 1997년에 설립된 넷이즈는 중국 최초로 이메일 서비스를 시작했고, 1998년에 설립된 소후는 중국 최초의 검색 시스템, 텐센트는 인스턴트 메신저 QQ, 시나는 블로그 서비스 등, 중국인들의 인터넷 생활에 가장 기본이 되는 도구를 제공했다. 중국의 대표적인 전자상거래 기업인 징둥京東과 알리바바 역시 이때 창립되었다.

이들 인터넷 기업은 느린 인터넷 속도, 낮은 가정용 PC 보급률로 인해 대부분의 네티즌이 기관의 인트라넷 및 PC방을 통해 온라인에 접속하던 중국 인터넷 환경의 특징에 맞추어 중국 특색을 지닌 온라인 서비스들을 고안해 냈고, 이것이 중국 특유의 온라인 문화를 조성하는 바탕이 되었다.

중국인터넷정보센터CNNIC 통계에 의하면 2024년 6월 기준 중국 네티즌들이 온라인에서 가장 많이 하는 행위는 동영상 시청(숏폼 포함), 메시지 주고 받기, 숏폼 시청, 온라인 결제, 온라인 쇼핑, 검색, 라이브 방송 시청, 음악 청취, 배달 주문이다. 또한 핸드폰으로 인터넷에 접속하는 인구수는 10억 9600만으로(2024년 기준, CNNIC 통계), 전체 네티즌의 99.7%이다.

웹에서 모바일로

중국 네티즌들이 인터넷에 접속하는 기기는 2010년을 전후하여 PC에서 핸드폰으로 전환되었고, 이에 따라 네티즌들이 온라인으로 정보를 교환하고 소통하는 방식 또한 변화가 발생했다. PC 기반 시기에는 네티즌들이 주로 게시판BBS을 통해 소통했으나, 모바일로의 전환이 이루어지면서 소셜 미디어가 주요 소통 방식이 되었다. 2023년의 통계에 의하면 중국에서 SNS를 사용하는 인구는 약 10억 6000만 명으로, 전체 인구의 74.2%, 전체 네티즌의 97.1%에 해당한다.

중국에서 SNS가 보급되기 시작한 것은 2000년대 중반경이다. 2004년에 만들어진 페이스북, 2006년에 만들어진 트위터 등 해외 SNS가 먼저 중국에 소개되었고, 뒤이어 중국 자체의 SNS 서비스가 등장하기 시작했다. 예를 들면 2007년에 출시된 판포우飯否는 트위터를 본뜬 것으로, 중국에 처음으로 마이크로블로그(웨이보)라는 개념의 SNS를 선보였다. 하지만 2009년 신장웨이우얼 자치구 우루무치에서 유혈 사태가 발생한 뒤 SNS에 대한 중국 정부의 감시와 규제가 본격화된 결과, 판포우는 폐쇄되었고, 페이스북과 트위터 등 외국 SNS도 중국에서의 서비스가 중단되었다. 그리고 외국 SNS가 사라진 틈새를 중국 업체들이 대체하게 되었다.

오늘날 중국인들이 가장 많이 사용하는 SNS로는 위챗, 시나 웨이보, 샤오홍수, 더우인, 콰이셔우 등이 꼽힌다. 2009년에 서비스를 시작한 시나 웨이보는 중국판 페이스북과 트위터로 자리 잡으면서 중국 네티즌들의 여론을 가장 잘 보여 주는 소셜 미디어가 되었다. 또한 2011년에 텐센트에서 출시한 메신저 앱인 위챗은 앱 하나로 대부분의 업무를 할 수 있는, 일종의 '슈퍼 앱'이라고 볼 수 있다. 2013년에 처음 출시된 샤오홍수는 중국판 인스타그램에 해당하는데, 소셜 네트워킹에 온라인 쇼핑 기능을 결합하여 주로 패션과 트렌드에 민감한 젊은 여성들의 취향과 소비에 많은 영향을 끼쳤다. 중국 외의 지역에서는 틱톡이라는 명칭으로 서비스 중인 숏폼 동영상 앱 더우인 역시 유저들 간의 소셜 네트워킹에 기반하고 있기 때문에 SNS로 분류된다. 2016년에 바이트댄스에 의해 출시된 더우인은 챌린지 등의 기능을 통해 유저들의 참여와 상호작용을 활성화했으며, 이 과정에서 단순한 SNS를 넘어 새로운 온라인 트렌드와 유행을 주도하는 플랫폼으로 성장했다.

감시와 다양성

중국 인터넷의 가장 큰 특징이라면 만리방화벽으로 대표되는 통제와 검열 시스템이 광범위하게 작동하고 있다는 것이다. 만리방화벽은 1998년부터 도입된 인터넷 감시 프로젝트인 "황금 방패 프로젝트"金盾工程의 일환으로, 외국 웹사이트와 어플리케이션에 대한 접근을 차단하고, 국내의 온라인 활동을 감시하는 역할을 한다.

감시와 통제 외에도 인터넷의 보급은 정부의 선전과 여론 관리 방식에 변화를 가져왔다. 특히 SNS가 발달하면서 중국 정부는 다양한 층차에 걸쳐 여론을 관리하는 조직을 운영했고, 이는 쉽게 동요하고 선동에 취약한 네티즌들의 속성과 결합하여 강력한 애국주의를 형성했다. 이러한 온라인 애국주의는 중국이 다른 국가들과 갈등을 빚거나, 해외에서 중국인들의 심기를 거스르는 사안이 발생했을 때 강하게 발동되어 중국 정부를 변호하고, 중국에 적대적인 국가들을 공격하는 형태로 종종 발현된다.

하지만 동시에 인터넷은 중국인들의 다양한 관점과 취향을 발전시키는 토양이 되기도 한다. 비록 중국이 인터넷을 강하게 감시하고 검열한다고는 하지만, 그래도 인터넷은 네티즌들이 가장 쉽게 즉각적으로 정부와 사회에 대해 문제를 제기하고 의견을 개진하는 여론 공간이며, 비록 제한적이기는 하나 다양한 정치적 견해와 액티비즘이 조직되고 활동하는 공간이기도 하다. 또한 인터넷은 과거에 소수이기 때문에 관심받지 못했던 다양한 취향과 문화가 성장할 수 있는 토양이 되기도 한다. 그 결과 각종 서브컬처와 소수자들의 문화가 빠르게 확장되어, 새로운 문화를 창출해 낸다.

환경 정책

추장민

중국의 환경 상태

중국 생태환경부는 「2023 중국생태환경현황공보」2023中國生態環境狀況公報를 통해 2023년도의 대기, 물 등 중국의 매체별 환경 상태가 2016년과 비교하여 상당히 개선됐다고 발표했다. 발표에 따르면 대기 환경은 중국 339개 도시의 초미세먼지(PM2.5) 연평균 농도는 2016년 42㎍/㎥에서 2023년 30㎍/㎥로 28.6%가 감소했다. 비록 105개 도시에서는 중국 대기질 2급 기준인 연평균 35㎍/㎥를 초과했지만 도시 전체의 평균 농도는 기준을 달성했다. 다음으로 물 환경은 3632개 국가 지표수 측정 지점 가운데 수질이 우량 등급(I~III류)인 지점은 2016년 67.8%에서 2023년 89.4%로 21.6%포인트가 증가하는 등 지표수 수질도 개선되었다.

하지만 중국 생태환경부가 발표한 〈전국 지표수, 환경 대기질 상황〉全國地表水環境空氣質量狀況과 〈전국 환경대기질 상황〉全國環境空氣質量狀況에 따르면 2020년대 들어서서 2021년부터 2023년까지 339개 도시의 6대 대기오염 물질의 1~12월 평균 농도는 큰 변화를 보이지 않았다. 중국의 〈추동계 대기오염 개선 행동 방안〉秋冬季大氣汙染綜合治理攻堅方案 실시 기간(매년 10월에서 다음 해 3월까지 6개월간)에 징진지京津冀(베이징·톈진·허베이) 및 주변 지역 등 중국의 대기오염 중점 관리 지역의 초미세먼지(PM2.5) 농도는 증가와 감소를 반복하는 불규칙한 경향을 보였으며, 베이징시 등 일부 지역에서는 오히려 소폭 증가했다. 국가 지표수 측정 지점의 수질도 2021년부터 2023년까지 큰 변화가 없으며, I류 수질 지점의 비율은 2023년의 경우 2021년에 비해 40.4%가 대폭 감소했다. 중국의 환경 상태는 2016년 이후 2020년까지의 개선 추세와는 다르게 2021년 이후는 정체되어 있거나 오히려 악화하는 현상도 발생하고 있다. 2020년대에서도 2010년대와 같이 획기적인 개선을 지속하기가 쉽지 않은 현실을 보여 준다.

사회경제 시스템의 녹색 전환을 지향하는 '시진핑 3기' 정부의 환경 정책

2018년 이후 2023년까지 중국에서 신규로 제정된 환경 관련 법률은 〈소음공해방지법〉, 〈토양오염방지법〉, 〈자원세법〉, 〈생물안전법〉, 〈창장長江보호법〉, 〈습지보호법〉, 〈흑토지黑土地 보호법〉, 〈황허黃河보호법〉, 〈칭짱青藏고원생태보호법〉 등이다. 법률적 기반이 미비했던 토양 및 소음 분야와 토지, 하천, 생태 환경 등 자연환경 및 자원의 보호와 지속 가능한 이용에 관한 법률이 제정되었다. 이 시기에 또한 〈야생동물보호법〉, 〈대기오염방지법〉, 〈에너지절약법〉, 〈황사방지법〉, 〈순환경제촉진법〉, 〈환경보호세법〉, 〈환경영향평가법〉, 〈고체폐기물오염방지법〉, 〈초원법〉, 〈산림법〉, 〈해양환경보호법〉 등 다수 법률이 개정되었다.

2023년 '시진핑 3기' 정부가 출범하면서 중국 사회경제 시스템의 전면적인 녹색 전환을 지향하는 종합적인 중장기 환경 정책 국가 전략으로 〈아름다운 중국 건설의 전면적 추진에 관한 의견〉關於全面推進美麗中國建設的意見(2023년 12월)과 2024년 7월에 〈경제사회 발전의 전면적인 녹색 전환 가속화에 관한 의견〉關於加快經濟社會發展全面綠色轉型的意見(2024년 7월)을 발표했다. 〈아름다운 중국 건설의 전면적 추진에 관한 의견〉은 2027년과 2035년의 2단계로 구분하여 단계별 정책 목표, 8대 추진 전략과 33개 추진 과제 등을 제시했으며, 〈경제사회 전면적인 녹색 전환 가속화에 관한 의견〉에서는 2030년과 2035년의 2단계로 구분하여 단계별 정책 목표, 11대 추진 전략과 33개 추진 과제를 제시했다. 11대 추진 전략은 △ 녹색 저탄소 고질량 발전 공간 패턴 구축, △ 산업구조 녹색 저탄소 전환 가속화, △ 에너지 녹색 저탄소 전환의 안정적 추진, △ 교통 수송 녹색 전환 추진, △ 도시 농촌 건설 발전의 녹색 전환 추진, △ 절약 전략의 전면적 실시, △ 소비 방식의 녹색 전환 추진, △ 과학기술 혁신의 기반 기능 발휘, △ 녹색 전환 정책 체계 개선, △ 녹색 전환을 위한 국제 협력 강화, △ 조직적 실행으로 구성되어 있다.

위와 같은 법률과 종합적인 국가 전략에 근거하여 주요 환경 매체별로 구체적인 추진 전략과 행동 계획을 수립하여 실시하고 있다. 주요 추진 전략과 행동 계획으로 대기 환경 분야는 〈공기질 계속 개선 행동 계획〉空氣質量持續改善行動計劃(2023), 〈징진지 및 주변 지역, 펀웨이평원 2023~2024년 추동계 대기오염 종합 개선 방안〉京津冀及周邊地區汾渭平原2023-2024年秋冬季大氣汙染綜合治理攻堅方案(2023), 물 환경 분야는 〈대운하 생태 환경 보호 복원 특별 규획〉大運河生態環境保護修複專項規劃(2020), 〈황허 유역 생태 환경 보호 규획〉黃河流域生態環境保護規劃(2022)과 〈중점 유역 수생태 환경보호 규획〉重點流域水生態環境保護規劃(2023), 폐기물 분야는 〈"14차 5년" 기간 "폐기물 제로 도시" 건설 업무 방안〉"十四五"時期無廢城市建設工作方案(2021)과 〈"14차 5년" 플라스틱 오염 개선 행동 방안〉"十四五"塑料汙染治理行動方案(2024), 토양오염 분야는 〈토양 오염원 방지 행동 계획〉土壤汙染源頭防控行動計劃(2024), 소음 공해 분야는 〈"14차 5년" 소음 공해 방지 행동 계획〉"十四五"噪聲汙染防治行動計劃(2023), 해양 환경 분야는 〈중점 해역 종합 개선 공견전 행동 방안〉重點海域綜合治理攻堅戰行動方案(2022) 등이 있다.

한·중 환경 협력, '현상유지'에서 새로운 발전 도모

2018년부터 2022년까지 5년간 한·중 환경 협력은 〈한·중 환경 협력 계획(2018~2022)〉(제1차 계획)의 이행 차원에서 추진되었다. 이 시기에 정부 간 협력은 양국 모두의 핵심적인 환경 현안인 미세먼지에 공동 대응하기 위한 "청천계획"晴天計劃을 중심으로 사업이 전개되었다. 하지만 코로나19 팬데믹 발생과 한·중 관계의 전반적인 변화에 직면하여 온라인 회의 등을 통한 기존의 협력 채널과 사업의 '현상유지'를 위한 상호 간 소통에 머물렀다.

2023년에 〈한·중 환경협력 계획(2023~2027)〉(제2차 계획)이 체결되면서 양국 환경 협력은 새로운 전기를 맞고 있다. '제2차 계획'에서는 기후변화, 순환 경제, 소음 분야를 추가하여 우선 협력 분야를 7개로 확대했다. 기후변화와 순환 경제 분야의 확대는 양국, 지역 및 글로벌 환경 이슈의 변화와 양국 환경 정책의

한·중 환경 협력 정부 간 협력 추진 체계도

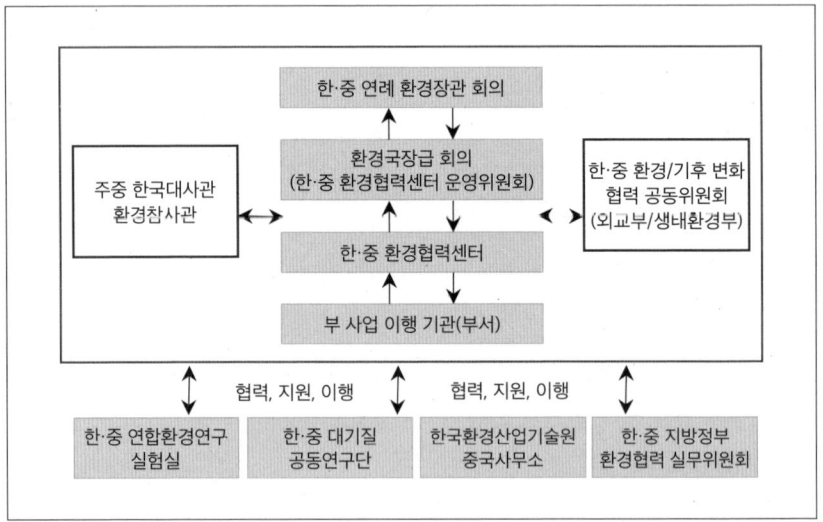

자료: 필자 작성.

한·중 환경 협력 '제1차 계획'과 '제2차 계획' 주요 내용 비교

구분	제1차 계획	제2차 계획
우선 협력 분야	• 4대 분야: 물, 토양 및 폐기물, 대기, 자연보호	• 7대 분야: 대기오염 통제 및 예방, 기후변화 대응, 자연보호, 폐기물 관리/순환 경제, 수질 오염 관리, 토양 오염 관리, 소음 공해 예방 및 통제
협력 유형	• 정책 교류: 정책 대화; 공무원과 환경 전문가 교류 및 훈련; 지식, 경험 및 우수 사례 공유 및 공동 출판 • 산업과 기술 협력: 환경 인프라 및 기술 개선 공동 프로젝트 • 공동 연구: 기존 협력 지속 및 강화; 분야별 환경 개선 공동 연구 • 기타: 양국 합의에 따른 협력 유형	• 정책 교류: 대면 및 온라인으로 정책 대화, 세미나, 워크숍 및 다른 방식의 미팅; 공무원과 환경 전문가 인적 교류 및 훈련 프로그램; 지식, 경험 및 우수 사례 공유 및 공동 출판 • 산업과 기술 협력: 환경 인프라 및 기술 개선 공동 프로젝트 증진 • 공동 연구: 기존 공동 연구 지속 및 강화; 현재와 미래 협력 수요 식별 및 신규 연구 주제 개발 • 기타: 양국 합의에 따른 협력 유형
이행 규정	• 이행 체계: 양국 환경부/생태환경부 - 환경국장급 회의 - 이행 조직 • 이행 기구: 한·중 환경협력센터 설치 및 협력 이행 지원, 개별 협력 사업 이행 조직 선정	• 이행 체계: 한·중 연례환경장관회의 - 환경국장급회의 - 이행 조직 • 한·중 환경협력센터: 총괄 이행 관리 조직으로서 전반적인 이행 지원 및 조정, 센터 운영위원회 설치 및 운영

자료: 필자 작성.

새로운 수요를 반영한 결과이다. '제2차 계획'에서는 기후변화 등 분야에서 "청천계획" 협력 사업과 같은 수준과 규모로 양국 환경 협력을 대표Flagship할 수 있는 신규 협력 사업을 추진하여 한·중 환경 협력의 새로운 발전을 도모할 필요가 있다.

탄소 중립

정성운

온실가스 배출 현황

　세계 최대 이산화탄소 배출국인 중국은 2023년 전 세계 이산화탄소 배출량의 약 30%에 해당하는 126억 톤의 이산화탄소를 배출했다. 국제에너지기구 IEA에 따르면 전 세계 이산화탄소 배출량의 증가세가 1.1%로 둔화된 가운데, 중국의 배출량은 전년 대비 4.7% 증가해 여전히 상대적으로 가파른 증가세를 보이고 있다.

　이와 같은 막대한 온실가스 배출량은 중국의 에너지 소비구조에서 기인한다. 글로벌 에너지 싱크 탱크인 엠버EMBER에 따르면, 중국은 2023년 한 해 동안 전 세계 전력 소비량의 32%에 달하는 전력(9447TWh)을 소비했다. 문제는 중국이 전력 생산의 60% 이상을 석탄 발전에 의존하고 있다는 점이다. 2023년 전력 부문에서 중국 전체 배출량의 약 45%에 가까운 온실가스를 배출했다는 점을 고려하면, 에너지 전환이 중국의 가장 시급한 과제라는 것을 알 수 있다. 비록 2023년 전 세계 태양광 및 풍력 발전 신규 설비용량과 발전량의 증가분에 대해 중국이 50% 이상을 기여하는 등 전 세계 재생에너지 보급을 중국이 압도적으로 견인하고 있지만, 중국의 온실가스 배출량 감축을 위해서는 에너지 전환을 포함한 더 적극적인 대응 노력이 필요한 실정이다.

탄소 중립 국가 전략

　중국은 2020년 9월 22일에 개최된 제75차 유엔총회에서 시진핑 국가 주석의 "2030 탄소 정점, 2060 탄소 중립" 선언이 있고 난 뒤 탄소 중립을 위한 행동을 본격화하고 있다. 소위 '두 개 탄소雙碳 목표'라 불리는 이 선언은 2030년 이전에 탄소 배출량 정점에 도달한 후, 점진적인 탄소 배출 감축을 통해 2060년 이전에 탄소 중립을 실현하겠다는 중국의 포부를 담고 있다. 그동안 중국이 구체적인 시간표를 정해 온실가스 배출 감축 의무를 부담하는 것에 매우 소극적인 태도를 보여 왔기에, 시진핑 주석의 탄소 중립 실천 선언은 특별한 의미를 지닌다.

이에 따라 탄소 중립을 위한 중국의 제도적 기반도 빠르게 발전하고 있다. 2021년 국무원 국가발전개혁위원회는 중국 탄소 중립 정책을 총괄할 범부처 조직인 '탄소 정점 도달, 탄소 중립 업무 영도소조'碳達峰碳中和工作領導小組를 설치했고, 2021년 9월 중국 당 중앙위원회와 국무원은 탄소 중립을 위한 최상위 전략이라 할 수 있는 〈신발전 이념을 완전·정확·전면 관철시켜 탄소 정점 도달, 탄소 중립을 실천하는 것에 관한 의견〉關於完整准確全面貫徹新發展理念做好碳達峰碳中和工作的意見을 수립했다. 이어 중국 정부는 위 〈의견〉의 행동계획이라고 할 수 있는 〈2030 이전 탄소 정점 도달 행동 방안〉2030年前碳達峰行動方案과 분야별 탄소 정점 도달 세부 실시 방안을 수립해 이른바 "1+N" 탄소 중립 정책 체계를 구축했다. 또한 31개 성급 지방정부에서도 지역별 실시 방안을 수립해 이행하고 있다.

여기서 눈여겨볼 부문은 온실가스 배출 감축 규제 방향의 전환이다. 2023년 7월 중국공산당 중앙전면심화개혁위원회가 〈에너지 소비 이중 규제에서 탄소 배출 이중 규제로의 점진적 전환에 관한 의견〉關於推動能耗雙控逐步轉向碳排放雙控的意見을 채택했다. 공개된 내용을 토대로 볼 때, 이 〈의견〉의 가장 큰 함의는 온실가스 배출 감축 정책의 방점을 에너지 소비 규제에서 탄소 배출 직접 규제로 전환하고, 탄소 집약도뿐만 아니라 탄소 배출량도 함께 관리하는 것으로 정책 방향을 전환했다는 데 있다. 중국은 그동안 온실가스 배출량의 절대적 감축이 아니라, 탄소 집약도, 즉 경제 발전에 따른 탄력적 감축을 추구해 왔다. 이런 점에서 중국 정부가 앞으로 '탄소 집약도' 중심에서 벗어나, 절대 배출량도 함께 줄여 나가는 방향으로 정책 전환을 추진할 것으로 보인다.

탄소 중립의 핵심이라고 할 수 있는 탈석탄 에너지 전환에 대해서는 신중한 추진을 강조하고 있다. 2024년 3월에 발표된 〈정부업무보고〉는 "석탄과 석탄 화력발전의 완충적인 역할兜底作用 발휘"를 환경 분야의 주요 업무 중 하나로 담았다. 이는 "탄소 감축, 오염 저감, 녹색 확대, 경제성장의 통합적 접근"(2024년 1월 전국생태환경보호업무회의)이라는 정책 기조와도 맞닿아 있는데, 중국 정부가 경제 발전과 에너지 안보 측면에서 탈석탄 에너지 전환의 속도를 조절하고 있는 것으로 풀이된다.

탄소 중립 국제 협력 전략

중국의 탄소 중립 국제 협력 전략은 갈수록 첨예해지는 미·중 간 경쟁 구도 하에서 새롭게 형성되고 있는 탄소 중립 국제 질서를 주도하는 데 역점을 두고 있다. 위 정책들에서 제시된, 탄소 중립을 위한 중국의 국제 협력 전략은 크게 세 가지 방향으로 압축된다.

첫째, 기후변화 국제 협상에 주도적으로 참여해 국제 규범에 중국의 목소리를 반영하고자 한다. 중국이 주장하는 '다자주의', '공통적이지만 차별화된 책임 원칙' 등을 탄소 중립 글로벌 거버넌스 체계에 반영하고, 국제항공 온실가스 배출 감축 등 국제 규범 협상에 적극적으로 참여한다는 전략이다. 둘째, 일대일로 연선 국가 및 주요 개도국 탄소 중립에 대한 지원과 협력을 확대해 개도국 탄소 중립에서 중국의 역할을 강화하고자 한다. 중국이 설립한 '남남협력기금'과 '녹색 일대일로 연맹'은 개도국 탄소 중립 지원과 협력에서 중요한 제도적 기반으로 활용되고 있다. 셋째, 녹색 무역, 기술, 금융 등에서 국제 협력을 강화하고자 한다. 특히 재생에너지, 수소에너지, 이산화탄소 포집 및 저장 등에서 연구 및 기술 교류를 심화하고자 하며, 녹색 금융과 녹색 표준의 상호 인정 등에도 중점을 두고 있다.

소수민족 정책

예동근

현재 중국의 소수민족 정책은 이중적인 평가를 받고 있다. 세계에서 가장 성공적인 민족 정책이라고 평가받는 반면에, 다른 한편에서는 2008년 3.14 티베트 사태와 2009년 7.5 위구르 유혈 사태를 근거로 비판의 목소리가 나오고 있다. 게다가 중국이 세계경제 체제에 편입되면서 매년 1억 5000만 명 이상의 역내 인구 이동이 일어나고 있는데, 그 결과 소수민족 지역의 핵심 지역에 한족이 정치·경제·문화에서 절대적 우위를 확보하는 현상이 나타나게 되었고, 소수민족들은 주변화·차별화 및 문화적 동화를 겪고 있다.

현재 중국의 민족 갈등이나 유혈 사태 같은 집단적 사건들은 대부분 소수민족 집거 지역의 거점 도시에서 발생하며, 원주민에서 2등 시민으로 전락되었다는 불만과 박탈감이 강하게 표출되고 있다. 그래서 일부 학자들은 소수민족의 문제를 '시민권' 문제로 접근해 전통적인 거주 지역에서 집단적인 정치·경제·문화 권리를 취소하고 '미국식 용광로' 정책을 펼쳐야 한다고 주장한다. 2012년부터 미국식 동화주의를 주장하는 학자들은 공산당이 제정한 민족구역자치법 중심의 소수민족 정책을 '제1기 민족 정책'으로 정의하고, 자신들의 민족 정책을 '제2기 민족 정책'이라고 부르면서 전반적인 소수민족 정책의 패러다임을 바꾸자고 주장한다.

민족 구역 자치제도

중국공산당의 제1기 민족 정책을 살펴보면 몇 단계로 나누어 볼 수 있다.

첫째는 건국 초기의 소수민족 정책 정립기(1949~58년)인데, 이 시기에 민족 구역 자치제도라는 큰 그림이 형성되었다. 두 번째는 소수민족 정책 혼란기(1958~78년)로, 전대미문의 문화대혁명을 겪으면서 소수민족 정책이 유명무실해졌다. 세 번째 단계는 소수민족 정책 회복 및 재정립기(1978년~현재)이다. 이 시기 중국은 냉전의 종식과 자본주의 체제로의 전환을 거치며 전통적 민족 정책에 대한 회복과 재정립이라는 두 가지 과제를 동시에 안게 되었다.

전반적으로 제1기 민족 정책은 구소련의 스탈린 민족 정책을 모방하여 중국식으로 수정했다고 볼 수 있다. 이 시기에 티베트, 몽골 등 민족들은 강한 독립국가의 욕구가 있었다. 중국공산당도 소련처럼 주요 민족들이 자치공화국을 건립하는 것을 우려하며 최종 연방제보다 한 단계 낮은 민족 구역 자치제도를 실시했다. 다시 말하면 하나의 국가 안에서 비교적 높은 자치적 지위를 부여하는 방안이다.

티베트의 달라이 라마는 이러한 민족 구역 자치제도에 불만을 갖고 티베트의 독립을 추진했으나 실패했다. 이후 1965년에 티베트가 시짱西藏자치구로 편입되면서 중국의 민족 구역 자치는 제도적으로 비교적 완성되는 단계에 도달했다. 소수민족이 특정 지역에서 주권을 행사할 수 있는 권한을 보장하는 것이 민족 구역 자치제도이기 때문에 일반적으로 그 지역의 대표적인 소수민족이 자치구, 자치주의 수장을 맡는다. 그러나 티베트, 위구르 등 민감한 지역의 수장은 한족이 맡고 있다. 초창기에는 소수민족이 당과 정부의 주요 직책을 맡았을 뿐만 아니라 중요한 부서에 소수민족 간부의 비중이 높았지만, 1978년 이후 점차 한족 간부의 비중이 높아지고 한족 인구가 집중적으로 이전하면서 민족문제와 민족 관계에 새로운 변화가 나타났다.

법 제도화와 민족 정책의 변화에서 민족 자치의 중요성이 부각되었지만 한족이 집중한 연해 지역과 소수민족이 집중한 서부 지역 간 경제 격차가 더욱 확대되면서 경제 문제가 민족문제로 부상했다. 법 제도화 측면에서 민족 자치 구역이 있는 13개 성省은 잇따라 민족 구역 자치법 규정 및 의견을 제정하여 시행하고 있으며, 민족 자치 구역은 개별적으로 137개의 자치조례, 510개의 단행조례, 75개의 변통 및 보충규정을 제정했다. 형식적인 측면에서 민족구역자치법은 중국의 3대 기본법의 위상을 가지며 155개 민족 자치 구역을 설립하는 데 기여했다. 5개 자치구, 30개 자치주, 120개 자치현, 1173개 민족향을 중심으로 영향력을 행사하고 있지만 소수민족의 자치 권리를 보장하는 데는 여전히 한계가 많았다.

중국공산당과 중국 정부가 동서 격차의 심각성을 파악하고 동서 격차를 완화하며 소수민족의 권리를 보장하기 위해 심혈을 기울인 것도 부정할 수 없다. 1983년 후야오방 총리는 소수민족 정책에 관한 6개 항목을 발표해 소수민족의 자치 권리를 대폭 증가시켰고, 소수민족의 민족문화와 관습을 존중하고 발전할 수 있는 정치적 공간을 확장해 주었다. 2000년도에 들어서서 중국 정부는 "서부 대개발" 프로젝트를 진행하면서 동서 격차 해소, 낙후한 소수민족 지역의 경제·문화·교육 발전을 위한 지원을 강화했다.

이러한 정치적·경제적 균형 발전 전략은 소수민족 지역의 경제 발전, 탈빈곤화에 직접적으로 기여하며 소수민족들의 생활수준 향상에 도움을 주었다. 그러나 과도하게 도시 중심으로 진행한 서부 대개발은 한족들이 집중적으로 분포한 지역을 중심으로 개발이 진행되었고, 서부 대개발이라는 명목으로 대량의 한족이 소수민족 지역으로 유입되면서 인구 구성의 변화, 부의 불균형적 분배 등 소수민족 문제를 더욱 복잡하게 만드는 계기가 되었다.

그러나 확실한 변화 중 하나는 서부 지역의 도시화·산업화·공업화 과정에서 개인의 권리가 신장되며 시민권에 대한 소수민족들의 인식이 크게 달라졌다는 점이다. 민족 공동체도 중요하지만 국가의 국민으로 받을 수 있는 권리, 소수민족으로 받는 평등한 국민대우 등에 대해 각성한 것이다. 이러한 상황에서 민족 구역 자치 중심의 통치 시스템을 바꾸는 새로운 민족 정책이 필요하다는 '제2기 민족정책'에 대한 논의가 학계를 중심으로 나타나면서 시민권에 기반을 둔 소수민족 정책이 논쟁의 중심에 서게 될 것으로 전망된다.

시민권에 기초한 민족 정책론

1978년 이후 전반적으로 중국 사회가 사회주의 체제에서 자본주의 체제로 전환되고, 동유럽과 구소련의 공산당이 무너지면서 민족 전쟁과 민족 갈등을 연상시키는 현상이 나타났다. 이는 중국공산당의 당 중심 소수민족 정책에 근본적인 회의를 품게 했는데, 당 우선이 아닌 국가 중심의 '시민권'에 기초해 민족 정책을 제정해야 한다는 움직임이 일어나고 있는 것이다. 특히 자본·기술·인구가 빠르게 이동하고 혼합되는 소수민족 자치 구역의 수부도시首府都市에서 '민족 자치'를 넘어 '민족 독립'을 선호하는 극단적인 운동도 일어나고, 민족 갈등이 첨예화되어 유혈 사태가 빈번히 일어나는 등 '제1기 민족 정책'과 '제2기 민족 정책'의 논쟁은 갈수록 치열해지고 있다. 제2기 민족 정책론자들은 구소련 모델을 반대하면서, 구소련의 민족 모델이 중앙 재정 능력을 약화해 중앙의 지급불능 사태를 초래할 수 있다고 주장한다. 지역과 민족 간의 불균형 발전으로 인해 경제적 격차가 확대되고 있음에도 불구하고 부유한 지역에서 세금 납부는 물론 낙후된 지역에 대한 경제적 지원을 원치 않을 것이기 때문이다. 반면, 낙후된 지역은 부유한 지역에 에너지나 원자재 등을 저렴한 가격으로 제공한다는 불만이 누적되며 지역과 민족 간의 모순이 격화되고, 결국 국가 분열 상태에 이를 수 있다고 경고한다.

시진핑 시대의 민족 정책은 다방면에서 변화를 겪고 있다. 시진핑 정부는 미국의 "용광로 정책"에 가까운 제2기 민족 정책을 더욱 과감하게 밀어붙이고 있는데, 이는 "중화민족 공동체론"으로 나타난다.

개별적 소수민족 담론을 약화하고 중화 민족 담론을 강화하면서 민족 지역의 자치적·민족적 성격을 위축시킨다는 측면에서 소수민족의 불만이 나오고 있다. 중화 민족 공동체를 구축한다며 한족의 모어인 한어를 국어로 정하고, 민족 지역 학교의 필수과목인 소수민족의 모국어가 입시에서 빠지면서 소수민족의 민족 정체성 약화를 불러올 수 있다는 우려가 커지고 있다.

시진핑 시대의 민족 정책은 민족보다는 국가의 통일성, 국민성에 초점을 맞추어 중화 국가주의라는 독특한 국가-민족 정체성을 구축함으로써 "중국몽"을 실현하는 신중화주의 길로 가는 것은 아닌가라는 주변 국가의 우려를 자아내고 있다는 점도 유심히 살펴봐야 할 것이다.

시민사회

이남주

민간 조직의 증가와 시민사회

개혁 개방 이후 중국 사회에서 가장 큰 변화 중 하나는 민간 조직(중국 정부는 과거 '민간 조직'과 '사회조직'을 같이 사용했으나 2016년부터 '사회조직'으로 표현을 통일하고 있다. 이 글에서는 '민간 조직'이라는 표현을 사용한다)의 출현과 증가이다. 중국 정부는 민간 조직을 사회단체, 기금회, 사회서비스기구社會服務機構(2016년 이전에는 민간 운영 비기업 단위民辦非企業單位) 등으로 분류해 관리하고 있는데, 개혁 개방 이후 민정부에 등록된 민간 조직의 수는 1990년 1만 8000개, 2007년 38만 6000개, 2012년 49만 9000개, 2016년에는 69만 7000개로 증가해 왔다. 그 이후에도 계속 증가해 2024년 12월 기준으로 사회단체 37만 1000개, 사회서비스기구 51만 2000개, 기금회 9136개 등 약 89만 2000개가 민정부에 등록되었다.

민간 조직의 증가와 함께 시민운동도 출현했다. 2003년 여름, 지방정부가 쓰촨성 청두 인근에 있는 2000여 년 전 건설된 수리 시설이자 세계문화유산으로 등록된 두장옌都江堰 주변에 제방을 건설하려는 계획을 반대했던 '두장옌 보호 운동', 2003년 8월부터 2004년 3월 사이에 국가발전개혁위원회가 승인한 누장怒江 댐 건설에 반대하며 전개되었던 '누장 댐 건설 반대 운동' 등의 성공이 이러한 변화를 보여 주는 대표적인 사례이다. 2008년 5월 발생한 쓰촨 대지진이 중국 전역에서 시민들의 자발적인 지원과 기부 활동을 촉발하고 민간 조직들이 구조와 복구 활동에 대대적으로 참여한 것도 중국에서 시민사회의 발전 가능성을 보여 주는 사건으로 받아들여졌다.

중국 정부도 환경, 교육, 빈곤 등의 사회문제 해결을 위한 자원 동원과 서비스 전달에 민간 부문의 역할을 높일 필요성을 인정하고 있다. 정부의 자원과 역량만으로는 증가하는 사회문제에 효율적으로 대응하기 어렵기 때문이다. 이에 따라 민간 조직들의 활동을 활성화하기 위해 제도 개혁도 꾸준히 모색해 왔다. 베이징대학교 공민사회연구중신이 2008년 12월에 출간한『2008년 중국 공민사회발전보고서』에서는 '중국은 이미 시민사회의 문 안에 들어섰다'는 주장이 등장하는 등 중국 시민사회의 성장에 낙관적인 견해가 출현했다.

시민사회에 대한 중국공산당의 경계

그러나 시민사회의 성장에 관한 낙관적 전망은 오래가지 못했다. 중국 정부와 중국공산당이 환경, 복지 서비스, 교육 등의 영역에서 민간 조직의 발전을 촉진하려 하지만 민간 조직이 정부의 통제에서 벗어날 가능성을 항상 경계하고 있다. 특히 정치, 종교 등 정치적으로 민감한 영역의 민간 활동과 민간 조직에 대한 국가의 통제가 2010년대 들어 다시 강화되기 시작했다. 특히 2010년 12월부터 중동과 북부 아프리카에서 일련의 시민 저항운동이 출현하고 정치적 격변이 진행되면서 중국공산당은 시민사회에 대한 부정적 태도를 명확히 밝히기 시작했다.

2011년 1월 중공중앙선전부는 언론 매체들에 '시민사회'라는 표현을 사용하지 말라고 요구하는 통지를 내려 보냈으며, 같은 해 5월 당시 중공 중앙정법위원회 비서장이었던 저우번순周本順은 중공의 기관지라고 할 수 있는『구시』求是에 게재한 글에서 "서방국가가 만든 시민사회의 함정에 빠지는 것을 방지해야 한다"고 주장했다. 그리고 시진핑 체제가 출범한 직후인 2013년 4월 22일 중국공산당 중앙이 당내에 배포한〈현 시기 이데올로기 영역 상황에 대한 통보〉라는 문건에서는 적극적으로 대응할 필요가 있는 잘못된 이데올로기적 경향 중 하나로 "시민사회를 선전하며 당 통치의 사회 기초를 와해하려는 시도"를 들었다. 이후 중국에서 시민사회 관련 논의는 급속도로 축소되었다.

그뿐만 아니라 2015년 7월 초에는 "권익 보호 운동"維權運動에 적극적으로 참여해 온 200명이 넘는 변호사와 활동가를, 사회질서를 혼란시키는 행위를 했다는 혐의로 체포해 중국의 권익 보호 운동에 큰 타격을 가했다. 2016년 4월에는 〈해외 NGO의 국내활동관리법〉을 제정하여, 등록하거나 임시 활동 보고를 한 해외 NGO들만 중국 내에서 직접 활동을 하거나 중국 내 사회조직에 업무를 위임하거나 재정 지원을 할 수 있도록 했다.

중국 민간 조직과 시민사회의 미래

시민사회에 대한 경계심이 증가했지만 중국 정부와 중국공산당이 이미 당과 국가가 사회를 대체할 수 없는 이상 민간 조직의 발전 자체를 부정할 수는 없다. 시진핑도 여러 차례 "사회 역량이 사회 거버넌스와 공공서비스에 참여하는 것을 격려하고 지지해야 한다."고 강조하고 있다. 중국공산당이 영도하는 정치체제에 위협이 되지 않는 전제하에서 민간 조직의 등록 간소화와 행정 간섭 축소라는 방향으로 민간 조직 관리 방식 개혁을 추진했다.

이러한 취지는 2016년 8월 중공 중앙과 국무원이 공포한 〈사회조직 관리제도를 개혁해 사회조직의 건강하고 질서 있는 발전을 촉진하는 것에 관한 의견〉에 잘 나타나 있다. 과거 민간 조직은 업무 주관 부서의 승인을 받은 후 민정부에 등록할 수 있었는데 이 문건에서는 산업 상업 유형, 과학기술 유형, 공익자선 유형, 도농 커뮤니티 서비스 유형 등에 속하는 민간 조직은 민정부에 바로 등록할 수 있도록 하는 개혁을 촉진하는 방침을 제시했다. 그 결과 앞서 언급한 것처럼 민간 조직 수는 최근까지 지속적으로 증가하고 있다. 그 과정에 과거 해외 지원에 의존했던 중국 내 민간 조직은 국내에서 자금을 지원받는 방향으로 전환해 오고 있다. 즉, 사회 서비스 영역에서 민간 조직의 역할은 계속 증가할 것으로 보인다. 이와 관련해 최근 중요한 변화 중 하나는 중국 민간 조직의 해외 활동이 증가하고 중국 정부가 이를 적극적으로 지원하고 있다는 점이다. 초기에는 재해 관련 긴급 지원을 중심으로 진행되었으나, 최근에는 개발 협력이 주요 활동 내용이 되고 있다.

다만 정치 법률 유형, 종교 유형, 해외 NGO의 중국 내 대표 기구 등에 대해서는 이중 관리 체제를 계속 유지하도록 했다. 즉, 민간 조직이 국가와 당에 대해 자율성을 강화하는 방향으로 발전하는 것은 계속 통제할 것이다. 결국 중국에서 민간 조직과 시민사회는 앞으로도 상당 기간 동안 사회 관리에서 민간의 역할이 높아져야 한다는 객관적 요구와, 중국공산당에 의해 정치체제의 불안 요인으로 간주될 수 있는 불리한 환경 사이에서 전진과 후퇴를 반복할 것이다. 그 결과 국가와 사회가 상생하는 새로운 모델의 등장이 될지, 아니면 마주 보고 달리는 기차와 같은 결말로 이어질지가 중국 부상의 지속 여부를 결정짓는 가장 중요한 변수가 될 것이다.

빈곤 문제

조문영

개혁 개방 이후 유례없이 급속한 경제 발전을 경험한 중국에서 '빈곤'을 논한다는 것이 낯설게 느껴질 수 있다. 그러나 빈곤을 기본적인 생존의 불가능성이 아니라 불평등과 박탈을 포함하는 상대적 개념으로 고려한다면 중국이야말로 가장 "빈곤한" 사회가 되었다고 말할 수 있다. 지니계수는 계층 간 소득분배의 불평등을 가늠하는 척도로 사용되는데, 지난 20여 년간 중국의 지니계수는 0.46~0.49를 기록하면서 대부분의 선진국보다 훨씬 높은 수치를 보여 주고 있다. 세계은행의 세계 불평등 데이터베이스에 따르면 중국 내 소득 상위 10%, 하위 50%가 전체 소득에서 차지하는 비중은 1979년 27.8%, 25.1%에서 2021년 43.4%, 13.7%로, 소득 불평등이 크게 확대되었음을 알 수 있다.

시진핑 정부가 부패 척결과 양극화 해소를 줄곧 강조하는 것은 중국 사회의 상대적 빈곤이 체제의 안정을 위협하는 수준에 다다랐음을 보여 준다. 이 같은 빈부 격차는 자본주의 역사에서 고질적인 병폐이자 필요악으로 여겨져 왔기 때문에 중국의 빈곤이 특이성을 갖는 것이 아니라고 말할 수도 있다. 그러나 계획경제하의 국가사회주의의 실험을 거쳤고, 러시아 및 동구 유럽과 달리 '사회주의'라는 독트린을 현재까지도 견지하고 있는 중국에서 빈곤이란 일반의 통념보다 훨씬 모순적이고 중층적인 성격을 갖는다.

도농 이원 구조하의 농촌 빈곤

우선 지적해야 할 것은 중국 사회의 뿌리 깊은 도농 이원 구조하에서 발생한 빈곤의 지역적 특성이다. 중화인민공화국 수립 이후 중국은 계획경제와 중공업 우선 정책을 중심으로 하는 소비에트 모델을 받아들였는데, 농민을 집체集體에 귀속시키면서 도시 노동자의 재생산을 위한 식량을 지속적으로 공급케 하는 것은 이러한 발전 전략에 필수적인 조건이 되었다. 공화국의 공민을 '농촌' 과 '도시'로 분리한 호구제는 계획경제 시기 농민의 도시 이동을 사실상 봉쇄함으로써 이 전략을 뒷받침했고, 농민은 단위 체제하에서 도시 노동자들이 당연한 권리로 누렸던 취업과 교육, 의료, 주택, 양로보험 등의 혜택으로부터 배제된 채 집체 안에서 자구책을 도모해야 했다. 이러한 도농 이원 체제는 1978년 도시와 농촌 가구의 1인당 평균 수입이 각각 343.4위안, 133.57위안이었던 데서 알 수 있듯 뚜렷한 도농 간 불평등을 야기했다. 개혁 개방 이후 가시화된 농촌인구의 대규모 도시 이동은 도농 격차의 당연한 귀결인바, 이러한 배경하에서 빈곤에 대한 정부의 개입은 1980년대까지만 해도 농촌, 특히 자연조건이 척박하고 낙후된 서부 내륙지역을 중심으로 이루어졌다. 불평등은 경제특구를 통해 번성한 연해 동부와 중서부 사이, 농촌과 도시 사이, 농촌과 도시 내부 등 다층적인 양상을 드러내나, 평범한 중국인들 사이에서 빈곤은 여전히 '농촌 빈곤'의 준말로 통용될 만큼 농촌의 절대 빈곤은 심각하다.

도시 노동자의 빈곤

농촌 빈곤과 달리, 중국의 도시 빈곤이 주요한 사회적 현안으로 등장한 것은 도시 노동자들의 안정적인 재생산을 뒷받침해 온 단위 체제가 해체되고 국유 기업의 구조 조정이 가시화된 1990년대 중반 이후이다. 사실 국유 기업이나 집체기업의 노동자가 중국 도시에서 경제적 빈곤을 경험한 유일한 집단은 아니다.

'삼무'三無, 즉 돌봄을 받을 가족도, 단위도, 생계 수단도 없는 일부 도시민은 계획경제 시기 내내 정부의 보조를 받아 왔으며, 가난한 농민들의 도시 이주는 개혁 개방이 본격화된 1980년대 초로 거슬러 올라간다. 그럼에도 국유 기업 노동자들의 해고가 본격화된 1990년대 중반 이후에야 도시 빈곤이 긴급히 해결해야 할 사회문제로 급부상하고, 최저 생활 보장 제도(약칭 '低保')를 비롯한 각종 정부 대책들이 발표되기 시작한 것은 사회주의 중국에서 노동자가 갖는 정치적 중요성을 환기한다. 1998~2005년 사이에 약 3300만 명의 노동자가 면직下崗이나 실업 상태에 처했는데, 2001년 주룽지 전 총리는 국무원 보고서에서 처음으로 '도시 빈곤'과 '약세 군체'弱勢群體의 존재를 인정하고 정부의 긴급 조치를 지시했다. '사회주의' 중국에서 '빈곤'을 공식적으로 인정하기까지 오랜 시간이 걸린 셈이다.

개혁 개방 이후 도시 노동자가 경험한 빈곤은 사회주의 체제에서 이데올로기적 대표자이자 (농민과 달리) 실질적 수혜자였던 계급의 몰락을 의미한다는 점에서 큰 반향을 불러왔다. 이들의 빈곤은 단위 체제 해체와 기업 구조 조정, 대규모 철거와 주택 사영화 등 개혁 개방 시기에 단행된 일련의 조처들의 귀결이란 점에서 구조적 성격을 갖는다. 도시 노동자의 빈곤화를 중대한 정치적 사안으로 인식하면서 수립된 최저 생활 보장 제도는 2007년부터 농촌으로 전면 확대되었으나 급여 수준이 도시에 비해 턱없이 낮다는 비판이 꾸준히 제기되어 왔다.

국가의 반빈곤 개입과 '공동 부유'

중국에서 빈곤 문제에 대처하기 위한 민간 사회조직의 규모는 급속히 증가해 왔으나, 국가야말로 여전히 반反빈곤 개입의 핵심 주체임을 자임하고 있다. 도농 간, 지역 간, 도시 간에 해소되지 않는 빈부 격차야말로 국가 사회주의 체제의 근간을 뒤흔들고 중국 사회의 안정을 위협할 수 있는 요인이기 때문이다. 빈곤과의 전쟁이 공산당의 리더십과 '중국 모델'의 우수성을 증명하기 위한 통치 시험대가 된 셈이다.

개혁 개방 이후 절대 빈곤 퇴치를 위한 보다 체계적인 움직임은 2006년부터 '신농촌 건설'이 추진되면서 본격화되었다. 이후 시진핑 정부는 빈부 격차와 부정부패 척결을 '중국몽' 실현을 위한 필수 조건으로 강조하고, 2020년까지 1인당 연평균 소득이 2300위안 이하인 절대 빈곤층 7000만여 명의 탈빈곤을 실현하겠다는 목표 아래 농촌 지역 인프라 확충, 창업 지원, 농촌 최저 생활 보장 제도 개선 등 다방면에서 대대적인 빈곤 구제扶貧 사업을 벌여 왔다. 2021년 2

월 정부는 지난 8년 동안 1억 명에 가까운 중국인들이 빈곤에서 벗어났다고 공식 선언했으며, 시진핑 주석은 이를 "역사에 길이 남을 완전한 승리"이자 인류 빈곤 퇴치 역사의 기적으로 강조했다. 중국 정부의 빈곤 구제 사업은 양적 성공을 거두었으나, 국제적으로 통용되는 지표보다 낮은 빈곤 측정 기준, 중점 지역 선정의 모호성, 불평등 확산에 따른 상대적 빈곤 경감 실패 등 여러 비판에 직면하기도 했다.

시진핑 체제의 반빈곤 개입에서 또 다른 특징은 '공동 부유'가 국정 과제로 전면 부상했다는 점이다. 공동 부유는 중국 국가가 성장과 분배를 조율해 온 사회주의 체제의 역사를 관통하는 오랜 주제이나, 이 개념이 중국 경제 발전의 핵심 목표로 구체화된 것은 시진핑 체제 이후의 일이다. 당정은 시장을 통한 일자리 창출과 임금 확대, 정부를 통한 조세와 사회보장제도 확대, 부유층과 기업의 자발적 기부라는 세 가지 차원의 분배가 조화를 이뤄야 함을 강조하는데, 공산당원 다수가 부동산 시장의 기득권층이 된 현실에서 구조적 분배 가능성은 여전히 불확실한 채로 남아 있다.

청년 세대의 물질적·실존적 빈곤

마지막으로 첨언할 것은, 중국의 체제 전환과 시장경제의 불확실성 속에서 가시화된 빈곤의 세대별 특성이다. 개혁 개방 이후에 태어난 청년 세대의 빈곤은 '빈곤 2세대'貧二代, '부 2세대'富二代, '관직 2세대'官二代와 같은 용어의 유행에서 보듯 세습의 양상을 띠고 있다.

부모 세대가 사회주의 단위 체제하에서 직업과 주택을 당연한 권리로 배분받았던 것과 달리, 청년 세대에게 취업과 주택은 생존을 위해 반드시 쟁취해야 할 과제가 되었다. 대학 정원을 갑자기 확충한 정부의 교육개혁, 부동산 개방, 인플레이션 등으로 무한 경쟁과 빈부 격차가 증폭되면서 부모의 경제력과 사회적·정치적 자본에 기댈 수 없는 청년들은 쉽게 '빈곤 2세대'로 전락하고 있다. 이 '빈곤 2세대' 중 도시로 이주한 농촌 노동자의 후속 세대인 '신세대 농민공'新生代農民工이 상당수를 차지한다는 점은 중국 사회에 뿌리 깊은 도농 격차의 한 단면을 보여 주는 것이기도 하다.

또한 코로나19 사태 이후 청년 실업이 심각한 사회문제로 부상한 현실에서, 경쟁과 과로에 지친 청년들은 만성적 불안과 무력감을 호소하고 있다. 도시의 대학 졸업자 청년이 느끼는 상대적 박탈감은 절대적 빈곤에 노출된 농민보다 더욱 큰 경우가 많은데, 이는 물질적 결핍이란 조건과 가난함에 대한 인식 및 감각 사이의 불일치를 시사한다.

도시화

박철현

사회주의 시기의 도시화

건국 이후 중국의 도시화는 제1차 5년 계획 시기(1953~57년)부터 시작되었다고 할 수 있다. 이 시기는 중공업 건설을 핵심으로 하는 사회주의 공업화가 본격화되면서 주로 공업 발전에 필요한 인프라를 갖춘 중대형 도시를 중심으로 인구가 증가하고 도시화가 진행되었다. 대약진운동 시기(1958~60년)에는 농촌인구를 도시로 대규모 이주시켜 공업 생산에 투입했기 때문에 농업 생산은 감소했고, 전체 인구 중 도시에 거주하는 비율을 가리키는 도시화율은 급속히 증가했다. 1961~65년은 '역逆도시화' 시기라고 할 수 있다. 이 시기는 대약진운동의 실패로 식량 부족이 심각해지고 공업에 투입할 농업 생산물 잉여도 부족해지자, 과거 도시로 이주시킨 2600만 명의 농민을 농촌으로 되돌려 보내 농업 노동에 종사하게 했는데, 그 결과 도시화율이 감소했다. 한편, 이 시기에는 주로 연해 지역 도시의 공장을 쓰촨성, 구이저우성, 윈난성과 같은 내륙으로 옮기는 '삼선건설'三線建設이 시작되면서 소속 노동자와 가족들도 대규모로 내륙으로 이주하여 해당 지역을 중심으로 도시화가 진전되기도 했다. 문화대혁명 시기(1966~76년)는 제2차 '역도시화' 시기로 1800만 명에 달하는 지식인, 청년, 간부들이 농촌으로 하방下放되어 도시화율이 다시 감소했다. 이렇게 사회주의 시기에는 주로 정치사회 운동에 따라 일시적으로 도시화와 '역도시화'가 진행되었지만, 농업 호구와 비농업 호구를 구분하는 호구 제도에 의해 농민의 도시 이주가 기본적으로 차단되어 있었기 때문에, 도시화는 매우 완만하게 진행되었다. 그 결과 1949년 10.6%였던 도시화율은 개혁 개방 직전인 1978년 17.9%로, 30년 동안 불과 7.3%포인트 증가했다.

개혁기 도시화

개혁기 도시화의 근본적인 동력은 시장경제의 확산이었다. 개혁기에 들어서 시장이 점차 기존의 계획을 대체하여 사회와 경제를 운용하는 핵심적인 기제가 되었다. 이러한 상황에서 과거와 같은 중공업이 아닌 경공업 위주 경제 발전을 추진하기 위해서는 1980년대 초 농촌에 결박되어 있던 9억 명에 달하는 대규모 농민 중 일부가 도시로 이주하여 공장에 취업해 저임금 노동에 종사할 필요가 있었고, 이 때문에 농민이 농업 호구 신분을 가진 채 도시로 이주하는 것이 점진적·제한적으로 허용되었다. 하지만 도시는 이렇게 이주한 농민들에게 기존 도시민(비농업 호구)이 누리는 주택, 교육, 의료, 문화 등 다양한 '도시 공공재'를 제공하지 않았기 때문에 농업 호구와 비농업 호구를 구분하는 기존 호구 제도의 근간은 유지되었다. 이러한 차별은 도시 정부가 급속히 도시로 이주한 거대한 규모의 농민공 모두에게 도시민과 같은 사회경제적 보장을 제공할 수 있는 충분한 자원을 가지고 있지 못했기 때문이다. 이와 더불어 도시 공공재는 도시 호구, 즉 도시민만이 누릴 수 있는 특권이었고 도시를 구성하는 정치·경제·사회·문화적 레짐이 바로 이러한 농업 호구와 비농업 호구를 구분하는 호구 제도에 기초해 구축되어 있던 것도 중요한 원인이다. 개혁기 초기인 1980년대에는 농민의 본격적인 도시 이주가 아직 시작되지 않았는데, 이는 당시 농민이 주로 농촌에서 농업에 종사하거나 농촌공업인 향진기업에서 노동하고 있었기 때문이다. 따라서 국유 기업 개혁이 본격화되는 1990년대 들어서 도시화가 가속화되었다고 할 수 있다. 국유 기업 개혁으로 소속 노동자(도시민)가 해고되면서 그 자리를 메우기 위해 농민은 농촌을 떠나 도시로 대규모 이주하여 저임금 노동에 종사하기 시작한 것이다. 그 결과 2005년 도시화율은 42.9%에 달한다. 1978년 이후 27년 만에 무려 25%포인트가 증가한 것이다. 도시화율은 2012년 50%를 돌파했고, 2020년에는 63.9%에 달했다.

신형 도시화

문제는 개혁기 들어서 진행된 급속한 도시화가 심각한 사회적 문제를 낳았다는 사실이다. 기존 호구 제도가 유지된 채로 농민의 도시 이주가 이뤄졌기 때문에 농민은 농민공으로서 도시에서 동일 노동에 종사해도 도시민보다 낮은 임금을 받아야 했다. 또한 도시 정부와 기업은 농민공의 '노동력 재생산'에 필요한 주택, 교육, 의료, 문화 등과 관련된 비용을 농민공에게 지불할 필요가 없었다. 이렇게 도시로 이주한 농민은 사실상 '2등 시민'으로 존재했다. 이것은 곧 도시와 농촌, 연해 지역과 내륙지역 사이에 사회적·경제적·문화적 불평등 구조의 확대 재생산으로 이어졌다. 국가의 입장에서 보면, 기존 도시화 과정에서 괄목할 만한 경제적 발전을 거두었지만, 불평등 구조가 만들어 낸 기층 사회의 불안정성과 휘발성은 점점 더 심각해지는 상황에 직면하게 된 것이다. 이런 상황에서, 중국은 시진핑 정부가 시작된 2013년부터 기존의 도시화와는 다른 '신형 도시화'를 추진하게 된다. 이는 기존의 도시화로 인구가 도시로 밀집되고 주택, 빌딩, 교량, 도로 등의 '건조 환경'built environment이 폭발적으로 증가하여 경제는 발전했지만, 그 과정에서 계층 격차, 도농 격차, 지역 격차와 같은 심각한 문제점이 생겨났다는 인식에 기초한다. 신형 도시화는 '인간의 도시화', 즉 '농민의 도시화'를 그 핵심 내용으로 한다. 농민의 도시 이주를 기존과 같이 제한적·점진적으로 허용하는 것이 아니라 농민의 도시 이주를 정책적 차원에서 적극적으로 추진하여 농민이 도시 사회에 전면적으로 정착하도록 지원하겠다는 것이다.

이러한 '농민의 도시화'는 두 가지 목적이 있는데, 하나는 대내적인 것으로 개혁기 기존의 도시화 과정에서 발생한 계층·도농·지역 간 불평등 구조의 확대 재생산을 가능한 한 최소화하는 것이다. 나머지 하나는 대외적인 것으로 2008년 미국발 금융 위기로 촉발된 글로벌 자본주의의 불안정성과 변동성에 대응하여 기존의 경제 방식과는 다른 성장 동력을 탐색하는 것이다. 즉, 중국은 저임금의 농민공이 생산한 상품을 전 세계에 판매하여 거둔 수익에 기초하여 성장해 왔다. 그런데 2008년 글로벌 금융 위기의 여파로 연해 지역에서 무려 2000만 명의 실직자가 발생하여 큰 사회·경제적 문제가 되자, 대외 교역에 의존하는 기존과는 다른 성장 방식을 탐색하기 시작했고, 농민의 도시 이주와 정착 과정에서 유효수요를 창출하여 경제성장의 새로운 동력으로 삼는 신형 도시화를 추진하게 된 것이다.

호구 제도 개혁과 '점수 적립제 도시 거민 호구 취득 제도'의 현실

신형 도시화의 두 가지 목적을 달성하기 위해서는 기존 호구 제도의 개혁이 관건이다. 중국 국무원은 2014년 7월 30일 호구 제도 개혁안을 발표하여 기존 농업 호구와 비농업 호구의 구분을 폐지하고 도농 통합의 '주민 호구'로 통일했다. 또한 최근 등장한 유력한 호구 제도 개혁 방식이 바로 '점수 적립제 도시 주민 호구 취득 제도'積分落戶이다. 이 제도는 중국 정부가 발표한 〈국가 신형 도시화 규획〉(2014~20년)에 등장한다. 그 내용을 살펴보면 다음과 같다. 첫째, 전국의 도시를 상주인구 규모에 따라 초대형 도시(1000만 명 이상)-특대 도시(500만 명 이상)-대도시(100만 명 이상)-중등 도시(50만 명 이상)-소도시(10만 명 이상)로 분류한다.

둘째, 이들 도시가 속한 성省 단위 점수 적립 지표와 해당 도시 단위 점수 적립 지표를 만든다. 성 단위 점수 적립 지표는 일반적으로 학력, 기술, 사회 보험료 납부 기간, 사회 공헌도에 따라 차등적인 점수를 적용하는데, 범죄 경력 등 차감 지표도 있다. 도시 단위 점수 적립 지표는 성 단위 지표를 토대로 각 시의 상황과 목적을 반영하여, 동일한 지표라도 도시에 따라 서로 다른 배점을 부여할 수 있다. 예를 들어, 광둥성 광저우는 상대적으로 고학력자를 선호하여 이들에게 높은 배점을 부여하고, 주하이는 공급 부족 업종의 기술자에게 상대적으로 높은 배점을 부여한다. 셋째, 특정 도시로 이주하여 해당 도시의 주민 호구를 취득하려는 농민은, 우선 해당 도시가 속한 성의 점수 적립 지표에 따라 합산한 자신의 점수가 도시 주민 호구 취득 신청 자격 조건에 도달해야 하고, 다음으로 해당 도시 단위의 점수 적립 지표에 도달해야 비로소 자신이 원하는 도시의 도시 주민 호구 신청 자격을 취득하게 된다.

그런데 최근에는 이 제도가 엄격히 시행되지 않거나 시행된다 하더라도 사실상 유명무실해지는 현상이 나타나고 있다. 첫째, 베이징, 상하이, 광저우, 선전 등 '1선 도시'의 주민 호구 취득 신청 자격을 부여받기 위해 필요한 점수가 지나치게 높거나 까다로워서, 신청 희망자 가운데 해당 점수에 도달하지 못하는 경우가 대다수다. 예를 들어 2016년 기준 베이징 호구의 경우, 연령 제한(45세 이하)이 엄격하거나 학력 요구가 매우 높다. 베이징은 박사 학위 소지자도 37점밖에 받지 못하는데, 이는 상하이가 박사 학위 소지자에게 110점을 부여하는 것과 비교해도 큰 차이를 보인다. 그 결과 베이징 호구는 중국 현지에서도 '가혹할 정도'로 취득하기 어려운 호구로 인식되고 있다.

둘째, 이들 '1선 도시'는 '유사類似 주민 호구' 단계를 설정하여, 농민공 등이 해당 도시의 주민 호구를 취득하지 않고도 기본적인 생활이 가능하게 했다. 예를 들어, 상하이의 경우 2013년 '점수 적립제 거주증'積分制居住證을 도입했다. 이것은 '도시 주민 호구'가 아닌 '거주증'에 점수 적립제 방식을 적용한 것으로, 각종 지표의 합산 점수가 일정한 점수에 도달하면 거주증을 부여하는데, '점수 적립제 거주증' 소지자는 본인 및 배우자의 사회보험 가입과 자녀의 취학이 가능해진다. 상하이는 부모의 사회보험 가입은 물론이고 주택 구매까지 가능한 '도시 주민 호구'와는 다르지만, 상하이에서 기본적인 생활은 가능한 '점수 적립제 거주증'을 시행하여 농민공 등에게 기본적인 사회보험 가입과 취학 문제를 해결해 줌으로써, 도시 거민 호구 소지자의 급증 위험을 회피하면서도 도시 경제에 필요한 저렴한 노동력의 공급원으로서 농민공 등 외부인을 도시 공간에 잔류시키는 효과를 거둘 수 있게 되었다.

셋째, 중등 도시의 변화이다. 우선, 중등 도시의 발전으로 '1선 도시' 등 대도시로의 인구 이동이 주춤해졌다. 전반적인 소득수준 향상과 인프라 발전으로 인구 50만 명 전후 중등 도시의 생활 조건이 개선되어, '1선 도시' 등 대도시의 고물가, 과밀화, 극심한 경쟁, 오염 등을 피해 인구 100만 명 이하 중등 도시에서의 삶을 지향하는 인구가 점차 늘어나는 추세이다. 특히, 최근 고속철도 등 교통수단의 발달로 대도시와 중등 도시 사이의 물리적·심리적 거리가 감소하여 중등 도시에 거주하면서 필요할 경우 대도시를 왕래하는 생활 방식도 증가하고 있다. 그 결과, 최근에는 예전처럼 베이징, 상하이, 광저우, 선전 등 '1선 도시'는 물론, 대도시의 도시 주민 호구 취득에 대한 요구도 일정하게 감소하는 경향이 나타나고 있다. 또한 일부 중등 도시의 경우, 인구 유입을 위해 '점수 적립제 도시 주민 호구 취득 제도'를 시행하지 않거나, '점수'를 아주 낮게 설정하여 주민 호구 취득을 원하는 사람은 대부분 취득할 수 있게 하는 정책을 취하는 경우도 있다.

중앙도시공작회의

이처럼 도시화 문제는 단지 인구 밀집이나 건조 환경의 증가만이 아니라, 2000년대 중후반 대내외적 문제점을 해소하기 위한 사회적·경제적·정치적 전략의 의미를 획득하면서, 중국공산당과 국가의 최고 지도부가 직접 관리하는 대상이 되었다. 중국은 개혁기 이전인 1962년, 1963년, 1978년 세 차례에 걸쳐 '전국'도시공작회의全國城市工作會議를 개최했지만, 개혁기 들어서는 도시공작회의를 개최하지 않다가, 37년 후인 2015년 12월 비로소 '중앙'中央도시공작회의를 다시 개최했다. 중앙도시공작회의는 과거와 같이 중앙정부의 실무 책임자가 전국의 관련 책임자를 모아서 개최하는 회의가 아니라, 중국 최고위 지도부인 중공 중앙이 직접 도시 공작을 관리하기 시작했다는 것을 의미한다. 또한 이 중앙도시공작회의는 중앙경제공작회의와 동시에 개최되어 중국 최고위 지도부가 도시 문제를 경제 문제와 동일한 반열에 올려놓고 함께 대응하기 시작했음을 알 수 있다.

성중촌

개혁기 도시화와 관련된 대표적인 문제가 바로 '성중촌'城中村이다. 성중촌이란 '도시 속의 농촌'을 의미하는 것으로, 개혁기 도시로 이주한 농민공들이 도심이나 교외에서 (비)합법적으로 특정 공간을 차지하고 밀집 거주하는 지역, 또는 도시가 팽창하면서 주변의 농촌을 도시로 편입시켜 생겨난 지역을 가리킨다. 농민공 노동력은 주로 제조업, 건설업, 서비스업 등에 유입된다. 문제는 도시 사회의 생산과 재생산을 위해서는 이들의 저렴한 노동력이 필요하지만, 호구 제도 개혁 과정에서도 여전히 기존 '도농 이원 구조'의 영향력이 강하게 남아 있는 도시 사회는 이들을 지속적인 관리 대상으로 간주하고, 농민공에 대해 차별적인 태도를 보인다는 점이다. 그 결과 성중촌은 때론 단속과 철거의 대상이 되기도 한다.

　　2017년 12월 베이징시 교외 성중촌인 신젠춘新建村에 밀집된 '저단인구'低端人口 강제 축출 사건이 바로 그것이다. 신젠춘은 다싱구大興區에 위치한 성중촌으로 베이징시 제조업, 건설업, 서비스업에 종사하는 농민공들이 저렴한 (비)합법적 주택에 밀집 거주하고 있는 지역이다. 2017년 11월 신젠춘 공동주택에서 발생한 대형 화재로 사망자가 발생하자, 베이징시 정부는 안전 점검을 구실로 신젠춘에 대한 대대적인 철거 작업을 개시하고, 이 과정에서 10만 명에 달하는 농민공들이 강제 축출 되었다. 이 사건은 단지 신젠춘 농민공의 인권침해 문제에 머무르지 않고, 베이징시 도시 사회에 일정한 균열을 가했다. 다시 말해 농민공이 저렴한 노동력을 제공했기 때문에 높은 주택 비용과 물가에도 베이징시 시민은 생활의 질을 일정 수준으로 유지할 수 있었는데, 농민공 대규모 강제 축출로 그러한 생활이 위협받게 된 것이다. 개혁기 도시화 과정에서 생겨난 성중촌은 기존 도시의 이질적인 공간을 넘어서 도시 사회 생태계의 중요한 구성 부분으로 진화하고 있다.

코로나19

하남석

보통 '코로나19'라고 불리는 코로나 바이러스 감염증-19는 SARS-CoV-2 바이러스가 일으키는 급성 호흡기 전염병이다. 2019년 12월에 중국 우한에서 첫 감염 사례가 발견되었고, 2024년 현재 코로나19 감염으로 전 세계적으로 700만 명이 넘는 사망자를 기록하는 등 제2의 흑사병으로 불릴 정도로 인류 역사상 최악의 전염병 중 하나로 볼 수 있다. 글로벌 팬데믹으로 세계 여러 나라에서 봉쇄나 이동 제한 등의 조치가 실시됨에 따라 재택근무와 온라인 문화, 플랫폼 경제가 새로 주목받기도 했다. 특히 코로나19의 첫 감염 사례가 중국에서 나오면서 전 세계적으로 반중 정서가 크게 고조되었으며, 방역 정책의 명암을 통해 중국의 권위주의 체제의 장단점이 그대로 드러나 중국 모델에 관한 여러 담론이 등장하기도 했다.

제로 코로나 정책의 빛과 그림자

제로 코로나 정책과 관련해 그 이전 중국 방역 정책을 회고해 보면, 2019년 12월 말에서 2020년 1월, 코로나19 바이러스가 발발한 초기 우한의 상황에서 초반의 방역 실패, 우한과 후베이의 의료 체계 붕괴, 방역 봉쇄 조치에 대한 인민들의 불만 고조, 이후 수많은 사망자 발생 등 중국은 시진핑 집권 이후 가장 큰 리스크에 직면했었다. 특히 당시 당국이 이 미지의 전염병에 대한 정보를 엄격하게 통제하고 검열하자 인민들의 불만이 커졌으며, 이는 체제 붕괴 위기로 번질 수 있는 중국의 '체르노빌 모먼트'라는 분석도 등장했었다. 소련이 체르노빌 원전 사태 때 정보를 통제하여 자국은 물론이고 주변국에 더 심각한 피해를 안겨 주었고, 이후 체제의 붕괴로 이어진 역사의 반복일 수 있다는 비판이었다.

하지만 이후 서구 선진국들이 방역에 실패하며 수많은 사망자가 나온 반면에 중국은 강력한 통제와 디지털 감시 기술의 활용으로 이를 안정적으로 관리해 내자, 오히려 중국 내에서 코로나 위기가 애국주의의 추동력이 되어 버렸다. 중국에서는 이 코로나 위기에 대처하는 자신들의 방식이 다른 나라보다 더 효율적이고 안정적이기에 초기의 불만과는 달리 오히려 체제에 자신감을 가지게 되는 역설적 상황이 된 것이다.

그러나 2022년 들어 다시 상황은 역전되었다. 미국을 비롯한 다른 나라들이 mRNA백신 개발 및 접종과 더불어, 전염성이 강한 오미크론이라는 변이 바이러스 상황에서 위드 코로나 정책으로 선회하여 시민들은 안전과 자유를 되찾았다. 하지만 중국은 오히려 강력한 제로 코로나 정책하에서 상하이를 비롯한 대도시 지역에서 상당 기간 동안 봉쇄정책으로 일관했고, 이에 비판의 목소리가 높아졌다. 민간 및 해외에서는 제20차 당대회 이후 중국의 제로 코로나 정책의 변화나 유연화를 기대했으나 제20차 당대회 전후 당국에서는 계속해서 공식적으로 제로 코로나 정책을 견지했다. 봉쇄 조치에 분노한 민심은 결국 백지 시위로 폭발했다.

백지 시위와 위드 코로나로의 정책 전환

당시 중국 인민들은 제로 코로나로 인한 경기 둔화, 청년 실업, 정보의 통제, 반복되는 PCR 검사 실시 등 강압적 정책에 대해 불만이 고조되고 있었다. 무엇보다 우루무치 아파트 화재 참사가 직접적인 계기가 되었고 이는 다른 나라의 여러 참사와 마찬가지로 국가의 역할을 묻는 티핑 포인트가 되었다. 그간 중국 당국은 제로 코로나 정책은 다른 나라에 비해 국민의 생명과 안전을 잘 지켜 온 가장 중요한 성과라고 선전해 왔다. 하지만 오히려 봉쇄정책으로 인해 화재 진압이 제때 이뤄지지 않아 여러 사람이 목숨을 잃었다는 역설은 많은 사람들의 마음을 흔들었고 그간 쌓였던 불만이 터져 나오는 계기가 되었다. 백지 시위와 더불어, 감염이 빠르게 확산되어 의료 시스템의 과부하는 물론, 기존의 엄격한 통제 방역 정책을 더 이상 지속할 수 없게 되자 중국 당국은 2022년 12월에 들어서며 전격적으로 그동안의 제로 코로나 정책을 철회하고 사실상 '위드 코로나'로 전환했다. 그 결과 오미크론 변이에 가장 취약한 노인층, 특히 농촌 노인들의 백신 접종률이 낮은 편이었고, 중국산 백신 자체의 효과가 떨어지는 편이었으며, 의료 시설이 충분히 확보되지 않았기에 감염 대확산으로 이어지며 큰 혼란을 겪었다. 봉쇄 조치는 해제되었지만, 약품과 의료 지원 부족으로 많은 고통을 겪었으며, 감염 이후 자가 격리를 대비한 물품 사재기 등도 심심찮게 벌어졌다. 당국은 무증상 감염자들의 통계를 집계하지 않기 시작했고, 사망자 수를 축소 발표하는 등 코로나 바이러스의 실제 영향력을 감추기에 급급했다.

포스트-코로나19의 과제

제20차 당대회를 앞두고 중앙에서 지역 상황에 맞는 유연한 제로 코로나 방역 조치를 지시했을 때, 지방에서는 쉽게 방역 정책을 완화하지 못했다. 오히려 더 엄격하게 봉쇄 조치를 실시한 것은 향후 위로부터의 문책을 피하기 위한 어쩔 수 없는 선택이기도 했다. 실제 중국은 2002년 SARS 사태 당시 정보 은폐와 부적절한 대처를 이유로 위생부장과 베이징 시장을 해임하여 일종의 희생양으로 삼은 적이 있다. 그리고 2020년 코로나 상황 초기에도 후베이와 우한의 보건 정책 담당자는 물론 후베이와 우한 당서기를 해임하여 국민들의 분노가 집중되는 책임 소재의 완충장치로 만들기도 했다. 이런 중국 특유의 중앙-지방 관계는 중국이 유연하게 위드 코로나 정책으로 전환할 수 없었던 주요 원인이라고 할 수 있으며, 이는 시진핑 시기 들어 중앙으로의 권력 집중이 강화되며 비롯된 필연적인 결과이기도 했다.

그리고 중국이 제로 코로나 정책을 포기하게 된 것은 단순히 백지 시위 등 인민들의 불만이 고조되었기 때문만은 아니다. 무엇보다 그동안 지방정부들이 방역에 쏟아부은 재정 부담이 더 이상 견딜 수 없는 수준이 되었기 때문이다. 여기에 지방정부들의 가장 큰 수입원인 부동산 부문이 침체하면서 재정 문제가 심각하게 대두되었고 이는 현재까지도 심각한 영향을 미치고 있다. 그동안 중국은 경제성장이라는 업적 정당성을 통해 정치적 신뢰를 얻어 왔는데 이 부분에서 문제가 발생한다면 사회의 불만은 분명히 가중될 것이다. 무엇보다 의료와 사회복지 부문에서의 개선을 통해 민심을 회복해야 하는데, 단기적인 제도 정비로는 쉽게 달성하기 어려운 현실이라고 할 수 있다. 기존의 억압적인 사회통제의 방식보다는 좀 더 친민적인 사회보장 체제와 복지 구축을 통해 그동안 민간에서 누적된 불만을 완화할 필요가 있다.

6장 경제

경제 개관
: 전환점에 선 중국 경제

이승신

중국은 개혁 개방 이후 2024년까지 46년간 주기적인 경기변동은 있었으나 연평균 약 9%대의 높은 경제성장을 이루며 1인당 GDP 1만 2000달러 이상을 달성해 고소득 국가의 문턱에 근접한 세계 2위의 경제 대국이 되었다. 또한 중국은 최대의 수출 대국이자 약 3조 2000억 달러의 외환을 보유하여, 2024년까지 19년 연속 세계 1위 외환 보유국 자리를 유지하고 있다.

중국의 경제성장률은 2007년 3분기 최고치인 14.4%에서 2024년 4분기의 5.2%로 하락했으며, 그 과정에서 금융 위기와 코로나19라는 두 차례 큰 충격을 겪었다. 최근 몇 년 동안 중국 경제는 비록 속도는 느리지만 일정 수준의 성장세를 유지하고 있다. 그러나 요소 투입 확대에 의존한 높은 경제성장으로 말미암아 경제구조의 불합리성 및 그로 인한 사회문제가 불거지면서 중국 경제의 지속 가능한 발전을 제약하고 있다. 투자와 순수출에 의존한 경제 발전 구조, 가계 부문으로의 분배가 미약하여 초래된 빈부 격차, 소비 부진 등이 중국 경제가 안고 있는 구조적 불균형이라고 할 수 있다.

2024년 중국 경제는 시장에서 예상했던 4.8~4.9%를 상회하고 정부의 목표치였던 5% 내외에 부합하는 5% 성장률을 기록했으나 수요 부족, 저물가 장기화 등 구조적 취약성이 내재되어 있는 상황이다. 중국 경제 발전이 전환점에 도달하면서 중국 경제가 고속 성장에서 지속적인 고품질 발전으로 순조롭게 전환할 수 있는지, 장기 불황에 빠질 것인지에 대한 문제가 다시 한번 논쟁의 대상이 되고 있다. 중국 경제의 향방은 2024년 7월 중순에 폐막한 중국공산당 제20기 중앙위원회 제3차 전체회의의 내용을 보면 어느 정도 가늠해 볼 수 있다.

중장기 경제 발전을 위한 시스템 구축 과정

20기 3중전회 후 발표된 성명서에서는 전면적 개혁 심화 및 중국식 현대화 추진의 중대 의의와 함께 2035년까지 높은 수준의 사회주의 시장경제 체제를 확립하고, 사회주의 현대화 목표를 기본적으로 실현할 것이라고 밝히고 있다. 2023년 12월 중순에 열린 연례 중앙경제공작회의에서는 현재 중국 경제가 '유효 수요 부족, 일부 산업의 과잉생산, 사회적 기대 약화, 여전히 더 많은 위험과 숨겨진 위험' 등 많은 도전에 직면해 있다고 언급했지만, 2024년 20기 3중전회에서 이러한 경제 문제에 대한 구체적인 구제 정책이나 해결책을 제시하지 않고 '부동산 부문, 지방정부 부채, 중소 금융기관 등 주요 분야 리스크 예방 및 해결을 위한 조치를 시행할 것'이라고만 가볍게 언급했다는 점에 주목할 필요가 있다. 즉, 3중전회의 초점은 현재의 경제난에 대한 해결책을 제시하는 것이 아니라 중장기 경제 발전을 위해 더 나은 제도와 메커니즘을 구축하는 데 더 중점을 두고 있다.

제조업 투자 확대로 새로운 성장 동력 모색

중국의 정책 입안자들은 약한 경제 회복에 새로운 동력을 찾아야 한다는 압박에 직면하여 경제를 새로운 방향으로 이끌기 위해 노력하고 있다. 중국 당국은 성장을 촉진하기 위해 부동산 투자 확대와 지방 차입에 의존하는 대신 제조업에 더 많은 투자를 하고 있다. 2005년 이래 처음으로 국유 은행의 부동산 부문 대출이 감소하기 시작했으며, 대신 전기차와 반도체 등 빠르게 성장하는 분야의 제조업체에 많은 양의 자본이 유입되고 있다.

국가 주도의 발전

인텔리전스 유닛EIU 전문가들은 20기 3중전회 성명서에 대해 시장의 예상과 일치하는 결과를 내놓았다며, 이는 최근 시행되고 있는 정책이 변함없이 지속될 것임을 의미한다고 했다. 그러나 많은 관심을 끌었던 경제 개혁 분야에서 성명서는 "시장 메커니즘을 더 잘 작동시켜 최적의 자원 배분을 달성하고 이익을 극대화해야 한다."고 제안해 시장 메커니즘의 중요한 역할을 확인하는 동시에, "시장 질서를 더 잘 유지하기 위해 '규제 완화'를 하면서 '통제'도 강화해야 한다."머 '관리 감독' 기능을 깅조했다. '과학적 기시 통제', '체계적 배치', '시스템 통합 강조', '효과적인 정부 거버넌스', '국가 전략적 거시 지도 및 조정 기능 강화' 등의 표현이 성명서에 자주 등장한 것은 정부가 앞으로 시장 규제자 역할뿐만 아니라 경제활동의 규제자 및 리더 역할을 더욱 적극적으로 수행할 것임을 시사한 것이다. 이러한 정부 역할의 강화 구상에는 '경제 안보'를 중시하고 있음이 내포되어 있는 것으로 보인다.

성장보다는 안전 우선

시진핑 주석은 '안전은 발전의 기초'라고 공개적으로 선언했다. 최근 몇 년 동안 '안전과 발전'은 중국 국가 발전의 모든 영역과 과정에 스며들었다. 즉, '안전'이 통치의 우선 목표로 '성장'을 대체하고 국가 안보와 경제 자립을 위해 경제성장이 희생되는 동시에 국가 안보를 보장하기 위해 정부의 지도와 감독 강화가 통치의 핵심이 되었다.

현재의 복잡한 대내외 정세에 직면하여 중국공산당 20기 3중전회는 안보 문제를 이전보다 훨씬 더 중요시했으며, 경제 영역에서는 금융 안보와 산업 사슬 안보가 가장 중요하다고 보았다. '건전한 거시 경제 거버넌스 시스템'을 구축하는 것은 경제 안보 구현의 첫 번째이자 가장 중요한 단계이며 20기 3중전회가 추진하는 핵심 개혁 중 하나였다. 또한 "국가 발전 계획의 전략적 지도 역할을 더 잘 발휘해야 한다."고 강조한 것 외에도 "거시 경제 통제 시스템을 개선해야 한다."고 지적했으며 특히 재정·조세 시스템과 금융 시스템 분야에서 새로운 개혁이 추진될 것이라 밝혔다.

재정-세제 개혁은 제로 베이스 예산 제도 개혁, 예산 배분 권한 일원화, 직접세 제도 개선 등에 초점을 맞출 예정이며, 지방정부의 재정 운용 자율성을 높이는 방안도 제시되었다. 또한 지방의 자율성 확대, 지방세원 확충, 소비세 개혁 추진, 지방채 지원 범위의 합리적 확대, 중앙정부 권한 강화, 중앙정부 지출 비중 확대 등의 방안이 제시되었다. 향후 재정 정책 운영에서 중앙정부의 역할이 더욱 중요해질 것으로 예상된다. 금융 시스템 개혁은 '금융기관의 지위 및 지배 구조 개선'과 '금융 규제 시스템 개선'에 초점을 맞출 것이다. 또한 '모든 금융 활동을 법에 따른 감독하에 두는 것'과 '산업 자본과 금융 자본 사이의 방화벽을 구축'하는 데 중점을 둔 금융법 제정도 제안되었다.

기술 혁신 및 산업 사슬 자립 가속화

중국과 미국 간의 경제 및 무역 경쟁이 지속되며 혁신, 생산성 향상 및 기술 자립은 중국의 최우선 과제가 되었다. 20기 3중전회 성명서는 새로운 발전 개념을 사용하여 개혁을 이끌고 경제의 고품질 발전을 촉진하고 공급 측 구조 개혁을 심화하며 인센티브 및 제약 메커니즘을 개선하여 고품질 발전을 촉진하고 산업의 전환 및 업그레이드를 가속화하며 자주적인 산업 사슬의 탄력성과 보안을 강화해야 한다고 지적했다. 또한 고품질 경제 발전을 추진하면서 "현지 상황에 맞게 '신질 생산력'을 발전시킨다"는 아이디어를 제시했다. 전통적인 생산성에 비해 신질 생산력은 '빅데이터, 인공지능, 인터넷, 클라우드 컴퓨팅 등 신기술을 사용하고 고급 노동력, 현대 금융, 데이터 정보 등의 요소를 통합하여 형성된 신산업, 신기술, 신제품 및 새로운 비즈니스 형태'를 의미한다. 특히 스마트, 환경보호 기술을 중심으로 한 과학기술, 디지털화 및 첨단 제조업의 발전과 상용화는 중국을 선진 제조 강국으로 만드는 장기적인 목표이다. 경제의 고품질 발전을 추구하기 위해 신질 생산력을 육성하는 것은 사실상 중국의 각급 정부 차원에서 가장 우선시하는 과제가 되었다. 신질 생산력을 발전시키려면 기술 혁신 강화, 신산업 창출, 산업 사슬 개선, 녹색 전환 가속화가 필요하다. 이에 중국은 기초 연구의 지속적인 강화와 첨단 기술 연구 개발, 국가 실험실, 첨단 과학 연구 기관, 혁신 선도 기업이 참여하는 과학기술 혁신 시스템 구축 등 핵심 기술 분야 발전을 위해 국가 자원을 적극적으로 활용하고 있다.

앞으로 중국은 주로 중장기 발전 문제, 특히 과학기술 산업의 혁신과 투자,

자주적 산업 사슬의 회복력과 안전 강화를 중시하는 발전 전략을 추진해 나갈 전망이다. 중국 정부의 공식 문건에 나타난 표현을 보면, 설정된 각종 경제 목표를 달성하기 위해 특히 '안전'을 성장보다 우선시하여 '큰 정부, 작은 시장'의 체제와 메커니즘을 형성할 것으로 보인다. 이러한 메커니즘 형성이 기업의 정상적인 경영에 불리하고 비효율적인 문제를 초래할 수 있는지 여부에 대해 추기적인 관찰이 필요하다.

신질 생산력

최필수

신질 생산력新質生産力이란 "질적으로 새로운 생산력"이라는 표면적인 뜻을 가지고 있다. 그런데 그 이면의 뜻은 첨단 과학기술을 이용한 자주적인 생산력의 발전을 도모한다는 것이다. 신질 생산력이라는 말이 처음 언급된 것은 2023년 9월이었다. 당시 시진핑 주석은 헤이룽장성을 방문하여 "과학기술 혁신의 새로운 자원을 결합하고 전략적 신흥 산업과 미래 산업을 선도하여 '신질 생산력'을 형성하자."고 말했다. 이를 이어받아 2024년 3월 전인대 정부 업무 보고는 신질 생산력을 중요한 테마로 다루며 다음과 같은 핵심 내용을 제시했다.

신질 생산력의 핵심 내용

첫째, 산업망·공급망 업그레이드이다. 서방의 보이콧 속에서 생산 활동의 차질이 없으려면 "짧은 부분을 보완하고, 긴 부분은 더 늘리고, 새로운 부분은 만들어 가야" 한다. 이를 위해 선진 제조업 클러스터 육성과 국가급 신형 공업화 시범구 건설을 추진하는 한편 중소기업의 전정특신專精特新(전문적이고 정밀하고 특수하고 새로운) 발전을 도모해 "중국 제조"의 국제적 브랜드 가치를 높인다.

둘째, 신흥 산업과 미래 산업 육성이다. 구체적으로 스마트 네트워크와 신에너지 자동차, 수소에너지·신소재·신약 개발, 바이오·우주 개발 상업화·저고도경제低空經濟 등이 이미 성숙했거나 가까운 장래에 상업적인 열매를 거둘 부문으로 언급됐다. 또한 아직 성숙하지 않은 미래 산업 부문으로 양자 기술과 생명과학을 언급하며 이 부문의 발전을 위해 미래 산업 선도구를 설립하고, 창업 투자, 지분 투자, 기금 설립 등 다양한 금융 지원을 한다고 밝혔다. 단, 철저한 관리를 통해 과잉설비와 중복 건설은 방지한다는 단서를 달았다.

셋째, 디지털 경제의 혁신 발전이다. 디지털의 산업화, 산업의 디지털화, 디지털 기술의 실물 융합을 도모한다. 이를 위해 "인공지능+" 행동, 디지털 산업 클러스터 육성, 스마트 시티, 스마트 농촌 건설, 플랫폼 기업의 혁신, 전국 통일 전산망 구축 등이 언급됐다.

첨단산업의 자주적 발전 강조

위에서 살펴본 대로 신질 생산력은 새로운 내용이기보다 2006년의 자주혁신創新이나, 2020년 이래 고품질 발전 및 쌍순환雙循環 전략과 일맥상통하는 개념임을 알 수 있다. 즉, 단순히 첨단산업을 발전시키자는 것이 아니라 자주적으로 그렇게 하자는 강조가 내포돼 있다. 선진국의 기술을 가져와 중국의 노동력과 결합하는 발전은 더 이상 유효하지 않다. 미국 등이 기술 보이콧을 하기 때문이기도 하지만 중국의 과학기술이 이미 세계 첨단에 가깝게 발전했기 때문이기도 하다. 호주전략정책연구소ASPI는 2023년 주요국의 과학기술 경쟁력을 평가하면서 44개 영역 중 37개에서 중국이 1위라고 밝혔다. 미국은 나머지 7개에서 1위를 차지했을 뿐이다. 또한 중국과학원은 2018년 선정한 35개의 차보즈卡脖子(외국이 목을 조르고 있는 보이콧 기술) 기술 중 2022년 현재 21개가 해결됐다고 주장했다. 이렇듯 보이콧의 위협과 자주적 성과의 자부심이 신질 생산력을 규정하는 중요한 특징이다.

신질 생산력의 이러한 특징은 2000년대 구호였던 "선진 생산력"과 비교해 보면 잘 드러난다. 2000년 장쩌민의 삼개대표론은 중국공산당이 '선진 생산력'을 대표해야 한다고 밝혔다. 이때 선진 생산력이란 기업가를 지칭하는 말이었고, 여기에는 외국 기업도 포함된다. 당시만 해도 중국은 낙후돼 있고 서방은 앞서 있다는 생각이 자연스럽게 받아들여지고 있었다. 중국은 조직적으로 외국 기업에 대해 혜택을 베풀었고 종종 토지와 함께 세금을 아예 면제해 주곤 했다. 지방의 관리들은 선진 기술을 보유한 외국 기업의 비즈니스를 자기 일처럼 챙겼고, 그것이 중국의 발전을 위한 길이라고 믿었다.

그러나 시진핑의 신질 생산력에 이르면 이 함의는 180도 바뀐다. 신질 생산력의 내용인 인공지능, 배터리, 통신 네트워크 등에서 중국은 이미 세계적인 경쟁력을 보유하고 있다. 이러한 신질 생산력 발전의 주체는 외국이 아니라 중국 자신이다.

국가 주도의 발전 시사

더 중요한 것은 국가가 이들을 직접 육성하려 한다는 것이다. 장쩌민 지도부의 총리였던 주룽지는 큰 성과가 없었던 집적회로, 원자력, 민간 항공기 등의 산업 육성을 포기했고, 경제부처의 인력을 축소하는 등 작은 정부를 지향하는 모습을 보였다. 대신 외국에 제도적 문호를 넓히고 외국의 기술을 흡수하는 방법으로 중국 경제를 발전시키려 했다. 그러나 시진핑은 외국이 견제하는 보이콧 기술을 선정하고 끈질기게 달라붙어 성과를 내고 있으며, 자체적인 기술 발전을 구체적인 산업 정책을 통해 추진하고 있다. 2024년 전인대에서는 국가의 중요 난관을 돌파하기 위해 "초장기 특별 국채" 1조 위안을 발행할 것이라고 밝혔다. 또한 14차 5개년 계획 중대 프로젝트를 위해 7000억 위안을 투입하겠다고 밝혔다. 가장 압박을 심하게 받고 있는 반도체 부문을 위해서는 2023년 국가 반도체 기금 3000억 위안 조성이 발표됐다. 이런 재정 투입 항목들이 "신질 생산력" 건설의 실질적 내용이 될 것이다.

거시 경제 : 성장과 물가

문익준

    정부가 추진하는 경제성장의 가장 이상적인 목표는 물가 안정과 완전고용이다. 따라서 최적의 거시 경제정책이란 바로 가격이 안정된 상태에서 지속적인 성장과 완전고용을 달성하는 것이다. 여기에서 말하는 안정된 가격이란 바로 낮은 인플레이션을 의미한다. 물가가 너무 높은 초인플레이션은 경제 불황과 사회 불안정을 가져오고, 디플레이션은 소비를 약화해 판매량 감소와 생산량 저하의 악순환을 가져오게 된다.

    지속적인 경제성장과 물가 안정을 위해 정책 입안자들은 재정정책과 통화정책을 실시하지만, 항상 고민에 빠지게 된다. 중국은 사회주의 경제에서 시장경제로 이행하는 과정에서 1980년대와 1990년대에 높은 인플레이션을 경험했다. 그러나 동유럽과 구소련 국가들이 겪은 경기 침체와 높은 인플레이션에 비하면, 상대적으로 빠른 시간 내에 해결하면서 안정화했다. 2008년 글로벌 금융 위기와 2020년 코로나19 팬데믹 위기 속에서도 인플레이션을 소폭 경험했지만, 다른 국가들에 비해서는 상대적으로 양호했다.

    그러나 현재 중국 정부는 지속적으로 경제성장률이 하락하면서 '피크 차이나'Peak China와 '스태그플레이션'Stagflation(경기 침체 속 물가 상승)을 크게 우려하고 있다. 피크 차이나는 중국의 경제성장이 현재 정점에 도달했다는 주장이며, 스태그플레이션은 스태그네이션과 인플레이션의 합성어로 경기 침체 속에서 물가 상승이 나타나는 현상이다. 이러한 암울한 현실 속에서 시진핑 3기 정부는 2008년 4조 위안의 대규모 경기 부양책을 시행한 이후로 16년 만인 2024

년 9월에 가장 큰 규모의 경기 부양책을 실시했다. 이에 중국의 현대사 속에 나타난 성장과 물가 간의 관계를 정리하고, 향후 중국 정부의 거시 정책 방향을 전망해 본다.

성장

시진핑 지도부가 시작되기 이전인 2010년에 중국 국무원 발전연구센터DRC와 세계은행은 「China 2030」을 발표했다. 이 보고서는 중국의 개혁론자들이 세계은행과 함께 향후 중국의 개혁에 관한 아이디어를 제시한 것으로 알려져 있다. 당시 보고서는 중국 경제의 리스크 요인으로 다음 네 가지를 지적했다. ① 중진국 함정 등의 성장세 둔화, ② 소득 불평등의 사회적 위험, ③ 환경 에너지 문제, ④ 무역 마찰이다. 이와 함께 중국 경제의 성장률도 전망했는데, 2011~15년 8.6%, 2016~20년 7.0%, 2021~25년 5.9%, 2026~30년 5.0%로 예측했다. 1978년부터 2010년까지 중국이 9%를 넘는 높은 경제성장률을 경험했던 당시의 상황을 고려해 보면, 상당히 파격적인 예측이었다. 14년이 지난 2024년의 시점에서 회고해 보면, 위의 네 가지 리스크 요인들은 모두 현실화되었다. 특히 2023년 중국 경제성장률이 5.2%를 기록하면서 지속 가능한 성장이 불투명한 상황이며, 소득 격차로 인한 사회적 위험도 증가했다. 환경 및 에너지 문제도 대두되면서 '2060 탄소 중립'을 선언한 상황이며, 무엇보다 미·중 무역 갈등으로 인해 미·중 관계가 크게 악화되었다.

따라서 중국 정부는 현재 점진적인 연착륙을 고민해야 하는 시점이며, 2024년에 이어 2025년 경제성장률도 5% 내외로 제시했다. 「China 2030」에서 제시된 6대 해결책은 ① 시장경제를 위한 구조 개혁, ② 혁신 가속화, ③ 녹색 성장, ④ 기회균등과 사회보장, ⑤ 재정 시스템 강화, ⑥ 전 세계와의 호혜적 관계였다. 즉, 시장경제를 위한 구조 개혁이 우선적으로 진행되어야 하는데, 개혁이 동반되는 상황에서 경제성장률은 지속적으로 하락할 수밖에 없다. 중국 정부가 경제성장률을 높이기 위한 단기적인 경기 부양책을 실행하고 싶어도, 2008년 경기 부양책의 부작용인 부동산 경기 과열, 그림자 금융, 국유 기업 개혁 등으로 인해 명백한 한계가 존재한다. 이에 2024년 시진핑 3기 정부는 고품질 발전, 신질 생산력 등의 새로운 개념을 제시하면서 양적인 발전에서 질적인 발전으로 방향을 전환하고 있다.

물가

중국 국가통계국 자료에 의하면, 1988, 89년과 1995년에 두 차례에 걸쳐 높은 인플레이션이 발생했다. 소비자물가가 1989년 18.8%, 1995년 24.1%까지 올라갔다. 1988년에 발생한 인플레이션은 1978년에 시작된 계획경제 시스템에서 시장경제 시스템으로 이행하는 과정에서 발생한 수급 불균형 등의 경제적 불안, 극심한 빈부 격차, 부정부패 등의 부작용에 따른 것이었다. 인플레이션으로 시작된 경제적 위기는 톈안먼사건으로 불리는 시위로 이어지면서 정치적 위기로 확산되었다. 결국 무력 진압과 함께 강경파가 등장하면서 치리정돈治理整頓이라는 조정 정책을 통해 계획경제 시스템으로 회귀했다. 즉, 강제적인 신용 할당을 통한 강력한 금융 긴축정책을 시행해 최종적으로 물가를 안정시켰다.

1992년에 남순 강화로 시작되는 2단계 개혁 개방 정책이 본격적으로 시작되면서 다시 인플레이션이 발생하기 시작했다. 가장 큰 특징은 과거의 계획경제 시스템이 붕괴되어 지방정부와 국유 기업 간의 극심한 예산제약이 없어지면서 초인플레이션이 발생했다. 이를 해결하기 위해 주룽지 총리는 인민은행의 개혁, 국유 기업의 구조 조정 등 강력한 개혁 정책을 실시했으며, 중국인민은행이 중앙은행으로서의 역할을 수행할 수 있도록 통화정책들을 사용하기 시작했다. 또한 국유 기업의 고통스러운 구조 조정을 추구하면서 경제의 연착륙을 시도했고, 결국 인플레이션 완화를 성공시켰다. 1998년부터 2000년 사이에는 인플레이션이 마이너스(-)까지 떨어질 정도로 주룽지 총리의 긴축정책은 과감했다. 그 결과 1997년은 중국 인플레이션의 전환점으로 평가받고 있으며, 체제 전환의 부작용으로 발생했던 심각한 인플레이션을, 거시 정책을 통해 효과적으로 통제하기 시작했다. 평균 인플레이션이 10.1%(1983~96년)에서 2.0%(1997~2016년)로 하락하면서 물가가 안정되기 시작했고, 정부가 거시 경제정책을 정책 수단으로 사용할 수 있는 시스템을 형성했다. 2001년 WTO 가입 이후에는 2008년 글로벌 금융 위기를 제외하고는 비교적 안정적인 물가수준을 유지했다.

코로나19 이후에는 소비자물가 상승률이 0%대 수준에서 저물가 현상이 나타났고 생산자 물가 상승률도 2024년 10월 기준으로 26개월 연속 마이너스를 기록하고 있다. 이는 산업 내 공급과잉이 시작되면서 수익성이 악화되었기 때문이다. 중국 정부로서는 디플레이션을 걱정하기 시작하면서, 대규모 경기 부양책을 실시할 수 있는 토대가 마련되었다.

2024년 중국의 경기 부양책

2024년 9월 24일 중국인민은행은 금리와 지급준비율을 인하했다. 이 외에도 주식시장 활성화를 위해 자사주 매입을 위한 은행 대출도 허용하고, 2조 위안의 채권을 추가로 발행하여 파산 위기의 지방정부 및 가계와 기업을 지원하기로 결정했다. 이 조치는 2008년 4조 위안의 경기 부양책을 시행한 이후 14년 만에 최대 규모로 실시하는 경기 부양책이며, 단기적 성장률보다 지속 가능한 성장을 위한 구조 개혁을 추진했던 중국 정부에 중요한 전환점이 되었다. 2008년에는 주로 재정 정책 위주로 진행되었다면, 2024년의 경기 부양책은 주로 통화 정책 위주로 진행되고 있다.

이는 시장의 환영을 받았으며, 실제로 중국 증시는 9월 24일 2748지수에서 9월 30일 3336지수까지 일주일 만에 21.4% 급등했다. 이처럼 대규모 경기 부양책을 실시한 것은 중국 경제가 2008년 글로벌 금융 위기만큼은 아니더라도 상황이 상당히 심각하다는 사실을 반증한다. 성장률이 감소하고 있는 중국 경제는 그동안 진행했던 구조 개혁보다는 성장률을 다시 끌어올리는 정책으로 전환되고 있다. 이런 성장 위주의 정책은 향후 인플레이션과 같은 부작용이 나타날 수 있다. 그럼에도 불구하고 중국 정부는 성장과 물가 안정 사이에서 당분간은 성장을 중시할 것으로 전망된다. 지속 가능한 성장을 위한 구조 개혁은 여전히 어려운 일이며, 중국 정부가 새로운 위기를 어떻게 타파해 나갈지를 주목해야 할 시점이다.

거시 경제 : 재정과 금융

최필수

　재정 정책과 금융(화폐)정책은 거시 경제정책의 가장 중요한 수단이다. 경기가 좋지 않을 경우, 정부는 재정지출을 늘려 직접 수요를 창출하거나 금리 인하와 통화량 증가 등을 통해 민간의 소비와 투자를 자극한다. 반대로 경기가 과열되고 인플레이션이 심할 경우, 재정지출을 줄이거나 금리를 올려 총수요를 억제한다. 이러한 거시 경제 운용의 이상적인 목표는 경제성장률이 물가 상승률보다 높은 상태를 지속적으로 유지하는 것인데, 중국은 1990년대 중후반부터 대체로 이 목표를 달성해 왔다.

재정 구조
　이러한 안정적인 성장을 실현했던 데는 재정 투입의 역할이 컸다. 특히 인프라 구축과 부동산 개발 등의 경제활동에 지방정부의 재정 투입이 중요한 역할을 했다. 중국은 재정 투입의 80%가 지방정부를 통해 이뤄지는 구조를 가지고 있다. 이러한 지방재정 지출은 중앙의 통제를 벗어나 있기에 자율적인 동시에 불투명하다. 그런데 지방정부들은 자체 세원이 부족하기에 이른바 LGFV라고 통칭되는 불투명한 기제에 흔히 의존했다. LGFV는 토지와 같은 자원을 담보로 자금을 조달하는 행태를 광범위하게 일컫는 말인데 중앙정부의 규제에서 벗어나 있어서 정확한 집계가 어렵고 불투명하다. 지방정부가 불투명한 자금 조달 관행을 가지게 된 이유는 자체 세원이 별로 없기 때문이다. 주요 세원은 중앙정부가 독점하고 있으며 재정 이전은 종종 예측 불가능하다. 지방정부가 가진 유일한 자원인 토지 사용권 매각 대금은 부동산 경기에 의해 크게 좌우된다.

중앙정부는 이러한 상황을 타개하기 위해 불투명한 금융 조직을 규제하는 한편 2015년부터 지방 채권의 발행을 본격화했다. 투명하게 관리되는 채권이 불투명한 LGFV를 대체하면 지방재정의 건전화에 기여할 것으로 기대됐다. 그러나 코로나19 팬데믹 이후 경기 둔화가 드러낸 중국 재정의 민낯은 그리 건전하지 않았다. LGFV는 줄어들지 않고 있고 중앙과 지방의 부채비율은 계속 증가하고 있으며, 이들을 합한 부채 규모는 GDP를 이미 초과했다. 단, 명목상 중앙과 지방 부채의 비중은 2023년 현재 56%가량으로 다른 나라에 비해 양호하다.

'금리의 진정한 시장화'라는 과제

중국은 다른 동아시아 국가들과 마찬가지로 증시를 통한 직접금융보다 은행을 통한 간접금융이 발달한 나라이다. 따라서 은행의 금리가 어떻게 적용되고 은행을 통한 대출이 어떻게 이뤄지는가가 매우 중요한 이슈가 된다.

중국은 예금 금리의 상한선과 대출 금리의 하한선을 명시적으로 정부가 관리하는 보기 드문 금리 통제 국가였다. 그러나 2013년과 2015년에 각각 대출 금리와 예금 금리를 자유화함으로써 선진적인 금융정책을 위한 중요한 걸음을 내디뎠다. 그동안 은행들은 정부가 정해 준 예대 금리 범위 안에서 안일한 운용을 해 왔으나 이제 적극적으로 수익성이 높은 프로젝트를 발굴할 유인이 생겼다. 예금자들도 물가상승률보다 예금 수익률이 낮은 금융 억압Financial Repression 상태를 벗어나 더 수익이 높은 금융 상품을 찾아 투자할 수 있게 됐다.

그러나 중국에서는 아직도 "금리의 진정한 시장화"라는 목표가 정부 문건에 등장하고 있다. 창구 지도와 같은 비시장적 방식으로 금리 통제가 이뤄지는 현상과 함께, 자원의 흐름이 편향돼 있는 현상을 반영한 목표이다. 특히 국유 기업 위주의 자원 흐름 왜곡은 중국 경제의 비효율적인 측면을 보여 준다. 2022년 스탠더드앤드푸어스S&P가 중국 국유 기업을 분석한 보고서("China's SOEs are stuck in a debt trap")에 따르면 국유 기업이 대출에서 차지하는 비중은 76%이나 그들이 내는 수익EBITDA의 비중은 64%였다. 덜 생산적인 부문으로 더 많은 금융 자원이 투입되고 있는 것이다.

중국 정부 부채 GDP 대비 현황 (단위: %)

	2017	2018	2019	2020	2021	2022	2023
총액(조 위안)	64.5	74.0	85.5	101.3	115.4	132.3	151.8
합계	78	81	86	99	101	110	122
중앙정부 부채	16	16	17	20	20	22	24
지방정부 명목 부채	20	20	22	25	27	29	32
비치환 채권	5	6	9	13	16	19	22
기타 부채	15	14	13	12	11	10	10
LGFV	37	38	40	44	44	47	53
기타 특별 건설채 및 정부 지도 기금	5	6	7	9	10	11	13

자료: IMF DataMapper.

이러한 현상을 놓고 국유 부문은 원래 효율성이 아니라 안보와 안정 등의 지표를 추구하기 때문이라고 볼 수 있다. 또한 최근 중국과 미국을 비롯한 세계 많은 나라들에서 정부가 적극적으로 산업에 개입하고 있다는 점에서 중국만의 문제로 보기 어려울지도 모른다. 다만 중국 경제의 궁극적인 발전과 합리화를 위해서는 금융 투입과 수익이 좀 더 밀접한 관계로 변할 필요가 있는 것만은 분명하다.

거시 경제 : 소비와 투자

이현태

    2020년대에 접어들면서 코로나19 팬데믹이 중국 경제 전반에 막대한 충격을 가했으며, 소비와 투자 부문에서 상반된 양상이 나타났다. 팬데믹 이후 소비는 일시적으로 반등했으나, 이후에는 둔화세를 보였다. 반면, 고정자산 투자, 특히 첨단 제조업과 인프라 부문은 중국 경제성장을 이끄는 중요한 축으로 자리 잡았다. 하지만 부동산 투자의 급감은 전반적인 경제성장에 큰 걸림돌로 작용하고 있다.

소비 부문: 팬데믹 이후의 회복과 한계

    코로나19 팬데믹 초기, 중국의 소비는 급격히 감소했다. 2021년 이후 봉쇄 조치가 완화되면서 소비가 서서히 회복되기 시작했지만, 회복 속도는 예상보다 더뎠다. 이는 경제 전반에 부정적인 영향을 미치고 있다. 주요 요인으로는 높은 가계 저축률과 낮은 소비자 신뢰가 꼽히며, 중국 GDP에서 소비가 차지하는 비중은 여전히 40% 미만으로, 선진국에 비해 상당히 낮은 수준이다.

    특히 팬데믹 동안 봉쇄로 인해 발생한 소득 감소와 경제적 불균형은 소비 둔화를 심화하는 주요 요인으로 작용했다. 저소득층 가구는 필수품 외의 소비를 크게 줄였고, 고소득층은 소비보다는 저축을 늘리는 양상이 뚜렷했다. 여기에 더해, 높은 청년 실업률은 소비 회복을 방해하는 핵심 요소로 자리 잡고 있다. 그 결과 팬데믹 이후 전반적인 소비 심리는 위축되었고, 의료비나 노후 대비에 대한 불확실성이 더해지면서 대부분의 가계는 소비보다 저축을 우선시하는 경향이 두드러졌다.

이러한 문제를 해결하기 위해 중국 정부는 사회 안전망을 강화하고, '이구환신'以舊換新 같은 소비 보조금 정책을 도입하는 등 다양한 대응책을 내놓았으나, 소비 회복은 여전히 더딘 상태다. 이러한 구조적 문제는 중국이 경기 침체를 극복하려는 과정에서 큰 장애물이 되고 있다.

투자 부문: 첨단 제조업과 부동산 투자의 대조

투자 부문에서는 첨단 제조업이 성장의 주요 축으로 부상했다. 첨단 제조업 부문은 미·중 기술 경쟁 속에서 우위를 확보하기 위한 핵심 투자처로 떠오르고 있으며, 반도체, 인공지능AI, 5G 기술 등 전략 산업에 대한 투자가 집중되고 있다. 이와 같은 투자는 중국의 경제성장을 촉진하고 자립형 경제를 구축하기 위한 중요한 전략으로 자리매김하고 있다.

인프라 투자 또한 중국 경제 회복의 중요한 축을 담당하고 있다. 팬데믹 이후 중국 정부는 전통 인프라뿐만 아니라, 재생에너지 및 스마트 인프라 프로젝트에 대규모 투자를 진행하고 있다. 이러한 인프라 투자는 단기적인 경기 부양 효과뿐만 아니라, 장기적으로 경제 구조 전환을 목표로 하면서 앞으로도 계속 확대될 전망이다.

그러나 부동산 투자는 이러한 흐름과 대조적인 양상을 보이고 있다. 2021년 이후 부동산 시장의 침체가 이어지고 있으며, 미분양 아파트와 공급 과잉 문제가 여전히 해결되지 않은 상황이다. 정부가 다양한 부동산 지원책을 발표했음에도 불구하고, 부동산 투자는 감소 추세를 보이고 있으며, 이는 지방정부의 재정 부담을 가중시키고 있다. 부동산 투자 감소는 중국 경제의 주요 약점으로 작용하며, 전반적인 경제성장에 부정적인 영향을 미치고 있다.

평가와 과제

2020년대 중국 경제는 소비와 투자 측면에서 상반된 흐름을 보였다. 팬데믹 이후 소비는 경제적 불확실성과 구조적 문제로 인해 둔화되었고, 높은 저축률, 소득 감소, 소비 심리 약화 등이 주요 원인으로 작용했다. 지속 가능한 성장을 위해서는 내수 소비 확대가 필수적이며, 이를 위해 소득 불균형 해소, 사회 안전망 강화, 청년 실업률 개선 등 다양한 대책이 요구된다.

    한편, 첨단 제조업과 인프라 투자는 여전히 중국 경제성장을 이끄는 중요한 동력이다. 미·중 기술 경쟁 속에서 중국은 첨단 산업에 대한 투자를 지속적으로 확대하고 있으며, 인프라 투자는 경제 회복을 촉진하고 장기적인 경제 구조 전환을 이끄는 역할을 하고 있다. 하지만 그간 중국 경제성장의 핵심 축이었던 부동산 투자의 감소는 전반적인 경제성장에 부정적인 영향을 미치고 있으며, 이를 해결하는 것이 향후 중국 경제의 중요한 과제로 남아 있다.

거시 경제 : 고용과 임금

조성재

인구 대국의 변화

개혁·개방 정책을 채택한 중국은 노동집약적 산업을 중심으로 수출 산업화에 나서서 '세계의 공장'이 된 지 오래이다. 이를 노동시장 측면에서 보자면, 경제 발전의 초기에 농촌 지역의 방대한 잉여 인력이 이동하여 도시 지역에서 저임금 노동자층을 형성함으로써, 산업의 경쟁력을 뒷받침했다고 할 수 있다. 그렇지만 2000년대 중반을 넘어서면서 발달된 동부 연안 지역을 중심으로 임금이 상승하고, 인력을 구하지 못하는 양상이 전개되었는데, 이에 따라 경제학자들은 더 이상 중국의 저임금은 유지되기 어렵다는 데 의견을 모았다. 경제 발전론의 용어로는 루이스 전환점을 통과하여 도시 지역을 중심으로 임금이 빠르게 상승하는 국면으로 넘어간 것이다. 놀라운 것은 2010년대 중반을 넘기면서 생산 가능 인구가 줄어들기 시작했으며, 저출산, 고령화 문제도 점점 더 심각해지고 있다는 점이다. 인구 대국에 상전벽해가 전개되고 있는데, 저출산 문제는 청년 실업 문제와도 관련되어 있다.

청년 실업 문제의 심각성

중국 당국은 저부가가치 제조업에 머물지 않고, 부단히 혁신과 첨단 산업화를 추구했으며, 이에 필요한 인력을 양성하기 위해 대학 정원을 꾸준히 늘려왔다. 그러나 이러한 인적 자본 축적 전략은 기대와는 달리 높은 대졸 실업률로 귀결되었다. 경제성장에도 불구하고 기술의 발달로 노동 수요가 예상만큼 늘어나지 않는 것이다. 또한 도시와 농촌, 국유 기업과 민영기업, 대기업과 중소기업 등 사이의 양극화가 심화되면서 노동시장에 분단 현상이 나타나게 되었다. 노동시장의 분단 혹은 분절적 노동시장이란 각 부문 간 노동이동이 원활치 않은 것으로서, 근로조건이 좋지 않은 2차 노동시장에 한번 들어가게 되면, 근로조건이 양호한 1차 노동시장으로 진입하는 것이 어려워지게 된다. 노동시장의 상황이 이러하다면 청년들은 직업 탐색 기간을 늘리더라도 1차 노동시장으로 들어가기 위한 노력에 전력을 기울이게 되며, 결국 거시적으로 보면 높은 청년 실업률로 귀착된다. 중국의 청년 실업률은 2010년대 후반 이후 20% 선을 오르내리고 있으며, 2022년 이후 신규 대졸자가 1000만 명을 넘어서면서 특히 대졸 실업 문제가 사회적·정치적 문제로 부각되고 있다. 앞으로도 상당 기간 이같은, 일자리를 둘러싼 눈높이 문제는 해결되기 어려우며, 더욱이 AI와 로봇 등 노동 절약적 기술이 나날이 발전하는 상황에서 노동 수요 측면에서는 오히려 문제가 더욱 악화될 가능성도 존재한다. 중국 당국은 대졸 청년들이 농촌 지역에서 일자리를 찾거나 창업에 도전할 것을 권하고 있지만, 구조적인 문제를 완화하기에는 역부족으로 보인다.

플랫폼 노동과 농민공 문제의 새로운 양상

좋은 일자리가 부족한 것은 청년과 대졸자에 국한되지 않는다. 이러한 상황에서 세계적으로 확산된 플랫폼 노동 등이 일자리 창출의 새로운 경로로 주목받기도 했다. 음식 배달, 대리 운전, 택배 등의 플랫폼 노동은 한때는 자유로운 노동시간과 적지 않은 수입이라는 매력 때문에 젊은 인력들이 몰리기도 했다. 그러나 코로나19 사태 이후 일자리가 부족한 가운데 저숙련자도 쉽게 진입할 수 있다는 특성 때문에 이 부문에 노동의 과잉 공급이 나타나고, 그 결과 수입 감소로 이어져 양극화가 심화되고 있다. 더욱이 플랫폼 노동은 전통적인 노동권조차 누리지 못하기 때문에 이들을 보호하려는 정책이 잇따라 발표되기도 했으나, 체제의 특성상 노사 관계 차원의 보호가 충분치 않은 상태에서 정책은 현장에 온전히 관철되기 어렵다.

이러한 플랫폼 노동에 종사하고 있는 다수의 인력은 농민공 출신이기도 하다. 농민공의 도시 체류가 장기화되면서 단신 이동이 아닌 가족 단위의 이동으로 나아갔고, 농민공들의 여성화, 고학력화, 서비스업 진출 증가 등의 현상과 맞물리면서, 경제성장 초기에 인구 보너스로 작용했던 농민공 제도는 이제 호구 제도 자체의 이완 요인으로 작동하고 있다. 그럼에도 불구하고 여전히 3억 명에 달하고 있는 이들 농민공은 전통적 제조업 공장의 주변적 역할과 플랫폼 노동, 저수련 서비스업 등 저임금 일자리에 고착되고 있어 다시 이들에 대한 사회보장과 시민화에 대한 요구가 높아지고 있는 것으로 보인다.

노동시장의 분단과 격차 사회

이러한 노동시장의 분절화 혹은 다층화는 임금격차의 확대와 상호작용한다. 개혁 개방 이후 시장 원리가 전면화되면서 중국의 노동시장은 기업 내외적으로 통합성이 강한 일본형이나 스웨덴형보다는 약육강식의 경쟁이 전개되는 미국형에 가까운 것으로 평가된다. 고급 인재에 대해서는 상상을 초월하는 수준의 임금이 지급되는 반면, 저숙련자들은 최저임금을 가까스로 벗어난 임금에 고착된다. 성별로 최저임금을 달리 정할 수 있는 제도하에서 지방정부들이 최저임금 인상에 소극적인 것이 문제 해결을 더욱 요원하게 한다. 물론 최저임금 수준이 높아진다고 하더라도 고임금은 그보다 더 빠르게 올라가기 때문에 임금 및 소득 격차와 이에 기초한, 그리고 그를 넘어서는 부의 불평등은 앞으로도 당분간 중국 사회와 경제의 안정성을 위협하는 요인으로 계속 남아 있게 될 것이다.

산업 : 농업

전형진

중국 농업의 성장

중국 농업은 개혁 개방 과정에서 토지 집단소유제에 기초한 '농가 토지 도급 경영제'라는 '공동 소유, 분산 경영'의 농업 경영 시스템으로 전환하여 성장의 토대를 마련하고 이후 일련의 시장화 개혁을 통해 장기에 걸쳐 지속적이고 안정적인 성장을 이룩했다. 1980년 이후 43년 동안 농업부가가치의 연평균 성장률은 4.6%로 이는 세계 농업 성장의 역사상 유례를 찾아보기 어려운 실적이다. 중국 경제성장의 기적에 빗대어 중국 농업 성장의 기적이라 부를 만하다. 일찍이 노벨경제학상 수상자인 시어도어 윌리엄 슐츠Theodore William Schultz는 "한 국가의 경제 발전 초기에 공업 부문이 발전하기 위해서는 농업 부문의 발전이 병행되어야 한다."고 지적한 바 있다. 중국의 경험은 이를 실증한 사례로서 고속 경제성장의 뒤에는 농업 부문의 희생과 괄목할 만한 성장이 자리하고 있다.

중국 농업의 성장 모델은 흔히 단기간에 기아饑餓 단계에서 포식飽食 단계로 이행한 성공적인 모델로 평가받는다. 신중국 건국 이후 중국 농업의 성장을 생산성 변화 측면에서 분해해 보면 초기에는 토지 생산성이 성장을 견인했다. 이는 토지자원이 부족하고 노동력이 풍부한 자원 부존 조건이 충실히 반영된 결과였다. 그러나 개혁 개방 이후에는 노동 생산성과 토지 생산성이 동시에 성장을 견인하는 가운데 점차 노동 생산성의 증가율이 토지 생산성의 증가율을 추월하는 국면으로 전환했다.

농업 부문에서 노동 생산성의 성장은 토지/노동 비율의 증가가 관건이다.

개혁 개방 이후 1980년대 말까지는 농업 노동 투입이 증가해 이 비율이 오히려 감소하기도 했다. 그러나 도시화가 진전되면서 1990년대 초반 이후 비율이 증가하기 시작해 전체적으로 완만한 'V' 자형의 궤적을 나타내고 있다. 특히 2000년대 들어 농업 노동력이 빠른 속도로 감소함에 따라 토지/노동 비율의 증가 추세가 뚜렷하다. 이에 따라 중국 농업은 경제학자 야마다 사부로가 제시한 S자 모양의 아시아형 농업 성장 경로로 보면 1990년대 초반을 전환점으로 토지/노동 비율이 감소에서 증가로 전환되어 노동생산성과 토지 생산성이 우상향으로 증가하는 3단계에 진입해 성장하는 중이다.

중국 농업의 전망

중국 농업 부문은 1985년과 2014년에 각각 중국 경제에서 생산과 고용 비중이 가장 낮아지는 변환점을 통과했다. 2023년 기준 농업 부문이 차지하는 생산과 고용 비중은 각각 7.1%와 22.8%이다. 주민들의 호적(호구)을 도시와 농촌으로 분리해 관리한 제도의 영향으로 구조적 변환점을 통과한 시기와 비중의 크기에서 생산과 고용 간 괴리가 크긴 하지만, 한 국가의 경제성장 과정에서 생산성이 낮은 농업 부문의 위상은 지속적으로 하락하게 된다는 경제 발전의 법칙이 중국에서도 예외 없이 관철되었음을 알 수 있다. 향후에도 중국 경제가 시장경제 체제를 유지하고 성장을 지속하는 한 농업 부문의 위상은 더욱 약화되는 경로를 따르게 될 것이다.

경제성장이 고도화하면서 중국은 농업 부문과 타 산업 부문 간 생산성 격차에서 기인하는 도농 간 소득 격차 확대, 농업 노동력 부족에 따른 노동비용 상승과 중간 투입재 증가로 인한 고비용 생산구조 고착화 및 농업 부가 가치율 하락, 농촌 지역의 노령화·공동화 심화 등 농업 농촌의 지속 가능성을 위협하는 다양한 문제에 직면하고 있다. 농업 성장 경로가 유사한 일본이나 우리의 경험에 비추어 중국 농업도 조만간 노동 생산성과 토지 생산성이 지속해서 증가하는 경로와, 노동 생산성 증가 속도가 둔화되고 토지 생산성이 정체·감소하는 경로의 갈림길에 도달할 가능성이 크다.

농업 부문의 위상 하락과 함께 나타난 문제들과 그에 따른 농업 농촌의 소

중국의 생산구조 및 고용구조 변화 추이 (단위: %)

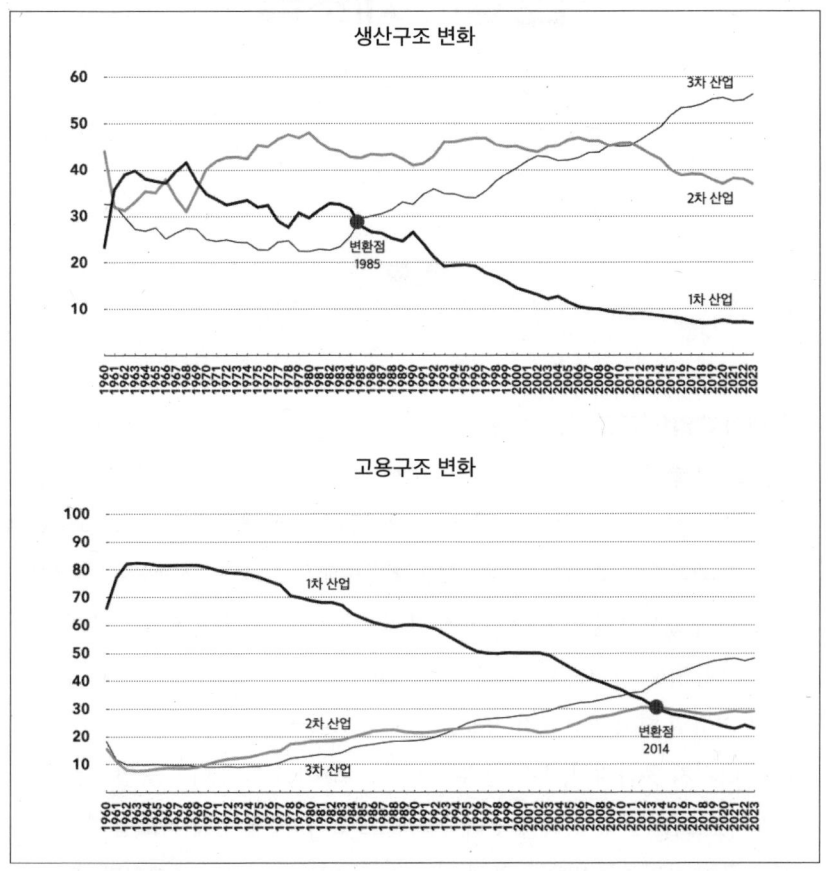

자료: 中國國家統計局.

멸 위기에 맞서기 위해 중국은 이른바 공업반포농업론工業反哺農業論에 기초해 농촌 진흥 전략을 구상하고 이를 최우선 순위의 국정 과제로 추진하고 있다. 특히 삼농 문제의 해결 없이는 건국 100주년이 되는 2049년에 세계 1위 국가로 부상하고 2050년까지 사회주의 현대화 강국을 실현한다는 시진핑 주석의 중국몽을 현실화하기 어렵다는 진단하에, 농촌 진흥 전략의 추진에 특별한 의미를 부여하고 추진에 박차를 가하고 있다. 장기 농업 농촌 발전 계획과 다름없는 농촌 진흥 전략의 성과가 향후 중국 농업의 성장 경로에 어떠한 영향을 미칠지 귀추가 주목된다.

산업 : 제조업

조철

세계 제일의 제조 공급 기지

2022년 중국의 제조업 부가가치 규모는 5조 달러를 넘어서 절대적인 세계 1위를 기록하고 있다. 2위인 미국은 2.7조 달러로 중국의 52.3%에 불과하고, 제조업 강국인 일본과 독일, 한국 등은 각각 중국의 16.9%, 14.9%, 8.5%로, 제조업 규모에 있어서 중국이 주요국에 크게 앞서고 있다. 주요국과 중국의 제조업 부가가치 규모 차이는 미·중 분쟁과 코로나19를 거치면서도 더 확대되고 있어 세계 최고의 제조 공급기지 역할을 더욱 공고히 하고 있다. GDP 규모는 아직 미국에 미치지 못하지만, 제조업 부가가치는 2010년 이미 미국을 앞질러 세계 1위가 되었고, 최근까지 격차가 더욱 커지고 있다. 세계 전체 제조업 부가가치에서 중국이 차지하는 비중은 2005년 9.5%로 10%에 미치지 못했지만, 2010년 18.2%가 되었고, 2015년 26.2%에서 코로나19 전인 2019년은 27.5%가 되었다가 코로나19를 거치면서 세계 제조업에서 차지하는 중국의 중요성이 더 커져 2022년 31.2%에 이르게 되었다.

중국 경제는 주로 제조업에 의존하여 성장해 왔는데, 2008년 총부가가치 생산에서 제조업이 차지하는 비중이 33%를 넘어서기도 했다. 제조업 성장세가 서비스산업 등에 비해 다소 위축되면서 2020년 제조업 비중은 26.3%까지 하락했지만, 이후 회복되어 2022년 28.2%로 아일랜드를 제외하면 가장 높다. 제조업 비중이 매우 높은 한국의 28.0%보다도 높은 수준이다.

중국의 제조업은 이미 IT와 중화학공업 중심으로 구성되어 있다. 2022년

주요국의 제조업 규모와 대중 및 대세계 비교 (2022년)

	중국	미국	일본	독일	한국
제조업 부가가치 규모(10억 달러)	5,063	2,650	856	752	429
중국 대비 주요국 비중(%)	100.0	52.3	16.9	14.9	8.5
대세계 비중(%)	31.2	16.3	5.3	4.6	2.6

자료: UN, 산업연구원.

일정 규모 이상 제조 기업의 영업 수입을 보면, 전체 제조업에서 전자 산업 비중이 13.6%로 가장 높았고, 전기기계 제조업 8.9%, 화학 원료와 화학제품 제조업 8.0%, 자동차 제조업 7.9%, 철강 제련 및 압연 가공업 7.5%, 비철금속 제련 및 압연 가공업 6.4% 등의 순이었다. 이 외에도 석유, 석탄 및 기타 연료 가공업 5.4%, 비금속광물 제조업 5.3%로 전체 제조업에서 차지하는 비중이 5% 이상을 넘는 산업은 모두 IT와 중화학공업에 속했다. IT와 중화학공업에 속한 산업은 전체 제조업에서 82.6%에 달하고, 경공업은 17.4%에 불과했다.

자동차·조선·철강·섬유·가전·통신기기 등 주요 업종별로도 중국의 생산이 세계 1위를 기록하고 있고, 그 비중도 매우 높은 수준이다. 자동차의 경우 2023년 3016만 대를 생산하여 처음으로 3000만 대를 넘어섰는데, 이는 세계 전체 자동차 판매의 33.5%에 달하는 수치이다. 특히 세계 전기차(배터리 전기차 + 플러그인 하이브리드 자동차) 판매에서 중국 생산이 차지하는 비중은 68.6%에 달할 정도로 절대적이다. 이차전지도 중국의 생산 능력이 세계 전체의 70%가 넘는 것으로 나타나며, 과거 중국이 취약했던 디스플레이 생산도 1위로 올라섰는데, LCD는 대부분 중국에서 생산되고 있으며, OLED의 생산도 빠르게 확대되고 있다. 반도체에 있어서는 첨단 제조 공정은 중국에 존재하지 않지만, 범용 제조 공정은 세계 1위를 기록하고 있고, 중국 자체의 기술력은 떨어지지만 주요 업체의 메모리 반도체 공장도 중국에 있다.

질적 성장을 실현한 중국 제조업

제조업이 양적 성장에는 성공했지만, 자원 소모형 저부가가치 부문, 즉 가치 사슬에 있어 단순 제조 및 가공만을 담당하며 자체적인 혁신 능력이 떨어진다는 판단하에 중국 정부는 2006년에 시작한 제11차 5개년 규획부터 구조 조정을 위해 노력하기 시작했다. 실제로 노동과 환경 관련 규제가 강화되고, 인건비 수준도 높아짐에 따라 기업 차원에서도 이러한 저부가가치 부문에 머물러 있으면 도태될 수밖에 없는 상황이었다. 그러나 글로벌 금융 위기로 인해 11.5 규획 기간에는 강력한 구조 조정 정책을 펴지 못했고, 실질적으로 구조 조정 정책이 정상 궤도에 오른 시기는 제12차 5개년 계획이 시작된 2011년으로 볼 수 있다. 7대 전략적 신흥 산업을 선정하고 본격 육성을 시작한 것도 이 시기이다. 2015년에는 제조업 종합 경쟁력을 2025년 독일 및 일본 수준, 2035년 미국을 제치고 세계 최고 제조 강국이 되겠다는 '중국 제조 2025'를 발표했다. '중국 제조 2025'에서는 주요 신산업뿐만 아니라 관련 소재 및 부품, 장비 등의 육성과 더불어 기반 기술, 관련 인프라 등 산업 전반의 질적 전환을 위한 계획 및 목표를 설정했다.

이러한 질적 성장을 위한 제조업의 구조 조정 정책은 일정 수준 효과를 거둔 것으로 평가된다. 중국 제품의 품질 및 기술 수준이 전반적으로 향상되었을 뿐만 아니라 자동차의 SUV, 조선의 LNG선, 고급강 및 신금속, 고급형 스마트폰, OLED TV, 메모리 반도체, TV용 대형 LCD 등 다양한 고급 제품이 출시되었다. 전기차, 이차전지, 태양광 패널, 드론 등 일부 신산업에서는 중국이 세계 시장을 주도하고 있다.

무엇보다 자체적인 혁신 능력을 지닌 중국 로컬 기업들이 부상하고 있다. 중국 시장을 기반으로 석유화학, 철강, 통신 설비, 철도차량, 기계 설비 등 소재 및 자본재 분야에서 세계적인 중국 업체가 등장했을 뿐만 아니라 가전, 스마트폰, 자동차 등 소비재 분야에서도 중국 로컬 업체들이 세계적인 기업으로 성장하고 있다. 전기 자동차, 이차전지, 태양광 패널 등 신산업 분야에서는 중국 기업들의 성장이 괄목할 만하다. 2023년 전기차(배터리 전기차 + 플러그인 하이브리드 자동차) 판매에서 중국의 비야디BYD가 288만 대로 세계 1위 기업이 되었는데, 2위인 테슬라에 비해 100만 대 이상이 더 많았다. 비야디 외에도 전기차 판매 10위 이내에 중국 브랜드가 6개나 더 포함되어 있다. 일본경제신문이 71개 품목에 대해 세계 판매 5위 업체들을 조사해 발표했는데, 17개 품목에서 중국 기업이 1위를 차지했다. 1위 품목이 가장 많은 국가는 미국으로 26개였고, 다음으로 중국이며, 3위와 4위는 일본 기업과 우리 기업으로 각각 10개와 4개에 불과했다.

신질 생산력으로 제조 최강국 기반 강화

2023년부터 중국은 제조업의 새로운 발전 방향으로 신질 생산력을 내세우고 있다. 신질 생산력은 혁신을 동력으로 하여 전통적인 성장 방식이나 발전 경로에서 벗어나 첨단 기술, 고효율, 고품질을 특징으로 하는 선진적인 생산력으로 정의한다. 이에 따라 '신'新은 파괴적인 기술과 최첨단 기술 등 신기술을 통해 신산업, 새로운 모델, 새로운 기회를 형성해 새로운 생산력을 창출하는 것이고, '질'質은 우수성, 고품질을 의미한다. 구체적으로 '신'의 대표적인 예를 신제조, 신서비스, 신업태 등으로 보고 있는데, 신제조로는 신에너지, 신소재, 신의약품, 신제조장비, 신정보기술 등을 포함하는 전략적 신흥 산업과 미래 산업을, 신서비스로는 제조업의 질적 발전에 필요한 고부가가치 생산성 서비스를, 신업태로는 글로벌화와 디지털화에 부합하는 새로운 사업 형태를 들고 있다. 중국 제조업은 이미 양적 성장에서 질적 성장으로 방향을 전환한 지 오래지만, 이번 신질 생산력의 출현은 양적 성장의 본격적인 한계에 직면한 상황에서 미·중 분쟁으로 자국 기술 및 자국 공급망의 중요성이 커지면서 그동안의 질적 성장을 점검하여 체계화하고, 더 강력하게 질적 성장을 추진하겠다는 의지를 보인 것이라고 할 수 있다.

신질 생산력과 관련하여 중국 정부는 다양한 정책들을 쏟아 내고 있다. 신질 생산력 관련 종합적인 정책 문건으로 2024년 9월의 〈개혁의 전면적인 심화와 중국식 현대화 추진에 관한 결정〉(이하 '결정')인데, 신산업 및 미래 산업 육성과 관련하여 파격적인 기술 혁신을 통해 전략적 신흥 산업 발전 정책과 거버넌스 체계의 전면적 개선을 요구하고 있다. 2024년 1월 발표한 〈미래 산업의 혁신 발전 추진에 관한 실시 의견〉에서는 휴머노이드 로봇, 양자 컴퓨팅, 신형 디스플레이, 6G 네트워크 장비, 차세대 항공기 등 제품 개발과 응용 강화를 강조하고, 메타버스, 뇌-컴퓨터 인터페이스BCI, 양자 정보 등의 표준화 로드맵 수립 및 국제 협력 강화를 통해 2027년까지 미래 산업에서 글로벌 선두가 된다는 목표이다. 이 외에도 휴머노이드 로봇, 전기 수직 이착륙 항공기eVTOL와 같이 기존 전략적 신흥 산업 등에 포함되지 않았던 세부 미래 산업에 대한 개별 발전 전략도 제시되었다.

　신질 생산력에서는 신산업 발전뿐만 아니라 전통 산업의 발전 메커니즘 전환을 강조하고 있다. 특히 지역 전통 제조업의 발전을 강조하고 있는데, 시진핑 주석이 신질 생산력을 처음 제기한 곳도 대표적인 노후 공업지역인 헤이룽장성이다. 2024년 9월의 결정에서도 전통 제조업의 최적화 및 고도화를 강조하면서 제조업의 고급화(첨단화), 지능화, 녹색화 발전에 초점을 맞추고, 전략 광물 자원, 집적회로, 첨단 소재 등의 산업망 및 공급망 회복 탄력성 및 안전 수준을 높이기 위한 제도 개선을 요구했다. 2023년 12월 발표한 〈전통 제조업의 구조 전환 및 고도화, 가속화에 관한 지도 의견〉에서도 2027년까지 전통 제조업의 첨단화, 지능화, 녹색화, 융합화 수준 향상을 목표로 AI, 클라우드 컴퓨팅, 5G 등 정보 기술을 통합한 지능형 제조와 에너지 절약 및 탄소 감축 기술 혁신을 강조했다. 이 외에도 제조업의 녹색화 발전, 공업 분야의 디지털화된 장비 교체, 제조 기업의 공급망 관리, 산업 인터넷과 공작 기계 업종 융합 등 전통 산업의 구체적인 구조 전환 정책들이 발표되었다.

　신질 생산력에서는 디지털 부문을 강조되고 있는데, 전통 산업의 구조 전환 등에 디지털 부문을 활용하는 산업의 디지털화와 더불어 디지털 분야의 산업화 촉진을 추진한다는 계획이다. 2024년 중국 정부 업무보고에서는 신질 생산력의 발전 수단으로 'AI+' 이니셔티브를 제시하여 산업 발전의 인프라로서 AI를 강조하고 있다. AI+의 추진 기반으로서 컴퓨팅 파워(데이터 처리 능력)를 중요한 인프라로 보고, 2023년 10월 〈컴퓨팅 파워 인프라 고품질 발전 행동 계획〉을 발표했고, 2024년 9월에는 컴퓨팅 파워 인프라를 포함하는 신형 정보 인프라 관련 정책을 발표했다. 디지털 전환에서 중요한 데이터의 활용에 대해서도 2024년 1월 데이터 요소×공업 제조, 데이터 요소×과학기술 혁신, 데이터 요소×녹색 저탄소 등을 중점 과제로 하는 〈'데이터 요소×' 3년 행동 계획(2024~2026년)〉을 발표했다. 신질 생산력 발전을 위해 구체적인 자금 조달 지원도 제

업체별 주요 상품의 세계 시장 점유율 (단위: %)

	1위	2위	3위	4위	5위
반도체 장비	ASML (네) 23.0	Applied Materials (미) 19.8	Ram Research (미) 11.2	도쿄일렉트론 (일) 10.0	KLA (미) 7.4
스마트폰	애플 (미) 17.0	삼성전자 (한) 16.5	Transsion (중) 14.1	샤오미 (중) 10.6	OPPO (중) 7.5
태양광 패널	진코솔라 (중) 15.6%	론지솔라 (중) 13.4	트리나솔라 (중) 13.0	JA솔라 (중) 11.0	통위솔라 (중) 6.2
풍력발전기	Gold Wind (중) 13.9	Envision (중) 13.2	Vestas (덴) 10.5	Windey (중) 8.7	Ming Yang (중) 8.4
조선	CSSC (중) 18.9	HD현대 (한) 14.5	한화오션 (한) 6.7	삼성중공업 (한) 6.0	양자강선업 (중) 5.7
통신 설비	화웨이 (중) 31.3	에릭슨 (스) 24.3	노키아 (핀) 19.5	ZTE (중) 13.8	삼성전자 (한) 6.1
대형 액정 패널	BOE (중) 32.3	CSOT (중) 17.5	LG디스플레이 (한) 11.0	이노룩스 (대) 9.7	AUO (대) 9.6
차재용 리튬 이온전지	CATL (중) 36.2	비야디 (중) 15.2	LG엔솔 (한) 14.5	삼성SDI (한) 6.2	파나소닉 (일) 6.1
편광판	Shanjin (중) 32.0	삼성SDI (중) 17.0	HMO (중) 12.0	스미토모화학 (일) 9.0	SAPO (중) 8.0
PC	레노버 (중) 22.7	HP (미) 20.3	델테크노로지 (미) 15.4	애플 (미) 8.4	ASUS (대) 6.5
세탁기	하이얼 (중) 26.6	메이디 (중) 12.2	월풀 (미) 12.1	LG전자 (한) 7.3	삼성전자 (한) 6.8
OLED	삼성전자 (한) 52.2	LG디스플레이 (한) 20.4	BOE (중) 13.8	Visionox (중) 4.3	CSOT (중) 3.2
평면TV	삼성전자 (한) 19.2	LG전자 (한) 16.6	하이센스 (중) 10.2	TCL (중) 9.7	샤오미 (중) 5.2

주: (네) 네덜란드, (대) 대만, (덴) 덴마크, (미) 미국, (스) 스웨덴, (일) 일본, (중) 중국, (핀) 핀란드, (한) 한국.
자료: 日本經濟新聞, 「世界シェア71品目全データ 中国, 再エネ分野で攻勢」(2024.9.10.).

시하고 있는데, 벤처캐피털을 활용하여 신질 생산력을 발전시킨다는 목적의 정책들을 중국 증권감독관리위원회와 국무원 판공청이 발표한 바 있다.

산업 : 서비스업

최정석

서비스업의 발전

중국의 서비스업은 신중국 건국 이후 현재까지 국민의 기본적인 일상 수요를 충족하는 정부 배급에서부터 금융 산업, 부동산 및 시장화 산업 등 서비스 분야의 급속한 성장에 이르기까지 갱신 및 반복을 거듭하며 국민 경제의 가장 중요한 산업으로 성장해 현재는 중국의 안정적인 경제성장의 중요한 기반이 되고 있다.

중국 서비스업의 발전 과정을 3단계로 나누면 다음과 같다. 첫째, 초보 단계(1949~78년)에서는 공업 발전을 주된 목표로 하고, 서비스업 발전은 차후 목표로 두었기 때문에 상대적으로 느리게 발전한 시기이다. 1949년부터 1978년까지 중국 서비스업 부가가치는 195억 위안에서 905억 위안으로 증가했고, 연평균 성장률은 5.4%로 연평균 GDP 성장률보다 0.8%포인트 낮았다. 또한 1978년 말 중국 GDP에서 차지하는 농업, 제조업, 서비스업의 부가가치 비중은 각각 27.7%, 47.7%, 24.6%로 서비스업은 농업보다도 낮을 정도로 발전이 미비했다.

둘째, 빠른 성장 단계(1978~2012년)에서는 서비스업의 개혁이 점진적으로 추진되고, 산업 진입 장벽이 지속적으로 낮아지며 서비스업이 급속히 발전한 시기로, 중국 GDP에서 차지하는 비중 역시 증가하기 시작했다. 1978년부터 2012년까지 중국 서비스업 부가가치는 905억 위안에서 24조 4852억 위안으로 증가했으며, 연평균 성장률은 10.8%로 1952년부터 1978년까지 연평균 성장률 0.9%보다 12배 정도 빠른 발전을 기록했다.

셋째, 고품질 발전 단계(2013~23년)에서 중국 정부는 서비스업 발전을 중시하고 신경제 발전과 성장을 육성하고 촉진하기 위한 일련의 개혁 조치를 제안했다. 특히 새로운 동력으로 플랫폼 경제, 공유 경제, 디지털 경제가 향후 중국 서비스업 발전에 많은 공헌을 할 것으로 강조했다. 2013년부터 2023년까지 중국 서비스업 부가가치는 24조 4852억 위안에서 68조 8238억 위안으로 증가해 연평균 성장률 6.9%를 기록했다. 특히 2013년부터는 서비스업이 제조업보다 비중이 높아지기 시작하여 2015년 50%를 넘어섰고, 2023년에는 54.6%에 도달해 9년 연속 국민경제의 절반 이상을 차지하며 중요한 산업으로 자리매김했다.

이러한 서비스업 성장세의 배경에는 중국인의 소득 증가 및 인구구조의 변화, 대외 개방 확대 등 이외에도 서비스업 발전에 대한 중국 정부의 지원 정책이 한몫하고 있다고 볼 수 있다. 대표적으로 2024년 7월 15~18일 개최한 중국공산당 제20기 중앙위원회 제3차 전체회의(20기 3중전회)에서 상품 시장, 서비스 시장, 자본시장, 노무 시장 등을 순차적으로 대외 개방하고 서비스 무역 네거티브 리스트를 전면 실시하며, 서비스업 개방 종합 테스트 시범사업을 확대하겠다고 강조한 것을 들 수 있다. 또한 중국 서비스업의 발전을 위해 향후 중국의 대외무역 및 외자 유치를 확대하고, 산업구조의 업그레이드 추진을 강조했다.

서비스업의 구성 변화

중국 경제는 과거 제조업, 수출 중심 성장 모델에서 현재 내수와 서비스업 중심 성장으로 경제 체질이 변화하면서, GDP에서 서비스업이 차지하는 비중도 매년 증가하고 있는 추세이다. 중국 국가통계국 자료에 따르면, 2023년 중국 서비스업의 부가가치 비중은 GDP의 54.6%를 차지하며, 2015년 이후 9년 연속 50%를 넘어섰다. 이는 서비스업이 중국 경제성장의 주요 동력이 되었음을 보여 준다.

중국 서비스업을 업종별로 나누어 보면, 가장 큰 비중을 차지하고 있는 업종은 도소매 유통업으로서, 2023년 부가 가치액이 12조 3072억 위안으로 전년

중국 GDP에서의 3차 산업의 부가가치 비중 변화 (단위: %)

	2023	2022	2021	2020	2019	2018	2017
전체	100	100	100	100	100	100	100
1차 산업	7.1	7.3	7.2	7.7	7.1	7.0	7.5
2차 산업	38.3	39.3	39.3	37.8	38.6	39.7	39.9
3차 산업	54.6	53.4	53.5	54.5	54.3	53.3	52.7

자료: 中國國家統計局.

대비 6.2% 성장했고, 다음으로 금융업은 10조 677억 위안으로 전년 대비 6.8% 성장했다. 부동산업은 7조 3723억 위안으로, 전년 대비 0.1% 감소했고, 교통·운수 및 창고업의 부가가치는 5조 7820억 위안으로, 전년 대비 8.0% 성장했다. 음식·숙박업은 2조 1024억 위안으로 전년 대비 14.5% 성장했으며, 공공 서비스업, IT 서비스업, 위생 및 사회보장 서비스업, R&D 서비스업, 문화 오락 서비스업, 교육 서비스업 등을 포함하는 기타 서비스업은 30조 5010억 위안으로 전년 대비 7.3% 증가했다.

세계은행은 중국 서비스업이 전체 GDP에서 차지하는 비중이 지속적으로 높아지고 있지만, 아직은 선진국 평균인 약 75%를 한참 밑도는 수준이라고 분석했다. 이에 중국 상무부는 서비스업 발전을 위해 통신, 의료·건강, 디지털 경제, 문화관광·교통, 상업용 우주 등 분야에서 개방 및 혁신 강도를 높이겠다고 강조했다. 과거 전통적인 서비스업 비중이 높고, 지식 기반 서비스업의 비중이

중국 서비스업에서의 업종별 부가 가치액 변화 (단위: 억 위안)

	2023	2022	2021	2020	2019	2018
GDP	1,260,582	1,204,724	1,149,237	1,013,567	986,515	919,281
기타 업종	305,010	284,160	264,833	237,825	227,715	204,145
도소매 유통업	123,072	116,294	110,147	96,086	95,650	88,903
금융업	100,676	93,285	90,308	83,617	76,250	70,610
부동산업	73,722	73,766	77,215	73,425	70,444	64,623
교통·운수 및 창고업	57,819	51,076	48,423	40,582	42,466	40,337
음식·숙박업	21,023	17,755	18,026	15,285	17,903	16,520

주: 기타 업종에는 공공서비스업, IT 서비스업, 위생 및 사회보장 서비스업, R&D 서비스업, 문화오락 서비스업, 교육 서비스업 등을 포함.
자료: 中國國家統計局.

낮은 것에서, 최근 IT 서비스업, R&D 서비스업 등의 성장 속도가 빠르게 높아지고 있는 것은 중국 정부의 서비스업 발전을 위한 정책적 지원 등 강한 의지가 반영된 결과로 해석할 수 있다.

중국 서비스업의 주요 정책 과제

중국 서비스업은 전체 GDP와 부가가치 비중에서 2015년 이후 9년 연속 50% 이상을 차지하고 있어 서비스업이 중국 경제를 주도하는 구조로 전환된 것으로 평가할 수 있다. 서비스업의 세부 업종을 보면 정보와 기술 집약도가 높은 서비스업이 빠르게 성장하고 있으나 아직 중국 서비스업의 주류를 이루고 있다고 보기 어렵기에, 서비스 강국으로 성장하기 위해 중국 정부 주도의 과학기술과 혁신 함량이 높은 현대 서비스업의 육성 정책이 요구되고 있다.

2024년 3월 개최된 양회兩會에서 중국 정부는 처음으로 'AI+'를 제시하면

2024년 중국 서비스업의 주요 정책 과제

정책 과제	주요 내용
디지털 경제의 혁신 발전 촉진	• 'AI+' 추진 • 디지털 산업 클러스터 구축, 스마트 도시 및 디지털 농촌 구축 • 데이터 개발, 공유, 유통, 활용 등을 강화하여 데이터 시스템 개선 • 플랫폼 기업의 기술혁신, 고용 확대, 글로벌 경쟁력 강화 등 지원 • 국가 통합 컴퓨팅 파워 시스템 구축 가속화
과학기술 자립 가속화	• 국가 실험 운영실, 중대 과학기술 인프라 구축 확대 • 기업의 R&D투자 장려, 산·학·연 협력 지원 • 기초연구 강화, 국가 전략 인재 등 고급 인재 육성 강화 • 과학기술 성과 평가, 포상, 연구 프로젝트 및 예산관리 시스템 개혁 추진 • 지식 재산권 보고 강화 및 과학기술 성과 전환 촉진 조치 제정 • 글로벌 과학기술 교류 및 협력 확대
대외 개방 확대	• 국경 간 전자 상거래 발전 촉진, 해외 물류 창고 건설 확대 • 국경 간 서비스 무역 네거티브 리스트 전면 실시 • 외국인 투자 네거티브 리스트 지속 축소, 외국인 투자 장려 목록 확대 • 제조업의 외국인 투자 진입 장벽 폐지, 서비스산업에 대한 시장규제 완화 • 자유무역 시범구 업그레이드, 하이난 자유무역항 개발 및 혁신 촉진 • 디지털, 그린, 문화 관광, 빈곤 감소 등 분야에서 일대일로 협력 확대 • FTA 협정 체결 확대, 중·아세안 자유무역협정 3.0, 디지털경제동반자협정DEPA, CPTTP 가입 추진

자료: 산업연구원, 「양회로 살펴본 2024년 중국 산업정책 방향」, 「i-KIET 산업경제이슈」, 제165호 (2024.3.22.).

서 제조업 분야에서의 디지털 경제 육성을 강조했고, 외국 기업의 투자 유치 확대와 전자 상거래 등 중국 기업의 해외 진출 병행을 동시에 추진했다. 또한 미국의 대중국 기술 제재 심화와 외국인 직접 투자 감소 등에 대응하기 위해, 외국인 투자 유치 확대를 위한 정책 추진을 가속화할 전망이다. 결론적으로 중국 서비스업 패러다임의 변화에 따라 새로운 개념의 서비스가 시장에 제공됨으로써, 부가가치와 새로운 일자리를 창출할 수 있도록 규제 개혁이나 법 제도 정비가 이루어져야 할 것으로 보인다.

산업 : 에너지

양철

중국은 전 세계 최대 에너지 소비국이다. 1990년 초, 전 세계 에너지 소비에서 차지하는 비중이 8%에 불과했던 중국은 2023년에 그 비중이 27.6%까지 증가했다. 석탄 중심의 에너지믹스는 경제성장을 이끌었지만, 심각한 환경오염을 초래했다. 이에 중국은 에너지믹스에서 원유와 천연가스의 비중을 높이는 방향으로 에너지 정책을 추진하며 공세적으로 에너지원을 확보하기 시작했다. 그러나 대외 의존도가 높아지며 에너지 안보에서 위협을 느꼈고, 이에 신재생에너지, 원자력 등 비화석 에너지로의 전환을 모색했다.

중국의 에너지 전환

중국은 2030년까지 탄소 배출량이 정점에 도달碳達峰하고 2060년까지 탄소 중립을 달성碳中和한다는 '쌍탄雙碳 목표'를 효과적으로 추진하기 위해 2022년 〈탄소 배출 정점 및 탄소 중립 달성 업무 의견〉,〈2030년 이전 탄소 배출 정점 행동 방안〉 등으로 구성된 '1+N' 정책 체계를 구축했다. 에너지 부문에서는 에너지 효율 및 총량 관리, 이용 효율 개선, 화석 에너지 소비 관리, 비화석 에너지 발전, 에너지 체제 개혁 등이 방안으로 제시되었다. 이를 위해 석탄 산업의 구조 개혁을 추진하고 향후 에너지 부문 투자의 90%를 비화석 에너지에 집중하는 한편, 신재생에너지로 생산한 전력의 안정적인 공급을 위해 전력망을 확대한다는 방침을 수립했다.

중국은 에너지 전환을 위해 2024년『중국 에너지 전환 백서』를 발표했다.

이를 통해 중국이 에너지 전환을 얼마나 중요하게 인식하는지를 확인할 수 있다. 시진핑 주석이 에너지 분야의 4대 혁명(생산, 소비, 기술, 체제)과 1개 협력(국제 협력)을 강조한 이래로, 중국은 지난 10년 동안 발전량의 약 40%를 청정에너지로 대체하면서 청정에너지의 발전을 선도했다. 에너지 전환을 위해 전 세계에서 가장 많은 6760억 달러를 투자했을 뿐만 아니라 풍력·태양광 제품 수출로 다른 국가의 이산화탄소 배출량을 약 8.1억 톤 감축하는 등 국제사회의 에너지 전환에 기여했다.

이러한 성과를 기반으로 중국은 청정에너지 소비 기반 강화, 새로운 에너지 공급 체계 구축 가속화, 에너지 기술혁신 체계 개선, 개방적이고 효율적인 경쟁이 가능한 에너지 시장 조성, 일대일로 녹색 에너지 협력 추진 등을 추진하고자 한다.

중국 에너지 정책의 양면성

상술한 바와 같이, 중국은 비화석 에너지 부문의 과감한 투자를 통해 신재생에너지 분야에서 전 세계 최대의 투자국이자 최대 설비용량 보유국으로 부상했다. 2024년 전 세계에서 건설 중인 풍력·태양광발전 설비용량 가운데 중국이 차지하는 비중은 64%에 이르는 339GW 규모로, 2위인 미국보다 8배 많다. 중국의 풍력·태양광발전 설비용량은 2020년 535GW에서 2035년 2775GW로 5배 이상 증가할 것으로 예상된다. 특히 계통 불안정으로 인해 신재생에너지로 생산한 전력의 손실이 많고 출력 제한이 빈번하게 발생하는 문제점을 해결하고자 2030년까지 전력망 확충에 8000만 달러를 투자할 예정이다.

신재생에너지뿐만 아니라 수소에너지의 발전도 추진하고 있다. 중국은 전 세계 최대 수소 생산국으로 부상했다. 중국은 2022년 수소에너지 산업 중장기 발전 계획(2021~35년)을 발표했으며, 2030년까지 수소 산업의 기술혁신 체계와 청정 수소 생산·공급 체계를 구축하여 2035년까지 교통, 에너지 저장, 산업 등 전 부문을 아우르는 종합적인 수소에너지 생태계를 조성할 계획이다. 글로벌 수소 시장을 선도하기 위한 중국의 움직임이 본격화되고 있다.

문제는 이러한 비화석 에너지의 발전 이면에 석탄이라는 어두운 그림자가

중국의 풍력·태양광발전 발전 설비용량 전망 (단위: GW)

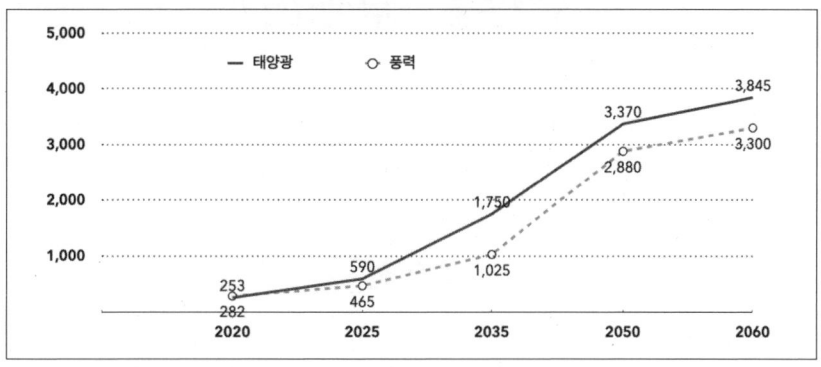

자료: 중국거시경제연구원.

지워지지 않고 있다는 점이다. 중국은 여전히 전 세계 최대의 석탄 생산국, 소비국이자 수입국이다. 전 세계 석탄 수요의 3분의 1이 중국의 전력 생산에 사용되고 있다. 에너지믹스에서 석탄이 차지하는 비중은 감소하고 있으나 국내 생산량과 소비량은 오히려 증가하고 있다. 2021년 이후 전 세계 신규 석탄 개발 프로젝트의 절반이 중국에서 진행되고 있으며, 이는 2위 석탄 생산국인 인도의 두 배가 넘는 규모이다.

여전히 많은 산업용 전력 수요, 빈번하게 발생하는 정전 사태 등에 대응하기 위해 석탄 화력 발전을 확대하고 있지만 향후 그 비중이 점차 감소할 것이라는 전망도 있다. 그러나 석탄 산업과 관련된 이해관계자들의 첨예한 대립으로 인해 석탄 화력발전의 단계적 폐지가 불가능하고 석탄 산업의 청정화가 실현되기 쉽지 않기 때문에 석탄 산업이 중국의 쌍탄 목표 실현을 제약하는 요인이 될 것이라는 우려도 공존하고 있다.

이러한 이면적인 정책과 다양한 논란에도 불구하고 중국은 신재생에너지, 원자력, 수소 등 부문에 대한 공격적인 투자를 통해 기술과 시스템을 확보하고 이를 주변국에 확산시킴으로써 글로벌 에너지 시장에서의 위상을 강화해 왔다. 중국이 미국과 중동 국가들이 확립한 기존의 에너지 질서를 재편하는 선도자 First Mover가 될 수 있을지 지켜볼 필요가 있다.

산업 : 부동산

박인성

중국에서는 부동산을 '팡디찬'房地産이라 부른다. 즉, 건물房과 토지地, 재산産이라는 의미이다(최근에는 '부동찬'不動産이라는 용어도 자주 등장하고 있다). 부동산업은 부동산 관련 투자 및 융자, 개발 경영 및 관리, 서비스 제공 관련 영역을 주요 업으로 하는 3차 산업인 서비스업에 속하지만, 부동산 개발 과정과 연계된 건설업은 2차 산업인 제조업과도 밀접하게 연관되어 있다.

개혁 개방 이전에는 중국에서 부동산업이 정상적으로 발전할 수 없었다. 토지의 소유 및 사용, 주택을 포함한 건축 공급 체계와 기본 제도가 공유제 및 지령성 계획경제 체제하에서 구축·운영되었고, 또 상업과 서비스업을 "자본주의의 꼬리" 또는 "반혁명 활동"으로 규정하고 있었기 때문이다.

개혁 개방 이후, 주택과 토지 부문에 사유제와 시장 기제가 도입 및 확대되면서부터 부동산 시장이 정상적으로 형성·발전되었고, 국민경제의 지주 산업支柱産業으로 간주되기 시작했다. 따라서 개혁 개방 이후 중국에서 부동산 시장과 부동산업을 정상적으로 형성하고 급속하게 발전시킨 계기와 동력은 바로 개혁 개방 체제로의 전환 그 자체였다고 할 수 있다. 한편, 부동산 기업은 거액의 이윤을 획득하고, 정부는 토지 사용료와 관련 세수 수입을 벌어들이고 있다. 지방정부와 부동산 개발상開發商은 토지 국공유제하에서 토지 사용료와 지대 수익을 증대하기 위해 담합과 합작 행위를 하고 있고 그 폭과 깊이가 증대되어 왔다. 이에 주택 가격이 급속히 상승하여 대중의 불만이 커지자, 공산당과 각급 정부도 부동산 문제와 시장 동향, 관련 산업 정책 등을 매우 중시하고 있다.

토지 사용 제도 개혁

개혁 개방 이전의 무상·무기한 토지 사용 제도하에서는 토지 사용자에게 토지를 합리적으로 이용하도록 유도하는 동기를 부여할 수 없었고, 이로 인해 비효율적 토지 이용, 토지자원의 방치와 낭비 현상이 초래되었다. 국공유제 토지 소유제하에서 토지에 대한 국가의 소유권이 점유자의 소유권으로 전락했고, 그 결과 마땅히 국가에 귀속되어야 할 지대地租를 토지 사용권자가 불로소득으로 향유했다. 반면에 토지 소유권자임에도 토지 수익을 취할 수 없었던 국가 및 지방정부의 재정은 갈수록 궁핍해졌다.

개혁 개방 이후, 경제특구가 설립됨에 따라 외국 자본과 외국 기업이 유입되면서 선전深圳경제특구에서 실험적으로 시행한 유상有償 토지 사용 제도가 이후 중국 부동산 시장의 형성 및 발전을 위한 기초가 되었다. 1986년에 토지관리법이 공포·시행되었고, 1987년에는 선전 경제특구에서 국유 토지 사용권의 유상 양도有償出讓가 실험적으로 시행되었다. 2006년에 공포된 '물권법'物權法에서 주택 용지의 토지사용권을 양도 기간 만료 후 자동으로 재연장한다고 규정하면서 토지사용권의 사유화가 더욱 심화되었고, 이에 따라 부동산 시장에서는 지가 거품, 투기, 주택 가격 상승 등 토지 사유제하에서와 같은 양상의 문제들이 빈번하게 발생·확대되고 있다.

중국 부동산 시장의 형성 및 발전 연혁

개혁 개방 이후, 외국 기업과 중국 국내의 개체기업個體戶 등 복지 주택 배분을 받을 수 없는 기업과 개인들이 상품 주택 시장을 통해 주택을 구입해야 하게 되면서 부동산에 대한 유효수요가 형성되기 시작했다. 1992, 93년에 동부 연해 지역 광둥성의 광저우, 선전, 주하이, 하이난성의 하이커우海口, 광시좡족자치구의 베이하이北海 등지에서 투자 과열과 가격 거품 현상이 나타났고, 이로 인해 대량의 저질 시공 건물과 무질서한 도시 건설 등 후유증이 초래되었다. 이에 따라 중앙정부가 거시 조정 정책을 시행했고, 부동산 시장의 거래 질서를 규범화했다. 그 결과 부동산 투자 증가율이 둔화되면서 주택 가격도 대폭 하락했다. 이 시기에 시행된 주요 정책은 주택공적금住房公積金 제도(1992년)와 경제적용

중국의 부동산 투자 증가율과 GDP 증가율 추이 (1998~2024년 9월; 단위: %)

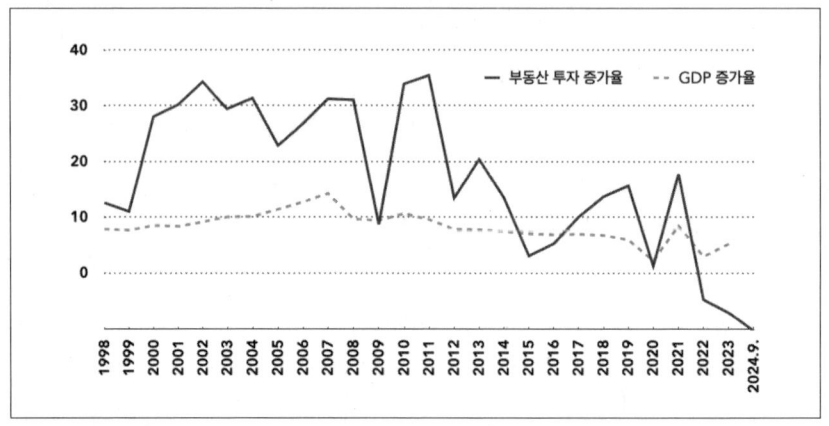

자료: 中國國家統計局.

주택經濟適用房 그리고 염가임대주택廉租房 건설(1993년) 등이 있다.

중국 부동산 시장의 형성과 발전이 본격적으로 진행되기 시작한 때는, 1998년 중국 국무원이 〈도시 주택 제도 개혁 심화와 주택 건설 가속화에 관한 통지〉를 하달하며 전국적으로 주택 실물 분배를 중지하고 주택 복지의 화폐화를 실시한 이후부터이다. 부동산 시장의 규모와 활력이 급속하게 증대되면서 과열 투자 및 투기로 인한 거품 현상 등이 두드러졌고, 이에 따라 중국 정부의 거시 조정과 규제 정책이 발표·시행되는 과정이 되풀이되었다.

주택 상품화와 함께 부동산 시장의 발전이 촉진되고 주택 구입 자금 대출 제도가 실시되면서 부동산 금융 분야의 발전이 시작되었다. 이와 동시에 부동산 기업의 규모화, 경영의 전문화 및 규범화 등이 진행되었다. 이 시기에는 (등락은 있었지만) 부동산 투자 증가율이 GDP 증가율보다 전반적으로 높았다. 단, 2008년 미국발 금융 위기와 글로벌 경제의 전면적인 침체에 따른 영향으로 부동산 가격과 거래량이 급속하게 하락했다. 일부 지방과 도시에서 부동산 시장에 대한 규제를 완화하는 조치가 시행되었음에도 불구하고 부동산 경기 침체가 지속되자 중국 정부는 2014년 하반기부터 부동산 경기 활성화 및 공급과잉 해소를 위한 주택 구매 제한 완화, 금융 담보 대출 금리 기준 하향 조정 등 부동산 시장에 대한 규제 조치 완화, 신규 주택 구입 시 보조금 지원과 대출 금리 인하 등의 조치를 시행했다. 이에 따라, 2015, 16년에는 처음으로 부동산 투자 증가율이 GDP 증가율보다 낮아졌으나 2016년 이후에는 다시 상승했다. 2020년 이후 최근까지 GDP 증가율이 대체로 안정적인 추세를 유지하고 있으나, 부동산 투자 증가율은 2021년 반등 이후 계속해서 하락하는 추세를 보이고 있다.

한편, 2006~08년 그리고 2010, 11년 기간에는 핫머니熱錢, 투기, 인민폐 가치 상승 등에 따른 영향을 받아서 부동산 투자가 폭발적으로 상승했다. 이에 중국 정부는 외국자본과 핫머니 문제에 주목하면서 신용 대출을 부단히 축소했다. 2006년 7월에는 주택도시농촌건설부住房和城鄕建設部와 여타 5개 부部·위원회가 공동으로 〈외국 기업의 부동산 개발 경영과 외국 기구와 개인의 주택 구입에 대한 관리를 강화하기 위한 의견〉을 하달했다. 이어서 9월에는 국가외환관리국과 주택도시농촌건설부가 공동으로 외국인 건물 구입 주체가 중국 내 상품 주택을 구입하는 용도의 외환에 대한 관리를 규범화했다. 2007년 6월, 상무부와 국가외환관리국은 외자 기업이 투자하는 부동산 항목은 필히 심사 비준을 받아야 하고, 동시에 지방 부문의 심사 비준을 받은 모든 외자 부동산 기업은 필히 상무부에 신고해야 한다고 규정했다. 이와 같이 각종 규제 조치들이 빈번하게 하달·시행되었음에도 불구하고 주택 가격이 지속적으로 상승하면서 주택 문제가 가장 중요한 민생 문제로 대두되었다.

중국 부동산 산업 관련 정책 동향

최근 중국 부동산 기업은 인터넷과 금융 업무의 연계, 사구社區 서비스 시장의 개척, 개발 기업(개발상)에서 서비스 기업으로의 전환, 비즈니스 모델의 혁신(물류 부동산, 상업 부동산, 관광 부동산, 오피스 건물 등)을 활발하게 추진하고 있다. 특히 온라인 업무 영역의 확장과 함께 부동산 자산 증권화REITS도 빠르게 진행되고 있다.

중국 정부의 부동산 정책은 2008년을 기점으로 부동산 시장 과열에 대한 대증요법적 대응에서 복지 개념의 보장성 주택 공급 확대 정책으로 전환하고 있다. 동시에 부동산 시장이 다시 과열되기 시작한 2010년부터는, 토지 공급, 신용 대출, 주택 가격, 주택 평면 규모 및 구조, 외자 관리 등에 대한 규제를 강화했다. 예를 들면, 부동산 개발 기업이 은행에 대출을 신청하려면 자기 보유 자금이 개발 항목 총투자 비용의 30% 이상, 신축 주택의 단위 평면 면적, 소형 주택 점유 비율, 신규 구입 주택 최초 납부금 등에 대한 양적 기준을 제정했다. 또한 신축 주택 지구에서 단위 평면 면적 90㎡ 이하 세대의 건축면적이 총 건축 연면적의 70% 이상이 되어야 한다고 규정했다.

중국 정부가 복지 개념의 보장성 주택과 임대주택 공급 확대 정책을 적극적으로 추진하게 된 배경에는, 미국발 금융 위기에 대한 정황 관찰을 통해, 투기 수요와 거품을 키우면서 금융과 부동산업에 과도하게 의존하는 체제는 지속 불가능하고, 주택 및 부동산 문제를 시장과 상품 주택 공급만으로는 해결할 수 없다는 통찰과 각성이 있었다. 보장성 주택의 유형은 염가임대주택, 경제적용주택, 가격제한주택限價房, 공공임대주택公共租賃房 등이 있다.

시진핑 정부는 "공동 부유"와 함께 "주택은 거주용이지 투기용이 아니다" 房子是用来住的不是用来炒的라는 목표와 슬로건하에 부동산 시장의 거품을 줄이기 위한 규제를 강화해 왔다. 그러나 2020년 코로나19 발생 이후 초래된 총체적 경제 침체, 그리고 인구 증가 추세 둔화와 노령화 추세의 영향 등으로 2선 및 3선 도시에서의 총 주택 수요가 감소하고, 최근에는 헝다恆大, 완다萬達, 비구이위안碧桂園 등 대형 부동산 기업의 부도 또는 유동성 위기 사태가 연이어 돌출되면서, 이에 대응하는 중국 정부의 부동산 정책도 다시 경기 부양을 위한 규제 완화 방향으로 조정이 진행되고 있다.

산업 : 교통

서종원

현재 중국은 미국 다음으로 세계 2위의 경제 대국으로 자리매김했으며, 2040년경 미국을 넘어 세계 1위의 경제 대국이 될 것이라는 전망이 나오고 있다. 이러한 경제성장은 그동안 중국 정부의 다양한 대외 경제정책(1978년 개혁 개방, 2001년 WTO 가입 등)과 함께 다양한 사회경제적 투자를 기반으로 하고 있다. 특히 이러한 대내외 경제정책 성공의 바탕에는 중국 교통 물류의 발전, 특히 교통 인프라 분야의 급격한 성장이 기초가 되었음은 부인할 수 없는 사실일 것이다.

중국 경제성장의 기초: 교통 인프라의 확대

중국은 세계 4위의 국토 면적과 세계 2위의 인구에 걸맞게 세계적인 수준의 교통 인프라를 보유하고 있다. 2023년 말 현재 중국의 국가 철도 연장은 15만 9000㎞, 이 중 고속철도는 4만 5000㎞에 달한다. 철도 복선화율 60.3%, 전철화율 75.2% 등 세계 1위 또는 2위의 철도 인프라를 보유하고 있다. 도로 연장은 543만 6800㎞에 달하며 고속도로는 18만 3600㎞를 보유하고 있다. 또한 '세계의 공장', '세계의 시장'이라는 별칭과 함께 국제 교역량 1위 국가로, 세계 10대 항만 가운데 중국이 7개 항만을 보유하고 있으며, 세계 100대 항만으로 넓히면 25곳의 중국 항만이 포함되는 등 세계 항만 물동량의 40% 이상을 처리하고 있다. 항공(공항) 분야는 정기 항공 노선이 있는 259개 공항(홍콩, 마카오, 대만 제외)이 운영되고 있으며, 연간 화물 및 우편물 처리량이 1만 톤 이상인 공항은

63개, 연간 승객 처리량이 100만 명 이상인 공항은 102개이고, 그중 승객이 1000만 명 이상인 공항이 38개이다.

유라시아 국제 물류의 중심으로 도약: 중국-유럽 국제 화물 열차

중국-유럽 국제 화물열차中歐班列, CRE는 중국과 유럽 및 '일대일로' 관련 국가를 오가는 국제 화물열차로 2011년 3월 19일 충칭-뒤스부르크 철도(위신오渝新歐)가 출발하며 시작되었다. 운행 노선은 중국과 서부(중앙아시아 철도 연계), 중부(몽골 철도 연계), 동부(러시아 철도 연계) 연선 국가와의 철도 연계 운행을 통해 지속적으로 확대되고 있다.* 2024년 5월 25일, X8157편 열차가 시안 역에서 출발함에 따라, 중국-유럽 화물열차의 총 운행량은 9만 회를 기록했으며, 그동안 총 870만TEU 이상의 화물, 3800억 달러 이상을 운송했으며, 유럽 25개국 223개 도시를 수송하며 아시아 11개국 100개 이상의 도시를 연결하고 있다. 운송 품목은 의류, 신발, 모자, 자동차, 액세서리, 잡화 등 매우 다양하며, 최근에는 전기차, 리튬 배터리, 태양광 제품 등 중국의 주력 상품을 유라시아 전역으로 수출하는 창구 역할을 하고 있다. 또한 중국-유럽 국제 화물 철도망은 러시아 시베리아 횡단철도TSR와 함께 유라시아의 핵심 국제 운송로 역할을 할 것으로 기대하며, 이는 유라시아에서 중국의 국제 물류 영향력 확대 등 '일대일로' 성공의 첨병이 될 것으로 예상된다.

우리나라에서 중앙아시아와 유럽까지 화물을 운송할 수 있는 물류 방식은 크게 해운, 육운(+해상) 복합 운송, 항공 등 3개 방식이 있다. 물류비용이 고가인 항공의 경우 부가가치가 높은 반도체, 고가의 장비에 한정하여 수송하며, 물류비용이 낮고 대용량 수송이 가능한 해운 수송이 우리 교역의 많은 부분을 차지하고 있다. 그러나 최근 코로나19 팬데믹으로 해상운송이 막히면서 글로벌 공급망 부족과 붕괴로 이어졌고, 그 결과 세계 및 우리나라 경제에 막대한 타격을 주었는데, 이에 대비하고, 우리나라 국제 물류 경쟁력을 확보하기 위해 중국

* 중국-유럽 국제 화물 열차 계획도는 國家發展和改革委員會,〈中歐班列建設發展規劃(2016~2020年)〉에서 확인할 수 있다.

철도TCR, 특히 중국-유럽 국제 화물 열차와의 연계 및 활용 방안을 모색할 필요가 있다.

1일 생활권화와 내수 진작: 세계 최대 고속철도망 구축

1978년 덩샤오핑이 일본을 방문하는 과정에서 신칸센을 타고 도쿄에서 교토로 이동한 경험을 계기로 1980년대 초부터 고속철도 개발이 시작되었다고 한다. 실질적인 최초의 고속철도는 2008 베이징 올림픽 직전인 2008년 8월 개통한 베이징-톈진 도시 간 고속철도이며, 2023년 말 현재 총연장은 4만 5000km에 달해 압도적인 세계 1위이고, 시속 300km로 운행하는 노선은 1만 5000km 이상으로 전 세계의 60% 이상을 차지하며, 홍콩특별행정구를 포함한 31개 성급 행정구를 연결하고 있다.* 현재도 건설이 계속되고 있으며, 코로나19로 잠시 주춤했던 고속철도 이용객도 지속적으로 증가하고 있다. 또한 중국 전체 여객 수송량에서 고속철도 여객 수송량이 차지하는 비중도 급격히 증가하고 있다.

이러한 중국 고속철도의 급속한 발전은 중국 국민의 생활과 업무 방식에도 많은 변화를 가져왔으며, 고속철도 정차 도시의 경제 발전을 촉진하고 주요 권역(도시권, 경제권역) 1일 생활권화를 실현했다. 2022년 기준으로 인구가 50만 명이 넘는 도시의 93% 이상 지역에 고속철도가 운행되고 있다. 또한 현재 시속 200km 이상의 철도가 운행하지 않는 지역은 고속철도 계획이 없는 마카오특별행정구와 티베트자치구 2개 지역이 유일하다.

한편 현재 중국의 고속철도는 한반도 접경 지역까지 연결되어 있다. 북한의 신의주와 접해 있는 랴오닝성 단둥, 북한 원정리와 접해 있는 지린성의 훈춘 등이 한반도 서측의 경의선, 동측의 동해선과 고속철도로 연결된다면 언제라도 한·중 간 고속철도를 이용한 왕래가 가능하다. 또한 중장기적으로 고속철도망 구축을 통한 동북아, 나아가 유라시아 지역에서 다양한 경제협력을 도모할 수 있을 것이다.

* 중국 고속철도망 현황도는 중국 고속철도 포털(https://crh.gaotie.cn)에서 확인할 수 있다.

대외무역

정환우

중국은 1949년 건국 이후 30여 년간 자력갱생(계획경제 기반 수입 대체 산업화) 정책을 추진했으며 개방화(1980, 90년대)와 세계화(2001년 WTO 가입)를 거쳐 현재에는 거대한 무역 규모를 바탕으로 '신무역 질서' 구축 전략을 추진하고 있다.

개혁 개방 이전 '자력갱생' 정책의 실시와 중단

문화대혁명 시기(1966~76년) 중국 무역의 핵심은 폐쇄와 '자력갱생'이었다. 당시 국가는 대외무역 독점, 극도로 집중된 계획 관리, 강력한 무역 보호 정책(50%를 넘는 고관세와 함께 비관세장벽, 대외무역 계획 편제 및 집행, 외환 규제 실시, 직접적 행정 통제, 외국인 직접투자FDI 유치 및 대외투자ODI 금지) 등 '자력갱생' 구호하에 극도로 폐쇄적인 대외 경제정책이 실시되었다. 후기 들어(1972년 이후) 일부 무역(장비 수입)이 확대되긴 했으나 자력갱생 및 수입 대체 산업화 용도에 국한되었다. 마오 주석 사후 이른바 조정기(1976~78년)에는 대외무역이 일부 이루어지기는 했으나 목적은 여전히 국내 발전 및 생산에 국한되었다. 이러한 정책이 개혁 이전 중국 경제 부진의 원인인지 결과인지를 판단하기는 어렵지만 당시 중국이 공식적으로 실패했다고 판정한 계획경제와 동전의 한쪽 면을 이루면서 개혁 개방 정책의 도입과 함께 '점진적으로' 폐기된다.

중국의 무역정책 및 관계 변화

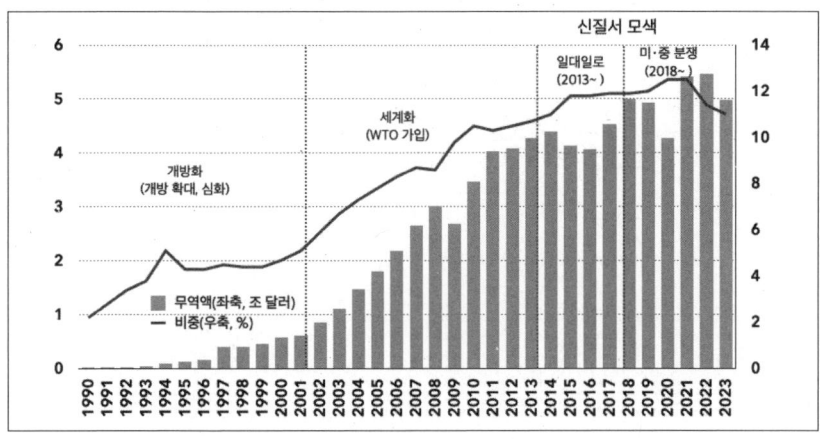

자료: GTA 통계를 바탕으로 필자 작성.

중국의 무역정책: 수출드라이브? 투자 드라이브?

개혁 개방기 중국 무역의 기본 성격은 무엇인가? 많은 연구자들은 개혁 개방기 중국이 한국이나 대만과 비슷하게 수출드라이브 전략을 채택했다고 지적하지만 오해다. 1978년 이후 중국은 외국인 투자 도입을 바탕으로 한 '중국형'의 외국인 투자 유치 드라이브 전략을 추진했다. 1978년 이후 중국은 풍부한 노동력과 자금·기술 부족, 정치적 충격의 최소화 필요 등을 감안하여 외국인 투자를 이용하여 고용과 수출을 동시에 확대하는 중국형 전략을 추진했다.

1980년대와 90년대, 중국의 대외무역은 대략 세 가지 분야에서 근본적인 변화를 겪게 된다. 첫 번째는 가공무역 제도의 도입이다. 가공무역이란 중국으로 중간재를 들여와 중국 내에서 가공생산을 한 후 재수출하는 무역 방식을 가리키는데, 중국 정부는 이에 대해 관세 면제 및 부가가치세增值稅 환급의 혜택을 제공했다. 1978년 개방이 본격 추진되기 전부터 2, 3년간의 치열한 내부 검토와 논쟁 끝에 중국 지도부는 "원료와 시장을 해외에 두고"兩頭在外, "수출을 위해 수입한다"大進大出는 취지의 가공무역을 장려하기 시작했으며, 1980년대와 90년대 내내 이 제도를 자국 무역정책의 핵심으로 삼았다. 대략 2004년 이후 일련의 조정 정책이 실시되기도 하지만 이 제도는 지금도 중국 무역의 가장 큰 특

세계 수출에서 주요국의 비중 (단위: %)

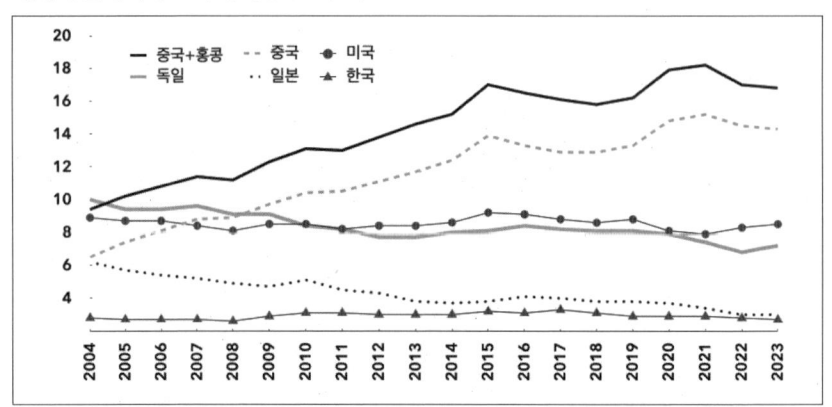

주: 2023년 기준 한국은 8위 수출국(중국+홍콩 제외 시)임.
자료: UN COMTRADE.

징이 되고 있다.

두 번째로 외국인 직접투자 유치를 겨냥한 개방정책으로, 이 자체는 무역정책과 상관없는 투자 분야의 정책이지만 사실상 중국 무역과 직접 관련이 있다. 당시 신지도부는 경제특구(1979년), 연해 14개 개방도시 및 하이난섬에 대한 외국인 투자를 개방하고(1984년), 그리고 1992년에는 개방 지역을 전체 창장長江 유역과 국경 지역으로 확대하는 '전방위 개방' 정책을 실시하게 된다. 이러한 투자 개방정책은 가공무역 우대 정책과 병행 추진됨으로써 중국을 '세계의 공장'으로 등장시키는 양대 축 중 하나가 되었다.

이러한 중국식 개방정책은 결국 2001년 중국의 WTO 가입으로 귀결되지만, 가공무역 중심의 무역 제도와 구조로 특징되는 '중국형 투자 드라이브 시스템'은 최근 10년 가까이 추진된 가공무역 억제와 내수 기반 성장 전략에도 불구하고 유지되고 있다.

20여 년에 걸친 개방 정책의 성과를 바탕으로 중국은 WTO에 가입했으며, WTO 회원국으로서의 위상에 걸맞은 대외무역 시스템 정비를 대대적으로 추진했다. 중국 정부는 2004년 〈대외무역법〉 개정, 관세 인하, 비관세장벽 완화, 검역 완화를 위해 수만 개의 조치와 법률 공포를 실시했다. 또 기존의 대외경제

세계 수입에서 주요국의 비중 (단위: %)

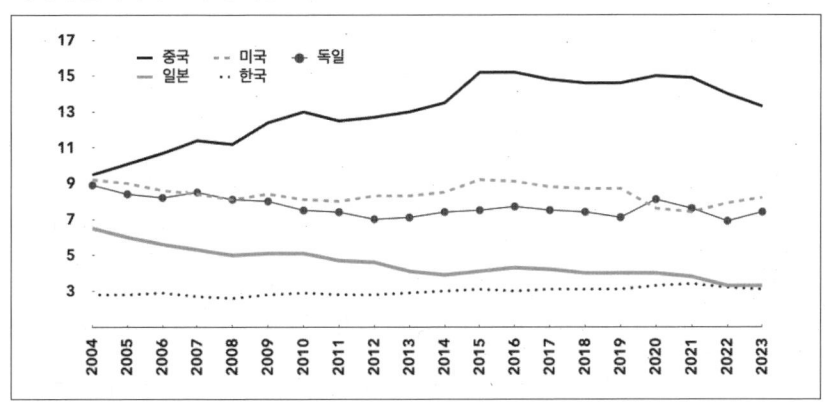

주: 2023년 기준 한국은 6위 수입국임.
자료: UN COMTRADE.

무역합작위원회를 확대·개편하여 무역·투자·대외협력·국내시장을 포괄적으로 담당할 상무부로 재조직했다.

그러나 엄청난 성공을 거둔 중국형 투자 및 무역 드라이브 전략은 잘 알려진 것처럼 세계 주요국의 찬사와 경계(즉 무역 분쟁)를 동시에 불러왔다. 중국으로서도 대외무역 확대를 통한 성장 촉진은 성과와 동시에 과제에 직면해 있음을 깨닫게 되었다. 세계 주요국과 관련해서는 어떻게 하면 중국산 제품에 대한 견제에 대응할 것인가가 중요한 과제로 대두되었고, 중국 자신으로서는 어떻게 하면 무역을 단순히 양적으로 확대할 게 아니라 실속 있게 확대할 것인가 하는 문제를 해결해야 했다. 이러한 과제에 대한 중국 정부의 대응은 2001년 WTO 가입 이후 중국 대외 경제가 급팽창한 지 3, 4년이 지난 2000년대 중반부터 제시된다.

우선 가공무역 정책을 손질하기 시작했다. 2004년부터 중국 정부는 가공무역 금지 대상 목록을 발표하기 시작했으며, 2008년이 되면 금지 대상 품목이 1850여 개로 늘어나게 된다. 가공무역을 아예 내수 시장형 무역으로 전환하기 위한 '가공무역 전환 및 승급' 정책 역시 시범 사업을 거쳐 2010년에는 윤곽을 드러냈다. 이러한 제한 조치 실시와 중국 무역 자체의 고도화에 따라 이제 중국은 가공무역 국가에서 벗어날 수 있게 되었다. 2005년 중국의 가공무역이 가장 활성화된 때 중국의 전체 수입에서 가공무역의 비중이 60%에 육박하기도 했으나 2023년 기준 20% 중반대로 줄어들었다.

또한 독자적인 기술과 브랜드를 기반으로 하는 수출을 확대하기 위해 다양한 노력이 기울여졌다. 중국 정부는 독자적인 기술과 브랜드를 보유한 기업들의 수출에 대해 세제 혜택, **수출** 편의 제공, 시장 개척 등의 다양한 우대 조치를 제공하기 시작했다. 그 결과 중국의 기술과 브랜드로 무장한 자동차 및 자동차 부품, 일반 기계와 가전제품 등이 나름의 수출 성과를 올리기도 했다.

세 번째로는 무역 통상 정책의 근본적인 방향 전환을 모색했다. 중국은 2004년 중국-홍콩 포괄적경제동반자협정CEPA을 필두로 자유무역협정FTA을 비롯한 지역무역협정RTA 정책을 적극 추진하기 시작했다. 중국의 RTA 정책은 중국-대만 경제협력기본협정ECFA을 비롯하여 한·중 FTA 및 한·중·일 FTA, 역내 포괄적경제동반자협정RCEP 등 동시다발적이고 다층적으로 전개되어 왔다. 지금까지의 진행 방향으로 보아 이러한 다양한 RTA 정책의 지향점은 아시아 지역에서 자국을 중심으로 하는 통상 네트워크의 강화이다. 새로운 통상 정책의 모색은 2013년부터 시작된 일대일로 정책으로 연결된다. 일대일로 정책은 중국을 중심으로 주변 지역에서 시작하여 더 나아가 유라시아 대륙과 아프리카까지 이르는 경제적 연계를 구축하고 강화하려는 전략이다.

중국의 성장 지속에 따라 본격화된 미국의 견제도 중국의 무역정책에 새로운 도전이 되었다. 중국의 대략적인 대미 대응 정책은 '적정 수준의 직접적 반격과 함께 대외 개방의 확대 지속, WTO 등 다자적 무역 기구 및 무역 규범 옹호, 남남 무역 강화, 실크로드 지속 추진 등이다. 이러한 정책이 중국의 기존 개방정책을 전환한 것은 아니지만 어느덧 중국이 개방적인 무역 질서의 주도국으로 바뀌었음을 보여 준다는 점에서 중국의 위상과 역할이 변화했음을 보여 준다.

지금까지의 추세와 중국의 규모, 그리고 발전 단계를 감안할 때 중국이 세계무역에서 지니는 비중은 더욱 커질 것이고, 자국의 위상과 역할을 높이려는 중국의 노력도 더욱 강화될 것이다. 이러한 노력은 지금까지의 무역 규범 수용자 입장에서 벗어나 글로벌 무역 질서의 창조자Setter 역할을 강화하려는 노력, 자국 중심의 국제경제 네트워크 주도 노력 강화 등으로 이어질 것이다. 이러한 노력은 실패할 가능성이 매우 작고, 우리가 피해 나갈 방법도 거의 없다.

대외투자

양평섭

외국인 투자 유치와 해외 진출의 병행 전략

절대적인 자본 부족 국가였던 중국은 1990년대 말 이후 무역 흑자와 외국 자본 유입으로 외환 보유고가 급증하면서 해외투자에 눈을 돌리기 시작했다. 특히 2000년대 초·중반 중국 내에서 외국인 투자가 국내 산업과 기술 발전을 구축crowding out한다는 비판론이 일면서 기술·자원·시장 확보를 목적으로 하는 해외투자가 필요하다는 주장이 강하게 제기되었다. 이에 중국은 WTO 가입을 앞두고 2000년 말에는 해외투자 전략을 서부 대개발, 도시화와 함께 중요한 국가 전략의 하나로 설정하여 외국인 투자 유치引進來와 해외 진출走出去을 병행하여 중시하는 전략을 추구했다. 이후 해외 자원과 해외 기술의 확보, 후발 개도국에 대한 노동집약적 산업의 이전 등을 목적으로 하는 중국 기업의 해외 진출이 본격화되었다. 1990년 8억 3000만 달러에서, 일대일로 전략을 표방한 2013년에는 1000억 달러를 넘어섰으며, 2016년에는 1962억 달러로 급증하며 순해외투자국으로 전환되었다. 존 더닝J. H. Dunning의 해외투자 발전 단계에 따르면 중국은 효율 및 자산 추구형의 글로벌화가 이루어지는 해외투자의 제 V 단계에 진입했다. 중국 상무부의 해외투자 통계 공보에 따르면 2023년 말 현재 중국 기업은 189개 국가에 4만 9000여 개 기업이 진출해 있으며, 중국 기업의 자산 총액은 9조 달러, 중국의 해외투자 잔액은 2조 9554억 달러로 세계 3위를 차지하고 있다.

다만, 해외투자가 폭발적으로 증가하면서 △ 무모한 경영 판단에 따른 경

중국의 해외투자 발전 경로

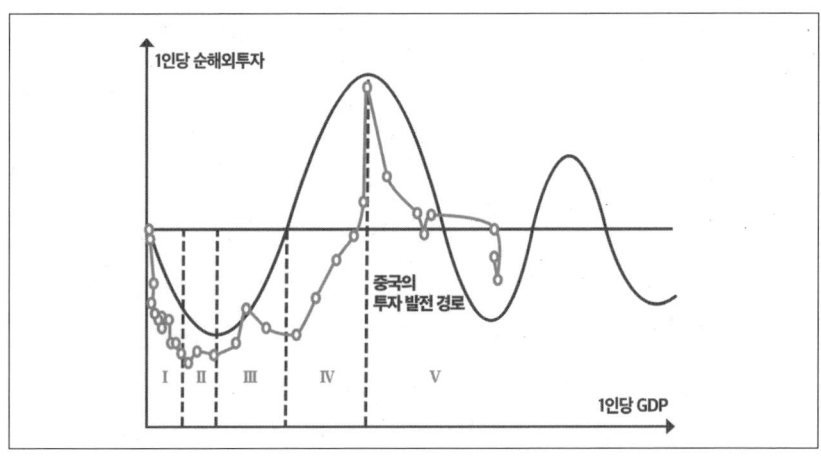

영 손실 발생, △ 부동산 등 투기성 투자에 따른 자본 유출, △ 진출 기업의 환경, 에너지 절약, 안전 기준에 반하는 기업 활동에 따른 중국 해외투자에 대한 부정적 인식, △ 중국 해외투자 대상국의 국가 안보를 이유로 하는 중국 투자에 대한 조치 강화 등 해외투자의 문제점이 노정되었다. 이에 2016년 말 이후 중국 정부가 해외투자에 대한 관리와 규제를 강화하는 동시에 해외 자산 보호를 강화하면서 2017~20년 기간에는 중국의 해외투자가 지속적으로 감소했다. 더욱이 미국과 유럽 등 선진국이 중국 기업에 의한 인수 합병에 제동을 걸면서 해외투자의 숨 고르기가 이루어졌다. 2018년 이후 미국이 중국산 제품에 대해 추가 관세를 부과하고, 중국과의 기술 협력을 제약하는 등 미·중 마찰이 심화되면서 이를 회피하기 하기 위한 우회 진출형 투자를 중심으로 중국의 해외투자가 다시 증가세로 전환되었다. 특히 중국이 미·중 갈등의 대응으로 추진하고 있는 쌍순환 전략을 수행하는 과정에서 무역과 함께 쌍방향 투자(해외투자와 외국인 투자)가 국내 대순환과 국제 순환을 연결하는 매우 중요한 기제로 작용하고 있다. 이러한 정책적 기반에서 중국의 해외투자는 다시 증가세로 전환되고 있으며, 미·중 갈등이 심화될수록 중국의 해외투자는 더욱 활성화될 것이다.

중국의 전략적 해외투자 증가

중국의 해외 진출은 크게 다섯 가지 전략적 목적에 기반하여 이루어지고 있다. 첫째, '일대일로' 건설 추진의 중요한 수단으로 해외투자를 적극적으로 이용하고 있다. 이러한 투자는 일대일로 연선의 개도국에 대한 가공 조립 분야와 인프라를 중심으로 이루어진다. 중국 기업의 해외 산업 단지 건설, 해외 건설 수주, 글로벌 산업 정비 협력 프로그램을 통해 '일대일로' 주변국에 대한 투자를 확대하고 있다. 2014~24년 9월 기간 중 중국 해외투자의 22.5%가 일대일로 연선 국가에 집중되었다. 둘째, 특히 미국과의 경제적 연계성을 기반으로 새로운 가교국connector country으로 부상한 베트남과 멕시코 등에 대해 미국의 규제를 우회하기 위한 제조업 분야 투자를 확대하고 있다. 미·중 갈등이 본격화된 2019~23년 기간 동안 중국 제조업 해외투자의 29.8%가 아세안 지역에 집중되었다. 같은 기간 동안 베트남에 대해 112억 달러의 투자가 이루어졌으며, 최근에는 멕시코에 대한 투자를 확대하고 있다. 셋째, 중국의 산업과 기술 고도화에 필요한 선진 기술의 확보를 위한 투자이다. 이러한 투자는 글로벌 금융 위기 이후 미국, 유럽, 일본, 한국, 네덜란드 등 선진국 기업을 대상으로 지분 인수 M&A 형태로 이루어지고 있다. 글로벌 금융 위기와 유럽 재정 위기가 중국 기업의 해외 M&A를 촉발하여 2016~18년 중국 해외투자의 66%가 M&A 방식의

중국의 해외투자 추이 (단위: %, 10억 달러)

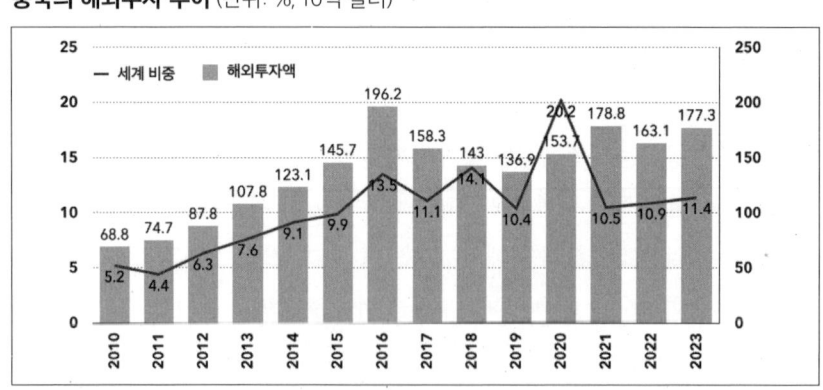

자료: 中國商務部, UNCTAD 자료를 활용하여 필자 작성.

중국 제조업 해외투자 지역 구성 (단위: 100만 달러, %)

기간	제조업 투자		주요 국가 비중					
	투자액	제조업 비중	홍콩	미국	호주	아세안	EU	기타
2007년 말 누계	9,544	8.1	22.3	4.8	1.1	9.7	6.9	55.1
2008~12	24,380	7.1	35.8	11.2	0.7	10.5	19.9	21.8
2013~18	114,431	13.1	28.4	16.9	1.7	14.5	16.7	21.8
2019~23	127,443	15.7	23.1	9.0	0.7	29.8	14.3	23.1
2023년 말 누계	282,402	9.6	26.7	9.0	0.6	20.1	12.7	30.9

자료: CEIC Data를 바탕으로 필자 작성.

투자였다. 이후 중국은 선진 기술 공업국을 대상으로 반도체, 전기차, 배터리 등 신산업 분야에서 해외투자를 강화하고 있다. 관련 산업의 중국 기업들이 글로벌 경쟁력과 자금력을 기반으로 해외 생산 기지 건설을 통해 시장 지배력을 강화하는 동시에 중국 기업에 대한 규제를 회피하려는 포석이기도 하다. 그러나 미국과 유럽 각국이 외국인 투자 심사 제도를 도입하면서 선진국에 대한 기업 인수가 제약을 받고 있다. 넷째, 중국의 지속적 성장에 필요한 자원 확보를 위한 투자를 지속하고 있다. 자원 개발형 투자는 호주, 인도네시아, 콩고, 남아프리카공화국, 아랍에미리트UAE 등 자원 보유국을 대상으로 정부 또는 국유 자본이 주도하고 있다. 다섯째, 해외 부동산 개발 투자는 여전히 중요한 해외투자의 분야이지만, 그 비중은 점차 낮아지고 있다. 중국의 해외 진출 초기에는 해외투자의 40% 정도가 부동산과 임대 사업에 대한 것이었으나, 중국 정부가 투기성 자본의 해외 유출로 인식하고 강력히 규제하려는 움직임을 보이면서 2018~23년에는 전체 해외투자의 31%로 하락했다.

한국에 대한 중국 기업의 투자 고도화

수교 이후 한국에 대한 중국 기업의 투자는 서비스업, 특히 무역업을 중심으로 시작되었다. 2004년에 중국이 한국을 자동차, 석유화학, 전자 통신 업종의 투자 대상 지역 중 하나로 선정하면서 제조업에 대한 투자가 이루어지기 시작했다. 상하이 자동차의 쌍용차 인수가 이루어졌으나, 사업이 실패로 끝나면서 한국에 대한 투자는 소강상태에 접어들었다. 이후 콘텐츠 산업에 대한 투자

중국의 대한국 투자 추이 (단위: 100만 달러)

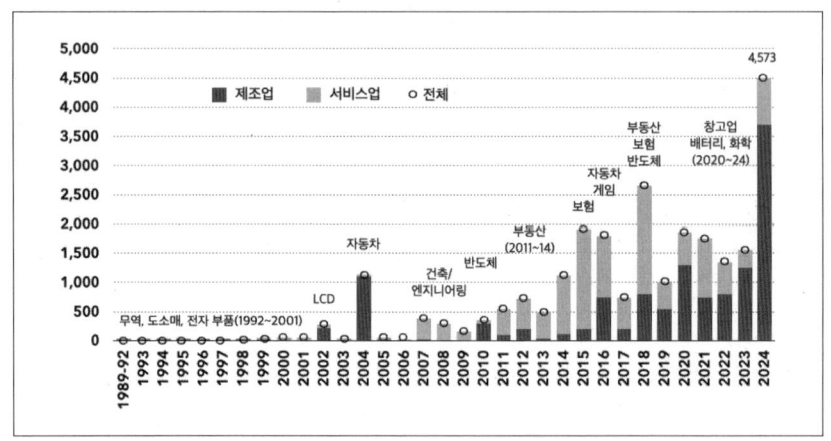

주: 중국의 대한국 투자는 신고 기준
자료: 산업통상자원부, 「국가별·산업별 대한 외국인 직접투자 통계」

로 명맥을 이어 오던 중국 기업의 한국에 대한 투자(신고액 기준)는 2013년 중국의 해외 진출이 가속화되면서 2014~16년 3년간 52억 달러에 달했다. 2018년 미·중 기술 패권 경쟁이 치열해지면서 중국 기업의 한국 투자가 다시 활기를 띠었고, 2018~24년 9월 중 한국에 대한 중국 기업의 투자액은 152억 달러로 해당 기간 한국에 대한 전체 외국인 투자의 8.1%를 차지하며 미국에 이어 2위로 올라섰다. 2024년 1~9월에는 중국의 투자액이 45억 7300만 달러에 달해 전체 외국인 투자의 18.2%를 차지하며 미국의 투자액을 추월했다. 한국 통계에 따르면 2024년 9월 말 현재 중국의 한국 투자 건수는 1만 4985건(전체 외국인 투자의 16.8%), 투자액은 262억 달러(동 5.3%)였으며, 중국 상무부 통계에 따르면 2023년 말 현재 중국의 한국에 대한 투자액은 699억 달러로 중국 해외투자의 2.3%를 차지하고 있다. 최근에는 중국 기업의 한국 투자 분야도 변화하고 있는데, 과거의 무역업과 부동산 중심 구조에서 금융과 제조업 중심 구조로 고도화되고 있다. 중국 기업의 한국 투자 중 제조업이 차지하는 비중은 2012~17년에는 22.0%에 불과했으나, 2018~24년 9월 중에는 70.8%로 대폭 상승했다. 특히 문화, 자동차 부품, 반도체 제조용 장비, 이차전지 및 관련 화학제품 분야에 대한 투자가 크게 증가했다. 금융 분야에서는 2024년에 파산한 중국의 안방

보험이 2016년에 동양생명과 알리안츠생명(현 ABL생명)을 인수하며 국내 생명보험 시장에서 영향력을 키워 왔다. 미·중 기술 패권 과정에서 미국이 인플레이션감축법IRA을 통해 중국산 배터리 사용을 규제하면서 거린메이格林美, 롱바이테크容百科技, 화유코발트, CATL 등 중국의 이차전지 및 관련 소재 업체들의 우회 진출이 이어지고 있다. 이러한 변화는 중국 기업의 한국 투자가 양국의 공급망 연계형 투자로 발전해 가고 있음을 보여 준다.

위안화 국제화

남수중

위안화 국제화의 최근 동향

　중국 정부가 2009년 위안화 국제화를 본격적으로 추진한 이후 위안화가 2024년 8월 기준 전 세계 4위 결제통화가 되었다고 중국인민은행보고서가 국제은행간통신협회SWIFT의 통계를 인용해 주장했다. SWIFT에 따르면 중국 위안화는 전 세계 결제에서 4.69%를 차지해 2023년 11월 이후 10개월 연속 세계 4위 결제통화 자리를 유지했다.

　중국인민은행은 2023년 은행의 대고객 위안화 국가 간 무역 결제 총액이 52조 3000억 위안으로 전년 대비 24.1%가 증가했다고 밝혔다. 그중 경상 항목, 특히 상품 무역에서 위안화 결제 금액이 빠르게 증가하여 중국 전체 상품 무역 결제 금액의 24.8%를 차지해 전년 대비 6.6%포인트 증가했다. SWIFT의 데이터에 따르면 위안화는 2024년 8월 세계 무역금융에서 5.95%의 비중을 점해 세계 2위의 무역금융 통화가 되었다. 외국인 투자자들은 2024년 8월 말 기준 약 4조 6000억 위안의 주식을 매입했는데, 이는 2023년 말 대비 0.3%포인트 증가한 것이다. 또한 2023년부터 중국인민은행은 사우디아라비아·모리셔스의 중앙은행과 양자 통화 스와프 협정을 체결했으며, 브라질·캄보디아·세르비아에 위안화 청산은행을 신설했다. 또한 홍콩 금융관리국과 공동으로 '3대 연결, 3대 편의'三聯通三便利 6개 조치를 발표하여 홍콩과의 금융 협력을 더욱 강화하기로 했으며 역내외 시장에서 위안화 금융 상품을 대량으로 출시하고 있다. 2025년 1월 말 기준 총 1157개 해외 기관이 중국 은행 간 채권시장에 진입

중국은행의 위안화 국제화 지수CRI 추이

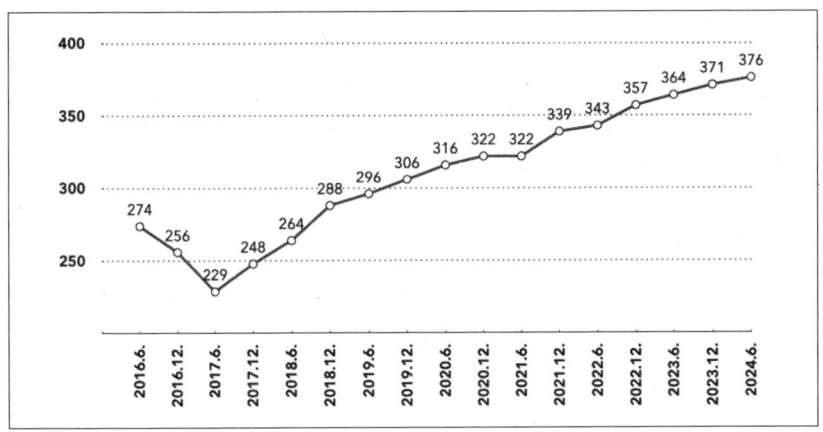

자료: 中國銀行.

했으며, 이 중 595개는 직접, 830개는 '채권통'債券通(중국 본토와 홍콩 채권시장 간 교차 거래) 채널을 통해, 268개는 두 가지 채널을 통해 동시에 시장에 진입했다. 연간 채권 투자를 통한 위안화 결제 금액은 22조 9000억 위안이다. 2023년에는 은행 간 채권시장과 거래소 채권시장에서 94개의 '판다본드'熊貓債가 발행되었으며 총 발행 규모는 1544억 5000만 위안이다. 2023년 '후강통 및 선강통' 滬深港通(홍콩과 상하이·선전 주식시장 간 교차 거래)의 위안화 결제 금액은 1조 8000억 위안이다. 중국인민은행에 따르면, 2023년 적격외국기관투자자QFII 및 위안화적격외국기관투자자RQFII의 위안화 결제 금액은 38조 8000억 위안에 달하며, 2023년 말 주요 역외시장의 위안화 예금 잔액은 약 1조 5000억 위안이다.

그리고 중국은행이 매분기 발표하고 있는 '위안화 국제화 지수'CRI는 2017년 2분기 저점을 찍은 후 지속적인 상승세를 유지하고 있는데, 2024년 2분기에 376까지 상승했다. 위안화 국제화 지수는 중국 국경 간 위안화 유출입 금액과 해외에서의 역외 위안화 유동성을 합한 금액을 지수화(2011년 4분기=100)하여 중국은행이 발표하는 것이다.

위안화 국제화 확대 요인 및 전망

일반적으로 일국 통화의 국제화, 즉 무역 결제, 금융 투자, 외환 보유 통화로서의 국제적 수요가 확대되는 배경에는 경제 규모, 세계 무역에서 차지하는 비중, 환율의 안정성, 금융시장 개방과 발전 수준, 국제정치적 변화 등이 거론될 수 있다.

중국 위안화의 경우, 첫째, 세계 1위의 무역 비중, 2위의 GDP 규모 등을 고려하면 일정 정도 국제적 수요가 증가하고 국제통화의 지위를 차지하는 것이 당연하다는 의견을 반박하기는 어려울 것이다.

둘째, 환율의 안정성이다. 중국 정부는 환율 제도를 개선함으로써 위안화 가치의 안정성을 확보하기 위해 노력해 왔다. 최근까지 환율 결정 메커니즘을 개선해 왔음에도 불구하고 중국 위안화 환율이 선진국처럼 시장에서 결정되지 않는다는 것은 주지의 사실이다. 중국은 2015년 당시 증시의 변동성이 크게 확대되고 외자가 대폭 유출된 것을 교훈 삼아 기존의 통화 바스켓 제도currency basket를 개혁했다. 이는 관리변동환율제의 기본 틀을 유지하면서 일별 환율 변동 폭을 점차 확대하는 방향으로 환율 제도의 유연성과 경기 대응적 기능을 강화하려는 것이었다. 그럼에도 불구하고 중국의 환율 결정 메커니즘은 정부의 시장 개입 여지가 크기 때문에 위안화 가치의 국제적 신뢰성을 얻기에는 상당한 시간이 필요하다. 위안화의 국제적 수요 증가가 금융 투자와 외환 보유보다는 주로 무역 결제에 집중된 것도 이 때문이다.

셋째, 금융 및 자본시장의 개방과 발전이다. 이는 위안화 국제화를 위한 필요충분조건이기 때문에 중국 정부의 정책이 더욱 집중되는 분야이다. 중국의 지속적인 자본시장 개방과 발전 정책이 가시적인 효과를 나타내면서 위안화의 국제적 수요도 증가하고 있다. 2023년 위안화의 자본시장 국가 간 결제 총액은 약 38조 3000억 위안으로 전년 대비 21% 증가했으며, 수취 총액은 18조 5000억 위안으로 전년 대비 23.4%, 지급 규모는 19조 8000억 위안으로 전년 대비 18.8% 증가했다. 위안화를 사용한 직접투자, 증권투자, 국가 간 금융 결제 금액은 자본시장 전체에서 각각 19.8%, 74.9%, 3.3%를 차지했다. 이런 위안화 수요 증가세는 중국 자본시장 개방, 특히 2017년 11월의 시장 개방 조치 발표 이후 단계적 개방의 영향이 크다고 할 수 있다. 중국의 주요 자본시장 개방 조치들은 △ 후강통 및 선강통의 경우, 2018년 도입 초기보다 4배로 확대, △ 2017년 7월과 2021년 9월 각각 채권통의 남향통 South bound(중국 본토에서 홍콩 방향 거래)와 북향통 North bound(홍콩에서 본토 방향 거래) 개통, △ 2019년 블룸버그-바클레이즈 글로벌 종합지수 BBGA, 2020년 JP 모건의 신흥시장국채지수 GBI-FM, 2021년 세계국채지수 WGBI 등 글로벌 채권지수에 편입, △ 투자 한도 폐지 및 시범국과 지역 제한 폐지 등 QFII 및 RQFII 제한 완화, △ 2020년 광둥성, 홍콩, 마카오 지역을 국경 간 자산 관리 시범 지역으로 지정, △ 2023년 6월 홍콩 증권거래소에 홍콩달러와 위안화 이중 통화 거래 시스템 도입 등이다. 2023년 말 시범 사업에 참여한 광둥·홍콩·마카오·대만 지역 주민은 약 7만 명이며, 결제 총액은 128억 1000만 위안이다.

다만 세계 각국 중앙은행의 외환 보유고 중 위안화의 비중은 절대적인 수준에서 여전히 낮다. IMF에 따르면 2024년 2분기 말 세계 각국의 중앙은행이 보유한 위안화의 규모는 2452억 달러, 2.14%로 2023년 말보다 0.15%포인트, 2016년 위안화가 특별인출권 SDR에 처음 가입했을 때보다 1.07%포인트 높아져 주요 기축통화 중 7위를 차지했다. 2022년 말의 경우에는 각국 중앙은행의 외환 보유고에서 주요 기축통화의 비중이 각각 달러화 58.6%, 유로화 20.4%, 엔화 5.5%, 파운드화 4.9%, 위안화 2.6%였다.

마지막으로 위안화의 국제적 수요 증가와 관련하여 중국의 국제적 위상 변화를 평가해야 할 것이다. 최근까지 계속되고 있는 러시아-우크라이나 전쟁과 미·중 갈등의 영향을 고려해야 한다. 우크라이나와의 전쟁으로 러시아에 대한 미국 등 서방의 제재는 러시아로 하여금 위안화를 사용할 유인을 제공했다. 미국, EU 등은 러시아 주요 은행의 자산 동결, SWIFT 배제 등의 방법으로 경제적 압박을 가했으며, 이에 대응하여 러시아는 중국과의 위안화 결제를 확대하고 경제협력을 강화했다. 예를 들어 2022년 4월 러시아는 비우호적 국가가 러시아산 천연가스를 구매할 경우, 루블화, 위안화, 금으로만 결제하도록 강제한 바 있다. 특히 같은 해 5월에는 러시아 시중은행이 위안화 금융 상품을 출시하도록 허용하기도 했다. 실제로 러시아-우크라이나 전쟁 발발 이후 위안화와 루블화의 선물거래가 폭증했다.

또한 미국과 무역 분쟁을 겪고 있는 중국은 탈달러화를 위해 더욱 적극적으로 나설 가능성이 높다. 글로벌 공급망 재편이 가속화되면서 중국은 인접국과의 원자재 무역에서 위안화 결제 확대를 도모했다. 2023년 상품 무역에서 위안화의 국가 간 결제 총액은 10조 7000억 위안으로 전년 대비 34.9% 증가했다. 같은 기간 동안 중국 상품 무역 전체 외화 결제 총액의 24.8%를 차지하여 2022년보다 6.6%포인트 증가했다. 이 중 일반 무역의 위안화 결제 금액은 6조 8000억 위안으로 전년 동기 대비 34.8% 증가했고, 가공무역 제품의 위안화 결제 금액은 1조 6000억 위안으로 전년 동기 대비 8.9% 증가했다.

중국은 위안화 중심의 국가 간 지불 청산 시스템인 CIPS 구축을 추진하고 있다. 이미 중국 금융 당국은 2015년 10월부터 1단계 서비스를 제공했으며, 2018년부터 2단계 운영을 시작했다. CIPS는 관할권과 관계없이 모든 외국 금융기관에 개방되어 있으며 참가자는 중국의 결제 시스템에 직접 연계가 가능하다. 2024년 CIPS 위안화 결제는 연간 821만 6900만 건이 이루어졌고, 결제 금액은 175조 4900억 위안으로 전년 동기 대비 각각 24.2%, 42.6% 증가했다. CIPS 하루 평균 처리 업무 건수는 3만 500건, 금액은 6523억 9000만 위안이다. 2025년 2월 말 현재 국내외 1647개 기관이 직간접적으로 CIPS에 접속하고 있으며, 그중 직접 참여 기관은 169개, 간접 참여 기관은 1478개이다.

위안화의 국제적 사용 증가는 2013년 정식 제안된 '일대일로' 정책에도 긍정적인 영향을 미칠 것으로 보인다. 2023년 중국과 일대일로 참여국 사이의 위안화 결제 금액은 9조 1000억 위안으로 전년 대비 27.8% 증가해 전체 위안화 결제 금액의 17.4%를 차지했다. 2023년 일대일로 참여국에 대한 직접투자에서 위안화의 결제 금액은 8323억 8000만 위안으로 전년 대비 6.6% 증가했다. 중국은 2024년 8월 말 현재 31개 일대일로 참여국과 양자 통화 스와프 협정을, 19개 일대일로 참여국과 위안화 청산 협정을 체결했다. 중국 정부는 위안화의 국제적 사용 확대를 위한 노력을 지속할 것으로 예상되며, 향후 무역 결제, 위안화 표시 포트폴리오의 투자, 결제 시스템 개선, 통화 스와프 확대 및 역외시장의 위안화 투자 등이 증가할 것으로 전망된다. 미·중 무역 분쟁 및 기술 패권 경쟁 심화, 러시아-우크라이나 전쟁의 지속 등 국제 정치경제적 환경 변화는 중국이 위안화 국제화에 대한 속도 조절에 나서도록 할 가능성이 있다. 예를 들어 2021년 제14차 5개년 계획에서 '신중하고 안정적인 위안화 국제화 추진'을 언급한 사례나 2022년 10월 제20차 당 대표 대회에서 '질서 있는 추진'을 강조한 것은 속도 조절에 대한 중국 당국의 속내를 잘 표현하고 있다. 그럼에도 불구하고 시장의 반응은 부정적이지 않다. 향후 무역 결제, 포트폴리오 투자, 결제 인프라, 통화 스와프 및 역외시장의 성장으로 인해 위안화의 국제적 사용은 증가할 가능성이 높다. 중국 정부는 전략적으로 위안화가 단기간 내에 달러를 추월해 기축통화로서의 지위를 차지하기보다는, 국제적 사용이 증가함으로써 미달러화나 유로화와 같은 국제적 통화로서 실리를 챙기는 것이 유리하다고 판단한 듯하다.

위안화 국제화의 한계

그러나 여전히 부정적인 기류도 감지된다. 달러화에 대한 강력한 네트워크 외부 효과의 존재이다. 무역 결제 이외에 위안화의 국제적 사용이 다소 지지부진한 이유에는 중국의 자본 통제에 따른 서방국가들의 위안화 사용에 대한 거부감과, 달러화 사용의 편의성이라는 네트워크 외부 효과가 작용하고 있다. 예를 들어 2024년 5월 29일 『차이나 데일리』China Daily는 중국인민대학교 국제통화연구소가 교통은행과 함께 중국 기업 1657개를 대상으로 실시한 설문 조사를 담은 2024년 1분기 보고서를 인용해, 위안화 국제화의 걸림돌에 대한 기사를 보도했다. 설문 조사에 답한 기업 중 약 71%가 민간 기업, 13%가 국영기업, 15%가 외자 기업이었다. 기업들이 지적한 위안화 국제화의 걸림돌은 첫 번째가 정책의 복잡성(63.84%), 두 번째가 무역 파트너 사이의 위안화 사용에 대한 관심 부족(46.97%), 그리고 법적 규제, 자금 이동 제한 등의 순이었다. 이와 함께 위안화 환율의 변동성, 위안화와 외국 통화 사이의 금리 차이 등도 걸림돌이라고 언급했다. 또한 약 30% 이상의 기업이 1년 전과 비교하여 어려움이 개선되지 않았고 약 11%는 더욱 악화되었다고 응답했다. 응답한 기업의 대부분이 국경 간 무역에서 위안화를 사용하고 있었다. 반면, 역외 위안화 자금 조달,

위안화 예금, 위안화 표시 자산 관리 등에 참여하는 기업은 25% 미만에 불과했다. 또한 이번 보고서는 국제 정치경제의 불확실성, 글로벌 금융시장의 변동성, 지정학적 위험, 미·중 무역 분쟁 등이 위안화의 국제적 사용 증가에 영향을 미칠 것이라고 강조했다.

미·중 무역 분쟁과 러·우 전쟁, 중동 분쟁 등이 위안화의 국제적 사용을 촉진하고 있음에도 불구하고 다른 경쟁국의 견제도 적지 않게 영향을 미칠 전망이다. 위안화의 국제적 사용은 일대일로에 부정적인 국가들과 미국에 우호적인 국가들을 중심으로 감소할 가능성도 배제할 수 없다. 일대일로에 참여하지만 중국 자본의 자국 자산 시장 잠식을 우려하는 국가들은 위안화 국제화를 긍정적으로만 평가하지 않을 것이다. 2024년 10월 러시아 대통령 푸틴은 브릭스 회의에서 회원국 사이의 국제 결제 시스템 구축을 제안했다. 이는 실제 러시아 주요 은행들의 SWIFT 결제 시스템 퇴출에 대한 대응의 차원이지만 중국이 마련한 독자적인 위안화 결제 시스템인 CIPS에 대한 견제를 의미하기도 한다. 이에 대해 중국은 주로 미국의 금융 제재만을 비판했지만 속내는 그리 간단하지 않다. 브릭스 정상 간 회의에서도 미국과 적대적인 국가들과 비교적 우호적인 국가들 사이의 의견 일치가 쉽지 않음을 알 수 있었다.

한국 경제에 대한 시사점

한국과 중국 사이에도 위안화 무역 결제 비중에 비해 금융 자금 조달 및 예치 수단으로서의 역할은 제한적인 것으로 평가된다. 한국의 최대 결제통화는 여전히 미 달러가 차지하고 있지만 한·중 간 무역 결제에서 원화와 위안화 결제의 비중이 증가하고 있다. 무역 결제 증가와 대조적으로 위안화 금융거래가 부진한 원인은 실수요 측면에서 찾을 수 있다. 증가 여력은 크지만 위안화 금융상품의 미발달로 인한 투자 대상의 부족, 위안화의 상대적 절하에 따른 투자 심리 위축을 지적할 수 있다. 중국의 자본시장 개방 미흡으로 인해 위안화 운용 수단이 제한됨에 따라 위안화 보유 리스크가 증가하여 투자자들이 환차손에 민감하게 반응하기 때문이다. 따라서 2021년 한국과 중국은 상장지수펀드ETF 교차상장을 추진하기로 양해각서MOU를 체결했고 이는 위안화의 결제 및 환헤지

수요 증가에 긍정적인 영향을 미칠 것으로 보인다. 또한 대중국 무역 흑자 규모가 유지된다면 위안화 무역 결제를 통한 위안화 유입 조건이 양호하므로 역외 위안화 시장의 잠재력도 크다고 할 수 있다. 따라서 한국의 위안화 시장 규모는 증가세를 유지하며 엔화 및 유로화의 비중을 추월할 가능성도 제기된다.

따라서 한국은 이미 가시화된 위안화의 국제적 사용 증가, 즉 국제화의 확산이 가져올 파급효과를 재검토하여 국제 정세 변화와 연계한 대응 방안을 준비해야 할 것이다. 한국 정부는 한·중 위안화 무역 결제 증가와 관련해 한·중 산업구조에 미치는 영향을 고려해야 한다. 한국의 대중국 수출 가운데 가공무역의 비중이 거의 50%에 근접한다. 이는 미국과 일본을 포함해 가장 높은 수준이다. 한·중 간 위안화 결제 증가의 장점을 활용하기 위해서는 네트워크 외부 효과, 즉 사용자 경험 부족 등의 장애 요인을 극복할 필요가 있다. 따라서 위안화 지급 결제의 유관 서비스 인프라를 정비하는 것이 필수적이다. 한국은 디지털 기술 금융, 핀테크FinTech(금융 기술 서비스) 혁신을 과감히 적용해 원화-위안화 청산 시스템의 효율성을 제고하고 거래 비용을 획기적으로 절감해 미·중 사이의 무역 분쟁 및 패권 경쟁, 우크라이나·러시아 전쟁 등 지정학적 리스크를 기회로 활용하려는 노력이 필요할 것이다.

지역 경제 : 동북 지역

이주영

저조한 경제성장

우리에게 옛 고구려 영토로 익숙한 중국 동북 지역은 일반적으로 랴오닝성, 지린성, 헤이룽장성의 3개 성을 말한다. 최근 네이멍구 지역을 포함하기도 하는데, 예를 들면 2013년 국가급 프로젝트인 '헤이룽장과 네이멍구 동북부 지역 변경 개발 개방 계획'黑龍江和內蒙古東北部地區沿邊開發開放規劃은 동북 지역에 네이멍구 지역을 포함하고 있다.

동북 지역은 동남쪽으로는 한반도와 연결되어 있고 북쪽으로는 러시아와 몽골과 접경하고 있을 뿐만 아니라 동남 해역은 일본과 연결되어 있어 동북아 지역의 요충지이다. 그러나 그 가치를 충분히 발휘하지 못하고 있다. 과거 계획 경제 시기 동북 지역은 중화학공업의 발달로 중국 경제의 중추적 역할을 했지만 1990년대 개혁 개방 이후 연해 지역을 중심으로 경공업 중심의 경제 발전 전략으로 전환된 이후 동북 지역은 개혁 개방 효과를 누리지 못했고 국유 기업의 낮은 생산성 문제, 즉 공급과잉 문제로 경제성장이 급격히 악화되었다. 최근 동북 지역의 경제성장률은 전국 하위 수준으로 떨어져 2022년 랴오닝성의 경제성장률은 2.0%, 지린성은 -2.1%, 헤이룽장성은 2.6%로 전국 평균 성장률인 3.0%보다 낮았고 2023년 랴오닝 5.3%, 지린 6.3%, 헤이룽장 2.6%로 회복하고 있지만 동북 지역 경제성장률의 하락은 중국 균형 발전을 저해하는 지역으로 여전히 지목되고 있다.

중국 동북 지역은 저조한 경제성장에도 불구하고, 임금과 소비 규모가 지

동북 지역 경제성장률 (단위: %)

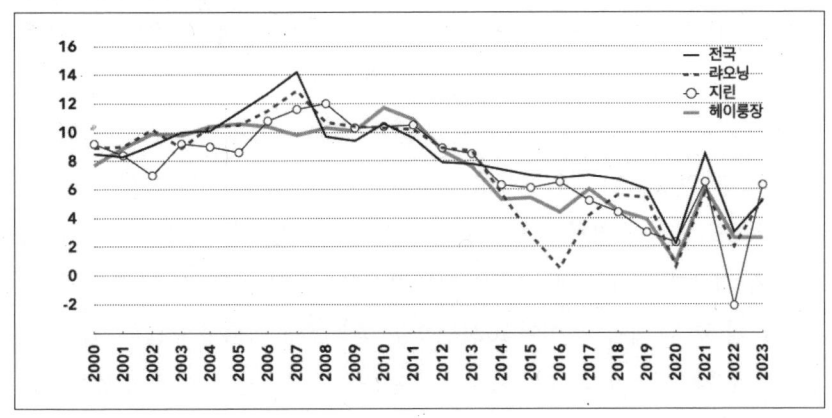

지역	2000	2001	2002	2003	2004	2005	2006	2007	2008	2009	2010	2011
전국	8.5	8.3	9.1	10	10.1	11.4	12.7	14.2	9.7	9.4	10.6	9.6
랴오닝	8.9	9	10.2	8.9	10.4	10.5	11.5	12.9	10.7	10.4	10.3	10.2
지린	9.2	8.4	7	9.2	9	8.6	10.8	11.6	12	10.3	10.4	10.5
헤이룽장	7.7	8.9	9.9	9.8	10.4	10.6	10.4	9.8	10.3	10.1	11.7	10.9

지역	2012	2013	2014	2015	2016	2017	2018	2019	2020	2021	2022	2023
전국	7.9	7.8	7.4	7	6.8	7	6.7	6	2.2	8.5	3	5.2
랴오닝	8.9	8.7	5.7	2.8	0.5	4.2	5.6	5.4	0.6	5.8	2	5.3
지린	8.9	8.5	6.3	6.1	6.5	5.2	4.4	3	2.3	6.5	-2.1	6.3
헤이룽장	8.7	7.6	5.3	5.4	4.4	6	4.5	3.9	0.9	6.1	2.6	2.6

자료: CEIC.

속적으로 증가하는 특징을 보이고 있으며, 이는 중앙정부의 보조금 정책에 기인한 것으로 보인다. 2023년 재정수입에서 중앙정부 보조금 비중은 랴오닝성 35%, 지린성 48%, 헤이룽장성 56%로, 베이징 18%, 상하이 13%, 광둥성 14%, 장쑤성 15% 등 주요 지역의 보조금 비중에 비해 두 배 이상 높은 것으로 나타났다. 비록 현재 동북 지역의 중앙정부 보조금 의존도는 상당히 높은 수준이지만 이를 낮추기 위한 중앙정부의 정책이 다양한 측면에서 지속적으로 추진되고 있다.

동북 진흥 전략과 산업구조의 변화

중국 정부는 중국 동북 지역으로 하여금 동북아시아의 경제 발전을 선도하도록 한다는 장기적인 계획하에 동북 지역의 산업구조 조정과 신흥 산업의 육성, 현대화된 서비스 산업 발전을 추진하고 있다. 중국 국무원은 2003년 9월 〈동북 지역 노후 공업 기지 진흥 전략에 관한 약간의 의견〉과 2005년 〈동북 노후 공업 기지의 대외 개방 확대 실시에 관한 의견〉을 발표하여 동북 지역의 발전을 도모하려 했으나 해외투자 유치 성과 미진 등으로 인해 동북 지역 진흥 전략의 성과도 예상에 미치지 못하고 있다. 이에 2007년 8월 〈동북 지역 진흥 종합 계획〉과 2012년 3월 〈동북 진흥 제12차 5개년 계획〉, 2016년 11월 〈동북 진흥 제13차 5개년 계획〉에 이어 2021년 9월 〈동북 진흥 제14차 5개년 계획〉을 발표하여 노후화된 산업 기지의 재건과 국유 기업의 개혁을 통한 질적 성장을 도모하고 있다.

특히 〈동북 진흥 제14차 5개년 계획〉에서 국유 기업 개혁과 민간경제의 질적 향상, 국제 협력 수준 제고, 산업구조 조정, 높은 질적 발전을 위한 체계를 마련하기 위한 방안이 제시되었다. 최근 동북 지역의 3차 산업 규모가 가장 높은 비중을 차지하고 있는 점은 국가 발전 방향에 맞추어 산업구조도 조정되고 있는 긍정적인 변화라고 할 수 있다.

동북 지역 도시 월평균 임금(비사영기업) (단위: 위안)

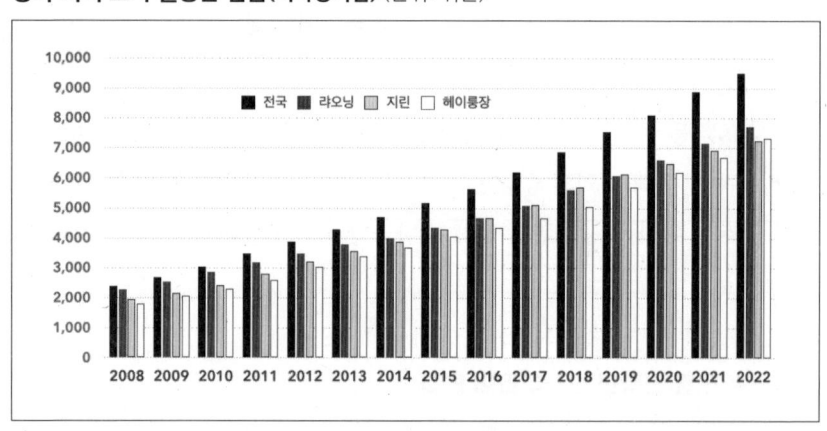

자료: CEIC.

동북 지역 산업구조 비중 (단위: %)

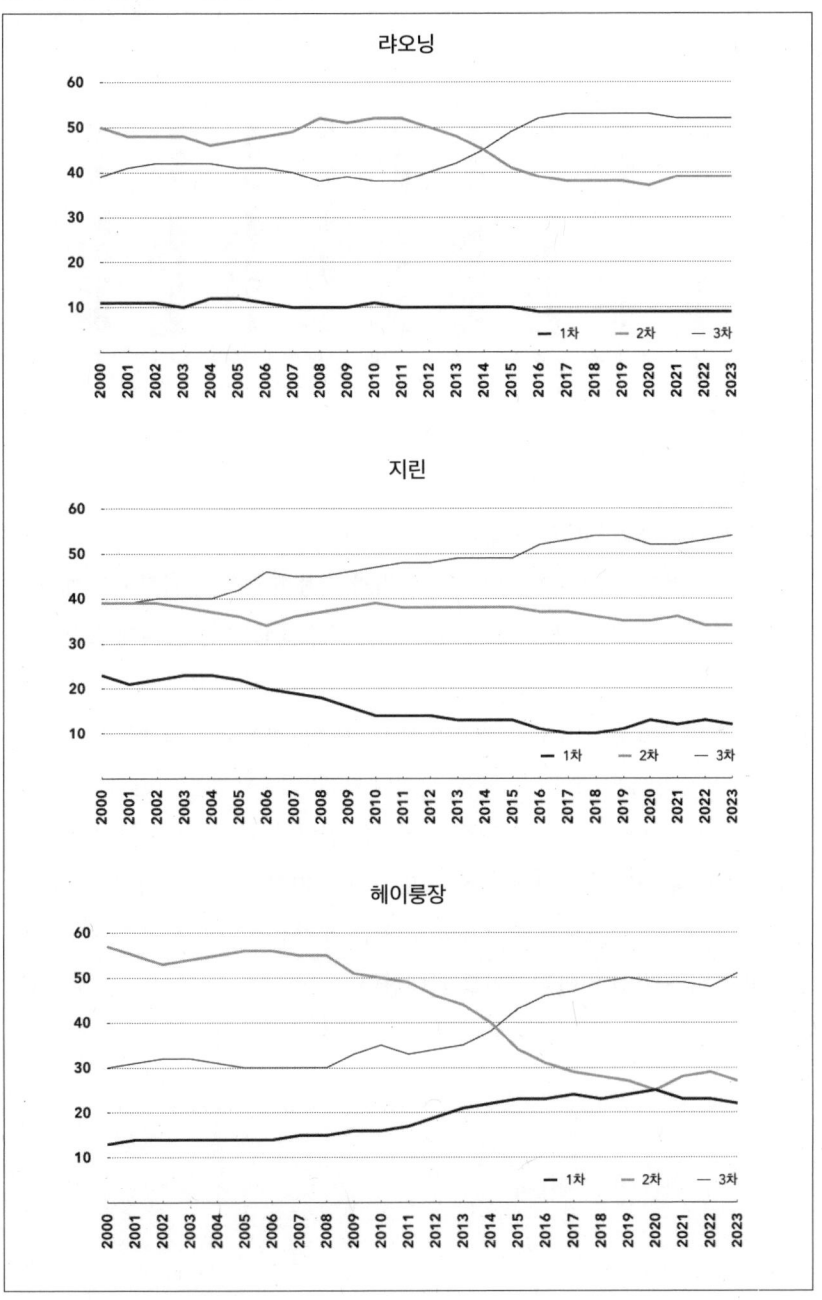

자료: CEIC 데이터를 활용하여 작성.

동북 지역의 소비 규모 (단위: 10억 위안)

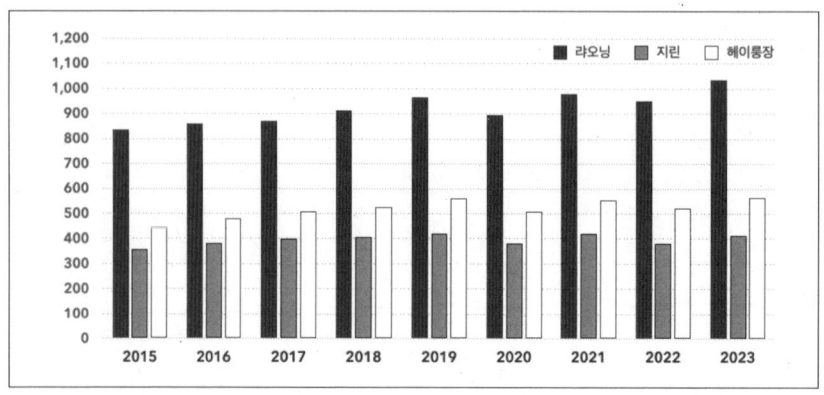

자료: CEIC 데이터를 활용하여 작성.

북방 지역 대외 개방의 선도구

동북 지역 노후 공업기지의 진흥 전략과 더불어 동북 지역의 대외개방 정책도 함께 추진되고 있다. 2016년 국무원은 랴오닝성 다롄大連시에 랴오닝 자유무역 시범구를 지정한 이후 2017년 3월 31일 랴오닝 자유무역 시범구의 총체 방안을 발표했고, 2018년 1월 1일 관리 방법이 정식으로 실행됨에 따라 중국 동북 지역의 대외 개방이 본격화되었다. 2020년 4월에는 지린성에 국가급 시범 단지인 한·중(창춘) 국제 협력 시범구를 설립하여 한·중 경제협력 강화를 위한 거점이 마련되기도 했다. 이런 시도가 동북 지역이 중국 북방 지역의 대외 개방을 선도하는 지역으로 발돋움할 수 있는 계기로 이어져 동북아 지역의 새로운 비즈니스 기회가 마련되기를 기대한다.

지역 경제 : 동부 연해

노수연

중국 동부 연해 지역은 베이징·상하이·톈진 등 3개의 직할시와 광둥·장쑤·산둥 등 경제력에서 상위 3위권을 형성하는 성省 등 10개의 성급省級 행정구역으로 구성된다. 동부 연해 지역은 개혁 개방 이후 40년간 중국 경제성장을 이끌어 왔으며, 2020년대에도 여전히 중국 경제 발전의 원동력으로 활약하고 있다.

이는 2011년부터 2022년까지 동부 연해 지역 10개 성과 기타 21개 성의 경제성장 추이에서도 드러난다. 동부 연해 지역이 중국 국내총생산GDP에서 차지하는 비중은 2011년 52%에서 2022년에는 51.7%로 큰 변화가 없다. 또한 2022년 동부 연해 지역은 중국 수출입의 79%, 소비 시장의 50.5%를 차지한다. 이처럼 동부 연해 지역은 중서부 내륙지역 개발에 대한 중국 정부의 강력한 육성 정책에도 불구하고 여전히 경제 총량과 무역, 소비 등 주요 경제지표에서 절대적인 지위를 유지하고 있다.

포스트 코로나19 시대에도 경쟁력은 여전

2010년대 중저속 경제성장과 2020년대 코로나19 팬데믹을 겪으면서도 동부 연해 지역은 산업 경쟁력과 지역 경쟁력에서 여전히 중서부 지역과 차별화되는 높은 경쟁력을 유지하고 있다.

2024년 8월 발표한 중국의 우수 산업 단지 명단에서 베이징의 중관춘中關村과 상하이의 장장張江, 광둥성 선전의 산업 단지가 상위 3위를 차지했으며, 상위 10위권 산업 단지 중 7개가 동부 연해 지역에 소재한다. 2015년부터 강조된 스마트 제조와 2023년 시작된 신질 생산력 창출에서도 타 지역보다 가시적인 성과를 거두고 있다. 광둥성은 소비형 전자 제품에서 스마트 제조를 추진하고, 장쑤성은 사물 인터넷 관련 제품 개발에 집중하며, 저장성은 로봇 제조 분야에서 두각을 나타내고 상하이시는 첨단 장비 제조업에 방점을 두고 있다. 산둥성은 신질 생산력 육성 차원에서 자기 부상 산업을 육성하고 있다. 세계경제포럼 WEF이 선정한 2023년 12월 기준 전 세계 153개 등대 공상Lighthouse Factory 중 57개가 중국에 소재하며, 이 중 40개가 장쑤·광둥·산둥을 중심으로 한 동부 연해 지역에 위치하고 있다. 이 지역은 2022년 중국 서비스업 부가가치에서 차지하는 비중이 55%에 달해 서비스업 경쟁력도 타 지역보다 우수하다.

도시 차원에서도 여타 지역보다 높은 경쟁력을 유지하고 있다. 2024년 각종 중국 100대 도시 명단에서 1선 도시인 베이징·상하이·선전·광저우가 최상위를 차지했고, 산둥·장쑤·광둥·저장성 소재 도시가 절반에 가깝다. 특히 장쑤성은 13개 도시 모두 100대 도시에 포함되어 지역 균형 발전의 성공 사례로 평가받는다.

개혁 개방과 혁신의 아이콘

동부 연해 지역은 1978년 중국이 개혁 개방 정책을 시작할 당시 최초로 대외 개방한 4개 지역이 소재한 지역이면서 민영 경제가 주도적으로 발전한 지역이기도 하다. 개혁 개방과 혁신의 시험대로서의 중요성은 시진핑 정부 시대에도 여전하다.

중국 정부는 2015년 기존의 4대 권역 발전에 더해 3대 초광역 경제권 발전 전략을 제시했다. 일대일로, 징진지협동발전, 창장경제벨트長江經濟帶로 요약되는 이 발전 전략에서 동부 연해 지역은 각 광역경제권의 시발점으로 중요시되며, 특히 징진지협동발전은 베이징, 톈진, 허베이를 지목한 발전 전략이다. 허베이성 바오딩保定시에 위치한 슝안신구雄安新區는 2017년부터 1970년대의 선전 경제특구와 1990년대 상하이 푸둥신구를 이을 미래 지향형 차세대 특구로 건설이 진행되고 있다.

이에 앞선 2013년에는 중국 정부가 대외 개방을 확대하기 위해 자발적으로 추진한 자유무역 시험구가 동부 연해 지역에 먼저 포진하면서 이 지역은 경제적·지리적 특성을 고려한 21세기형 개방 전략의 실효성을 점검하는 시험대 역할을 했다. 2013년 9월 중국 최초의 자유무역 시험구가 상하이 푸둥신구에 설치되었고, 이어서 2015년 광둥, 톈진, 푸젠성이 자유무역 시험구로 지정되었다. 2024년 10월 기준 전국 31개 성급 행정구역 중 22곳에 시험구가 설치되었으며, 이 중 동부 연해 지역은 4개 권역 중 유일하게 모든 성에 자유무역 시험구가 설치되었다. 특히 하이난성은 2020년 섬 전체가 자유무역항으로 지정되면서 산업 육성과 인재 유치, 무역 확대 등에서 새로운 기회의 장이 되고 있다.

개혁 개방과 더불어 지역 경제 발전의 키워드는 혁신과 창업이며, 그 중심에 동부 연해 지역이 있다. 이른바 '대중창업 만인혁신'大衆創業 萬衆創新이라는 슬로건하에 2015년부터 창업형 또는 혁신형 도시 건설이 전국적으로 활발하다. 그 성공 사례로 거론되는 곳이 바로 베이징, 상하이, 항저우, 선전 등 동부 연해 지역 소재 도시이다. 동부 연해 지역은 2022년 중국 국내 특허 승인 건수의 69.2%와 전국 연간 매출액 2000만 위안 이상인 공업 기업 연구개발R&D 경비의 65.1%를 차지하는 등 혁신에 관한 투입과 산출에서 다른 지역보다 월등한 우위에 있다. 또한 시장 조사 기관인 CB 인사이트가 발표한 2024년 5월 기준 중국 소재 164개 유니콘 기업 중 바이트댄스, 샤오홍수, DJI 등을 포함한 92.1%가 동부 연해 지역에 위치하고 있으며, 2023년 전국 1만여 개의 벤처 캐피털 회사의 70%가 동부 연해 지역에 위치하면서 창업 투자도 이 지역에 집중되어 있다.

에너지 및 원자재 부족, 인건비 상승, 환경오염 문제, 주민의 삶의 질 개선 요구, 산업구조 조정 등은 향후에도 동부 연해 지역의 발전을 제약하는 요인으로 작용할 것이다. 그러나 장기간에 걸쳐 축적된 인프라와 혁신 주도형 전략의 적극적인 추진에 힘입어 동부 연해 지역이 중국 지역 경제에서 차지하는 현재의 위상은 향후 상당 기간 변함이 없을 것으로 전망된다.

지역 경제 : 중부 지역

정지현

중부 지역은 중국 4대 권역(동부, 중부, 서부, 동북) 중 하나로, 내륙에 위치한 후베이, 후난, 허난, 안후이, 장시, 산시山西 6개 성을 포함한다. 이 지역은 중국 국토 면적의 10.7%(103만㎢), 전체 인구의 26.5%(약 3억 6000명), 국내총생산GDP의 약 20%를 차지한다. 지리적으로 중국의 동서남북 지역을 연결하는 중심지 역할을 하지만, 경제 발전 수준이 상대적으로 낮으며 국가급 지역 발전 전략인 '중부굴기 전략'中部崛起戰略도 4대 권역 중 가장 뒤늦게 시작된 정책이다.

중부굴기 전략의 추진

개혁 개방 이후 추진된 동부 지역들의 선도 발전, 2000년에 시작된 서부 대개발, 2003년에 시작된 동북 진흥 전략에 영향을 받아, 중부 지역만 경제 발전과 국가 전략에 있어 '함몰'되면 안 된다는 의미로 중부'굴기' 전략이 추진되었다.

중부굴기 전략은 중부 지역이 보유한 비교 우위를 반영하여 '식량 생산 기지, 에너지자원 기지, 장비제조·첨단산업 기지, 종합 교통 허브'라는 기능을 중시하고 있다. 2016년 발표된 〈중부 지역 굴기 촉진 규획(2016~2025년)〉에서도 '선진 제조업 중심, 신형 도시화 중점구, 현대 농업 발전 핵심구, 생태 문명 건설 시범구, 전방위 개방의 중요 지지구'라는 중부 지역의 전략적 지위를 강조했다.

2004년 중앙 양회 정부업무보고에서 중부 지역 굴기 촉진이 처음 제안된 이후 20년이 지난 2024년에, 시진핑 총서기는 '신시대 중부굴기 촉진 심포지

중부굴기 전략 추진과 대표 정책

연도	주관 부서/중요 회의	주요 정책
2004	중앙경제업무회의	"중부 지역 굴기 촉진" 제안
2006.4.	공산당 중앙위원회 및 국무원	〈중부굴기 촉진에 관한 의견〉 발표 (3월 정부업무보고에서 중부굴기 전략을 11.5 규획에 정식 편입)
2007	국무원 판공실 국가발전개혁위원회	우한 대도시권 및 장주탄 도시권의 두 가지 모델 구축 비준 중부 지역 발전촉진국 공식 설립
2008	국가발전개혁위원회	중부굴기 업무 부처 연석회의 제도 설립
2009	국가발전개혁위원회	〈중부 지역 굴기 촉진 규획〉 발표
2012	국무원	〈중부굴기 전략의 적극 추진에 관한 의견〉 발표
2016.12.	국가발전개혁위원회 국무원	〈중부 지역 굴기 촉진 13차 5개년 규획〉 발표 〈중부 지역 굴기 촉진 규획(2016~2025년)〉 발표
2019.5.	시진핑 주석 (중부굴기 촉진 심포지엄 주재)	중부 지역 굴기 촉진을 위한 8대 의견 제시
2021.4.	공산당 중앙위원회 및 국무원	〈신시대 중부 지역의 고품질 발전 촉진에 관한 지도 의견〉 발표
2024.3.	시진핑 총서기 (신시대 중부굴기 촉진 심포지엄 주재)	신시대 중부 지역 굴기 가속화 추진을 위한 방안 검토

엄'을 주재하며 중부굴기의 가속화 추진을 위한 새로운 전략 방향을 제시했다. 이에 2024년 중국에서는 중부굴기 전략에 대한 조명과 새로운 발전 방안 등에 대한 관영 언론의 보도 및 각종 행사가 크게 증가했다.

중부굴기 전략의 성과

약 20년 동안 중부굴기 전략을 추진한 결과, 중부 지역 경제는 중국 전체 평균보다 빠르게 성장했으며, 중국 전체 GDP에서 차지하는 비중이 2006년 19%에서 2023년 21.6%로 확대되었다. 코로나19 팬데믹, 미·중 갈등과 같은 글로벌 불확실성이 심화된 2018~23년에도 중부 지역의 경제성장률은 중국 평균을 상회하는 성과를 보였다.

첨단산업의 성장 역시 두드러진다. 중국 전체 첨단 기술 기업(약 40만 개)의 21%인 8만 2500개가 중부 지역 기업이며, 국가급 전략적 신흥 산업 클러스터의 27.3%와 국가급 첨단 제조업 클러스터의 17.8%가 중부 지역에 소재한다. 후베이성의 광전자 정보, 허난성의 초경질 재료, 안후이성의 신에너지 자동차,

후난성의 건설기계, 장시성의 항공 산업, 산시山西성의 에너지 장비가 대표적이다.

교통/물류 시설의 급속한 발전으로, 중부 지역이 갖는 종합 교통 허브로서의 장점과 위상도 강화되었다. 수로, 항공, 고속철도, 고속도로 등 종합 교통 시스템이 갖춰진 국가급 물류 허브 도시가 수십 개에 달한다. 후베이에는 아시아 최대 규모의 전문 화물 공항이 운영되고 있으며, 허난성과 장시성은 중국 대표 고속철 네트워크가 구축되었다.

중부 지역은 생태 복원 및 녹색/저탄소 전환을 추진하면서, 자원/에너지 이용 효율성 및 공급 안보 역량을 제고하여 기초 소재 및 특수 소재 시장에서 경쟁력을 강화하고 있다. 특히 장시성의 중희토류 광산은 중국 전체의 3분의 2를 차지하며 세계적으로 중요한 비철금속 및 희토류 자원의 기지가 되었다. 식량 자원 측면에서 중부 지역은 중국 식량의 약 30%를 생산하고 있으며, 특히 허난성의 밀 생산량은 중국 전체 생산량의 4분의 1을 넘어선다.

국경도 없고 해안도 없는 중부 지역의 대외 개방도 확대되고 있다. 특히 중부 지역 대외 개방에서 중요한 역할을 하는 중국-유럽 화물열차 약 1만 5000대(중국 전체의 20%)가 유럽 20여 개국 200여 개 도시를 운행하고 있으며, 통관 시간이 1, 2일에서 3~5시간으로 단축되었다. 또한 중부 지역은 중국공산당 제18차 당대회 이후 중국 3대 경제 발전 지역인 베이징-천진-허베이 지역, 장강 삼각주, 광동-홍콩-마카오 대만구大灣區 지역과의 심층적 연계를 적극 강화했다. 안후이성의 경우, 인접한 장강 삼각주와의 통합 개발을 통해 자동차 수출량이 중국 1위로 부상하는 등 빠르게 성장하고 있다.

중부 지역 발전의 과제

중부 지역은 그동안 양적 및 질적 발전에서 큰 진전을 이루었으나, 산업 고도화, 혁신 주도 발전, 중점 도시와 역내 도시 간 협력 발전, 생태학적 이점을 최대한 활용한 녹색과 저탄소 전환, 식량 수급 안보와 안정을 위한 기반 구축, 대외 개방도 제고 등의 과제가 남아 있다. 중부 지역은 그간의 산업 발전에도 불구하고 자원 가공업을 비롯한 전통 산업 비중이 여전히 70~80%에 달할 정도로 높으며, 환경 제약이 증가하고 전통 상품에 대한 수요가 부족해져 구조 조정이 필요하다. 이에 중부 지역은 신질 생산력을 육성하면서 스마트 제조, 광전자 정보, 메모리칩 등 첨단산업을 육성하는 데 주력하고 있으나 전통 산업과의 마찰 및 서구 선진국의 견제 등으로 말미암아, 신흥 산업을 육성하면서 산업구조를 고도화하기가 쉽지 않은 상황이다.

또한 중부 지역은 혁신 역량이 여전히 부족하다. GDP 대비 R&D 투자 비중을 의미하는 R&D 집중도가 안후이성 2.56%, 후난성 2.41%, 후베이성 2.33% 등으로 꾸준히 증가하고 있으나, 중국 평균 R&D 집중도가 2.54%라는 점을 고려하면 중부 지역의 R&D 집중도는 여전히 낮은 편이다. 과학기술 혁신과 관련된 대학 및 연구 기관 등 혁신 플랫폼과 인재 등도 다른 지역과의 격차가 비교적 크고, 혁신과 산업의 통합 발전에 어려움이 있다.

다른 지역에 비해 중부 지역은 중심 도시의 주도적 역할 및 역내 지역 간 상호 협력이 약하다. 주도적 역할을 하는 중심 도시가 명확하지 않다가 2016년 우한 및 정저우로 선정되었으나 최근 몇 년간 창사와 허페이가 급부상하면서 지역 간 경쟁이 다시 시작되었다. 지리적 위치 및 인구 집중도 등을 고려할 때 중부 지역의 구심점이 하나가 되기 어려운 상황이다. 또한 중부 6개 성의 산업 유사성, 과도한 경쟁, 산업과 공급망 지원 역량 부족 등의 문제는 역내 지역 간 통합 발전을 제약하고 중부 지역의 산업 고도화를 제한하고 있다.

에너지 구조가 석탄에 편중되어 있는 중부 지역에는 그린/저탄소 전환 역시 중대한 도전이다. 경제성장과의 균형을 추구하면서 대기오염 관리, 하천/호수 보호 등을 중시하는 고품질 발전으로의 전환이 관건이다.

중요한 식량 생산 기지인 중부 지역에서 농민과 주요 식량 생산지의 이익 보상 부족으로 인하여 식량 생산량이 감소하는 등 식량 생산 능력과 자급률이 저하되고 있어 식량 안보 역량의 강화 및 개선이 필요한 상황이다. 또한 중부 지역은 동부 지역에 비해 정부 효율성, 기업 간 공정한 경쟁, 기업환경 등의 측면에서 개선이 필요하며 높은 물류비용 문제 등에 대한 보완 등 대외 개방을 더욱 확대해야 한다.

지역 경제 : 서부 지역

김부용

지역 개황

중국의 서부 지역은 쓰촨성, 간쑤성, 칭하이성, 윈난성, 구이저우성, 충칭시, 광시자치구, 네이멍구자치구, 닝샤자치구, 신장자치구, 티베트자치구 등 12개 성·직할시·자치구를 포함한다. 서부 지역은 중국 전체 인구의 27%가 거주하는 데 반해 중국 전체 국토 면적의 72%를 차지하는 광활한 지역이다. 면적이 넓다 보니 몽골, 러시아, 카자흐스탄, 파키스탄, 베트남 등 무려 13개국과 국경을 접하고 있다. 또한 중국 서부에는 44개 소수민족이 거주하고 있어 4대 지역 중 소수민족이 가장 많이 집중되어 있는 지역이며, 오랜 역사 속에서 다양하고 독창적인 문화를 형성해 왔다.

서부 지역은 광물, 에너지, 토지 및 관광자원이 풍부하며 이는 농업, 목축업, 광업, 관광업 등 비교 우위 산업을 발전시키는 기반이 되고 있다. 그러나 특정 산업에 대한 의존도가 높고 산업 업그레이드 진전 속도가 느린 점, 물류와 인프라 시설이 낙후된 점, 내륙지역에 위치한 지리적 특성, 동부 연해 지역 중심의 경제 발전 정책, 인재 유출 등 여러 가지 원인으로 인해 서부 지역은 개혁개방 이후 한동안 그 성과를 누리지 못하고 낙후 지역으로 남아 있었다.

지역 균형 발전을 이루고 서부의 풍부한 에너지 자원을 동부 지역으로 공급하며 소득수준을 높여 경제적 및 사회·정치적 안정을 이루고자 중국 정부는 1999년 서부 대개발 전략을 추진하기로 결정하고 2000년부터 실시했다. 이후 2013년부터 추진된 일대일로 전략은 서부 대개발에 새로운 활력을 불어넣었으며 서부 지역 경제는 커다란 발전을 이루게 되었다. 정책 추진 20년이 지난 2019년 국가발전개혁위원회는 철도-수로 복합 운송 계획인 〈서부 육해 신통로 총체 계획〉을 발표했으며, 이어 2020년 5월에는 서부 지역의 개발과 개방을 한 단계 더 끌어올리고자 중공 중앙과 국무원이 〈신시대 서부 대개발 추진 지도 의견〉을 발표하여 실시 중에 있다.

서부 대개발 전략 25년의 성과

서부 대개발 전략 추진 이후 교통 인프라가 크게 확충되고 서부의 에너지를 동부로 전송하는 프로젝트가 가동되었으며 특색 산업과 신산업이 발전하고 주요 경제지표가 크게 개선되는 성과를 보았다. 첫째, 지역내총생산GRDP이 1999년의 1조 6000억 위안에서 2023년에는 26조 9000억 위안으로 16배 이상 늘어났으며, 중국 전체 GDP에서 차지하는 비중도 1999년의 17.5%에서 2023년에는 21.4%로 소폭 증가했다. 이 중 2023년 기준 쓰촨성의 경우 지역내총생산이 6조 위안을 넘어 광둥성, 장쑤성, 산둥성, 저장성에 이어 5위를 기록했으며, 충칭시는 서부 지역에서 지역내총생산이 3조 위안을 넘은 첫 번째 도시가 되었다. 둘째, 1999~2023년간 8.2%에 달하는 높은 경제성장률을 달성했다. 비록 이는 동 기간 중국 전체 성장률인 8.3%에 조금 못 미치는 숫자이긴 하지만 2019~23년 기간에는 연평균 성장률이 4.4%에 달해 4대 지역 중 가장 빠르게 성장했다. 셋째, 무역 규모가 크게 증가했다. 서부 지역 수출입 총액은 1999년의 137억 달러에서 2023년에는 5313억 달러로 무려 39배 증가했으며, 같은 기간 중국 전체 수출입 총액에서 차지하는 비중도 3.8%에서 8.9%로 늘어났다. 특히 쓰촨성과 충칭시의 수출입 총액이 각각 1000억 달러를 넘어 서부 지역의 무역을 이끄는 주역인 것으로 드러났다. 그 밖에 신장자치구나 네이멍구자치구의 경우 일대일로 연선 국가들과의 무역 확대에 힘입어 무역 규모가 빠르게 증가하고 있으며, 광시자치구의 경우도 2022년 1월부터 발효된 역내포괄적경제동반자협정RCEP에 힘입어 최근 들어 무역 규모가 빠르게 증가하는 추세를 보이고 있다. 넷째, 주민들의 생활수준이 크게 향상되었다. 도시지역 주민들의 1인당 가처분소득은 1999년의 5282위안에서 2023년에는 4만 4066위안으로 8배 증가했

주요 경제지표의 중국 4대 지역 간 비교

연도	GRDP (10억 위안)		성장률 (%)		무역 규모 (억 달러)		도시 가처분 소득(위안)		도시화율 (%)	
	1999	2023	1999~2023	2019~2023	1999	2023	1999	2023	1999	2023
전체	9,056	126,058	8.3	3.7	3,606	59,360	5,854	51,821	34.8	66.2
동부	4,641	65,208	8.7	3.1	3,172	47,153	7,492	62,501	27.9	74.9
동북	838	5,962	8.8	2.6	181	1,752	4,673	39,964	61.9	68.4
중부	1,739	26,990	7.8	3.8	116	5,142	4,948	44,799	23.3	62.4
서부	1,585	26,932	8.2	4.4	137	5,313	5,282	44,066	32.9	59.6

자료: CEIC, 中國國家統計局.

다. 또한 5086만 명의 빈곤 인구와 568개의 빈곤 현이 빈곤에서 벗어나는 성과를 거두었다. 다섯째, 도시화 수준이 크게 높아졌는바, 상주인구 기준 도시화율은 1999~2023년 기간 32.9%에서 59.6%로 높아졌다. 여섯째, 신산업과 특색 산업이 발전하면서 산업구조가 빠르게 업그레이드되고 있다. 쓰촨성과 충칭시는 전자정보·자동차·장비제조·소비재 등 4개 분야를 1조 위안 규모의 산업으로 육성하고 있으며 구이저우성과 닝샤자치구에서는 빅데이터 산업이 발전하며 서부 클라우드 기반을 구축하고 있다. 2024년 4월 기준 서부 지역에는 신소재, 바이오 등 국가급 전략적 신흥 산업 클러스터 9개와 전자정보, 항공 등 국가급 첨단 제조업 클러스터 5개가 조성되어 있다. 이 밖에 서부 지역은 각자 보유한 자원과 산업 기반을 바탕으로 특색 산업의 육성과 발전을 가속화하고 있다. 예를 들면 간쑤성과 닝샤자치구는 풍력·태양광 등 신에너지 산업을 발전시키고 있고, 신장자치구는 중의약 자원을 브랜드화하고 있으며, 구이저우성은 화학과 석탄화학의 첨단화를 추진하는 등이다. 일곱째, 교통 인프라가 크게 확충되었다. 티베트 내륙지역으로 가는 최초의 철로이자 세계에서 고원지대를 관통하는 해발고가 가장 높고 노선이 가장 긴 칭짱青藏철도가 2006년 정식 개통되었으며, 쓰촨성과 티베트자치구를 연결하는 고속철도이자 티베트 내륙지역으로 가는 두 번째 철도인 촨장川藏철도가 부분 개통되었다. 서기동수西氣東輸, 서전동송西電東送 등 서부의 에너지를 동부로 전송하는 프로젝트가 가동되었으며, 2022년부터는 동쪽의 데이터를 서쪽으로 옮겨 처리하는 동수서산東數西算 디지털 프로젝트가 가동 중에 있다. 또한 일대일로 이니셔티브의 상징이라 불리는 중국-유럽 화물열차는 2013년 11월 서부 지역에서 처음 개통되었으며, 지난 2019~23년간 서부 지역에서 총 3만 5000대의 중국-유럽 화물열차가 운행되어, 중국에서 운행되는 중국-유럽 화물열차 전체 운행량의 50.5%를 차지했다. 이 밖에 철도-수로 복합 운송 통로인 '서부 육해 신회랑'은 현재 전 세계 120개 국가 및 지역의 490개 항구를 포괄하고 있다.

과제와 전망

그러나 상술한 성과에도 불구하고 서부 지역의 발전이 아직은 충칭, 청두, 시안 등 일부 거점 도시를 중심으로 이루어지고 있어 불균형적이고 불충분하다는 문제가 있으며, 빈곤 문제 해결이라는 과제도 여전히 남아 있다. 또한 동부 지역과의 발전 격차가 여전히 크며 산업구조 업그레이드가 여타 지역에 비해 더딘 점도 사실이다.

에너지 자원의 효율적인 이용과 유럽으로의 통로라는 측면에서 가장 중요한 역할을 담당하는 중국 서부 지역은 발전을 위해 두 가지 전략에 주력하는 것으로 보인다. 하나는 현재 중국이 빠른 속도로 추진 중인 디지털 경제 전환에 탑승하는 것이다. 그런 측면에서 동수서산 프로젝트에 주목할 필요가 있다. 이 프로젝트는 구이저우성, 닝샤자치구, 쓰촨성 등 지역에 대형 데이터 센터 단지를 조성하고 필요한 전력을 풍력, 태양광 등 신재생에너지 생산량이 풍부한 네이멍구자치구, 신장자치구 등지로부터 공급받는 것을 골자로 하고 있다. 이 과정에서 클라우드 컴퓨팅, 인공지능 등 첨단 기술 산업이 발전하게 될 전망이다. 다른 하나는 일대일로 건설에 보다 적극적으로 참여하여 개방을 심화하는 것이다. 간쑤성과 산시성은 역사적·문화적 이점을 이용해 실크로드 경제 벨트의 중요한 통로로서의 역할을 수행하고, 구이저우성과 칭하이성은 녹색 실크로드 건설을 가속화하며, 네이멍구자치구는 중·몽·러 경제회랑 건설에 적극 참여하고, 윈난성과 란창-메콩강 지역 간의 개방을 확대하는 등이다. 이를 통해 중국 정부가 기대하는 대로 2035년까지 서부 지역이 공공서비스, 교통 인프라, 주민들의 생활수준 등에서 동부 지역과 대체로 비슷한 수준으로 올라설 수 있을지 행보를 지켜보는 동시에 참여 방안에 대한 고민이 필요한 시점이다.

기업

정해인

개혁 개방 이후 중국 기업 구조의 변화와 성장

1978년 개혁 개방 이후 중국의 기업 구조는 급격한 변화를 겪었다. 11기 3중전회에서 "공유제를 주체로 하고 다양한 소유제가 함께 발전하는" 방침이 채택되었고, 1988년 사영 기업이 공식적으로 인정받았으며, 1994년에는 〈회사법〉이 제정되었다. 이처럼 중국의 경제체제가 계획경제에서 시장경제로 전환하는 법적 기반이 순차적으로 마련되면서 사영 기업들은 더욱 공고한 법적 지위를 확보하게 되었다.

이러한 정책적 변화는 기업의 소유 구조를 크게 바꾸어 놓았다. 개혁 개방 초기 공업 총생산액의 77.6%를 차지하던 국유 경제의 비중은 점차 감소하기 시작했다. 1980년대 중반까지 2% 미만이었던 개인/사영 경제는 꾸준히 성장하여 1990년대 중반에는 15% 이상으로 증가했고, 같은 시기 국유 경제는 30% 이하로 축소되었다. 특히 유통 분야에서는 공유제와 비공유제의 비중이 역전되는 현상까지 나타났다.

이러한 변화를 토대로 중국 기업들은 성장을 지속했고, 내수시장을 넘어 글로벌 시장에서도 그 영향력을 확대해 나갔다. 이는 매년 전년도 매출을 기준으로 발표되는 미국 경제 월간지 『포춘』*Fortune*의 '글로벌 500대 기업' 순위에서도 잘 드러난다. 1995년 당시 중국 기업은 없었으나, 2000년대 들어 중국 기업의 수가 꾸준히 증가하기 시작했다. 특히 2010년 이후 중국 기업의 성장세가 더욱 가파르게 나타났으며, 2020년에는 중국(124개)이 미국(121개)을 처음으

포춘 글로벌 500대 기업 중 미국과 중국의 기업 수 변화

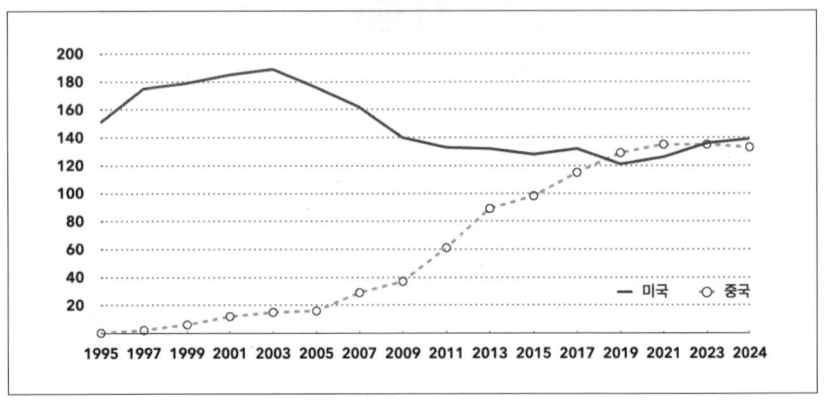

자료: *Fortune*, "Fortune Global 500 Ranking", 각 연도별 데이터(1995-2024).

로 추월했다. 2024년 기준으로는 미국이 139개, 중국이 128개 기업을 보유하며 양국이 글로벌 기업 순위에서 비슷한 수준을 보이고 있다.

민영기업과 국유 기업의 현재적 위상

계획경제 시기 인민공사가 통제했던 향진기업들은 점차 현대적 기업으로 발전했고, 연해 지역 경제특구를 중심으로 개체 및 사영 기업, 외자 기업 등 다양한 소유 구조가 등장하며 중국 경제의 다원화가 가속화되었다. 특히 민영기업들은 정부의 점진적인 시장 개방 정책, 풍부한 노동력, 수출 지향적 산업 정책 등을 활용하여 빠르게 성장했고, 제조업과 건설업 등 주요 산업 분야에서 국유 기업을 대체했다. 이러한 변화는 중국 경제의 효율성과 역동성을 크게 향상하는 계기가 되었다.

이 같은 성장을 바탕으로 민영기업은 중국 경제의 혁신 동력으로 부상했는데, 특히 IT, 전자 상거래, 신에너지 자동차 등 신산업 분야에서 혁신을 주도하고 있다. 징둥, 텐센트, 알리바바 등 인터넷 기업이 약진했고 화웨이, 비야디 등 제조업체 역시 대표 주자로 자리매김했다. 나아가 최근에는 고속철도(항타이 고속철도), 항공 우주(민간 로켓 발사) 등 전통적 국가 독점 산업에도 진출하며 영역을 확장하고 있다.

한편 중국 경제에서 국유 기업이 차지하는 비중은 여전히 높은 수준을 유지하고 있다. 국유 기업은 전력, 석유, 건설, 철도, 통신, 금융, 철강 등 기간산업에 집중되어 있으며, 규모와 자원 접근성 면에서 우위를 보이고 국가 안보와 직결된 산업에서 지배적 위치를 유지하고 있다. 이는 '포춘 500대 기업'에 포함된 중국 기업들 중 64%가 국유 기업이라는 점에서도 확인할 수 있다. 국유 기업을 '국가 지분 25% 이상'으로 폭넓게 정의할 경우 이 비율은 70.3%에 달한다. 그러나 국유 기업들은 심각한 효율성 문제를 안고 있다. 이들의 자산 수익률ROA은 1.2%로, 민영기업(3.3%)에 비해 현저히 낮은 수준이며, 혁신 능력도 제한적이라는 평가를 받고 있다.

시진핑 시대의 기업 발전 전략

시진핑 체제는 두 가지 주목할 만한 정책 기조를 보인다. 한편으로는 미·중 전략 경쟁에 대응하여 첨단 기술 육성을 적극 추진하고 있다. 이는 민영기업들의 괄목할 만한 성과로 이어지고 있는데, 2024년 중국 500대 기업 순위에서 IT 기업들의 약진이 두드러진다. 특히 알리바바, 텐센트, 징둥닷컴과 같은 인터넷 기업들이 상위권에 진입했고, 화웨이를 중심으로 한 통신장비·가전 기업들, 비야디로 대표되는 전기차·배터리 기업들의 성장세가 가파르다. 이는 중국의 기술 고도화 정책이 민영기업을 통해 실질적인 성과를 거두고 있음을 보여 준다. 그러나 다른 한편으로는 2017년 사이버 보안법 제정을 시작으로 기업에 대한 통제가 전방위적으로 강화되고 있다. 2020년 말부터는 알리바바, 텐센트, 디디추싱 등 플랫폼 기업에 대한 반독점 규제가 본격화됐고, 민영기업 내 당위원회 설치도 의무화됐다.

이러한 통제 강화는 기술 혁신이라는 정책 목표와 근본적인 긴장 관계를 형성한다. 첨단 기술 분야에서의 혁신은 기업가 정신, 시장 경쟁, 그리고 자유로운 의사 결정을 필요로 하는데, 당-국가의 개입 강화는 이러한 조건들을 제약할 수 있기 때문이다. 실제로 2020년 이후 플랫폼 기업들에 대한 규제 강화는 이들 기업의 투자 위축과 해외 자본의 이탈로 이어진 바 있다. 중국의 첨단 기술 굴기를 이끌어 온 민영기업들이 강화된 통제하에서도 혁신 동력을 유지할 수 있을지, 그리고 이러한 중국식 발전 모델이 장기적으로 어떤 결과를 만들어 낼지 면밀한 관찰이 필요하다.

은행

서봉교

중국 은행업 구성의 특성

중국의 금융 시스템에서 은행은 자금 조달, 통화정책, 지급 결제 서비스 등에서 가장 중요한 역할을 담당하고 있다. 중국의 은행 시스템은 중앙은행人民銀行과 상업은행, 기타 금융 기구 등으로 구성되어 있다. 중국금융감독위원회의 자료에 따르면 2023년 말 기준으로 중국 은행들의 총자산 규모는 417조 위안으로 전년 대비 10%의 안정적인 성장을 지속하고 있다.

중국 은행업에서 대형 상업 은행의 자산이 차지하는 비중은 2023년 기준 42.4%로 지난 수년간 꾸준히 상승하고 있다. 대형 상업 은행은 과거 국유 은행이라고 지칭되었던 공상은행工商銀行, 중국은행中國銀行, 건설은행建設銀行, 농업은행農業銀行과 교통은행交通銀行이 포함되어 있다. 이들은 중국 금융 시스템의 안정과 발전을 위해 가장 중요한 역할을 담당하고 있다. 우체국은행中國郵政儲蓄銀行은 원래 주식제 상업은행 항목에 포함되었다가 2019년부터 대형 상업 은행 항목으로 변경되어 편입되었다.

주식제 상업은행은 전국을 영업 범위로 운영되는 주식시장에 상장된 상업은행이다. 주식제 상업은행이 중국 은행업에서 차지하는 비중은 2023년 17.0% 정도이다. 설립 연도순으로 나열해 보면 중신은행中信銀行(1987년), 초상은행招商銀行(1987년), 광대은행光大銀行(1992년), 화하은행華夏銀行(1992년), 상하이푸둥발전은행上海浦東發展銀行(1992년), 민생은행民生銀行(1996년), 선전발전은행深圳發展銀行(1987년), 광둥발전은행廣東發展銀行(1988년), 항풍은행恒豊銀行(1987년 설립),

흥업은행興業銀行(1988년), 절상은행浙商銀行(1993년), 발해은행渤海銀行(2005년)이다.

도시 상업은행은 특정 지역을 영업 범위로 해 운영되는 중소형 상업은행이다. 2023년 기준으로 중국에는 자산 규모가 1000억 위안 이상인 135개의 도시 상업은행이 운영되고 있다. 그중에서 상하이은행上海銀行, 베이징은행北京銀行 등 42개의 대형 도시 상업은행이 주식시장에 상장되어 있다. 도시 상업은행의 자산이 중국 은행업에서 차지하는 비중은 꾸준히 상승하여 2023년 기준으로 13.2%에 달하고 있다.

농촌 상업은행은 주로 농촌 지역에서 운영되는 지방 상업은행이다. 과거에는 농촌신용합작사나 농촌합작은행 등의 협동조합이나 다양한 지배 구조로 운영되었으나 부실이 심화되어 2010년대 이후 대대적인 구조 조정과 통합을 거쳐 주식제 상업은행으로 재편되었다. 2023년 말 기준으로 농촌 상업은행은 1607개가 운영되고 있으며, 이들 은행의 자산이 중국 은행업에서 차지하는 비중은 14.3%로 지난 수년간 소폭 감소하고 있다.

기타 금융 기구에는 국가개발은행과 같은 특수 목적의 정책 은행과 민영 은행, 외자 은행, 비은행 금융 기구, 자산 투자 전문 회사金融資產投資有限公司(2020년부터 포함), 자산 운영 전문 회사理財公司(2023년부터 포함) 등이 포함되어 있다. 이에 대해서는 아래에서 자세히 설명한다.

최근 중국 은행 시스템의 특징적인 변화

과거 은행, 보험, 증권(자산 운용)으로 세분화하여 금융 시스템을 관리하던 금융 감독 기관은 2018년 은행과 보험의 금융 감독 기능을 통합하여 은행보험감독관리위원회로 개편했다. 이후 2023년에는 은행보험감독관리위원회를 국무원 산하의 국가금융감독관리총국國家金融監督管理總局으로 개편하면서 중국 금융 시스템 전반에 대한 리스크 관리 역량을 강화했다.

지난 수년간 중국 은행업의 부실 대출 비율은 지속적으로 감소하고 있다. 과거 중국 은행들은 비효율적인 국유 기업에 대한 자금 조달 역할을 담당했기 때문에, 부실 대출 비중이 전체 대출의 30% 이상에 달할 정도로 높았다. 2004

년까지만 해도 공식적인 은행 부실 대출 비율은 무려 13%에 달했다. 하지만 2000년대 중반 이후의 대대적인 은행 부실 자산 정리(부실자산정리공사, 자산관리회사)와 정부 공적 자금의 투입, 주식 상장 등을 통한 해외투자 자금 유치 등 강력한 구조 조정 과정을 통해 부실 대출 비율은 1%대로 급감했다.

하지만 데이터상으로 나타난 부실 대출 비율이 실제 중국 은행 시스템의 부실을 충분히 반영하지 못한다는 우려도 제기되고 있다. 예를 들면 2008년 글로벌 금융 위기를 극복하는 과정에서 중국 정부가 주도한 양적 완화 정책으로 은행의 신규 대출이 급격히 증가하여 2009년과 2010년의 대출 증가율이 20~30%에 달하기도 했다. 당시의 급격하게 증가한 은행 대출 중에는 부실한 국유 은행에 대한 대출 지원이 상당 정도 포함되어 향후 잠재적인 부실 대출 증가로 이어질 가능성이 있다. 또한 지방정부의 비효율적인 공공투자나 지역 부동산 개발을 위한 부동산 투자회사(일명 지방정부 융자 플랫폼)에 대한 대출도 증가했는데, 2015년 이후 이러한 은행 대출에 대한 상환 리스크가 커지면서 중앙정부가 이 대출을 지방정부 채권 발행으로 전환하는 정책을 도입하기도 했다.

반면 중국 은행 시스템의 효율성과 경쟁력을 높이는 긍정적인 변화도 발생했다. 중국에서 민영 은행이란 일반적으로 2014년부터 설립된 100% 민간자본의 핀테크 온라인 은행을 지칭한다. 이들은 오프라인 영업 지점이 없는 온라인 디지털(모바일) 은행으로 운영되기도 하고, 주로 온라인 전자 상거래 소액 대출이나 중소 상인들을 대상으로 소액 신용 대출 등을 하는 새로운 유형의 은행이다. 2015년 중국 최대의 소셜 네트워크 플랫폼 텐센트는 위챗 SNS와 연동한 위뱅크深圳前海微眾銀行를 설립했고, 중국 최대의 전자 상거래 플랫폼 알리바바는 2015년 마이뱅크浙江網商銀行를 설립했다. 중국 최대의 온라인 보안 전문 플랫폼 치후奇虎도 2015년 진청天津金城銀行 온라인 은행을 설립했다. 2023년 말 기준으로 중국에는 19개의 민영 은행이 설립되어 운영되고 있다.

중국에서 외자 은행은 중국에 법인을 설립하고 운영하는 외국계 은행을 지칭한다. 중국은행업협회의 통계에 따르면 2023년 말 기준으로 중국에는 41개의 외국 법인 은행과, 116개의 외국은행 지점, 132개의 외국은행 대표처가 운영되고 있다. 외자은행의 중국 내 총자산 규모는 3조 8600억 위안으로 전년

중국 은행업 총자산과 유형별 자산 구성비 추이 (단위: 조 위안, %)

연도	은행업 총자산 (조 위안)	대형 상업 은행 (%)	주식제 상업 은행 (%)	도시 상업 은행 (%)	농촌 상업 은행 (%)	기타 (%)	외자 은행 (%)	부실 대출 비율 (%)
2004	32	53.6	14.9	5.4	9.9	16.2	1.8	13.21
2005	37	52.5	15.5	5.4	9.9	16.7	1.9	8.61
2007	53	53.2	13.8	6.4	10.6	16.0	2.4	6.17
2009	79	50.9	15.0	7.2	10.8	16.1	1.7	1.58
2011	113	47.3	16.2	8.8	11.4	16.3	1.9	1.00
2013	151	43.3	17.8	10.0	12.1	16.8	1.7	1.00
2015	199	39.2	18.6	11.4	12.9	18.0	1.4	1.67
2016	232	37.3	18.7	12.2	12.9	19.0	1.3	1.74
2017	252	36.8	17.8	12.6	13.0	19.8	1.3	1.74
2018	268	36.7	17.5	12.8	12.9	20.1	1.3	1.83
2019	290	40.3	17.9	12.9	12.8	16.2	1.2	1.86
2020	320	40.2	18.1	12.8	13.0	15.9	1.2	1.84
2021	344	40.1	18.0	13.1	13.3	15.5	1.1	1.73
2022	379	41.2	17.5	13.1	13.2	15.0	1.0	1.63
2023	417	42.4	17.0	13.2	13.1	14.3	0.9	1.59

자료: 中國人民銀行, 國家金融監督管理總局, 中國國家統計局 등.

대비 2.7%가 증가했다.

이는 전체 중국 은행 자산에서 차지하는 비중이 0.9%로 매우 낮은 수준이다. 중국 은행 자산에서 외자 은행의 비중은 2001년 중국의 WTO 가입으로 중국 은행업이 개방된 이후 꾸준히 상승했는데 2007년에는 2.7%까지 높아졌다. 하지만 2008년 글로벌 금융 위기 이후 외자 은행의 중국 내 영업 활동이 위축되고, 중국 은행들의 자산이 급격히 증가하면서 외자 은행의 비중은 지속적으로 감소하고 있다.

중국 비은행 금융 기구 중에는 알리페이와 위챗페이 모바일 지급 결제 플랫폼의 급성장이 가장 큰 특징적인 현상이다. 2023년 기준으로 알리페이나 위챗페이와 같은 비은행 결제 플랫폼第三方移動支付(제3자 모바일 결제 사업자)의 모바일 결제 규모는 346조 위안에 달해 전년 대비 12%가 증가했다. 중국에서 스마트폰을 이용한 모바일 결제 서비스가 도입된 이후 불과 10년 만에 중국 지급·결제 시스템에서 비은행 결제 플랫폼은 은행의 모바일 뱅킹이나 카드 결제에 버금가는 중요한 역할을 담당하고 있다.

기업의 사회적 책임

곽배성

기업의 사회적 책임Corporate Social Responsibility, CSR의 틀과 정신은 자본주의가 태동하고 발전해 온 서구 사회의 노동, 환경, 기업법 등과 관련된 학계, 전문가 집단, 시민사회의 노력에 의해 오랜 기간 동안 형성되어 왔다. 하지만 개혁개방 이전까지 사회주의 경제를 유지해 온 중국 사회 내에서 CSR 개념 형성과 발전 과정은 서구 사회의 경우와는 다른 특징들이 있다.

중국 내 CSR 도입 과정의 특징

첫째, 중국의 CSR 개념 도입에는 외세의 영향이 크게 작용했다. 2001년 중국이 WTO에 가입하면서 본격적으로 CSR 개념이 외부로부터 유입되기 시작했는데, 이는 글로벌 시장에서 노동, 환경, 지배 구조 등의 영역에서 중국 기업들이 공정하고 책임 있는 경쟁자로서 활동하기를 바라는 국제기구, 글로벌 기업 등의 요구가 반영된 것이었다. 또한 중국에 진출한 선진 외자 기업들은 중국 경제개발 과정에서 정부의 역량이 부족하여 대응하지 못하는 사회적 아젠다들을 CSR 프로그램 제공을 통해 해결하면서 중국 사회 및 정부와 우호적 관계를 맺는 도구로 활용해 왔다. 둘째, 뒤늦게 CSR을 받아들였음에도 불구하고 중국 내 CSR 의식이 단기간에 고도화되었다. 무엇보다도 개혁 개방 이전 국유·국영 기업이 직원과 그 가족의 삶을 책임지던 사회주의 유산의 영향으로 중국 사회는 기업이 시민들의 삶에 책임을 져야 한다는 인식을 낯설지 않게 받아들일 수 있었다. 또한 중국 정부는 2006년 시행한 기업법에 "기업이 경영 활동을 하는 동시에 법, 사회 공중도덕, 상업도덕을 준수하고 기업 신용을 지키며 정부와 사회의 감독을 수락해서 사회적 책임을 실행한다."고 명시했고, 동법 시행 3년 만인 2009년에 600개 기업이 사회적 책임 보고서를 발간하는 성과를 거두었다. 또한 2008년 멜라닌 분유 파동, 쓰촨성 대지진에 대한 국내외 기업들의 구호 활동, 베이징 올림픽에 대한 다양한 기업 후원 활동 등을 지켜보며 국민들의 CSR 의식 수준이 급속도로 향상될 수 있었다.

중국 내 CSR 정착 과정

중국에 CSR이 정착되는 데에는 국가 주도의 가이드라인 제시가 큰 역할을 했다. 2009년부터 중국사회과학원이 외자 기업을 포함한 중국 내 기업들의 CSR 랭킹을 발표하면서 조사 대상인 국내외 기업들은 중국 정부의 가이드라인을 준수해야 하는 상황이 되었다. 2008년 이전까지 중국 내 CSR 랭킹은 주로 포춘이나 포브스 같은 외국계 기관에 의해 측정·발표되어 조사 대상 기업도 서구 기업 위주였으며 그들의 활동 성과를 알리는 것이 주목적이기도 했다. 하지만 사회과학원 랭킹이 도입되면서 많은 중국 기업들이 CSR을 이행하게 되었고 상위 랭킹을 차지하게 되었다. 또한 국유 기업을 중심으로 받아들여지던 CSR이 민영기업까지 확대되면서 2016년에는 중국 100대 자선 기업 중 대다수를 민영기업이 차지하는 결과가 나타나기도 했다.

한편, 개인의 권리 및 삶의 질, 그리고 투명하고 공정한 사회를 점차 중요시하는 중국 사회의 현실이 반영되면서 선진국형 CSR 가이드라인들이 등장했다. 고용조건 개선, 환경문제 개선, 제품 서비스 품질 개선, 투명한 기업 지배 구조 등에 대한 사회적 인식이 강화되며, 노동·환경·자선 활동 관련 CSR 법규들도 선진국 수준으로 끌어올리고 있는 상황이다. 2014년 최저임금 인상, 여직원 노동보호법 제정, 2015년 신新환경법 발효, 2016년 자선법 발효 등이 대표적인 사례이다. 또한 해외에 진출하는 중국 기업이 증가하면서 2018년 국가발전개혁위원회는 '기업의 해외투자에 대한 관리 조치'를 발표하며 해외에 진출하는 중국 기업의 사회적 책임 이행을 강조했다.

중국의 ESG 추진 현황과 전망

최근 중국 내에서 CSR과 관련된 가장 큰 이슈는 2024년 중국 3대 증권거래소와 재무부가 발표한 ESG(환경, 사회, 지배 구조) 공시 표준 도입일 것이다. 중국 정부는 그동안 중국 내 ESG 평가 주체나 기준이 제대로 구축되지 않은 상태에서 기업들이 자발적으로 발표하는 ESG 보고서로서는 보고 내용의 검증, 평가, 감독이 어렵다는 것을 인정하며, 2030년까지 글로벌 스탠더드에 부합하는 기업 ESG 공시 표준을 도입하겠다고 선언했다. 이에 따라 현재 중국 상장 시장가치의 절반을 차지하는 450개 기업은 의무적으로 ESG 표준안에 따른 보고서를 발표해야 한다. 공시 수준 및 범위는 서구 국가에 비교해도 엄격한 기준을 적용하고 있다. 유럽과 동일하게 이중 중요성Double Materiality을 따라야 하는데, 이중 중요성 기준에 따르면 ESG 요소가 기업에 미치는 재무적 영향과 기업이 사회 및 환경에 미치는 영향 모두를 공시해야 한다. 또한 탄소 배출량 보고 범위도 기업이 통제하기 어려운 간접 배출량까지 보고해야 하는 스코프Scope3를 포함하고 있다. 이는 최근 부동산발 경기침체, 미·중 지정학 갈등 등으로 인해 경제성장이 둔화되면서 외국자본이 이탈하는 상황에서 발표되었다는 점을 주목해야 할 것이다.

중국은 지속적으로 선진국 수준의 기준을 수용하는 동시에, 자국만의 특색을 반영하여 경쟁력 있는 경제 시스템을 구축해 왔다. 이미 선진국 수준의 하드웨어를 갖춘 중국이 ESG 기반의 CSR이라는 새로운 소프트웨어를 통해 향후 어떻게 경제성장을 어떻게 이끌어 갈지 주목할 필요가 있다.

7장 ★ 별
★★★★

법 개관
: 통치 수단으로서의 강제규범

강광문

법의 개념

중국에서 법法이라는 낱말의 역사는 매우 오래되었다. 법의 옛 한자 灋에서 해태 치廌는 죄의 유무를 판가름하고 사리를 분별하는 신수神獸라고 한다. 중국 역사상 최초의 한문 사전인 『설문해자』說文解字에서는 법灋을 다음과 같이 풀이했다. "법은 형이다. 물처럼 평평하기에 수水 자를 따른다. 해태가 접촉하게 하여 정직하지 않은 자를 제거하기에 거去 자를 따른다"法, 刑也. 平之如水, 從水; 廌以觸不直者, 去之, 從去. 고대 중국에서 법이라고 하면 형벌刑罰을 의미하는 경우가 많았고, 法과 刑이 서로 대체되어 사용되기도 했다. 형벌로서의 법은 군주 등 위정자가 만든 강제규범이고, 민民을 유효하게 통치하기 위한 도구로 인식되었다.

근대 이후 Law나 Recht의 번역어로 법法이 쓰였고, 이를 바탕으로 헌법, 민법, 법률행위나 법철학 등과 같은 다양한 법학 용어가 새롭게 만들어졌다. 또한 서양의 각종 법사상이 유입되면서 전통적인 법의 개념도 변화를 겪게 된다.

현재 중국에서는 법을 대체로 국가가 제정하거나 승인한 것으로, 국민의 권리와 의무를 규정하고 국가의 강제력으로 그 시행이 보장되는 규범 체계로 정의하고 있다. 다시 말해, 현재 중국에서 이해하고 있는 법은 주로 국가가 입법을 통해 만든 강제력을 가진 행위규범을 의미한다. 따라서 국가가 효율적인 통치를 실행하기 위해서는, 우선 입법을 통한 성문 법률의 체계화를 추구하고 법의 집행을 엄격히 해야 한다.

법에 대한 이러한 도구주의적 이해는 최근 시진핑 국가 주석과 중국공산당이 자주 언급하는 다음의 문구에서 다시 한번 확인된다. "법률은 치국의 중기重器이고 양법良法은 선치善治의 전제이다."

법사상

중국의 전통적 법사상 또는 고대 중국의 정통 법률 사상은 춘추전국 시기의 이른바 백가쟁명百家爭鳴의 시대를 거친 후 진한秦漢 시기에 중앙집권 체제의 수립과 함께 형성되었다고 알려져 있는데 그 내용은 크게 유가儒家와 법가法家 사상의 결합이라고 볼 수 있다.

유가의 경우 나라를 잘 다스리기 위해서는 형벌과 같은 법이 필요하지만 덕德이나 예禮가 더욱 중요한 것으로 인식했다. 또한 법과 제도로 민民을 강제하는 것보다 위정자가 먼저 본을 보이는 것이 중요하고, 권력이나 형벌을 남용하기보다 덕과 예를 통한 교화를 중요시했다. 법이나 형벌은 필요할 때 사용되어야 하지만 가장 이상적인 통치 수단은 아니고 덕과 예가 한 수 위라는 것이다.

반면, 유가를 비판한 법가는 덕의 교화를 통해 사회질서를 유지할 수 있다는 점을 부정하고, 위정자 한 사람이 솔선수범함으로써 통치를 잘할 수 있다는 것을 신뢰하지 않았다. 따라서 치국治國에 필요한 것은 사람에 의한 통치가 아니라 객관적이고 통일적인 규범에 의한 통치였다. 인간은 이기적이고 이익을 추구하며 손해를 회피하는 습성이 있기에 상벌을 명확히 해야 하고 사회질서의 유지를 위해서는 중형도 불가피하다고 주장했다. 당연히 법가에서 주장하는 법치는 어디까지나 군주를 위하고 군주의 권력을 강화하기 위한 것이지 군권을 제한하거나 국가권력을 제어하기 위함이 아니다. 군주가 입법의 주체이고 법률은 군주의 더 나은 통치를 위한 도구에 불과한 것이다.

이 두 학파는 법의 역할, 법과 도덕의 관계 등에 대해서는 서로 대립한 주장을 하고 있지만, 법 자체에 대한 이해에 있어서는 별반 차이가 없다. 즉, 유가나 법가 모두 법을 일종의 수단으로 보는, 법에 대한 도구주의적 이해를 명확히 하고 있다. 법은 통치의 목적이 아니라 수단이라는 것이다. 나아가 법은 군주나 위정자의 통치를 위해 필요한 강제 수단이고 그 상대가 민民, 즉 백성이다.

법제사

중국은 오랜 성문법의 전통을 가지고 있으며 일찍이 발달한 법률 체계를 구축했다. 이러한 중국 법 제도의 발전 단계에 관해서는 통일된 학설이 정해지지 않아 다양한 구분 방법이 있다. 이하에서는 중국 법제사를 크게 상고시대上古時代(춘추전국시대 이전), 고대 중국(춘추전국시대 이후), 근대 중국(1840~1949년), 사회주의 중국(1949년 이후) 등 네 시기로 구분해 살펴본다.

상고시대: 법의 기원과 법률제도의 형성

일반적으로 중국에서 법은 전쟁 포로를 처벌하기 위해 마련된 각종 형벌에서 기원했다고 한다("형벌은 전쟁에서 비롯되며 전쟁과 형벌은 서로 불가분의 관계"刑起于兵, 兵刑不分). 그 후 각종 형벌이 분화되어 5형五刑이라 불리는 형벌 체계가 출현했다. 하나라, 상나라 시기의 발전을 거치면서 주나라 이후 상고시대의 법률제도는 점차 체계화되었다. 당시 주공周公이 주도적으로 제정한 〈주례〉周禮와 주나라 목왕穆王 시기에 제정한 〈여형〉呂刑이 당시 시대의 예와 형의 발전 수준을 대표한다고 할 수 있다.

고대 중국: 법 제도의 체계화

춘추전국시대(BC 770~BC 221년)는 중국 고대 역사상 중요한 변혁기다. 각국은 차례로 성문 법전들을 제정했고 유가와 법가를 포함한 각종 법사상이 출현했다. 기원전 536년 정鄭나라는 중국 역사상 최초의 성문 법전인 『형서』刑書를 공포했다. 전국시대의 위魏나라는 이회李悝의 주관하에 『법경』法經을 제정했는데, 이는 이미 비교적 체계적인 법전의 수준에 도달했다고 평가된다. 중국 고대의 법률제도는 당나라 시대에 매우 성숙한 단계까지 발전했다. 『당률』唐律은 당시 가장 선진적이고 완전한 성문 법전으로서 중국 주변 지역의 법제 발전에도 큰 영향을 미쳤다.

근대 중국: 법 제도의 개혁과 좌절

19세기 중반 이후 서구 열강의 압박하에 중국 사회는 큰 변화를 겪게 된다. 전통적인 중국의 법사상과 인식 또한 서구의 영향을 받아 변화하기 시작했고 각종 법제 개혁이 시도되었다. 캉유웨이康有爲 등이 주도한 무술변법戊戌變法(1898년)은 법 제도를 포함한 중국의 기본 체제를 개혁하여 자주 부강을 실현하고자 한 대표적인 시도였다. 20세기 들어서 청 왕조는 대내외 압력에 직면하여 제헌과 국회 개설, 성문법의 제정, 근대 사법제도의 수립 등 개혁에 착수했다. 청 왕조가 멸망 후 수립한 중화민국 시기의 각 정권 또한 청 말의 제헌과 법 제도 개혁을 계승하여 여러 헌법 문헌을 작성하고 일련의 법률을 제정함으로써, 근대 법제와 사법 체제가 중국에서 어느 정도 정착되었다. 하지만 이러한 법제의 근대화 작업은 1949년 국민당 정부가 국공 내전에서 패배함으로써 막을 내리게 된다.

사회주의 중국: 사회주의 법제 건설

1949년 이후 중국공산당과 정부는 기존 국민당 시기의 법률과 사법제도를 전면적으로 부정하고 사회주의 법체계를 새로이 수립한다는 방침을 정했다. 1954년에 첫 사회주의 헌법이 제정되고 전국인민대표대회조직법, 국무원조직법 등 기타 기본 법률도 제정되기 시작했다. 하지만 1950년대 중반 이후 중국이 각종 정치투쟁에 휩쓸리기 시작하면서 막 시작한 법제 수립 역시 중단되었다. 1978년 중국공산당 11기 3중전회를 계기로 사회주의 중국은 새로운 시기로 진입했다. 중국공산당과 정부는 덩샤오핑의 지도하에 개혁 개방 정책을 도입하고 일련의 개혁 조치를 실행했으며, 법제 영역에서는 의법치국과 사회주의 법제 건설을 가장 중요한 목표로 삼았다.

1979년 형법과 형사소송법 제정을 시작으로 국가 기본법들이 순차적으로 제정·개정되어, 현재 중국 특색의 사회주의 법률 체계가 어느 정도 완성되었다고 볼 수 있다. 최근 중국 법제 또는 입법의 가장 큰 성과로는 중국 민법전民法典의 제정이 있다. 1979년 시작한 민법 제정 작업은 민법 통칙을 먼저 제정하고 수요에 따라 다시 기타 단행 민사 법률을 제정하는 방식을 채택했다. 2021년 5

월 28일에 계약법, 불법 행위법 등 기존의 각종 단행법을 통합한 민법전이 통과하여 반포되었다. 이 민법전은 2021년 1월 1일부터 시행되었다.

중국에서 법학

근대 이전, 중국에 법학이 존재했는가? 물론 중국에서도 성문법, 즉 율의 조문을 해석하고 각종 법률 용어의 뜻을 명확히 하는 학문이 예로부터 존재했다. 이를 중국에서는 율학律学이라고 불렀다. 율학의 주요 임무는 법률 조문에 대해 주해를 가하는 것이다. 또한 전국 시기 이후 율박사律博士라는 관직이 설치되었고, 일부 율학자의 해석은 황제의 허가를 받아 그 권위성이 인정되었으며, 법률과 동일한 효력을 가지기도 했다고 한다.

이러한 중국 율학의 성격에 관해, 이를 법학의 일종으로 봐야 한다는 주장이 일부 있지만 율학을 근대 이후 서양에서 도입된 법학과 근본적으로 다른 학문으로 보는 견해가 일반적이다. 특히 중국의 정통 지식인이나 사대부들은 오랫동안 법률해석에 관한 이론을 하찮은 학문으로 간주하고 법률을 연구하는 학문을 중요시하지 않았다. 그러므로 고대 중국에서는 법에 관한 체계화되고 이론화된 학문으로서의 법학은 존재하지 않았다고 할 수 있다. 현재 중국에서 말하는 법학은 19세기 중반 이후 직접적으로 또는 일본을 거쳐 간접적으로 서양으로부터 도입·형성된 것이다.

현재 중국에는 법학원 또는 법률과法律系를 설치한 대학이 600개가 넘는다. 법학 연구자의 연구 단체로는 중국공산당과 정부에 소속되어 있는 중국법학회가 있고 이 법학회 산하에 다시 헌법학연구회, 민법학연구회와 같은 55개의 전공별 학회 및 3000개가 넘는 각급 지방 법학회가 설치되어 있다.

헌법

강광문

중국 헌법의 역사

'헌'憲 또는 '헌법'憲法이라는 용어는 중국 고서에도 일부 쓰인 적이 있으나 이는 주로 법, 군주의 명령 또는 법의 공포를 의미하는 것으로 근대 의미의 헌법과 크게 다르다. 근대 이후 중국의 헌법 제도와 관념은 서양과의 교류 과정에서 도입된 것이다.

1949년 이전 중국의 헌법사

오랜 기간 독자적인 통치 체제와 정치 문화를 유지해 오던 중국은 19세기 중반 이후 큰 변화를 겪게 된다. 서구 열강의 압박과 침략, 내전과 동란으로 중국 사회는 점차 붕괴의 위기에 처했다. 이 위기를 타파하고 국가의 독립과 민족의 부흥을 이루고자 중국은 서양의 선진적인 과학기술은 물론, 기존 체제를 개혁하고 새로운 정치제도와 법률제도를 도입할 수밖에 없었다. 즉, 변법變法이 필요했던 것이다. 이 변법의 중심에는 헌법의 제정 및 근대 헌법에 부수한 일련의 제도 개혁들이 놓여 있었다. 요컨대, 국가부강國家富強을 위한 — 인민의 자유와 권리를 보장하거나 권력을 제어하기 위함이 아닌 — 헌법과 헌정 체제의 수립이다.

중국의 마지막 전제 왕조인 청나라는 1900년대 이후 국내외의 압력에 의회를 개설하고 헌법을 제정할 것을 약속한다. 1908년에 청나라 정부는 〈흠정헌법대강〉을 반포하고 입헌을 위한 예비 기간을 9년으로 정했다. 주로 일본의 메이지 헌법을 참조하여 제정된 이 헌법 대강은 청 황제의 신성불가침과 황제가 행사하는 각종 대권을 열거하여 규정했다. 1911년 청 왕조는 〈헌법중대신조19조〉憲法重大信條十九條를 제정함으로써 황제의 권력은 헌법에 정한 범위에 한정되고 총리대신은 국민이 선거한 국회에서 정하는 등 입헌군주제 관련 규정을 도입했다. 그러나 이러한 개혁 조치와 노력에도 불구하고 청 왕조의 멸망을 돌이킬 수는 없었다.

1912년에 난징 임시정부가 제정한 〈중화민국임시약법〉은 중국에서 처음으로 공화국 체제를 규정한 헌법 문서이며, 그 내용은 쑨원의 헌정사상을 어느 정도 반영했다. 이후 중국에서 권력을 장악한 북양 군벌 정부는 〈중화민국헌법(초안)〉(1913년), 〈중화민국약법〉(1914년), 〈중화민국헌법〉(1923년)을 〈중화민국헌법초안〉(1925년)을 잇달아 반포했지만 사실상 제대로 시행되지는 못했다. 국민당이 형식상 전국을 통일한 후 1931년에 제정한 〈중화민국훈정시기약법〉은 헌정을 준비하는 단계인 이른바 '훈정시기'訓政時期의 헌법 강령으로, 여기에서는 헌정을 시행하기 전까지 국민당이 국민대회를 대신하여 최고 권력을 행사한다고 규정했다. 항일 전쟁 승리 후 국민당 정부는 헌법 제정을 주요 목적으로 한 국민대회를 개최하여 국민당이 제출한 헌법 초안을 심의·통과시킴으로써 〈중화민국헌법〉을 공포하기에 이른다.

1949년 이후 사회주의 중국의 헌법사

1949년 이후 사회주의 중국에서는 현재까지 1954년 헌법, 1975년 헌법, 1978년 헌법과 1982년 헌법 등 총 4부의 헌법을 제정했다(1954년 헌법 외에는 형식적으로 헌법 개정 절차에 따라 제정됨).

1954년 헌법 제정 이전까지 중국에서는 중국인민정치협상회의가 1949년에 제정한 〈중국인민정치협상회의 공동강령〉이 국가 기본법의 역할을 했다. 이 공동강령은 국가의 성격을 신新민주주의국가, 즉 인민민주주의 국가로 정하고 노동자계급이 영도하고 공농연맹工農聯盟을 기초로 하며, 각 민주 계급과 국내 각 민족을 단결하는 인민민주독재人民民主專政를 시행한다고 했다. 보통선거를 통해 구성된 전국인민대표대회가 개최되기 전에는 중국인민정치협상회의의 전체회의가 전국인민대표대회의 기능을 행사하도록 했다.

　1953년에 중국공산당과 정부는 사회주의 헌법의 제정에 착수였다. 우선 중국공산당이 작성한 헌법 초안은 헌법기초위원회의 수정 및 중앙인민정부의 심의를 거친 후, 1954년 9월에 개최된 제1기 전국인민대표대회 제1차 회의에 보고되어 1954년 9월 20일에 정식으로 통과·반포되었다. 이는 사회주의 중국이 제정한 첫 헌법으로 서문 이외에 총 4장, 106개 조항으로 구성되었다. 이 헌법은 소련의 사회주의 헌법과 1949년의 〈중국인민정치협상회의 공동강령〉 및 1949년 이전의 중국공산당이 제정한 일련의 헌법 문서를 토대로 제정되었다. 헌법은 중국의 사회주의 기본 원칙을 명확히 하고 사회주의 과도기의 경제 제도를 규정했으며 중국 공민이 누리는 기본적인 권리와 자유를 보장하고 있다.

　1954년에 헌법이 제정되었으나 이 헌법은 그 후에 일어난 일련의 정치 운동의 소용돌이 속에서 제대로 시행되지 못했다. 특히 10년에 걸친 문화대혁명 기간(1966~76년)에 헌법 질서는 크게 파괴되었다. 문화대혁명이 끝나기 전에 중국공산당과 정부는 1975년에 새 헌법을 통과하게 된다. 1975년 헌법은 기본적인 구성과 주요 내용에 있어서는 1954년 헌법을 승계했으나, '계급투쟁을 강령으로 하는'以階級鬪爭爲綱 노선을 강조하고 공민의 기본 권리와 자유를 대폭 제한하는 등 여러 면에서 불완전하고 퇴보한 헌법으로 불린다. 1978년에 중국은 문화대혁명을 종결하고 과거의 잘못을 시정하기 위해 다시 한 차례 헌법을 수정하게 된다. 하지만 당시 역사적 상황과 인식의 한계로 1978년 헌법은 내용상 1975년 헌법의 영향을 완전히 해소하지 못하여 과도기적 성격을 띤 헌법으로 평가받고 있다.

현행 헌법(1982년 헌법)의 제정과 개정

　1978년 12월에 개최된 중국공산당 11기 3중전회는 사회주의 중국 역사의 전환점으로 평가받는다. 국가의 주요 임무를 과거의 계급투쟁에서 사회주의 현대화 건설로 옮기고 사회주의 민주제도와 법제 건설을 강화할 것을 결정했다. 이를 위해 새로운 사회주의 헌법이 필요했던 것이다.

　1980년 8월, 중국공산당은 전국인민대표대회에 헌법개정위원회를 설치하여 헌법을 전면 개정할 것을 건의했다. 이 건의에 따라 전국인민대표대회는 총 103인으로 구성된 헌법개정위원회를 설치하여 헌법 개정 초안의 작성에 착수했다. 작성된 헌법 개정 초안은 공포되어 사회 각계각층의 의견을 청취하고 2년 3개월간, 다섯 차례 수정을 거친 후 1982년 12월 4일에 제5기 전국인민대표대회 제5차 회의에서 통과되어 반포되었다.

이 헌법에 따르면 전국인민대표대회가 헌법 개정권을 행사한다. 전인대상무위원회 또는 5분의 1 이상의 전국인민대표대회 대표는 헌법 개정을 발의할 권한이 있다. 헌법 개정안은 전국인민대표대회 전체 대표의 3분의 2 이상이 찬성해야 통과된다. 헌법 개정안이 통과되면 중화인민공화국 주석이 공포한다. 현행 헌법은 1982년에 공포된 이후 1988년, 1993년, 1999년, 2004년 및 2018년 총 다섯 차례 개정되었다. 헌법 개정의 형식에 있어 중국은 '헌법수정안'을 통과시키고 나서 그 후에 헌법에 반영하는 방식을 취하고 있다. 수정안이 통과되면 기존 헌법 전문은 새로이 구성되고 기존 헌법 조문의 내용이 개정, 추가 및 삭제될 뿐만 아니라 새 조항이 추가되거나 삭제될 수도 있다.

중국은 최근 2018년에 헌법 개정을 단행했다. 이번 '헌법 수정안'은 총 21개 조항으로 구성되어 있는데 그중 11개 조항은 새로 도입된 국가 감찰제도에 관한 것이다. 이 헌법 개정과 관련해 해외 언론이 가장 주목한 것은 국가 주석 임기 규정의 폐지였다. 기존 헌법 규정에 따르면, 중국의 국가 주석과 부주석은 전국인민대표대회를 통해 선출되고 만 45세 이상인 중국 공민은 모두 국가 주석과 부주석으로 선출될 수 있다. "국가 주석과 부주석의 매번 임기每屆任期는 전국인민대표대회의 매번 임기와 동일하고, 2기를 초과하여 연임할 수 없다" (제79조). 한편으로, 전국인민대표대회의 매번 임기는 5년이므로 이 헌법 규정에 따르면 국가 주석과 부주석은 두 차례 연임하더라도 총 10년 이상 재직할 수 없다. 그러나 이번 개정을 통해 "2기를 초과하여 연임할 수 없다."라는 부분을 삭제함으로써 헌법 규정상 국가 주석과 부주석은 횟수 제한 없이 연임할 수 있게 되었다.

공민의 기본 권리와 의무

근대 이후 제정된 성문헌법은 일반적으로 통치 구조 관련 규정과 함께 국민의 권리나 자유에 관한 규정으로 구성되어 있다. 중국 헌법도 제1장 총강에 이어 제2장 '공민의 기본 권리와 의무'에서 국민이 보장받는 각종 권리 및 의무를 열거하고 있다.

구체적인 조항의 내용을 살펴보면 중국 헌법은 '공민의 기본 권리', '공민의 자유 또는 권리'라는 표현을 사용하고 있다. 여기서 공민은 중국 국적을 가진 모든 자연인을 가리킨다. 한편으로 인권이라는 표현은 2004년 헌법 개정을 통해 중국 헌법에 도입되었다. "국가는 인권을 존중하고 보장한다"(제33조 제3항). 다만 중국 헌법에서 보장하는 공민의 기본 권리는 인간으로서 누구든지 누려야 하는 자연적 권리와는 차이가 있고 중국 헌법과 헌법학은 소위 천부인권의 이념을 인정하지 않고 있다. 공민의 권리는 단지 '헌법과 법률에서 규정한 권리'(제33조 제4항)에 불과하다. 또한 현행 중국 헌법은 헌법 재판 제도나 위헌 심사 제도를 규정하고 있지 않아 국민의 기본 권리가 법률 등에 의해 실제로 침해되더라도 구제받을 제도적 장치가 마련되어 있지 않다.

중국 헌법 규정상 공민의 기본적 권리는 구체적으로 평등권, 정치적 권리, 종교 신앙의 자유, 인신의 자유, 사회경제적 권리, 문화 교육 관련 권리 및 감독권과 청구권 등 일곱 가지 유형으로 나눌 수 있다. 근대 서양 헌법의 권리 보장은 개인을 출발점으로 하고 국가에 대항하여 개인이 보장받아야 하는 각종 자유권을 우선으로 강조한다. 이에 비해 중국 헌법을 포함한 사회주의 헌법은 자유권을 헌법과 법률의 테두리 안에서 보장하는 한편, 국가로부터 보장받는 각종 사회권을 중요시하는 경향을 보인다. 예컨대, 중국 헌법은 노동력을 상실한 모든 공민에게 생존권을 보장하도록 규정하고 각종 취약 계층의 권리 보호와 이익 보장에 대해서도 비교적 상세하게 규정했다. 기본 권리 외에, 중국 헌법은 병역의 의무, 납세의 의무 등 공민의 기본적인 의무를 규정했다.

사회주의 중국의 통치 구조

국체와 정체

중국 헌법에서 규정한 통치 구조에 관해서는 이른바 국체國體와 정체政體로 구분하여 이해하는 방법이 있다. 여기서 국체는 중국의 국가 성격을 일컫는 용어이다. 국가 성격은 국가의 계급적 본질이고 사회 각 계급과 계층이 국가에서 차지하는 지위를 나타낸다. 국체에 관한 중국 헌법의 규정에 따르면, 현재 중국은 노동자계급이 영도하고 노동자와 농민의 연맹을 기초로 하는 인민민주독재의 사회주의국가이다. 인민민주독재의 실질은 프롤레타리아독재이다. 국체에 대응하는 개념은 국가의 정권 형식을 나타내는 정체이다. 현재 중국은 인민대표대회 제도라고 하는 정권 조직의 형식을 취하고 있다. 이에 따르면 국가의 모든 권력은 인민에게 귀속되지만, 인민은 전국인민대표대회와 지방 각급 인민대표대회를 통해 국가권력을 행사한다. 국가의 행정기관, 감찰 기관, 재판 기관, 검찰 기관은 모두 인민대표대회를 통해 구성되고 인민대표대회에 대해 책임지고 인민대표대회의 감독을 받는다. 한마디로, 국체가 국가의 실질적 성격을 나타낸다고 한다면 정체는 국가의 형식적 통치 방식을 보여 준다.

중국공산당의 영도적 지위

중국의 국가 성질, 즉 국체는 중국공산당 정관 및 헌법 등의 규정에 집중적으로 나타나 있다. 이에 따르면, 중국공산당이 중국 사회와 인민을 영도하고, 이는 중국공산당이 중국의 선진적인 생산력의 발전에 대한 요구를 대표하고 중국의 선진적인 문화의 나아갈 방향을 대표하며 중국의 가장 광범위한 인민의 근본적인 이익을 대표하기 때문이다. 동시에, 중국공산당은 중국 노동자계급의 선봉대이자 중국 인민과 중화 민족의 선봉대이며 중국 특색 사회주의 사업의 핵심 지도자이기 때문이다(중국공산당 정관 등).

이로써 중국은 현재 '노동자계급이 영도하고 노동자와 농민의 연맹을 기초로 하는 인민민주독재의 사회주의국가'이고, 이러한 사회주의 제도는 중국의 근본 제도이다. 또한 '중국공산당의 영도는 중국 특색 사회주의의 가장 본질적인 특징'이며, 그 누구도 이 사회주의 제도를 파괴하는 것을 허용하지 않는다 (헌법 제1조).

전국인민대표대회제도

헌법에 따르면 중국에서 전국인민대표대회가 전국 인민을 대표하는 최고 권력기관이다. 국가 주석, 행정기관인 국무원, 사법기관인 최고인민법원과 최고인민검찰원 및 2018년 이후 도입된 국가감찰위원회는 전국인민대표대회에 대해 책임을 지고, 전국인민대표대회를 통해 간접적으로 전체 인민에 대해 책임을 진다. 또한 지방 각급 인민대표대회는 지방 각급 인민정부, 인민법원과 인민검찰원 및 감찰기관을 선출하고 그 업무를 감독한다.

전국인민대표대회가 행사하는 주요 권한에는 입법권, 주요 인사 임면권, 중요 사안 결정권 및 감독권이 포함된다. 구체적으로, 전국인민대표대회는 헌법을 개정하고, 형사·민사·국가기구 및 기타 기본 법률을 제정하고 개정한다. 또한 전국인민대표대회 상무위원회의 구성원을 선출하고, 중화인민공화국 주석과 부주석을 선출하며, 국무원 총리, 국무원 부총리, 국무위원, 각 부처 장관, 각 위원회 주임, 감사원장審計長 및 비서실장의 인선을 결정하고 중앙군사위원회 주석을 선출하며 중앙군사위원회 기타 구성원의 인선을 결정하고 최고인민법원 원장과 최고인민검찰원 검찰장 및 국가감찰위원회 주임을 선출한다. 전국인민대표대회의 폐회 기간에 전인대상무위원회가 직권을 행사하는데, 전인대상무위원회의 주요 권한으로는 입법권, 헌법과 법률의 해석, 헌법 실시의 감독, 국무원, 국가감찰위원회, 최고인민법원과 최고인민검찰원 사무의 감독권 등이 있다(제62조, 제63조, 제67조).

행정법

김영미

개관

중국의 경우 한국의 〈행정기본법〉과 같은 기본법은 없으나, 행정 허가에 관해 〈행정허가법〉을, 행정처벌에 관해 〈행정처벌법〉을 각각 두고 있으며, 특히 사회 치안 질서를 유지하기 위해 〈치안관리처벌법〉을 두고 있다. 이 밖에 한국과 마찬가지로 행정소송 절차에 관해서는 〈행정소송법〉, 행정심판 절차에 관해서는 〈행정심판법〉, 국가나 지방자치단체의 손해배상 책임과 배상 절차는 〈국가배상법〉에서 규정하고 있다.

이 글에서는 한·중 양국의 심급제도와 관련된 차이에 대해서는 서술을 생략하고, 법률 수준에서 먼저 한국과 중국에 공통되는 법률인 〈행정소송법〉과 〈행정심판법〉 및 〈국가배상법〉의 특징을 양국 법률의 차이점에 주목하여 비교하고, 중국의 고유한 법률인 〈행정허가법〉과 〈행정처벌법〉 및 〈치안관리처벌법〉의 특징을 살펴본 뒤, 법적 시사점을 도출하고자 한다.

중국 행정 관계 법률의 주요 특징

중국 〈행정소송법〉은 한국 〈행정소송법〉과 달리 인민검찰원의 감독권을 규정하고 있고, 한국 〈행정소송법〉에서 행정기관이 위탁한 조직이 한 행정행위는 위탁받은 행정기관을 피고로 규정하고 있는 것과 달리, 위탁한 행정기관을 피고로 규정하고 있다. 또한 한국과 달리 처분 등뿐만 아니라 그 처분 등의 근거 규정 또한 행정소송의 대상으로 삼고 있으며, 한국 〈행정소송법〉이 인정하지 않고 있는 '의무 이행판결'을 규정하고 있는 점은 중요한 제도적 차이다.

행정심판과 관련하여 한국과 중국의 가장 큰 차이점은 바로 행정심판 기관의 차이다. 한국 〈행정심판법〉이 행정심판위원회를 행정심판 기관으로 규정하고 있는 것과 달리, 중국 〈행정심판법〉은 행정기관이 행정심판을 수행하도록 하고 있다.

중국 〈국가배상법〉이 국가배상 결정의 전치주의를 규정하고 있는 반면, 한국 〈국가배상법〉에서는 같은 법에 따른 손해배상의 소송은 배상심의회에 배상 신청을 하지 아니하고도 제기할 수 있다고 규정하여 소송과 배상 신청이 별개의 독립적인 절차임을 밝히고 있다는 점에 큰 차이가 있다.

중국 고유 행정 관계 법률의 주요 특징

중국 〈행정허가법〉 제40조에서는 행정기관이 한 행정 허가 결정은 공개해야 하며 공중이 열람할 권리가 있음을 밝히고 있는데, 이는 행정 허가 절차의 투명성을 제고하는 데 도움이 될 것으로 보인다.

중국 〈행정처벌법〉에서는 중대한 공공 이익에 관계된 경우 등에는 행정기관 담당자가 행정처벌의 결정을 하기 전에, 행정처벌 결정 법제 심사에 참여한 인원이 법제 심사를 해야 하고, 법제 심사를 하지 않거나 심사를 통과하지 못한 경우 결정을 해서는 안 된다고 규정하고 있는 점, 행정기관에서 처음 행정처벌 결정 법제 심사에 종사하는 인원은 국가 통합 법률 직업 자격시험을 통과해 법률 직업 자격을 취득해야 한다고 규정하고 있는 점에 주목할 만하다.

중국 〈치안관리처벌법〉 개정안에서 고공 투척물, 불법 드론 촬영 등 최근 출현한 새로운 문제들을 처벌 행위로 추가하려는 점은 주목할 만하나, 공안 기관에 인신 검사의 실시, 인체 생물 식별 정보의 채집 직권 등을 추가하려는 점은 우리 〈항공보안법〉 제14조의2에서 공항 운영자 및 항공 운송 사업자로 하여금 제한적으로 생체 정보를 이용할 수 있도록 한 점에 비추어 볼 때, 민감하게 받아들여야 할 것으로 판단된다.

한국에 대한 시사점

중국 〈행정소송법〉이나 〈행정심판법〉에서 취소소송의 대상과 피고 적격을 상당히 구체적으로 규정하고 있어 국민이 행정소송이나 행정심판의 대상과 당사자에 대해 보다 쉽게 이해할 수 있도록 하는 점, 입증책임에 관해 원칙적으로 피고가 행정행위의 입증책임을 진다고 명시하고 있는 점, 소 제기나 심판 청구를 서면으로 할 것을 원칙으로 하면서도 구두로 소송을 제기하거나 심판 청구를 할 수 있다고 규정하여 한층 당사자 친화적으로 규정하고 있는 점, 〈행정소송법〉에서 재판 기한을 설정하여 신속한 재판이 이루어지도록 하는 점은 한국 법제에서도 검토해 볼 만하다.

또한 중국 〈행정소송법〉이나 〈행정심판법〉에서는 행정행위에 부대하여 근거 규정에 대한 부대심사를 청구할 수 있도록 하고 있는데, 처분뿐만 아니라 그 처분의 근거 규정 또한 행정소송이나 행정심판의 대상으로 삼아 처분에 대한 심사와 함께 근본적인 법제까지 한 번에 심사·정비할 수 있다는 면에서 눈여겨볼 만하고, 〈행정처벌법〉에서도 행정처벌을 결정하기 전에 그 근거 규정에 대한 법제 심사를 함께할 수 있도록 하는 점, 중국 〈행정심판법〉 및 〈행정처벌법〉에서 행정심판 또는 행정처벌 법제 심사 담당 직원의 전문성 제고를 위해 해당 직원이 국가 통합 법률 직업 자격시험을 통과해 법률 직업 자격을 취득해야 한다는 제한을 두는 점은 한국 법제에 시사하는 바가 크다.

최근 중국 〈행정심판법〉이 적법절차와 국민 편의를 제고하는 방향으로 개정되었다는 점, 중국 〈행정처벌법〉에서 지방성법규의 행정처벌 설정 권한을 확대하고, 행정법 집행 권한과 권한을 기층 수준으로 확장했으며, 행정처벌의 재량권 행사를 표준화하고, 행정처벌 결정을 공개하도록 한 점 등은 행정에서의 적법절차를 강조하고 국민 편의 제고와 지방자치권 강화를 향해 나아가고 있는 한국의 법제와 일맥상통하는 면이 있다.

형사법

장지화

　중국의 형법과 형사소송법은 중국 건국 이후 30년이 지난 1979년에야 비로소 제정되었다. 건국 이후 바로 기초 작업에 들어갔지만 반反우파운동, 문화대혁명 등 정치적·사회적 혼란을 겪으면서 형사법 제정이 늦어졌다.

　중국의 최초 형법은 1979년 7월 1일 제정되었고, 1980년 1월 1일부터 시행되었다. 이를 보통 '79형법'이라 부른다. 법조문 수가 192개에 불과했고, 여러 가지 미흡한 부분이 많았다. 1997년 전국인민대표대회는 '79형법'을 전반적으로 개정했다. 총칙에서 죄형법정원칙(제3조)에 관한 규정을 두었으며, 평등적용원칙(제4조), 죄형상응원칙(제5조) 등 세 가지 기본 원칙을 정립했다. '79형법' 시행 이후 제정된 25건의 특별형법(일명 단행형법), 형법이 아닌 일반 법률에 규정된 107건의 형법규범(일명 부속형법)이 '97형법'에 반영되었다.

　중국의 형사소송법은 1979년 7월 1일 제정되는 동시에 시행되었다. 1996년에 '무죄 추정의 원칙'에 관한 규정을 신설하는 등 전면적으로 개정했다. 이를 '96형사소송법'이라 일컫는데, 중국의 '현행 형사소송법'이다. 특히 2012년에는 강요에 의한 범죄 인정 금지에 관한 규정(제50조)을 신설하여 피의자의 인권 보장을 강화했다.

　2018년 이후 중국의 형법과 형사소송법은 상당히 큰 변화를 겪었다. 우선 형법은 2020년에 제11차 수정안에 이어 2023년에 제12차 수정안을 발표했고, 형사소송법은 2012년 개정 후 6년 만인 2018년에 제3차 개정했다. 2018년 이후의 형법 개정은 국가 안보를 강화하는 동시에 시장경제의 건전 발전 보장을 목적으로 하고 있고, 형사소송법 개정은 2018년 감찰위원회라는 국가기관을 신설하면서 발생한 감찰법과 형사소송법 간의 연계를 해소하는 동시에 중국식 플리바겐Plea bargain 제도의 도입 등 혁신적인 제도 변화가 있었다.

2020년 제1차 형법수정안

중국이 2020년 12월 26일에 발표한 〈형법수정안(11)〉은 2021년 3월 1일부터 시행되었다. 주요 내용은 대체로 ① 국가 안보와 사회 안전을 위협하는 범죄행위 엄벌, ② 금융과 시장 질서 공정화의 중요성 강조, ③ 환경보호 강화, ④ 지식재산권 보호 강화 등의 내용이 포함되었다. 특히 미성년자에 대한 보호 강화와 더불어, 안전 운행 방해죄妨碍安全駕駛罪, 경찰폭행죄暴力襲警罪, 불법채무 추심죄催收非法債務罪 등을 신설하여 공공 안전 위협 행위에 대한 처벌을 강화하고, 대중적금 불법흡수죄非法吸收 公衆存款罪, 중요정보 불법공시죄違規披露·不披露重要信息罪 등을 신설하여 금융과 시장 질서 공정화를 강조하고자 하는 점이 눈에 띈다. 또한 지식재산권 보호에 있어서, 지재권 관련 형벌 규정들을 전면 개정하여 지재권 침해 범죄에 대한 최저형을 유기징역으로 향상하고, 형법 제217조 제1항을 개정하여 형법이 저작권을 보호하는 저작물의 범위를 '문자 작품, 음악, 미술, 시청 작품, 컴퓨터 프로그램 및 법률과 행정 법규가 규정한 기타 작품'이라고 규정했다. 아울러 '영업 비밀 외국 불법 제공죄'를 신설하여 영업 비밀을 절취, 정탐, 매수하여 외국에 제공한 행위는 경우에 따라 5년 이상 징역에 벌금형 병과가 가능하도록 했다(제329조의1).

2023년 제2차 형법수정안

제12차 수정안은 2023년 12월 29일 제14회 전국인민대표대표상무위원회 제7차 회의에서 통과되어 2024년 3월 1일부터 시행되었다. 이 수정안에서는 기존 국유 기업과 상장 기업에 부분적으로 적용하던 배임죄背信罪를 민영기업에도 도입함으로써 민영기업 발전을 보장하고, 뇌물공여 범죄에 대한 처벌을 강화하여 부정부패에 대해 엄벌한다는 내용이 포함되었다.

2018년 형사소송법 개정

2018년 개정 형사소송법은 기존의 290개 조문을 308개로 늘렸고 개정된 내용은 많지 않으나, 경찰, 검찰과 감찰위원회 간의 관계를 명확히 하고, 피고인 불출석 재판 제도 신설, 소위 중국식 플리바겐 제도로 불리고 있는 인죄인벌 처벌 완화 제도認罪認罰從寬處罰 신설 등 굵직한 수정들이 많아 그 의미가 크다.

경찰·검찰·감찰 간의 관계 조정

2018년 헌법 수정안을 통해 감찰위원회가 국가 감찰 기관으로 신설되었고, 같은 해 3월 감찰법이 제정되었다. 동법 제11조는 감찰위원회가 탐오뇌물·직권남용·직무유기·국가재산낭비 등과 같은 직무범죄(이하 '직무범죄')를 감독하고 조사한다고 규정하여, 기존의 형사소송법(2012년 개정 형소법) 제18조 검찰에게 부여했던 직무범죄와 국가공무원이 직권을 남용한 불법구금·고문·보복·불법 수색 등 공민의 신체적 권리와 민주적 권리를 침해한 범죄에 대한 수사 개시권과의 관계가 다소 불분명해졌다. 이를 해소하고자 2018년 형사소송 수정안은 제19조로 경찰·검찰·감찰 간 수사 개시권의 관계를 표(〈중국 수사 개시권〉)에 정리했다.

중국 수사 개시권

	범죄 유형	수사 개시 기관
일반 범죄	국가공무원이 직권을 이용하여 범한 중대 범죄	통상적으로 공안이 수사 개시 검찰이 필요하다고 판단하는 경우 상급 검찰원의 결정에 의해 검찰이 수사 개시
	기타 일반 범죄	공안 관할
직무 범죄	사법 업무 인원의 14개 유형의 범죄	감찰위원회의 조사 없이 검찰이 수사 개시 가능
	기타 직무범죄	감찰위원회가 조사 후 검찰에게 송치하고 검찰이 송치 의견에 의해 수사 개시
기타	국가 안전 관련	국가 안전 경찰
	감옥 내 발생 범죄	감옥 경찰
	군대 내 발생 범죄	군대 보위 부서
	해상 범죄	해상경찰

피고인 불출석 재판 절차 신설

탐오뇌물 사건, 국가 안보를 심각히 위해하는 범죄, 테러 범죄, 그 밖에 피고인이 심각한 질병으로 법정에 출석하지 못하는 사건 및 피고인이 사망한 사건에 대해 법원이 검찰의 기소에 따라 심사하고 판결을 하는 불출석 재판 제도를 신설했다(제291조).

인죄인벌 처벌 완화 제도 신설

이는 범죄 피의자·피고인이 사실대로 자신의 범죄행위를 진술하고, 고발한 범죄 사실을 승인하며 처벌의 수락에 응할 경우, 관대한 처리를 받을 것을 기대할 수 있다는 제도를 뜻한다(제15조). '인죄'란 수사기관이거나 검찰기관이 고소하는 범죄에 대한 승인을 말하고, '인벌'이란 기소 단계에서 검찰이 제기한 '양형건의'量刑建議에 동의하고, 심판 단계에서는 상소 없이 1심 법원의 판결에 따름을 공식적으로 약속하여 문서화하는 절차이다. 피의자·피고인이 인죄인벌하는 경우 획일적으로 처벌을 완화해야 하는 것은 아니고, 범죄의 수법이나 결과가 극히 엄중한 경우에는 처벌을 완화하지 않을 수 있다.

이는 행위자가 자신의 범죄를 뉘우치고 있고 재범 가능성과 사회에 대한 위해성이 작다는 점을 보여 줌으로써 범죄 추궁에 드는 국가의 비용을 절약하게 해주었다는 점에서 양형 기준 완화와 신속한 심사 진행 근거가 되었다.

민법

김성수

민법의 의의와 민법전 제정

　민법은 민사 주체의 적법한 권익을 보호하고(제1조) 평등한 주체인 자연인, 법인과 비법인 조직 사이의 민사 관계인 인신 관계와 재산 관계를 규율調整하는 규범의 총체이다(제2조). 민법은 인신 관계와 재산 관계를 규율하는데, 인신 관계에는 인격 관계와 신분 관계가 포함되며, 신분 관계는 혼인가족편과 상속편, 인격 관계는 인격권편, 재산 관계는 물권편과 가족편에서 각각 규율한다.

　형식적 의미의 민법은 〈중화인민공화국 민법전〉(2020년)을 말한다. 이와 달리 실질적 의미의 민법은 민사 관계를 규율하는 법령 전체를 말하며 사법私法이라고도 하는데, 여기에는 일반 사법뿐만 아니라 특별 사법인 상법이 포함된다. 또한 민법전과 그 밖의 민사 관련 법률과 국무원 법규 등 행정 법규와 최고인민법원의 사법해석 등도 이에 포함한다.

　중국에서 민법의 현행법은 〈중화인민공화국 민법전〉中華人民共和國民法典(이하 〈중국 민법전〉)으로, 2020년 5월 28일 전국인민대표대회가 제정한 법전이며 2021년 1월 1일부터 시행되고 있다. 이는 신중국이 1949년 중화민국의 육법전서(민법 포함)를 폐지한 후 민사 관계를 통일적이고 포괄적으로 규율하는 '법전'으로 처음 제정된 것이며, 신중국에서 '법전'이라는 이름을 붙인 최초의 것이기도 하다. 민법전이 제정되기 전에는 네 차례 민법전 제정 작업이 진행되었음에도 불구하고 통일된 민법을 제정하지 못했고, 그 대신 규율이 필요한 민사 문제와 관련해 민사 단행법을 제정했다. 이러한 민사 단행법으로는 〈혼인법〉

(1980년 제정, 1981년, 2001년 개정), 〈상속법〉(1985년), 〈민법통칙〉(1986년 제정, 2001년 개정), 〈입양법〉(1991년 제정, 1998년 개정), 〈담보법〉(1995년), 〈계약법〉合同法(1999년), 〈물권법〉(2007년), 〈불법행위책임법〉(2009년), 〈섭외민사관계 법률적용법〉中華人民共和國涉外民事關系法律適用法(2010년) 등이 있었다.

민법전은 제5차 민법전 제정 작업(2014~20년)에 의한 것으로, 총칙편인 〈민법총칙〉의 제정(2017년)과 6개 편으로 하는 민법전의 각칙편 제정(2019년)이라는 2단계 과정을 거쳐 최종적으로 이를 통합한 민법전 초안이 마련되었고, 이를 기초로 현행 민법전이 2020년 탄생했다.

제1단계 민법총칙은 편별 체계, 조문 순서와 내용은 민법통칙(1986년)의 것을 따르면서 신설, 삭제 또는 수정한 것이다. 이는 그 후 일부 조문이 신설, 수정된 후 민법전 총칙편(제1편)으로 그대로 편입되었다.

제2단계 민법전 각칙편과 민법전 제정 작업에서는 우선 민법전 각칙편(초안)民法典各分編(草案)으로 물권(제1편), 계약(제2편), 인격권(제3편), 혼인가족(제4편), 상속(제5편), 불법행위책임(제6편) 등 6편과 각각의 조문이 마련되었다. 각 편마다 두세 차례 심의 후 통합되어 각칙편 초안이 되었고, 각 편마다 두세 차례 심의 후 통합하여 각칙편 초안을 만들었고, 이를 1단계에서 마련된 민법총칙과 통합하여 2019년 12월 16일 〈중화인민공화국 민법전(초안)〉을 완성했으며, 이를 바탕으로 2020년 〈중화인민공화국 민법전〉이 탄생했다.

민법전의 편별 체계

현행 중국 민법전은 그 편별 체계를 7개 편과 부칙으로 하여 모두 1260조로 되어 있다. 각각의 편은 총칙(제1편), 물권(제2편), 계약(제3편), 인격권(제4편), 혼인가족(제5편), 상속(제6편)과 불법행위책임(제7편)이다. 각 편은 장과 절을 두지만 조문 수가 많은 부분은 편 밑에 분편分編을 두기도 한다.

민법전의 편별 체계와 관련해 대륙법계 민법전은 독일 민법전의 5편제와 프랑스 민법전의 3편제가 있었는데 중국 민법전이 어떤 체계를 취해야 하는가에 대해 민법 제정 과정에서 학계의 격렬한 논쟁이 있었다. 그 결과 최종적으로 민법전 편별 체계는 채권편을 두지 않고 계약편을 두며, 인격권을 독립된 편으

목차	目錄	조문	
중화인민공화국 민법전	中華人民共和國民法典	조문수(1,260개)	
제1편 총칙	第一編 總則	제1조~제204조	204개
제2편 물권	第二編 物權	제205조~제462조	238개
제3편 계약	第三編 合同	제463조~제988조	526개
제4편 인격권	第四編 人格權	제989조~제1039조	61개
제5편 혼인가족	第五編 婚姻家庭	제1040조~제1118조	179개
제6편 상속	第六編 繼承	제1119조~제1163조	57개
제7편 불법행위책임	第七編 侵權責任	제1164조~제1258조	95개
부칙	附則	제1259조~제1260조	2개

로 하고, 가족법(친족법) 대신 혼인가족편을 두고, 불법행위책임편을 독립된 편으로 했다.

민사법에 관한 사법해석

민법전을 제정하기 전, 민사에 관한 민사단행법을 보충하기 위해 최고인민법원은 여러 사법해석을 제정했다. 사법해석은 최고인민법원 등이 법률을 적용하는 과정에서 구체적으로 법률을 운용하는 문제에 관한 해석으로, 민법전 등에 대한 보충적인 법원法源으로서 효력이 인정된다(중화인민공화국 입법법 제104조). 민법전의 시행으로 종래의 민사단행법이 모두 폐지되고(제1260조) 그에 기초한 사법해석에 대해 최고인민법원은 2020년 12월 전면적으로 정리 작업을 했다. 이에 따라 민법전의 각편에 필요한 것은 사법해석을 새로 제정하기도 했다.

총칙편에 해당한 것은 〈최고인민법원의 『중화인민공화국 민법전』 총칙편 적용에 관한 몇 가지 문제에 대한 해석〉最高人民法院關於適用 『中華人民共和國民法典』總則編若幹問題的解釋(法釋[2022]6號)(2022년)(9개 부분 39조)이 있다. 물권편에 해당한 것은 〈최고인민법원의 『중화인민공화국 민법전』 물권편 적용에 관한 해석(1)〉最高人民法院關於適用 『中華人民共和國民法典』物權編的解釋(一)(法釋[2020]24號)(2020년)(21개 조)과 〈최고인민법원의 『중화인민공화국 민법전』 담보 관련 제도 적용에 관한 해석〉最高人民法院關於適用『中華人民共和國民法典』有關擔保制度的解釋(2020년)(法

釋〔2020〕28號〕(5개 부분 71개 조)이 있다. 계약편에 해당한 것은 통칙편으로 〈최고인민법원의『중화인민공화국 민법전』계약편 통칙 적용의 몇 가지 문제에 관한 해석〉最高人民法院關於適用『中華人民共和國民法典』合同編通則若幹問題的解釋〕(法釋〔2023〕13號〕(2023년)(9개 부분 69개 조)이 있다. 혼인가족편에 해당한 것은 〈최고인민법원의『중화인민공화국 민법전』혼인가족편 적용에 관한 해석(1)〉最高人民法院關於適用『中華人民共和國民法典』婚姻家庭編的解釋(一)〕(法釋〔2020〕22號〕(2020년)(6개 부분 91개 조)과 〈최고인민법원의『중화인민공화국 민법전』혼인가족편 적용에 관한 해석(2)〉最高人民法院關於適用『中華人民共和國民法典』婚姻家庭編的解釋(二)〕(法釋〔2025〕1號〕(2025년)(23개 조)이 있다. 상속편에 해당한 것은 〈최고인민법원의『중화인민공화국 민법전』상속편 적용에 관한 해석(1)〉最高人民法院關於適用『中華人民共和國民法典』繼承編的解釋(一)(2020년)〕(法釋〔2020〕23號〕(2020년)(5개 부분 45개 조)이 있다. 불법행위책임편에 해당한 것은 〈최고인민법원의『중화인민공화국 민법전』불법행위책임편 적용에 관한 해석(1)〉最高人民法院關於適用『中華人民共和國民法典』侵權責任編的解釋(一)〕(法釋〔2024〕12號〕(2024년)(26개 조)이 있다. 현재까지 인격권편과 계약편의 각칙에 해당하는 사법해석은 아직 나오지 않고 있다. 그 외에 민법전의 개별 영역에 관한 여러 사법해석도 나오고 있다.

회사법

황리나

내자 기업과 외상 투자 기업

중국의 기업법은 1978년 12월 중국공산당 11기 3중 전회에서 개혁 개방을 결정하고 '사회주의 법제'를 강조하면서 발전하기 시작했다. 개혁 개방 이후로부터 1993년 〈회사법〉公司法(1993년 제정, 1999년, 2004년, 2005년, 2013년, 2018년, 2023년 개정)이 제정되기까지 중국은 소유제에 따른 단행 법률을 제정했는데 내자 기업의 경우 전민 소유제 기업, 집체 소유제 기업, 사영 기업으로 구분하고, 외상外商 투자 기업의 경우 중외 합자 기업, 중외 합작 기업, 외자 기업(독자獨資 기업)으로 구분했다.

전민 소유제 기업은 1988년 〈전민소유제공업기업법〉全民所有制工業企業法(1988년 제정, 2009년 개정)에 따라 설립된 기업으로 법에 따라 자주적으로 경영하고 손익을 스스로 부담하며 독립적으로 정산하는 사회주의 상품 생산 경영 업체로서(제2조 제1항), 그 재산은 전민 소유이고, 국가가 법에 따라 소유권과 경영권을 분리하는 원칙에 따라 기업에 경영 관리권을 부여한다(제2조 제2항).

집체 소유제 기업에서 집체集體란 집단을 의미하는데, 농촌鄕村에서는 일정한 지역을 기반으로 조직되었고, 도시城鎮에서는 일정한 직업(수공업, 건축업, 운송업, 상업, 서비스업 등)과 조직 형식을 기반으로 조직되었다. 농촌에 설립된 집체 소유제 기업에 관한 법령으로 〈향촌집체소유제기업조례〉(1990년 제정, 2011년 개정)와 〈향진기업법〉(1996년 제정)이 있고, 도시에 설립된 집체 소유제 기업에 관한 법령으로 〈성진집체소유제기업조례〉城鎮集體所有制企業條例(1991년 제정, 2011년, 2016년 개정〉가 있다. 집체 기업 역시 독립적인 법인 자격이 있고 법에 따라 민사 권리를 보유하고 있으며 민사 의무를 부담한다.

사영 기업에 관한 법령으로 그 당시 〈사영기업잠행조례〉私營企業暫行條例 (1988년 제정, 2018년 폐지)를 제정했는데 "기업 자산을 개인이 소유하며 8인 이상의 근로자를 고용하는 영리성 경제조직"으로 정의했으며(제2조), 독자 기업, 조합기업, 유한회사로 구분했다(제6조). 그중 독자 기업과 조합기업은 법인격이 없고, 유한회사는 법인격이 있다. 그 후로 사영 기업 중 독자 기업은 〈개인독자기업법〉(1999년 제정)에 의한 개인 독자 기업으로, 조합기업은 〈조합기업법〉合夥企業法(1997년 제정, 2006년 개정)에 의한 조합기업으로, 유한회사는 〈회사법〉에 의한 유한회사로 대부분 전환되었다.

외상 투자 기업의 경우 1979년 제정된 〈중외합자경영기업법〉(1979년 제정, 1990년, 2001년, 2016년 개정, 2020년 폐지) 및 그 실시 조례, 1986년에 제정된 〈외자기업법〉(1986년 제정, 2000년, 2016년 개정, 2020년 폐지) 및 그 실시조례와 1988년에 제정된 〈중외합작경영기업법〉(1988년 제정, 2000년, 2016년 1차, 2016년 2차, 2017년 개정, 2020년 폐지) 및 그 실시 조례로, 소위 〈3자 기업법〉 체제가 확립되었다. 〈외자기업법〉에 명시된 외자 기업은 외상 투자자(외국인 투자자)의 지분이 100%인 기업을 의미하며 통상 '외상 독자 기업'이라고 한다. 〈3자 기업법〉은 그 당시 외상 투자 기업에 대한 기본법인데, 외상 투자 기업이란 외상 투자자가 중국 경내에 설립한 기업을 지칭한다. 여기에서 외상 투자자는 외국 투자자 외에 홍콩·마카오, 대만의 투자자도 포함되며, 경내란 홍콩·마카오를 제외한 중국 본토를 의미한다.

1993년 〈회사법〉이 정식 제정되었고, 유한책임회사有限責任公司와 주식유한회사股份有限公司라는 두 가지 유형의 회사에 대해 규정했다. 중국법상 유한책임회사는 한국의 유한회사와 유사하므로 통상 유한회사로 번역하고, 중국법상 주식유한회사는 한국법상 주식회사에 해당하므로 주식회사로 번역한다. 〈회사법〉과 〈조합기업법〉 등이 제정된 후 전민 소유제 기업, 집체 기업, 사영 기업 등은 위에서 언급한 개인 독자 기업과 조합기업 이외 대체적으로 〈회사법〉에 따른 유한회사 혹은 주식회사로 전환되었다.

〈3자 기업법〉은 특별법으로 외상 투자 기업에 우선 적용되고 〈회사법〉이 보충 적용 되다가 〈외상투자법〉이 제정되면서 폐지되었다. 이후 외상 투자 기업도 내자 기업과 함께 〈회사법〉, 〈조합기업법〉을 동등하게 적용받게 되었다.

중국 회사법

중국 〈회사법〉은 1993년 12월 29일, 전국인민대표대회 상무위원회에서 통과되었고, 1994년 7월 1일부터 시행된 이래, 총 여섯 번 개정했다. 구체적인 개정 내역은 표 〈중국 회사법 개정 내역〉과 같다.

중국 회사법 개정 내역

구분	통과 및 시행 시간	비고
제정	1993.12.29. 통과 / 1994.7.1. 시행	
1차 수정	1999.12.25. 통과 및 시행	개별 조항 수정
2차 수정	2004.8.28. 통과 및 시행	개별 조항 수정
3차 개정	2005.10.27. 통과 / 2006.1.1. 시행	전면 개정
4차 수정	2013.12.28. 통과 / 2014.3.1. 시행	개별 조항 수정
5차 수정	2018.10.26. 통과 및 시행	개별 조항 수정
6차 개정	2023.12.29. 통과 / 2024.7.1. 시행	전면 개정

중국 기업과 영업 집조

중국에서 기업은 등기 기관, 즉 시장 감독 관리 부서로부터 영업 집조營業執照를 발급받은 후에 영업을 개시할 수 있는데, 통상 영업 집조를 영업 허가증으로 번역한다. 그러나 이러한 주체의 설립 전 또는 후에 특정 업종 영위를 위해 필요한 영업 허가증과 혼동될 수 있고, 중국 회사법상 회사 설립에 준칙주의를 취하고 있는데(제29조), 영업 집조를 영업 허가증으로 이해하면 회사 설립에 허가주의를 취한 것으로 오해할 우려가 있다. 따라서 중국의 특유한 제도인 영업 집조는 별개의 개념으로 이해하는 것이 타당하다.

사법해석과 지도성안례

김영미

개관

이 절에서는 중국 최고인민법원이 법령 적용의 통일성을 확보하는 방법이면서 중국 고유의 사법제도로서 필수적으로 알아야 하는 사법해석과 지도성안례의 특징을 살펴보고, 양 제도를 비교 검토하고자 한다.

중국의 사법해석과 지도성안례는 한국에는 존재하지 않는 중국 고유의 제도이다. 중국에서는 사법해석에 법률적 효력을 부여하고 있으므로 한국과 달리 사법해석은 법률과 함께 주요한 법원法源으로 일반 추상적 법령에 대한 보충입법과 유사하다. 지도성안례는 한국의 판결과 같은 개념인 '안례' 가운데 최고인민법원이 다른 안례를 지도하는 안례로 선정한 것으로, 영미법계의 리딩케이스에 가까운 개념이라고 할 수 있다.

중국 최고인민법원의 사법해석

전국인민대표대회 상무위원회는 '심판 사무에서 법률의 구체적 적용에 관한 최고인민법원의 해석'을 사법해석으로 통칭하고 있다. 일반적으로 법원이 입법권을 가질 수 없으나, 중국 최고인민법원이 공포하는 사법해석에는 법률적 효력이 있으므로, 사법해석은 법원法源으로서 재판 문서에 '재판 근거'로 인용할 수 있다.

사법해석은 '해석', '규정', '규칙', '회답'과 '결정'의 다섯 가지 형식으로 이루어진다. 심판 사무에서 일정한 법률을 어떻게 구체적으로 적용하는지 또는 일정한 사건이나 문제에서 법률을 어떻게 적용하는지에 대한 사법해석은 '해석'의 형식으로, 입법 취지에 따라 심판 사무에서 제정해야 하는 규범·의견 등의 사법해석은 '규정'의 형식으로 제정한다.

인민법원의 심판 집행 활동 등을 규율하는 사법해석은 '규칙'의 형식으로, 심판 사무에서 법률을 구체적으로 적용하는 문제에 관한 고급인민법원·해방군군사법원의 제정 요청에 따른 사법해석은 '회답'의 형식으로 제정하고, 사법해석의 개정이나 폐지에는 '결정'의 형식을 채택한다.

사법해석 입안, 심사, 조정 등의 사무는 최고인민법원 연구실에서 일괄적으로 담당하고, 사법해석은 크게 '입안', '기초 및 심사·보고', '토론', '공포·시행 및 보고 등록'이라는 네 가지 단계를 거쳐 제정된다.

중국 최고인민법원의 지도성안례

지도성안례는 사법기관에서 일정한 절차를 거쳐 확인한, 장래의 재판 과정에서 일정한 지도적 역할을 할 수 있는 안례로, 선례로서 참고 가치가 있는 안례다. 지도성안례는 최고인민법원이 선정하며, 유사한 소송 안건에 대한 재판에서 지도적 역할을 수행한다는 점에서 일반적인 안례와 차별화된다.

지도성안례의 선정 기준은 첫째, 사회의 광범위한 관심의 대상이 되는 안례여야 하며, 둘째, 관련 법률 규정이 비교적 원칙적인 것이어야 한다. 셋째, 너무 특수한 안례가 아닌 전형적인 안례여야 하며, 넷째, 사안이 복잡하거나 새로운 유형의 안례여야 한다. 마지막으로 기타 지도적인 역할을 할 수 있는 안례인 경우 지도성안례로 선정될 수 있으며, 지도성안례는 제목, 키워드, 재판 요지, 관련 조문, 기본적인 사실관계, 재판 결과, 재판 이유 등으로 구성된다.

지도성안례는 '반드시 참조해야 하는 효력'으로서 유사 사안에 대해 지도적 역할을 수행할 수 있게 하는 효력을 갖는다. 지도성안례에 법률적 구속력까지는 없지만, 각급 인민법원은 유사 사안을 심판할 때 관련 지도성안례를 반드시 참조해야 하고, 공소 기관, 사건 당사자 및 그 변호인, 소송대리인이 지도성안례를 변론 이유로 삼을 경우에는, 담당 판사는 반드시 '재판 이유'에서 당해 지도성안례를 참조했는지 여부를 석명하고 그 이유를 설명해야 하며, 지도성안례는 법원法源이 아니므로 이를 '재판 근거'로 인용해서는 안 된다.

지도성안례의 모집, 심사, 공포 등의 사무는 최고인민법원 안례지도사무처에서 일괄적으로 담당하며, 지도성안례는 크게 '모집', '심사 및 보고', '토론', '공포'라는 네 가지 단계를 거쳐 선정된다.

사법해석과 지도성안례의 비교

사법해석과 지도성안례는 법률적용의 통일이라는 동일한 목적을 갖는다. 적용 범위도 유사하여, 모두 법률 규정에 탄력성이 크거나, 맹점이 있거나 적용하는 데 난점이 있을 때 적용되며, 최고인민법원의 실제 심판 사무에 기초하여 제정된다.

그런데 지도성안례는 구체적 사안에 대한 재판 결과인 안례 중에 선정하는 것이므로 구체적 사안을 전제하여 판결문 형식으로 제공되는 반면, 사법해석은 구체적 사안을 반드시 전제하지는 않으므로 일반적으로 성문법, 즉 규정 형식으로 표현되어 추상성을 갖는다.

사법해석은 유권해석으로 법률적 효력이 있으나, 지도성안례에는 법률적 효력이 없어 법원法源이 아니므로, 지도성안례는 단지 지도 및 참조 역할로 인한 설득적 효과만 갖는다.

지도성안례의 선정은 최고인민법원에서 하더라도 그 출처는 각급 법원이지만, 사법해석은 오롯이 최고인민법원만이 제정한다. 다만 사법해석 심사용 원고는 전국인민대표대회 관련 전문위원회나 전국인민대표대회 상무위원회 관련 사무 부문에 보내 의견을 구해야 하는 반면 지도성안례는 최고인민법원에서 독자적으로 선정하여 공포한다.

사법해석과 지도성안례의 법령 보충 기능과 상호 보완 기능을 더욱 발전시켜 나간다면 향후 중국 법제에서 법령의 완결성과 판결의 예측 가능성을 더욱 높이는 시너지 효과를 낼 것으로 기대한다.

8장 문화

중화사상

김현주

개념의 기원

중화中華사상은 중국이 세계(천하)의 중심이라는 세계관이다. 천자가 통치하는 화하華夏족은 우월한 문화를 가지고 있으며, 화하족 이외 주변 민족의 문화는 야만적이라고 여기던 화이관華夷觀에서 비롯되었다. 이렇듯 자신과 타자를 문명과 야만으로 구분하는 화이사상은 춘추전국시대에 시작되었다. 화하족은 한漢족의 원류로서 황허黃河 중하류 지역인 중원中原에서 왕조 국가를 수립하고 독자적인 정치·문화 제도를 발전시켰다. 이러한 정치·문화는 유교 사상의 성립과 함께 주변 국가와 자국을 구분 짓는 화이관을 형성했다. 공자가 제환공齊桓公의 재상이었던 관중管仲의 '존왕양이'尊王攘夷(주나라 임금을 숭상하고 오랑캐를 물리침)를 찬탄하며, "관중이 아니었다면 나도 오랑캐의 복장을 하고 있었을 것이다."微管仲, 吾其被发左衽矣라고 한 것이나, "오랑캐들에게 임금이 있는 것은 중원에 임금이 없는 것보다 못하다."夷狄之有君, 不如諸夏之亡也라고도 한 말은 후대 유학자들의 화이관에 영향을 미쳤다.

문명과 야만의 구분

문명과 야만의 기준은 본래 문화적 성격이 강하다. 공자와 같이 덕치德治와 예교禮敎와 같은 문화적 기준으로 문명과 야만을 구분하는 경우, 오랑캐라도 중화의 문화를 받아들이기만 하면 중화 문명에 편입되었다. 맹자의 '용하변이'用夏變夷(중국의 문화로 오랑캐를 변화시킴) 사상 또한 중화주의의 개방적인 일면을 보여 준다. 당대唐代의 한유韓愈도 "중국(제후)이 오랑캐의 예를 쓰면 오랑캐가 되고, 오랑캐가 중국의 예를 쓰면 중국이 된다."諸侯用夷禮則夷之, 夷而進於中國則中國之고 보았다. 원대元代의 한족 학자인 학경郝經 또한 몽골족에 대해 "중국의 도를 행할 수 있다면, 중국의 통치자다."能行中國之道, 則中國之主也라고 하면서 중국의 도를 따르는 것으로써 정권의 합법성을 인정했다. 청대淸代의 캉유웨이 역시 만주족과 한족은 출신지籍貫가 다를 뿐, 중국 문화로 한 나라가 된 지 오래라고 주장했다.

반면 지리적·종족적 기준에 의한 문명과 야만의 구분은 문화적 기준보다 폐쇄적이다. 서진西晉의 강통江統은 오랑캐들이 중원으로 이주해 와 한족 문화가 어지러워졌다고 지적하면서 오랑캐를 중원에서 내쫓아야 한다고 주장했다. 명말청초明末淸初의 왕부지王夫之는 "중국과 오랑캐는 군자와 소인의 나라다. (……) 오랑캐와 중국은 지형이 다르고, 기질이 다르며, 습성도 다르다."中國夷狄也, 君子小人也. 非本末有別. … 夷狄之與華夏, 其地異, 其氣異矣, 氣異而習異라고 주장하며 한족과 이민족을 분명하게 구분했다.

근대적 변용

근대 중국의 지식인들이 문명과 야만의 구분을 바탕으로 한 화이관에서 벗어나 가치중립적인 중서관中西觀을 통해 서양을 인식하는 것 또한 쉽지 않았다. 서구의 자연과학 지식이 모두 중국에서 기원했다는 '서학중원설'西學中源說이나 중국의 학문을 근본으로 삼고 서양의 학문을 도구적으로 수용하자는 '중체서용론'中體西用論이 등장하기도 했다.

명말청초 서구의 자연과학 지식이 중국에 전해지자 황종희黃宗羲는 "구고勾股(피타고라스의 정리)법은 주공周公과 상고商高가 물려준 것이지만, 후세에 그것을 잃어버려 서양인이 몰래 그것을 계승했다."勾股之術乃周公商高之遺, 而後人失之, 使西人得以竊其傳라고 했다. 왕부지는 "서양에서 취할 만한 것은 오직 원근 측량법 하나이며, 나머지는 다 중국의 것을 베낀 것이다."蓋西夷之可取者, 唯遠近測法一術, 其他皆剽竊中國之緒餘라고 했다. 이러한 '서학중원설'은 잠시 종적을 감췄다가 아편전쟁 이후 다시 등장했다. 임창이林昌彝는 서구의 선진 문물을 인정하면서도 "서양 오랑캐의 신기한 기물은 모두 중국에서 시작되었다. 이후 중국에서는 사라졌지만, 서양 오랑캐가 그것을 계승했다."外夷奇器, 其始皆出中華, 久之中華失其傳, 而外夷襲之라고 했다.

한편 서계여徐繼畬는 이런 사회적 분위기와 달리 서양의 제도를 높게 평가하여 당시 지식인들의 거센 반발을 샀다. 그는 『영환지략』瀛環志略(1849년)에서 서구를 오랑캐夷가 아닌 '양'洋 혹은 '서양'으로 지칭했고, 조지 워싱턴의 민주제 제안을 높이 평가하기도 했다. 당시 그는 서양 오랑캐를 미화한다는 비판을 받았다. 위원魏源은 수구파 지식인도 수긍할 수 있는 절충적 입장을 취했다. 그는 『해국도지』海國圖志(1842년)에서 "오랑캐의 장점을 배워 오랑캐를 제압해야 한다."師夷之長技以制夷라고 주장했다. 이런 주장은 양무파洋務派의 대표 인물인 장지동張之洞에 의해 채택되어 '중체서용론'의 기반이 되었으며, 이후 중국 근대화의 길을 여는 데 기여했다.

현대적 의미의 중화사상은 서구 중심주의Euro-centrism와 비교되어 중국 중심주의China-centrism라고도 불린다. 내용은 다르지만, 양자 모두 중국과 서구라는 지리적 개념에서 출발해 정치적·문화적 개념으로 발전했다. 서구 중심주의가 근대화를 통해 세계 질서를 만들었다면, 중화사상은 근대화 이전 동아시아에서 유교적 가치 체계와 조공 체제를 통해 형성되었다.

중국은 2012년 '중국의 꿈'인 중화 민족의 위대한 부흥을 국정 목표로 내세웠다. 나아가 중국은 경제협력을 통해 국제적 위상을 높이고 지역 질서와 국제 질서를 재편하기 위해 2050년까지 '일대일로'라는 거대 프로젝트를 추진한다. 이를 중국은 '인류의 운명 공동체 구축'이라고 부르지만, 일각에서는 중국 중심의 세계 질서 재편이라고 비판한다. 진정한 '인류 운명 공동체'를 형성하기 위해서는 향후 중국이 중화주의를 넘어서는 것이 관건일 것이다.

전통 명절과 휴무일

김광일

'중화' '인민' '공화국'의 법정 휴무일: 휴무 시행법의 제정

현재 중국에서는 〈전국 명절 및 기념일 휴무 시행법〉(이하 '휴무 시행법')을 통해 법정 휴무일을 지정하고 있다. 1949년 12월 23일 정무원에서 반포한 최초의 '휴무 시행법'에서는 중국 공민 전체가 누리는 휴무일을 다음과 같이 정했다.

- 신년: 하루(1월 1일) 휴무
- 춘절: 사흘(음력夏曆 정월 초하루, 초이틀, 초사흘) 휴무
- 노동절: 하루(5월 1일) 휴무
- 국경기념일: 이틀(10월 1, 2일) 휴무

이 가운데 양력의 신년과 더불어 음력의 춘절을 법정 휴무일로 지정한 것에 주목할 만하다. 사실 신년이 한 해의 형식적인 기점으로 기능한 데 비해, 춘절은 공식적인 휴무 일수인 사흘을 훌쩍 넘겨 대보름元宵節까지 지속된 인민 전체의 축제였다. 1912년 중화민국 수립 이후 민국기년民國紀年을 사용함과 동시에 공식적으로는 양력 1월 1일만을 인정했지만 민간에서는 전통적으로 사용하던 음력 정월 초하루를 계속 쇠었다. 그 때문에 위안스카이의 베이징 정부는 '중국의 전통적인 관습'이라는 이유로 1913년부터 음력 정월 초하루를 '춘절'로 명명하고 하루를 휴일로 지정했다. 중화인민공화국 수립 후에는 춘절을 법정 휴무일로 지정했을 뿐만 아니라 공식 휴무 기간을 사흘로 늘렸다. 이를테면

노동절과 국경 기념일이 각각 '인민'과 '공화국'을 기념한다면 춘절은 '중화'의 정체성을 대변했던 것이다.

'황금연휴'의 탄생: 1999년 〈휴무 시행법〉의 제1차 개정

〈휴무 시행법〉은 이후 50년 동안 변함없다가 국무원의 결의를 통해 1999년 9월 18일 처음으로 개정되었고(제1차 개정), 얼마 후 2007년 12월 14일 다시 개정되었다(제2차 개정). 〈휴무 시행법〉의 이러한 두 차례 개정은 시장경제의 도입 이후 중국의 급격한 사회변동과 밀접한 관련이 있다.

1999년 국무원은 〈휴무 시행법〉 제1차 개정을 통해 국경 기념일의 명칭을 '국경절'로 바꾸었으며 노동절과 국경일의 휴무 기간을 이틀에서 사흘로 연장했다. 이때부터 '노동'과 '건국'을 환기하던 노동절과 국경절은 각각 '5.1 황금연휴'와 '10.1 황금연휴'로 호명되기 시작한다. '황금연휴'라는 말은 일본에서 만든 영어식 표현인 '골든 위크'golden week를 직역한 것으로, 자본주의적 소비와 유흥의 기회를 상징한다. 중국의 매체에서는 인민들에게 노동절, 국경절의 공식 휴무일과 그 전후의 주말을 연결한 일주일간의 '황금연휴'를 이용하여 자본주의적 소비와 유흥의 기회를 누릴 것을 적극적으로 격려했는데, 이를 통한 소비의 진작은 1990년대 이후 시장경제를 적극 채용한 중국의 내수 시장 규모를 확대하는 데 크게 기여했다.

전통 명절의 부상: 2007년 〈휴무 시행법〉의 제2차 개정

2007년의 〈휴무 시행법〉 제2차 개정에서는 법정 휴무일의 종류가 다음과 같이 늘어났다.

- 신년: 1일(1월 1일) 휴무
- 춘절: 3일(음력 섣달그믐, 정월 초하루, 정월 초이틀) 휴무
- 청명절: 1일(음력 청명 당일) 휴무
- 노동절: 1일(5월 1일) 휴무
- 단오절: 1일(음력 단오 당일) 휴무

- 중추절: 1일(음력 중추절 당일) 휴무
- 국경절: 3일(10월 1~3일) 휴무

제2차 개정에서 가장 눈에 띄는 점은 민간의 전통적인 명절이 대거 국가의 법정 휴무일로 지정되었다는 것이다. 청명절, 단오절, 중추절이 새롭게 휴무일로 지정됨에 따라 전국적인 법정 휴무일의 종류가 일곱 개로 늘었으며, 기존의 춘절을 포함하면 전통 명절의 비율이 법정 휴무일의 과반을 차지하게 되었다.

이렇게 전통 명절이 법정 휴무일로 대거 지정된 데에는 흥미롭게도 한국의 강릉단오제가 어느 정도 영향을 미친 듯하다. 강릉단오제는 단오절을 전후로 강릉 지방에서 약 보름 동안 진행되는 일련의 향토신 제사 의식儀式으로서, 2005년 유네스코 세계무형문화유산으로 등재되었다. 이 소식을 접한 중국의 인민들은 특정한 명절端午'節'과 특정한 의식端午'祭'의 차이를 무의식적으로, 혹은 의식적으로 혼동해 한국이 중국의 전통 명절을 강탈한다고 분노했다. 이것이 결국 중국 정부가 전통 명절을 법정 휴무일로 지정하는 데 적지 않은 압력으로 작용했다.

국무원은 〈휴무 시행법〉 제2차 개정에 앞서 2006년 5월 20일 '제1차 국가급 무형문화유산 명단'을 발표했는데, 그중 민속 항목에 춘절, 청명절, 단오절, 칠석절七夕節, 중추절, 중양절重陽節, 묘족苗族의 자매절姊妹節 등 한족과 여러 소수민족의 70가지 명절을 등재했다. 바로 그 이듬해 청명절, 단오절, 중추절이 전국적인 법정 휴무일로 지정되어 중국의 인민 전체가 누리는 명절로 부상했다.

새로운 정체성

2007년 〈휴무 시행법〉 제2차 개정을 통한 전통 명절의 법정 휴무일 지정은 근본적으로 20세기 이후 사회주의 이념이 퇴조해 그 대안으로 전통적인 문화와 가치를 강조함으로써 단일한 중국의 정체성을 확보하려는 움직임의 일환으로 파악하는 것이 타당하다.

이와 관련하여 제2차 개정에서 노동절의 위상이 크게 하락했다는 점은 시사하는 바가 매우 크다. 노동절은 중화인민공화국이 성립한 이래 최대 기념일 가운데 하나였고, 1999년 제1차 개정에서는 그 휴무 기간을 사흘로 확대하기도 했지만, 제2차 개정에서는 다시 하루로 줄어들었다.

　　미국 노동자들의 총파업을 기념하고 세계 노동자들의 연대를 고취하기 위해 1889년 파리 제2인터내셔널에서 제정한 노동절을 형해화하고, 이를 대체하여 역사적 기원도 모호하고 지역적 형식도 다양한 전통 명절이 20세기에 들어 국가에 의해 공식적으로 '전국 휴무일'로 지정되었다는 점이 〈휴무 시행법〉 제2차 개정의 가장 두드러진 특징이다. 이로써 중국의 인민들은 법정 휴무일을 즐기면서 '노동자'로서의 정체성을 상기하기보다는, 특정한 전통과 축제를 공유한 '중화' 공동체의 일원으로 다시 태어나게 된다.

지식인

이욱연

중국의 개혁 개방은 '돌아온 지식인'들과 더불어 시작되었다. 마오쩌둥 시대에 지식인들은 재교육이나 사상 개조를 위해, 혹은 인민과 결합하기 위해 자의나 타의로 도시를 떠나 농촌과 산골로 갔다. 그들은 도시를 떠났을 뿐만 아니라 지식인의 정체성도 버렸다. 마오쩌둥이 죽고(1976년) 개혁 개방 정책이 시작되면서 1978년을 전후하여 이들 지식인은 도시로 돌아왔고, 과거 마오 시대에 우파나 반혁명 분자로 몰렸던 지식인들이 대거 복권되었다. 개혁 개방과 더불어 지식인 집단이 다시 형성된 것이다. 덩샤오핑 시대에 중국 지식인들은 개혁 개방의 가장 열성적인 전도사이자 지지자였고, 마오쩌둥 시대 사회주의를 봉건 사회주의로 규정하는 가운데 계몽과 근대성Modernity을 전파하면서 자신의 정체성을 찾았다. 철학자 리쩌허우李澤厚의 주장처럼, 중국 사회주의혁명은 제국주의 열강으로부터 중국 민족을 구하고 새로운 국가를 건립하는 데는 성공했지만, 중국 근대의 또 다른 과제인 계몽의 과제를 달성하는 데는 실패했고, 중국은 여전히 봉건주의 단계에 처해 있다는 인식이 주류를 이룬 것이다. 1980년대를 가리켜 '제2의 5.4시대', '제2의 계몽 시대' 혹은 '신계몽시대'라고 부르는 것은 중국 지식인 사회의 이러한 현실 인식을 바탕으로 한다. 계몽과 현대화의 추진 주체로서 지식인의 중심적 지위와 역할이 더없이 강조되었다. 1980년대 중국 지식인 사회를 주도한 신계몽주의 사조는 서구 근대와 서구식 현대화를 중국이 추구해야 할 이상적인 길이자 모델로 생각했고, 인민 대중보다는 지식인의 중요성을 강조했다.

계몽과 근대성의 실현이라는 공동의 인식을 가지고 단일한 대오를 이루었던 개혁 개방 초기 중국 지식인 사회는 1992년부터 사회주의 시장경제 체제가 가동되면서 분화를 보인다. 중국 경제가 고속 성장하고 시장화, 현대화, 세속화가 빠르게 진행되면서 이를 어떻게 볼 것인지 현실 인식을 두고 지식인 사회에서 분화가 일어난 것이다. 1995년에 일어난 '인문 정신 논쟁'에서는 갈수록 시장화와 세속화되어 가는 중국 현실을 비판하면서 인문 정신의 회복을 주장하는 지식인들과, 숭고함이나 지나친 이상주의, 도덕주의를 강조할 경우 다시 문혁 시대의 정서로 되돌아갈 수 있다며 중국 사회의 세속화 경향에 찬성하는 지식인들이 논쟁했다.

개혁 개방 이후 시장의 가치와 자유주의, 서구화를 추구하는 중국 지식인 사회의 지적 흐름이 중국 정부의 사회주의 시장경제 정책과 맞물리면서 주류 담론으로 자리 잡은 가운데, 이에 대한 일부 중국 지식인들의 문제 제기가 1990년대 후반부터 나오기 시작했다. 왕후이汪暉, 추이즈위안崔之元 등 이른바 '신좌파' 지식인들이 등장하면서 기존의 계몽주의 혹은 자유주의 지식인 대오는 자유주의와 신좌파로 분화된다. 신좌파의 등장은 중국의 경제성장 과정에서 야기된 빈부 격차의 확대, 국유재산 민영화 과정에서 일어나는 대량 실업과 특정 집단의 이익 독점, 농촌 문제, 세계적 차원의 신자유주의에 대한 반발 등이 맞물려 대두했다. 신좌파는 국가가 시장을 적절히 통제할 것과 경제 민주화, 인민 민주주의, 마오 시대의 합리적 요소의 재평가 등을 주장하면서 시장화를 추진하는 자유주의 지식인과 중국 정부가 시장 만능주의에 사로잡혀 있다고 비판했다. 자유주의 지식인들과 신좌파 지식인들은 계몽의 가치와 한계, 국유 기업 민영화, 마오 시대에 대한 평가 등을 둘러싸고 논쟁을 주고받았다.

신좌파와 자유주의의 분화가 지속되는 가운데, 2000년대 이후 베이징 올림픽의 성공적 개최, 중국 정부의 문화 대국 건설 전략 채택, 중국 모델론의 등장, 그리고 중국이 G2의 주역으로 부상하는 새로운 상황 속에서 중국 지식인 사회에도 새로운 변화가 일어났다. 아편전쟁 이후 중국이 서구와 일본 제국주의 침략으로 인해 겪었던 민족적 굴욕감은 현대 중국인의 의식에 뿌리 깊은 민족적 상처로 자리 잡고 있었지만, 2000년대 이후 중국이 대국으로 성장하면서 이제는 그 상처를 씻는 계기가 마련되었고, 이는 중국 지식인의 인식에도 영향을 미쳤다. 서구 사회와 서구 지식 체계를 모델로 생각하던 경향에서 점차 벗어나서 중국의 역사 경험과 중국 제도, 중국 가치, 중국 사상 등, 이른바 중국적인 것의 의미와 가치를 재발견하게 된 것이다. 2000년대 이후 중국 지식인 사회에서 중국적인 것을 재발견하는 사상 조류는 크게 나누면 셋이다. 첫째, 서구 근대성에 대한 비판을 바탕으로 중국 근대성을 재발견하는 그룹으로, 주로 신좌파 경향의 지식인들이 여기에 해당한다. 둘째는 중국의 전통 사상과 유교를 재발견하는 그룹으로, 문화 보수주의를 주창하는 지식인들이 주로 해당한다. 유교를 일종의 국민 종교 차원으로 부활시켜야 한다고 주장하거나 정치체제를 유교 기반으로 바꾸어야 한다고 주장하기도 한다. 셋째는 정치와 경제, 사회조직을 망라하여, 중국 전통적 질서와 사회, 체제의 가치를 재발견하는 지식인들이다. 이들은 주로 서구 정치·경제·사회체제와 중국 전통 질서를 비교하면서 현대 서구 사회가 이상적이지 않으며, 서구가 노정하고 있는 병폐를 피하기 위해서는 중국 전통적인 정치·경제·사회체제의 가치를 재발견해야 한다고 주장한다. 2000년대 이후 중국 지식인 사회에서 중국적인 것을 재발견하려는 이러한 지적 흐름은 중국이 서구의 길을 추종하는 것이 아니라 서구와 다른 중국의 길을 가야 한다는 지적 인식에서 나온 것이다.

　시진핑 시대 이후 중국 지식인 사회의 화두는 문명이다. 문명이라는 화두는 중국 지식인 사회가 관심을 갖는 것이기도 하지만, 중국식 현대화를 추구하는 중국공산당의 정책과 연결되어 있기도 하다. 시진핑 시대에 대두한 문명 담론은 기본적으로 반서구주의 성격을 지닌다. 서구 문명, 특히 서구에서 기원한 근대 문명에 대한 비판적 인식에서 출발하여, 중국 전통 문명의 긍정적이고 미래적 의미를 재평가한다. 세계 질서 차원에서도 근대 서구 중심의 세계 질서를 비판하며 글로벌 사우스 국가의 의미와 역할을 재평가한다. 이런 의미에서 보자면, 서구를 넘어선 새로운 문명을 모색하는 것이다. 문명론은 지적 담론이자 외교정책이기도 하다. 하지만 이러한 문명 담론은 근대 문명과 전통 중국 문명을 균형감 있게 평가하는 게 아니라 근대를 과잉 부정 하고 전통 중국 문명의 의미를 과잉 긍정 하면서 복원하는 한계를 노출하고 있다. 시진핑 시대 중국 지식인 사회의 문명 담론은 중국이 궁극적으로 문명국가로 복귀하고자 하는 열망의 지적 표현이다.

현대미술

김지연

　세계 경매시장에서 중국의 위력을 확인하는 것은 이제 새로운 일이 아니다. 코로나19로 주춤했어도 중국의 미술 시장은 엄청난 규모로 성장했다. 2024년 현재 중국의 미술품 거래 규모는 20조 원에 달하고 미국과 경쟁 중이며, 영국을 누르고 세계 2위의 미술 시장으로 올라섰다. 서양 미술사의 100년을 불과 몇십 년 만에 따라잡은 중국 현대미술의 저력은 어디에 있을까?

　우선 서구권과 차별화되는 작가들의 뛰어난 기량에서 찾을 수 있다. 시각적으로 참신한 발상 및 형식과 더불어 엄청난 스케일에서 관객을 압도한다. 중국의 놀라운 경제성장도 중국 현대미술 발전의 견인차 노릇을 했다. 중국 MZ세대들의 미술품 구매 비중은 증가 추세이며 중국계 갤러리들은 세계 미술 시장의 큰손으로 등극했다. 미술 산업에 대한 중국 정부의 꾸준한 관심과 지원도 뒷심으로 작용했다. 중국 근현대미술은 그 역사적 배경을 이해하지 않고서는 제대로 알기 어렵다. 제국주의 열강의 침략, 사회주의혁명과 아시아 최초의 사회주의 노선 실험, 문화대혁명, 개혁 개방으로 인한 자본주의 시장경제 도입 등 중국의 20세기는 숨 가쁘게 돌아갔다. 정치적 격동과 인민들의 파란만장한 삶은 중국 전위 미술가들에게 예술적 자원이 되었다.

중국 근현대미술의 탄생과 신중국 건립 이후

　중국 근현대미술은 19세기 후반 중국 사회가 서구 열강에 의해 근대로 진입하면서 태동했는데 민국 시대 이후 유럽과 일본에서 돌아온 유학파들이 세운 서양식 미술학교와 미술교육을 통해 본격적으로 시작되었다. 이 시기 상하이를 중심으로 인상파, 야수파, 입체파 등 서구 미술 사조가 중국에 유입되어 다양한 작품이 선보였다. 1949년 건국 이후에는 사회주의 리얼리즘 양식이 신중국 미술 정책의 근간이 되었다. 이 시기 마오쩌둥 및 혁명 영웅의 모습과 투쟁사를 기록한 역사화와 조각 작품들이 대거 제작되었다.

문화대혁명 이후 전위미술의 태동과 85 미술 운동

'포스트 문혁文革'으로 불리는 이 시기에 문혁의 병폐와 후유증을 폭로하는 상흔 미술과 향토 리얼리즘 사조가 출현했다. 젊은 예술가들은 각종 미술 단체를 조직해 전위미술 운동을 이끌었다. 그 신호탄이 바로 1979년 베이징 아마추어 화가들이 선보인 〈싱싱미전〉星星美展이었다.

1985년에는 중국 전역에서 청년 미술가들이 미술 단체와 전람회를 조직하여 파격적인 작품을 선보였다. 이 전국적인 흐름은 '85 미술 운동'85新潮으로 이어졌고, 1989년 베이징 중국미술관에서 열린 〈차이나/아방가르드전〉으로 마무리되었다.

1990년대 폴리티컬 팝과 시니컬 리얼리즘의 등장

제2차 톈안먼사건(1989년)으로 인해, 냉소주의를 표방한 '시니컬 리얼리즘'(완세주의)이라는 독특한 장르가 탄생했다. 정부의 탄압을 피해 도심 외곽으로 흩어진 일군의 예술가들은 과격한 퍼포먼스를 선보이며 기존 미술과 체제에 대한 거부감을 드러냈다. 정치 선전화를 패러디하고 키치화한 '폴리티컬 팝'이라는 장르도 서구 미술계의 관심을 끌었다. 1990년대 즈음 중국 작가들이 베니스 비엔날레에 초대되면서 중국 미술의 전성기가 시작되었다.

2000, 2010년대

중국 전위미술가들이 해외에서 주목받고 중국 현대미술 열풍이 불자 중국 정부도 '문화 창의 산업'을 육성했다. 2008년 베이징 올림픽을 계기로 '따산즈大山子 798예술구'에 별도의 예산을 배정해 지원하는 등 미술을 중요한 국가 산업으로 인식하기 시작했다. 베이징을 비롯해 전국 대도시에 예술 특구와 미술관이 조성되었다. 각종 국제 미술전과 아트 페어를 개최하면서 중국 미술은 점차 국제화·다양화되었다.

2020년대 이후~현재

2020년대에 들어서도 전 세계에서 가장 활발하게 미술품 거래가 이루어지는 곳이 중국이다. 아트바젤과 UBS가 펴낸 「글로벌 아트마켓 보고서 2024」에 따르면 미술 시장을 이끄는 주요 국가들 중 중국만 유일하게 시장 규모가 전년 대비 9%나 늘었다. 코로나19 이후 미술품이 재테크 수단으로 환영받으며 미술품 경매시장은 여전히 성황 중이다. SNS의 발달과 문화생활 수준의 향상으로 미술관을 찾는 중국인들이 늘어나고 중국 미술 시장은 더욱 발전할 것으로 보인다.

주목할 만한 작가

문혁 세대에 속하는 정판즈曾梵志, 위에민쥔岳敏君, 황용핑黃永砯 등의 활약은 여전히 독보적이다. 체제 비판으로 중국 정부와 불화를 겪던 아이웨이웨이艾未未는 2024년에도 중국 미술계 파워 1인의 자리를 지키고 있다. 빠링허우80後 세대들은 이전 세대와 차별된 조형 감각을 지니고 있다. 중국 본토를 넘어 미국, 유럽 등 전 세계에 거주하는 중국계 작가들의 활약상도 눈길을 끈다. 이들은 환경문제, 페미니즘은 물론 성 정체성, 인공지능AI을 이용한 가상현실에 대한 탐구 등 다양한 주제로 승부하는 중이다.

시야디에西亞蝶는 중국 농부 출신이자 게이 정체성을 지닌 인물이다. 중국 전통 종이공예인 전지剪紙를 이용해 서정적인 퀴어의 세계를 펼치면서 본인이 겪어야 했던 정체성에 대한 고민과 가족과의 갈등을 묘사했다. 웡와이인黃慧姸은 회화, 조각, 비디오, 설치 등 다양한 유형의 미디어로 작업하는 홍콩 태생의 예술가다. 작품을 통해 내면의 갈등을 탐구하고 모성, 두려움, 자기 의심과의 투쟁에 대한 질문을 제기하고 답한다.

이안 청Ian Cheng은 미국 국적 중국 작가로 〈이안: 세계 건설〉Ian Cheng: Worlding을 통해 인공지능과 게임 엔진을 사용해 가상 생태계를 만드는 작업으로 잘 알려졌다. 뉴욕현대미술관MoMA PS1, 리움 등 주요 미술관과 갤러리에서 개인전을 열었다.

영화

임대근

'일대일로'와 중국 영화

시진핑 집권 시기(2012년~현재) 중국 영화 정책은 보수적 경향으로 바뀌고 있다. 시진핑 집권 초기에는 대외 관계에서 '일대일로' 정책이 강조되면서 영화계도 자연스럽게 이에 순응했다. '일대일로'는 실크로드의 동시대화를 통해 중국-아시아-유럽-아프리카를 묶어 내는 지리적·문화적·경제적·외교적 개념으로 활용됐다. 여기에 전통적인 중국 문화의 해외 홍보를 위한 '해외 진출'走出去 개념이 결합하면서 중국 영화의 해외 상영과 교류를 위한 다양한 실험을 수행했다.

상하이국제영화제는 2015년부터 '일대일로' 세션을 조직했고, 2015년부터 2017년까지만 해도 뉴질랜드, 스페인, 러시아, 탄자니아, 모리셔스, 알제리 등에서 일련의 '중국 영화 주간' 행사를 개최했다. 중국 영화의 '일대일로' 모델은 크게 해외에서 중국 영화제(중국 영화 주간) 개최, 중국-외국 합작영화 제작, 중국 영화 해외 수출, 중국 영화의 서사 기획 등으로 수렴되었다. 2017년 당시, 중국은 모두 20개국과 공동 제작 협정을 체결했다(한국, 영국, 프랑스, 캐나다, 이탈리아, 오스트레일리아, 뉴질랜드, 싱가포르, 벨기에, 인도, 스페인, 몰타, 네덜란드, 그리스, 에스토니아, 덴마크, 카자흐스탄, 러시아, 브라질, 룩셈부르크). 이들 국가와 공동 제작 현황을 보면 2015년 80편, 2016년 89편, 2017년 60편에 이른다.

그러나 '일대일로'는 지나치게 자국의 영화(문화)를 해외로 내보내는 진출 Outbound 중심의 모델로서, 외부의 영화(문화)가 진입 Inbound하는 환경을 만들지 못함으로써 사실상 실패하고 말았다.

〈영화산업촉진법〉의 제정

2016년 중국 당국은 〈영화산업촉진법〉을 제정함으로써 일련의 정책 변화를 이끌었는데, 영화 심의 및 허가 권한의 지방 이양, 단수 영화제작증 제도 폐지, 입장권 수입 등 각종 비리 치벌, 현급 이상 지방정부의 영화산업 지원 정책 수립 의무화, 영화 관련 지원 제도 정비 등을 구현했다. 이러한 변화는 중국문학예술연합회文聯의 제10차 대회 겸 중국작가협회 제9차 대회 개막식에서 수행한 시진핑의 다음과 같은 연설을 통해 그 맥락을 읽을 수 있다.

문예 사업은 당과 인민의 가장 중요한 사업이다. 인민과 사회주의를 위해 일하는 것을 견지해 나가야 한다. 향후 목표는 '중화 민족의 위대한 부흥과 중국몽'의 실현이다. 주선율 가치를 더욱 강화하고 인민을 위해 풍성한 정신 양식을 제공하고 전 세계만방에 중화 문화의 매력을 알리자. 첫째, 중화 민족의 위대한 부흥과 중국 특색의 사회주의를 실현하기 위해 문화 자신감을 견지하자. 둘째, 인민은 역사의 창조자이고 시대를 이끄는 주체이다. 문예는 인민을 위해 복무해야 한다. 셋째, 문화 예술의 창신創新이 필요하다. 넷째, 문화 예술을 통해 더욱 고상한 사회를 만들어 나가기를 희망한다.

이런 분위기는 "위대한 부흥과 중국몽"을 강조한 중국공산당 제19차 전국대표대회에서의 연설에서도 드러났다.

문화 자신감으로 사회주의 문화 번영을 추구하자. (……) 높은 문화적 자신감이 없으면, 문화 번영도 없으며, 중화 민족의 위대한 부흥도 없다. 중국 특색의 사회주의 문화 발전을 견지하고, 민족문화의 창신과 창조를 일으키고, 사회주의 문화 강국을 건설하자.

중국 영화 정책의 보수적 전환과 이데올로기화

이런 맥락에서 2018년 중국의 영화 정책에 급격한 변화가 이뤄졌다. 국무원 산하에 있던 기구인 '국가언론출판라디오텔레비전영화총국'國家新聞出版廣播電視電影總局이 '국가라디오텔레비전총국', '국가언론출판서', '국가판권국', '국가영화국' 등 4개 부서로 개편되었다. 이 가운데 국가영화국의 업무는 공산당 중앙선전부로 이관했다. 이는 영화와 방송을 분리하고, 중앙선전부의 역할을 강조하면서 영화를 독립적으로 관리할 필요성, 작은 정부의 원칙을 내세운 집중 관리의 필요성, 공산당 이데올로기의 전면적 강화 필요성에 의한 것으로 판단된다.

2016년 한국 정부의 사드 배치에 따라 한한령限韓令이 발동되었고, 코로나19 팬데믹 상황의 도래를 계기로 중국 영화 산업과 대외 협력은 더욱 냉각되었다. 한한령 이후 중국 영화계는 상업성을 강화한 블록버스터급 영화를 제작해 산업의 규모를 키우면서 "중국이 세계를 지배한다"는 이데올로기를 전면에 내세웠다. 예컨대 〈특수부대 전랑2〉戰狼2(2017년), 〈유랑지구〉流浪地球(2019년) 같은 영화가 좋은 사례다. 이들 영화는 각각 중국 역대 박스오피스 2위(56억 8874만 위안)와 5위(46억 8773만 위안)에 올라 상업적으로도 성공했으며, 중화주의와 애국주의 이데올로기를 선전하는 역할을 담당했다.

또한 팬데믹 상황에서도 여전히 주류 이데올로기를 강조하는 영화들은 당국의 적극적인 지원 아래 꾸준히 제작되고 있다. 특히 미국과의 갈등을 문화 심리적으로 해소하기 위해 한국전쟁을 소재로 한 영화가 다수 제작되었다. 한국전쟁을 배경으로 한 영화는 전쟁 70주년이 되는 2020년을 전후해 나타난 하나의 현상이었다. 〈금강천〉金剛川(2020년), 〈영웅연대〉英雄連(2020년), 〈장진호〉長津湖(2021년), 〈장진호의 수문교〉長津湖之水門橋(2022년) 등의 드라마 장르는 한국전쟁 당시 유엔 연합군(특히 미군)과 중국인민지원군의 전투를 그리면서 중국군을 영웅화한다. 이 중 〈장진호〉는 현재 중국 영화 역대 박스오피스 1위(57억 7575만 위안)를 차지하고 있다.

이뿐만 아니라 한국전쟁에 관한 다큐멘터리와 애니메이션도 제작되었다. 다큐멘터리 〈보가위국: 한국전쟁의 영광스러운 기록〉保家衛國: 抗美援助光影紀實

(2020년)은 한국, 미국, 북한, 중국의 기록 필름을 활용하여 송골봉, 상감령, 장진호 등의 전투를 보여 준다. 애니메이션 〈가장 사랑스러운 사람〉最可愛的人 (2020년)은 중국인민지원군의 '영웅적'인 인물과 부대를 묘사한다.

시진핑 시기 중국 영화는 '분투'하는 중국, 특히 가난을 극복하는 공산당의 정책에 부응하는 영화가 다수 제작되는 경향을 보인다. 〈팔백〉八佰(2020년), 〈나와 나의 고향〉我和我的故鄉(2020년), 〈1시면 집에 도착해〉—點就到家(2020년), 〈아름다운 인생〉秀美人生(2020년), 〈온통 푸르른 시대〉千頃澄碧的時代(2020년) 등이 대표적이다. 〈팔백〉은 현대사를 다룬 영화로 중일전쟁 당시 국민당 군대의 상하이 방어 전투를 그렸다. 〈나와 나의 고향〉은 코미디로 '샤오캉'小康 생활을 묘사했다. 〈1시면 집에 도착해〉는 청년 영화로, 귀향과 창업에 관한 내용을 다룬다. 〈아름다운 인생〉은 가난 탈출을 위한 '분투'를 그리는 광시쫭족자치구 공산당 선전부의 기획 영화다. 〈온통 푸르른 시대〉는 가난을 극복하기 위한 공산당 기층 간부의 충성과 헌신, 봉사를 묘사한다.

또한 새로운 시대新時代 발전하는 중국의 모습을 그려내는 경향도 있다. 〈우승〉奪冠(2020년), 〈반드시 잡힌다〉除暴(2020년), 〈안녕, 엄마〉你好, 李煥英(2021년) 등이 대표적이다. 〈우승〉은 1981년 세계배구선수권대회와 2016년 리우 올림픽 브라질과의 경기를 교차하면서 중국 여자 배구팀의 활약을 보여 준다. 〈반드시 잡힌다〉는 '라오잉방'老鷹幫이라는 범죄 집단에 대한 경찰의 추격을 그리는데, 1990년대 실화를 바탕으로 한다. 〈안녕, 엄마〉는 타임 슬립 드라마로 엄마와 딸의 사랑을 그린 가족 영화다.

이런 상황에서 시진핑 시기 중국 당국은 중국 영화의 발전 목표를 구체적으로 제시한다. 특히 2020년 10월 개최된 중국공산당 제19차 중앙위원회 제5차 전체회의(5중전회)에서는 2035년 '문화 강국'을 건설하겠다는 목표를 적시한다. 이는 2011년 10월 17차 6중전회에서 '사회주의 문화 강국'을 건설하겠다는 목표를 제시한 데 뒤이은 것이다. 이는 중국공산당 중앙이 처음으로 '문화 강국'의 구체적인 시간표를 제시했다는 의미가 있다. 또한 중국공산당 중앙의 선전 사업과 사상 사업의 중요성을 강조하고, 이른바 '인민의 정신 역량'을 증강하며 정신적 목표와 신념, 문화적 수요를 만족하겠다는 의지의 표현이다. 물론

이런 전략은 모두 공산당의 이데올로기 내부에서 작동해야 한다.

평가와 전망

시진핑 시기의 중국 영화 정책은 여러 가지 중요한 변화와 특징을 보여 준다. 첫째, 가장 중요한 점은 '주선율' 영화를 통한 정치적 이념과 가치의 강조이다. 주선율 영화는 사회주의혁명과 민족주의를 주제로 한 영화들로, 중국공산당의 이념을 선전하고 국민들에게 정치적 메시지를 전달하는 데 중점을 둔다. 이러한 영화는 당국의 지원을 받으며, 대중에게 널리 상영되어 중국의 문화적 자부심과 애국심을 고취한다.

둘째, 해외 진출을 통한 중국 영화의 국제적 영향력 확대이다. 시진핑 시기 초기에는 '일대일로' 정책과 결합하여 중국 영화를 해외로 내보내기 위한 다양한 시도가 이루어졌다. 국제 영화제에서 중국 영화를 소개하고, 외국과의 공동 제작을 통해 중국 영화의 세계적 입지를 강화하려는 노력이 이어졌다. 이러한 노력은 중국의 소프트 파워를 증대하고, 중국의 문화적 매력을 국제사회에 알리기 위한 것이었다. 그러나 이런 경향은 최근 내부 순환內循環이라는 정책 목표에 따라 급격하게 냉각되고 있다.

셋째, 영화산업의 법적·제도적 정비를 통한 산업 발전의 촉진이다. 2016년 제정된 〈영화산업촉진법〉은 영화 제작과 상영에 관한 행정 절차를 정비하고, 영화산업의 효율성을 높이기 위한 다양한 조치를 포함하고 있다. 이를 통해 영화 제작의 자율성이 증가하고, 시장 논리가 부분적으로 확대되었지만, 동시에 영화 내용에 대한 엄격한 심사와 검열이 지속되고 있다. 이는 정치적 안정과 사회적 통합을 유지하려는 중국 정부의 의도를 반영한 것이다.

넷째, 국가적 과제와 목표를 반영한 영화 제작이다. 시진핑 정부는 "중화민족의 위대한 부흥과 중국몽" 실현을 목표로 삼고, 이를 영화 제작에도 반영하고 있다. 가난 극복, 사회주의 가치 홍보, 민족적 자부심 고취 등 다양한 주제를 다룬 영화들이 제작되며, 이러한 영화는 중국의 발전상을 그려내고, 국민에게 긍정적인 메시지를 전달하는 역할을 한다.

이처럼 시진핑 시기의 중국 영화 정책은 정치적 이념 선전, 국제적 영향력 확대, 제도적 정비, 국가적 과제 반영 등 여러 측면에서 중요한 변화를 보인다. 이런 정책 방향은 중국 영화의 정치적·문화적·산업적 목표를 구현하는 데 결정적인 요인이다.

현대문학

박정원

중국 현대문학은 1919년 5.4 운동을 기점으로 태동했으며, 전통적 문언문에서 벗어나 백화문을 통한 대중화와 현대화를 추구했다. 루쉰魯迅과 같은 작가들이 선도한 신문학 운동을 시작으로, 좌익 문학, 항일 문학, 사회주의 현실주의 문학, 상흔傷痕 문학 등 다양한 유파가 등장했다. 이 문학들은 중국의 사회적·정치적 변화를 반영하며, 중국인의 정체성을 탐구하고 시대적 고통을 기록했다. 최근에는 신사실주의, 신역사주의 문학 등이 등장해 급변하는 현대 중국 사회를 문학적으로 표현하고 있다.

중국 현대문학의 태동

중국 현대문학의 태동은 20세기 초반의 사회적·정치적 변동 속에서 이루어졌다. 이 시기는 청나라의 멸망과 신해혁명(1911년)으로 인한 중화민국의 수립과 함께 시작되었다. 전통적인 문언문文言文에서 백화문白話文으로의 전환이 본격적으로 이루어졌으며, 이는 중국 국민의 문해력을 높이는 데 기여했다. 1919년 발생한 5.4 운동은 중국 현대문학의 시발점이 되었으며, 이 운동을 통해 지식인들은 전통을 비판하고 서양의 과학과 민주주의 사상을 받아들이고자 했다. 이를 바탕으로 신문화운동이 일어나, 중국 문학은 정치적·사회적 변화를 반영하며 새로운 방향으로 나아가기 시작했다.

중국 현대문학의 시기 구분(1919~2024년)

중국 현당대문학現代當代文學은 다양한 사회적·정치적 변화에 따라 여러 시기로 구분할 수 있다.

5.4문학(1919~30년)

1919년 5.4 운동을 기점으로 문언문에서 백화문으로의 전환이 이루어지며, 새로운 사상과 서양의 과학, 민주주의 이념이 문학에 반영되었다. 전통적 가치에 대한 비판과 근대화에 대한 열망이 두드러진다.

혁명 문학(1930년대)

사회주의혁명과 계급투쟁을 주제로 하는 좌익 문학이 주류를 이루었다. 노동자, 농민의 현실을 반영하며, 문학이 정치적 목적과 결부되었다. 좌익 문학은 중국 사회의 불평등을 비판하고 사회주의 이상을 문학적으로 표현하는 데 중점을 두었다.

항일 문학(1937~45년)

중일전쟁 발발 이후 일본의 침략에 저항하는 문학이다. 애국주의와 민족적 자긍심을 고취하고, 일본 제국주의에 대한 저항과 반항을 주제로 했고, 전쟁의 잔혹함과 중국인의 저항 정신을 그린 작품들이 많이 등장했다.

17년 문학(1949~66년)

중화인민공화국 수립 이후 17년 동안의 문학이다. 사회주의 현실주의 문학이 주류를 이루며, 공산당의 이념과 정책을 문학적으로 반영하고 대중을 계몽하고 교육하는 데 집중했다. 문학이 혁명적 이상을 고취하고 사회주의사회 건설을 위한 도구로 사용되었다.

신시기 문학(1977~80년대)

문화대혁명 이후 상흔 문학을 중심으로 시작된 문학이다. 문화대혁명의 상처와 고통을 다루며, 개인적 상처와 사회적 상흔을 문학적으로 표현했다. 이후 반사反思 문학이 등장해 상흔 문학을 비판적 시각에서 성찰하고 사회주의 체제에 대한 반성을 문학적으로 풀어냈다.

포스트 신시기 문학(1990년대 이후)

급변하는 중국 사회의 다양한 면모를 반영한 문학이다. 신역사주의 문학, 신사실주의 문학, 선봉파先鋒派 문학 등이 주류를 이루며, 역사적 사건의 재해석, 일상 현실의 사실적 묘사, 실험적 문학 등이 등장했다. 또한 글로벌화와 정보화 시대의 새로운 현실을 다루는 신상태新狀態 문학도 등장했다.

중국 현대문학 대표 유파

5.4 신문학 운동(1919~25년)

5.4 운동은 전통적 문언문을 거부하고, 백화문을 채택한 신문학 운동의 시작을 알렸다. 이 시기 대표 작가로는 루쉰과 그의 단편 소설집 『아Q정전』阿Q正傳이 있다. 이 시기는 중국 현대문학의 초석을 놓았으며, 전통적인 문학에서 벗어나 서양의 영향 아래 새로운 문학 형태를 모색하는 시기였다.

좌익 문학(1930년대)

1930년대에 들어서면서 좌익 문학이 등장했다. 사회주의 이념을 반영한 문학이 주를 이루었으며, 루쉰을 비롯한 많은 작가들이 좌익 문학의 선두에 섰다. 이 시기의 작품들은 노동자와 농민의 현실을 다루며, 사회적 불평등과 계급투쟁을 주제로 삼았다. 대표작으로는 마오둔茅盾의 소설 『자야』子夜가 있다.

항일 문학(1937~45년)

중일전쟁이 발발하면서 항일 문학이 대두했다. 이 시기의 문학은 일본의 침략에 맞서 중국인의 민족적 자긍심을 고취하고자 했다. 대표작에는 샤오훙蕭紅의 소설 『생사의 장』生死場이 있다.

사회주의 현실주의 문학(1949~76년)

중화인민공화국 건국 후, 문학은 공산당의 이념을 반영하는 사회주의 현실주의 문학으로 통합되었다. 문학은 대중을 교육하고 계몽하는 도구로 사용되었다. 대표작에는 딩링丁玲의 소설『태양은 상건하를 비춘다』太陽照在桑幹河上가 있다.

상흔 문학(1977~80년대 초)

문화대혁명 이후, 상흔 문학은 그 시기의 상처와 고통을 다루기 시작했다. 이 문학은 문화대혁명 기간 동안 억압받고 희생된 사람들의 경험을 고발하고, 그로 인한 사회적 상흔을 문학적으로 표현하려는 시도였다. 대표작에는 루신화盧新華의 단편소설「상처」傷痕가 있다.

반사 문학(1980년대 중반)

상흔 문학에 대한 비판적 성찰이 담긴 반사 문학이 등장했다. 이는 사회주의의 이념적 폐해와 과거의 잘못을 재고하며, 더 나아가 미래에 대한 반성을 촉구하는 문학이었다. 대표작에는 다이호우잉戴厚英의 소설『사람아 아, 사람아!』人啊, 人!가 있다.

신사실주의 문학(1980년대 후반~90년대)

이 시기는 중국 사회의 일상을 있는 그대로 묘사하는 문학 경향이 두드러졌다. 개인의 삶과 현실을 소설의 중심으로 삼았으며, 이는 중국인의 일상적 경험을 깊이 있게 다루는 방향으로 나아갔다. 대표작에는 위화餘華의 소설『살아간다는 것』活着이 있다.

선봉파 문학(1980년대 후반~90년대)

실험적이고 아방가르드한 문학이 이 시기에 등장했다. 전통적 서술 방식에서 벗어나 새로운 표현 방식을 모색하는 작품들이 많았으며, 이는 문학적 다양성을 확대하는 계기가 되었다. 대표작에는 쑤퉁蘇童의 소설『처첩성군』妻妾成

群이 있다.

신역사주의 문학(1990년대~2000년대)
역사적 사건을 새로운 시각으로 재해석하는 문학이 이 시기에 유행했다. 중국의 근현대사를 재조명하며, 역사적 진실에 대한 새로운 해석을 시도했다. 대표작으로는 위화의 소설『허삼관 매혈기』許三觀賣血記가 있다.

신상태 문학(2000년대 이후)
급변하는 중국 사회의 새로운 상태를 반영하는 문학이 등장했다. 이는 글로벌화와 정보화 시대의 중국 사회를 문학적으로 표현하며, 현대 중국인의 복합적 정체성을 탐구하고 있다. 대표작에는 류전윈劉震雲의 소설『나는 유약진이다』我叫 劉躍進가 있다.

중국 현대문학과 영화화
중국 현대문학은 수많은 작품들이 영화로 각색되면서, 문학적 가치를 시각적 예술로 확장해 왔다. 문학작품의 영화화는 문학이 전달하려는 메시지를 대중에게 더 쉽게 전달하는 역할을 했으며, 중국의 역사적·사회적 변화를 반영하는 주요 매체로 자리 잡았다.

대표적인 사례로는 루쉰의『아Q정전』이 있다. 이 작품은 1981년 영화로 제작되어, 당시 중국 사회의 병폐를 비판적으로 조명했다. 이 영화는 원작의 비판적 메시지를 시각적으로 표현하면서, 문학과 영화의 융합을 보여 준다.

두 번째로는 딩링의 소설『태양의 노래』太陽照在桑幹河上가 있다. 이 소설은 사회주의 현실주의 문학의 대표작으로, 영화화되어 중국 농촌의 현실을 생생하게 그려 냈다. 이 영화는 당시 농촌 생활과 혁명적 열정을 시각적으로 전달하며, 문학의 사회적 역할을 강조했다.

또한 바진巴金의『집』家 역시 영화화되어 큰 반향을 일으켰다. 이 작품은 전통적인 가정과 새로운 세대의 갈등을 다루며, 중국의 가족제도와 사회 변화를 탐구했다. 영화는 원작의 감성을 시각적으로 강화하여 대중에게 깊은 인상을 남겼다.

네 번째 사례는 장아이링張愛玲의『색계』色戒이다. 이 소설은 2007년 영화화되면서 전 세계적으로 주목을 받았다. 원작의 복잡한 인간관계와 심리적 갈등을 영화는 섬세하게 표현하며, 문학과 영화의 경계를 넘나드는 작품으로 평가받았다.

마지막으로, 노벨문학상 수상자인 모옌莫言의『붉은 수수밭』紅高粱이 있다. 이 작품은 1988년 영화로 제작되어 국제적으로 큰 성공을 거두었다. 영화는 중국의 전통과 역사를 생생하게 재현하면서, 문학적 상상력을 시각적으로 표현했다. 이 영화는 중국 영화 산업의 발전에도 큰 기여를 했다.

한국 속의 중국 현대문학

중국 현대문학은 국내에서도 많은 독자들에게 큰 관심을 받아 왔다. 특히 5.4 운동 이후의 중국 문학은 한국 문학과도 밀접한 연관을 가지며, 양국의 문학적 교류가 활발하게 이루어졌다.

루쉰은 국내에서 가장 잘 알려진 중국 현대문학 작가 중 한 명이다. 그의 작품『아Q정전』은 국내에서도 번역되어 많은 독자들에게 읽혔으며, 식민지 시대의 한국인들에게 강한 공감을 불러일으켰다. 루쉰의 작품은 일제강점기 한국의 지식인들에게 큰 영향을 미쳤으며, 한국 문학의 비판적 현실주의에 기여했다.

또한 1930년대 좌익 문학은 한국의 사회주의 문학 운동에도 영향을 미쳤다. 한국의 작가들은 중국의 좌익 문학을 통해 사회주의적 사상을 접하고, 이를 한국 문학에 반영했다. 예를 들어, 임화林和와 같은 한국 작가는 중국 좌익 문학의 영향을 받아 사회적 불평등과 계급투쟁을 주제로 한 작품을 발표했다.

1980년대 이후, 중국의 상흔 문학과 반사 문학은 한국의 문학계에서도 큰 관심을 받았다. 문화대혁명 이후 중국 사회의 상처를 다룬 상흔문학은 국내 독자들에게 중국 현대사의 복잡성과 아픔을 이해하는 데 중요한 역할을 했다. 이는 한국의 민주화 운동과도 공명하며, 양국 문학의 교류를 심화했다.

최근에는 모옌과 같은 현대 중국 작가들의 작품이 국내에서도 널리 읽히고 있다. 그의 소설 『붉은 수수밭』은 한국에 번역 출간되어 큰 인기를 끌었으며, 이를 통해 중국 현대문학의 다양성과 깊이를 한국 독자들이 경험할 수 있었다. 또한 중국의 신사실주의 문학과 신역사주의 문학은 한국의 문학 연구자들에게 중요한 연구 주제로 다뤄지고 있다. 또한 위화의 『허삼관 매혈기』는 국내에서 가장 많이 판매된 중국 현대문학 작품이라는 기록을 가지고 있다. 이 작품은 중국의 급변하는 현대사를 배경으로, 한 남자가 가족을 위해 피를 팔며 살아가는 이야기를 감동적으로 그려낸 소설이다.

한국 속의 중국 현대문학은 단순한 문학적 교류를 넘어, 양국의 사회적·역사적 경험을 공유하는 중요한 매개체로 작용해 왔다. 이는 한·중 양국의 문학이 서로의 문화적 이해의 증진에 기여했음을 의미하며, 앞으로도 이러한 문학적 교류는 지속될 것이다.

음식

주영하

중국인들이 소비하는 음식을 이해하려면 먼저 그들이 사용하는 '인스'飮食라는 말의 뜻을 알아야 한다. '인스'란 문자 그대로 '마시고 먹는' 행위를 가리킨다. 곧 중국 음식의 기본 구조는 '마시는 것과 먹는 것'으로 이루어져 있다는 뜻이다. 마시는 것은 다시 '차'茶와 '지우'酒로 구성된다. 차는 중국인의 식사는 물론이고 일상의 음료인 동시에 손님 접대의 기본인 음료이다. '지우'는 차와 함께 손님 접대에 주로 쓰인다. 술의 종류는 나라의 크기만큼 다양하여 중국인 스스로도 먼 지방의 술 이름을 모를 정도이다. 최근에는 주류 회사마다 새로운 술을 개발하여 상품으로 내놓아 더욱 그렇다.

지역별 특징

먹는 것은 '판'飯과 '차이'菜가 기본을 이룬다. 얼핏 보기에 이 말들을 한국어로 옮긴다면 밥과 반찬이 될 것 같다. 하지만 중국의 '판'과 '차이'는 한국의 그것과 사뭇 다르다. 한국인은 주식인 쌀밥을 맛있게 먹기 위해 반찬을 먹는다. 그만큼 반찬은 밥에 예속되어 있다. 이에 비해 중국의 '판'과 '차이'는 모두 독립된 하나의 요리이다. '판'에 속하는 '미판'米飯(쌀밥)만이 최소한 다른 한 가지의 '차이'를 필요로 할 뿐, '몐탸오'麵條(국수)나 '만터우'饅頭(찐빵), '자오쯔'餃子(물만두) 그리고 '차오판'炒飯(볶음밥)은 별도의 반찬을 필요로 하지 않는다.

'차이'는 '판'의 종류에 비해 훨씬 많다. 중국을 요리의 대국이라 말하는 것도 너무나 많은 종류의 '차이' 때문이다. 역사상 일찌감치 상업이 발달한 지역에서는 그곳만의 특색 있는 '차이'를 많이 만들어 냈다. 중국 대륙의 어느 곳에서나 만날 수 있는 음식점은 '촨차이'川菜로 알려진 쓰촨성 음식을 판매하는 곳이다. 이곳의 음식은 매운맛이 강한 편이다. 16세기에 아메리카 대륙 원산의 고추가 들어와서 이전의 후추·천초와 함께 매운맛을 더욱 강화했다. 겨울에도 영상의 날씨를 보이는 쓰촨 분지는 습한 기후로 유명하다. 겨울의 습한 냉기를 해결하기 위해 매운 음식이 발달했다.

이에 비해 광둥은 중국 요리의 메카라 할 정도로 조리법과 음식의 종류가 많고 특이하다. 일명 '웨차이'粵菜로 불리는 이곳의 음식은 그 원료의 범위가 매우 넓어 해산물에서 짐승류, 그리고 조류에 이르기까지 다리가 있는 것은 식탁과 사람을 빼놓고는 쓰이지 않는 것이 없다. 특히 음식의 맛이 매우 담백하다. 그런데 이 담백한 맛의 비밀은 새우젓, 굴소스蠔油, 피쉬소스魚露와 같은 조미료에서 나온다. 특히 이 지역은 원나라 때부터 유럽과 해양을 통해 교류가 많았던 탓에 유럽 음식의 영향을 많이 받아 소스류가 발달했다. 이 외에도 기름을 많이 사용하는 산둥 지역의 '루차이'魯菜, 단맛이 강한 상하이의 '하이차이'海菜, 궁중 음식의 흔적이 남아 있는 베이징의 '징차이'京菜, 볶음밥의 대명사인 양저우揚州의 '후아이양차이'淮揚菜처럼 지역마다 오래된 역사를 지닌 음식들이 많다.

중국 음식과 한국인

한국인들은 중국 음식이 매우 느끼하여 먹고 나서 개운치 않다고 생각한다. 중국 음식은 불에 데운 기름의 높은 온도를 이용하여 만들어지기 때문에 분명 느끼하다. 사실 기름을 많이 쓰는 조리법은 건조하고 먼지가 많은 창장長江 이북 지역의 자연환경으로 인해 생겨난 것이다. 또한 역사상 왕조가 생기고 망하는 과정에서 피란을 자주 다녀야 했던 창장 이북 사람들은 기름으로 요리를 하여 음식을 오랫동안 보존하기도 했다. 기름에 볶는다는 것은 150도가 넘는 온도에서 겉을 순간적으로 익히는 방식이다. 일종의 코팅을 통해 맛뿐만 아니라 보존성을 높이는 전략이 여기에 담겨 있다.

중국 음식과 기름은 건강에 좋지 않을 수 있다. 하지만 기름이 많이 사용된 음식을 먹으면서 중국인들은 '차'茶를 빠트리지 않는다. 차는 알칼리성 음료이기 때문에 기름을 많이 섭취하여 산성화된 몸을 중화해 준다. 그래서 음식을 먹을 때나 일상생활 속에서 차는 중국인들의 건강 지킴에서 빠질 수 없는 음료이다. 중국인들이 '인스'飮食라는 말로 그들의 식사를 구조화해 놓은 이유 역시 '차'와 '차이'의 상호 보완 관계 때문이다. 21세기에 들어와서 중국은 세계 경제 대국이 되었다. 이 시기에 태어난 젊은 중국인 대부분은 그들의 부모 세대와 달리 커피, 탄산음료, 기능성 음료, 과즙 음료 등을 차보다 더 즐겨 마신다.

이제 중국 대륙의 음식점에서 당황하지 말자. 한자만 조금 안다면 요리 이름에 주재료와 조리법이 담겨 있음을 알 수 있다. 주재료와 조리법이 중복되지 않도록 주문만 하면 당신은 중국 음식 전문가 자격이 있다. 이것을 알고 실천하면 중국 음식이 제대로 보여 맛있다. 그만큼 중국인에 대한 이해도 깊어진다.

차와 술

이희옥

차의 역사와 종류

신농神農 시대부터 차를 즐기기 시작한 것으로 알려진 중국은 차의 고향으로 4000여 년의 역사를 가지고 있다. 또한 중국은 전 세계에서 최초로 차를 재배하고 이용하여 차 산업을 발전시킨 국가이기도 하다. 차 문화는 초기에 귀족을 중심으로 형성되어 있었지만 차츰 대중적인 문화로 확산되어 나갔다. 차를 마시는 습관은 당唐나라 때 전국적으로 확산되기 시작했으며, 송宋, 명明 시기에는 전성기에 이르렀다. 차성茶聖이라고 불리는 당나라의 육우陸羽가 집필한 『차경』茶經은 세계 최초의 차 전문 서적이며, 다도의 초석을 마련한 것으로 평가받는다. 이후 중국의 차 문화가 주변으로 전파되기 시작하면서 현재 세계 100여 개 국가가 차를 즐겨 마시고 있다.

중국의 차는 생산지와 발효 정도에 따라 100여 개 이상으로 분류된다. 대표적으로 녹차綠茶, 청차青茶, 백차白茶, 황차黃茶, 홍차紅茶, 흑차黑茶는 중국의 6대 차로 불린다. 발효 정도로 보면 녹차는 비발효차이며, 백차와 황차는 경발효차, 청차는 반발효차, 홍차는 완전 발효차, 흑차는 후발효차이다. 특히 이 중에서 녹차는 중국에서 가장 많이 생산되는 차로 매년 중국 '10대 명차'에 손꼽히고 있다. '10대 명차'는 매년 선정되는 종류가 달라지지만 대체적으로 시후롱징西湖龍井, 비뤄춘碧螺春, 신양마오젠信陽毛尖, 쥔산인전君山銀針, 황산마오펑黃山毛峰, 우이옌차武夷岩茶, 치먼홍차祁門紅茶, 두윈마오젠都勻毛尖, 티에관인鐵觀音, 루안과펜六安瓜片이 꼽히고 있다. 이 외에도 둥딩우롱凍頂烏龍, 윈난푸얼雲南普洱, 루산

윈우廬山雲霧 또한 명차로 불린다. 그 밖에 모리화차茉莉花茶, 쥐화차菊花茶 등 꽃을 주재료로 한 화차 또한 중국에서 많은 인기를 얻고 있다.

중국인의 차 문화

차 문화는 중국의 대표적 전통문화로서 지역별, 민족별로 다양하다. 이 과정에서 유가 사상, 도가 사상, 불교 사상이 차 문화와 융합되면서, 차는 단지 음료가 아닌 다도 및 다예와 같은 예법禮法 문화를 형성하기도 했다. 즉, 찻잎과 그에 맞는 다구의 선택, 그리고 차를 우려내는 방법 등에서 나름의 예절 문화가 형성되었다. 다구는 도자기로 만든 것들이 많은데 특히 징더전景德鎭의 도자기는 국내뿐만 아니라 해외에서도 많은 호평을 받고 있다.

중국인들은 선물할 때 대체적으로 차를 선택하는 경향이 있다. 결혼할 때 전통적으로 차를 예물로 주기도 하는데, 이를 중국에서는 차례茶禮라고 한다. 오늘날에도 중국 결혼식에는 웃어른에게 차를 올리는 경차敬茶의 풍속이 남아 있다. 한편으로 중국은 오늘날의 커피 전문점과 같은 차관茶館에서 차를 마시며 전통 극과 같은 공연을 즐기거나 친목을 갖는 등의 문화를 형성해 왔다. 남부 지역의 사람들은 일반적으로 딤섬과 함께 '자오차'早茶나 '에프터눈 티'下午茶 등을 즐기는데, 이때 차는 본인이 직접 준비하는 문화를 갖고 있다. 근대 이후로 중국의 차 문화는 커피 전문점의 등장과 함께 한때 쇠퇴하기도 했지만, 새로운 차를 개발하거나 고급화하여 시장을 개척하면서 중국을 대표하는 음료로 명맥을 유지하고 있다.

술의 역사와 종류

중국은 세계에서 가장 일찍 술을 제조한 국가 중 하나로, 술 문화의 발상지라고 할 수 있다. 하夏나라의 두강杜康이 고량주를 개발했다고 전해지면서 두강은 술의 별칭이 되었다. 중국의 술은 맛과 색, 주조 방식, 생산지 등에 따라 특색 있는 명칭들을 가지고 있다. 일반적으로 생산량이 가장 많고 인기 있는 술은 곡물을 주원료로 하는 백주白酒로, 대표적으로 고량주가 있으며 보통 도수가 높고 무색투명한 특징을 가지고 있다.

전통적으로는 구이저우마오타이貴州茅台, 우량예五糧液, 펀지우汾酒, 시펑지우西鳳酒, 루저우라오자오瀘州老窖, 구징궁지우古井貢酒 등이 유명하다. 백주의 포장을 자세하게 들여다보면 도수 이외에도 장향형醬香型, 농향형濃香型, 청향형清香型, 미향형米香型, 약향형藥香型 등 향형(향의 종류)이 표기되어 있다. 마오타이는 장향형 백주로 술을 마신 후 비운 잔의 향기가 오래 유지되는 것이 특징이다. 루저우라오자오는 농향형, 얼궈터우二鍋頭와 펀지우汾酒는 청향형, 시펑지우西鳳酒는 기타 향형에 속한다. 백주의 도수는 40~65도 사이가 가장 일반적이며 70도 이상으로 유명한 백주는 '랑야타이'琅琊台 등이 있다. 최근 40도 이하의 낮은 도수의 술과 젊은 사람들이 즐겨 마시는 술이 많이 출시되어 인기를 얻고 있다.

중국인의 술 문화

차와 마찬가지로, 술 문화 역시 상고시대부터 이어진 것으로 알려져 있다. 술과 관련된 '주덕'酒德과 '주례'酒禮 풍습들이 지역과 민족에 따라 다양하게 변형되어 계승되었다. 중요한 명절이나 제사에는 반드시 술이 준비되어 있어야 하며 결혼식 때 신혼부부가 마시는 '합환주'合歡酒/交杯酒, 아이의 출생을 축하하기 위한 '만월주'滿月酒와 '백일주'百日酒 등이 대표적인 풍습이다. 오늘날에도 술은 중국 사회에서 손님 접대나 중요한 모임에서 없어서는 안 될 중요한 교제와 사교의 수단이다.

술은 중국의 문화에도 큰 영향을 미쳤다. 술을 좋아하는 것으로 유명한 당나라 시인 이백李白은 술을 마시며 지은 〈월하독작〉月下獨酌 등 수많은 명작을 남겼다. 당나라 양귀비楊貴妃의 술에 취한 모습과 연인을 기다리는 심리를 잘 표현한 〈귀비취주〉貴妃醉酒는 중국의 가장 유명한 전통 경극 중 하나이다. 이 외에도 술과 관련된 다양한 작품들이 있다.

종교

고영희

　중국의 종교 정책은 중국공산당 중앙위원회 통일전선공작부에서 관장한다. 중국 정부가 공인하는 종교는 도교, 불교, 이슬람교, 천주교, 기독교 등 5대 종교이며, 합법적인 전국 규모의 종교단체는 중국 불교협회를 포함해 총 7개이다. 이들 종교단체는 주로 1953~57년 당·정부의 주도로 발족되었다. 개혁 개방 이후 개신교와 천주교에서 각각 기독교협회와 천주교 주교단을 설립했는데, 이 가운데 기독교협회는 "자치自治, 경제적 자립自養, 자체적 선교自傳"를 의미하는 삼자三自애국운동위원회에 소속된 교회 연합체이며, 천주교 주교단은 주교들의 협의체이다.

종교의 자유와 제한

　종교의 자유는 현행 헌법(1982년) 제36조 "중화인민공화국 공민은 종교 신앙의 자유를 가진다. 어떠한 국가기관, 사회단체, 개인이든지 공민에게 종교를 믿거나 믿지 못하도록 강요할 수 없으며, 종교를 믿는 공민과 종교를 믿지 않는 공민을 차별할 수 없다. 국가는 정상적인 종교 활동을 보호한다. 누구든지 종교를 이용하여 사회질서를 파괴하거나, 공민의 신체 건강에 해를 끼치거나, 국가 교육제도를 방해하는 활동을 할 수 없다. 종교단체와 종교 사무는 외국 세력의 지배를 받지 않는다."에 근거한다.

　'정상적인 종교 활동'은 중국 정부가 허용하는 범위 내 활동을 말한다. 따라서 애국 종교단체에 속하지 않은 개신교 및 천주교의 '지하 교회' 활동은 '정

전국 규모의 애국 종교단체

종교	명칭(설립)	본부	비고
불교	중국 불교협회(1953)	베이징	한어계, 티베트어계, 팔리어계 등 3대 언어계 불교 포함.
이슬람교	중국 이슬람교협회(1953)		-
도교	중국 도교협회(1957)		-
개신교	중국 기독교 삼자애국운동위원회(1954)	상하이	삼자애국운동위원회와 기독교협회를 '중국 기독교 양회'中國基督敎兩會로 칭함.
	중국 기독교협회(1980)		
천주교	중국 천주교애국회(1957)	베이징	1980년에 설립된 중국 천주교 교무위원회는 1992년 중국 천주교 주교단 산하로 편입됨. 현재 애국회와 주교단을 '천주교 일회일단'天主敎一會一團으로 칭함.
	중국 천주교주교단(1980)		

자료: 全國政協民族和宗敎委員會,『中國宗敎槪況』(北京: 中國文史出版社, 2008).

상적인 종교 활동'이 아니기 때문에 보호받을 수 없다. 정부에 등록된 합법적인 종교단체도 〈종교사무조례〉와 〈사회단체등록관리조례〉에 따라 매년 법규 준수 여부, 활동 상황, 재무관리, 등록 항목 변경 등을 심사받아야 한다.

한편 공산당원은 공산주의 실현을 위한 무신론자로서 일반 공민과 달리 종교가 허용되지 않는다. 1991년 공산당 중앙조직부가 발표한 〈공산당원의 종교 신앙 문제를 적절하게 해결함에 관한 통지〉는 공산당원의 종교 활동에 대한 처벌 내용을 최초로 명문화한 문건이다. 2023년 중국공산당이 발표한 〈중국공산당 기율 처분 조례〉 제69조에서는 "종교를 믿는 당원은 사상 교육을 강화하여 기한 내 교정되도록 한다. 당 조직의 도움과 교육을 받고도 변화되지 않으면 탈당을 권고한다. 당의 권고에도 탈당하지 않으면 제명한다. 종교를 이용한 선동적인 활동에 참여했을 경우 당적을 박탈한다."라고 명시하고 있다.

정책 기조의 지속과 변화

중국의 종교 정책은 통일전선 사업의 일환으로 전개되고 있다. 즉, '사회주의사회가 건설되면 종교는 자연히 소멸한다'는 마르크스주의의 전제에서 사회주의 국가 건설이라는 목표를 달성하기 위해 종교계와 일시적으로 연합하는 것이다. 시기별로 보면 다음과 같다.

마오쩌둥 시기(1949~76년) 중국공산당은 신민주주의 건설과 사회주의 확립을 위해 종교계와 연대했다. 이 과정에서 종교의 자유를 허용하는 한편 정치적 목적에 부합하도록 종교계를 개조했다. 특히 외세 침략의 도구가 될 수 있는 개신교와 천주교에 대해서는 외국과의 단절을 요구했다. 하지만 1957년 반우파 투쟁 이후 통일전선이 결렬되자 종교계는 오히려 공격의 대상이 되었고 문화내혁명 시기 모든 종교 활동이 금지되었다.

덩샤오핑 시기(1978~92년)는 종교 정책의 분기점으로서 현재 종교 정책의 기초가 되는 〈중국 사회주의 시기 종교 문제의 기본 관점과 기본 정책〉(이하 '19호 문건')과 종교 신앙의 자유를 명기한 헌법 개정안(1982년)이 공포되었다. 특히 19호 문건에서는 "마르크스주의자는 유신론을 반대하지만 사회주의 현대화 건설을 위해 정치적 행동에서 애국 종교 신자와 통일전선을 반드시 결성해야" 하며, "사회주의·공산주의로 발전하면 종교가 자연 소멸하겠지만 그때까지는 종교 신앙의 자유를 존중·보호해야 한다."고 명시했다. 하지만 종교를 믿지 않는 자유도 강조하며 종교가 국가행정, 사법, 학교 교육, 사회 공공 교육에 관여하거나 18세 이하 청년의 세례·출가를 금지하는 등 선교 활동을 불법행위로 규정했다.

장쩌민 시기(1992~2002년)에는 종교 사무 법제화와 종교계가 사회주의에 맞게 상호 '적응'하도록 유도하는 작업이 강조되었다. 이러한 배경에는 1989년 이후 구소련과 동유럽 지역에서의 사회주의 정권 붕괴, 중국 내의 톈안먼사건과 티베트 독립 시위가 있었다. 종교 사무 법제화의 경우, 1994년 〈중화인민공화국 내 외국인 종교 활동 관리 규정〉과 〈종교 활동 장소 관리 조례〉가 제정되었다. 종교계와 사회주의사회의 상호 '적응'의 경우, 장쩌민은 "종교가 결국에는 소멸하겠지만 계급·국가의 소멸보다 오래 걸릴 수 있어" 종교의 장기적 존재 사실을 인정했다. 그는 이 과정에서 중국공산당은 종교와 사회주의사회가 서로 충돌하지 않고 '적응'하기 위해 종교계가 애국과 애교愛敎를 결합하도록 하고 종교 활동을 헌법과 법률이라는 제도권으로 이끌어 내야 한다고 강조했다.

후진타오 시기(2002~12년)에는 장쩌민의 종교 사무 법제화와 종교계·사회주의사회의 상호 '적응' 작업을 지속하는 한편, 종교가 조화사회和諧社會 건설에 적극적인 역할을 하도록 강조했다. 2004년 제정되고 2005년부터 시행된 〈종교 사무조례〉는 중국 최초의 종교 행정 법규로서 종교단체, 종교 활동 장소, 종교 성직자, 종교 재산, 법률 책임 등 총 7장, 48개 조항으로 구성되었다. 이를 통해 종교에 대한 구체적인 관리와 통제를 실시했다. 한편 2007년 공산당 당헌黨章 개정안에는 최초로 "당의 종교 업무 기본 방침을 전면적으로 철저히 실행하고 종교 신자들과 단결하여 경제사회 발전에 기여한다."고 명시해 높아진 종교의 전략적 지위가 반영되었다.

    시진핑 시기(2012년~현재)에는 종교의 중국화와 13년 만에 개정된 〈종교 사무조례〉가 주목할 만하다. 2015년부터 시진핑은 '종교의 중국화'를 강조했다. '중국화'란 중국 정치 인정, 중국 사회 적응, 중화 문화 융합이다. 즉, 종교계가 사회주의 핵심 가치관을 실천하고 중국 발전에 필요한 요구에 부응하며 중화 문화적 해석에 부합하여 사회주의 현대화 건설에 헌신하고 중화 민족의 위대한 부흥에 기여하는 것이다. 한편, 2017년에 제정하고 2018년부터 시행한 〈종교 사무조례〉 개정안은 총 9장(기존 7장에서 종교학교와 종교 활동 분야 추가) 77개 조항으로 구성되어 있다. 특히 종교 관련 업무 권한이 기존의 현縣급에서 향鄕급으로 하향 조정 되어 실질적인 감독이 가능하도록 했다. 또한 최근 중국 정부는 〈종교 성직자 관리 방법〉(2021년)과 〈종교 활동 장소 관리 방법〉(2023년)을 발표하여 종교 행정 법제화를 지속하는 한편 강력한 종교 관리를 시행하고 있다.

여성

김미란

5.4 시기: 반反전통과 '자유연애'

서구의 침략으로 민족의 존망이 위협받던 5.4 시기에 중국 여성은 건강한 아이를 낳아 훌륭하게 길러 낼 어머니로 주목받았으며, 모든 남성 지식인들에 의해 우생학적 관심 대상으로 떠올랐다. 이 시기 여성은 교육을 받고 결혼도 부모가 정하는 중매결혼이 아니라 '우월한' 배우자를 고를 수 있는 '연애'결혼을 해야 한다는 것이 문명적 대안으로 논의되었다. 부계 사회에서 억압받아 온 여성을 반半식민지 중국의 운명과 동일시하는 '억압 대對 해방'이라는 민족주의적 서사는 이렇게 형성되어 1980년 이전까지 지속되었다. 그러나 전통적 삶의 방식과 결별하려고 해도 자립할 경제 기반이 부재하고 자유연애론도 인구의 절대 다수를 차지하는 농촌 여성들과는 무관했기에 5.4 논의는 담론 수준에 머물렀다. 남녀평등이라는 근대국가적 과제는 그 후 100여 년 동안 상이한 조건하에서 추진되었으며 그 과정에서 '재생산'과 '생산', '장소'가 핵심 범주로 활용되었다. 이를 시기별로 요약하면 다음과 같다.

항일 전쟁 시기: 여성 '노동자상'의 형성

중국 여성이 '모성'이 아닌 '노동자' 정체성을 획득하게 된 것은 마오쩌둥 사회주의 시기이다. 노동자 여성상은 항전기인 1930, 40년대에 여성들이 식량을 포함한 전쟁 수행 물자를 생산하는 '노동자'의 역할을 할당받고 남성이 병력을 담당한 데서 비롯되었다. 여성이 주체가 되기 위해서는 남편의 폭력과 매매 대상인 상태에서 벗어나야 했으나 전시에 농촌 남성들의 저항을 우려한 공산당은 여성의 혼인자율권婚姻自主을 뒤로 미루었다. 국민당도 남녀평등에 기반하여 일부일처제와 여성의 재산권을, 1930년에 제정된 중화민국 민법에 명문화했으나 가장의 가족 통치권을 인정하고 사회 참여적인 '신여성'을 비판하며 '현모양처'를 강조했다.

도시 기반의 국민당과 농촌 기반 공산당의 여성 정책 차이가 뚜렷하게 드러나는 지점은 농민 여성에 대한 것이다. 공산당은 1940년 항전기에 구성된 국공 정치 협의체인 '국민대회대표'에 농촌 여성을 대거 기층 간부로 선발하여 여성이 가정을 벗어나 정치 영역으로 진입하는 길을 열었으며 이렇게 형성된 여성 간부 집단은 국가와 긴밀한 관계하에 국가 공권력 관철의 통로이자 시행자가 되었다.

신중국 건립: '거래 대상'이 아닌, '남성처럼 일하는' 여성

사회주의 시기 여성관의 특징은 여성을 '피억압'의 대상으로 간주하여 교육, 출산 보육 복지 등 여성의 권익을 법적으로 보장한 데 있다. 여성의 삶에 지대한 영향을 미친 것은 1950년에 제정된 〈혼인법〉으로, 이는 일부일처제와 혼인 자율권을 보장한 획기적인 법안이다. 국민당이 독일법을 계승하여 일부일처제를 법제화하면서도 가장의 주혼권과 민간의 관습혼(잔치 혼인)을 인정한 것과 달리, 공산당은 소련법을 계승하여 혼인신고(등기)만으로 결혼을 인정하는 '서류혼'을 정착시켰으며, 이를 통해 국가가 개인의 '사적' 영역에 개입하는 것이 제도화되고, 여성을 매개로 한 금전적 거래인 차이리彩禮(결혼 지참금)가 금지되었다.

〈혼인법〉의 가장 큰 수혜자는 농촌의 젊은 여성들로 "일방이 원하면 조정을 거쳐 이혼할 수 있다"는 〈혼인법〉 조항이 근거가 되었다. 그러나 1956년 무렵 경제가 회복되어 사회적 안정이 중시되고 남성들의 반발이 거세지자 이혼율은 급감하고 그 후 이혼은 '부르주아적 연애 문제'로 정치적 낙인의 대상이 되었다.

건국 직후의 공산당은 '창기'를 자본주의에 의한 피해자로 규정하고 포주와 남성 고객을 처벌함으로써 성매매 금지禁娼 사업을 성공적으로 완수했는데, 이는 결혼을 통한 재물 수수 금지와 함께 여성을 '거래 대상'으로 간주해서는 안 된다는 사회주의 여성관이 반영된 것이었다.

농촌 여성이 대거 생산 노동에 참여한 것은 대약진 시기(1958~60년)이다. 당시 가사 공백을 메우는 공동 식당, 공동 보육과 같은 가사노동의 사회화가 시도되기도 했으나 비효율성과 복지에 대한 투자 부족으로 실패했으며 여성들은 '남녀는 같다. 남성이 할 수 있는 일은 여성도 할 수 있다'는 구호 아래 이중 노동의 부담을 감당해야 했다.

한편, 도시 주민은 직장을 중심으로 편성된 교육, 탁아, 의료 복지를 누릴 수 있었다. 그러나 중공업 우선주의와 소비 재생산 억제 정책으로 생필품이 부족하여 여성이 가사에 많은 시간과 노동을 투여해야 했으며, 그럼에도 저임금을 기반으로 한 맞벌이는 1980년 무렵 전체의 85.56%를 차지했다.

1950년대 중반, 경제가 회복되자 도시의 복지 보호와 인구 증가를 막기 위해 호적제(1958년)가 만들어져 농촌인구의 도시 이주를 금했다. 그러나 도시로의 인구 이동이 경제 건설의 동력이 된 21세기에도 호적제는 존속하여 '장소'에 기반한 차별이 교육, 주택 구입, 의료 복지에 관철되어 계층과 젠더 격차를 심화하는 원인으로 작동하고 있다.

시장화 개혁 시기: '젠더화', 그리고 이념의 공백과 물질 숭배

개혁 시기의 '4개 현대화' 정책은 집체주의 시기의 경제정책을 실패한 것으로 규정하고 '효율적 생산성'을 최우선 목표로 했다. 문혁 이후 여성들은 집체 시기 여성 노동을 비판하며 '여성에게 적합한 업종', 즉 중공업, 기계, 강도 높은 육체노동이 아닌 서비스업이나 교육 등에 종사할 것과 탁아 시설의 확대를 요구했다. 그러나 계약제 노동 확대에 따라 출산·육아휴직이 이기적 행위로 비난받고 여성 고용을 기피하여 2010년 무렵 맞벌이 가정은 64%로 낮아졌다.

현대화 정책의 정점은 '한 자녀 정책'이다. 자녀 한 명에게 집중 투자하여 우수한 '글로벌 시민'으로 기른다는 한 자녀 정책(1980~2015년)은 결과적으로 성공적이었으나, 농촌에서는 남아 선호로 인해 여아 유기 등 여성의 가치가 낮아졌고, 도시에서는 이와 달리 외동딸에 대해 교육 등 투자가 증가하는 양상을 보였다.

수정된 〈혼인법〉(1980년)은 한 자녀 정책을 의무화하고 부양과 돌봄 의무를 가정으로 이전하며 자녀에 대한 상속권도 명시했다. 개혁으로 0~3세 탁아소가 사라진 오늘날 1000만 명의 농촌 고령자들이 도시로 이주하여 돌봄을 담당하고 있으며, 이들 노인 이주 집단老漂族은 의료보험이 없고 언어가 통하지 않는 농촌 호적 이주자로서의 고통을 겪고 있다.

수정 〈혼인법〉의 개혁적 측면은 이혼을 '양자의 합의에 의해' 가능하도록 완화한 점이다. 부의 축적과 이동의 증가로 남 배우자의 혼외 관계가 증가하고 '감정'을 이혼 사유로 인정함에 따라 '합의'라는 명분하에 이혼을 강요당하는 농촌 여성이 증가했다. 그러나 혼외 관계를 촉발한 제3자와 당사자는 가정 파탄에 대해 도덕적 책임을 느끼지 않는 현상이 두드러졌는데 그 배경에는 '먼저 부자가 되라'先富論는 개혁 구호가 부의 축적 자체를 목표로 삼도록 함으로써 대중으로 하여금 성과를 '과시'하고 '쾌락'을 용인하게 한 측면이 있다. 그리고 '시장'의 활성화는 여성에 대한 혼 내외 성매매 거래도 확대 및 심화했다.

'남녀는 같다'는 여성해방 구호를 최초로 부정한 학자는 1980년대 중반의 리샤오쟝李小江이다. 그녀는 집체 시기 탈젠더화된 이중 노동의 부담을 비판하기 위해 이 구호를 부정했으나 같은 시기에 남성들은 집체 시기 여성 노동이 억세고 매력 없는 '남자 같은 여자'를 양산했다고 비판했다. 이러한 비난은 시장화 개혁과 맞물려 성 역할 젠더화를 강화했으며 계층 분화로 중산층이 늘어날수록 여성의 '노동자'성은 탈각되고 여성스러움과 성적 매력, 부부애, 모성이 주요 담론으로 부상했다. 한편, 농촌 여성의 경우에는 '여성스러움'의 강화가 아닌 생존의 문제가 절박했다. 배우자의 도시 노동으로 말미암아 주로 자녀 양육, 노인 돌봄, 성적 금욕, 종종 생계까지 감당해야 하는 농촌 여성들이 전 인구 집단 가운데 가장 높은 자살률을 보였으며 소수 창업을 통해 성공한 여성들을 제외하고 농촌 여성을 '더 가난하게 만든' 것은 개혁 시기의 토지제도였다. "사람이 늘어도 땅을 늘리지 않으며 사람이 줄어도 땅을 줄이지 않는다."增人不增地減人不減地(『中華人民共和國土地管理法』)라는 제도로 인해 결혼 시 타지로 이주하는 다수의 여성은 기존 토지권을 상실하고도 새 토지권을 받지 못했다. 토지 임대권의 안정성이라는 명분하에 토지 관리권을 쥔 농촌 남성 집단이 동의하지 않기 때문이다.

　　총체적으로 볼 때, 개혁 이후 인구정책과 경제, 사회 문화면에서 젠더화 경향이 강화되었고, 빈부 격차는 남녀의 문제보다 도농이라는 장소권으로 인해 더 심화되고 있으며, 농촌 여성은 이 두 요인이 중첩되는 지점에 위치한다.

세대

하남석

　세대世代, generation라는 개념은 생물학적으로 한 생물이 태어나 생명을 마칠 때까지의 기간을 의미하지만, 사회학적으로는 특정한 시기에 비슷한 경험을 하여 일정한 경향성을 갖게 되는 연령 집단을 의미한다. 즉, 각 세대는 특정한 역사적 경험을 통해 다른 세대와는 구별되는 정체성 혹은 집합 의식을 공유하게 된다. 그렇기에 어떤 나라든 '세대'라는 틀을 통해, 그 사회가 가지고 있는 여러 문제의 특성을 더 잘 이해할 수 있다. 중국은 그 규모로 인해 지역별로 문화적 특성이 다양하고 계층별로 격차가 심한 편이라고 할 수 있는데, 세대별로도 그 정체성이 확연하게 구분된다. 그 이유는 무엇보다도 중국이 문화대혁명에서 개혁 개방에 이르기까지 급격한 사회적 전환을 경험했으며, 다른 어떤 나라보다도 압축적인 근대화 과정을 거쳐 왔기 때문이다.

라오싼제와 신싼제

　중국의 기성세대는 주로 청년기에 문화대혁명을 경험했던 세대로 보통 라오싼제老三屆와 신싼제新三屆 세대로 일컬어진다. 라오싼제 세대는 문화대혁명의 절정기였던 1966년에서 1968년이라는 3년 사이에 중고등학교를 다녔던 세대를 지칭하는 말로 이들은 주로 그 시기에 홍위병으로 활동했고, 그 직후에는 지식 청년知靑이라 불리며 농촌으로 하방下放되어 농민들과 함께 생활했다. 그 시기 동안 대학은 문을 닫아 이들은 학업을 그만두거나 독학을 할 수밖에 없었다. 신싼제 세대는 문화대혁명이 종결된 후, 대학 입시高考가 부활하면서 1977년부터 1979년까지 3년간 입시를 치르고 대학에 입학하게 된 세대를 일컫는다.

이들 세대는 비록 청소년기, 혹은 청년기에 제대로 된 교육을 받지 못했다고 여겨지지만, 농촌 지역에서 기층 인민들과 함께 고생하면서 중국의 낙후한 현실과 민생의 어려움에 대해 누구보다도 뼈저리게 깨달은 실용적 세대로 평가받기도 한다. 그렇기에 이들은 정규교육은 제대로 받지 못했어도 적극적으로 정치에 참여한 경험이 있기에 향후 중국이 나아가야 할 길에 대해 문제의식을 가지고 젊은 시기부터 격렬한 논쟁을 벌여 온 세대이기도 하다. 이들 세대는 이후 중국의 개혁 개방을 주도하여 그 성과를 이끌어 낸 주축 세대로 현재 정치, 문화, 기업계 등 각 방면에서 큰 지위를 차지하고 있다.

80허우, 90허우, 00허우

개혁 개방 이후 출현한 세대는 보통 출생 연도를 기준으로 10년 단위로 끊어 1980년대 출생자들을 80허우80後, 1990년대 출생자들을 90허우90後, 2000년대 출생자들을 00허우00後 세대로 호명한다. 이들 세대는 개혁 개방 직후인 1979년부터 실행된 국가의 계획생육計劃生育, 즉 일 가구 일 자녀 정책으로 인해 대부분 외동으로 태어나 형제자매 없이 성장했다는 공통의 경험을 갖는다. 그리고 1990년대에서 2000년대에 이르기까지 중국이 경제적으로 급격하게 성장하던 시기에 비교적 풍요로운 청소년기를 보내어 기존 세대와는 달리 시장경제와 소비문화에도 익숙한 세대이다. 이들은 10년 단위로 조금씩 차이는 있지만 개혁 개방 이후 다양한 문화적 체험을 한 세대이기도 하다. 이 시기에 중국에서 대중매체와 인터넷 등이 발달했으므로 이들 세대는 해외의 대중문화를 즐기며 자라났고, 웨이보와 위챗을 비롯해 각종 SNS를 적극적으로 활용하는 등 IT 문화에도 능숙하다. 그렇기에 이들은 개성이 강하고 다양한 문화적 소양을 가지고 있으며, 탈권위적이라는 평가를 받기도 하지만, 때때로 소비에 탐닉하고 서구화되어 개인주의에 빠져 있으며, 어려움을 겪지 않아 자립심이 약하다는 비판을 받기도 한다.

문혁 세대와 포스트-개혁 개방 세대 비교

한편, 라오싼제 등 기성세대인 문혁 세대가 문화대혁명이라는 국가의 정치적 동원에서 어려움을 겪었다면, 90허우나 00허우 등 개혁 개방 이후 세대는 시장에서의 무한 경쟁이라는 다른 종류의 문제에 직면해 있기도 하다. 다른 한편, 문혁 세대가 비교적 동질적인 경제적·문화적 조건에서 비슷한 역사적 경험을 한 반면에, 포스트-개혁 개방 세대들은 개혁 개방 이후 분화한 경제적·지역적 조건 속에서 다양한 계층적 기반으로 나뉘므로 하나의 동질적인 집단으로 구분하기 어렵다는 측면이 존재하기도 한다. 이렇듯 문혁 세대와 포스트-개혁 개방 세대는 분명히 여러 지점에서 차이가 확연하게 드러나지만 중국은 다른 나라와 비교할 때, 기성세대와 청년 세대 간의 갈등이 두드러지게 나타나지는 않는다. 다만, 현재 중국의 경제성장이 점차 둔화되는 동시에 노령화가 가속화되고 있는 상황에서, 청년 실업이 늘어나는 추세이기에 향후 다른 나라처럼 경제적 자원의 독점과 세습의 문제를 둘러싸고 세대 갈등이나 계층 간 갈등이 불거질 것인지의 여부는 지켜볼 필요가 있다.

화교

송승석

화교의 '힘'

해외 거주 중국인을 뜻하는 '화교'華僑는 우리에게도 꽤나 익숙한 단어이다. 그러나 화교의 존재가 한국 사회에서 크게 이목을 끌었다거나 사람들의 입길에 자주 오르내렸던 적은 거의 없다. 그만큼 우리에게 화교란 가깝고도 먼 집단이고 어쩌면 내내 관심 밖의 대상이었을지도 모르겠다. 만약 이 땅에 살고 있는 화교들이 한국 사회에서 차지하는 정치적 위상이나 경제적 세력이 주목할 만큼 강했더라면, 아니 거주 인구수라도 깔보지 못할 만큼 많았더라면 관심의 정도나 세간의 평가는 지금과는 판이했을 것이다. 하지만 현실은 냉혹하다.

한국 화교와는 달리 전 세계에 분포한 화교의 경제력이나 인구수는 우리가 상상하는 것 이상으로 막강하다. 정확한 통계는 알려진 바 없지만, 일설에 세계 화교의 누적 자본이 2조 5000억 달러에 육박한다고 한다. 2023년 IMF 통계에 따르면, 중국의 GDP가 약 17조 달러라고 하니 그 7분의 1 수준이며, 이는 한국 GDP의 두 배에 근접하는 액수이다. 인구수도 4000만 명에서 5000만 명 그 어디쯤이다. 물론 이 수치는 각국 정부가 자국에 거주하는 중국인의 정확한 통계를 공표하지 않고 있고, 중국 정부도 그 수가 공식적으로 얼마나 되는지 확실한 수치를 내놓고 있지 않은 상황에서 나온 추계이지만 말이다. 여하튼 그 경제력이나 인구수만 보더라도 가히 하나의 국가를 형성하고도 남을 만큼 방대한 규모가 아닐 수 없다. 우리가 화교에 주목해야 하는 이유가 여기에 있다.

화교와 화인

그런데 언젠가부터 해외 중국계 언론이나 문헌을 뒤적이다 보면, '화교'라는 말과 함께 '화인'華人이라는 말이 독립적으로 혹은 병기되어 등장하는 것을 볼 수 있다. 사실, '화인'은 아주 오래전부터 존재하던 말로, 오늘날 처음으로 등장한 것은 아니다. 일찍이 해외에 거주하는 중국인을 가리키는 말로는 '당인'唐人이 자주 쓰였지만, 명나라 말기 이후로는 이 화인이라는 말이 일반화되었다고 보는 게 통설이다. 하지만 오늘날 사용되는 화인이라는 말은 그 옛날 통용되던 화인과는 그 쓰임새가 사뭇 다르다. 지금의 화인은 화교와 구별하기 위해 중국 정부가 일부러 고안한 새로운 개념이다.

1957년 중화인민공화국화교사무위원회中華人民共和國華僑事務委員會(약칭 中僑委)는 중국 정부로서는 처음으로 화교에 대한 정의를 "국외에 교거僑居하고 있는 중국 공민"이라 정의한 바 있다. 적어도 1970년대까지 중국의 화교 정책은 이러한 기조 위에서 이루어진 것이 사실이다. 그러나 1984년 국무원화교사무판공실國務院華僑事務辦公室(약칭 僑辦)은 이 정의를 다시 "국외에 정거定居하고 있는 중국 공민이 곧 화교"라는 표현으로 바꾸었다. 국외 거주, 중국 공민이라는 점은 그대로 계승되는 가운데, '교거'(임시 거주)만 '정거'(영구 정착)로 바뀐 것이다. 동시에 국무원은 화교와 차별되는 '외적 화인'外籍華人이라는 새로운 개념을 들고 나왔다. 즉, "외적 화인이란 중국인의 후예로서 이미 거주국의 국적에 가입했거나 혹은 그것을 취득한 자"라는 별도의 규정을 마련한 것이다. 화인이란 바로 이 외적 화인의 준말이다. 이렇게 보면, 화교는 해외에 정주하고 있지만 여전히 중국 국적을 유지하고 있는 중국 공민이고, 화인은 거주국 국적을 취득하여 더 이상 중국의 시민이 아닌 자를 가리키는 말이 된다. 국적에 따라 해외 동포를 구분하는 것은 우리에게는 다소 낯선 일이 아닐 수 없다.

그렇다면, 중국 정부는 왜 애써 이러한 구분을 짓고자 했던 것일까? 여기에는 이른바 신중국 성립 이후, 아시아 신흥 독립국들과의 원만한 외교 관계를 유지할 필요가 있었던 중국의 오랜 고민이 내재해 있다. 제2차 세계대전 이후, 식민지 해방을 통해 국민국가 형성을 서두르고 있던 다수의 동남아 국가 위정자들은 자국 내 거주하는 중국인, 즉 화교들이 중국과 자국 공산당 간의 중개자 역할을 하게 될 것이고, 중국은 이들을 이용해 자신들의 내정에 영향력을 행사하게 될 것을 염려했다. 물론 이는 다분히 과도한 해석에 따른 것이지만 어쨌든 화교가 중국과 이들 신흥 독립국 간의 관계에서 불리한 요소로 작용하고 있었던 건 사실이다. 결국 중국 정부는 이들의 정부와 민간의 신뢰를 회복하고 화교에 대한 그들의 의심을 해소하기 위해 국가이익의 범위를 신속하고 명확하게 확정하는 것이 필요했다. 그 첫 번째 일환으로, 중국은 1955년 인도네시아와 〈이중국적에 관한 조약〉을 체결하고 화교의 이중국적을 부정했다. 이는 그동안 이른바 '혈통주의' 국적 원칙을 고수하는 가운데 거주지에 상관없이 중국계 혈통을 가지고 있는 자는 모두 중국 공민으로 간주해 왔던 중국 정부가 사실상 그 모두를 포기하겠다는 것을 대내외에 천명한 일대 혁명적 사건이라 볼 수 있다. 결과적으로 이러한 근본적 정책 전환은 해외에 거주하는 다수의 중국인에게 국적을 자유롭게 선택할 수 있는 여지와 여유를 부여했다.

한국 화교는 '타이완 화교'가 아니다

현재, 해외에 거주하는 중국인들을 대략 4500만 명이라고 추산한다면, 그 가운데 거주국 국적을 보유한 화인은 약 4000만 명이고, 화교는 나머지 500만 명 정도라고 한다. 다시 말해, 전 세계적으로 화인 대 화교의 비율은 약 9 대 1로 화인의 수가 압도적으로 많은 형편이다. 그리고 그 비율의 차이는 갈수록 벌어지게 될 것이고 이는 어쩌면 극히 자연스러운 일일 것이다.

그런데 공교롭게도 한국의 화교 커뮤니티는 세계 화교 사회와는 그 궤를 달리하고 있다. 현재 3만 명이 채 안 되는 한국의 구舊화교 가운데 국내 귀화를 선택해 한국 국적을 취득한 자는 극히 적다. 적어도 표면적으로는 그렇게 보인다. 반면 대부분의 화교는 여전히 '중국' 국적을 유지하고 있다. 세계 화교의 대부분이 중국 국적을 포기한 채 거주국 국적을 취득한 화인이라면, 한국 화교는 반대로 '중국' 국적을 아직도 유지하고 있는 그야말로 '화교'가 대부분인 것이다. 한국에 거주하는 화교들이 여타 국가의 그들보다 유달리 중국인으로서의 민족 정체성을 예민하게 자각하고 있는 '특별한' 중국인이라서 그러한 선택을 한 것은 물론 아니다.

이른바 세계 냉전이 최고조에 달했던 1950년대에 전 지구상에 흩어져 살고 있던 화교들은 조국의 분열로 인해 중국 대륙과 타이완에 두 개의 '중국 정부'가 존재하게 되는 것을 목도하면서 자신의 신분을 재규정해야 하는 선택의 순간에 직면했다. 중화인민공화국의 새로운 공민으로 살아야 할 것인가? 아니면 중화민국 국민의 신분을 유지해야 할 것인가? 그도 아니면 아예 거주국 시민의 자격을 취득하여 '중국인'으로서의 법적 정체성을 포기해야 할 것인가? 수치로 보면, 마지막 후자를 택한 경우가 제일 많았다.

그러나 당시 한국에 거주하던 중국인들에게는 아예 그러한 선택지마저 주어지지 않았다. 중화인민공화국 국적을 선택하는 순간, 그는 대한민국의 적국민이 되어 더 이상 한반도 남쪽에 거주할 수 없었고, 그렇다고 한국으로의 귀화를 선택하자니 부계 혈통주의라는 순혈주의 내셔널리즘에 근거한 대한민국 국적법이 앞을 가로막고 있었다. 그들이 택할 수 있는 유일한 길은 이전 그대로 자신들의 국적, 즉 '중화민국' 국민의 신분을 유지하는 것이었다. 다만 그 중화민국 정부가 대륙을 떠나 타이완으로 옮겨갔을 뿐이다. 냉전이 그들에게 내린 운명이었다.

한국인 중에는 한국의 구화교를 일컬어 '타이완 화교'라 칭하는 이들이 있다. 별 뜻 없이 내뱉는 말이긴 하겠지만, 또 경우에 따라서는 아주 틀린 말이라 할 수도 없겠지만, 특정 개인 혹은 집단의 신분과 자기 정체성을 규정한다는 점에서, 이에 대해서는 보다 엄밀하고 분명한 교정이 필요할 듯하다. 타이완 화교라 함은 타이완 출신으로 해외에 거주하는 중국인을 뜻한다. 그러나 한국의 화교들 가운데 타이완을 고향으로 하는 이는 손에 꼽을 만하다. 한국 화교의 대부분은 중국 대륙의 산둥성을 자신의 원향으로 하고 있다. 한국 화교를 속칭 산둥 화교라 하는 것도 이 때문이다. 타이완은 그들이 태어난 고향도 아니고 그들의 조상이 대대로 뿌리를 내린 모국도 아니었다. 적어도 중화민국 정부가 타이완으로 철수하기 전까지는 무연고 지역이나 다름없던 곳이 바로 타이완이다. 이렇게 보면, 그들이 중화민국의 국적을 유지한 것은 고향을 등진 채 정권과 이념을 선택한 격이라 할 수 있겠다. 그것도 자의에 의해서가 아니라 타의에 의해서 말이다. 그렇지만 그들에게 고향은 언제나 중국이었고, 그 중국의 국호가 중화

민국이었을 뿐이다. 어쩌면 그들이 생각하는 중화민국은 타이완의 중화민국이 아니라 현존하지 않는 '상상의' 중화민국일지도 모를 일이다.

재삼 말하지만, 그들은 한 번도 국적을 변경한 사실이 없다. 따라서 그들은 타이완 화교가 아니다.

조선족

김윤태

중국 내 도시로 이동하는 조선족

중국의 개혁 개방은 조선족을 재구성했다. 동북 3성의 전통적 집거 지역을 떠나 중국의 연해 도시로 대거 이동하게 했다. 중국의 인구조사 결과에 의하면, 동북 지역의 조선족 인구는 1990년 186만 8000명에서 2010년 160만 8000명으로 약 13.9% 감소되었고, 2020년 약 170만 명인 것으로 나타났다. 한편 동북 3성을 제외한 타 지역에서의 조선족 인구는 5만 5000명에서 22만 3000명으로 약 305.5%나 증가했다. 그러나 실제는 이러한 인구조사 통계치를 훨씬 웃돌 것으로 추정된다. 호적 제도가 여전히 존치하는 중국의 특성상 통계에 잡히지 않는 유동 인구가 훨씬 많기 때문이다. 이제 동북 3성에는 어린이와 노인만 남아 있고, 젊은이는 대부분 중국 연해 대도시 혹은 한국이나 미국, 일본 등지로 진출했다.

조선족의 동남 연해 도시로의 확산은 사실상 한국 기업의 중국 진출 지도와 상당 부분 일치한다. 재중 한국인 사회와 마찬가지로 조선족 사회 역시 산둥성, 광둥성, 베이징, 톈진, 상하이를 중심으로 형성되고 있으며, 그 규모 또한 재중 한국인 사회의 규모(40만~50만 명 추정)를 초월할 정도이다. 또한 한국으로 진출한 조선족(재한 조선족) 역시 이미 70만 명에 이르고 있다. 이러한 사실을 근거로 추산한다면, 조선족 총인구 183만 명 중 30%가량은 중국 연해 도시를 비롯한 전국 각지로, 또 다른 30~40%는 한국, 일본, 미국 등 글로벌 지역으로 진출하여, 정작 집거지인 동북 3성에는 겨우 30~40% 정도만 남아 있다는 추산이 가능하다.

재한 조선족

조선족이 처음으로 한국을 방문한 시기는 한·중 수교 이전이었다. 그 당시 한·중 양국은 이념을 달리하고 있었기 때문에 공식적인 인적 교류를 할 수 없었다. 그러나 한국 정부는 조선족에 대해 같은 민족이라는 인식하에 적극적으로 수용하는 정책을 추진했다. 초기 방문자들이 여권조차 휴대하고 있지 않더라도 임시 서류로 대체했고, 체류 기간과 입국 횟수에 제한을 두지 않았다. 한국인 연고자의 초청이 있으면 간단한 확인만으로 입국을 허용했다.

이렇게 시작된 조선족의 한국 방문은 한·중 수교를 맞아 공식적 방문이 가능해졌다. 혹자는 친인척 방문으로, 혹자는 방문 취업 비자H2로, 결혼 이민이나 유학생, 산업 연수생 자격으로, 혹은 투자 기업 자격으로 한국에서 합법적으로 장·단기 거주를 하기 시작했다. 한국에 체류하고 있는 70만여 명의 조선족 가운데, 한국 국적 회복자가 7만여 명, 장·단기 체류자가 60만여 명으로 지난 25년간 비약적으로 늘어났다.

재일 조선족

조선족의 한국으로의 재이주 외에 일본이나 미국 등지로의 재이주 현상도 뚜렷하게 나타나고 있다. 그러나 한국 외의 다른 해외에서 조선족의 인구를 정확하게 집계하기는 쉽지 않다. 이들이 소지하고 있는 중국 여권에 조선족이라는 민족명까지 표시하지 않기 때문이다. 지금까지 미디어에서 추정하는 일본 체류 조선족 총수는 5만 명 내지 10만 명으로 정확하지 않다. 조선족이 처음 일본으로 진출한 것은 국비 유학생의 유학으로 알려져 있다. 그 후 대학교수, 연구원 또는 일본 사회에 연고가 있는 조선족들이 국비 혹은 자비 유학을 통해 지속적으로 일본으로 건너갔다. 고학력자인 극소수 엘리트층이 먼저 도일한 후, 점진적으로 일반 유학생으로 확산되었다. 임기 만료나 학위 취득 후 일본에서 취직을 하거나 회사를 설립하고 정착한 경우를 비롯하여, 경제계·학술계·법조계·의료계 등 다양한 분야에서 활동하는 엘리트 조선족들이 증가했다. 해외의 다른 지역과는 달리 일본 체류 조선족은 엘리트 중심으로 형성되었다.

재미 조선족

미국의 인구조사 자료에 근거하면, 1980년대 미국 거주 조선족 수는 800여 명에 불과했다. 하지만 1990년대에 비약적으로 증가해 현재 약 1만 5000여 명의 조선족이 미국에 거주하고 있는 것으로 추정된다. 조선족이 미국에 이주한 유형은 전문 기술직의 직업 이민이나 유학생 신분도 있으나 대부분은 방문 비자나 불법 입국자들이다. 미국에 귀화한 시민권자는 극소수에 그치며, 영주권자 중에서도 상당수는 불법으로 미국에 입국한 경우이다. 조선족 이민자의 거주지는 한국 이민자들이 집중 거주하는 도시와 대부분 일치한다. 캘리포니아주에 약 30%, 뉴욕·뉴저지 지역에 약 30%, 그리고 일리노이, 워싱턴 DC-버지니아-메릴랜드 지역, 워싱턴주 및 조지아주 등지에 나머지 30~40%가 거주하고 있다. 이들의 거주 지역이 한국 이민자들의 거주 지역과 대부분 일치하는 것은 한국 이민자와의 사회 연결망의 결과가 아니라, 한인 가게에서 일자리를 찾기 위해 일부러 한인 집중 지역을 택한 것으로 해석된다.

조선족의 다양성

조선족은 농민에서 노동자로, 동북 3성의 민족 집거지에서 좀 더 발전한 지역으로, 심지어는 중국을 떠나 세계 각지로 그들의 삶의 터전을 바꾸었다. 혹자는 더 나은 미래를 위해, 혹자는 학문을 위해, 혹자는 먼저 떠난 가족을 찾아, 그 이주 사유가 매우 다양하다. 이주 경로와 이주 후 현지 사회에서의 정착 양상 또한 그에 못지않게 다양하다. 밀입국에서 정상적인 이주까지, 불법 체류자의 신분에서 영주권의 취득까지, 노동자에서 기업가까지 아주 다양한 신분과 모습으로 새로운 재이주의 삶을 개척하고 있다.

조선족 사회를 이전의 낙후하고 정적인 사회로 보는 것은 오류다. 조선족 동포는 이미 지역과 국가를 떠나 새로운 글로벌 공간을 창출하고 있는 인재 집단이다. 세계 경제인의 일원으로서 한국과 글로벌 경제를 연결하는 중요한 매개가 될 수 있는 집단으로 성장하고 있다. 조선족 동포와 한국 사회의 발전적 연계,

전 세계 한민족의 상생과 발전을 기대한다면, 조선족 사회가 갖는 역동성과 그들이 구축하고 있는 글로벌 네트워크의 무한한 역량에 주목해야 할 것이다.

9장 과학기술

과학기술 자립자강

은종학

시장 논리에 밀렸던 과학기술

개혁 개방의 원년인 1978년, 덩샤오핑은 전국과학대회에 참석해 '과학기술은 제1의 생산력'임을 선언했다. 하지만 이때부터 과학기술 연구가 중국 고도성장(1978~2020년 연평균 GDP 성장률 9.2%)의 주된 동력으로 작동하기 시작한 것은 아니다. 덩샤오핑의 선언은, 문화대혁명 시기(1966~76년) 사회정치적으로 억압되고 냉대받던 지식인 계층을 복권하고 그들을 새로운 경제 건설에 적극 참여시키기 위한 것이었다.

덩샤오핑의 개혁 개방 정책 기조가 과학기술 분야에 본격적으로 투영된 1985년의 〈과학기술 체제 개혁에 관한 중공중앙의 결정〉은 오히려 중국의 연구자들을 '시장'으로 내몰았다. 대학·연구기관에 연구 지원을 늘리기보다는 오히려 재정 보조를 줄여서 각 기관이 경제적 자구책을 찾도록 했다. 상용화하여 시장에서 곧바로 수익을 창출할 수 있는 응용 연구, 심지어 비즈니스 기획에 중점을 두도록 유도했다. 1980년대와 1990년대에 걸쳐 대학이나 연구 기관이 직접 설립·운영한 이른바 교판·원판 기업이 다수 등장한 것도 이러한 배경에서였다.

문화대혁명의 혼란기에도 중앙의 특별한 보호와 지원 속에 성과를 이어갔던 군수 프로젝트, 이른바 '양탄일성'兩彈一星[원자탄(1964년 실험 성공), 수소폭탄(1967년), 인공위성(1970년)]의 성과는 개혁 개방기에도 높이 평가되었지만, 민수 산업 발전을 지향한 개혁 개방은 종래와 궤를 달리했다. 1970년부터 야심차게 추진했던 민간 항공기 자주 개발 프로젝트, 이른바 윈運-10이 1980년 1, 2

호 항공기 제작을 완료하고 시험비행까지 성공리에 진행 중이었으나 시장 논리에 밀려 1986년 공식적으로 중단되었다.

2단계 도약을 위한 과학기술 전략

개혁 개방 이후 중국이 과학기술의 자주적 기반을 강화하는 쪽으로 전략적 중점을 옮기기 시작한 것은 (1985년 과학기술 체제 개혁으로부터 약 10년이 흐른) 1995년 장쩌민이 공표한 '과교흥국'科敎興國 전략 공표 즈음이다. 하지만 WTO 가입 심사(2001년 가입 완료)를 눈앞에 둔 상황에서 중국은 자주 역량 개발보다 개방과 시장의 논리를 강조할 수밖에 없었다.

본격적 변화는 21세기 초에 이뤄졌다. 2002년 집권한 후진타오는 '자주 혁신'自主創新을 키워드로 삼아 15년에 걸친 〈중장기 과학기술 발전 계획(2006~2020년)〉을 입안·추진했다. 중진국 함정에 빠진 라틴아메리카를 반면교사로 삼고, 동아시아의 성공적 추격·성장 전략을 배움과 동시에, 미국과 같은 전략 대국으로 발돋움할 것을 추구한 중장기 과학기술 발전 계획은 이후 많은 과학기술 성과를 축적하며 시진핑 시대로까지 이어졌다.

중단됐던 민영 항공기 개발 프로젝트를 2002년 지선 항공기 ARJ-21 프로젝트로 되살렸고(2008년 시험비행, 2015년 실제 노선 투입), 연이어 간선 항공기 C919의 개발과 상용화까지 실현했다. 중장기 과학기술 발전 계획은 우주 항공뿐만 아니라 전자·이동통신, 바이오, 첨단 제조 장비, 신에너지, 환경 분야를 아우르며 중국의 과학 대국화를 추동했다.

미국의 기술 통제와 중국의 대응

중장기 과학기술 발전 계획이 상당한 성과와 함께 마무리 단계에 접어들 무렵인 2018년, 미국 트럼프 행정부는 중국에 무역 및 기술 통제 정책을 급격히 강화하기 시작했다. 로봇, AI 등 공장 자동화 기술의 진보로 선진국의 재再공업화, 즉 제조업 회귀가 기술적·경제적으로 가능해짐과 더불어, 중국의 선진국 추격과 부분적 추월이 위협으로 감지됨에 따른 것이었다.

실제로 2018년, 중국은 국제 과학기술 학술지 논문 편수 기준으로 사상 처음으로 미국을 추월하여 세계 1위에 올랐다. 이후로도 중국의 과학기술 역량은 양적·질적으로 강화돼, 2024년 네이처 인덱스 연구 기관 평가에서 중국과학원이 하버드대학교를 누르고 세계 1위 자리에 올랐으며 상위 10개 기관 중 중국이 7곳, 나머지를 미국, 독일, 프랑스가 1곳씩 나눠 갖는 형국을 조성하기까지 했다.

트럼프에 이은 바이든 행정부에서도 중국에 대한 기술 교역 및 투자 제한은 강화돼, 미국의 원천 기술과 장비, 소프트웨어에 크게 의존하고 있는 중국의 첨단 산업은 곤혹감 속에 자립 역량 강화에 나서지 않을 수 없게 되었다. 중국은 국가 차원에서 차보즈卡脖子(외국이 목을 조르고 있는 보이콧 기술) 기술을 지정하고 국산화에 힘을 쏟고 있다. 중국은 기술 통제에 대한 완전한 극복은 어렵겠지만, 미국 등의 강하고 지속적인 대중국 기술 통제는 오히려 과학기술 자립자강 의지를 더욱 공고하게 했다. 중국 국내 대학·연구기관 및 기업을 총동원하는 이른바 거국 체제, 혹은 국내 대순환의 작동을 강화하는 효과도 있다.

2023년 초 중국은 과학기술부를 대폭 개편하고 최고위에 '중앙과학기술위원회'를 신설(초대 주임 딩쉐샹)하여 과학기술 자립자강을 위한 거국 체제 운영을 총괄토록 했다. 또한 과학기술을 핵심 성장 동력으로 자리매김하고 마르크스의 생산력-생산관계 이론을 승계한 '신질 생산력' 담론을 각계에 확산시키고 있다. 동시에 과도한 국제적 고립을 피하기 위한 과학기술 국제 교류 및 개방 촉진 정책도 곁들이며 국제적 긴장 속 자국 과학기술 체제 강화에 힘을 쏟고 있다.

인공지능

백서인

기술 주권을 갖춘 중국의 인공지능 시스템

2021년 미국 국가인공지능안보위원회NSCAI가 중국의 인공지능 추격의 안보적 위협을 경고하며, 최근 수년간 중국에 대한 본격적인 견제가 지속됨에 따라 중국의 인공지능 기술과 생태계는 수많은 부정적 평가와 더불어 우여곡절을 겪었다. 그러나 생성형 인공지능 출현에 한발 늦은 대응과 첨단 반도체 분야의 강력한 수출 통제로 인해 고전하던 중국은 어느새, 수백 개의 대형 모형과 자국산 인공지능 가속기를 개발하며, 견고한 AI G2 구도를 유지하고 있다. 최첨단 기술과 원천 기술 분야에서 미국에 뒤처져 있는 중국은 인공지능의 활용 우위를 기반으로 상용화에 박차를 가하고 있다. 특히 데이터, 알고리즘, 하드웨어를 비롯한 인공지능 전반의 가치 사슬의 독자적 생태계 구축에 성공하며, 자율 주행, 디지털 헬스 케어, 스마트 제조, 스마트 시티 등 다양한 기술과 산업의 생태계 역량이 필요한 융합 영역에서 선도적인 행보를 보이고 있다.

조락을 겪으면서도 견고한 시스템 경쟁력을 유지하고 있는 중국의 인공지능 혁신 시스템은 미국의 장점과 자원을 최대한 흡수·도입하여 내재화하는 동시에, 주요 선진국의 정치·사회적 특성상 오랜 기간의 숙의가 필요한 이슈에 대해 성장 중심의 선허용 후규제 방식을 과감하고 광범위하게 적용시켰다. 이러한 정책을 기반으로 중국의 기업가들과 혁신가들이 우수한 기술력과 아이디어를 바탕으로 새로운 비즈니스 모델을 끊임없이 만들어 내고, 민간 기업과 대학을 중심으로 활발한 연구 개발과 공동 연구가 추진되었다. 또한 기업과 산업의 육성을 중심으로 하는 정부의 전폭적인 지원과 풍부한 민간 벤처캐피털 자금의 유입이 이루어지고, 베이징·상하이 등 핵심 지역에서의 성공이 중국 전역으로 확산되며, 나아가 아세안을 비롯한 신흥 시장으로 활발하게 진출하는 선순환 구조가 형성되었다.

하지만 최근 수년간 미·중 기술 패권 경쟁 격화로 인한 공급망 조정과 디커플링, 반복된 중국 정부의 정책 실수(제로 코로나, 빅 테크 규제, 빈간칩법)로 인한 외국계 자본과 혁신 주체의 이탈은 그동안 빠르게 성장한 중국 인공지능 기술 혁신 시스템의 동력 상실로 이어지고 있다. 중국 인공지능 기술 발전의 장점 및 강점이었던 데이터 활용과 개방적 규제는 개인정보 보호 및 안전 이슈에 직면했고, 기업과 성장 중심의 지원 정책은 빅 테크 규제와 분배 정책으로 충격을 받았다. 또한 격화되고 있는 글로벌 패권 경쟁은 글로벌 혁신 자원의 탈중국으로 이어지고 있고, 경제 안보 이슈가 중국 기술과 기업의 해외 진출을 제한하고 있다.

중국 정부의 새로운 성장 정책 기조인 '신질 생산력'과 '인공지능 플러스'가 이런 리스크를 어떻게 해소하고 새로운 활력을 불어넣을지, 중국의 인공지능 외교와 국제화 전략이 어떻게 새로운 글로벌 거버넌스를 구축할지에 따라 중국 인공지능 시스템 경쟁력의 명운이 달려 있다고 해도 과언이 아니다.

중국의 글로벌 혁신 시스템으로의 전환 시도와 이슈

앞서 언급된 수많은 해결 과제 가운데 중국의 인공지능 혁신 시스템의 지속 가능한 발전을 위해 가장 핵심적인 이슈는 바로 중국 인공지능 혁신 시스템의 국제화이다. 중국은 자국 내 수립한 인공지능 관련 제도와 표준의 고도화를 기반으로, 중국식 인공지능 규범을 국제사회에 적극적으로 알리고 전파하는 전략을 추구하고 있다. 이는 중국이 향후 형성될 글로벌 인공지능 거버넌스에서 주도권을 확보하여, 글로벌 혁신 자원의 유입을 유도하고, 중국 혁신 기업들의 세계 진출을 원활히 하기 위함이다.

이를 위해 중국은 가장 먼저 미국과 인공지능 기술의 군사적 활용을 포함한 인공지능 레드라인 협의를 지속해 나가고 있다. 2023년 11월 샌프란시스코

중국의 글로벌 인공지능 규범 참여 현황

	영국	프랑스	일본	미국	중국	독일	이탈리아	인도	브라질	싱가포르	캐나다	러시아	남아프리카공화국	아랍에미리트
유네스코 인공지능 윤리 권고안 승인 여부	✓	✓	✗	✓	✓	✓	✓	✓	✓	✓	✓	✓	✓	✓
유네스코의 특별 전문가그룹AHEG 참여 전문가 보유 여부	✓	✓	✓	✓	✓	✗	✗	✓	✓	✗	✗	✓	✓	✓
유엔 고위급 자문기구High-level Advisory Body 참여 전문가 보유 여부	✓	✓	✓	✓	✓	✓	✓	✓	✓	✓	✓	✗	✓	✓
OECD/G20 인공지능 원칙 채택 여부	✓	✓	✓	✓	✓	✓	✓	✓	✓	✓	✓	✓	✓	✗
인공지능 글로벌 파트너십GPAI 회원국 여부	✓	✓	✓	✓	✓	✓	✓	✓	✓	✓	✓	✗	✗	✗
글로벌 AI 안전 정상회의Global AI Safety Summit 참여 또는 블레츨리 선언Bletchley Declaration 공동 성명 여부	✓	✓	✓	✓	✓	✓	✓	✓	✓	✓	✓	✗	✗	✓
REAIM 2023 행동 촉구Call to Action 지지 여부	✓	✓	✓	✓	✓	✓	✗	✗	✓	✓	✓	✗	✗	✗

자료: Center for Long-term Artificial Intelligence, "AI Governance International Evaluation Index"(2024), p. 33.

에서 개최된 미·중 정상회담과 2024년 3월 발표된 미·중 양국의 5대 컨센서스에서 인공지능을 주요 의제로 채택하여 인공지능의 군사적 오용과 무분별한 확산을 방지하기 위한 가이드라인 마련에 공감대를 형성하고 있다. 2024년 3월 베이징인공지능연구원BAAI의 주최로 반관반민 인공지능 레드라인 협의를 진행한 데 이어 2024년 4월 제네바에서 양국 공식 대표단이 인공지능과 관련된 협의를 진행했다. 2024년 3월 BAAI의 인공지능 레드라인 컨센서스에서는 ① 자가 발전, ② 무기 개발, ③ 권력 추구, ④ 기만, ⑤ 네트워크 안전 등을 5대 레드라인으로 지정했다.

이와 동시에 중국은 신흥 개발국과 개도국이 인공지능 기술 발전의 혜택을 고루 누릴 수 있도록 지원하겠다는 기조를 기반으로 본격적인 글로벌 사우스 공략에 나서고 있다. 2023년 10월 일대일로 10주년 기념 콘퍼런스에서 발표된 '글로벌 인공지능 거버넌스 이니셔티브'를 통해 중국은 개도국의 인공지능 거버넌스 참여 확대와 디지털 격차 해소를 강조했다. 이는 디지털 신흥국들을 아우르는 포용적인 인공지능 질서를 구축함으로써 미국 주도의 인공지능 규범 수립에 대응하려는 전략으로 볼 수 있다. 이 과정에서 중국은 자국에 우호적인 유엔과 브릭스, 아세안의 다자 플랫폼을 중심으로 자국에 유리한 인공지능 규범 형성과 확산을 추진하고 있다.

이 외에도 중국은 국제전기통신연합ITU, 국제전기표준회의IEC, 국제표준화기구ISO 등 주요 국제 표준화 협의체에서 자국 주도의 인공지능 표준 제정을 적극적으로 추진하고 있다. 이 주요 기구 세 곳에서 중국은 다수의 인공지능 표준화 그룹의 의장국을 맡고 있으며, 머신러닝, 빅데이터 등 핵심 인공지능 기술 국제표준 제정을 주도하고 영향력을 확대하고 있다.

이처럼 중국은 자국의 인공지능 안전과 윤리 규범을 보편적 가치로 설파하면서, 주요국 및 국제기구와의 협력을 통해 글로벌 인공지능 거버넌스를 선도하려 하고 있다. 중국의 전략은 인공지능 분야 국제 규범과 표준을 선점함으로써 미국이 주도하는 인공지능 질서에 대응하고, 장기적으로는 중국 스스로의 글로벌 인공지능 생태계를 구축하는 것을 목표로 한다고 볼 수 있다. 하지만 무엇보다도 가장 근본적인 목적은 자국 기업과 기술의 해외 진출에 우호적인 인공지능 규범 체계를 구축하는 것이며, 이와 함께 해외 인공지능 기업과 자원을 중국 시장으로 유인하는 것이다. 즉, 중국 기업의 기술과 서비스가 충분히 안전하다는 것을 표준과 데이터로 보장함으로써 신뢰를 강화하는 동시에, 중국 시장이 해외 기업으로 하여금 새로운 인공지능 비즈니스를 하기에 적합한 법·제도적 환경을 갖추었다는 점을 강조하기 위한 전략적 의도가 강하다.

다만 중국식 인공지능 규범이 국제사회에서 보편적으로 수용되기 위해서는 여전히 인권, 프라이버시, 데이터 거버넌스 등의 투명성과 신뢰성 확보가 과제로 남아 있다. 특히 표면적 거버넌스의 완성도보다도 외부 환경의 변화나 정치적 요인으로 인해 당과 정부가 또 다른 급격한 정책을 사용하지 않으리라는 신뢰를 얻는 것이 핵심적일 것으로 예측된다. 또한 미·중 디지털 패권 경쟁의 심화로 인해 중국이 주도하는 인공지능 규범의 확산이 여전히 어려운 점도 중요한 해결 과제이다.

6G

이현진

중국의 통신 산업과 6G 추진 전략

통신 산업은 2000년대 초반부터 화웨이, 쭝씽ZTE을 비롯한 통신 장비 기업과 샤오미, 오포Oppo 등 스마트폰 제조 기업 등을 중심으로 중국이 전반적인 생태계 내 산업 주도권을 강력하게 유지하고 있는 분야이다. 중국은 2G, 3G 시절 통신 기술 부족으로 겪은 문제점들을 교훈 삼아 통신 표준 기술 확보에 적극적이며 5G에서는 빠른 상용화에 성공했다. 현재 중국 내 5G 서비스 가입자가 9억 명을 초과할 정도로 국가적으로도 큰 관심을 가지고 지원하고 있다.

미국의 제재에도 불구하고, 중국은 여전히 글로벌 통신 장비 시장에서 주도권을 유지하고 있다. 전 세계 통신 시장의 약 26%를 차지하는 초대형 내수 시장과 유럽 및 아시아 지역으로의 수출이 지속됨에 따라 2022년 화웨이와 ZTE의 글로벌 통신 장비 시장점유율은 약 40%로 압도적인 비중을 차지하고 있다. 또한 글로벌 스마트폰 시장에서는 2023년 3분기 기준으로 삼성전자가 20.1%의 점유율로 1위를 유지하고 있지만, 중국의 샤오미, 오포 등 기업들이 빠르게 점유율을 잠식하고 있다. 샤오미, 오포, 비보 3사의 스마트폰 시장점유율을 합치면 29.2%로 이미 삼성과 애플의 점유율을 추월했으며 이는 중국 기업들이 기술력을 강화하고 가격 경쟁력을 앞세워 시장에서 빠르게 성장하고 있다는 것을 나타낸다.

스마트폰을 비롯한 주요 단말기 산업에서는 상당량의 제품이 중국 내 공장에서 생산되며, 베트남(11.3%)과 홍콩(9.4%)이 주요 수출국으로 자리 잡고 있

2022년 글로벌 통신 산업 관련 품목별 연간 교역액 및 주요국 수출 비중 (단위: %)

품목명	스마트폰 등 단말기	통신장비 (기지국, 중계기 등)	통신용 부품	카메라, 패널 등 모듈
연간 교역액	2941억 달러	2154억 달러	964억 달러	569억 달러
중국	48.8	26.1	39.2	28.2
베트남	11.3	8.8	27.1	6.7
홍콩	9.4	6.9	12.8	14.8
미국	4	8.8	2	4.4
아랍에미리트	7.2	1.6	0.8	0.1
네덜란드	1.1	7.5	1.2	1.3
대만	0.1	4.7	2.7	8.7
독일	1.3	3.5	0.8	4.5
대한민국	1.4	0.5	2.9	11.6
싱가포르	1.7	3	2.1	0.9

자료: UN Comtrade DB의 글로벌 무역 데이터를 활용하여 필자가 작성.

다. 또한 아랍에미리트는 수출입 관세 면제를 통해 글로벌 정보통신기술ICT 제품의 무역 허브로서 중요한 역할을 수행하고 있다. 통신 장비 시장에서는 글로벌 시장점유율 1위와 4위를 차지하고 있는 화웨이(28.7%)와 ZTE(10.5%)를 보유한 중국이 가장 큰 수출국이며, 화웨이의 유럽 주요 생산 거점인 헝가리 또한 높은 수출 비중을 보이고 있다. 통신기기 부품 분야에서도 중국(39.2%), 홍콩(12.8%), 베트남(27.1%)이 전 세계 수출의 약 80%를 차지하고 있다. 마지막으로, 스마트폰 카메라 등 모듈 부문은 상대적으로 교역 규모가 작지만, 중국(28.2%)이 1위 수출국으로, 한국(11.6%) 또한 카메라 모듈의 주요 수출국으로 자리하고 있다.

중국 정부는 중국 제조 2025 계획(2015년 5월)을 통해 5G를 국가 중점 과학 발전 목표로 설정하고, 2020년까지 약 86조 원을 투자했다. 이후 5G 응용 출범 행동 계획(2021년 4월)을 통해 ICT 기술 융합을 바탕으로 2023년까지 5G 응용의 양적·질적 목표를 달성하고자 한다. 특히 2018년부터 과학기술부MOST를 중심으로 '광대역 통신 및 신규 네트워크 중점 프로젝트'를 기획하여 매년 5년 단위의 과제를 선정하고 추진하고 있다. 2019년 11월에는 6G 전략 위원회를 출범하고, 관련 부처 관계자로 구성된 국가 6G 이동통신 연구 개발 추진 공작조를 통해 6G 연구 개발을 주도하고 있다.

중국 6G 기술 개발의 핵심 기관은 중국 공업정보화부MIIT가 2019년 6월 설립한 IMT-2030 추진조로, 기존 IMT-2020(5G) 추진단을 기반으로 구성된 6G 연구 추진 조직이며 중국정보통신원CAICT 산하에서 활동하고 있다. 이 추진조에는 중국의 주요 통신 사업자, 제조업체, 대학, 연구 기관 등이 참여하고 있으며, 6G 분야에서 산하연 협력, 연구 개발 활성화, 국제 교류와 협력을 증진하는 주요 플랫폼 역할을 하고 있다. IMT-2030 추진조는 2021년 7월에 6G의 예상 활용 영역과 핵심 기술 전망을 발표했고, 2021년 9월에는 6G 네트워크 아키텍처 비전 및 핵심 기술에 대한 구체적인 전망을 제시했다. 중국은 5G에 이어 6G 기술 개발에서 글로벌 선두를 유지하고, 이를 바탕으로 국제적인 경쟁력을 강화하고 있다.

6G 기술과 다가올 미·중 패권 경쟁

6G 통신 기술의 핵심 요소는 5G에서 강조된 초고속·초저지연·고신뢰·대규모 연결의 개선과, 여기에 더해 초공간, 초절감, 초지능 등의 추가적인 요소가 포함된다.

특히 2023년 11월 우리나라가 주도한 6G 프레임워크(IMT-2030)가 국제전기통신연합ITU에서 최종 승인이 되면서 본격적으로 구체화되었다. 6G 기술은 단순한 통신 속도 향상을 넘어, 인류 사회 전반에 걸쳐 혁신적인 변화를 야기할 잠재력을 지닌 기술이다. 초저지연, 초고속, 초연결이라는 핵심 특징을 바탕으로, 6G는 현실과 가상의 경계를 허물고 인공지능과 융합하여 새로운 산업과 서비스를 창출할 것으로 기대된다.

이러한 중요성으로 인해, 미국과 중국 등 주요국들은 5G 통신 보급이 마무리되기도 전인 2021년부터 이미 6G에 대한 본격적인 내부 논의를 진행했으며, 투자를 확대하며 차세대 통신 기술에 대한 기술 패권 경쟁에 돌입한 상황이다. 최근 반도체 지원법CHIPS Act, 인플레이션 감축법 등 미국의 산업 정책이 반도체·이차전지·전기차 등 산업 분야에서 중국을 견제하고 있으나, 통신 산업 분야에서는 그보다 훨씬 오래전부터 강력한 검열과 견제가 있었다. 대표적인 사례로

6G 기술의 핵심 키워드 및 개요

키워드	설명	요소 기술 예시
초고속	테라헤르츠급(0.1~0.3THz) 주파수 개발과 효율화를 통해 테라바이트Tbps급 통신 속도 실현	THz 송수신 장비, Tbps 통신 기술
초저지연 및 고신뢰	유무선망의 통합을 통해 지연시간을 대폭 단축	원격 수술방, 디지털 트윈
초연결	단위 면적당 연결 기기 수를 5G 대비 100배 향상하여 다양한 센서와 시스템을 연결	스마트시티 항공-교통 통합 관제 시스템
초정밀 측위	고속으로 움직이는 개체의 측위를 센티미터급의 정확도로 추적하는 기술	완전 자율 주행 기술
초공간	위성통신과 이동통신망의 통합을 통해 지상 10km까지 통신 범위를 확장하여 도심 항공교통UAM, 자율 항해 등을 구현	위성-이동통신 통합망, 도심 항공 통신 기술
초절감	소비 에너지 절감뿐만 아니라 친환경 에너지를 자체적으로 획득하여 활용하는 기술까지 포함	전력 소모 저감 기술, 무전력 등
초지능	AI 기술을 적용하여 네트워크 운영을 최적화하고 통신 신호처리를 효율화	AI 기반 무선 액세스 및 네트워크 최적화

2018년 12월, 화웨이 최고 재무 책임자CFO이자 런정페이任正非 회장의 장녀인 멍완저우孟晩舟가 긴급체포되는 사건이 있었다. 이후에도 미국 연방통신위원회 FCC는 2022년 11월 국가 안보를 이유로 화웨이와 ZTE 제품의 미국 내 판매를 금지했고, 2024년 5월에는 화웨이와 ZTE의 미국 내 실험실을 폐쇄하고 미국 내 무선 장비 인증 과정에서 아예 배제하는 법안을 추진 중이다.

중국 통신 산업을 견제하는 미국의 또 다른 전략은 바로 오픈랜Open RAN이다. 오픈랜의 주요 목표는 통신 장비 간의 연계성(예컨대, 한번 화웨이 장비를 사용해 통신망을 구축하면 다음 세대에서도 화웨이 통신 장비를 사용해 구축하는 편이 용이하다)으로 인한 벤더 종속성을 없애기 위해 통신 장비를 하나의 개방형 표준으로 통일하여 비용을 절감하고 생태계를 개방하는 데 있다. 비록 비용 절감을 표면적으로 내세우고 있으나, 통신 성능의 결정 요소를 하드웨어에서 소프트웨어로 이동시킴으로써 중국 통신 장비 기업인 화웨이와 ZTE의 영향력을 줄이고, 구글·아마존·퀄컴·시스코 등 미국 소프트웨어 기업들의 영향력을 강화하려는 의도가 내포되어 있다. 특히 오픈랜의 핵심인 가상화 무선 연결망vRAN 기술은 일반 범용 서버에서 소프트웨어 기반으로 통신망을 구현하는 기술로, 클라우드 기업이 기존에 제공하는 서비스와 큰 차이가 없어 글로벌 클라우드 산업을 주도하고 있는 아마존 웹 서비스나 마이크로소프트의 애저 등 미국 기업이 통신 생태계에서도 주도권을 가질 가능성이 있다. 이처럼, 5G 시기에 중국에 추월당한 미국은 패권을 되찾기 위해 노력 중이며, 다가올 6G 시대에 미국과 중국의 정면충돌이 발생할 가능성이 있다.

양자 정보 기술

백서인

    양자 정보 기술은 인공지능과 함께 중국이 국가 차원에서 가장 중요한 국가 전략 기술로 지정하고 있는 핵심 중의 핵심인 기술이다. 중국의 양자 기술 육성 정책은 국가 차원의 전략적 접근과 대규모 투자를 특징으로 하며, 양자 통신 및 양자 컴퓨팅 분야에서 미국을 빠르게 추격하고 있다. 또한 집적회로와 인공지능 분야에서 미국의 견제를 경험하면서 보다 공격적인 자국 중심 생태계 전략의 수립을 추진하고 있다.

    중국 정부는 제12차 5개년 계획 기간부터 양자 제어 '국가 중대 과학 연구 프로그램'을 통해 양자 기술 연구 개발을 지원해 왔으며, 제13차 5개년 계획에서는 양자 기술의 중장기 발전 전략을 본격적으로 수립했다. 제14차 5개년 계획 및 2035 원경 목표에서도 양자 기술을 핵심 기술로 지정하여 지속적인 지원을 추진 중이다. 이러한 정책적 지원은 대규모 재정 투자로 이어지고 있는데, 2008년부터 2017년까지 10년간 양자 제어 프로그램에 총 1만 6954만 위안(약 3000억 원)이 투입되었다. 특히 2017년부터 2020년까지 '양자 제어 및 양자 정보' 중점 프로젝트에는 약 14억 위안(2572억 원)의 예산이 배정되었으며, 2017년 한 해에만 8억 7000만 위안(1600억 원)이 투자되었다. 더불어 중국 정부는 세계 최대 규모의 양자 연구소 설립을 추진하고, 2018년부터 2022년까지 1000억 위안(약 17조 원) 규모의 대규모 투자를 추진하면서 전 세계에서 가장 공격적으로 양자 정보 기술 분야에 대한 투자를 단행해 오고 있다.

    이러한 정부의 적극적인 지원을 바탕으로 중국의 연구 기관들은 세계적인 연구 성과를 창출하고 있다. 대표적으로 중국과기대 연구팀은 2017년 세계 최초로 양자 통신위성(묵자호)을 발사하여 베이징-상하이(2000㎞), 베이징-비엔나(7600㎞) 간 양자 암호 전송에 성공했다. 또한 중국과학원 연구진은 구글의 양자 컴퓨터 '시커모어'보다 100억 배 빠른 성능을 지닌 양자 컴퓨터 '지우장'을 공개하여 기술력을 과시했다. 특허 분야에서도 중국의 약진이 두드러지고 있다. 2020년 기준 중국의 양자 기술 특허 수는 1978건으로 전체의 29%를 차지하여 유럽(1296건, 19%)을 추월하고 1위인 미국(2223건, 33%)에 근접한 것으로 나타났다. 이는 중국의 양자 기술 연구 개발이 양적·질적으로 성장하고 있음을 시사한다.

중국 정부의 지원하에 양자 컴퓨팅과 양자 통신 분야의 산업 생태계도 점차 구축되고 있다. 양자 통신 분야에서는 궈둔양자國盾量子, 궈커양자國科量子 등이, 양자 컴퓨팅 분야에서는 번위안양자本源量子, 량쉬안과기量旋科技, 궈이양자國儀量子 등의 혁신 기업이 등장했다. 또한 알리바바, 텐센트, 화웨이, 바이두와 같은 대형 기술 기업들도 양자 기술 연구 개발 및 사업화에 적극 참여하고 있어, 산학연 협력 체계가 강화되고 있다.

인재 육성 측면에서도 중국 정부는 다양한 정책을 추진하고 있다. 칭화대학교는 2011년 양자 정보 센터를 설립하여 양자 정보 기술 분야의 연구 개발 및 박사후 연구 인력 양성에 주력하고 있으며, 해외 유수 대학들과의 공동 연구 센터 운영을 통해 국제 협력을 강화하고 있다. 또한 중국 교육부는 2021년 12개의 미래기술대학을 선정하여 융복합 기술 분야의 연구 개발 역량 향상과 인재 양성을 도모하고 있으며, 이 중 중국과학기술대학교는 양자 기술 분야에 특화된 미래 기술 인재 양성에 집중하고 있다.

마지막으로, 국제표준 주도권의 확보를 위해 중국통신표준화협회CCSA는 양자 통신 및 정보기술특설임무팀ST7과 양자컴퓨팅 및 측정표준화기술위원회TC578 등을 오래전 출범시켜 표준화 연구를 본격화하고 있다.

그러나 역시 양자 정보 기술 분야에서도 미국의 제재와 견제는 중국의 성장에 큰 장애 요인으로 작용할 것으로 예측된다. 반도체와 인공지능 분야에서 미국의 강도 높은 제재에 고전하며 자국 중심 생태계 구축의 중요성을 절감한 중국은 양자 정보 기술 분야에서 "의존 없는 리더십"을 추구하며, 연구부터 장비 생산까지 전 분야에 걸쳐 천문학적인 투자를 단행하고 있지만, 아직 확실한 지배적 디자인이 자리 잡지 못한 상태에서 모든 기술 타입별로 자립의 기반을 구축한다는 것은 많은 한계를 지니고 있는 것이 사실이다. 관건은 향후 양자 정보 기술을 둘러싼 미·중·EU의 삼각관계 속에서 중국이 어떻게 유럽과 전략적 협력 관계를 구축하여 부족한 기술 혁신의 효율성과 지배력을 높일 것인가로 보인다. 미국과의 뚜렷한 대립 관계와 다르게, 유럽은 연합 차원에서는 중국의 위협을 인식하면서도 개별 국가들은 중국과의 협력을 전략적으로 유지해 오고 있다. 프랑스의 경우 우주나 원자력, 항공 분야에서, 독일은 자동차, 제조 등 분야에서 협력을 추진하고 있어 향후 중국이 어떻게 자국의 양자 정보 기술의 글로벌 가치 사슬을 구성할 것인지가 중국의 양자 기술 주권 확보에 핵심적일 것으로 보인다.

중국 양자 정보 기술 주요 혁신 주체 정보

	기업/기관	담당 조직	설립 연월	리더	주요 연구 영역
빅테크	바이두	양자컴퓨팅연구소 百度量子計算研究所	2018.3.	돤룬야오 段潤堯	• 핵심 전략 QIANQuantum, Infrastructure, Application, Network • 바이두 퀀텀 플랫폼에서 소프트웨어, 오픈 소스, 컴퓨팅, 교육 프로그램 등을 제공
	알리바바	다모아카데미 양자실험실 達摩院量子實驗室	2017.10.	스야오윈 施堯耘	• 기초 이론, 응용, SW/HW, 융복합 관련 분야 연구 • 양자 오픈소스 ACQDPAlibaba Cloud QuantumDevelopment Platform 공개
	텐센트	텐센트양자연구소 騰訊量子實驗室	2017	장성위 張勝譽	• 양자 컴퓨팅, 시스템 시뮬레이션 기초 이론, 주요 핵심 영역 응용(화학, 제약, 재료, 에너지), 양자 AI • 캘리포니아 공과대학교, 케임브리지대학교, 매사추세츠 공과대학교, 난양이공대학교, 싱가포르 국립대학교, 오타와대학교, 프린스턴대학교, 델프트 공과대학교, 브리스틀대학교, 파리 제7대학교 출신 연구원을 보유
대학	칭화대학교	칭화대학교 양자정보학원 清華大學量子信息中心	2011	야오치즈 姚期智	• AI 분야 저명 석학으로, 미국 국적을 포기하고 중국으로 귀화한 대만 이민자 과학자 • 칭화대학교 융합정보과학원IIIS을 설립하여 인공지능 인재를 육성
연구소	중국과학원 중국과학기술대학교	중국과학원 양자정보 및 양자과기혁신연구원 中國科學院量子信息與量子科技創新研究院	2016.8.	판지엔웨이 潘建偉	• 중국과학기술대학교가 주관하고, 중국과학원 내 연관 연구소 및 중국 주요 명문 대학이 참여하는 연합 실험실 형태로, 현재 560명의 고급 연구 인력을 포함하여 총 1800여 명의 인재 풀을 구성 • 중국과학기술대학교에 설치된 탁월 혁신 센터 • 중국과학기술대학교는 2021년 미래기술학원으로 선정

자료: 필자 작성.

우주

차정미

중국몽과 우주몽

시진핑 시대 들어 중국은 '우주 강국'航天強國 실현을 중화 민족의 위대한 부흥, 사회주의 현대화 강국 비전의 주요한 구성 요소로 더욱 강조하고 있다. 중국공산당 창립 100주년인 2021년 인민일보는 「중국의 우주: 중국몽 실현을 위한 전략적 지원」이라는 사설에서 중국공산당 중앙의 강력한 지도하에 유인 우주 비행과 달 탐사로 대표되는 주요 우주 프로젝트가 획기적인 발전을 이루어, 중화 민족의 위대한 부흥이라는 중국몽을 실현하는 데 주요한 전략적 뒷받침이 되었다고 강조했다. 중국의 우주 강국, '우주몽'航天夢 우주 프로그램은 중국공산당이 목표로 하는 중화 민족의 위대한 부흥이라는 '중국몽'의 한 부분이다. 또한 '우주정신'航天精神은 애국심, 민족 존엄과 자부심 제고의 상징으로 표현되고 있다. 중국공산당에게 우주는 단순히 과학기술을 넘어 국가의 명운과 부흥, 중국공산당 영도의 성공과 지속 필요성을 입증하는 정치적·전략적 요소였다.

중국 현대화에 있어 우주는 경제적·기술적 측면은 물론 외교적·군사적 측면에서도 중요한 요소로 역할해 왔다. 덩샤오핑은 "중국이 만약 1960년대 이후 원자폭탄, 수소폭탄, 위성 발사를 하지 않았다면 중요한 영향력을 지닌 대국으로 불리지 못했을 것이고, 지금과 같은 국제적 위상도 갖지 못했을 것이다. 이는 민족의 역량을 반영하는 것이며, 민족의 부흥과 발전의 상징이다."라고 지적한 바 있다. 이렇듯 중국의 '양탄일성'兩彈—星은 중국 국방과 안보 체계의 초석을 마련하고, 대국으로서의 중국 이미지 형성과 중국의 전략 역량과 국제적 지위를 크게 향상한 주요 역사적 기술혁신으로 강조되어 왔다.

또한 중국은 우주를 군 현대화의 중요한 요소로 강조하고 있다. 2007년 5월 중국공산당 국방과학기술산업위원회 부주임 겸 국가우주국 국장 쑨라이옌 孫來燕은 "항공우주산업은 국방력을 강화하고 군사적 위신을 강화하며 국가 안보를 위한 전략적 토대"라고 강조한 바 있다. 우주 역량은 종합 국력의 상징이자 국제적 위상, 국방 현대화의 중요한 요소라는 것이다. 중국 우주 항공은 미사일 무기, 통신, 정보, 항법, 물류 등 여러 방면의 국방 현대화에 기여하는 것으로, 특히 세계 일류 기술인 베이더우 위성항법 체계가 유사시 인민군 무기와 장비, 전반적인 전쟁 준비 등에 기여할 것으로 인식되고 있다. 이렇듯 중국은 우주를 중화 민족의 위대한 부흥을 위한 주요 전략적 요소로 인식하면서 기술과 외교, 군사 등 다방면에서 우주에 대한 투자를 확대해 가고 있다.

중국 우주 전략: 중국 우주백서(2000~21)와 우주담론

중국은 우주를 국가 발전 전략의 핵심으로 강조하고 있으며, 경제 발전과 중국 현대화 건설 사업 목표에서 우주는 주요한 위상을 부여받아 왔다. 2000년 11월 최초의『중국 우주백서』中國的航天白皮書는 중국의 우주발전 목표, 원칙, 현황 및 국제 협력 방향을 제시했다. 백서에서 중국은 최초로 '대우주'大航天 개념을 제기하고 우주 기술, 우주 응용, 우주과학의 3대 영역을 포괄했다. 2000년 우주백서는 우주 프로젝트가 국가 전체 발전 전략의 중요한 구성 부분이라고 강조하고 있다. 우주 활동이 국가이익을 수호하고, 국가 발전 전략을 실천하는 데 중요한 지위와 역할을 하는 것이 우주산업 발전을 결정한 근본적 목적이고 원칙이라고 강조했다.

중국은 우주발전 원칙으로서 독립 자주, 자력갱생, 자주 혁신을 견지하고, 국제 교류와 협력을 적극적으로 추진하는 것을 제시했다. 자기 역량으로 우주 기술 공략과 돌파에 충실하며, 동시에 우주 기술 자주 혁신과 필요한 해외 선진 기술 도입을 유기적으로 결합하는 것을 원칙으로 강조했다. 이후 우주 백서에서도 자주적 혁신은 중요한 요소로 지속적으로 강조되고 있다. 중국의 국제 우주 협력 기본 원칙 또한 자주와 자립을 견지하고 있다.

중국은 또한 적극적이고 실용적인 국제 우주 협력 수행을 강조하고 있다. 우주 협력 우선순위 분야로 아시아 태평양 지역의 우주 기술 및 응용에 대한 다자간 협력 촉진을 강조하고, 중국 우주 기술을 이용하여 개발도상국 협력을 강화하면서 협력 국가들을 지원하는 것을 중요한 과제로 제시하고 있다. 중국 우주발전의 또 다른 특징은 전 사회적 참여이다. 2011년 우주백서는 우주발전을 위한 사회 각계의 모든 부문의 참여를 강조하고 있다. 국가 항공 우주 정책 지도에 따라 과학 연구 기관, 기업, 대학, 사회단체가 각자의 장점을 최대한 발휘하여 항공 우주 활동에 적극 참여할 것을 강조했다.

중국은 2016년 4월 24일을 '중국 우주의 날'로 지정하고 우주정신의 고취를 강조하고 있다. 2016년 우주백서는 향후 5년간 우주 강국 건설을 가속화하고 우주산업 기본 역량을 지속 제고하며, 핵심 기술 연구와 첨단 기술 연구를 강화하고, 유인 우주비행, 달 탐사, 베이더우 위성 항법 시스템, 고해상도 지구 관측 시스템, 차세대 발사체 중대 공정을 지속 추진하고, 우주 응용의 깊이와 폭을 확장하며, 심층적인 우주과학을 수행하고, 우주과학, 우주 기술, 우주 응용 전면 발전을 심화할 것임을 강조하고 있다.

2021년 중국 우주백서는 우주과학 기술이 중국의 강대국화, 외교적 영향력 확대에 기여할 것을 강조하고 있다. 『2021년 중국 우주백서』는 "우주 강국의 새로운 여정"航天强國新征程을 전면적으로 착수한다고 밝히고 있다. 사회주의 현대화 강국 건설, 인류 운명 공동체 이념 견지 등 '중국의 꿈'과 비전을 실현하는 데 우주 강국 건설이 중요한 토대라고 강조한다. 중국은 우주의 평화적 이용, 우주 안전 수호, 우주에서의 인류 운명 공동체 구축, 전 인류에게 혜택을 주는 경제 건설, 과학기술 발전, 국가 안보와 사회 발전 등 방면의 요구를 만족하고, 국가 권익 보호, 종합 국력 증대를 목표로 제시하면서, 우주 공간에서의 글로벌 거버넌스 교류 협력에 적극 참여, 우주 안보 수호, 지속 가능 발전 도모, 인류의 삶과 복지 향상에의 기여 등을 내세우고 있다.

아래 표는 중국 우주백서에 제시된 핵심 전략 과제들로, 우주 기술, 산업, 과학 탐사, 우주 인재, 우주 거버넌스, 우주 국제 협력 등 전 분야의 경쟁 우위를 추구하면서 종합적이고 전면적인 우주 강국 실현을 목표로 하고 있음을 볼 수 있다.

2021 중국 우주 강국 비전 핵심 과제

구분	핵심 과제
우주 기술 및 시스템 개발	• 우주 운송 체계 / 우주 인프라 / 유인 우주비행 / 심우주 탐사 발사장, 측정, 제어 / 신기술 시험 / 우주 환경 거버넌스
우주 응용 산업 육성 및 확대	• 위성 공공 서비스 / 우주 응용 산업
우주과학 탐사 및 연구 수행	• 우주과학 탐사 / 우주 환경에서의 과학 실험
항공 우주 거버넌스 현대회 촉진	• 항공 우주 혁신 역량을 지속적으로 향상 • 항공우주산업 기초 역량 강화 • 우주 응용 산업 발전 가속화 • 상업용 항공우주산업의 발전 장려 • 항공 우주 건설의 법치주의 적극적 추진 • 수준 높은 항공 우주 인재팀 구축 • 항공우주과학 교육과 문화 건설을 적극 추진
우주 국제 협력의 신거버넌스 구축	• 기본 방침과 주요 진행 사항 - 유엔 중심 역할 / 국제 교류 협력 강화 / 일대일로 건설 지원, 연선 국가 특히 개발도상국 지원 / 아태 우주 협력 기구 역할 중요, 브릭스 및 상하이 협력 기구 등 우주 협력 중시 / 베이더우 협력 / 심우주, 유인 비행 등 핵심 과제 분야 국제 협력 / 항공 우주 분야 인재 교류 등

자료: 國務院新聞辦公室網站, 『2021中國的航天』白皮書(全文), 2022.1.28.

중국의 우주발전

1956년 저명 과학자인 첸쉐센錢學森의 건의로 중국은 니에롱전聶榮臻을 주임으로 하는 중국항공우주산업위원회中華人民共和國航空工業委員會를 설립하면서 우주 프로젝트를 출발시켰다. 1958년에는 중국 최초의 발사체 발사장이 건설되었고 인공위성 사업에 착수했다. 1966년 장정 1호長征一號 발사체와 동방홍 1호東方紅一號 인공위성 개발이 시작되었고, 1970년 4월 중국 최초의 인공위성인 동방홍 1호가 성공적으로 발사되었다. 2001년 1월 중국 최초의 무인 우주선이 발사되었고, 우주선에서는 우주 생명과학, 우주 재료, 우주 천문학 및 미세 중력 물리학 실험이 수행되었다. 2003년 10월 양리웨이楊利偉가 탑승한 최초의 유인우주선인 선저우神舟 5호를 발사하고, 2010년 유인 우주정거장 프로젝트가 공식 출범 했다. 2023년 6월 중국유인우주공정발전계획載人航天工程發展規劃에 따르면 2027년 중국 최초의 유인 로켓이 첫 비행을 할 것으로 예상된다. 우주 기술 분야에서 중국은 빠르게 미국과의 기술 격차를 줄이거나 일부 분야에서는 중국 독자적인 혁신으로 '최초'의 성과들을 거두어 가고 있다. 중국은 2022년 말 독자 기술로 우주정거장을 완공했고, 2024년 6월 '창어 6호'를 발사하여 세계 최초로 달 뒷면의 샘플 채취에 성공했다.

중국은 우주과학을 주도하기 위한 로드맵을 구체화하고 있다. 중국은 2024년 10월 중장기 우주과학을 위한 최초의 국가 차원 3단계 우주 개발 프로그램을 발표했다. 2027년 유인 달 탐사를 포함하여 2050년까지 중국 우주과학 임무 및 우주 연구 계획을 구체화하고, 2050년까지 중국을 글로벌 항공 우주 강국, 과학기술 강국으로 만들겠다는 목표를 설정했다. 중국과학원, 중국국가우주국, 중국유인우주국이 공동으로 발표한 이 프로그램은 "우주과학에서 고품질 개발 달성, 우주 기술혁신에서 획기적인 진전, 우주 응용프로그램 업그레이드, 세계 최고의 우주과학 글로벌 리더 달성" 등을 목표로 제시했다.

중국은 국가 주도의 우주발전을 넘어 최근에는 상업용 우주 분야의 발전도 가속화하고 있다. 2023년 중국의 상업용 항공 우주 회사는 26회 로켓 발사 임무를 완료하여 전체 우주 발사량의 39%를 차지했으며, 중국의 상업용 항공우주 시장 규모는 2024년에 2조 3000억 위안(3170억 달러)을 넘어설 것으로 추산된다. 위성 인터넷 산업은 상업용 항공우주산업의 핵심 구성 요소이며, 중국 정부가 큰 중점을 두고 있는 분야이다. 중국 정부는 2021년부터 위성 인터넷 산업과 관련한 일련의 정책을 집중 발표 하고 있다. 오늘날 세계 우주 경쟁이 민간 주도와 상업 주도의 특징을 띠고 있는 '뉴 스페이스'New Space 시대라는 점에서 중국 또한 상업 우주의 경쟁력 강화를 통해 새로운 시대의 우주를 주도하기 위한 정책들을 확대해 가고 있다.

중국의 우주 외교

중국은 우주 분야 국제 교류와 협력을 주도하여 전 세계 대중에게 우주 공간을 제공할 것이라고 강조하고 있다. 중국은 2016년부터 19개 국가 및 지역, 4개 국제기구와 46건의 우주 협력 협정 또는 양해 각서를 체결했으며, 우주에 대한 글로벌 거버넌스를 적극적으로 추진하고 양자 및 다자 협력 메커니즘을 활용하여 우주과학, 우주 기술 및 우주 응용 분야를 발전시키고 있다. 또한 일대일로 연선 국가들과 우주 실크로드를 구축하고 베이더우 위성항법 시스템 네트워크와 일대일로 우주 정보 회랑을 추진했다. 중국은 '아태우주협력조직'亞太空間合作組織, APSCO을 신설하고, 이란, 파키스탄, 페루, 터키, 몽골, 방글라데시, 태국 등을 참여시켜 개발도상국과의 우주 연대를 확대해 가고 있다. 파키스탄, 스리랑카, 이집트, 수단, 나이지리아, 브라질, 베네수엘라, 볼리비아, 사우디아라비아, 라오스 등의 국가와 인공위성 연구 개발 인프라, 우주 센터, 우주 도시 건설 협력 등 다양한 우주 기술협력을 추진해 왔다.

중국은 또한 글로벌 사우스 외교를 확대하는 데 있어서도 우주 외교를 적극 활용하고 있는데, 2022년 5월 브릭스우주협력위원회金磚國家航天合作聯委會를 공식 출범 시키고, 우주 협력을 확대해 가고 있다. 또한 러시아, 파키스탄, 인도 등 SCO 국가 우주 기구들과 협력 협정을 체결하고 우주 분야의 협력을 확대해 가고 있으며, 중동 지역 국가들과의 양자, 다자 우주 협력도 확대하고 있다. 2022년 12월 제1차 중국-걸프만 아랍 국가 협력협의회 정상회담에서 우주가 향후 3~5년 내 우선 발전 분야 중 하나로 선정된 바 있다.

중국은 특히 우주정거장 및 달 탐사 외교를 강화하고 있다. 2030년까지 인간을 달에 보내고, 2036년까지 달 남극에 영구 연구 기지를 건설하겠다는 중국의 '우주몽'은 우주 기술 주도와 함께 글로벌 우주 외교 주도를 중요한 요소로 하고 있다. 중국은 '국제달연구기지협력조직'ILRSCO을 설립하여 파트너 국가와 함께 2036년까지 국제달연구기지ILRS를 완성하고, 전면적인 달 체계 개발 단계를 수행하겠다는 계획이다. 2024년 4월 현재 러시아, 남아프리카공화국, 파키스탄, 태국, 니카라과 등 총 10개국이 ILRS에 가입했다.

중국이 우주 국제 협력을 글로벌 사우스 협력과 글로벌 리더십 강화의 주요한 자원으로 활용하고 있다는 점에서, 글로벌 우주 협력은 중국 과학기술 외교의 주요한 요소로 지속 확대 될 것으로 보인다.

바이오
: 합성 생물학을 중심으로

정일영

합성 생물학은 21세기 바이오 혁신의 중심에 있으며, 특히 중국에서 그 중요성이 부각되고 있다. 합성 생물학은 자연계의 생물학적 시스템을 이해하고 재구성하여 새로운 생명공학 기술을 창출하며, 바이오 의약, 바이오 에너지 등 다양한 산업에 혁신적인 변화를 일으키고 있다.

합성 생물학 관련 중국의 주요 정책

중국에서는 2006년 2월 국무원이 발표한 〈국가 중장기 과학기술 발전 규획 강요〉(이하 '강요')부터 '합성 생물'이라는 단어가 바이오 정책 전략 내용으로 포함되기 시작했다. 중국이 2021~25년간 추진하고 있는 최상위 발전 계획인 〈국민경제 및 사회 발전 제14차 5개년 규획〉(이하 '14.5 규획')에서 중국은 '유전자 및 바이오 기술'의 프런티어 기술 개발 분야로 유전체학 연구 응용, 유전 세포 및 유전 육종, 합성 생물, 바이오 의약 기술 등을 포함하며, 합성 생물학 기술 개발에 대한 강한 의지를 보여 주고 있다.

중국은 14.5 규획과 연계하여 2021년부터 〈제14차 5개년 바이오 경제 발전 규획〉을 추진하고 있다. 이 규획은 바이오 기초 기술 역량을 강화하고, 바이오 산업을 육성하는 계획을 담고 있다. 중국의 바이오 경제 발전 전략은 바이오 의약, 바이오 농업, 바이오 매스, 바이오 안보 부문을 주요 발전 분야로 제시하고

〈제14차 5개년 바이오 경제 발전 규획〉의 주요 내용

목표	① 바이오 경제 분야의 부가가치가 GDP에서 차지하는 비중 확대 ② 바이오 과학기술의 종합적인 역량을 제고(기술, 투자, 특허, 인프라, 산업 등 측면) ③ 바이오 기술과 산업 간 융합 고도화 ④ 바이오 안보 역량 수준 향상 ⑤ 바이오 부문의 정책 환경을 혁신
중점 발전 부문	① 바이오 의약: 질병 치료 중심에서 건강 중심으로 전환 ② 바이오 농업: 식사량을 채우는 것에서 영양소의 다원화 관점으로 전환 ③ 바이오 매스: 과거 산업의 생산 능력 및 효율성 추구에서 친환경·저탄소로 전환 ④ 바이오 안보: 수동적 방어에서 능동적 보호로 전환하고 통제 시스템 및 거버넌스 구축

자료: 國家發展和改革委員會,〈"十四五"生物經濟發展規劃〉(2021.12.20.).

있다. 또한 바이오 분야의 중점 기술과 바이오 산업을 육성하기 위해 컴퓨터 기반 균주 설계, 고처리량 스크리닝, 고효율 발현, 정밀 조절 등 합성 생물학 핵심 기술을 발전시킬 계획이다.

중국의 합성 생물학 연구 클러스터 및 바이오 파운드리 구축 현황

2010년 이후부터 중국에서는 다수의 대학과 기관이 합성 생물학 실험실과 연구 센터를 설립하여 활발한 연구 활동을 이어 오고 있다. 특히 상하이, 톈진, 선전 지역은 합성 생물학 연구 클러스터를 형성하여 지속적인 연구를 추진하고 있다. 상하이 지역은 중국 내에서 합성 생물학 분야를 선도적으로 개발한 지역으로, 2008년 12월 중국과학원은 상하이 지역에 중국 최초의 합성 생물학 연구 기관인 '중국과학원 합성 생물학 중점 실험실'CAS을 설립했다. 주요 연구 분야로는 합성 생물학 이론 및 방법론에 대한 기초 연구, 합성 생물학을 위한 엔지니어링 플랫폼 개발 및 기술 구현, 기술 개발, 중개 연구에서 합성 생물학 제조에 이르는 혁신적인 사슬 구축 등이 있다.

톈진 지역의 주요 합성 생물학 연구 기관으로는 중국과학원과 톈진시 정부가 공동으로 설립한 국가합성생명기술혁신센터國家合成生物技術創新中心와 톈진대학교의 합성생물학첨단과학센터合成生物學前沿科學中心가 있다. 국가합성생명기술혁신센터는 2022년에 개소했으며, 천연 화합물 재조합, 공업 발효 및 대사 공학, 미생물 전환 및 바이오 정제 등 다양한 분야의 연구를 수행하고 있다. 톈진

중국 내 바이오 파운드리 현황

바이오 파운드리 명	위치	특징
Tianjin Institute of Industrial Biotechnology	톈진 산업생명공학연구소TIB	단백질 과학, 시스템 생물학, 합성 생물학, 발효 과학을 통합한 뉴바이오로 산업 생명공학을 개발
SIAT Biofoundry, Shenzhen	선전 광밍과학도시	9개 기관과 그 밖의 수많은 연구소와 시설로 구성
SJTU SynBiofoundry	상하이교통대학교	-
Tianjin University BioFoundry	톈진대학교 내 합성생물학첨단과학센터	-

자료: 오현환·김한해·방혜원, 「바이오파운드리 구축 및 활용기술개발사업 예비타당성 조사 보고서」, 한국과학기술기획평가원(2022).

대학교의 합성생물학첨단과학센터는 바이오 파운드리*로 활용되고 있으며, 합성 유전체, 세포 공장 및 관련 기초연구를 수행하고 있다.

선전 지역은 대규모 바이오 파운드리를 구축하는 것으로 주목받고 있는 지역이다. 2020년 8월 선전시 발전개혁위원회는 합성 생물학 연구를 위한 대규모 시설 구축 프로젝트를 승인했다. 선전 바이오파운드리는 합성 생물학의 스마트 제조, 자동화 기능을 구현하고 연구계 및 산업계에 개방하는 것을 목표로 하고 있다.

중국의 합성 생물학 연구 커뮤니티

중국은 미국이나 영국에 비해 연구자들의 자발적인 조직 및 커뮤니티 형성은 다소 늦은 편이나 국가 차원의 합성 생물학 지원 확대에 따라 조직 및 커뮤니티가 형성되고 있다. 정부 주도의 합성 생물학 연구 개발 활성화에 따라 민간에서의 관심도 확대되었는데, 국제합성생물학대회iGEM의 참여 현황에서 이러한 현상을 확인할 수 있다. iGEM 초창기에는 주로 미국과 유럽 국가의 학생들이 참여했으나 2007년부터는 중국 팀이 참가하기 시작하여 2014년에는 중

★ 바이오 파운드리란 합성 생물학에 로봇·AI를 도입하여 새로운 바이오 시스템 제작을 위한 설계Design-제작Build-시험Test-학습Learn의 각 단계를 자동화 및 고속·고처리량으로 구동하는 시스템이다.

국 팀이 전체 참가 팀의 약 25%를 차지했고, 2023년에는 404개 참가팀 중 175개가 중국 팀으로 구성되었다. 또한 여러 차례 수상 실적도 내고 있으며 iGEM을 통해 진행되는 프로젝트들이 국가적 문제를 해결할 수 있는 아이디어를 제공하기도 한다. 예를 들어, iGEM에 참가한 중국 팀인 XMU-China 2020의 프로젝트에서는 중국의 핵심 문화인 차와 관련하여 차 재배 시 농약 잔류 문제를 해결하기 위한 연구를 진행했다.

합성 생물학은 중국의 바이오 경제 발전에 중요한 역할을 하고 있다. 14.5 규획과 같은 전략적 계획은 바이오 기술의 혁신을 촉진하고 있고 이러한 정부의 적극적 정책 지원은 연구 클러스터와 커뮤니티를 활성화하는 기폭제가 되고 있다. 향후 중국이 바이오 안전성 문제, 윤리적 고려, 규제 이슈 등을 글로벌 사회와 조화를 이루어 간다면 중국은 글로벌 바이오 시장에서 선도적인 위치를 확립할 것으로 기대된다.

10장 한·중 관계

한·중 관계사

이희옥

한·중 관계의 역사

    1992년 8월 24일 노태우 정부와 장쩌민 정부가 국교 정상화를 하고 우호 협력 관계를 수립한 이후, 1998년 김대중 정부와 장쩌민 정부 사이에 협력 동반자 관계를 구축했다. 양국이 처음으로 '동반자'partnership 외교의 틀 속에서 작동하면서 관계가 격상되었다. 2003년 양국에서 각기 출범한 노무현 정부와 후진타오 정부는 기존의 동반자 관계를 '전면적' 협력 동반자 관계로 확대 발전시켰다. 이어 2008년 이명박 정부와 후진타오 정부는 전략적 협력 동반자 관계를 구축했다. 양국이 '전략적' 관계로 격상된 것은 비단 양자 관계뿐만 아니라 지역과 국제 문제에 대해서도 전략적으로 협력한다는 의미를 지니고 있었다. 이처럼 한·중 관계는 주로 한국에서 정권이 변할 때마다 외교 형식이 격상되었고 상호 전략적 가치가 증대되었으며 협력도 심화되었다. 2013년 박근혜 정부와 2017년 문재인 정부도 기존 외교 형식의 격상보다는 전략적 협력 동반자 관계의 내실화·실질화에 초점을 맞추었다. 2022년 출범한 윤석열 정부는 기존의 '전략적 협력 동반자 관계'라는 형식 대신에 상호 존중, 상호 호혜, 공동 이익의 방식으로 한·중 관계를 설명하기 시작했고, 중국은 기존의 전략적 협력 동반자 관계를 강조하면서 차이가 나타났다. 특히 2017년 문재인 대통령의 중국 방문 이후 2024년 말까지 시진핑 주석의 답방이 이루어지지 않으면서 한·중 간 최고위급 소통이 진행되지 않아 한·중 관계의 다양한 정치·외교적 현안을 효과적으로 다루지 못했다.

수교 이후 한·중 간 파트너십

구분	시기	한국	중국	특징
선린 우호 관계	1992	탈냉전, 북방 정책, 남북 관계, 경제협력	탈냉전, 개혁 개방, 대만 문제, 경제협력	노태우 정부 - 장쩌민 1기 체제
협력 동반자 관계	1998	금융 위기, 남북 관계, 북핵 문제, 경제협력	책임 대국론, 북핵 문제, 경제협력	김대중 정부 - 장쩌민 2기 체제
전면적 협력 동반자 관계	2003	균형 외교, 북핵 문제, 경제협력, 역사 문제	대국 외교, 북핵 문제, 경제협력	노무현 정부 - 후진타오 1기 체제
전략적 협력 동반자 관계	2008	다극화, 한·미 동맹 강화, 경제협력	한·미 동맹 견제, 경제협력	이명박 정부 - 후진타오 2기 체제
전략적 협력 동반자 관계	2013	북핵 문제, 한·중 FTA, 인문 교류	북핵 문제, 한·중 FTA, 인문 교류	박근혜 정부 - 시진핑 1기 체제
전략적 협력 동반자 관계	2017	한반도 신경제 지도, 북핵 문제, 사드 문제, 경제협력, 인문 교류	일대일로, 북핵 문제, 사드 문제, 경제협력, 인문 교류	문재인 정부 - 시진핑 2기 체제
	2022	한·미 글로벌 동맹, 한·미·일 안보 협력, 한·일 관계 개선	동맹의 지역화 반대, 공급망 안정, 한·중 FTA	윤석열 정부 -시진핑 3기 체제

자료: 필자 작성.

교류와 협력 그리고 경쟁의 경제 관계

이러한 관계 발전의 성과는 특히 경제 관계에서 두드러졌다. 2023년 말 양국 간 교역 규모는 2677억 달러(홍콩과 마카오 등을 경유한 수입 제외)로 1992년 수교 당시 60억 달러에 비해 약 45배 증가했다. 한때 한·중 교역은 2021년 3000억 달러를 넘어서기도 했다. 중국은 그동안 한국의 최대 수출국, 투자 대상국이 되었다. 특히 한국의 입장에서 보면 현재 중국과의 교역 규모가 미국·일본과의 교역 규모 총합보다 크며, 그동안 한국 경제의 성장은 중국 경제에 힘입은 바 크다. 그러나 2022년을 계기로 대중국 무역 적자를 기록하기 시작했고 2023년에도 이는 181억 달러에 달했다. 이처럼 한·중 경제 관계는 보완적이기보다 경쟁적으로 변하기 시작했다. 2016년 말에는 한·중 FTA가 공식 체결되어 새로운 경제 관계로 도약했고 서비스 투자 금융 분야에서 상호 시장 개방을 위한 2단계 협상 재개에 합의했다. 그러나 2016년 한·미 양국의 사드 배치 이후 양국 간 교역과 투자가 크게 위축되었고 미·중 전략 경쟁이 심화되면서 공급망 협력이 어려워짐에 따라 탈중국 논의가 등장하기도 했다. 그러나 중국은 여전히 한국의 최대 시장이자 부품 소재 시장으로서의 중요성 등 한국 경제의 중요한 버팀목이라는 사실은 분명하다.

다양해진 정치 소통의 채널

정치적으로는 2023년 말까지 80회 이상의 양자 또는 다자 무대에서 정상급 회담이 있었고, 시간이 갈수록 회동의 빈도가 늘었다. 특히 양국 정상 간 잦은 접촉과 대화는 소통 부재에서 오는 위험을 예방하고, 문제가 발생하면 이를 신속히 처리할 수 있는 소통 메커니즘을 확보하는 데 기여했다. 여기에 한국의 국가안보실장과 중국의 외교 담당 국무위원 간 전략 대화 채널이 구축되었고 차관급 전략 대화가 정례적으로 개최되었다. 그뿐만 아니라 다양한 형태의 의회 교류와 정당 간 교류도 제도화·활성화되었다. 특히 이데올로기의 차이로 인해 양국 관계의 가장 미묘한 영역이었던 군사·국방 방면의 교류도 활성화되었다. 인사 교류, 정책 실무 교류 및 연구와 교육을 비롯한 모든 영역에서 발전했다. 수교 이후 국방장관급 회담, 합참의장급 회의, 각군 총장급 회의가 개최된 바 있다. 2011년 이후 차관급 국방 전략 대화가 시작되었고 2013년 이후 국방차관과 중국 부총참모장 간 국방 전략 대화가 이뤄지고 있다. 2014년에는 한국군의 제안에 따라 중국군 유해 송환 사업이 시작되어 2023년 말까지 938구가 송환되기도 했다. 그러나 코로나19의 유행과 한·중 모두 정체성의 외교를 추진하면서 2024년 말까지 양자 정상회담이 개최되지 않았고 고위급 교류도 제한되었으나 2024년 5월 제9차 한·중·일 정상 회의를 계기로 새로운 변화가 나타나 차관급 전략 대화를 비롯해 지방과 의회를 중심으로 다양한 소통이 재개되기 시작했다.

문화적 교류의 활성화

문화적으로는 한·중 양국의 인적 교류가 1992년 수교 당시 13만 명에 불과했으나, 코로나19 유행으로 교류가 중단되기 직전 양국의 상호 방문객은 연인원 1000만 명에 달했다. 당시 양국 간에는 매주 수십 곳의 도시에서 800편 이상의 항공편이 운항되기도 했다. 특히 코로나19 이후, 중국 여행객 규모가 서

역대 한국 외교부(외교통상부) 장관 및 외교부장/역대 주중대사 및 주한대사

외교장관	재임 기간	주중대사	재임 기간	외교부장	재임 기간	주한대사	재임 기간
이상옥	1990.12.~1993.2.	노재원	1992.2.~1993.5.	첸치천 錢其琛	1988.4.~1998.3.	장팅옌 張庭延	1992.9.~1998.8.
한승주	1993.2.~1994.12.	황병태	1993.5.~1995.12.	탕자쉔 唐家璇	1998.3.~2003.3.	우다웨이 武大偉	1998.9.~2001.7.
공로명	1994.12.~1996.11.	정종욱	1996.2.~1998.4.	리자오싱 李肇星	2003.3.~2007.4.	리빈 李濱	2001.9.~2005.8.
유종하	1996.11.~1998.3.	권병현	1998.4.~2000.8.	양제츠 楊潔篪	2007.4.~2013.3.	닝푸쿠이 寧賦魁	2005.9.~2008.10.
박정수	1998.3.~1998.8.	홍순영	2000.8.~2001.9.	왕이 王毅	2013.3.~2023.1.	청융화 程永華	2008.10.~2010.2.
홍순영	1998.8.~2000.1.	김하중	2001.10.~2008.3.	친강 秦剛	2023.1.~2023.7.	장신썬 張鑫森	2010.3.~2013.12.
이정빈	2000.1.~2001.3.	신정승	2008.5.~2009.12.	왕이 王毅	2023.7.~현재	추궈홍 邱國洪	2014.2.~2019.12.
한승수	2001.3.~2002.2.	류우익	2009.12.~2011.5.			싱하이밍 邢海明	2020.1.~2024.7.
최성홍	2002.2.~2003.2.	이규형	2011.5.~2013.6.			다이빙 戴兵	2024.12.~
윤영관	2003.2.~2004.1.	권영세	2013.6.~2015.3.				
반기문	2004.1.~2006.11.	김장수	2015.3.~2017.9.				
송민순	2006.11.~2008.2.	노영민	2017.9.~2019.1.				
유명환	2008.2.~2010.9.	장하성	2019.4.~2022.6.				
김성환	2010.10.~2013.3.	정재호	2022.7.~2025.1.				
윤병세	2013.3.~2017.6.						
강경화	2017.6.~2021.2.						
정의용	2021.2.~2022.5.						
박진	2022.5.~2024.1.						
조태열	2024.1~12. (현재)						

자료: 필자 작성.

서히 회복되는 추세이다. 2017년 연인원 602만 명에 달했으나, 코로나19 등의 여파로 크게 줄었으며, 2023년 말 약 200만 명이 한국을 방문한 것으로 나타났다. 특히 한국인의 방중 규모가 중국인의 방한 규모를 초과하는 현상이 나타났다. 한때 중국에 상주하는 한국인 수는 약 50만 명에 달했고, 그 결과 베이징, 상하이, 칭다오 등의 주요 도시에는 이미 '코리안 타운'이 형성되기도 했다. 지방자치단체 간 교류도 활성화되어 이미 자매도시와 우호 도시를 합쳐 690여 곳에 달하고 있다. 2023년 말 기준 중국에 체류하는 유학생은 1만 5857명으로 2017년 7만여 명에 비해 크게 줄었다. 한편 한국에 온 중국 유학생은 약 6만 8000명으로 전체 외국인 유학생의 37.4%에 달해, 한국 내 외국 유학생 중에서 가장 높은 비중을 차지하고 있다. 한국에서는 중국어 배우기 열풍이 불었고, 실제로 중국어 수준 고사인 HSK 시험을 가장 많이 치르는 국가이기도 했으나, 현재 중국붐이 약화되면서 중국어 교사 수 등도 크게 줄었다. 한편 2013년부터 양국은 인문 유대 활동을 강화하기로 합의하고 차관급을 대표로 하는 한·중 인문 교류 공동위원회를 구축했으며, 2021, 22년은 한·중 문화 교류의 해로 선포하기도 했다. 이러한 사회문화적 교류를 제도적으로 지원하기 위해 한국은 중국 대사관 관할하에 상하이, 선양, 칭다오, 광저우, 청두, 시안, 우한, 홍콩 등 8곳에 총영사관이 있고 2012년에 다롄에 출장소를 설치했다. 한편 타이베이에는 한국 대표부가 개설되어 있다. 중국도 서울, 부산, 광주에 이어 제주에 총영사관을 설치해 영사 업무를 수행 중이다.

한·중 무역과 투자

양평섭

대전환기에 진입한 한·중 무역

한·중 무역 규모는 1992년에 64억 달러에서 2022년에 3104억 달러로, 과거 30년간 49배로 확대된 이후 다시 위축되고 있다. 중국은 1992년 한국의 5위 교역 대상국에서 2003년에는 일본을, 2004년에는 미국을 제치고 최대 교역 대상국으로 부상했다. 한·중 양국의 무역은 한·중 수교(1992년 8월) → 한국의 외환위기(1998년 말) → 중국의 WTO 가입(2001년 11월) → 글로벌 금융 위기(2009년) → 한·중 FTA 발효(2015년 12월) → 미·중 갈등 심화(2018년~현재)와 코로나19 팬데믹(2020~23년)으로 이어지는 환경 변화에 따라 확대와 조정의 과정을 거치며 성장해 왔다. 1990년대 후반 외환 위기가 발생하기 전까지 양국 간 무역은 연평균 32.2%의 초고속 성장세를 유지했다. 한국의 외환 위기로 크게 둔화되었던 한·중 교역은 중국이 WTO에 가입한 이후부터 글로벌 금융 위기가 발발하기 이전까지 7년간 연평균 27.1%씩 급증했다. 글로벌 금융 위기와 유럽 재정 위기 등 비양자적 요인이 작용하면서 2009년부터 8년간 연평균 2.8% 증가하는 데 그쳤으며, 2015년과 2016년에는 마이너스 증가율을 기록했다. 2017년에는 세계 경기와 무역 회복으로 한·중 무역이 감소세를 벗어나 2022년에는 최고 수준을 회복했으나, 한국의 무역 파트너로서 중국의 중요도가 약화되고 있다. 한국의 무역에서 중국이 차지한 비중은 2020년 24.6%에서 2024년 1~9월에는 20.5%로 하락했고, 수출에서 차지한 비중은 2018년 26.8%에서 2024년 1~9월에는 19.2%로 급락했다. 이는 △ 중국 자체 공급망의 강화와 수입 대

한·중 교역 규모, 무역수지 비율, 대중국 무역 의존도 (단위: 10억 달러, %)

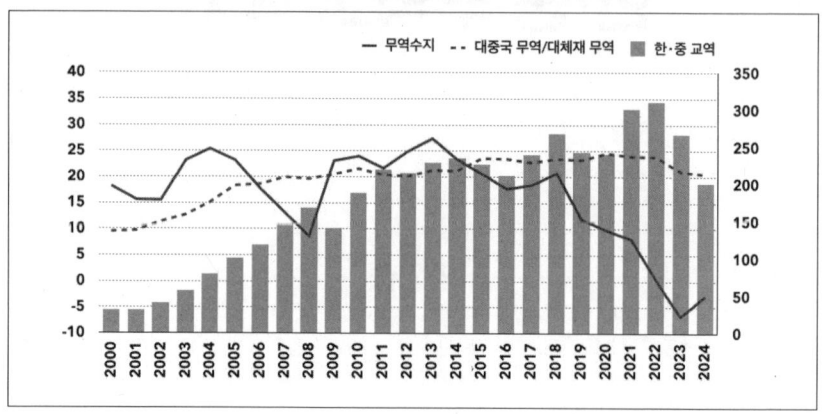

자료: 한국무역협회,「해외무역통계」.

체 추진, 중국 경제의 중저속 성장기 진입, △ 경제 안보를 핵심으로 하는 공급망 블록화와 교역 둔화, △ 중국 진출 한국 기업의 탈중국화 등 다양한 요인이 복합적으로 작용한 결과이다. 최근 수년간 한·중 무역에서 대대적인 전환기에 진입했다. 첫째, 한국의 대중국 상품 무역수지가 한·중 무역 불균형 확장기(~2013년) → 불균형 축소기(2014~21년) → 무역 불균형이 5% 이내의 균형기를 거쳐 적자 전환기(2023년~)에 진입했다. 한국의 대표적인 대중국 무역 흑자 품목인 반도체(HS 8542 기준)를 제외할 경우 2021년에 한국의 대중국 무역수지 적자로 전환되었고, 2023년에는 공산품 교역에서 적자로 전환되었다. 특히 중간재 교역에서 무역수지 흑자 규모는 2018년 635억 달러에서 2023년 81억 달러로 급락했고, 반도체를 제외할 경우는 대중국 중간재 무역수지가 2018년 294억 달러 흑자에서 2023년에는 83억 달러 적자로 전환되었다. 둘째, 한국은행의 지역별 경상수지 표에 따르면 2022년 이후 상품(본선 인도 조건 기준)과 서비스 교역 모두에서 한국이 중국에 대해 적자로 전환되면서 경상수지에서 적자로 전환되었다. 셋째, 한·중 간 상호 의존관계의 변화가 발생했다. 한국 수입의 대중국 의존도가 상승하면서 수출과 수입의 의존관계가 역전되었다. 2023년 한국의 대중국 수입의존도(22.2%)가 처음으로 수출의존도(19.7%)를 상회함으로써 수출 시장으로서 상호 위상이 역전되었다. 2021년에는 한국의 대중국 중간재 수입의존도가 수출의존도를 상회했고 그 격차가 빠르게 확대되고 있다. 2023년 한국의 대중국 중간재 수입의존도는 28.6%로 대중국 수출의존도(24.0%)를 상회했다. 이는 한국의 중간재 공급망에서 중국의 역할이 지속적으로 상승하고 있음을 의미한다.

대중국 투자의 구조 조정과 탈중국화

한국의 해외투자 대상국으로서 중국의 위상이 2000년대 중반까지 크게 제고되었으나 이후 점차 낮아지고 있다. 중국에 대한 한국의 투자액(잔액 기준)은 1992년 말 2억 달러에서 2004년 말에는 100억 달러를 넘어섰고, 2014년 말에는 500억 달러를 넘어섰으며, 2024년 6월 말에는 942억 달러로 과거 32년간 연평균 21%씩 증가했다. 한국의 해외투자 가운데 중국이 차지하는 비중은 2000년대 초반의 40% 수준에서 2015~22년에는 5~10% 수준으로, 특히 반도체 분야의 투자가 완료된 2023년 이후에는 대중국 투자가 급격히 감소한 가운데 중국이 차지하는 비중도 2%대로 하락했다. 특히 한국 기업의 탈중국exit과 중국 기업의 한국 진출 러시rush가 나타나고 있다. 2018년 이후 재중 한국 기업의 중국 사업 구조 조정에 따른 중국 사업의 매각 또는 중단을 통한 자본 철수가 본격화되면서 한국 해외투자의 탈중국화가 가속화되고 있다. 2018~23년 5년간 누계 투자 회수액은 63억 2100만 달러로, 동 기간 우리 기업 신규 투자액의 19.2%에 해당한다. 중국 기업의 경쟁이 치열해지고, 투자 여건도 악화되고 있는 상황에서 미·중 마찰에 따른 지경학적 리스크가 중첩됨에 따라 제조업 분야의 해외투자에서 중국이 차지하는 비중이 급락했는데, 2002~07년 53.1%에서 2008~22년에는 32.1%로, 2023~24년 9월에는 6.5%를 기록했다. 2023년 이후 제조업 투자에서 미국이 49.2%, 베트남을 포함한 아세안이 18.0%를 차지했다. 중국의 투자 여건 악화로 말미암아 가공무역형 노동집약적 산업을 중심으로 베트남 등 동남아 국가로 투자 대상 지역이 전환되고 있는 가운데, 미·중 마찰에 따른 효과로서 첨단 제조업(전기차, 배터리, 반도체 등)에서는 미국이 중점 투자 대상국으로 부상하고 있다.

한국의 대중국 투자 추이 (단위: 100만 달러, %)

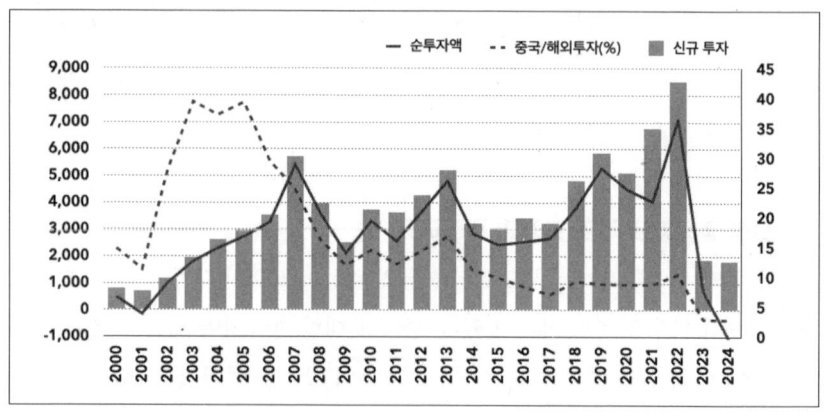

자료: 한국수출입은행, 「해외직접투자통계」.

딜레마 상황에 직면한 한·중 무역과 투자

중국 경제가 저속 성장 시대에 진입한 가운데 미·중 간 갈등이 심화되면서 한·중 교역과 투자가 딜레마 상황에 직면했다. 특히 트럼프 2기 출범으로 미·중 갈등이 기술, 무역, 투자, 공급망 전반으로 확대되면서 미국과 중국에 대한 무역과 투자 의존도가 높은 한국의 무역, 특히 한·중 무역이 어려운 상황에 처해 있다. 미국에 경사된 전략은 한·중 갈등을 증폭하게 될 것이며, 중국과의 협력 강화는 한·미 갈등을 증폭하게 될 것이기 때문이다.

다른 한편, 한·중 관계의 구조적 변화가 나타나면서 한·중 교역과 투자는 이미 성숙 단계를 넘어서 수축 단계로 진입했다. 양국의 산업이 점차 경쟁적 관계로 변화하고, 중국과 미국을 중심으로 하는 글로벌 경제 및 공급망의 분절화가 이루어지면서 한·중 경제협력의 동력도 약화되고 있다. 한·중 양국의 산업 간 연계성이 약화되면서 중간재 제공자로서 한국의 역할이 약화되고, 그 결과 한국의 대중국 무역 적자가 지속될 가능성이 크다. 전통적인 대중국 흑자 분야에서 중국의 경쟁력이 한국을 앞서고, 소비재 분야의 대한국 수출이 늘어나면서 한국의 대중국 무역 적자 확대가 불가피하다. 중국의 성장세가 지속되고 있는 신산업과 신소재 분야에서는 한국이 부품과 중간재 공급 능력을 확충하지 못하면서 대중국 수출 확대도 기대하기 어려워졌다. 반면 한국의 공급망에서 중국의 영향력이 커지면서 리스크로 작용하고 있을 뿐만 아니라, 그동안 한국의 대중 무역 흑자를 주도해 온 중간재 분야에서도 적자로 전환되었다. 특히 트럼프 행정부 2기 들어 미국의 강경한 관세 정책으로 한·중 교역이 더욱 위축될 가능성도 있다. 이러한 상황에서 한·중 양국이 상호 공급망 연계성을 안정화하기 위한 전략적 소통을 강화해 갈 필요가 있다. 한국의 핵심 부품(반도체 등)과 소재 분야에서 중국에 대한 투자가 완료되면서 한국의 대중국 투자는 이미 성숙기 단계를 넘어서 수축 단계에 진입했다. 중국을 가공무역 기지로 활용하기 위해 진출한 한국 기업의 중국 사업에 대한 구조 조정을 넘어서 탈중국화 현상도 나타나고 있다. 한국의 대중국 투자 위축은 한국의 대중국 중간재 수출 루트의 약화로 이어지면서 한·중 무역에도 부정적인 요소로 작용하게 될 것이다. 다만 미·중 갈등 과정에서 한국을 우회 진출 기지로 활용하려는 중국 기업의 대한국 투자가 증가하면서 한·중 간 투자 불균형이 해소되어 갈 것으로 보인다.

한·중 FTA

정환우

의의

자유무역협정Free Trade Agreement(이하 'FTA')이란 관련국 사이에 배타적인 경제적 이익(상대국에게만 관세, 서비스 등 개방)을 상호 제공하고 높은 수준의 통상 규범을 준수하기로 약속하는 통상협정이다. 한·중 FTA는 2년 반 동안의 협상(2012년 5월~2014년 11월)을 거쳐 2015년 12월 발효되었다. 한·중 FTA는 한·중 간 경제 관계에 관련된 모든 권한과 의무를 결정하는 근본 규칙이 되었다. 한·중이 FTA를 체결했다는 것은 양국이 가장 높은 수준의 통상 규범(상호 배타적인 경제적 이익 공유)과 경제협력 단계에 들어섰다는 것을 의미한다.

진행 현황

한·중 FTA 협상을 준비하는 데 오랜 시간이 걸렸으나, 실제 협상은 신속하게 진행됐다. 보다 심도 있는 경제 관계를 구축하기 위해 따져 볼 것이 많았으며, 거시적인 방향이 결정된 후에는 급속하게 진행시킬 수 있었다는 의미이다. 한·중 경제 관계가 심화되는 것이 대세임은 서로 부인할 수 없지만 결단을 내리기 어려울 정도로 그 영향에 대한 두려움이 많았다는 뜻이기도 하다. 한·중 FTA 산·관·학 공동 연구(2006년 11월)로부터 타결(2015년 6월 서명)에 이르기까지 9년 반의 시간이 소요되었지만, 본협상은 2년 반 만에 종결되었다.

한·중 FTA 추진 과정

일시	내용	비고
2004.9.~2006.11.	민간 공동 연구	
2006.11.~2010.5.	산·관·학 공동 연구	총 6회 회의
2012.2.	한·중 FTA 공청회	서울
2012.5.~2014.11.	한·중 FTA 협상	총 14회 협상
2015.6.	한·중 FTA 정식 서명	서울
2015.12.20.	한·중 FTA 발효	
2017.1.	한·중 FTA 제1차 공동위원회	베이징
2018.1.	한·중 FTA 서비스·투자 후속 협상 공청회	서울(협상 개시 후 2년 내 종료 예정으로 약속한 바 있으나, 2025년 3월 말 현재 협상 진행 중)

자료: 필자 작성.

주요 내용과 성과

한·중 FTA는 수준에서는 중간, 범위에서는 광범위, 즉 포괄적이라고 할 수 있다. 중간 수준의 포괄적 협정이라는 의미이다. 개방 수준이란 관세 철폐 및 서비스 개방 정도를 가리키는데, 한국은 한·미 및 한·EU FTA 등 주요 기체결 FTA에 비해 낮은 수준으로, 중국은 기체결 FTA에 비해 비교적 높은 수준으로 개방했다. 수입액 기준으로, 중국은 대한국 수입의 85%(1417억 달러)에 부과되는 관세를, 한국은 대중국 수입의 91%(736억 달러)에 부과되는 관세를 최장 20년 이내에 철폐하기로 했다. 관세 철폐 수준이 높지 않고, 이마저도 장기간에 걸쳐 철폐되는 품목이 많다고 이해하면 된다. 관세 철폐보다 중요하다고 볼 수 있는 서비스 분야에서는 일부(6개 업종)에서 추가 개방이 이루어졌지만 높은 수준은 아니다.

대신 한·중 FTA에서 다루는 분야는 매우 넓다. 실제로 한국이 체결한 FTA는 물론 중국이 체결한 FTA 중에서 가장 포괄 범위가 넓다. 총 22개 장chapter으로 구성된 협정문에는 상품 무역 자유화(관세 철폐)는 물론 비관세장벽(통관, 위생, 기술 장벽), 무역 구제(덤핑, 보조금 등), 전자 상거래, 경쟁, 지식재산권, 환경 등 국가 간 거래에 관련된 모든 이슈에 대한 상호 행동 규칙을 규정하고 있다. 특히 한·중 FTA에서는 경제협력을 증진하기로 노력한다는 규정을 넣기도 했다. 물론 포괄 범위가 넓다고 개방 수준이 높다는 의미는 아니다. 다루는 분야가 넓은 반면 실제 개방화·규범화는 충분치 못한 것이 한·중 FTA의 특징이자 한계이다. 따라서 한·중 FTA에서는 집행 및 감독 시스템 운용은 물론 후속 협상을 통한 보완과 추가 개방이 중요하다.

그렇다면 한·중 FTA는 한·중 경제 교류에 얼마나 활용되고 있을까? 아쉬운 점이 없진 않지만 그런대로 양호한 수준으로 평가할 수 있다. 관세청에 따르면, 2024년 3분기 기준 대중국 수출의 한·중 FTA 활용률은 82.8%였다. 한·미 FTA, 한·EU FTA 등 우리가 체결한 높은 수준의 FTA의 경우 수출 활용률이 각각 90.8%, 90.3%인데, 여기에는 미치지 못하지만 무역 구조가 비슷한 한·아세안 FTA의 수출 이용률 76.1%에 비해 활용률이 높다는 사실을 알 수 있다. 대중국 수입의 한·중 FTA 활용률은 더 높다. 같은 기간 한·미 FTA와 한·EU FTA 활용률이 각각 89.3%, 82.4%인 데 비해 한·중 FTA의 수입 활용률은 91.5%로 더 높은 것을 알 수 있다. 이처럼 한·중 FTA의 활용률은 대체로 양호한 편이라고 할 수 있겠지만 대중국 수출 활용률을 높이는 일은 우리의 과제라고 할 수 있다.

향후 계획과 과제

모든 FTA가 그렇듯, 더 나아가 모든 통상조약이 그렇듯 한·중 FTA는 영원불변의 협정이 아니다. 더구나 '넓지만 낮은' 한·중 FTA의 특성상 후속 작업과 협상을 통한 보완과 개선이 중요하다. 한·중 간에는 협정을 이행하고 감독할 이행위원회와 집행 작업이 유지되고 있다. 2015년 본협정 체결 시, 양국은 발효 후 2년 이내에 서비스 및 투자 분야의 후속 협상을 시작했으며, 이런저런 사정으로 타결이 지연되어 왔으나 2024년에는 양국 정상이 한·중 FTA 후속 협상을 조속히 타결하기로 합의한 바 있다. 또 한·중 FTA 업그레이드 협상 필요성도 중국을 중심으로 지적되고 있다(참고로 한·중 FTA와 거의 비슷한 시점에 발효된 중·뉴질랜드 FTA는 이미 오래전에 업그레이드 협상을 타결·발효시켰으며, 중·아세안 FTA는 여러 차례 업그레이드를 진행한 바 있다). 한·중 FTA를 통해 한·중 경제 관계가 이제 제도적인 측면에서 통합 단계에 진입했다고 할 정도로 진전됐지만, 이 제도적 진전이 실제 내용을 갖추기 위해서는 여전히 할 일이 많다. 진전된 제도에 실제 내용을 채워 넣는 일이 앞으로의 과제다.

한·중 통상 마찰

김동하

변신 중인 한·중 무역 구조

2025년 8월 24일은 한·중 수교 33주년이다. 그동안 한·중 간 무역 구조는 중국의 WTO 가입(2001년), 한·중 FTA 체결(2015년), 미·중 간 무역 갈등(2018년) 등 한·중은 물론 양국의 주요 교역 파트너인 미국과의 상호 관계 변화에 따라 전환점을 경험해 왔다. 수교 이래 양국의 무역 구조는, 한국이 중국에 중간재를 수출하고 현지의 값싼 노동력을 이용하는 가공무역을 통해 제3시장에 수출하는 것이었다. 중국이 WTO에 가입하면서 중국은 중간재는 물론 소비재 분야에서도 한국에 중요한 시장이 되었다. 1992년 한국의 5위 교역국이었던 중국은 2004년 1위로 올라섰으며, 지금까지 최대 교역국 지위를 유지하고 있다. 2009년 이후 중국은 한국 전체 수출 시장의 4분의 1을 차지하고 있었으나, 매년 그 비중이 하락했다. 그 결과 매년 25% 내외였던 비중은 2023년에 이르러 19.7%로 감소했다(2024년 1~8월 중국 19.1%, 미국 18.8%).

무엇보다 가장 큰 변화는 1992년 한·중 수교 이후 줄곧 흑자를 기록했던 대중 무역수지가 2023년에 처음으로 181억 달러 적자를 기록했다는 점이다. 2024년 1~8월에도 61억 달러의 적자로 2024년에도 적자가 예상된다. 상호 보완적인 관계를 유지하며 상품, 서비스, 투자 등에서 성장해 온 양국은 최근 한·중, 미·중 간 전환점을 계기로 중간재는 중국의 산업 고도화 및 홍색 공급망(국산 부품으로 완제품을 제조) 정책으로, 소비재는 미·중 무역 전쟁에 따른 글로벌 공급망 불안정으로 난관에 봉착했다.

교역의 성격이 달라진 한·중 양국

중국의 성장 기조가 투자에서 소비로, 제조업에서 서비스업으로 변화함에 따라 한국은 기존 가공무역 위주의 교역 구조를 유지하기 힘들게 되었다. 중국의 제조업 굴기에 힘입어 한국산 중간재가 중국산 자체 생산품으로 대체되고 있기 때문이다. 2013년 중국 GDP에서 소비와 투자 비중은 비슷한 수준이었으나 5.2% 성장을 기록한 2023년 기여율을 보면 소비가 82.5%로 투자(28.9%)를 크게 앞섰다. 2014년 제조업과 서비스업의 성장률은 7%대로 비슷했으나, 2023년에 서비스업은 5.8%로 제조업(4.7%)을 추월했다. 여기에 중국은 '중국 제조 2025' 및 '인터넷 플러스' 정책을 통해, 기존 제조 방식에 ICT를 융합해 품질과 브랜드 가치 향상을 추진하고 있다.

그 결과 한국의 대중국 교역은 과거 수출 중심에서 수입 중심으로 바뀌었다. 2023년 적자 품목은 흑자 품목의 2.7배에 달하며, 대중 교역의 74.9%를 점유하고 있는 중간재 무역 흑자 역시 2019년 이후 감소 추세(흑자액: 2021년 407억 달러 → 2023년 81억 달러)가 심화되고 있다. 2018년 미·중 무역 갈등이 무역전쟁으로 확대되면서 중국의 수입에서 한국 제품의 비중은 지속적으로 하락하고 있다. 2015년 중국의 수입 중 10.9%를 차지해 1위를 기록했던 한국은 2023년에는 6.3%로 감소해 3위에 머물렀다. 한국의 대중국 전체 수출 중 반도체 비중은 2005년에 11.5%를 점유했으나, 2020년 30.1%, 2023년에는 29%까지 늘어났는데 이는 양날의 검이다. 실제 대중 반도체 수출을 제외할 경우, 2015년부터 9년 동안 여섯 해(2015, 2016, 2019, 2020, 2022, 2023년)나 대중 수출이 전년비 감소세로 전환됐다.

통상 마찰 현황

한국 무역위원회에 따르면 중국이 WTO에 가입한 해(2001년)를 기점으로 중국에 대한 전체 국가들의 반덤핑 조사 건수가 늘어나고 있다. 1987년부터 2024년 5월 말까지 우리 기업들은 203건에 대해 반덤핑 무역 구제를 신청했는데, 이 가운데 51.2%인 104건이 중국이다. 2007년에는 87.5%까지 중국의 비중이 증가했다. 이후 2014년을 제외하고 연평균 4건 내외를 유지하고 있다.

세계 및 중국에 대한 한국의 반덤핑 조사 신청 현황 (단위: 건, %)

	2001	2002	2003	2004	2005	2006	2007	2008	2009
세계*	61	11	7	5	4	6	8	3	6
중국**	21	6	3	1	2	4	7	1	4
중국 비중(%)	-	54.5	42.9	20	50	66.7	87.5	33.3	66.7
	2010	2011	2012	2013	2014	2015	2016	2017	2018
세계	6	6	5	5	10	4	5	7	6
중국	3	4	4	1	8	2	2	4	4
중국 비중(%)	50	66.7	80	20	80	50	40	57.1	66.7
	2019	2020	2021	2022	2023	2024년	2025년 1~3월		합계
세계	8	5	6	6	8	10	5		213
중국	3	4	4	4	4	8	3		111
중국 비중(%)	37.5	80	66.7	66.7	50	80	60		52.1

주: * 전체 수치는 1987년부터 2001년까지 누계. 당해 연도 신청 기준.
　　** 중국 수치는 1992년(한·중 수교)부터 2001년까지.
자료: 산업통상자원부 무역위원회, 「무역구제 월간 통계(2025년 3월 말 기준)」.

WTO 통계를 보면 전 세계적으로 중국으로부터 야기된 통상 마찰이 두드러진다. 1995년부터 2023년 6월까지 반덤핑으로 피소된 국가 중 1위가 중국(1588건)이며, 그 뒤를 한국(490건)이 따르고 있다. 불법 보조금 지급(상계관세) 역시 피소국 기준으로 중국이 1위(205건), 인도 2위(103건), 한국이 3위(33건)다. 같은 기간 반덤핑으로 다른 나라를 제소한 국가별 순위를 보면 인도가 1위(1146건)이며, 미국(891건), EU(548건)가 뒤를 잇고 있고, 중국은 7위로 294건을 기록했다. 불법 보조금(상계관세)으로 다른 나라를 제소한 국가별 순위는 미국(319건), EU(93건)가 1, 2위이며, 중국은 6위(17건)를 기록했다.

구조 변화에 따른 통상 마찰 우려

한국무역협회에 따르면, 한국의 대중 수출 10대 품목을 기준으로 중국 시장에서 경쟁국들과의 '수출 유사성 지수'가 상승하는 추세이다. 가장 유사성이 높은 일본을 포함해, 대만, 미국의 경우 반도체 관련 경합도가 매우 높다. 따라서 중국 시장에서 경쟁국과의 통상 마찰이 우려된다. 한국의 중국 수입품 가운데 주요 품목이었던 의류는 감소 추세이며, 반도체 수입이 지속적으로 증가하여 최대 수입품 위치를 차지했다. 2020년 이후 정밀 화학 연료, 건전지 및 축전지 관련 비중이 증가하고 있다. 실제 이 품목은 2023년 대중국 무역 적자를 주도했다. 문제는 이들 제품의 대중국 의존도가 빠른 시일 내에 해소되기 어렵다는 점이다. 이차전지 핵심 소재인 전구체·음극재, 풍력 발전 모터 소재 광물은 중국 의존도가 80~100%에, 반도체 소재(불화수소·네온)도 70%를 상회한다.

미국의 규제 후 중국 제조업의 자국 공급망 구축이 본격화됨에 따라 한국산 중간새 수입 수요가 내수로 대체되고 있다. 화학공업 제품, 철강 금속, 자동차 산업의 중국 자립도가 올라가고 있다. 이는 이들 제품에 대한 한·중 간 통상 마찰이 제고될 것을 예고한다. 이러한 추세에 따라 중국 가공무역 비중은 2000년 48.5%에서 2015년 32.1%, 2020년 23.8%, 2023년에는 18.1%로 급락했다. 중국 정부는 2023년 2월, 〈품질강국 건설강요〉를 책정하여 2025년까지 중국산 제품의 품질 향상을 추진하기로 했다.

세계 시장에서 중국산 제품과의 경쟁은 이제 불가피하다. 문제는 경쟁 대상 제품이 기술 및 자본집약적 제품으로 고도화되고 있으며, 이로 인해 한·중 간 양국이 아닌 제3국에서 한·중 간 통상 마찰이 우려된다는 점이다. 코로나19 이후 중국 내수 시장이 좀처럼 살아나지 않고 있다는 점과 성장의 둔화는 중국 기업들의 공급과잉을 불러오고 있으며, 이로 인해 중국산 초저가 수출품들이 한국에 유입될 가능성이 크다. 최근 철강, 전기차, 배터리, 전자 상거래 유통(소비재) 등 분야에서 실제 이런 현상이 나타나고 있다.

시사점

첫째, 중간재 위주 대중국 수출구조의 한계는 우리가 예상한 것보다 빨리 나타날 전망이다. 따라서 내수 시장 진출을 위한 온·오프라인상의 노력을 강화해야 한다. 둘째, 미·중 무역 전쟁, 러시아-우크라이나 전쟁에 따른 공급망 혼돈이 심화되고 있다. 대중국 수입 의존도가 지나치게 높은 제품에 대한 개선 대책을 마련해야 한다. 셋째, 미래 핵심 산업의 선점을 위한 원자재·중간재 분야에 대한 투자, 정부 지원, R&D를 확대해야 한다. AI, 반도체 분야에서 기술 초격차를 유지해야 한다. 소재·부품·장비 분야는 중국 내수 시장은 물론 제3국 시장에서 중국과 통상 마찰에 대한 대비가 필요하다. 넷째, 중국은 미국의 규제를 회피하기 위해 제조업 생산 기지를 동남아(베트남), 멕시코로 옮기고 있다. 중국의 해외직접 투자 중 아세안 비중은 2020년 6%에서 2022년 11%로 급등했다. 따라서 이들 시장에서 한국 기업들과의 통상 마찰이 예견된다.

한·중 인적 교류

김수한

    1992년 한·중 수교 이후 양국 간 인적 교류는 급속히 증가해 왔다. 지리적 접근성과 양국 간 문화의 유사성으로 인해 많은 중국인들이 관광 등의 목적으로 한국을 방문하거나, 결혼 및 사업 등을 이유로 장기 체류를 하기도 한다. 특히 2000년대 이후 한류 열풍은 양국 간 인문 교류의 증대를 불러왔으며, 한·중 관계의 발전에 상당한 기여를 했다.

    한국 법무부 출입국사무소의 통계에 따르면 1992년 방한한 중국인은 4만 5187명이었으며, 이는 전체 방한 외국인의 1.81%에 불과한 수치였다. 하지만 2016년 방한한 중국인은 826만 8262명으로, 전체 방한한 외국인의 47.5%를 차지하며 한·중 수교 이후 최고치를 기록했다. 그러나 2017년 방한 중국인은 439만 3936명으로, 전년 대비 47%가 감소했다. 증가세를 보이던 방한 중국인이 감소세로 돌아선 것은 2016년의 사드 문제로 인한 양국 관계의 갈등에서 비롯된 것으로 해석할 수 있다. 2018년 503만 2905명으로 다시 반등했던 방한 중국인 수는 코로나19 팬데믹으로 인해 국가 간 이동이 제한되면서 2021년에는 18만 7908명으로 크게 줄어들었다. 2023년 한국을 방문한 중국인은 221만 2966명으로 증가했으나 전체 방한 외국인의 19.2% 수준에 그쳤다.

    중국인들이 한국에 방문하는 목적은 매우 다양하다. 주로 단기 체류와 장기 체류로 구분되며, 단기 체류자는 관광객이 대부분이며 장기 체류자는 유학과 취업 및 사업을 목적으로 한다. 한국 법무부 통계에 따르면 1992년 한·중 수교 당시 한국에 장기 체류하는 등록 외국인 가운데 중국인은 935명이었으나

방한 중국인 규모 추이 (1992~2023년)

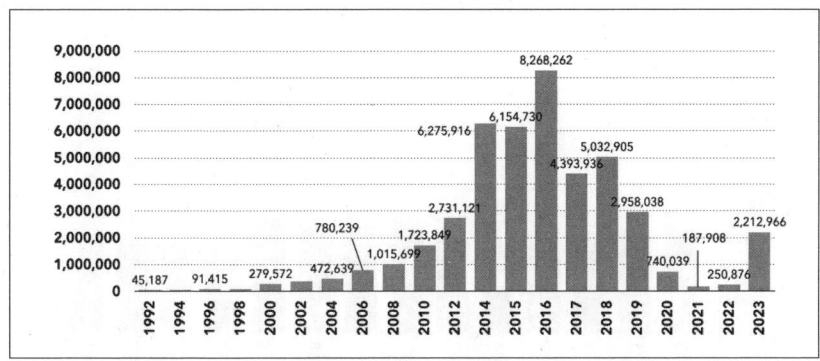

자료: 법무부 출입국·외국인정책본부, 『출입국통계연보』 각 연도.

한국 장기 체류(외국인 등록) 중국인 규모 추이 (1992~2023년)

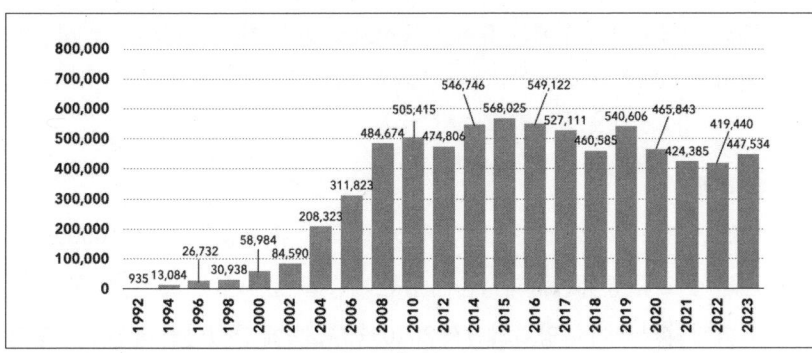

자료: 법무부 출입국·외국인정책본부, 『출입국통계연보』 각 연도.

2004년에는 20만 명을 돌파했고 2010년에는 50만 명을 초과했다. 2019년 54만여 명에 달했던 한국 체류 중국인은 코로나19 팬데믹으로 인해 그 수가 2022년에는 41만 9440명으로까지 줄었다. 2023년 기준 한국 체류 중국인은 44만 7534명으로 집계되었다.

재한 중국인의 민족 구성을 보면, 크게 조선족(한국계 중국인)과 조선족 제외 중국인으로 구분된다. 현재 한국에 장기 체류 하며 외국인 등록을 한 중국인 중 54%는 조선족이다. 재한 조선족을 체류 자격별로 살펴보면 영주가 47.8%로 가장 많고 방문 취업(35.4%)과 결혼 이민(6.75%)이 뒤를 잇고 있다. 한편 조

재한 유학생 규모 추이 (2010~23년)

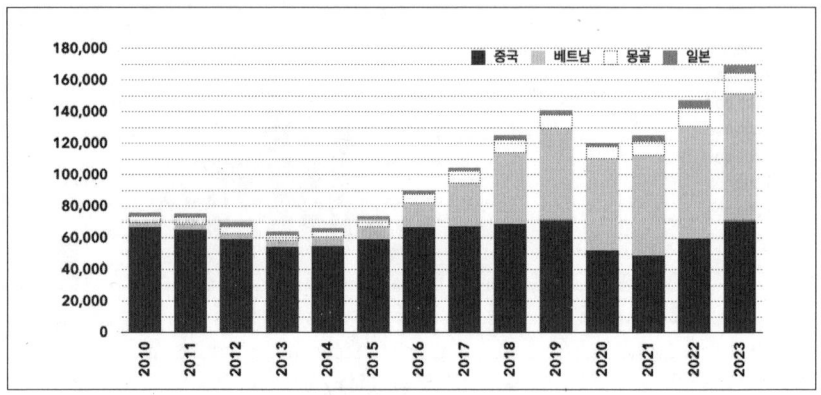

자료: 법무부 출입국·외국인정책본부, 『출입국통계연보』 각 연도.

선족 제외 중국인의 경우에는 유학을 목적으로 한 장기 체류가 30%로 비중이 가장 높다.

유학생

2023년도 통계자료에 따르면, 한국 내 외국인 유학생은 약 22만 6000명으로 집계되며, 그중 중국인 유학생은 상당한 비중을 차지한다. 그러나 한국 내 외국인 유학생의 국적이 다양화되면서 2010년 76.2%에 달했던 중국인 유학생의 비중이 지속적으로 하락하고 있다. 2023년 기준 베트남인 유학생이 8만 304명으로 가장 많으며, 중국인 유학생이 7만 888명으로 뒤를 잇고 있다. 다만 베트남 유학생의 57.9%가 대학 부설 어학원에서 연수를 하는 비학위 과정인 반면, 학위 과정의 중국인 유학생은 6만 784명으로 85.75%에 달하는 것으로 조사됐다. 2021년 29.95%로 떨어졌던 중국인 유학생 비중은 2023년 31.30%로 다소 반등했다.

관광

한국관광공사의 통계에 따르면 방한 중국인 관광객은 1993년 34만 4473명에서 2007년 100만 명을 넘어섰으며 이후 폭발적인 성장세를 보였다. 2013

방한 관광객 규모 추이 (2003~23년)

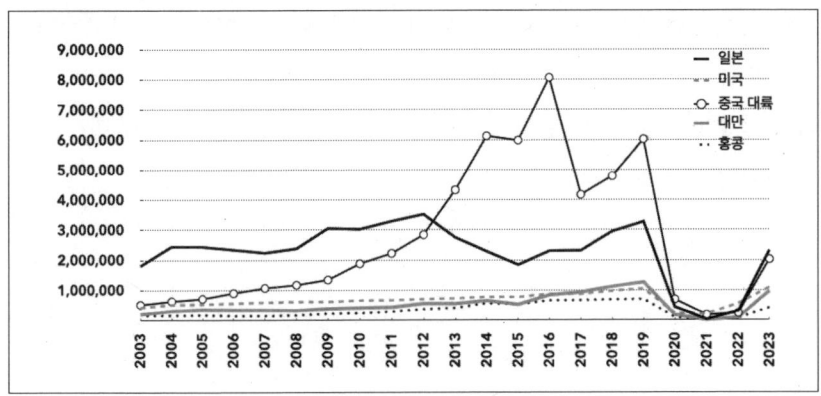

자료: 한국관광공사, 〈한국관광 데이터랩〉, 「방한 외래관광객 통계」.

년에는 432만 6869명으로 일본을 제치고 방한 외국인 관광객 1위를 차지했다. 2015년에 한국에서 발생한 메르스MERS의 영향으로 잠시 주춤했으나, 2016년부터 다시 급증하여 최초로 연인원 800만 명을 돌파했다.

하지만 이러한 증가 추세는 2017년 사드THAAD 배치로 인한 한·중 관계 경색 국면에 따라 감소세로 전환하여, 전년 대비 50% 감소한 약 417만 명의 중국인만이 한국을 방문했다. 2019년 약 600만 명으로 반등했던 방한 중국인 관광객은 코로나19 팬데믹으로 인해 또다시 급감하여 2021년에는 17만 명 수준으로 줄어들었다.

코로나 여파가 잦아들면서 외국인 관광이 빠르게 회복함에 따라, 한국을 찾는 중국인 관광객도 2023년 201만 9424명으로 증가했다. 그러나 같은 기간 방한 일본인 관광객 231만 6429명보다는 다소 적어 2위에 머물렀다.

코로나19 이전인 2019년과 비교해 보면 2023년 방한 일본인 관광객 규모는 70% 수준으로 회복한 반면, 방한 중국인 관광객은 33.5% 수준에 그쳤다. 또한 2023년 한국을 방문한 대만과 홍콩 관광객이 2019년 대비 각각 76.2%와 58.1%를 기록한 것과 비교하면, 방한 중국인 관광객의 회복세가 상당히 느린 것을 확인할 수 있다.

이상과 같이 1992년 수교 이후 발전해 온 한·중 인적 교류는 2010년대 중반 사드 사태 등을 겪으며 일시적인 하락세를 보였으나, 이후 반등하는 양상을 보였다. 그러나 뒤이은 코로나19 팬데믹 상황에서 한·중 인적 교류 역시 중단되었으며, 2022년 말 이후에 점진적인 회복 국면에 접어들었다. 하지만 방한 중국인 관광객을 포함하여 단기 방문 하는 중국인의 수는 다른 국가에 비해 회복이 더딘 추세를 보이고 있다.

북한 핵 문제와 한·중 관계

김애경

북한의 핵 문제 발발과 그 경과

1990년대 초 북한의 핵 개발로 인해 북핵 위기가 시작됐다. 소련의 해체와 동유럽 국가의 붕괴로 사회주의 체제가 와해되고, 1991년과 1992년 한·러 수교와 한·중 수교가 이루어진 후 북한은 핵무기 개발을 본격화했다. 그 이후 지금까지 북한은 핵 능력을 고도화하고 핵무기를 소형화하여 한반도 평화, 동북아 및 전 세계 안보에 중대한 위협이 되고 있다.

북한 핵 시설에 대한 미국의 정밀 공습이 논의될 정도로 고조됐던 1993년 제1차 북핵 위기는 1994년 제네바 합의를 통해 극적으로 봉합됐다. 북한은 핵 프로그램 동결, 핵확산금지조약NPT 회원국 지위 유지를 약속하고, 미국은 북한과의 정치·경제 관계 정상화 및 에너지 지원을 약속했다. 일단락됐던 북핵 문제는 2002년 미 정보기관에 의해 북한의 핵 개발 사실이 확인되면서 제2차 북핵 위기가 발생했다. 당시 미 부시 행정부는 북한을 이란, 이라크와 함께 '악의 축'Axis of evil으로 규정했고, 이들 국가의 대량 살상 무기 확산 방지를 위해 군사력을 포함한 모든 수단을 이용해서 북핵 문제를 해결하고자 했다. 그러나 당시 한국과 중국은 군사력 사용을 반대했고 대화를 통한 평화적 해결을 주장했다.

2003년부터는 중국의 주도로 북핵 문제 해결을 논의하기 위한 6자 회담이 개최되었고, 북한 핵무기 파기와 한반도 비핵화 및 북·미 관계 정상화를 위한 논의가 이어졌다. 2003년부터 2007년까지 여섯 차례의 6자 회담과 비공식 회담이 이루어졌고, '9.19' 공동성명(2005년), '2.13' 합의 및 '10.3' 합의(2007년)

등의 성과를 이뤄 냈다. 6자 회담이 진행되는 과정에서도 북한은 2006년 제1차 핵실험을 시행했고, 이후 2017년까지 다섯 차례 핵실험을 더 진행했다. 2017년 북한은 미 본토 전역을 타격할 수 있는 대륙간탄도미사일ICBM 시험 발사를 성공하면서 사실상 '핵무력 완성'을 선언했다. 이로써 제3차 북핵 위기로 진입했지만, 역설적으로 북핵 위기는 새로운 국면으로 전환됐다.

북한은 2018년 '경제 건설과 핵무력 건설 병진 노선'을 '사회주의 경제 건설 총력 집중 노선'으로 전환했다. 2018년 3월, 5월, 6월에 김정은-시진핑 정상회담, 4, 5월 남북 판문점 정상회담, 9월 평양 남북 정상회담, 6월 김정은-트럼프 싱가포르 정상회담을 진행하며, 북·미 수교, 평화 체제, 한반도 비핵화 등을 논의했다. 그러나 2019년 2월 하노이에서의 북·미 회담이 '노딜'No Deal로 끝나면서 국면 전환의 동력을 잃고 말았다. 6월 판문점에서의 북·미 정상 회동을 통해 실무 협상 재개에 합의하고, 10월 스웨덴 스톡홀름에서 북·미 간 실무 협상이 진행됐으나 양측은 입장 차이를 좁히지 못했다.

이후 북한은 북·미 협상보다는 '사회주의 강국 건설'이라는 정면 돌파를 선언했다. 2020년 말부터는 코로나19 팬데믹으로 국경을 봉쇄해 대면 협상이 불가능한 상황이 됐다. 북한은 불가역적 핵보유국이라는 입장을 고수하며 핵무기 보유국 지위 강화를 추진하고 있다. 미·중 경쟁의 심화, 러시아-우크라이나 전쟁이 지속되는 상황에서 북·러 관계의 밀착 등 불확실성의 시기를 맞아 비핵화 실현을 위한 지혜가 필요한 시점이다.

북핵 문제에 대한 중국의 정책

중국도 북핵 문제를 국가, 지역 및 전 세계 차원의 심각한 안보 이슈로 간주한다. 중국과 순망치한脣亡齒寒의 관계인 북한은 전략적 완충지대 역할을 해 왔고, 북한의 안정은 중국의 안정과 밀접한 관련이 있어 왔다. 북한은 중국의 동북 지역과 국경을 맞대고 있으므로 북한의 핵실험은 이 지역에 불안정을 야기하고, 이 지역의 경제 발전에 부정적 영향을 줄 수 있다. 핵실험으로 인해 접경 지역의 핵 물질 오염 가능성도 있다. 지역적 차원에서는 북한의 핵무장은 한국과 일본의 핵무장화를 유발할 수 있고, 미국의 군사개입에 명분을 줄 수 있으

북한의 핵실험 및 중국의 반응

핵실험 일자	대중 통보	중국 반응	안보리 결의	결의 내용
1차 핵실험 (2006.10.9.)	사전 통보	단호 반대	1718호 (2006.10.14.)	• 재래식 무기 수출 및 조달 중지 • 사치품 수출 금지 • 금융자산 동결 등
2차 핵실험 (2009.5.25.)	사전 통보	단호 반대	1874호 (2009.6.12.)	• 무기 제재 • 선박 검색 • 대량 살상 무기 관련 수출 통제 • 금융 서비스 금지 등
3차 핵실험 (2013.2.12.)	사전 통보	단호 반대	2094호 (2013.3.7.)	• 화물 검색 의무화 • 항공기 영공 통과 요건 규정 • 공적 금융 지원 금지 등
4차 핵실험 (2016.1.6.)	사전 불통보	단호 반대	2270호 (2016.3.2.)	• 대량 살상 무기WMD 관련 주요 광물 수출 금지·제한 • 사치품 금수 목록 확대 • 해운, 항공 운송 조사 강화 등
5차 핵실험 (2016.9.9.)	사전 통보	단호 반대	2321호 (2016.11.30.)	• 주요 광물 수출 상한제 • 철도 도로 화물 검색 의무화 • 수출 금지 광물 목록 추가 등
6차 핵실험 (2017.9.3.)	사전 불통보	단호 반대 강력 규탄	2375호 (2017.9.11.)	• 대북 원유 공급 제한 • 섬유제품 수출·입 금지 • 해외 노동자의 노동 허가 제한 • 합작 사업 전면 금지 등

자료: 필자 정리.

므로, 동북아 지역의 안보에도 심각한 영향을 미칠 수 있다. 전 세계적 차원에서는 북한 핵 문제의 해결 방법과 관련해서 미국과 갈등할 가능성이 있다. 북핵 문제로 북한은 중국에 전략적 부담으로 작용하기도 한다.

 중국은 북핵 문제에 대해 일관된 원칙을 유지하고 있다. 즉, 한반도 비핵화와 대화를 통한 평화적 해결이다. 북핵 문제에 대해 중국이 북한의 비핵화가 아닌 한반도 비핵화를 주장하는 것은 한반도에 미국의 전략 자산 전개도 반대하기 때문이다. 중국이 대화를 통한 평화적 해결을 주장하는 것은 북한에 대한 고립 및 압박 등 물리적 수단을 통한 북핵 해결 방법이 오히려 한반도에서의 물리적 충돌로 이어질 수 있다는 판단에 기반한다. 한반도에서의 물리적 충돌은 또다시 미·중 충돌로 이어질 가능성이 있고, 대규모 난민 발생 등 중국에 미칠 혼란스러운 상황이 발생할 수 있기 때문이다.

 중국은 북한이 핵 개발 및 핵 능력을 고도화하는 것은 안보 위협 때문이라고 주장한다. 때문에 중국은 북한이 핵을 포기하게 하려면 북한의 안보 위협 우려를 해소해 주어야 한다는 입장이다. 중국은 대화 촉구, 압박 참여, 중재 등 다양한 방식으로 북핵 문제 해결을 위해 노력했다. 2003년부터 2007년까지 중국은 대화를 통한 평화적 북핵 문제 해결을 위해 3자 회담과 6자 회담을 조직하고 주최하며 적극적 중재자 역할을 자처했다. 2006년 6자 회담이 진행되는 과정에서 북한이 핵실험을 감행했을 때에도 중국은 6자 회담 복원을 위해 외교적 노력을 지속했다. 2009년부터 2017년까지 연이은 핵실험과 미사일 시험 발사로 6자 회담의 효용성에 의문이 제기되었다. 그럼에도 불구하고 후진타오 집권 시기까지는 중국이 대북 제재 강화에 부정적인 입장을 보이며 6자 회담 복원을 위한 노력을 지속했다.

반면 시진핑 집권 이후 중국은 국제사회의 제재에 동참하며 북한의 핵 포기를 위한 압박과 중재 정책으로 전환했다. 북한의 핵실험과 미사일 시험 발사 이후 대북 제재를 위한 안보리 결의에 중국은 찬성표를 던지며 북한을 압박했다. 표에서 볼 수 있듯이, 대북 제재를 위한 안보리 결의는 매번 제재의 수준이 강화됐지만, 중국의 대북 압박은 북한 체제가 붕괴되거나 또 다른 위기로 전환되는 것을 방지하기 위한 차원이었다. 중국은 북한 체제의 안정 유지가 우선 고려 대상이기 때문이다. 국제사회의 압박이 계속됐지만 북한의 핵실험과 미사일 시험 발사는 지속됐다. 북한이 사실상 '핵무력 완성'까지 선언하자, 중국은 '쌍중단', '쌍궤병행'을 제안하며 '북한 핵·미사일 도발과 한·미 연합 군사훈련 중단', '북한의 비핵화와 한반도 평화협정 병행'이라는 해법으로 중재하고자 했다.

중국은 이처럼 대화를 통한 북핵의 평화적 해결, 북한의 안보 위협 해소가 북핵 해법의 관건이라고 주장한다. 그런데 그 과정에서 중국이 소외되는 '차이나 패싱'China Passing의 상황은 원하지 않는다. 2018년 남·북·미 3국 정상 간 협상이 진행되는 상황이 되자 중국은 자국이 배제된 채 한반도에서의 상황 변화를 경계하며 적극적으로 관여했다. 2018년 3월~2019년 6월까지 중국은 총 5회의 정상회담을 진행하며 북한 및 한반도에 대한 중국의 영향력과 입지를 확보하고자 했다. 2022년 5월 북한의 ICBM 발사 후 미국이 제출한 제재안에 중국은 러시아와 함께 거부권을 행사했다. 2023년 7월에도 북한의 ICBM 발사를 응징하기 위해 안보리를 소집했으나 중·러의 반대로 규탄 성명조차 발표하지 못했으며, 2024년 3월에는 유엔 안보리 대북제재위원회 산하 전문가 패널의 임기 연장안 표결에서 중국은 기권했다. 이렇게 중국은 직간접적으로 북한의 입장을 지지하고 있다. 미·중 경쟁이 고조되면서 중국은 완충지대 역할을 하는 북한의 전략적 가치를 우선으로 평가하며 북한 체제의 안정을 위한 정책을 취하는 것으로 보인다.

북핵 위기 대처 과정에서의 한·중 협력

북핵은 한·중 양국 모두에게 중요한 안보 이슈이다. 1차 북핵 위기 이후 북핵 문제는 항상 양국의 중요한 협력 의제였다. 그러나 북핵 위기 해결을 위한 양국의 협력이 항상 순탄하지만은 않았다. 북핵 해법에 대한 양국 정부의 입장과 접근이 다소 차이가 있기 때문이다. 중국은 한반도와 북핵에 대해 '평화와 안정 유지, 비핵화 실현 및 대화와 협상을 통한 문제 해결'이라는 일관된 정책 기조를 유지해 왔다. 한국은 북한의 비핵화를 위해 중국의 보다 적극적인 역할을 주문했지만, 한국은 정권에 따라 북한과의 관계, 북핵 해법에 대한 접근법이 상이하다.

한국의 보수 정부는 중국이 북한에 강력한 제재를 시행해서 북한이 핵을 먼저 포기하도록 설득할 것을 주문해 왔다. 중국은 북한의 핵 개발을 반대하지만 동시에 북한 체제의 안정이 중요한 이익이기 때문에 한국이 기대하는 만큼 대북 압박에 적극적이지 않았다. 한국의 진보 정부 역시 중국에 적극적인 역할을 주문하며 중국의 중재에 적극 호응하면서도, 북한과의 관계 개선, 남북 경제 협력을 통해 북한의 안보 우려를 해소하고 비핵화를 유도하고자 했다. 중국은 한반도에서의 평화 유지와 비핵화라는 진보 정부의 방안에 동의하지만, 그 과정에서 중국이 소외될 것을 우려하며 민감한 반응을 보였다.

최근 미·중의 전략적 경쟁이 더욱 고도화되고 북·러 양국이 밀착되는 상황에서 중국은 북한과 북핵에 대해 우려할 수 있지만, 북한의 전략적 가치는 높아질 수 있다. 결국 중국은 북핵 해결을 위해 강한 대북 압박과 제재보다는 북한 체제 유지와 안정화를 우선할 것이다. 북한의 제7차 핵실험 가능성을 배제할 수 없는 상황이고, 북핵 문제의 당사국인 한국은 북핵 해결을 위해 중국과 공감대를 형성하고 전략적 소통을 유지해 나가야 할 것이다.

한·중 역사 갈등

오병수

　이른바 '동북공정'에서 시작된 한·중 간의 역사 갈등은 수교 이래, 양국이 당면했던 가장 큰 난제였고, 지금도 그러하다. '역사 갈등'은 국가 간 역사 인식의 편차가 국민 정서 및 외교 문제로 비화하는 현상을 말한다. 국제사회가 이 문제에 주목한 것은 두 차례 세계대전의 경험 때문이었다. 전후 국제사회는 지나친 자국 중심주의적 역사 교육이 주변 국가·민족에 대한 혐오를 조장하고, 심지어 전쟁을 초래함으로써 세계대전으로 비화할 수 있다는 점을 이해했다. 이에 따라 유네스코 등 국제기구는 각국의 역사 교육은 국제 이해와 평화의 증진에 기여해야 하며, 역사 갈등이 있을 경우 당사국 간의 협의를 통해 문제를 해결할 것을 권유했다. 그러나 현재 한·중, 한·일 관계를 포함하여 동아시아에는 "역사 전쟁"이라는 용어가 횡행할 만큼, 갈등이 심화되었다. 민족주의를 강화해야 하는 동아시아만의 역사·사회적 배경이 무엇인지를 밝혀야 하겠지만, 분명한 것은 이 문제는 현재 중국의 부상에 따른 지역 질서의 변동과 연동하여 심화되고 있을 뿐만 아니라 지역적 불안 요소로 작동할 가능성이 크다는 것이다.

동북공정과 한·중 역사 갈등의 전개

　한·중 간의 역사 갈등의 시작으로 이른바 중국의 '동북공정'東北邊疆歷史與現狀系列硏究工程을 꼽는다. 그것은 2002년부터 중국 당국이 추진했던 '동북 변강의 역사 현상'에 대한 체계적 연구 프로그램을 지칭하는 용어였다. 이것이 문제가 되었던 이유는 이 연구의 상당 부분이 현재 중국의 '동북' 지역에서 전개되었던 '부여·고구려·발해'의 역사와, 백두산 및 '간도'라는 영역을 자국의 역사와 영토로 편입하려는 데 있었다. 중국이 이를 추진한 것은 개혁·개방에 따른 사회문제를 수습하기 위한 국민 통합의 필요성, 소련 및 한반도 상황과의 관계를 고려한 변강 정책 차원에서 이루어진 것이었다. 그렇지만 중국의 이러한 정책은 한국의 역사적 정체성의 근간을 부정하는 것이었기 때문에 한국의 학계는 물론이고 내중의 반발을 샀고, 그 과정에서 중국에 대한 부정적 인식이 확산되었다.

이와 관련하여 한국 정부는 2004년 중국과 교섭을 통해 '역사 문제'가 양국의 우호적인 관계를 해치지 않도록 유의하며, 학술적인 교류를 통해 해결 방안을 모색하기로 했다. 또 2009년 한·중·일 정상회담에서는 삼국의 국민들이 공유할 수 있는 '동아시아사' 교재를 공동으로 개발할 것을 합의하기도 했다. 이러한 원칙에 따라 한국 정부는 중등학교에서 국사, 세계사 외에 동아시아사를 정식 과목으로 개설하는 한편, 동아시아 역사 영토 갈등 문제를 전문적으로 연구하고 대응하기 위한 동북아역사재단(전신은 고구려연구재단)을 설립했다. 실제 동북아역사재단은 관련 연구 및 학술 교류를 통해 문제 해결을 모색했다. 또 2013년부터 양국 정부는 양국 간 학술 문화 교류의 확대를 위해 '한·중인문교류공동위원회'를 조직하고 인문 유대를 강화하기 위한 정례적 학술 교류를 진행했다. 그러나 양국 정부의 노력과 학자들의 동참에도 불구하고 문제는 근본적으로 해결되지 않았다. 특히 중국에서 애초 계획했던 동북공정의 연구 성과가 착착 발행되었고, 결과적으로 중국 당국이 추진하는 동북 지역 개발의 문화 자원으로 활용되었으며, 중국 경내 고구려 유적의 유네스코 등재 등 사안과 어울리면서, 역사 문제는 양국 간의 대표적인 갈등 의제로 인식되었다.

역사 문제의 새로운 변화와 전망

한·중 간의 역사 문제는 시진핑 집권 이후, 새로운 양상으로 변화했다. 중국 당국이 중·미 갈등의 심화 등 국제적인 변동과 2008년 금융 위기 등 내부적 통합의 위기를 겪으면서, G2 시대에 걸맞은 국민적 정체성 창안을 위해 역사학 및 역사 교육을 통한 이데올로기적 동원을 강화했기 때문이다. 중국은 대학 및 소수민족 지역에 대한 현대사 등 '사상 교육'을 강화했을 뿐만 아니라, 2013년부터 중등학교 역사 교육에서도 이념 교육을 강화했다. 특히 전국적으로 단일한 교육과정과 교과서를 강제하면서, 자국사 서술 방식을 전통적인 "대일통"의 이념에 기초한 '제국사'로 바꾸었다. 그것은 역사적으로 중원을 중심으로 민족의 교왕交往과 교류交流와 교융交融을 촉진하고, 다양한 민족을 통일함으로써 '중국'을 형성해 온 체제와 과정, 즉 '제국'적 역사 경험을 강조한 것이다. 이러한 '제국'은 진한 제국에서 형성되어, 중국사를 관통하여 제 민족을 통합했을 뿐만 아니라, 주변 국가와의 위계적 질서로 구현해 왔다는 것이다. 그리고 중국공산당은 이러한 대일통의 전통을 계승하여, 서구 주도의 국제 질서에 저항해 왔을 뿐만 아니라, 새로운 대안 질서를 제시할 수 있다는 것이었다.

이러한 서술은 '중화인민공화국의 현재 영토'와 같은 고정적인 역사 강역을 단위로 민족과 국가의 단선적 발전 과정을 서술하는 기왕의 방식과 달리 제국의 정치 문화적 포용성을 강조한 점이 특징이다. 그러나 이러한 "문화 제국"으로서 중국 개념은 중국과 주변과의 관계를 결국 정치 문화적·제도적으로 우월한 제국인 중국과 기타 국가 간의 관계로 설정하고, 이를 '종번 체제'로 개념화했다. 동시에 근현대 중국을 이러한 대일통을 계승한 '대국'으로 이념화하고, 역시 자국과 주변국 간의 역사 관계를 대국과 소국 관계로 치환함으로써 동아시아 지역 질서 전반에 대한 자국의 대국적 개입을 정당화했다. 일제의 제국주의적 침략 사관과 다를 바 없는 것이다. 동시에 중국을 동아시아를 대표하는 유일한 문화 제국의 전형으로 표현하고, 그것을 서구의 경우와 비교해 우월성을 주장하는 동서 이원론적 사유를 구사했다. '동서이원론'적 사유는, 서구가 구사해 온 오래된 사유 패턴이지만, 현재 중국은 다시 그것을 바꾼 것이다. 그렇지만 그것은 중국을 동아시아의 유일한 제국으로 이념화하고, 주변 국가를 제국과의 문명적인 관계 속에서만 발전하는 수동적 주체로 환원하고 있다는 점에서 반反역사적인 인식이라 할 수 있다.

이러한 중국의 역사 인식은 "중화 민족의 부흥", "중국몽"을 내세우는 시진핑의 통치 이념에서 비롯된 것이지만, 결과적으로 한·중 간의 역사 갈등을 특정 지역에 대한 귀속 문제가 아니라 과거 한·중 관계 전반에 대한 재해석을 요구하는 쪽으로 확대시켰다. 특히 문화 제국론은 '유교 국가'나, 탈중화·탈식민을 바탕으로 구성해 온 한국의 역사적 정체성을 부정할 뿐만 아니라, 동아시아 각국에도 같은 영향을 미치고 있다는 점에서 동아시아 역사 갈등을 부추기는 요소로 작동하고 있다. 당장 '대만사'를 강조하는 대만은 물론이고, 싱가포르, 말레이시아 등이 자국사 연구와 교육을 강화하고 있는 것은 모두 중국의 공격적인 역사 인식에 대한 대응에서 비롯된 것이다. 한·중 간 역사 갈등은 양국 관계만의 문제가 아니라 지역 현안으로 상존하는 문제인 셈이다.

한·중 상호 인식

민귀식

양국의 3단계 상호 인식

수교 이후 지금까지 양국 대중의 상호 인식은 대체적으로 세 번의 변곡점을 거쳤다. 첫 단계는 1992~2005년까지의 밀월기이다. 이 시기는 냉전 때의 단절이 해체되면서 상대방에 대한 환상을 가진 시기였다. 1988년 서울올림픽은 한국의 위상을 중국인이 인정하는 계기가 되었고, 공교롭게도 아시아 금융 위기 때 시작된 한국 드라마 열기가 중국을 휩쓸면서 우호적인 정서가 깊어지게 되었다. 동시에 이때 중국이 환율을 변동시키지 않아, 한국 경제 회복에 간접적인 도움을 준 것도 중국 이미지 개선에 기여했다. 중국은 한국인에게 기회의 땅으로 인식되었다.

두 번째 단계는 2005~16년까지 문화적 갈등을 겪으면서도 인적 교류가 폭발적으로 증가한 시기이다. 2005년 강릉단오제가 유네스코 인류무형문화유산에 등재되자 한때 중국에서 반한 감정이 거세게 일어났고, 한국에서도 역사 문제 때문에 중국을 배척하는 분위기가 높아지기도 했다. 그러나 중국이 WTO에 가입한 이후 한국의 대중국 수출은 매년 20% 이상 증가하는 등 긴밀한 경제협력 관계가 형성되었고, 이런 분위기를 반영해 양국의 유학생도 폭발적으로 증가했다. 한국과 중국은 사람들의 왕래가 세계에서 가장 많은 지역이 되었고, 중국의 여러 도시에 대규모 한인촌이 형성되는 등 수교 이래 가장 안정적이고 우호적인 관계를 유지했다. 다만 인적 교류 증가에 비해 상대에 대한 인식이 긍정적으로 바뀌지 않은 것은 한·중 관계의 독특한 양상이라고 할 수 있다.

세 번째 단계는 2016년 사드 배치 이후 국제 정세가 한·중 관계의 기본 틀을 규정하는 시기이다. 사드 사태는 서로의 참모습을 보았다고 할 정도로 양국 관계에 큰 변화를 가져왔다. 한국민들은 중국의 강압적 태도를 보면서 권위주의 체제와 중화 의식에 대해 분명히 인식했고, 중국 역시 유사시 한국이 자신들에게 위해를 가할 수 있다고 받아들이게 되었다. 미국은 디커플링 정책을 앞세워 중국을 입박하면서 한국을 끌어들여 양국이 멀어지게 했고, 한국은 중국 시장의 점유율이 낮아지자 한·중 경제협력의 가치를 낮게 평가하는 분위기가 팽배해지고 있다. 그래서 수교 30주년을 전후로 양국 관계는 최악이 되었고, 대중의 상호 인식도 가장 부정적인 상황으로 흘러가고 있다. 문제는 사드 사태 이후 한·중 관계에서 미·중 관계의 악화가 핵심이기 때문에 양국 관계를 개선하는 데 많은 제약이 따른다는 점이다.

양국 상호 인식의 특징

한·중 관계에는 상대를 인식하는 특징이 있다. 먼저, '이념 차이'가 걸림돌이 되지 않았다. 한국은 중국을 시장 진출이라는 기능적 입장에서 이해했기 때문에 이념 장벽을 거의 문제 삼지 않아 현지의 불편함도 중국적 특성으로 간주했다. 둘째, 상대방에 대한 인식은 짧은 기간에 여러 차례 변화를 겪어 아직 정형화된 이미지를 형성하지 못했다. 즉, 처음에는 중국을 '기회의 땅'으로 인식했으나 지금은 '중국 위협론', '중국 기회론', '중국 무시론'이 혼재돼 있다. 결국 지난 30여 년의 양국 관계는 다방면의 교류에도 불구하고 역사·문화적 갈등, 정치제도와 이념적 차이, 경제수준과 국력의 차이에서 오는 오해와 무시 등 부정적 인식을 해소하기에는 충분하지 않은 시간이었다고 볼 수 있다.

이렇게 인적·물적 교류가 증가하는데도 오히려 부정적 감정이 커지고 있는 한·중 양국의 인식은 몇 가지 현상으로 표현된다. 첫째, 상대방 주장에 매우 민감하게 반응하고 작은 일에도 분노와 적개심을 쉽게 드러낸다. 특히 인터넷을 통한 개인의 무책임한 주장과 비방은 시장의 자율적 정화가 따라갈 수 없는 정도로 정서적 민감성을 자극한다. 둘째, 상대의 장점을 인정하려 하지 않는다. 상대의 장점을 배우려는 성숙한 자세보다는 단점을 공격하면서 쾌감을 느끼는 경우가 많다. 이는 체면을 중시하는 양국의 정서가 겹치면서 작은 문제가 크게 확대되는 일로 종종 번진다. 셋째, 상대에게 상당한 열등감과 우월감을 동시에 가지고 있다. 즉, 중국인은 역사적 자부심과 대국주의에 기대 한국을 얕잡아 본다. 반면에 한국인은 경제적 우위와 체제에 대한 자부심 및 민족주의 정서를 바탕으로 중국을 무시하는 경향이 강하다. 그 결과 서로 내면의 열등감을 덮기 위해 자부심을 과도하게 드러내거나, 상대의 약점을 부풀리고 의도적으로 무시한다.

양 국민의 상호 인식에서 나타나는 이런 특징은 양국 교류가 증가할수록 오히려 상대방을 비호감으로 인식하는 역설을 만들어 낸다. 이는 수교 초기 밀월기의 친밀감은 사라졌으나 아직 이성적인 인식 단계에도 이르지 못한 현상이라고 정의할 수 있다. "옛것은 지나갔으나 아직 새것이 오지 않은 그때가 바로 위기"라는 그람시의 지적이 한·중 관계에 그대로 적용되고 있다.

양국이 이 위기를 넘어 다시 우호적인 관계로 돌아서기 위해서는 먼저 현상을 냉정하고 객관적으로 평가하고, 원인을 솔직하게 인정하는 것에서 출발해야 한다. 가장 좋은 방법은 '역지사지'할 수 있는 성숙함을 기르는 것이다.

한·중 지방정부 교류

김상규

한·중 지방정부 교류는 한국의 광역·기초자치단체와 중국의 각급 지방정부 간에 시행하는 교류 협력을 지칭한다. 1992년 수교 이후 한·중 관계의 급속한 발전은 양국 지방정부의 교류 협력에 지대한 영향을 끼쳤고, 이는 동시에 양국 중앙정부의 관계 발전에 중요한 역할을 담당해 오고 있다.

교류 협력 체계 및 현황

한·중 양국은 중앙정부와 지방정부 차원에서 교류 협력을 시행하는 데 필요한 제도적 장치를 마련하며 교류 협력을 추동해 왔다. 우선, 한국은 1994년 7월 15일 한국지방자치단체국제화재단을 설립하여 지방자치단체의 국제 교류 협력을 체계적으로 지원할 수 있는 통로를 마련했다. 2012년부터 외교부의 지자체 공연단 해외 파견 지원 사업을 시행하는 한편, 2000년 1월에는 중국 베이징에 '한국지방자치단체국제화재단 사무소'를 개소해 지방자치단체의 국제 교류 및 대중국 교류 협력을 적극적으로 지원하기도 했다. 더 나아가 2016년 〈공공외교법〉을 제정하여 '지방자치단체의 정책 공공 외교와의 결합' 규정을 제도적으로 명문화했다. 중국은 1954년 설립된 전국인민대외우호협회를 중심으로 각급 지방정부 차원의 지방정부 외교 혹은 도시 외교城市外交를 수행하고 있고, 지방정부에 외사外事, foreign affairs 업무를 집행하는 기관으로 외사판공실을 두어 중앙정부(국무원 등)의 업무 지도를 받고 있다.

1992년 한·중 수교 이후 양국 지방정부 간 이루어진 최초의 교류는 전라남도 목포시와 장쑤성 렌윈강連雲港시 간의 자매결연(1992년 11월 1일)이었으며, 광역 자치단체의 첫 사례는 부산광역시와 상하이시 간의 자매결연(1993년 8월 24일)이었다. 2024년 12월 기준 대한민국 시도지사협의회가 공개한 자료에 따르면 한국의 대중국 시도별 교류는 총 700건으로 전 세계 국가 관계 중 가장 많은 교류 횟수를 차지하고, 그 비율은 전체 국제 교류(총 1931건)의 약 37% 수준이다. 양국의 교류 횟수 중 한국은 서울특별시(80건), 경기도(74건), 부산광역시(36건), 대구광역시(25건), 인천광역시(50건), 광주광역시(22건), 대전광역시(15건), 울산광역시(15건), 강원도(53건), 충청북도(30건), 충청남도(60건), 전라북도(43건), 전라남도(71건), 경상북도(64건), 경상남도(56건), 제주특별자치도(4건), 세종특별자치시(2건)이며, 중국의 경우 산둥성(126건), 랴오닝성(75건), 장쑤성(60건), 지린성(53건), 저장성(49건), 허베이성(28건), 헤이룽장성(30건), 베이징시(27건), 허난성·상하이시(24건), 쓰촨성(23건), 광둥성(22건), 산시성(21건), 후베이성(20건) 등 순으로 교류하고 있다. 교류 협력의 형태는 중복 내용을 포함하여 행정(5509건), 문화 예술(1571건), 관광(192건), 인적(1353건), 청소년(1057건), 기술·학술(470건), 스포츠(428건), 경제(1139건), 민간단체(419건), 상징사업(120건), 기타(366건)로 이루어지고 있다.

평가와 전망

한·중 수교는 경제적 상호 이익 실현에 기초하여 이루어졌지만, 해를 거듭할수록 협력의 대상, 범위는 지속적으로 확대되고 다양화되었다. 하지만 사드 배치 문제처럼 양국 간 갈등 국면이 조성되어 경색 국면에 접어들면 지방정부 간 교류 협력 역시 어려워진다는 점에서 교류 협력의 토대가 불안정성을 갖는다는 한계가 있다. 하지만 관계 회복 과정에서 양국 간 지방정부의 교류가 중요한 역할을 한다는 점에서 안정성 확보를 위한 '중심축'Linchpin이라 할 수 있다. 한·중 관계를 더욱 공고히 하기 위해서는 양국 지방정부 차원에서 다음과 같은 노력을 기울여야 한다.

우선, 한·중 양국의 지방정부는 기존의 경제 통상 및 행정 교류를 넘어 공동의 문제를 해결하는 협력을 추진할 필요가 있다. 농촌 지역사회의 저출산과 고령화 등 인구, 지역 불균형과 경제 활성화는 한·중 지방정부가 직면한 핵심 사안이다. 이를 해결하기 위해 디지털 기술을 활용한 스마트 농업, 원격 의료 등 기술 교류와 해결 방법 모색을 함께 고민해야 한다. 둘째, 미래 관계를 위해 청소년과 대학생의 교류 프로그램을 다양화하고 이를 위해 적극적인 투자를 해야 한다. 관계의 중심에는 사람이 있고 상호 간 지속적인 인적 교류를 통한 이해가 선행되어야 역지사지할 계기가 마련된다. 이와 동시에 셋째, 대학과 연구기관 간 학술 교류를 활성화하고 확대하는 것이 필요하다. 지식 교류는 물론 객관적이고 과학적인 사실을 통해 상호 간 이해의 폭을 넓히고 잘못된 정보와 오해를 불식할 정확한 정보를 제공해야 한다. 마지막으로, 지방 간 단순한 교류 협력에 국한하는 것이 아닌 개별 행위체의 종합적인 외교 역량을 강화할 수 있는 법적·제도적 지원을 하고 지방 간 네트워크를 구성하는 것이 중요하다.

한·중 관계와 한·미 동맹

박병광

21세기 한반도의 평화와 번영에 핵심적 열쇠를 쥐고 있는 것은 바로 한·중 관계와 한·미 동맹의 발전 방향이다. 한·중 관계는 개혁 개방 정책으로 전환한 중국이 경제적 이해관계에 따라 등장한 한국과의 국교 수립 필요성을 인식하고, 이에 한국의 북방 정책이 조응하면서 발전하기 시작했다. 한·미 동맹은 냉전의 시작과 함께 설정된 미국의 대소련 안보 전략적 이해관계와 한국전쟁 이후 한국의 대북 위협에 따른 안보적 필요의 합치에 따라 성립되었다. 오늘날 미·중 관계는 급속히 악화하고 있으며 양국 간의 긴장과 불신은 갈수록 증가하고 있다. 미·중 대립 구조가 심화하면서 우리에게 한·중 관계와 한·미 동맹 관계의 균형적 발전은 무엇보다 커다란 외교적 도전이 되고 있다. 한국 외교의 성공 여부는 미국과 중국 사이에서 어느 한 나라를 선택하는 것이 아니라 "얼마나 두 나라 모두와 긴밀하고 우호적인 관계를 유지하느냐"라고 볼 수 있다.

한·중 관계의 발전과 질곡

한·중 양국은 1992년 8월 24일 수교 이래 지리적 인접성, 경제적 상호 보완성, 문화적 유사성을 바탕으로 짧은 기간에 비약적 관계 발전을 이룩했다. 1992년 수교 이래 한·중 양국은 경제와 사회·문화 교류를 우선시하고 민감한 정치·안보 이슈는 이견으로 남겨 두면서 '구동존이'求同存異의 방식으로 발전을 추구해 왔다. 그 결과 양국은 국교 수립 초기의 '우호 협력 관계'(1992년)를 시작으로 '21세기를 향한 협력 동반자 관계'(1998년), '전면적 협력 동반자 관계'(2003년),

'전략적 협력 동반자 관계'(2008년), '성숙한 전략적 협력 동반자 관계'(2013년), '실질적 전략적 협력 동반자 관계'(2017년) 등으로 매 정부마다 수식어를 달리하며 발전해 왔다. 특히 경제 분야에서 중국은 한국의 최대 무역 대상국이고, 한국은 중국의 3대 무역 대상국으로 발돋움했다.

한·중 관계 발전 과정에는 적잖은 도전과 갈등의 시기도 있었다. 2000년에 일어난 '마늘 파동'은 한국이 중국의 경제적 압박에 굴복한 쓰라린 기억으로 남는 사안이다. 2002년 부상한 '동북공정' 이슈는 강대국으로 부상한 중국이 우리의 고대사를 왜곡하고, 중국 역사로 강제 편입 한다는 인식을 주면서 한·중 관계의 핵심 외교 현안으로 다뤄졌다. 2000년대 중반에 불거진 강릉단오제의 유네스코 세계무형문화유산 등재 논란 및 2021년에 김치의 기원을 놓고 양국 간 발생한 '김치 분쟁'의 파급 영향도 상당했다. 그러나 한·중 수교 이후 양국 관계에서 가장 큰 상처로 기억되는 것은 2016년 사드 배치 갈등이다. 그 이후로 양국 국민들 사이에서 '반한'反韓, '반중'反中 정서가 크게 확산되었고, 아직까지 국민들 사이에 마음의 거리는 30년 전보다 멀어졌다는 평가가 지배적이다.

한·미 동맹 관계의 발전과 도전

한국과 미국은 한국전쟁이 끝나고 1953년 10월 1일 미국 워싱턴에서 동맹조약에 서명했다. 이 조약은 한국이 외국과 맺은 처음이자, 지금까지 유일한 군사동맹 조약이다. 이 조약으로 출발한 한·미 동맹은 70년이 넘는 긴 시간 동안 우여곡절을 겪으면서도 꾸준히 변화·발전해 왔다. 전쟁의 포화를 뚫고 맺은 혈맹인 한·미 동맹은 상호 방위라는 약속을 굳건히 지키면서 역내 평화와 번영의 핵심 축으로서 북한의 도발을 막아내고 한반도의 평화를 지켜 왔다. 한·미 동맹에 기반한 튼튼한 안보가 뒷받침되지 않았다면 한국이 전쟁의 폐허 속에서 산업화와 민주화를 모두 이룬 한강의 기적은 불가능했을 것이다. 세계 10위권 경제 대국이라는 비약적인 성장도 어려웠다. 문화체육관광부가 2023년에 한·미 동맹 70주년을 계기로 한 '국민 인식 조사'에 따르면 응답자의 90.7%가 한·미 동맹이 한국의 발전에 영향을 미쳤다고 답했다.

그러나 오늘날 한·미 동맹은 북한의 핵 위협과 글로벌 전략 경쟁의 심화 등 안보 환경의 변화와 함께, 공급망 재편, 핵심 기술 경쟁, 기후변화 등 새로운 공동의 도전에 직면해 있다. 특히 미·중 간 패권 경쟁은 한국으로 하여금 생존을 위한 새로운 선택과 방식을 고민하게 만드는 것이다. 대표적인 예로 박근혜 정부에서 발생했던 주한 미군의 사드 배치를 둘러싼 한·중 갈등의 본질은 미국과 중국의 전략적 이익의 충돌을 반영하며, 미·중 갈등의 연장선상에 놓여 있던 문제에 우리가 연루된 것과 다를 바 없다. 한국은 북한의 핵과 미사일 위협으로부터 자국의 안보를 위해 사드 배치를 결정했지만 결과적으로 미·중 간 대리 세력 경쟁의 소용돌이에 연루되는 '원치 않는 결과'를 낳았다. 갈수록 격화되는 미·중 대립 구도와 패권 경쟁은 우리에게 상당 기간 전략적·정책적 선택의 기로와 불확실성을 더할 수밖에 없다.

한·중 관계와 한·미 동맹 사이에서

한·중 관계는 근본적이고 구조적으로 상호 경쟁하고 갈등하는 미·중 관계 및 중·일 관계와는 분명한 차이가 존재한다. 한·중 관계는 서로 '전략적 경쟁자'이거나 '적대적 세력'으로 간주해야 할 이유가 없다. 만일 중국이 한국의 '협력적 동반자'가 아닌 '갈등적 경쟁자'가 된다면 우리의 국익과 안보에 치명적 부담으로 작용할 것이다. 따라서 한·중 관계의 중요성을 재인식하고 양국 관계를 슬기롭게 관리해 나가는 것이 매우 중요하다.

그러나 미·중 패권 경쟁의 서막이 열리면서 한·중 관계와 한·미 동맹 사이에서 한국의 딜레마는 점증하고 있다. 중국은 한국에 인도-태평양 전략과 쿼드, 남중국해 및 대만 문제, 반도체를 포함한 첨단 기술 산업의 공급망 재편 과정에서 미국 편에 서지 말 것을 요구하고 있다. 동시에 중국은 한국을 미국의 아시아 동맹 구조에서 '가장 약한 고리'로 판단하고 있으며, 가열되는 미·중 대립 속에서 한국이 호주나 일본처럼 일방적으로 미국에 기울기보다는 최소한 '중립'을 지킬 것을 희망한다. 반면에 미국은 중국을 견제하고 압박하기 위해 한국의 동참을 강하게 요구하고 있다. 미·중 사이에서 '전략적 모호성'을 유지해 왔던 한국 정부의 정책은 갈수록 입지를 상실하고 있다. 국제 질서의 대전환과 미·중 간에 벌어지는 '전략적 각축의 시기'에 한국의 선택은 냉정하고 균형적인 가운데서도 가능한 한 독자적인 운신의 폭을 확보하는 방향으로 나아가야 한다. 이를 위해서는 한·중 관계와 한·미 동맹의 이중 구조 속에서 한국의 '국가 정체성'을 중시하면서 스스로의 전략적 가치를 제고하는 데 힘쓸 필요가 있다.

★

부록

★★★★

부록 1. 중국공산당 제20기 중앙위원회 정치국 위원 명단

성명	출생 연월	당 가입 연도	출신	최종 학력
시진핑習近平	1953.6.	1974	산시	칭화대 인문사회학원 박사
리창李強	1959.7.	1983	저장	홍콩이공대 공상관리학 석사
자오러지趙樂際	1957.3.	1975	산시	중앙당교 정치학 석사
왕후닝王滬寧	1955.10.	1984	산둥	푸단대 정치학 석사
차이치蔡奇	1955.12.	1975	푸젠	푸젠사범대 정치경제학 박사
딩쉐샹丁薛祥	1962.9.	1984	장쑤	푸단대 행정관리학 석사
리시李希	1956.10.	1982	간쑤	칭화대 공상관리학 석사
리훙중李鴻忠	1956.8.	1976	산둥	지린대 역사학 학사
장유샤張又俠	1950.7.	1969	산시	중국인민해방군 군사학원 학사
천민얼陳敏爾	1960.9.	1982	저장	중앙당교 석사
황쿤밍黃坤明	1962.7.	1986	헤이룽장	칭화대 공공관리학 박사
마싱루이馬興瑞	1959.10.	1988	산둥	하얼빈공대 일반역학 박사
왕이王毅	1953.10.	1981	베이징	외교학원 국제관계학 박사
인리尹力	1962.8.	1983	산둥	러시아의학과학원 위생경제학 박사
스타이펑石泰峰	1956.9.	1982	산시(산서)	베이징대 법률학 석사
류궈중劉國中	1962.7.	1986	헤이룽장	하얼빈공대 금속재료학 석사
리간제李幹傑	1964.11.	1984	후난	칭화대 핵에너지학 석사
리수레이李書磊	1964.1.	1986	허난	베이징대 중문학 석사
허웨이둥何衛東	1957.5.	1978	장쑤	육군지휘학원 학사
허리펑何立峰	1955.2.	1981	광둥	샤먼대 재정학 박사
장궈칭張國清	1964.8.	1984	허난	칭화대 수량경제학 박사
천원칭陳文清	1960.1.	1983	쓰촨	쓰촨연합대 관리학 석사
천지닝陳吉寧	1964	1984	지린	영국 임페리얼대 토목학 박사
위안자쥔袁家軍	1962.9.	1992	지린	베이징항공항천대 비행기설계학 박사

신임 여부	현 직위	전 직위
연임	중국공산당 중앙위원회 총서기 중화인민공화국 주석 중앙군사위원회 주석	동일
연임	국무원 총리	상하이시위원회 서기
연임	전국인민대표대회 상무위원회 위원장	중앙기율검사위원회 서기
연임	전국인민정치협상회의 주석	중앙서기처 제1서기
연임	중앙서기처 제1서기	베이징시위원회 서기
연임	국무원 상무부총리	중앙판공청 주임
연임	중앙기율검사위원회 서기	광동성위원회 서기
연임	전국인민대표대회 상무위원회 부위원장	톈진시위원회 서기
연임	중앙군사위원회 부주석	동일
연임	톈진시위원회 서기	충칭시위원회 서기
연임	광둥시위원회 서기	중앙선전부 부장
신임	신장웨이우얼자치구위원회 서기	광둥성 성장
신임	중앙외사공작위원회 판공실 주임 외교부 부장	외교부 당위원회 부서기
신임	베이징시위원회 서기	푸젠성위원회 서기
신임	전국인민정치협상회의 부주석	중앙통일전선공작부 부장
신임	국무원 부총리	산시성위원회 서기
신임	중앙조직부 부장	산둥성위원회 서기
신임	중앙선전부 부장	중앙당교/국가행정학원 부총장/부원장
신임	중앙군사위원회 부주석	중국인민해방군 동부전구 사령원
신임	국무원 부총리	국가발전개혁위원회 주임
신임	국무원 부총리	랴오닝성위원회 서기
신임	중앙정법위원회 서기	국가안전부 부장
신임	상하이시위원회 서기	베이징시 시장
신임	충칭시위원회 서기	저장성위원회 서기

부록 2. 국무원 각료 명단

직책		성명	출생 연월	출신
총리		리창李強	1959.7.	저장
부총리		딩쉐샹丁薛祥	1962.9.	장쑤
		허리펑何立峰	1955.2.	광둥
		류궈중劉國中	1962.7.	헤이룽장
		장궈칭張國清	1964.8.	허난
국무위원		왕샤오훙王小洪	1957.7.	푸젠
		우정룽吳政隆	1964.11.	장쑤
		선이친諶貽琴	1959.12.	구이저우
비서장		우정룽吳政隆(겸직)	1964.11.	장쑤
부장	외교부	왕이王毅	1953.10.	베이징
	국방부	둥쥔董軍	1961	산둥
	국가발전개혁위원회	정산제鄭柵潔	1961.11.	푸젠
	교육부	화이진펑懷進鵬	1962.12.	산둥
	과학기술부	인허쥔陰和俊	1963.1.	산서
	공업정보화부	진좡룽金壯龍	1964.3.	저장
	국가민족사무위원회	판웨潘嶽	1960.4.	장쑤
	공안부	왕샤오훙王小洪	1957.7.	푸젠
	국가안전부	천이신陳一新	1959.9.	저장
	민정부	루즈위안陸治原	1964.8.	섬서
	사법부	허룽賀榮	1962.10.	산둥
	재정부	란포안藍佛安	1962.6.	광둥
	인력자원사회보장부	왕샤오핑王曉萍	1964.3.	후베이
	자연자원부	관즈어우關志鷗	1969.12.	랴오닝
	생태환경부	황룬추黃潤秋	1963.8.	후난
	주택도시농촌건설부	니훙倪虹	1962.10.	랴오닝
	교통운수부	류웨이劉偉	1965.6.	허난
	수리부	리궈잉李國英	1963.12.	허난
	농업농촌부	탕런젠唐仁健	1962.8.	충칭
	상무부	왕원타오王文濤	1964.5.	장쑤
	문화여유부	쑨예리孫業禮	1964.12.	산둥
	국가위생건강위원회	레이하이차오雷海潮	1968.4.	산둥
	퇴역군인사무부	페이진자裴金佳	1963.8.	푸젠
	응급관리부	왕샹시王祥喜	1962.8.	후베이
	중국인민은행	판궁성潘功勝	1963.7.	안후이
	심계서	허우카이侯凱	1962.4.	랴오닝

부록 3. 국무원 산하 조직도

국무원 직속 특별기구	국무원 직속기구	국무원 판사기구	국무원 직속 사업단위	국무원 부위 관리국가국
국유자산감독 관리위원회 주임: 장위줘張玉卓	해관총서 국장: 공석 위젠화俞建華 사망	국무원연구실 주임: 션단양沈丹陽	신화통신사 국장: 푸화傅華	국가식량물자축비국 국장: 류환신劉煥鑫
	국가세무총국 국장: 후징린胡靜林		중국과학원 원장: 허우젠궈侯建國	국가데이터국 국장: 류례훙劉烈宏
	국가시장감독 관리총국 국장: 뤄원羅文		중국사회과학원 원장: 가오샹高翔	국가연초전매국 국장: 장젠민張建民
	국가광파전시총국 국장: 차오슈민曹淑敏		중국공정원 원장: 리샤오훙李曉紅	중국민용항공국 국장: 쑹즈융宋志勇
	국가의료보장국 국장: 장커章軻		국무원발전연구센터 주임: 루하오陸昊	국가문물국 국장: 리췬李群
	국가국제발전협력서 서장: 뤄자오후이羅照輝		중앙광파전시총대 대장: 션하이슝慎海雄	국가질병예방통제국 국장: 션훙빈沈洪兵
	국가통계국 국장: 캉이康義		중국기상국 국장: 천전린陳振林	국가소방구조국 국장: 저우톈周天
	국무원참사실 주임: 가오위高雨			국가약품감독관리국 국장: 리리李利
	국가기관사무관리국 국장: 왕융훙王永紅			국가에너지국 국장: 왕훙즈王宏志
	중국증권감독 관리위원회 주석: 우칭吳淸			국가국방과학기술 공업국 국장: 단종더單忠德
	국가금융감독 관리총국 국장: 리윈저李雲澤			국가이민관리국 국장: 쉬간루許甘露
	국가체육총국 국장: 가오즈단高志丹			국가철도국 국장: 페이둥빈費東斌
	국가신방국 국장: 리원장李文章			국가우정국 국장: 자오충지우趙衝久
	국가지식재산권국 국장: 션창위申長雨			국가중의약관리국 국장: 위옌훙餘豔紅
				국가광산안전감찰국 국장: 황진성黃錦生
				국가외환관리국 국장: 주허신朱鶴新
				국가임업초원국 국장: 공석

부록 4. 중국인민해방군 지휘조직도

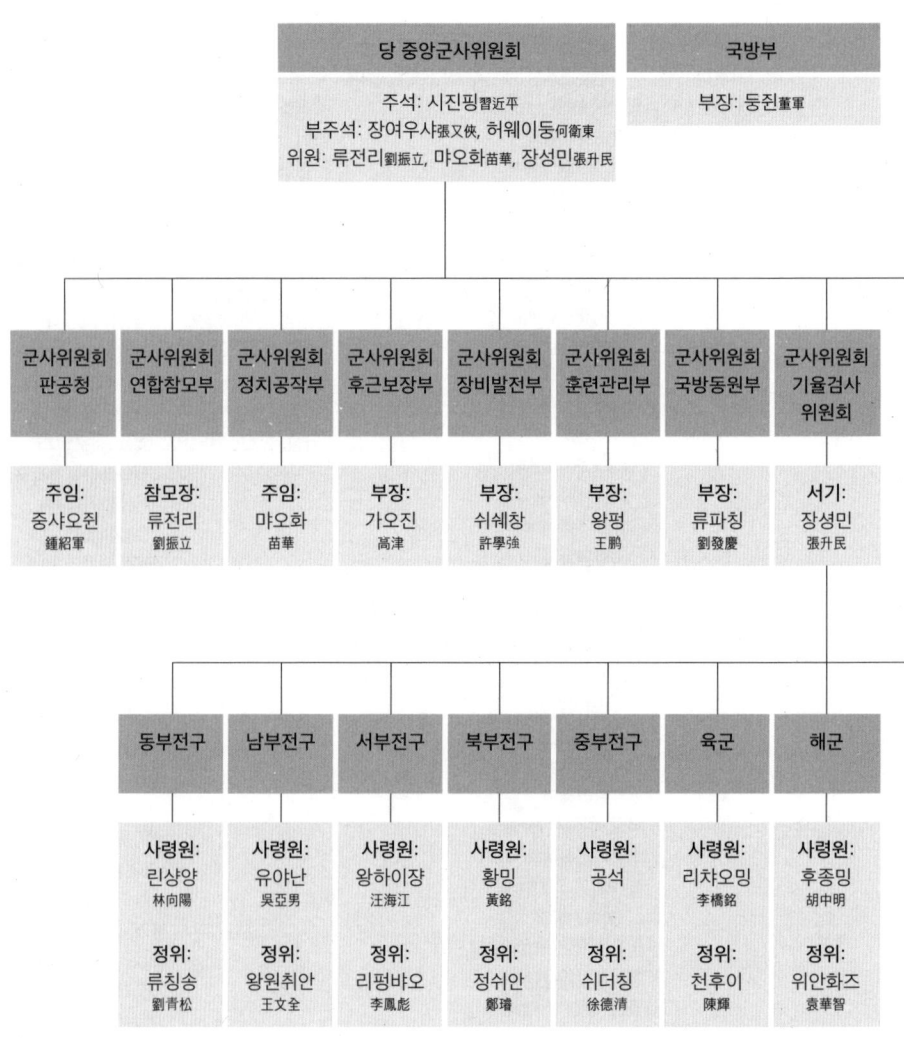

군사위원회 정법위원회	군사위원회 과학기술 위원회	군사위원회 전략계획 판공실	군사위원회 개혁및편제 판공실	군사위원회 국제군사 협력판공실	군사위원회 심계서	군사위원회 기관사무 관리총국
서기: 왕런화 王仁華	주임: 자오샤오저 趙曉哲	주임: 왕후이칭 王輝靑	주임: 중샤오쥔 鍾紹軍	주임: 츠궈웨이 慈國巍	심계장: 톈이샹 田義祥	국장: 류창춘 劉長

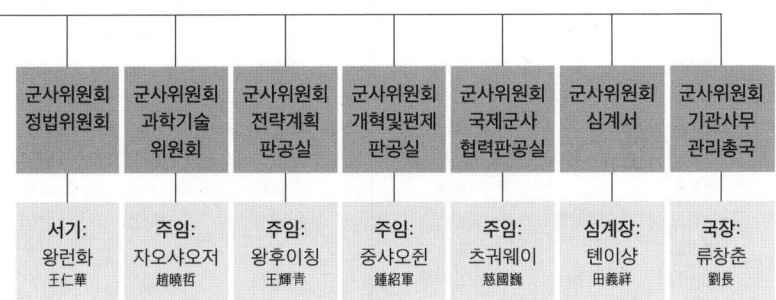

공군	로켓군	군사항천 부대	사이버공간 부대	정보지원 부대	후근보장 부대
사령원: 창딩추 常丁求	사령원: 왕허우빈 王厚斌	사령원: 하오웨이중 郝衛中	사령원: 장밍화 張明華	사령원: 비이 畢毅	사령원: 왕캉핑 王抗平
정위: 궈푸샤오 郭普校	정위: 쉬시성 徐西盛	정위: 미상	정위: 한샤오둥 韓曉東	정위: 리웨이 李偉	정위: 가오다광 高大光

부록 5. 성 약칭 및 지방정부 소재지

행정구역	약칭	정부 소재지	행정구역	약칭	정부 소재지
베이징시 北京市	京	둥청취 東城區	장시성 江西省	贛	난창 南昌
충칭시 重慶市	渝	위중취 渝中區	지린성 吉林省	吉	창춘 長春
상하이시 上海市	滬	황푸취 黃浦區	랴오닝성 遼寧省	遼	선양 瀋陽
톈진시 天津市	津	허핑취 和平區	칭하이성 青海省	青	시닝 西寧
안후이성 安徽省	皖	허페이 合肥	산시성 陝西省	陝/秦	시안 西安
푸젠성 福建省	閩	푸저우 福州	산둥성 山東省	魯	지난 濟南
간쑤성 甘肅省	甘/隴	란저우 蘭州	산시성 山西省	晉	타이위안 太原
광둥성 廣東省	粤	광저우 廣州	쓰촨성 四川省	川/蜀	청두 成都
구이저우성 貴州省	黔/貴	구이양 貴陽	윈난성 雲南省	滇/雲	쿤밍 昆明
하이난성 海南省	瓊	하이커우 海口	저장성 浙江省	浙	항저우 杭州
허베이성 河北省	冀	스자좡 石家莊	광시좡족자치구 廣西壯族自治區	桂	난닝 南寧
헤이룽장성 黑龍江省	黑	하얼빈 哈爾濱	네이멍구자치구 內蒙古自治區	蒙	후허하오터 呼和浩特
허난성 河南省	豫	정저우 鄭州	닝샤후이족자치구 寧夏回族自治區	寧	인촨 銀川
후베이성 湖北省	鄂	우한 武漢	신장웨이우얼자치구 新疆維吾爾自治區	新	우루무치 烏魯木齊
후난성 湖南省	湘	창사 長沙	시짱자치구 西藏自治區	藏	라싸 拉薩
장쑤성 江蘇省	蘇	난징 南京	홍콩특별행정구 香港特別行政區	港	홍콩섬 香港島
			마카오특별행정구 澳門特別行政區	澳	마카오 澳門

부록 6. 지방정부 주요 인사

행정구역	직책	성명	출생연월	출신	학력	경력
베이징	당서기	인리 尹力	1962. 8.	산둥성	러시아의학과학원 위생경제학 박사	푸젠성위원회 서기
	시장	인용 殷勇	1969. 8.	후난성	칭화대 시스템공학 박사	베이징시 부시장
톈진	당서기	천민얼 陳敏爾	1960. 9.	저장성	중앙당교 석사	충칭시위원회 서기
	시장	장궁 張工	1961. 8.	베이징	수도경제무역대 경제학 석사	국가시장감독관리총국 국장
상하이	당서기	천지닝 陳吉寧	1964. 2.	지린성	영국 임페리얼대 토목공학 박사	베이징시위원회 부서기
	시장	궁정 龔正	1960. 3.	장쑤성	샤먼대 재정금융학 박사	산둥성 성장
충칭	당서기	위안자쥔 袁家軍	1962. 9.	지린성	베이징항공항천대 항공기설계학 박사	저장성위원회 서기
	시장	후형화 胡衡華	1963. 6.	후난성	후난대 공상관리학 석사	산시성위원회 부서기
허베이	당서기	니웨펑 倪嶽峰	1964. 9.	안후이성	칭화대 시스템공학 박사	해관총서 서장
	성장	왕정푸 王正譜	1963. 8.	산둥성	베이징농업대 농업경제학 학사	쓰촨성위원회 조직부 부장
산시山西	당서기	탕덩제 唐登傑	1964. 6.	장쑤성	퉁지대 공상관리학 석사	민정부 부장
	성장	진샹쥔 金湘軍	1964. 7.	후난성	화중과학기술대 관리학 박사	톈진시위원회 비서장
랴오닝	당서기	하오펑 郝鵬	1960. 7.	산시陝西성	시베이공업대 항공시스템공정학 석사	국유자산감독관리위원회 주임
	성장	리러청 李樂成	1965. 3.	후베이성	화중공학원 기계공학 학사	후베이성 샹양시위원회 서기
지린	당서기	황창 黃强	1963. 4.	저장성	시베이공업대 관리학 박사	허난성 상무부성장
	성장	후위팅 胡玉亭	1964. 7.	산시山西성	베이징대 공상관리학 석사	랴오닝성위원회 부서기
헤이룽장	당서기	쉬친 許勤	1961. 10.	장쑤성	홍콩이공대 공상관리학 박사	허베이성 성장
	성장	량후이링 梁惠玲(여성)	1962. 8.	후베이성	후베이성당교 정치경제학 석사	중화전국공급판매합작총사 이사장
장쑤	당서기	신창싱 信長星	1963. 12.	산둥성	화중사범대 정치경제학 석사	칭하이성위원회 서기
	성장	쉬쿤린 許昆林	1965. 5.	푸젠성	항저우상학원 계획통계학 학사	장쑤성 쑤저우시위원회 서기

저장	당서기	왕하오 王浩	1963. 10.	산둥성	산둥성당교 경제관리학 학사	저장성 성장
	성장	류제 劉捷	1970. 1.	장쑤성	중국지질대 경제관리학 박사	저장성 항저우시위원회 서기
안후이	당서기	량옌순 梁言順	1962. 12.	산둥성	중앙당교 정치경제학 박사	닝샤후이족자치구위원회 서기
	성장	왕칭셴 王清憲	1963. 7.	허베이성	중국사회과학원 공공관리학 박사	산둥성 칭다오시위원회 서기
푸젠	당서기	저우쭈이 周祖翼	1965. 1.	저장성	통지대 공학 박사	인력자원 및 사회보장부 부장
	성장	자오룽 趙龍	1967. 9.	랴오닝성	베이징대·국가행정학원 공공관리학 석사	푸젠성 샤먼시위원회 서기
장시	당서기	인훙 尹弘	1963. 6.	저장성	상하이교통대 금속재료공학 학사	간쑤성위원회 서기
	성장	예젠춘 葉建春	1965. 7.	푸젠성	허하이대 수자원공학 박사	응급관리부 부부장
산둥	당서기	린우 林武	1962. 2.	푸젠성	중난대 재료공학 박사	산시山西성위원회 서기
	성장	저우나이샹 周乃翔	1961. 12.	장쑤성	장쑤성당교 정치경제학 석사	중국건축주식유한공사 이사장
허난	당서기	류닝 劉寧	1962. 1.	지린성	우한수리전력대 수자원공학 박사	광시좡족자치구위원회 서기
	성장	왕카이 王凱	1962. 7.	허난성	우한대 경제관리학 박사	지린성 장춘시위원회 서기
후베이	당서기	왕중린 王忠林	1962. 8.	산둥성	중국해양대 농업경제관리학 박사	후베이성 성장
	성장	리뎬쉰 李殿勛	1967. 11.	허난성	시난정법학원 법학 석사	후난성 부성장
후난	당서기	선샤오밍 沈曉明	1963. 5.	저장성	상하이제2의대 아동보건학 박사	하이난성위원회 서기
	성장	마오웨이밍 毛偉明	1961. 5.	저장성	저장대학 화학공학 학사	후난성 부성장
광둥	당서기	황쿤밍 黃坤明	1962. 7.	헤이룽장성	칭화대 공공관리학 박사	중앙서기처 서기
	성장	왕웨이중 王偉中	1962. 3.	산시山西성	칭화대 공공관리학 박사	광둥성 선전시위원회 서기
하이난	당서기	펑페이 馮飛	1962. 12.	장시성	톈진대 전력 및 자동화공정학 박사	하이난성 성장
	성장	류샤오밍 劉小明	1964. 9.	장쑤성	베이징공업대 토목공학 석사	광시좡족자치구위원회 부서기
쓰촨	당서기	왕샤오후이 王曉暉	1962. 8.	지린성	지린대 법학 석사	국가영화국 국장
	성장	스샤오린 施小琳(여성)	1968. 9.	후베이성	화중사범대 과학기술철학 석사	쓰촨성 청두시위원회 서기

구이저우	당서기	쉬린徐麟	1963. 6.	상하이	석사	국가광파전시총국 국장
	성장	리빙쥔李炳軍	1963. 2.	산둥성	산둥화공학원 화학공학 학사	장시성위원회 부서기
윈난	당서기	왕닝王寧	1961. 4.	랴오닝성	랴오닝건축공정학원 건축공정학 학사	푸젠성 성장
	성장	왕위보王予波	1963. 1.	허난성	중앙당교 경제관리학 석사	윈난성위원회 부서기
산시陝西	당서기	자오이더趙一德	1965. 2.	저장성	저장성교 철학 석사	산시陝西성위원회 성장
	성장	자오강趙剛	1968. 6.	랴오닝성	베이징이공대 역학공학 석사	산시陝西성 옌안시위원회 서기
간쑤	당서기	후창성胡昌升	1963. 12.	장시성	산둥대 역사학 박사	헤이룽장성 성장
	성장	런전허任振鶴(투쟈족)	1964. 2.	후베이성	중앙당교 사상정치교육학 석사	장쑤성위원회 부서기
네이멍구	당서기	쑨사오청孫紹騁	1960. 7.	산둥성	베이징대 국제관계학 박사	퇴역군인사무부 부장
	자치구 주석	왕리샤王莉霞(여성, 몽골족)	1964. 6.	랴오닝성	샤먼대 통계학 박사	네이멍구자치구 후허하오터시위원회 서기
광시좡족	당서기	천강陳剛	1965. 4.	장쑤성	베이징대 화학 박사	칭하이성위원회 서기
	자치구 주석	란톈리藍天立(좡족)	1962. 10.	광시좡족자치구	베이징항공항천대 공학 박사	광시좡족자치구 인민정치협상회의 주석
시짱	당서기	왕쥔정王君正	1963. 5.	산둥성	칭화대 공상관리학 박사	신장웨이우얼자치구 위원회 부서기
	자치구 주석	가마쩌덩嘎瑪澤登(짱족)	1967. 12.	시짱자치구	쓰촨대 공공관리학 석사	문화관광부 과학기술교육국 국장
닝샤후이족	당서기	리이페이李邑飛	1964. 1.	윈난성	칭화대 공공관리학 석사	신장웨이우얼자치구 위원회 부서기
	자치구 주석	장위푸張雨浦(후이족)	1962. 8.	산둥성	하얼빈공업대 관리과학 박사	닝샤후이족자치구 인촨시위원회 서기
신장웨이우얼족	당서기	마싱루이馬興瑞	1959. 10.	산둥성	하얼빈공업대 일반역학 박사	신장웨이우얼자치구 위원회 상무위원
	자치구 주석	아이얼컨 투니야즈艾爾肯·吐尼亞孜(위구르족)	1961. 12.	신장웨이우얼족자치구	중앙당교 법학 석사	신장웨이우얼자치구 주석 대리
홍콩	행정장관	존 리李家超	1957. 12.	홍콩	호주 찰스 스터트대 공공정책과 행정학 석사	홍콩 정무사장
마카오	행정장관	삼 호우파이岑浩輝	1962. 5.	광둥성	베이징대 법학 학사	마카오특별행정구 종심법원 원장

부록 7. 주요 싱크 탱크

★ 중국사회과학원中國社會科學院(종합형)
- 설립 연도: 1977년
- 주관 부처: 국무원
- 홈페이지: http://cass.cssn.cn
- 중국공산당 직속 싱크 탱크로, 철학·사회과학 분야의 최고 연구 기관이다. 최근에는 학술 기관의 역할도 병행하고 있다. 철학연구소, 세계경제연구소, 아태글로벌전략연구소 등 14개 부설 연구소에서 2200여 명이 연구에 종사하고 있으며 중국 개혁 개방 및 현대화 건설 과정에서 정책 연구의 수준을 제고함으로써 중국 인문과학의 지평을 확대했다는 평가를 받는다. 『중국사회과학』國社會科學, 『역사연구』曆史研究, 『경제연구』經濟研究 등 82여 종의 학술 간행물을 출판하고 있다.

★ 국무원 발전연구센터國務院發展妍究中心(경제)
- 설립 연도: 1981년
- 주관 부처: 국무원(직속 사업 단위)
- 홈페이지: http://www.drc.gov.cn
- 당 중앙, 국무원 직속의 정책 건의 및 자문을 위한 기구로, 국민경제, 사회 발전, 개혁 개방 등에 관한 장기적이고 선도적인 연구를 진행한다. 발전 전략 및 지역경제연구부 등 3개 연구센터, 국제기술경제연구소, 세계발전연구소 등 6개 연구소가 설립되어 있다.

★ 중공중앙당교中共中央黨校(정치)
- 설립 연도: 1933년
- 주관 부처: 중국공산당 중앙위원회
- 홈페이지: http://www.ccps.gov.cn
- 중·고위급 간부 양성과 마르크스주의의 이론적 토대 구축을 위한 중공 중앙 직속의 교육 기관으로, 마르크스·레닌주의, 마오쩌둥 사상, 중국 특색 사회주의 이론 체계 등을 학습·연구·선전하며 간부들의 당성을 강화하는 역할을 한다. 미·중학술포럼, 협력발전포럼 등 고위급 교류 플랫폼을 구축하고 정당 및 국가 거버넌스 경험, 경제사회 발전 경험, 간부 교육 및 육성 경험 등을 교류하고 있다.

★ **중공중앙당교(국가행정학원)**中共中央黨校(國家行政學院)(행정)
- 설립 연도: 1994년
- 주관 부처: 중국공산당 중앙위원회
- 홈페이지: http://www.world-china.org
- 1994년 설립되어 고위층 관리 인재와 정책 연구 인재를 양성하는 전문 기관이자 당 중앙에 행정 분야의 정책 자문을 담당하는 싱크 탱크이다. 87개 국가 163개 학교의 행정학과 및 국제기구와 대외 교류를 진행하고 있으며, 145개 국가에서 온 공무원들을 양성하는 교육 프로그램을 별도로 운영한다. 2018년 국가 조직 개편에 의해 중공중앙당교와 통합되었다.

★ **중국현대국제관계연구원**中國現代國際關系研究院(국제 관계)
- 설립 연도: 1980년
- 홈페이지: http://www.cicir.ac.cn
- 1980년 중국현대국제관계연구소中國現代國際關系研究所로 설립된 이후, 2003년 현재의 이름으로 명칭을 변경했다. 세계 각국 및 지역의 정치, 경제, 외교, 군사 및 사회문제는 물론, 국제 전략, 세계경제 등을 연구한다. 150여 명의 연구 인원이 재직 중이며 산하에 미국연구소, 정보와 사회발전연구소 등 11개 연구소와 한반도연구실 등 2개 직속 연구실, 민족과 종교연구센터, 위기관리연구센터 등 8개 연구센터를 운영하고 있다. 중국 내 대표적인 학술 계간지인『현대국제관계』現代國際關系를 정기적으로 출간하고 있다.

★ **중국(선전)종합개발연구원**中國(深圳)綜合開發研究院(경제)
- 설립 연도: 1989년
- 주관 부처: 민간
- 홈페이지: http://www.cdi.com.cn
- 1989년 선전경제특구에 설립된 중국 최초 종합형·전국형 싱크 탱크로, 2015년 국가 "고급 싱크 탱크" 건설 시범 기구 중 하나로 선정되었다. 국가 거시 경제 전략, 지역 경제, 도시화, 산업 발전 및 정책, 기업 전략 및 투자 자문 등을 주로 연구하고 있다. 산하에 신경제연구소, 지속가능발전과 해양경제연구소 등 8개 연구소와 혁신과 산업연구센터, 산업발전과 도시계획연구센터 등 10개 연구센터를 운영하고 있다. 설립 이후 프로젝트 자문 성공률이 90% 이상인 것으로 알려져 있다.

★ **중국국제문제연구원**中國國際問題研究院(국제관계)
- 설립 연도: 1956년
- 주관 부처: 외교부
- 홈페이지: http://www.ciis.org.cn
- 1956년 중국과학원 국제문제연구소로 설립된 이후, 1958년과 1986년 각각 국제관계연

구소와 중국국제문제연구소로 명칭을 변경했고, 2014년 중국국제문제연구원으로 확대 개편되었다. 국제정치와 세계경제 등 중장기 전략 연구를 중점적으로 진행하고 있으며, 아태연구소, 유럽학연구소, 개발도상국연구소 등 7개 연구소를 운영하고 있다.

★ **중국국제경제교류센터** 中國國際經濟交流中心(경제)
- 설립 연도: 2009년
- 주관 부처: 국가발전개혁위원회
- 홈페이지: http://www.cciee.org.cn
- 세계경제 발전 추세, 글로벌 금융, 국제무역, 범국가 간 투자 등 분야를 중점적으로 연구하고 있으며, 거시 경제, 재정 금융, 외자 무역, 지역 경제, 산업 발전 등과 관련된 분야에서 정부 및 기업에 정책 서비스를 제공하고 있다. 산하에 혁신발전연구소(혁신전략연구실, 혁신취업연구실, 혁신경제연구실)를 운영 중이다.

★ **중국과 세계화 싱크 탱크** 中國與全球化智庫(종합형)
- 설립 연도: 2008년
- 주관 부처: 중국인재연구회
- 홈페이지: http://www.ccg.org.cn
- 중국인재연구회, 국제인재전문위원회, 동위세계화인재발전기금회, 남방국제인재연구원, 북방국제인재연구원, 중국과 세계화연구센터, 동관인재발전연구원 등 10개 분원과 해외 지사를 갖춘 민간 최대의 싱크 탱크로, 중국의 글로벌 전략, 글로벌 거버넌스, 인재 및 기업의 국제화 등을 중점적으로 연구한다. 중앙인재공작협조소조 전국인재이론연구기지이며, 중련부 일대일로 싱크탱크연맹의 이사부처로 중국 내 최대 글로벌 싱크 탱크이자 각종 인재 개발 연구 관련 중국 최대 싱크 탱크이다. 중국사회과학원 선정 10대 핵심 싱크 탱크에 포함되었을 뿐만 아니라 10대 중국 관리가치조직상(중국관리과학학회)을 수상했다.

★ **국가정보센터** 國家信息中心(경제)
- 설립 연도: 1986년
- 주관 부처: 국가발전개혁위원회
- 홈페이지: http://www.sic.gov.cn
- 국가통계국, 국가계획위원회(현 국가발전개혁위원회) 산하 계산센터, 예측센터, 정보관리판공실 등의 업무 조정을 통해 국가경제정보센터를 설립한 이후, 1988년 국가정보센터로 명칭을 변경했다. 국가 연간 계획, 중장기 계획, 중요 정책 예측 등을 중점적으로 연구하고 있으며, 전자 정무, 정보 자원 개발, 정보 보안, 전자 상거래 등 계획을 연구 및 설계하고 있다. 국가발전개혁위원회 전자정무공정센터와 국제정보연구소를 운영하고 있다.

★ **상하이국제문제연구원**上海國際問題硏究院(국제관계)
- 설립 연도: 1960년
- 주관 부처: 상하이시 정부
- 홈페이지: http://www.siis.org.cn
- 국제정치, 경제, 외교, 안보 등 분야의 전방위적인 연구를 통해 당과 정부의 정책 결정을 제언하는 연구 기관이다. 외교정책연구소, 비교정치와 공공정책연구소 등 7개 연구소와 해양과 극지연구센터, 서아시아-아프리카연구센터 등 6개 연구센터를 운영하고 있으며, 『국제전망』國際展望을 정기적으로 발간한다.

★ **칭화대학 국정연구원**淸華大學國情硏究院(종합형)
- 설립 연도: 2000년
- 주관 부처: 칭화대학 공공관리학원
- 홈페이지: http://www.iccs.tsinghua.edu.cn
- 중국과학원과 칭화대학 공공관리학원이 학술 협력을 위해 국정연구센터를 발족한 이후 2012년 칭화대학 공공관리학원, 교육연구원, 인문사회과학학원 등이 참여하여 "과학 연구의 실체에 연구 네트워크를 더한 연구 기관"을 표방하며 국정연구원으로 명칭을 변경했다. 중국의 발전에 대한 국제 환경 및 국내 정세 변화, 발전 전략과 계획 등을 중점적으로 연구하며 정책적 함의를 제공하고 있다. 출범 이후 국가사회과학기금, 국가자연과학기금, 국가발전개혁위원회, 재정부, 교육부, 과학기술부 등에서 발주한 150여 건의 프로젝트를 시행했다.

★ **베이징대학 국가발전연구원**北京大學國家發展硏究院(경제)
- 설립 연도: 2008년
- 주관 부처: 베이징대학
- 홈페이지: http://nsd.pku.edu.cn
- 경제학을 포괄적으로 연구하는 종합 연구 기관으로, 1994년 설립된 중국경제연구센터中國經濟硏究中心가 2008년 국가발전연구원으로 확대 개편되었다. 정부-시장 관계, 신농촌 건설, 국유 기업 개혁, 주식시장 거버넌스, 인구정책 및 경제구조 조정 등을 중점적으로 연구하여 영향력 있는 정책 제언을 하고 있다. 중국 대학 부설 싱크 탱크의 선도자 역할을 하고 있으며 2016년에 국가 최고급 싱크 탱크로 선정되었다. 미중 경제 대화와 미중 위생 대화 등을 주관한다.

★ **베이징대학 국제전략연구원**北京大學國際戰略硏究院(국제 관계)
- 설립 연도: 2013년
- 주관 부처: 베이징대학 국제관계학원

- 홈페이지: http://www.ciss.pku.edu.cn
- 2007년 설립된 국제전략연구센터가 2013년 연구원으로 승격되었다. 세계 정치, 국제 안보, 국제 전략 등의 분야를 중점적으로 연구하고 있으며 생태환경, 공공위생, 자연재해 등 비전통 안보 분야로 연구 범위를 확대하고 있다. 『중국국제전략평론』中國國際戰略評論, 『베이징대학 국제전략연구총서』北京大學國際戰略研究總書 등을 발간한다.

★ **중국인민대학교 국가발전과 전략연구원**中國人民大學國家發展與戰略研究院(종합형)
- 설립 연도: 2013년
- 주관 부처: 중국인민대학교
- 홈페이지: http://nads.ruc.edu.cn
- 2015년 국가 "고급 싱크 탱크" 건설 시범 기구 중 하나로 선정되었을 뿐만 아니라 "2017 중국 100대 대학 싱크 탱크"에서 1위를 차지했다. 정치 거버넌스와 법치 건설, 경제 거버넌스와 경제 발전, 사회 거버넌스와 사회 혁신 등 국가 거버넌스 현대화를 중점적으로 연구하고 있다. 국가거버넌스연구센터, 국제전략연구센터, 수도발전과전략연구원, 글로벌 공공외교연구센터 등 15개 연구센터를 운영 중이다.

★ **중국인민대학교 충양금융연구원**人大重陽金融研究院(경제)
- 설립 연도: 2013년
- 주관 부처: 중국인민대학교
- 홈페이지: http://www.rdcy.org
- 중국인민대학교 출신 치귀건裘國根 충양투자 회장의 기부로 설립된 싱크 탱크로, 생태환경연구센터, 글로벌 거버넌스연구센터, 미중 인문교류연구센터를 설립하여, 글로벌 거버넌스, 일대일로, 대국 관계, 녹색 금융, 거시 경제, 싱크 탱크 구축 등을 중점적으로 연구하고 있다.

저자 소개 (가나다순)

강광문
도쿄대학교에서 법학 박사 학위를 받았으며, 주요 연구 영역은 헌법사상, 중국법, 일본법 등이다. 도쿄대학교 법학정치학연구과 연구원, 하버드대학교 방문학자를 역임했으며, 현재는 서울대학교 법학전문대학원 교수로 재직 중이다. 주요 논문으로는 「일본에서 독일 헌법 이론의 수용에 관한 연구」, 「중국헌법의 계보에 관한 일고찰」 등이 있으며, 저서로 『중국법 강의』, 『일본 헌법과 헌법소송』 등이 있다.

강수정
노팅엄대학교에서 박사 학위를 받았으며, 주요 연구 영역은 중국의 대외 전략, 외교정책, 국제 관계 등이다. 고려대학교 아세아문제연구원과 성균관대학교 성균중국연구소 연구교수를 역임했으며, 현재는 조선대학교 정치외교학과 조교수로 재직 중이다. 주요 논문으로는 「중국의 글로벌 거버넌스 전략 내러티브 분석」, "Domestic Bureaucratic Politics and Chinese Foreign Policy" 등이 있다.

고영희
성균관대학교에서 박사 학위를 받았으며, 주요 연구 영역은 중국의 근현대 문화 및 문화 정책이다. 성균관대학교 HK연구교수를 역임했으며, 현재 한국농수산대학교 강사로 재직 중이다. 주요 논문으로 「1930년대 중국영화 검열제도와 담론 연구」 등이 있다.

곽배성
고려대학교에서 경영학 박사 학위를 받았으며, 삼성, 제너럴 일렉트릭GE 등에서 근무 및 컨설팅 프로젝트에 참여했다. 현재 포스코경영연구원POSRI 전략컨설팅센터 수석연구원으로 재직 중이며 글로벌 전략과 관련된 연구를 수행하고 있다. 주요 논문으로 「포스코의 글로벌 과정과 사회적책임CSR 활동의 역할: 한국과 중국에서의 CSR 활동 비교를 중심으로」 등이 있다.

김광일
푸단대학교에서 문학 박사 학위를 받았으며, 주요 연구 영역은 중국 고전 문헌학, 특히 동아시아 한자 문헌의 환류 체계이다. 고려대학교 중국학연구소 연구교수를 역임했으며, 현재 서울시립대학교 중국어문화학과 교수로 재직 중이다. 주요 논문으로 「《隋書》〈經籍志〉는 어떻게 만들어졌는가」 등이 있다.

김도경

푸단대학교 사회학과에서 중국의 한 자녀 정책에 대한 연구로 박사 학위를 받았으며, 주요 연구 영역은 중국의 사회 문화이다. 특히 문화사회학의 맥락에서 중국 사회에 나타나고 있는 다양한 변화에 초점을 맞추고 있다. 성균중국연구소 연구교수를 거쳐 현재 한국교원대학교 중국어교육과 부교수로 재직 중이다. 주요 저서로『탈향과 귀향 사이에서』(역서), 『도시로 읽는 현대 중국』(공저) 등이 있다.

김도희

베이징대학교에서 정치학 박사 학위를 받았으며, 주요 연구 영역은 중국의 국가-사회 관계, 중국의 시민사회 등이다. 서강대학교 동아연구소 전임연구원을 지냈으며, 현재 한신대학교 중국학과 교수로 재직 중이다. 주요 논문으로 "Formation of Urban Community and Its Significance: The Case Study of South Korea and China" 등이 있다.

김동하

한국외국어대학교에서 국제경제학 박사 학위를 받았으며, 주요 연구 영역은 중국 경제·산업·기업 등이다. 포스코경영연구원 베이징 대표, 대한중국학회 부회장을 역임했고, 현재 부산외국어대학교 중국학부 교수 및 글로벌지식융합학회 부회장, 중국지역학회 회장이다. 주요 저서로『위안화 경제학』,『차이나 머천트』,『중국 MZ세대와 미래』,『중국인문경제지리』등이 있다.

김미란

연세대학교에서 중국 현대문학으로 박사 학위를 받았으며, 성공회대학교 교수로 재직 중이다. 현대 중국의 여성 문제를 주로 근대성, 사회주의, 시장 개혁, 재생산과 노동을 중심으로 연구하고 있다. 저서로『현대 중국여성의 삶을 찾아서: 국가, 젠더, 문화』,『한중 여성 트랜스내셔널하게 읽기: 지식, 인구, 노동』이 있다.

김부용

서울대학교에서 경제학 박사 학위를 받았으며, 주요 연구 영역은 중국 경제이다. 대외경제정책연구원KIEP 중국권역별성별연구팀 부연구위원을 지냈으며, 현재 인천대학교 동북아국제통상물류학부 교수로 재직 중이다. 주요 논문으로 "Dynamics of the growth-inequality nexus in China: Roles of surplus labor, openness, education, and technical change in province-panel analysis"가 있다.

김상규

칭화대학교에서 정치학 박사 학위를 받았으며, 주요 연구 영역은 국제 관계 이론, 비전통 안보, 중국의 대외 정책 등이다. 한양대학교 박사후 연구원, 한양대학교 중국문제연구소 연구교수를 역임했으며, 현재 경기연구원 글로벌지역연구실 연구위원으로 재직 중이다. 최근 주요 논문으로는 "Chinese Structural Power in Central and East Europe: A Case Study of Hungary and Serbia", 「한국의 지방 외교 활성화 방안 연구」 등이 있다.

김선재
지린대학교에서 국제관계학 박사 학위를 받았으며, 주요 연구 영역은 중국-러시아 관계, 중국 정치, 의회 외교 등이다. 통일연구원 객원연구원, 외교부 동북아시아국 전문연구원, 국회도서관 해외자료조사관 등을 거쳐 현재 제주대학교 정치외교학과 교수로 재직 중이다. 주요 논문으로 「중국의 글로벌사우스 전략: 국제사회이론의 관점에서」 등이 있다.

김성수
서울대학교 법학대학원에서 법학 박사 학위를 취득하고 경찰대학 법학과 교수로 재직 중이다. 중국 공안대학 교환교수를 다녀왔고, 민사법학회 동아시아 민법 국제학술대회의 중국과 대만 교류와 가족법학회의 중국가족법 연구회 회장을 맡고 있다. 주요 저서로는 『중국불법행위법(1)』, 『중국법개론』(공저), 『대만민법전(중화민국민법전)』(한글번역) 등이 있다. 중국 민법전과 그 사법해석 및 그 전의 민사법에 대해 연구하고 국내에 소개하고 있다. 이외에 대만민법과 홍콩민사법, 마카오 민법의 연구도 병행하고 있다.

김소연
성균관대학교에서 정치학 박사 학위를 받았으며, 주요 연구 영역은 중국 외교, 한중 관계 등이다. 경기연구원, 통일연구원 연구원으로 근무했으며, 현재는 성균중국연구소 연구교수로 재직 중이다. 주요 논문으로 「동아시아 동맹국의 대중국 헤징전략 비교 연구」, 「비동맹 국가 헤징전략의 지속가능성 탐색」 등이 있다.

김수영
위스콘신대학교 매디슨 캠퍼스에서 역사학 박사 학위를 받았으며, 주요 연구 영역은 근현대 중국 지식인들의 형성 과정 및 그 사상에 대한 역사적인 연구이다. 현재 국민대학교 중국학부 교수로 재직 중이며, 주요 논문으로 「중국 근대 지식지형의 형성과 패러다임」 등이 있다.

김수한
중국사회과학원에서 정부 이론을 전공으로 법학 박사 학위를 받았으며, 주요 연구 영역은 중국 정치경제, 동아시아 도시 외교 등이다. 서울시립대학교 박사후 연구원, 인천대학교 HK연구교수를 거쳐 현재 인천연구원 연구위원으로 재직 중이다. 주요 저서로 『중국지역연구 I~IV』 등이 있다.

김시중
브라운대학교에서 경제학 박사 학위를 받았으며, 주요 연구 영역은 중국의 체제 개혁과 경제 발전의 관계이다. 대외경제정책연구원 연구위원과 영남대학교 경제금융학부 교수, 서

강대학교 국제대학원 교수를 거쳐 현재 서강대학교 명예교수로 있다. 주요 논문으로 「중국의 경제 발전 방식 전환의 진전도 평가」 등이 있다.

김애경
베이징대학교에서 국제정치학 박사 학위를 받았으며, 주요 연구 영역은 중국의 외교 전략이다. 서울대학교 국제문제연구소에서 연구원으로 근무했으며, 현재 명지전문대학 중국어비즈니스과 교수로 재직 중이다. 주요 논문으로는 「마오쩌둥 시기 중국의 주권 정책: 중·소 동맹과 중·영, 중·일 수교 과정을 중심으로」 등이 있다.

김영미
서울대학교에서 법학 박사 학위를 받았으며, 주요 연구 영역은 행정법, 입법학과 중국법이다. 서울대학교 법학전문대학원 법무지원실장, 대한변협 사무차장 및 법제처 사회문화법령해석과장을 역임했으며, 대한변협 우수변호사상, 인사혁신처장 표창 등을 받았고, 현재 감사원 산업금융감사국 감사관으로 재직 중이다. 주요 논문으로 「정부 및 국회 입법영향분석제도의 법제화 방안」 등이 있으며, 저서로 『중국법 강의』 등이 있다.

김예경
베이징대학교에서 국제정치학 박사 학위를 받았으며, 주요 연구 영역은 중국의 정치 외교이다. 연세대학교와 경희대학교에서 학술연구교수를 지냈으며, 현재 국회입법조사처 입법조사관으로 재직 중이다. 주요 논문으로 "The European Union, Regional Integration, and Conflict Transformation in the South China Sea Territorial Disputes" 등이 있다.

김용신
하와이대학교에서 정치학 박사 학위를 받았으며, 주요 연구 영역은 중국 정치경제 및 기술, 산업 정책, 경제 안보 영역에서 미중 전략 경쟁 등이다. 세종대학교 중국통상학과 조교수를 역임했으며, 현재 인하대학교 중국학과 교수 및 인하중국학연구소 소장으로 재직 중이다. 주요 논문으로 "The US-China Chip War, Economy-Security Nexus, and Asia" 등이 있다.

김윤태
국립대만대학교에서 사회학 박사 학위를 받았으며, 주요 연구 영역은 이민학, 한상, 재중 한국인, 조선족, 중국 사회 등이다. 현재 동덕여자대학교 중어중국학과 교수이자 한중미래연구소 소장으로 재직 중이며, 외교부 재외동포정책 실무위원으로 활동하고 있다. 주요 논문으로 「台頭する中国と政治リスク―日韓台 ビジネスマン ビジネスマンの対中認識 比較(仮)」 등이 있다.

김지연
캠버웰 아트 칼리지에서 시각예술을 공부했으며, 한국예술종합학교 미술원에서 미술 이론

전문사로 석사 학위를 받았다. 중국은 물론 동아시아 현대미술과 시각 문화에 대해 연구하고 있으며, 주요 저서로 『중국현대미술의 얼굴들』 등이 있다.

김태연
베이징대학교에서 문학 박사 학위를 받았으며, 주요 연구 영역은 중국 대중문화이며, 특히 디지털 미디어와 문화의 관계에 집중하고 있다. 현재 서울시립대학교 중국어문화학과 교수로 재직 중이다. 주요 논문으로 「小粉紅과 사이버 민족주의의 새로운 경향」, 「중국의 소셜 미디어와 래디컬 페미니즘」 등이 있다.

김한권
아메리칸대학교에서 국제관계학 박사 학위를 받았으며, 주요 연구 영역은 중국 정치와 외교정책이다. 아산정책연구원 중국연구센터장을 역임했으며, 현재 국립외교원 교수 겸 중국연구센터장으로 재직 중이다. 주요 저서와 논문으로는 『미중 전략적 경쟁』(공저), "Evaluating China's Soft Power" 등이 있다.

김현주
칭화대학교에서 철학 박사 학위를 받았으며, 주요 연구 영역은 중국 근현대 철학과 동양 정치사상이다. 성균관대학교 성균중국연구소 연구교수로 재직했으며, 현재는 원광대학교 한중관계연구원 사무국장과 철학과 교수로 재직 중이다. 주요 논문으로는 「동북아시아 평화공생체를 위한 새로운 공간정치의 모색」, 저서로는 『중국의 근대, 근대의 중국』(공저), 『시민의 조건, 민주주의를 읽는 시간』(공저) 등이 있다.

김흥규
미시간대학교에서 정치학 박사 학위를 받았으며, 주요 연구 영역은 미중 관계, 중국 외교 안보, 동북아 국제정치이다. 국립외교원 교수를 역임했으며, 현재 아주대학교 정치외교학과 교수와 미중정책연구소 소장으로 재직 중이다. (사)플라자프로젝트 이사장이기도 하다. 주요 저서로는 『신국제질서와 한국 외교전략』 등이 있다.

남수중
중국사회과학원에서 경제학 박사 학위를 받았으며, 주요 연구 영역은 거시 경제 및 국제금융 등이다. 대외경제정책연구원 연구원, 국제금융센터에서 선임연구위원, 미주리대학교와 시드니대학교 경제학과 방문학자 및 교환교수를 지냈으며, 현재 공주대학교 경제통상학부 교수로 재직 중이다. 주요 논문으로 "The SDR and influences on the currency swap agreements for RMB" 등이 있다.

노수연
푸단대학교에서 경영학 박사 학위를 받았으며, 주요 연구 영역은 중국 경제 및 중국 기업이다. 대외경제정책연구원 동북아경제본부 부연구위원을 지냈으며, 현재 고려대학교 글로벌비즈니스대학교 교수로 재직 중이다. 주요 논문으로「중국 ESG 경영의 현황과 과제: 그린워싱 문제를 중심으로」가 있다.

류동춘

국립대만대학교에서 문학 박사 학위를 받았으며, 주요 연구 영역은 중국 문자 및 고대 중국어이다. 한국중국학회 회장을 역임했으며, 현재 서강대학교 중국문화학과 교수로 재직 중이다. 주요 저서로『갑골문』등이 있다.

문익준

칭화대학교에서 경제학 박사 학위를 받았으며, 주요 연구 영역은 중국 경제, 공간 계량 경제, 대만 경제, 도시화 등이다. 대외경제정책연구원 중국팀에서 부연구위원으로 근무했으며, 현재 국민대학교 중국학부 부교수로 재직 중이다. 주요 논문으로 "Spatial dependence in knowledge spillover of innovative activity: evidence from China" 등이 있다.

문흥호

한양대학교에서 정치학 박사 학위를 받았으며, 주요 연구 영역은 중국의 외교 안보, 양안 관계 등이다. 오리건대학교 정치학과 초빙교수, 현대중국학회 회장 등을 역임했으며, 한양대학교 국제학대학원 원장 및 중국문제연구소 소장을 거쳐 현재 국제학대학원 명예교수로 재직 중이다. 주요 저서로『13억 인의 미래: 중국은 과연 하나인가』,『대만문제와 양안관계』등이 있다.

민귀식

중국사회과학원에서 정치학 박사 학위를 받았으며, 주요 연구 영역은 공공 정책, 정치 문화, 정치사상 등이다. 현대중국학회장을 역임했으며 현재 한양대학교 국제대학원 동아시아학과 교수와 중국문제연구소 소장으로 재직 중이다. 주요 저서로『한중관계와 문화교류』,『중국과 아세안 1, 2』등이 있다.

박경철

베이징대학교에서 사회학 박사 학위를 받았으며, 주요 연구 영역은 중국 농촌 사회의 변화, 한국 및 중국의 삼농 문제 등이다. 한국농촌경제연구원에서 전문연구원을 지냈으며, 현재 충남연구원 사회통합연구실 연구위원으로 재직 중이다. 주요 논문으로「시진핑 삼농사상의 형성과 발전: 탈빈곤에서 생태문명 건설까지」등이 있다.

박병광

푸단대학교에서 정치학 박사 학위를 받았으며, 주요 연구 영역은 중국의 대외관계, 군사·안보 분야이다. 한국세계지역학회 회장을 역임했으며, 현재 국가안보전략연구원 지역전략연구실 수석연구위원으로 재직 중이다. 주요 논문으로 「시진핑 시기 북중관계에 대한 평가와 전망」 등이 있다.

박인성
중국인민대학교에서 경제학 박사 학위를 받았으며, 주요 연구 영역은 중국과 북한의 도시 및 부동산 분야이다. 국토연구원 연구위원, 중국 저장대학교 도시관리학과 교수, 한성대학교 부동산대학원 교수를 역임했으며, 현재 동북아도시부동산연구원 원장으로 재직 중이다. 주요 저서로 『중국의 도시화와 발전축』, 『중국경제지리론』(공저), 『중국의 토지정책과 북한』(공저) 등이 있다.

박정원
베이징대학교에서 문학 박사 학위를 받았으며, 주요 연구 영역은 중국 현당대문학, 데이터 시각화이다. 현재 한국외국어대학교 중국언어문화학부 교수로 재직 중이다. 주요 저서에는 『데이터 큐레이션 플랫폼』, 『네트워크 데이터 큐레이팅』 등이 있다.

박철현
중국인민대학교에서 사회학 박사 학위를 받았으며, 주요 연구 영역은 중국 사회주의, 기층사회, 도시화 등이다. 현재 국민대학교 중국인문사회연구소 HK연구교수로 재직 중이다. 주요 저서로 『도시로 읽는 현대중국』 등이 있다.

백서인
한국과학기술원KAIST에서 기술경영 공학 박사를 받았으며, 중국의 과학기술 혁신과 첨단산업을 연구하고 있다. 과학기술정책연구원 과학기술외교안보단장을 역임했고, 현재 한양대학교 에리카 글로벌문화통상학부 조교수, LIONS 자율전공학부 인문사회계열 학부장을 맡고 있다.

백승욱
서울대학교에서 사회학 박사 학위를 받았으며, 주요 연구 영역은 중국의 사회변동, 특히 중국 문화대혁명과 중국의 노동 체제 변화이다. 한신대학교 중국지역학과 조교수를 지냈으며, 현재는 중앙대학교 사회학과 교수로 재직 중이다. 주요 저서로 『중국 문화대혁명과 정치의 아포리아』 등이 있다.

서봉교
서울대학교에서 경제학 박사 학위를 받았으며, 주요 연구 영역은 중국 경제와 중국 금융이다. 삼성금융연구소에서 근무했으며, 현재 동덕여자대학교 중어중국학과 교수로 재직 중이다. 주요 저서로 『중국경제와 금융의 이해: 국유은행과 핀테크 은행의 공존』 등이 있다.

서정경
베이징대학교에서 국제정치학 박사 학위를 받았으며, 동아시아 전통 질서의 현대적 의미를 발굴하는 데 학문적 관심이 있다. 연세대학교 동서문제연구원, 성균관대학교 성균중국연구소 연구교수를 거쳐 현재 서울대학교 아시아연구소 선임연구원으로 재직 중이다. Asia-China Dialogue의 발기인이며, 주요 논문으로 "Geopolitical challenges: analyzing the repeated setbacks in Belt and Road Initiative cooperation between South Korea and China" 등이 있다.

서종원
칭화대학교에서 교통공학 박사 학위를 받았으며, 주요 연구 영역은 북한, 중국, 러시아 등 동북아 교통 물류, 유라시아 국제 운송로 등이다. 현재 한국교통연구원 동북아·북한교통연구팀장과 민간투자SOC관리단장으로 재직 중이다. 주요 연구로는 「신북방경제 시대 한중러 교통협력 방안과 효과」, 「중국 동북지역과 연계한 남북중 신新인프라 전략 연구」 등이 있다.

성근제
연세대학교에서 문학 박사 학위를 받았으며, 주요 연구 영역은 중국의 사회주의 및 문화대혁명이다. 성균관대학교 동아시아학술원 HK연구교수를 지냈으며, 현재 서울시립대학교 중국어문화학과 교수로 재직 중이다. 주요 논문으로 「사구타파는 반전통주의인가」 등이 있다.

손민정
서울대학교에서 문학 박사 학위를 받았으며, 주요 연구 영역은 중국어 교육, 특히 중고등학교 중국어 교육과정 및 평가이다. 현재 한국교육과정평가원 중국어교육 담당 연구위원으로 재직 중이다. 주요 논문으로 「중·고등학교 중국어 교육 위상 제고 방안」, 「중국의 일반고 교육과정(2017년판 2020 수정) 고찰」 등이 있다.

송승석
연세대학교에서 문학 박사 학위를 받았으며, 현재 인천대학교 중국학술원 교수이다. 주요 연구 영역은 중국 관행과 화교 문화이다. 저서로는 『인천에 잠든 중국인들』, 논문으로는 「화교에 대한 우리의 차별의식」 등이 있다.

신종호
베이징대학교에서 국제정치학 박사 학위를 받았으며, 주요 연구 영역은 중국 정치경제와 미중 관계 등이다. 국회입법조사처와 경기연구원 및 통일연구원에서 연구 활동을 수행했으며, 현재 한양대학교 에리카 글로벌문화통상학부 교수로 재직 중이다. 주요 논문으로 「시진핑 3기 중국 대외정책의 지속과 변화: '중국특색 대국외교'를 중심으로」, 「중국 일대일로 구상 추진 10년 평가와 미중관계」 등이 있다.

신지선
베이징대학교에서 정치학 박사 학위를 받았으며, 주요 연구 영역은 국제 정치경제, 한중 산업 정책, 북중 관계이다. 현재 성균관대학교 성균중국연구소 책임연구원으로 재직 중이며, 주요 논문으로는 「북한 핵 개발의 환경, 논리, 경로: 중국 경험과의 비교」 등이 있다.

안치영
서울대학교에서 정치학 박사 학위를 받았으며, 주요 연구 영역은 중국의 정치권력 변동의 원인과 기제이다. 현재 인천대학교 중어중국학과 교수로 재직 중이며, 주요 저서로 『덩샤오핑 시대의 탄생』 등이 있다.

양갑용
푸단대학교에서 정치학 박사 학위를 받았으며, 주요 연구 영역은 중국 정부와 정치, 특히 중국 정부 개혁, 엘리트 정치 등이다. 국민대학교 중국인문사회연구소와 한국외국어대학교 중국연구소 전임연구원, 성균관대학교 성균중국연구소 연구교수를 거쳐 현재 국가안보전략연구원 수석연구위원으로 재직 중이다. 주요 논문으로 「정치와 종교의 상관성: 로마 교황청과 중국의 수교 가능성에 주목하여」, 「후진타오 시기와 시진핑 시기 집체학습 연구: 계승과 변화의 중첩과 이반」 등이 있다.

양철
중국인민대학교에서 외교학 박사 학위를 받았으며, 주요 연구 영역은 에너지 협력, 국제정치와 산업 정책의 상관성 등이다. 중국인민대학교 국제에너지전략연구센터 객원연구위원, 성균중국연구소 연구교수를 거쳐 강원연구원 분권연구부 연구위원으로 재직 중이다. 주요 연구로는 「비대면 경제와 중국의 에너지·전력믹스의 전환」 등이 있다.

양평섭
한국외국어대학교에서 지역학 박사 학위를 받았으며, 주요 연구 영역은 중국 경제, 특히 한중 경제협력, 중국의 통상 전략이다. 국제무역연구원 연구위원, 대외경제정책연구원 중국팀장, 북경사무소 소장, 중국경제실장 및 세계지역연구센터 소장, 현대중국학회 회장을 역임했다. 현재 대외경제정책연구원 초청연구위원으로 재직 중이다.

예동근
고려대학교에서 사회학 박사 학위를 받았으며, 주요 연구 영역은 민족 연구 및 지역연구를 바탕으로 한 초국가주의와 소수민족 등이다. 현재 국립부경대학교 중국학과 교수로 재직 중이다. 주요 논문으로 「농촌에서 도시로: 재중동포 기업가 형성과정」 등이 있다.

오병수

푸단대학교에서 역사학 박사 학위를 받았으며, 주요 연구 영역은 중국 근현대 사상사, 학술사, 냉전사 등이다. 성균관대학교 동아시아학술원, 동북아역사재단을 거쳐 현재 동국대학교 인간과미래연구소 연구교수로 재직 중이다. 저역서로『한중 역사교과서 대화: 근대의 서사와 이데올로기』,『당대 타이완의 민족주의의 문화정치』(공역) 등이 있다.

원동욱

베이징대학교에서 국제정치학 박사 학위를 받았으며, 주요 연구 영역은 중국의 일대일로와 주변 외교, 글로벌 사우스 전략 등이며, 현재 동아대학교 국제대학 중국학과 교수로 재직 중이다. 경제사회인문연구회 기획평가위원, 민주평통 상임위원, 현대중국학회 회장 등을 역임했다. 주요 논문으로「글로벌 사우스의 부상과 중국의 대응: '담론'과 '실천'을 중심으로」,「중국의 지정학과 주변외교: '일대일로'를 중심으로」 등이 있다.

유상철

한양대학교에서 중국학 박사 학위를 받았으며, 주요 연구 영역은 중국 정치와 외교, 안보, 국가 전략 등이다. 중앙일보 홍콩 특파원과 베이징 특파원을 역임했으며 현재 중앙일보 중국연구소 소장 겸 차이나랩 대표로 있다. 주요 저서로『2035 황제의 길』,『시진핑 탐구』 등이 있다.

윤종석

서울대학교에서 사회학 박사 학위를 받았으며, 주요 연구 영역은 중국 및 (동)아시아 사회 변동으로, 농민공과 모빌리티, 인구 및 도시·농촌, 산업과 노동에 대해 연구를 진행해 왔다. 서울대학교 아시아연구소에서 선임연구원과 HK연구교수를 지냈으며, 현재 서울시립대학교 중국어문화학과 교수로 재직 중이다. 주요 저서로『중국식 현대화와 시진핑 리더십』(공저),『민간 중국』(공저) 등이 있다.

은종학

칭화대학교 기술경제경영학과에서 경영학 박사 학위를 받았으며, 주요 연구 영역은 중국의 혁신, 과학기술, 산학연 연계이다. 대외경제정책연구원 중국팀 부연구위원, LG경제연구원 중국팀 선임연구원, 중앙일보 기자를 역임했으며, 현재 국민대학교 중국학부 교수로 재직 중이다. 주요 저서로『중국과 혁신: 맥락과 구조, 이론과 정책 함의』, 주요 논문으로 "Explaining the 'University-run enterprises' in China: A theoretical framework for university-industry relationship in developing countries and its application to China" 가 있다.

이강원

서울대학교에서 지리학 박사 학위를 받았으며, 주요 연구 영역은 중국 변경 지역의 정치 생태학과 국경 문제이다. 전북대학교 교수를 거쳐 현재 서울대학교 사회과학대학 지리학과 교수로 재직 중이다. 주요 저서로 『사막중국: 중국의 토지이용 변화와 사막화』 등이 있다.

이건웅
한국외국어대학교에서 문화 콘텐츠로 박사 학위를 받았으며, 주요 연구 영역은 출판·잡지, 문화 콘텐츠이다. 현재 서일대학교 미디어출판학과 교수로 있으며, (사)한국전자출판학회 회장을 맡고 있다. 최근 저서로 『지역과 문화를 살리는 지역서점의 미래』, 『중국문화산업의 이해』 『중국 출판산업 연구』 등이 있다.

이기현
베이징대학교에서 정치학 박사 학위를 받았으며, 주요 연구 영역은 중국의 대외정책, 중국-한반도 관계 등이다. 통일연구원 연구위원을 지냈으며, 현재 한국외국어대학교 Language & Diplomacy 학부 교수로 재직 중이다. 주요 논문으로 "China's Response to the US-led Security Network: Coercion and Alternatives to its Non-alliance policy" 등이 있다.

이남주
베이징대학교에서 정치학 박사 학위를 받았으며, 주요 연구 영역은 중국 사회주의 이론의 변화와 전망이다. 현재 계간 『창작과 비평』 주간을 맡고 있고 성공회대학교 중어중국학과 교수로 재직 중이다. 주요 저서로 『중국 시민사회의 형성과 특징』 등이 있다.

이동률
베이징대학교에서 정치학 박사 학위를 받았으며, 주요 연구 영역은 중국 대외관계, 중국의 영토 분쟁, 중국의 민족주의 등이다. 미국 컬럼비아대학교 방문교수, 현대중국학회 회장을 역임했으며, 현재 동덕여자대학교 중어중국학과 교수로 재직 중이다. 최근 저서로 『1980년대 한중 외교협상 사례 연구』가 있다.

이문기
베이징대학교에서 정치학 박사 학위를 받았으며, 주요 연구 영역은 중국 정치와 한중 관계 등이다. 『현대중국연구』의 편집위원장을 역임했으며, 현재 세종대학교 중국통상학과 교수로 재직 중이다. 주요 논문으로 「중국 민족주의의 세 가지 특성: 역사적 제도주의 시각에서」 등이 있다.

이민규
베이징대학교에서 정치학 박사 학위를 받았으며, 주요 연구 영역은 한중 관계, 중국 외교, 도시 외교 그리고 이민정책 등이다. 마카오대학교 정치행정학과 박사후 연구원과 여시재 부연구위원을 거쳐 서울연구원 연구위원과 국민대학교 겸임교수로 재직 중이다. 주요 저서로 『한중 도시외교 30년: 지방정부 역할을 묻다』와 『국가핵심이익: 한중간 '중국몽' 갈등의 본질』 등이 있다.

이민자

서강대학교에서 정치학 박사 학위를 받았으며, 주요 연구 영역은 중국 호구 제도, 농민공의 시민화, 온라인 공간에서 중국 민족주의 등이다. 캘리포니아 주립대학교 버클리 캠퍼스UC Berkeley와 중국사회과학원 방문학자를 지냈으며, 현재 서울디지털대학교 국제학과 교수로 재직 중이다. 주요 논문으로 "Online Activism by Smart Mobs and Political Change in Southern China" 등이 있다.

이승신

국립정치대학교에서 법학 박사 학위를 받았으며, 주요 연구 영역은 중국의 경제 및 통상, 한·중 경제 관계 연구 등이다. 한양대학교, 중앙대학교, 건국대학교 등에서 강의를 했다. 대외경제정책연구원 중국팀장, 북경사무소장, 중국경제실장을 거쳐 현재 대외경제정책연구원 세계지역연구1센터장을 맡고 있으며, 주요 연구 보고서로 「중국의 중장기 통상전략과 한중 협력 방안」, 「미중 기술경쟁 시대 중국의 강소기업 육성전략과 시사점」 등이 있다.

이영학

베이징대학교에서 국제관계학 박사 학위를 받았으며, 주요 연구 영역은 중국의 외교 안보와 한반도 정책 등이다. 외교통상부 선임연구원과 성균중국연구소 연구교수를 역임했으며, 현재 한국국방연구원 안보전략연구센터 연구위원으로 재직 중이다. 주요 논문으로 「중국 시진핑 지도부의 신 북핵 정책 동향 및 시사점」 등이 있다.

이왕휘

런던정치경제대학교에서 국제정치학 박사 학위를 받았으며, 주요 연구 영역은 국제 정치경제, 미중 관계, 동아시아 발전 국가 등이다. 미국 워싱턴주립대학교 방문학자를 역임했으며, 현재는 아주대학교 정치외교학과 교수로 재직 중이다. 주요 논문으로는 「글로벌 금융위기 이후 중국 발전모델의 변화: 반도체 산업정책 사례」, 「대만의 경제안보: 신남향정책과 반도체 산업」 등이 있으며, 편저서로 『중국사와 국제정치: 21세기 중국 역사공정의 국제정치적 함의』가 있다.

이욱연

고려대학교에서 문학 박사 학위를 받았으며, 주요 연구 영역은 중국의 현대문학 및 문화, 특히 루쉰이다. 현대중국학회 회장을 역임했으며, 현재 서강대학교 중국문화과 교수로 재직 중이다. 주요 저서로 『계몽과 실존의 변주: 루쉰 소설 세계 재해석』 등이 있다.

이율빈

베이징대학교에서 국제정치학 박사 학위를 받았으며, 주요 연구 영역은 중국의 발전 모델과 엘리트 정치 등이다. 현재 성균관대학교 동아시아학술원 책임연구원으로 재직 중이다. 주요 논문으로 「중국 금융 자유화의 점진성과 통화금융 패권화의 한계: '신금융억압 체제'를 사례로」 등이 있다.

이정남

베이징대학교에서 정치학 박사 학위를 받았으며, 주요 연구 영역은 중국의 정치 개혁과 정치체제 전환, 중국의 동아시아 정책과 한중 관계 등이다. 한중전문가 공동연구위원회(제1기) 집행위원(간사) 및 정치 분과 위원을 지냈으며, 현재 고려대학교 아세아문제연구원 교수 및 중국연구센터 센터장을 맡고 있다. 주요 저서로 『민주주의와 중국』(공저) 등이 있다.

이종혁

캘리포니아 주립대학교 샌디에이고 캠퍼스UCSD에서 정치학 박사 학위를 받았으며, 주요 연구 분야는 중국 정치와 권위주의 통치로 특히 엘리트 연구에서 머신러닝과 AI 기법을 혁신적으로 활용한 연구로 주목받고 있다. 싱가포르 난양공과대학교 국제대학원 조교수를 역임했으며, 현재 성균관대학교 정치외교학과 부교수이다. 주요 논문으로는 "Machine-learning Analysis of Leadership Formation in China to Parse the Roles of Loyalty and Institutional Norms", "Limited Elite Power-sharing in a Personalized Regime: Xi Jinping's Strategic Retreat from Local Politics" 등이 있다.

이주영

중국인민대학교에서 경제학 박사 학위를 받았으며, 주요 연구 영역은 중국 지역 경제이다. 성균관대학교 성균중국연구소 수석연구원과 인천대학교 중국학원 학술연구교수, 한양대학교 겸임교수, 산업통상자원부에서 행정사무관으로 근무했다. 주요 저서로 『한중 FTA와 지방경제협력연구』 등이 있다.

이현진

한국과학기술원KAIST 산업 및 시스템공학과에서 박사 학위를 받았다. 현재 대외경제정책연구원 무역통상안보실 부연구위원으로 재직 중이며, 인공지능AI, 5G 등 첨단 정보통신ICT 기술 관련 무역 및 투자 정책에 관한 연구를 수행하고 있다. 주요 논문으로 "Demand modelling for Emergency medical service system with mass-casualties cases: k-inflated mixture regression model" 등이 있다.

이현태

서울대학교에서 중국 경제 연구로 박사 학위를 받았으며, 주요 관심 영역은 한중 경제 관계 및 중국 경제와 글로벌 경제의 상호작용이다. 대외경제정책연구원과 인천대학교에서 근무했으며 현재 서울대학교 국제대학원 교수이다. 주요 논문으로 「중국의 공급망 정책 변화와 중국발 공급망 교란의 영향력 평가」 등이 있다.

이홍규

중국사회과학원에서 법학 박사 학위를 받았으며, 주요 연구 영역은 중국의 정치경제, 민주화, 발전모델 등이다. 서강대학교 동아연구소 전임연구원과 성균관대학교 동아시아지역연구소 책임연구원을 역임했으며, 현재 동서대학교 캠퍼스아시아학과 교수와 중국연구센터 소장으로 재직 중이다. 주요 저서로『동아시아 관문도시와 서발터니티 연구』(공저) 등이 있다.

이희옥

한국외국어대학교에서 정치학 박사 학위를 받았으며, 주요 연구 영역은 중국의 정치 변동, 중국과 한반도 연구 등이다. 베이징대학교, 워싱턴대학교, 나고야대학교, 중국해양대학교 등에서 연구 및 강의를 했다. 현대중국학회 회장을 지냈으며, 성균관대학교 동아시아지역연구소장을 거쳐 현재 성균관대학교 정치외교학과 교수 겸 성균중국연구소 소장을 맡고 있다. 주요 저서로『중국의 국가 대전략연구』등이 있다.

임대근

한국외국어대학교에서 문학 박사 학위를 받았으며, 주요 연구 영역은 중국 영화 및 대중문화를 기반으로 한 문화 및 문화 콘텐츠이다. 한국영화학회 회장, (사)아시아문화콘텐츠연구소 이사장을 맡고 있으며, 한국외국어대학교 Culture & Technology 융합대학 학장으로 재직 중이다. 주요 저서로『중국 초기영화 1896~1931』,『인간의 무늬』,『문화콘텐츠론』등이 있다.

장영석

베이징대학교에서 사회학 박사 학위를 받았으며, 주요 연구 영역은 산업사회학, 그중에서도 중국의 산업 발전과 노동문제 등이다. 현대중국학회 회장을 역임했으며, 현재 성공회대학교 중어중국학과 교수로 재직 중이다. 주요 저서로『글로벌 생산네트워크와 동아시아의 일자리 변동』(공저) 등이 있다.

장영희

국립대만대학교 국가발전연구소에서 박사 학위를 받았으며, 주요 연구 분야는 양안 관계와 대만 정치, 중국 대외 전략이다. 한국연구재단 학술연구교수로 충남대학교 평화안보연구소 연구위원과 연세대학교 국제학대학원 겸임교수로 일하고 있다. 저서로『미중 경쟁과 대만해협 위기』(공저),『중국식 현대화와 시진핑 리더십』(공저) 등이 있고, 주요 논문으로「미중 전략경쟁 시대 양안 안보 딜레마의 동학」등이 있다.

장윤미

베이징대학교에서 정치학 박사 학위를 받았으며, 주요 연구 영역은 중국 정치체제 변화, 중국의 노동 정치 및 사회운동 등이다. 성균관대학교 동아시아학술원, 서강대학교 중국연구소 등을 거쳐 현재 동서대학교 중국연구센터에서 연구교수로 재직 중이다. 주요 저서로『당

치국가 중국: 시진핑 시대 통치구조와 정치의 변화』,『현대중국강의』(공저) 등이 있다.

장정아
서울대학교에서 인류학 박사 학위를 받았고, 주요 연구 영역은 중국 문화유산과 민족주의, 홍콩 정체성이다. 국무총리실 산하 경제인문사회연구회 중국분야 자문위원, 대한민국시도지사협의회 지방외교자문위원, 현대중국학회 부회장, 인천대학교 학생·취업처장 등을 역임했고 현재 인천대학교 중어중국학과 교수이자 중국·화교문화연구소장으로 재직 중이다. 주요 저서로 Intangible Cultural Heritage in Contemporary China(공저),『국경 마을에서 본 국가』(공저) 등이 있고, 주요 논문으로 "When the Whole-nation System Meets Cultural Heritage in China"(공저) 등이 있다.

장지화
중국 연변조선족자치주 검찰원 검사를 역임했고, 고려대학교에서 법학 박사 학위를 받은 후 현재 김·장 법률사무소에서 중국변호사와 숭실대학교에서 겸임교수로 재직 중이다. 주로 기업 범죄, 영업 비밀 보호, 컴플라이언스 시스템과 데이터 안보 시스템 구축에 대한 자문을 제공하고 있다. 주요 저서로『중국법강의』,『형사재판에서의 공격과 방어 요점』, 논문으로는「엄벌주의 현황에 대한 고찰」등이 있다.

전병곤
한국외국어대학교에서 정치학 박사 학위를 받았으며, 주요 연구 영역은 중국의 동아시아와 한반도 정책, 통일 공공 외교 및 한중·북중 관계 등이다. 하얼빈사범대학교 초빙교수를 지냈으며, 현재 통일연구원 석좌연구위원으로 재직 중이다. 주요 논문으로 "China's Sanctions on North Korea after It's Fourth Nuclear Test" 등이 있다.

전형진
중국사회과학원에서 농업경제학 박사 학위를 받았으며, 주요 연구 영역은 중국 농업, 한중 농업 협력 등이다. 국회입법조사처 조사분석지원위원, 경제인문사회연구회 한중 FTA 연구지원단 규범분과 연구위원 등을 지냈으며, 현재 한국농촌경제연구원 중국사무소장으로 재직 중이다. 주요 저서로『한중 FTA 대비 양국간 농산물 교역구조 변화 전망』등이 있다.

정규식
성공회대학교에서 사회학 박사 학위를 받았으며, 주요 연구 영역은 중국의 사회 문화와 산업 노동이다. 원광대학교 한중관계연구원 HK연구교수를 역임했으며, 현재 성공회대학교 노동사연구소 연구교수로 재직 중이다. 주요 저역서로『노동으로 보는 중국』,『서발턴 차이나』(역서) 등이 있다.

정성운
베이징대학교에서 국제정치학 박사 학위를 받았으며, 주요 연구 영역은 중국의 기후 환경 정치와 거버넌스이다. 현재 한국환경연구원 연구원으로 재직 중이며, 주요 논문으로「중국 재생에너지정책의 권한 분배구조 결정요인 분석: 관료정치적 관점에서」등이 있다.

정일영
뉴욕주립대학교 버펄로 캠퍼스에서 경영학 박사 학위를 받았으며, 주요 연구 영역은 바이오 및 디지털 헬스케어 혁신 정책 연구 등이다. OECD 기술혁신정책작업반TIP 한국 대표단과 과학기술정보통신부 제4차 생명공학육성기본계획 기획위원 등을 역임했으며 현재 과학기술정책연구원 혁신성장실 연구위원으로 재직 중이다. 주요 논문으로「소비자의뢰 유전자검사 구매 의도 및 목적에 영향을 미치는 요인 연구」등이 있다.

정지현
중국사회과학원에서 경제학 박사 학위를 받았으며, 주요 연구 영역은 중국 지역 경제, 중국 경제 무역 및 산업 정책, 한중 경제 무역 협력 등이다. 대외경제정책연구원 북경사무소 소장 등을 역임하고 현재 중국팀 팀장으로 재직 중이다. 주요 저서로『시진핑 시기 중국의 글로벌 영향력 강화 전략 평가와 시사점』,『중국의 탄소가격정책이 한중 경제관계 변화에 미치는 영향 및 시사점』,『중국 지역별 환경시장 특징 및 협력방안』등이 있다.

정해용
베이징대학교에서 정치학 박사 학위를 받았으며, 주요 연구 영역은 비교 행정 및 중국 국내 정치 등이다. 신라대학교 국제교류처장, 교육지원처장 등을 지냈으며, 현재 신라대학교 행정학과 교수로 재직 중이다. 주요 논문으로「중국의 국가공무원제도 개혁」등이 있다.

정해인
베이징대학교 정부관리학원에서 박사 학위를 받았다. 주요 연구 분야는 중국의 정치경제, 비교 정치경제이다. 현재 성균중국연구소 책임연구원으로 재직 중이며, 주요 논문으로「김정은 시기 북한의 대중 전략적 선택: 전망이론을 중심으로」(공저)가 있다.

정환우
한국외국어대학교에서 정치학 박사 학위를 받았으며, 주요 연구 분야는 중국의 대외 경제 정책, 한중 경제 관계, 동아시아 통상 관계 등이다. 상하이사회과학원 박사후 연구원, 국제무역연구원 연구위원을 역임했으며, 현재 대한무역투자진흥공사KOTRA의 선임연구위원으로 재직 중이다. 주요 논저로「한중 무역구조의 특징으로 본 한중 FTA의 협상과제」,『한중 수교 30년, 평가와 전망』(공저) 등이 있다.

조경란
성균관대학교에서 철학 박사 학위를 받았으며, 주요 연구 영역은 동아시아 근현대 사상, 중국 현대 정치사상이다. 베이징대학교 인문과학연구원에서 초빙학자를 역임했으며, 현재 연세대학교 국학연구원 교수로 재직 중이다. 주요 저서로『현대 중국 지식인 지도』,『국가, 유학, 지식인』 등이 있으며, 옮긴 책으로는『리버럴의 질문』이 있다.

조문영
스탠퍼드대학교에서 인류학 박사 학위를 받았고, 캘리포니아 주립대학교 버클리 캠퍼스 중국학센터에서 박사후 연구원을 지냈다. 주요 연구 영역은 중국과 한국의 빈곤, 노동, 청년, 사회 통치 등이다. 현재 연세대학교 문화인류학과 교수로 재직 중이다. 주요 저서로 *The Specter of "The People": Urban Poverty in Northeast China*,『빈곤 과정: 빈곤의 배치와 취약한 삶들의 인류학』, 편저로『민간 중국: 21세기 중국인의 조각보』,『문턱의 청년들: 한국과 중국, 마주침의 현장』 등이 있다.

조성민
조지타운대학교에서 정치학 박사 학위를 받았으며, 주요 연구 영역은 미중 관계, 안보 정책이다. 미국 국방부 산하 아시아-태평양안보연구센터에서 미국 및 동맹국의 고위급 장교들 교육을 담당했고, 현재 성균관대학교 정치외교학과 부교수로 재직 중이다. *World Politics* 및 *Journal of Contemporary China* 등 저명 학술지에 단독 저자로 논문을 출판했으며, 미국 CSIS, 브루킹스 연구소의 요청으로 칼럼을 출판했다.

조성재
서울대학교 경제학과에서 박사 학위를 받은 후 한국노동연구원에서 노사관계 및 노동 경제와 관련한 다양한 연구를 수행해 왔다. 주로 중국에 진출한 한국 기업들과 중국 기업들의 산업 경쟁력과 이와 연관된 인력 관리에 대해 현장 조사에 기반하여 여러 논문과 보고서를 발표했다. 중산대학교에서 객원교수를 역임했으며, 최근에는 기술의 발전이 노동에 미치는 영향을 한중 간에 비교하는 데 관심을 갖고 있다.

조영남
서울대학교에서 정치학 박사 학위를 받았으며, 주요 연구 영역은 비교 정치(중국 지역연구), 그중에서도 개혁기 중국 정치사이다. 하버드-옌칭연구소 방문학자를 역임했으며, 현재 서울대학교 국제대학원 교수로 재직 중이다. 주요 저서로『덩샤오핑 시대의 중국』 등이 있다.

조철
서울시립대학교에서 경제학 박사 학위를 받았으며, 주요 연구 영역은 주력 산업 발전 정책, 자동차 산업, 한중 산업 협력 등이다. 뉴저지공과대학교 정보시스템학과 방문학자, 한국자동차산업학회 부회장, 산업연구원 북경지원 수석대표, 주력산업연구실장, 중국산업연구부장, 산업통상연구본부장 등을 역임했으며, 현재 산업연구원 선임연구위원으로 재직 중이다. 주요 저서로『한·중 분업 및 경쟁구조 변화 전망과 우리 산업의 발전 방향』등이 있다.

조형진
서울대학교에서 정치학 박사 학위를 받았으며, 주요 연구 영역은 중국 농촌 및 재정, 한중 관계 등이다. 주중국대한민국대사관 선임연구원, 중국 중산대학교 방문학자, 대만 정치대학교 방문학자를 역임했으며, 현재 인천대학교 중국학술원 교수로 재직 중이다. 주요 저서로『중국의 사회주의 신농촌 건설과 기층거버넌스』등이 있다.

주영하
중국중앙민족대학교에서 민족학(문화인류학) 박사 학위를 받았으며, 주요 연구 영역은 동아시아 음식의 역사와 문화다. 한국학중앙연구원 장서각 관장을 역임했으며, 현재 한국학중앙연구원 한국학대학원 문화예술학부 교수로 재직 중이다. 주요 저서로『중국, 중국인, 중국음식』등이 있다.

차정미
연세대학교에서 정치학 박사 학위를 받았으며, 주요 연구 영역은 중국 과학기술 외교, 군사혁신, 미중 기술 경쟁이다. 중국사회과학원 방문학자, 국가안보전략연구원 선임연구원, 연세대학교 연구교수를 역임했으며, 현재 국회미래연구원 연구위원으로 재직 중이다. 주요 논문으로「미중 전략경쟁과 과학기술 외교의 부상」등이 있다.

최정석
중국사회과학원 공업경제연구소에서 경제학 박사 학위를 받았으며, 주요 연구 영역은 중국 경제, 산업 경제, 특히 산업 간 전후방 파급효과 등이다. 주중국대한민국대사관 경제전문가, 성균관대학교 현대중국연구소 박사후 연구원을 역임했으며, 현재 선문대학교 외국어학부 중국어문화학과에 교수로 재직 중이다. 주요 논문으로 "The Economic Effect of the Steel Industry on Sustainable Growth in China: A Focus on Input-Output Analysis", "The Economic Effects of China's Distribution Industry: An Input-Output Analysis" 등이 있다.

최필수
칭화대학교 경제관리학원에서 경영학 박사 학위를 받았으며, 주요 연구 영역은 중국 거시 경제와 기업이다. 대외경제정책연구원에서 중국팀장을 역임했으며, 현재 세종대학교 국제학부 교수로 재직 중이다. 주요 논문으로 "Conditions for introducing property tax in China in terms of replacing land sales revenue-models and verification" 등이 있다.

추장민
베이징대학교에서 환경과학 박사 학위를 받았으며, 주요 연구 영역은 국제 환경 정책, 중국 환경, 한중 환경 협력 등이다. 대통령직속 정책기획위원회 미래정책연구단장을 역임했으며, 현재 한국환경연구원 선임연구위원으로 재직 중이다. 주요 저서로 『한중 탄소중립 협력 활성화 방안 연구』 등이 있다.

표나리
칭화대학교에서 정치학 박사 학위를 받았으며, 주요 연구 영역은 중국의 대외관계와 외교, 비전통 안보, 문화와 국제 관계이다. 현재 국립외교원 인도태평양연구부 조교수로 재직 중이다. 주요 논문으로 "The Uniqueness of China Aid: Analysis from the Culture and Values point of view", 정책 보고서로 「중국의 회색지대 전략과 3전의 전개: 한국에 대한 함의」 등이 있다.

하남석
한국외국어대학교에서 중국학 박사 학위를 받았으며, 주요 연구 영역은 중국의 체제 변동과 대중 저항 등이다. 현재 서울시립대학교 중국어문화학과 교수로 재직 중이며, 주요 저서로 『중국 공산당 100년의 변천』(공저), 『팬데믹 이후 중국의 길을 묻다』(공저)가 있으며 역서로 『차이나 붐』, 『제국의 충돌』, 『방법으로서의 글로벌 차이나』 등이 있다.

허재철
중국인민대학교에서 정치학 박사 학위를 받았으며, 주요 연구 영역은 중국과 일본을 중심으로 한 동아시아 지역연구이다. 특히, 미디어와 네트워크 이론을 통한 국제 관계 분석 및 경제 안보 이슈에 관심을 가지고 있다. 원광대학교 한중관계연구원 연구교수, 일본 리츠메이칸대학교 일본학술진흥회 연구원 등을 거쳐 현재는 대외경제정책연구원 연구위원으로 재직 중이다. 주요 저서로 『국제사회의 중국 담론에 대한 분석과 시사점』(공저), 『미중 전략 경쟁 시기의 대만 문제와 한국의 경제안보』 등이 있다.

황리나
서울대학교에서 법학 석사 학위를 받았으며, 주요 업무 분야는 외국인 직접투자, 인수 합병, 데이터 컴플라이언스, 엔터테인먼트 법률 및 회사법 관련 자문이다. 현재 한중법학회 국제이사, 베이징 엔터테인먼트법학회 위원, 선전 데이터거래소 데이터 컴플라이언스 전문가로 활동하고 있으며, 중국 경천공성 법률사무소 변호사로 재직 중이다. 주요 저서로 『중국 회사법』(제2판, 공저), 『중국 비즈니스와 법』(공저) 등이 있다.

황태연
베이징대학교에서 정치학 박사 학위를 받았으며, 주요 연구 영역은 중앙-지방 관계, 한중·북중·미중 관계 등이다. 대전대학교 안보군사연구원 조교수, 성균중국연구소 책임연구원 등을 역임했으며, 현재 통일연구원 부연구위원으로 재직 중이다. 주요 논문으로 「중국 국가 감찰위원회 신설과 특징: 권위주의적 통제강화와 법·제도화의 딜레마」 등이 있다.

찾아보기

1-Z
〈3자 기업법〉 426, 427
5.4 운동 38, 39, 41, 55, 453-455, 458
6G 11, 333, 497, 498, 500
6자 회담 539, 540, 542
85 미술 운동 444
CSR(기업의 사회적 책임) 397-399
SNS 11, 184, 226, 267, 269, 271, 272, 395, 445, 476
WTO 가입 61-63, 126, 171, 173, 177, 192, 235, 316, 349, 352, 354, 355, 358, 396, 489, 521, 529

ㄱ
가오카오 256-258, 260
강군몽 168
강대국 외교 185-187
격대지정 82, 91
격자 248
경제 안보 166, 169-172, 198, 308, 492, 522
계약 149, 406, 422-424
계획생육 26, 27, 250, 252, 476
고고도 미사일 방어 체계(사드) 10, 171, 449, 517, 534, 537, 538, 550, 553, 556, 557
고속철도 298, 349, 351, 382, 386, 390
고품질 발전 127, 306, 309, 312, 315, 337, 383
공견전 275
공공 외교 65, 66, 179-181, 184, 187, 552
공동 부유 78, 127, 141, 224, 292, 348
공무원 100, 101, 110, 118, 147-150, 276, 419
공산주의 운동 41, 42

공자학원 180, 183
과학발전관 83-86
관광객 14, 534, 536-538
관세 62, 68-70, 171, 352-354, 359, 497, 525-527
   비관세장벽 69, 352, 354, 527
구교연맹 260
구동존이 555
국가감찰위원회 137-139, 413
국가발전개혁위원회 100, 243, 279, 285, 381, 385, 398
국가안전법 116, 117, 120-122
국가안전수호조례 121
국가안전위원회 160, 164, 165, 169
국공합작 41, 108
국무원 76, 96, 99, 100, 102, 111, 112, 118, 137, 144, 147, 149, 161, 233, 235, 239, 242, 245, 262, 268, 279, 287, 291, 297, 315, 335, 346, 374, 376, 381, 385, 394, 413, 421, 436, 437, 449, 479, 511, 552
국안위 → 중앙국가안전위원회
국유 기업 62, 69, 77, 126, 145, 147, 230, 241, 264, 290, 295, 315, 316, 319, 325, 372, 374, 390, 391, 394, 398, 418, 440
국제적 담론권(발언권) 143
그림자 금융 315
글로벌 거버넌스 152, 154, 187, 280, 492, 507, 509
글로벌 문명 이니셔티브GCI 166
   글로벌 발전 이니셔티브GDI 166
   글로벌 안보 이니셔티브GSI 166, 167
글로벌 사우스 155, 188-190, 193, 222, 441, 494, 510
기층 조직 87, 88, 90, 249

ㄴ

남순 강화 56, 59, 60, 62, 316
노동계약법 230
노동법 230
녹색 전환 274, 275, 309
농민공 231, 235, 239, 243, 295, 296, 298-300, 325, 326
뉴노멀(신창타이) 219

ㄷ

다극화 154, 155, 188, 517
다당합작제 108
단위 체제 290-292
당-국가 체제 76, 77, 79, 105, 112, 132, 134, 135
당장黨章 59, 105, 127, 154, 218
대국 외교 152, 174, 517
〈대만관계법〉 192
대장정 42, 83
대중조직 48-50, 111
대중창업 만인혁신 379
더우인 271, 272
덩샤오핑 46, 51-56, 58, 59, 71, 80, 82, 83, 85, 86, 91, 105, 114, 118, 133, 140, 192, 196, 202, 209, 235, 351, 405, 439, 468, 488, 505
　덩샤오핑 이론 59, 83-85
도농 이원 구조 25, 231, 289
동반자 관계 200, 212, 516, 517, 555, 556
동북 진흥 380
두 개의 100년 86, 140
디리스킹 155, 171, 202
디커플링 171, 492, 550
딩쉐샹 88, 490

ㄹ

라오싼제 475, 477
리창 88
리커창 82, 83, 162, 164
링링허우(00허우) 269, 476, 477
바링허우(80허우) 476
주링허우(90허우) 476, 477
지우링허우(90허우) 269

ㅁ

마오쩌둥 14, 15, 41-45, 48-52, 71, 80, 82-84, 105, 113, 133, 156, 183, 195, 199, 233, 234, 266, 439, 444, 468, 470
　마오쩌둥 사상 59, 83-86
문화대혁명(문혁) 15, 48-53, 83, 85, 92, 108, 113, 156, 177, 195, 236, 250, 282, 352, 409, 417, 443, 440, 444, 445, 454, 456, 458, 468, 472, 475, 477, 488
물권 345, 421-423
미·중 무역 분쟁 68-70, 368, 370
미세먼지(초미세먼지) 273, 275
민간 조직 77, 247, 285-288
민법전 405, 406, 421-424
〈민법총칙〉 422
민생 224, 226, 227, 347, 476
민족 자치 30, 31, 282-284
민주당파 108, 109, 148

ㅂ

반덤핑 63, 530, 531
반도체 70, 171, 193, 198, 307, 313, 322, 331, 332, 335, 350, 361, 362, 491, 498, 502, 522, 523, 525, 530-532, 557
반부패 운동 135, 138, 139
반우파 46, 48, 108, 468
반중 66, 179, 301, 556
　반한 549
백지 시위 302, 303
백화제방, 백가쟁명(쌍백) 44-46
법치 101, 116, 120, 130, 131, 139, 148, 255, 403
베이더우 506-508, 510
베이징 올림픽 64-67, 117, 179, 351, 398, 440, 444
베이징 컨센서스 124, 142

보장성 주택 347, 348
보통화 34, 35
분세제 114
불법행위책임 422-424
불통불독 211
비야디BYD 332, 335, 390, 391

ㅅ

사구社區 90, 226, 227, 248, 249, 347
사드 → 고고도 미사일 방어 체계
사법해석 102, 421, 423, 424, 428-430
사인방 50
사회 공작 227, 248, 249
사회 관리 99, 227, 247, 248, 288
사회보험 231, 232, 241, 298
사회주의 법제 405, 425
 사회주의 시장경제 59, 126, 127, 130, 135, 177, 229, 307, 440
 사회주의 초급 단계 85
 사회주의 핵심 가치관 141, 469
 사회주의 현대화 강국 140-142, 254, 329, 505, 507
사회치리 227
사회통제 56, 78, 239, 247, 249, 304
삼개대표 83-85, 98, 159, 312
삼농 문제 227, 233, 235-237, 329
상속 421-424
상업은행 393, 394
상하이협력기구 200, 218
생태 문명 380
 생태 환경 141, 274
샤오미 335, 496
샤오캉 → 소강 사회
샤오훙수 271, 379
샤프 파워 182-184
서부 대개발 283, 358, 380, 384, 385
세제 개혁 308
소강 사회(샤오캉) 131, 140, 224, 237, 450
소비재 332, 386, 524, 529, 532

소프트 파워 65, 125, 179, 182-184, 451
승안신구 378
스마트폰 269, 332, 335, 396, 496, 497
시니컬 리얼리즘(완세주의) 444
시진핑 10, 59, 71-73, 76, 78, 80-84, 86-88, 90, 91, 98, 105, 106, 115, 117, 127, 128, 132-142, 144, 149, 153, 156-160, 162, 164, 166, 169, 171, 174, 175, 178, 180, 186, 187, 189, 193, 197, 200, 201, 203, 204, 206, 207, 210, 218, 236, 237, 247, 250, 251, 268, 274, 278, 279, 284, 286, 287, 289, 291, 292, 296, 301, 303, 308, 311, 313-315, 329, 334, 342, 348, 378, 380, 381, 391, 403, 441, 447, 448, 450, 451, 469, 489, 505, 516, 517, 540, 542, 546, 547
 시진핑 3연임 72, 73
 시진핑 신시대 중국 특색 사회주의 사상 84, 86, 127
신경제 337, 517
신계몽시대 439
신세대 농민공 231, 292
신싼제 475
신좌파 440, 441
신질 생산력 171, 309, 311-313, 315, 333-335, 378, 383, 490, 492
신해혁명 40, 453
신형 도시화 225, 237, 240, 296, 297, 380
 신형 국제 관계 152, 153, 186, 187
 신형 대국 관계 153, 186, 187
실크로드 경제 벨트 387
싱크 탱크 66, 119, 143-146, 159, 160, 180, 183, 213, 278
쌍궤병행 542
쌍백 → 백화제방, 백가쟁명
쌍순환 171, 312, 359
쌍중단 542
쌍탄 목표 341, 343

ㅇ

아시아인프라투자은행 154, 174, 218, 220
양개범시 52, 53
양안 관계 209-211
양자 정보 기술 501-503
양탄일성 51, 488, 505
역내포괄적경제동반자협정 154, 213, 219, 356, 385
영업 집조 427
〈영화산업촉진법〉 448, 451
오성홍기 14, 15
왕훙(왕뤄훙런) 267, 269
왕후닝 88, 98, 159
우산 운동 117
우주 강국 505, 507, 509
원자바오 67, 83
웨이보 269, 271, 476
위안화 국제화 364-366, 369, 370
유학생 260, 261, 484, 485, 520, 536, 549
의법치국 104, 405
〈의용군 행진곡〉 15
이구환신 322
인격권 421, 422, 424
인공지능AI 11, 70, 168, 193, 262, 309, 312, 313, 322, 387, 445, 446, 491-495, 498, 501, 502, 504
인류 운명 공동체 127, 152, 186, 187, 218, 434, 507
인민공사 227, 238, 246, 390
인지제의 113, 114
인터넷 플러스 530
　〈네트워크 안전법〉 268
일국양제 31, 98, 116-118, 209
일대일로 143, 152-154, 171, 174, 178, 189, 202-204, 214, 217-222, 280, 339, 342, 350, 356, 358, 360, 368, 370, 378, 384, 385, 387, 434, 347, 451, 494, 508-510, 517
일중각표 209

ㅈ

자연재해 22-24
자오쯔양 55, 83, 147
자주 혁신 312, 489, 506
장제스 41, 42, 195, 209
장쩌민 71, 80, 83, 85, 98, 105, 132, 159, 235, 260, 312, 313, 468, 489, 516, 517
저우언라이 15, 83, 161, 196
전국인대 → 전국인민대표대회
전국인민대외우호협회 552
전국인민대표대회(전국인대 또는 전인대) 15, 76, 87, 91-97, 99, 102, 110, 119, 121, 122, 137, 154, 161, 164, 200, 241, 242, 268, 311, 313, 405, 408-410, 412, 413, 417, 421, 427, 428, 430
전기 자동차(전기차) 70, 171, 203, 212, 307, 331, 332, 350, 361, 391, 498, 523, 532
전면 두 자녀 정책 26, 251
전인대 → 전국인민대표대회
전자 상거래 64, 226, 266, 339, 340, 390, 395, 527, 532
정법위원회 103, 247, 286
정치국 23, 72, 76, 81, 82, 88-90, 97, 117, 135, 136, 157, 158, 161, 162, 164, 251, 252
정치협상회의 → 중국인민정치협상회의
정협 → 중국인민정치협상회의
제12차 5개년 계획 332, 501
　제13차 5개년 계획 264, 501
　제14차 5개년 계획 245, 313, 369, 501
조선족 28, 35, 483-486, 535
조화사회 83, 85, 86, 468
　조화세계 186
〈종교사무조례〉 467, 469
중간재 353, 522-525, 529, 530, 532
중국 모델 123-128, 291, 301, 440
중국 위협론 65, 180, 183, 186, 192, 550
중국 제조 69, 171, 311, 332, 497
중국-유럽 국제 화물열차 350

중국공산당
 제19차 당대회 82, 84, 91, 127, 132, 137, 152-154, 193, 218, 227
 제20차 당대회 83, 89, 91, 127, 133, 137, 140, 141, 168, 169, 302, 303
 중국공산당 전국대표대회(당대회) 42, 88, 89
중국공산주의청년당(청년당) 96
중국몽(중국의 꿈) 83, 98, 132-134, 141, 168, 186, 187, 193, 218, 284, 291, 329, 434, 448, 451, 505, 507, 547
중국식 현대화 127, 128, 140-142, 155, 307, 441
중국의 꿈 → 중국몽
중국인민정치협상회의(정치협상회의 또는 정협) 14, 15, 96-98, 108, 111, 119, 122, 136, 148, 159, 164, 180, 408
중국인민해방군 105, 106, 164
중련부 → 중앙대외연락부
중부굴기 380, 381
중앙과학기술위원회 490
중앙국가안전위원회(국안위) 164
중앙군사위원회(중앙군위) 77, 89, 90, 105-107, 136, 164, 236, 413
중앙기율검사위원회 89, 90, 136-138
중앙대외연락부(중련부) 162, 163
중앙외사공작위원회 160-162
중앙외사영도소조 157, 158
중앙위원회 51, 71, 76, 77, 81, 87-90, 161, 265, 279, 307, 337, 381, 450, 466
중진국 함정 315, 489
중화사상 434
중화전국총공회 111, 230
지도성안례 428-430
지방(정부) 부채 307, 319, 320
지식인 38-40, 45, 46, 50, 55, 56, 108, 406, 433, 434, 439-441, 453, 458, 470, 488
직능대표제 119
집단지도체제 71, 72, 81, 82, 90, 91, 130, 132, 133, 156, 157
집체 소유제 기업 425
징진지협동발전 378

ㅊ
차보즈 312, 490
창장경제벨트 378
청년 실업 293, 302, 324, 477
초미세먼지 → 미세먼지
촌민위원회 226, 227
최고인민검찰원 104, 137, 413
최고인민법원 102, 104, 121, 413, 421, 423, 428-430
치리정돈 316
칠상팔하 72, 82, 83

ㅋ
코로나19(코로나 팬데믹) 10, 11, 24, 78, 115, 184, 203, 213, 221, 222, 248, 264, 275, 293, 301-303, 306, 314, 317, 319, 321, 322, 325, 330, 348, 350, 351, 377, 381, 443, 445, 449, 518, 520, 521, 532, 534, 535, 537, 538, 540
 제로 코로나 301-303, 492
콰이쇼우 267

ㅌ
탄소 중립 279, 280, 315, 341
탈빈곤 283, 291
톈안먼사건 54, 56, 59-61, 114, 119, 121, 130, 216, 247, 316, 444, 468
통상 마찰 531-533
통수통지 113
특별행정구 30-32
틱톡 267, 269, 272

ㅍ
판다 외교 183, 184
 푸바오 184
플랫폼 노동(자) 232, 243, 325, 326

피크 차이나　314

ㅎ

하방　294, 475
한 자녀 정책　26, 251, 252, 472, 473
한·중 FTA　356, 517, 521, 526-529
한·중 수교　14, 206, 484, 521, 529, 531, 534, 539, 552, 553, 556
합성 생물학　511-514
해양 강국　152-154
해외 진출　216, 340, 358, 360-362, 447, 451, 492, 494
행정법　416
향진기업　234, 295, 390
헌법　30, 76, 84, 86, 87, 91, 92, 94, 96, 97, 99, 103, 105, 112, 137, 193, 268, 402, 405, 407-413, 419, 466, 468
현대화　54, 99, 128, 140-142, 168, 196, 212, 224, 235, 254, 260, 307, 374, 409, 439, 440, 453, 468, 469, 472, 505-508
형사법　417
호구제(호구 제도)　126, 225, 231, 234, 235, 237-240, 290, 294-297, 299, 326
혼인가족　421-424
〈혼인법〉　421, 471, 473
홍색 공급망　529
화교　97, 98, 478-482
화궈펑　52, 53
화웨이　70, 335, 390, 391, 496, 497, 499, 502
화평발전　64-67, 186, 192
환경 거버넌스　508
환경보호　309, 418
〈회사법〉　389, 425-427
후진타오　64, 71, 72, 80, 83, 85, 86, 98, 105, 131, 132, 179, 186, 192, 197, 235, 236, 468, 489, 516, 517, 542
휴머노이드　333, 334